国家社科基金重点项目"全媒体环境下复合阅读行为及其阅读推广对策研究"(项目号:16ATQ005)

复合阅读行为及阅读推广对策研究

RESEARCH ON HYBRID READING AND
READING PROMOTION STRATEGY

李桂华　等著

中国社会科学出版社

图书在版编目（CIP）数据

复合阅读行为及阅读推广对策研究/李桂华等著. —北京：中国社会科学出版社，2021.10
　ISBN 978-7-5203-8993-8

　Ⅰ.①复… Ⅱ.①李… Ⅲ.①阅读—行为—研究②读书活动—研究 Ⅳ.①G792②G252.17

中国版本图书馆CIP数据核字（2021）第172799号

出 版 人	赵剑英	
责任编辑	刘晓红	
责任校对	周晓东	
责任印制	戴　宽	
出　　版	中国社会科学出版社	
社　　址	北京鼓楼西大街甲158号	
邮　　编	100720	
网　　址	http://www.csspw.cn	
发 行 部	010-84083685	
门 市 部	010-84029450	
经　　销	新华书店及其他书店	
印　　刷	北京君升印刷有限公司	
装　　订	廊坊市广阳区广增装订厂	
版　　次	2021年10月第1版	
印　　次	2021年10月第1次印刷	
开　　本	710×1000　1/16	
印　　张	32.5	
插　　页	2	
字　　数	516千字	
定　　价	168.00元	

凡购买中国社会科学出版社图书，如有质量问题请与本社营销中心联系调换
电话：010-84083683
版权所有　侵权必究

目 录

上篇 现状研究

第一章 绪论 ··· 003
　第一节　深阅读危机 ································· 003
　第二节　复合阅读概念的提出 ····················· 010
　第三节　本书的设计与实施 ························ 015
　第四节　关于本书的说明 ··························· 025

第二章 阅读学与阅读行为研究 ·················· 029
　第一节　阅读学研究格局与变迁 ·················· 029
　第二节　阅读行为研究演进 ························ 047
　第三节　阅读行为研究的三种导向 ··············· 051
　第四节　阅读行为研究要素与研究需求 ········· 062

第三章 复合阅读：全媒体时代的新型深阅读行为 ········· 072
　第一节　深阅读的再思考 ··························· 072
　第二节　全媒体时代的阅读行为：从多元到复合 ···· 084
　第三节　复合阅读特征及研究意义 ··············· 094

目 录

第四章 青少年复合阅读行为现状调查 ·············· 103

第一节 青少年复合阅读现状调查设计 ·············· 103
第二节 全媒体时代青少年阅读行为概况 ·············· 108
第三节 青少年复合阅读行为模式研究 ·············· 117

中篇 机制研究

第五章 全媒体环境下的阅读渠道选择 ·············· 139

第一节 全媒体环境下的阅读渠道 ·············· 139
第二节 阅读渠道选择模型构建 ·············· 143
第三节 研究设计与评测 ·············· 155
第四节 多渠道阅读行为选择模型验证 ·············· 169
第五节 本章小结 ·············· 186

第六章 复合阅读中的阅读参与 ·············· 189

第一节 阅读参与 ·············· 189
第二节 复合阅读的阅读参与观察 ·············· 200
第三节 复合阅读中的阅读参与特征及其成因 ·············· 208
第四节 从传统阅读到复合阅读的转变机理 ·············· 219
第五节 本章小结 ·············· 232

第七章 复合阅读的效应研究 ·············· 238

第一节 阅读效应 ·············· 238
第二节 复合阅读作用效果及其影响因素 ·············· 247
第三节 复合阅读作用效应及其路线图 ·············· 253
第四节 复合阅读效应的动态性 ·············· 258
第五节 本章小结 ·············· 261

第八章　阅读社区与阅读行为 ································ 264

第一节　阅读社区及其研究 ································ 264

第二节　网上阅读社区类型研究 ···························· 272

第三节　阅读社区中的读者交互行为 ························ 289

第四节　基于阅读社区的阅读体验 ·························· 302

下篇　实践探索

第九章　融合式阅读推广：面向复合阅读的阅读推广策略构建 ······ 321

第一节　面向复合阅读的图书馆阅读推广使命 ················ 321

第二节　融合式阅读推广 ································ 331

第三节　融合式阅读推广的路径与模式 ······················ 337

第十章　融合式阅读推广的情境设计 ······················ 359

第一节　情境与情境设计 ································ 359

第二节　阅读推广情境设计：以社交媒体阅读推广项目
为例 ·· 364

第三节　阅读推广情境设计：以图书馆阅读推广项目为例 ······ 374

第四节　图书馆阅读推广活动的激励机制构建 ················ 384

第十一章　融合式阅读推广的渠道设计 ···················· 400

第一节　渠道融合理论及其应用 ···························· 400

第二节　图书馆阅读推广中的渠道融合研究 ·················· 411

第三节　图书馆阅读服务中的渠道融合研究 ·················· 419

第四节　渠道融合与图书馆读者关系构建 ···················· 443

第十二章　我国图书馆阅读推广实践调查与分析 ············ 455

第一节　我国图书馆阅读推广价值调查 ······················ 456

第二节 我国图书馆阅读推广体验调查 …………………………… 474
第三节 我国图书馆阅读推广活动运营调查 …………………… 491

参考文献 ……………………………………………………………… 505

上篇　现状研究

本篇包括第一章至第四章，核心内容是系统观察当前阅读行为及相关研究现状。

第一章　绪论。本章主要阐述研究背景和意义，包括概述当前阅读危机现状及各国对阅读危机的认识和对策；描述复合阅读行为这一概念的提出背景，阐述全媒体时代复合阅读行为对阅读文化的转变和研究价值；并介绍本书基本研究观点，包括理论基础、观察视角、研究目的等，还详述研究实施过程、研究部署及研究成果。

第二章　阅读学与阅读行为研究。本章主要描述阅读学（尤其是阅读行为）研究现状，系统梳理前期相关研究成果。首先，扫描现有国外阅读学成果，构建热点知识图谱、前沿知识图谱、聚类图谱，梳理图书馆学在阅读学领域的研究进展；其次，通过观察阅读行为研究演进过程归纳出三个阅读行为研究导向；最后，揭示阅读行为研究核心学术概念、构建概念框架。该部分还结合我国阅读推广研究中的理论缺位情况，提出本书的阅读行为研究思路。

第三章　复合阅读：全媒体时代的新型深阅读行为。本章从追问深阅读的本质开始，结合全媒体时代的阅读环境特征解释复合阅读行为这一概念及其具体特征，阐释复合阅读行为作为新型深阅读行为的原因，最后讨论了当前开展复合阅读行为研究的意义所在。

第四章　青少年复合阅读行为现状调查。本章采用问卷调查方法展示青少年阅读行为现状，从数据上证实从传统阅读到复合阅读的转向正在进行。并基于青少年个体的阅读行为过程表现归纳新时期青少年读者在复合阅读程度上表现出来的种群特征，识别各类型青少年阅读行为模式，分析各种群在阅读态度上呈现的层次差异。

第一章 绪论

社会大众阅读习惯养成是社会深度发展的文化基础。然而，随着技术环境的快速演进，"深阅读危机"在各年龄阶层蔓延，并已引起广泛关注，世界各国都在探索消除这一危机的路径。

复合阅读正是在此背景下出现的一种新型阅读行为。本章概述当前阅读危机现状及各国对阅读危机的认识和对策，阐述复合阅读行为对阅读文化的影响及其研究价值，并对本书基本观点进行了描述；最后详述本书的研究实施过程，包括各阶段研究部署及研究成果产出情况。

第一节 深阅读危机

一 深阅读危机的出现

一直以来，阅读作为人类自我教育和终身学习的核心能力，其对个体和社会的积极意义都备受关注和认可。Ruth（2016）在研究中提出：生活中的一切，包括健康、居住环境、教育、就业、机会、收入甚至是犯罪的可能性以及公民权利的行使，都与阅读能力有关，无法阅读的人在这些方面的表现会更差。[①]然而，随着新技术革命的浪潮，网络与新媒体发展势头强劲，人们的阅读行为悄然发生变化，越来越多的国家发现国民阅读似乎开始陷入一种危机状态，必须积极地研究和实施应对

---

① Ruth Campbell - Hicks. "Early Literacy Programmes in Public Libraries: Best Practice", *Australian Library Journal*, 2016, 65 (2): 121-129.

策略。

早在1994年,俄罗斯的《哲学问题》杂志就发起关于"书籍在荧屏时代的命运"的讨论,不少人对阅读状况表示担忧。① 1999年美国作家凯瑟琳·诺尔则在《国际先驱论坛报》上撰文提出,网络时代我们接触的信息越多但实际获得的知识却越少,体现了网络时代人们产生了对阅读价值的迷茫。② 进入21世纪,美国发布名为《阅读危机:对美国文学阅读现状的调查》(Reading at Risk: A Survey of Literacy Reading in America)的报告,该报告更是将"阅读危机"这一概念推到社会公众的面前,引发热议。③ 这一研究报告由美国人口普查局于2002年应国家艺术基金会(the National Endowment for the Arts,NEA)要求完成,调查对象涵盖美国17000多名18岁及以上的成年人,并与1982年和1992年的类似调查进行了类比分析。报告指出,阅读文学图书的美国成人人数已从1982年的57%下降到了2002年的47%,即低于半数,这在现代史上还是第一次,同时,各类人群文学阅读都呈下降趋势,而且是加速下降,特别是在年轻人群体表现尤为突出,18岁到24岁年龄组文学阅读的下降率比所有成年人总数的下降率更加显著高出55%。基于以上现象,该机构认为阅读正面临严峻危机。其后,NEA在2007年的年度报告《阅读还是不阅读:事关国家大事的问题》(To Read or Not to Read: A Question of National Consequence)更是不但得出很多与2002年报告相同的结果,而且发现"在大学毕业生中阅读能力和定期阅读的习惯也在大幅度下降"。④ 由此,"阅读危机"已成为教育界和文化界普遍关注的话题。

但是与此同时,我们也看到一些相对积极的数据。有研究显示,由于数字媒体的流行,用户的阅读习惯已经改变了。年轻人阅读不是更少了,而是更多了。他们沉迷在非文学阅读(但有意义)中,甚至为此

---

① 李国海:《荧屏时代话读书》(上),《国外社会科学文摘》1995年第2期。
② 王余光:《中国阅读文化史论》,北京图书馆出版社2007年版,第25页。
③ National Endowment for the Arts: "Reading at Risk: A Survey of Literacy Reading in America", https://www.arts.gov/publications/reading-risk-survey-literary-reading-america-0, 2017年8月17日。
④ Iyengar S., "To Read or not to Read: A Question of National Consequence", *National Endowment for the Arts*, 2007: 98.

第一章 绪论

放弃了其他基于数字或电子媒体的休闲活动。也就是说，青少年的阅读不是减少了，而是以不同的方式接近阅读。[①] 2015年我国第十二次国民阅读调查报告也展示了类似数据，显示我国国民阅读正呈现一种渠道多元化、媒介新兴化、功能社会化、内容娱乐化快餐化、目的功利化等趋势。[②] 后续若干次国民阅读调查报告则均显示，我国各媒介综合阅读率在持续增加。

为什么会出现如此不一致的结论？其实关键在于对阅读的理解有所不同。2013年Liu的研究显示，45%的调查对象认为他们正面临深阅读和聚焦式阅读减少的问题。就是说，阅读未必减少，但深阅读在减少、享受阅读的情况在减少。[③] 我国学者白龙也提出，阅读危机的实质是人们由于缺乏以专注阅读为主要形式的精神深呼吸，而陷入被大量信息垃圾围困的心灵缺氧状态。[④] 也就是说，与其说当前社会面临"阅读危机"，不如说是面临着一种"深阅读危机"。

那么，为什么新阅读环境可能造成深阅读危机？

阅读行为是从书面材料中获取信息的过程。而文字不仅是一种记录工具，更是一种激发思考的特殊媒介，因而，阅读是锤炼思想、产生深度的便捷路径。这使书面传播以及阅读行为成为文明与文化传播的最基本方式，也因如此，长期以来深阅读并不是个普遍话题，毕竟，在纸质文本时代，从阅读到思考的过渡通常自然而通畅。

但一个不可忽略的事实是，由于阅读的主要对象——文本自身的特质，深阅读的发生向来需要条件。一方面，阅读文本较之接受其他信息有其独特性，即对连续性的强烈依赖。文本与一般的非语言系统不同，音频、视频等对象往往可以整全视之或思之，对其中意义的反应过程比较短促，但文本的意义呈现却不是"突现"的过程，而是陆续"涌现"的过程。因此，文本是一种要求读者读出系列意义的表现载体，只有通

[①] Du Y., "Librarians' Responses to 'Reading at Risk': A Delphi Study", *Library & Information Science Research*, 2009, 31 (1): 46-53.

[②] 屈明颖：《数字阅读拐点及阅读趋势变迁问题研究——以历年"全国国民阅读调查"内容变化、数据分析为视角》，《出版广角》2016年第23期。

[③] Liu Z., "Reading Behavior in the Digital Environment", *Journal of Documentation*, 2013, 61 (6): 700-712.

[④] 白龙：《阅读危机是心灵缺氧》，《人民日报》2014年4月22日第5版。

过时间上的连续阅读，才能获得对其全部意义的把握。也只有当文本在一定的时间长度内延伸为一种心理过程时，才能为读者的认知、判断和评价提供最丰富的可能性。① 另一方面，阅读的深加工乃至催生思想的过程不但需要以时间为空间，更需要注意力的充分凝聚。在感官信号间转移注意力是人类的本能，但读者需要抗拒这一本能，将自身置身于一个"旋转世界的不动点"，才能开展深度阅读。这种注意力的集中开启了静谧的空间，让读者可以建立关联、做出推论和比喻，酝酿自己的想法。也因如此，深度阅读本身就变成了一种深思的形式。②

然而，进入数字时代，这两个条件越来越难以实现。互联网精确地释放出各种类型的感官刺激和认知刺激——瞬时的、反复的、高强度的、交互式的、智能的。而且，一切都唾手可得，毫不费力。同时，面对这一纷繁的信息世界人们往往高度紧张且一心多用，在外在和内在因素的共同作用下习惯于快速切换，阅读速度更易增加，注意力更易分散，其代价便是理解力的降低。③ 相反，时间则成为更稀缺的资源，即便是短暂的思考，可能也是时间的浪费。因此，人们习惯于去"查找"，而非"阅读"，习惯去"遇见"，而非"领悟"，习惯于去"接收"，而非"想象"，深阅读自然就成为稀缺物。

当书面传播代替口头传播之始，苏格拉底曾担忧对这种外在记录形式的依赖会降低人们的内在记忆，招致思想肤浅，因而强烈反对以阅读书本为形式的交流方式。④ 但他未预料到，阅读涉及音韵加工、拼写加工、语义加工、语法加工、形态学加工等一系列复杂信息加工，不但要大量调用记忆和动用思考，而且只要加工更加精细和进一步延伸（增

---

① 丁宁：《接受之维》，百花文艺出版社1999年版，第163页。
② [美]尼古拉斯·卡尔：《浅薄：互联网如何毒化了我们的大脑》，刘纯毅译，中信出版社2010年版。
③ Dyson M., Haselegrove l. M., "The Effects of Reading Speed and Reading Patterns on the Understanding of Text Read from Screen", Journal of Research in Reading, 2010, 23 (2): 210 - 223.
④ [美]沃尔夫：《普鲁斯特与乌贼：阅读如何改变我们的思维》，王惟芬、杨仕音译，中国人民大学出版社2012年版，第67—76页。

加 100—200 毫秒时间），就易于产生新想法，添加新的体验和情感。[1][2]苏格拉底曾经对文字应用的担忧，在一千年前不是问题，在网络时代的今天倒成了问题。深阅读稀缺已引起普遍忧虑。

二 各国对深阅读危机的认识与应对

当前世界各国对深阅读危机都已有不同程度上的认识，并采取各具特色的策略加以应对，这里以美、英、日三国为例说明。

由于对深阅读危机这一阅读危机本质的认识，美国较早时候就将全民阅读和教育改革捆绑开展。继得出阅读危机结论后，美国国家教育统计中心（National Center for Education Statistics，NCES）的国家教育项目评估（The National Assessment of Educational Progress，NAPE）数据显示，青少年阅读理解能力正在持续下降。表现为：从 1992 年到 2000 年，四年级学生的平均阅读成绩一直在下降，他们到了中学阅读能力并没有改善，且总体呈下滑趋势。也就是说，随着孩子的成长，他们的阅读兴趣也逐渐丧失。[3] 另一项调查表明，截至 2007 年，只有 1/3 的高三学生可以达到流畅的阅读水平，比起 1992 年下降了 13%；大学毕业生也不例外，从 1992 年到 2003 年阅读达到流畅水平的比例下降了约 9%。而这个流畅水平，不过是能够阅读报纸的能力。

面对如此不乐观情况，美国政府开始启动教育改革和更深入的全民阅读运动。2002 年美国政府制定《不让一个孩子掉队法》（No Child Left Behind Act of 2001）以提高学生在三年级以前的基本读写素养；2006 年，前总统克林顿为了使每个 8 岁的美国儿童都学会阅读，又发起了"美国读书运动"；随后 2009 年的《美国复苏和再投资法案》中继续倡导要重视在初级教育阶段开展阅读提升计划，并强化对教师和学校领导的培训；而 2011 年美国政府财政预算中，美国教育部开始资助

---

[1] Coltheart M., "Modeling Reading：The Dual-route Approach", *The Science of Reading*：*A Handbook*, Hoboken：Blackwell Publishing Ltd, 2008：6-23.

[2] Frost R., "Orthographic Systems and Skilled Word Recognition Processes in Reading", *The Science of Reading*：*A Handbook*, Hoboken：Blackwell Publishing Ltd, 2008：272-295.

[3] National Center for Education Statistics, "Reading Performance", https：//nces. ed. gov/programs/coe/indicator_ cnb. asp, 2018 年 5 月 25 日。

上篇　现状研究

非营利组织开展的提高全美读写能力的活动。这些政策法规对支持和引导青少年阅读起到了积极的作用。

同时，美国政府和社会组织开展了各类阅读推广活动营造阅读氛围。如一城一书项目通过在某一城市范围内集中围绕某本书及其对应的主题开展一系列阅读活动，以引发市民的深度阅读思考，促进民众的充分交流，从而提升城市的文化氛围和活力。同时，美国出版商协会（Association of American Publishers，AAP）1999 年开始开展"直击阅读"（Get Caught Reading）活动，它传递了一个理念：阅读无处不在，无时不在，让很多人开始关注阅读，享受阅读的乐趣。美国社会组织——"每方都是赢家"（Everybody Wins！）则通过让学生和社会志愿者通过互动形式共同阅读，提升他们的阅读参与度和对阅读的热爱。

由于美国社会各界的持续关注和不懈努力，在 2018 年 9 月最新发布的《美国艺术参与和文学阅读趋势：2002—2017 年》（*U. S. Trends in Arts Attendance and Literary Reading：2002 - 2017*）显示，从 2012 年到 2017 年，诗歌和戏剧阅读的比例有了一定的增长。但总体来看，在这 15 年间，美国成年人（18 岁及以上）阅读书籍的比例仍在不断下降，2017 年阅读小说或短篇作品的成年人比例已然创下历史最低水平。[1] 这显示，文学正与大量的电子媒体竞争，各种替代性活动的推陈出新、不断出现以及其高可用性使越来越多的美国人受到吸引并远离阅读。

英国社会较早也揭示了阅读危机的存在及其本质。2005 年英国图书市场营销公司（BML）发布的数据显示，英国人真正个人购买图书的比例并不是很高，2004 年大约有 1/3 的英国人没有买过书，27% 的人年购书 1—5 本。也就是说，基本不买书和很少买书的英国人比例达到一半以上。[2] 而在 2006 年英国广播公司（BBC）针对成年人进行的"阅读和写作调查"（RaW Survey）中显示，虽然有 82% 的被调查者认为自己喜欢阅读，但有 17% 表示他们讨厌阅读；2007 年英国《图书馆和信息快报》（*Library and Information Update*）杂志对读者的调查显示，

---

[1] The NEA Office of Research & Analysis，"U. S. Trends in Arts Attendance and Literary Reading：2002 - 2017"，Washington D. C.：National Endowment for the Arts，2018.

[2] 中国出版科学研究所"国际出版蓝皮书"课题组、王珺、李伟：《西欧三国国民图书阅读情况》，《出版发行研究》2008 年第 9 期。

有1/3的人表示阅读"高深的文学"是为了显得自己能力强,实际上他们根本就看不懂,而几乎有一半的被调查者说他们阅读经典著作并非是出于兴趣,而是为了让自己显得有文化。该调查还显示,有接近一半的人为了让自己能够参与到话题中去,谎称自己读过某些书。而大多数人表示会为了获得异性的好感而去读书。[1] 换言之,更多人是出于各种功利性目的去进行阅读。

面对深阅读危机,英国社会重点通过各类新型全民阅读活动致力于优化人们的阅读体验,潜移默化地影响人们对阅读的价值认知。英国读写素养信托组织(NLT)主办的英超俱乐部"阅读之星"项目就是主要面向对阅读没有兴趣的热爱足球的男孩子们,将他们对足球的热爱传递到阅读中,提升他们的阅读兴趣和阅读能力。[2] 而始于1998年的"夏季阅读挑战"活动则每年夏天举行,通过采取一系列措施鼓励4—12岁的儿童走进图书馆并至少阅读6本书,体验阅读带来的快乐。该活动每年主题都不一样,如2006年的主题是"阅读使命"(The Reading Mission),通过各种形式的活动让孩子进行思考阅读的意义和目的。[3]

日本阅读情况也与此类似。从1997年起,日本就已开始步入了漫长的"阅读疲劳期",国民阅读率下降已成趋势。2000年世界经合组织(OECD)开展的学生学习能力调查显示,对阅读没有兴趣的日本学生所占比例为55%;不愿意主动阅读的日本学生比例为22%,日本《读卖新闻》2006年调查也发现,和20年前比,不喜欢阅读的青少年占比增幅明显,有接近一半的20岁以上的青年人每年一本书也不读。[4]

鉴于此,日本从国家层面对于深阅读危机予以高度重视,并通过阅读产品供应创新和阅读推广活动开展两方面入手应对深阅读危机。1999年,日本国会通过的《关于儿童读书年的决议》,第一次以法律形式明

---

[1] Clark C., Teravainen A., *Children's and Young People's Reading in* 2016, the UK: National Literacy Trust, 2017.
[2] 赵俊玲、杨骞:《用足球踢开阅读的大门——英超俱乐部阅读之星项目分析及启示》,《图书情报通讯》2012年第3期。
[3] 赵俊玲等:《阅读推广:理念·方法·案例》,国家图书馆出版社2013年版。
[4] 乔菊英、蔡兴彤:《当前亚洲主要国家的国民阅读状况之比较研究——以日本、新加坡、中国为例》,《图书情报工作》2009年第13期。

 上篇　现状研究

确支持儿童的阅读，将 2000 年定为"儿童读书年"，并于同年颁布了《国立青少年教育振兴机构法》，规定青少年教育机构应组织面向孩子的读书会及相关阅读推广活动。2001 年 12 月，日本公布并实施了《儿童阅读活动推进法》。随后，2002 年日本文部科学省就制订了从 2002 年开始的"五年计划"，投资 650 亿日元用于阅读基础设施建设。2005 年 7 月，国会又通过《文字及印刷品文化振兴法》推进国语教育和阅读推广，从图书馆建设、图书出版等多方面促进阅读。

与此同时，为了应对深阅读危机，适应多媒体环境的发展趋势，日本各大出版社纷纷开发了自己的销售网站，并探索新环境下的出版方式，包括数字出版和按需出版等。日本的新闻出版机构通过这些结合新媒体的措施，使出版业在新时代焕发了新的生机，促进其转型升级，从而对图书市场乃至读者的阅读产生积极的影响。①

第二节　复合阅读概念的提出

一　新技术时代的阅读行为

各国政府不同角度的尝试似乎都在努力寻找一个路径，以使被信息技术卷入的人们仍然能够享受深阅读之益。但需要认识到，深阅读危机根源在于媒体环境变迁带来的阅读行为改变，对深阅读危机应对方案的思考也必须以新的情境为起点。

首先，新文本创造着新读者。当代阅读已突破了传统载体的限制，不仅仅局限于文本，内涵和外延不断被重新定义。阅读包含文字、声音、影像、动画、网页等多视听符号，越来越立体化。② 旧媒体正经历再塑造、再定位的过程，也会进而改变读者使用、体验甚至理解内容的方式。"今天，曾经被当作书之影的读者，却已脱离了书。影离体而自成一体，得到独立。"③ 这种独立的标识就是读者的参与意识和参与能

---

① 高凛：《日韩全民阅读立法的经验及对我国的启示》，《科技与出版》2017 年第 12 期。
② 刘淑华：《数字阅读的新特征与后现代反思》，《青年记者》2017 年第 11 期。
③ ［法］夏蒂埃：《书籍的秩序》，吴泓缈、张璐译，商务印书馆 2013 年版，第 87 页。

力的全面强化。读者乐于自主选择阅读方式、随时改变自己的阅读走向、通过对话互相影响，甚至边阅读边参与作者创造。读者的主体意识已得到空前加强。这代表了人类学习与交流的一场革命，其影响阅读的路径还在持续变化，而我们才刚刚开始认识理解它。

其次，技术变革引起时间观念变化，进一步提升了人们对单位时间生活质量的追求，包括对单位阅读时间质量的追求。技术变革的实质在于时间观念变化，它不仅加快了流动和速度，提高了工作效率和生活节奏，而且要求人们在极端稀缺的时间资源内从事令人愉快的活动。[①] 于是，传统的知识导向深阅读成为许多读者权衡之下放弃的选项，他们开始追求更具有娱乐性、参与性的新型阅读，而技术领域也正在顺应这一变化找寻新出路。搜索手机应用商店，你会发现，仅与"阅读""读书"相关的手机终端应用软件就高达数万个，微信里也有上千个与阅读有关的公众号，这些阅读工具都在以各种方式探索怎样利用当前技术条件帮助人们实现深阅读，提升阅读的复合价值。

最后，屏读将逐渐改变人的阅读机能，进而持续、渐进、深化地作用于人们的阅读行为，深阅读也必然会呈现出新形式。从书本搬到屏幕，这种阅读对象的转移会改变人们对阅读对象的注意力和沉浸其中的深度，而超文本带来的运动式阅读体验与文本的认知处理过程有着巨大关联。认知神经学研究显示，一起拨动的神经元会联结在一起，而没有一起拨动的神经元就不会联结在一起，大脑会回收无用的神经元和突触。这种情况下我们会丧失旧的技能和观点，得到新的，比如网络新世代已经发展出了一种"能对不断变化的上下文加以整合以发现其整体意义"的能力。[②] 长此以往，碎片化阅读、数字阅读、即时性阅读等阅读形式会成为新常态，并在内外部条件的作用下延伸出各种更具颠覆性的新阅读形式。

因此，Kindle 等电子阅读设备迅速普及，数字阅读、移动阅读率持续上升，用喜马拉雅 App 听书的用户已破 2 亿人，碎片化阅读大行其

[①] ［美］托马斯·古德尔、杰弗瑞·戈比：《人类思想史中的休闲》，成素梅、马惠娣、季斌等译，云南人民出版社 2000 年版，第 146—147 页。

[②] ［美］尼古拉斯·卡尔：《浅薄：互联网如何毒化了我们的大脑》，刘纯毅译，中信出版社 2010 年版，第 49—69 页。

道，阅读类 App 每日推送着订阅专栏内容和知识清单，《朗读者》、《见字如面》等节目引起广泛关注收视火爆，新媒体发起图书漂流、丢书大作战等活动引起广泛参与和讨论，这些现象已充满了我们的新阅读生活。我们不得不承认，"阅读"正在被重新定义，数字时代读者阅读行为已然深刻改变。

二 复合阅读是什么

一边是关于"阅读危机"的忧虑在学界弥漫，另一边是新阅读环境造就的新读者已经在探索新的阅读道路，实践领域新的繁荣景象已然呈现：豆瓣网民陆续建立了 1000 多个读书小组，豆瓣同城又显示每天都有读书小组在线下活动（据不完全统计，2017 年仅成都市豆瓣同城线下读书会即举行了超过 1000 次）；"音频视频导读 + 微商城卖书"的微信公众号"罗辑思维"关注量超过 600 万人次；第十二次全国国民阅读调查显示"中国国民总阅读量上升，一个线上与线下结合的新阅读方式正在形成"[1]，而第十五次全国国民阅读调查再次显示"数字化阅读方式的接触率和纸质图书阅读率均有所增长……"[2]

全媒体时代媒体越来越呈融合之势，传播环境从单落点、单形态、单平台的形式向多平台、多落点、多形态的转变[3][4]，而实践领域的阅读新现象表明，媒介融合的大趋势已带动阅读活动的大联结：读者与读者之间联结，内容生产者、提供者与内容接收者之间联结，线上阅读与线下阅读联结，……基于这些联结，一种新的深阅读行为应运而生，它同时涉及线上和线下活动，兼顾传统阅读和数字阅读优势，充分利用移动互联网数字技术，以书为交流平台挖掘出更多阅读意义。这是一种"混合式"的新型阅读行为，我们称为复合阅读行为。

"复合阅读"概念由袁昱明作为新图书馆学哲学思想提出，他从主

---

[1] 张贺、张碧梅：《第十二次全国国民阅读调查报告发布 新阅读方式正在形成》，《人民日报》2015 年 4 月 21 日第 15 版。

[2] 韩晓东：《我国国民阅读指数 68.14 综合阅读率继续增长》，《中华读书报》2018 年 4 月 20 日第 1 版。

[3] 闫焓：《全媒体时代媒体品牌的构建与发展》，《今传媒》2015 年第 1 期。

[4] 付玉辉、戴仲辉：《全媒体 2010：一种渐趋常态化的媒介运营形态》，《中国传媒科技》2010 年第 12 期。

体间性理论出发，主张图书馆在知识传播以外，还应通过审美、道德评价的社会化交流和综合阅读来满足人的全面发展需求。[1] 在图书馆作为稀缺知识传播机构其地位受到巨大挑战的今天，该观点有其现实性。相较于这个宏观概念范畴的"复合阅读"，本书则聚焦于当前读者阅读行为在兼顾线上和线下、知识价值和其他价值等方面表现出来的"复合"特征。

全媒体时代新旧媒介的融合解除了阅读形式的限制，使得读者面临着无限的选择空间。事实上，数字时代个体的复合行为特征已被教育学、消费者行为学等各学科关注，"复合学习"（Hybrid Learning）、"复合消费"（Hybrid Consumption）已成为研究热点。[2][3] 图书馆学虽尚未开展复合阅读行为研究，但实践领域已进行促进复合阅读行为的探索，如：多伦多公共图书馆早在10年前就建立6个网上读书俱乐部（称为Book Buzz)[4]；韩国国家图书馆举办"书虫的图书馆冒险"活动，由热爱读书的孩子推荐书目，在互联网上组织社区讨论[5]；2016年1月，美国国会图书馆与企业合作推出StoryBug，利用该App读者可同时阅览图书、记录感想，并音频视频交流。[6] 这些都不失为以复合阅读行为为方向的阅读推广实践尝试。

三　复合阅读对阅读文化的改变

如学者刘军华所言，事实上，不管是在概念定义还是内涵与形态，

---

[1] 袁昱明：《复合阅读交流本体论：图书馆学重建的基础》，《大学图书馆学报》2014年第2期。

[2] Garrison D. R., Kanuka H., "Blended Learning: Uncovering its Transformative Potential in Higher Education", *Internet and Higher Education*, 2004, 7 (2): 95-105.

[3] Heinrichs F., et al., "The Hybrid Shopping List: Bridging the Gap Between Physical and Digital Shopping Lists", Stockholm, Sweden, MobileHCI'11 - proceedings of the13th International Conference on Human - Computer Interaction with Mobile Devices and Services, New York: ACM, 2011: 251-254.

[4] Toronto Public Library, "Book Buzz: TPL's Virtual Book Club: Toronto Public Library", https://www.torontopubliclibrary.ca/bookbuzz/, 2018年7月21日。

[5] 李蕊、赵俊玲：《韩国社会阅读推广的主要政策和模式》，《襄阳职业技术学院学报》2014年第4期。

[6] Cricket Media, "Story Bug: Read Books Together Anywhere", http://www.cricketmedia.com/blog/story-bug-read-books-together-anywhere, 2018年7月21日。

阅读都已经处于从"创造性毁灭"到"毁灭性创造"的不确定复杂进化过程之中,这也就是所谓的"阅读革命"。①复合阅读行为既是全媒体时代媒介融合的结果,也因其充分适应媒介融合环境而焕发出特有的生命力,并将带来阅读文化的新一轮改变。

阅读文化作为一种社会文化系统,其结构可分为三个层面:功能与价值层面,社会意识与时尚层面,环境和教育层面。②我们认为,复合阅读行为的兴起对阅读文化这三个层面均将发生作用。

首先,复合阅读体验将带来读者对阅读的全新认识,使之意识到阅读是一个可设计且有必要设计的过程,也使得阅读过程设计安排成为一种具有象征性的"时尚的"文化活动。传统阅读活动虽然也要经历一个阅读对象发现、选择的过程以及阅读分享的过程,但这一过程通常多是"自动"完成的,即人们按照常识或者惯性去完成,鲜少投入精力,更鲜少投入情感去思考和安排。而复合阅读者却已然发现了阅读的新世界:他们发现有大量的渠道可供选择,这些渠道各自带来不同价值,值得去费心选择,而且一旦付出行动会对阅读效率和效果有显著促进。对复合阅读者而言,"阅读什么"重要,但"怎么阅读"也非常重要,因此,阅读全过程安排成为其选择决策的对象。复合阅读者们乐于去精心寻找阅读目标信息源、阅读进行方式、阅读后分享形式,而且对每一个环节进行自我设计。而反过来,这种选择和发现过程又会使得其阅读自由感大大强化。正是由于复合阅读行为所带来的阅读新体验,阅读作为一种"时尚"行为的文化表征意义更加凸显,而今"朋友圈"中晒阅读进度、晒书单等也已成为一道独特的文化景观。

其次,复合阅读使阅读行为成为一个阅读与反馈交互作用的过程,有助于矫正数字阅读弊端,提升读者阅读质量,进而改变对数字阅读价值功能的社会认识。传统阅读行为是以"读"为核心的阅读活动,而复合阅读行为开始向以"对话"为核心转移,阅读前、阅读中、阅读后与其他读者、与作者、与友人、与更多不相识的人群的对话普遍存

---

① 刘军华:《数据化趋势下阅读演变认知的现状、问题及思考》,《情报探索》2016年第9期。
② 王余光、汪琴:《关于阅读文化研究的几个问题》,《图书情报知识》2004年第5期。

在，而对话内容从阅读对象评价到再创造、到话题延伸、到社群建设，为阅读活动的复合价值实现提供了广阔空间，完善了阅读环节，有助于阅读质量提升。曾被打上"浅阅读"烙印的数字阅读也因卷入这个过程得以升级，其在启动阅读对话、构造阅读空间、提升阅读可持续性等方面的优势使之开始被主流阅读社群所接受。

最后，复合阅读行为还意味着"阅读触点"增多，不但降低了阅读"门槛"，而且使阅读动力维空前强化。复合阅读行为所涉及阅读相关活动不仅发生在读者群体，更通过社交媒介辐射到广阔的社会空间，提升了"阅读"这一活动的可见性。更多人将因此了解阅读对象、感知阅读活动乐趣、认知阅读价值，进而唤醒人们的阅读欲望，强化其阅读动机，从而带动更大范围的阅读活动参与。事实上，研究已经发现，当前阅读能力、阅读目的、阅读积极性、阅读范围、阅读量等指标总体上确实已呈现积极的变化[1]，近年全国国民阅读调查的数据也显示了这种积极趋势，与阅读动力维改变应有一定关联。

第三节 本书的设计与实施

一 本书的研究框架

（一）聚焦"读者—阅读行为—阅读环境"间关系的观察框架

复合阅读行为意味着读者理解了阅读渠道间的互补优势，是一种阅读进化。而研究数字环境下阅读行为的改变问题，帮助读者尝试各种新阅读体验，应当成为当前阅读研究的使命，这已成为相关研究者的共识。如 Peters 指出，今天的读者有机会获得更多权利控制自身的阅读体验，但这一过程势必需要面临一些挑战，图书馆应帮助用户克服这些挑战，也应该鼓励甚至支持和帮助读者进行各种阅读尝试。[2]

那么，全媒体环境下复合阅读行为如何发生、将经历怎样的过程、

---

[1] 李新祥：《数字时代我国国民阅读行为嬗变及对策研究》，博士学位论文，武汉大学，2013年。

[2] Peters T., "The Future of Reading", *Library Journal*, 2009, 134 (18): 18-22.

有怎样的行为规律，哪些内在、外在因素将对其产生作用，如何利用这些规律开展阅读推广活动，回答这些问题需要对个体阅读行为与其所在环境之间的相互作用关系展开深入观察，而班杜拉的"社会认知理论"给我们提供了一个观察框架。

"社会认知理论"认为，人的认知因素及其与环境、行为之间的相互作用是一个辩证和完善的统一体系，其中任何两个因素之间的双向互动关系的强度和模式都随个体、行为和环境的不同而发生变化。一方面，个体的期待、信念、目标、意向、情绪等主体因素影响或决定着他的行为方式；另一方面，行为的内部反馈和外部结果反过来又部分地决定他的思想、信念和情感反应等。同样，环境状况作为行为对象或现实条件决定着行为的方向和强度，但行为也改变着环境以适应人的需要。即所谓"三方互惠决定论"。[①]

本书认为，读者个体、阅读环境、阅读行为之间也存在着这种互相适应关系，而复合阅读行为正是这种互相适应的产物（见图1-1）。按照社会认知理论，对复合阅读行为的研究也可以围绕复合阅读行为条件下的读者、读者的阅读行为、阅读环境三个对象及其之间关系展开研究，以便发现改变读者及其阅读行为，导致其向复合阅读者转变的环境因素，进而发展出有助于引导读者阅读行为良性转变的阅读推广策略。

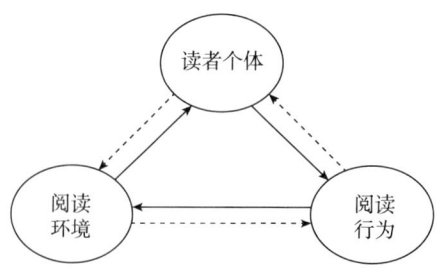

图1-1 复合阅读行为的观察逻辑

---

① Bandura A., "Social Cognitive Theory: An Agentic Perspective", *Annual Review of Psychology*, 2001, 52: 1-26.

(二) 面向日常生活的观察视角

那么，如何才能发现读者个体、阅读行为、阅读环境之间最本质的联系？本书认为，把读者个体置于其日常生活中去观察是发现全媒体环境下的复合阅读行为规律的可取视角。

信息行为学研究者曾提出日常生活是信息行为的产生土壤，应当从日常生活世界出发观察用户的信息行为并为其提供更匹配的信息服务[1]，这种"日常生活信息行为"已成为国际信息行为研究的重要板块。事实上，今天信息环境的巨大变化也使阅读行为与其他日常活动紧密相连，它既因人们日常生活方式的改变而改变，也因自身方式越来越成为日常生活的重要构成部分。

日常生活是一切活动的汇聚处，是它们的纽带，是一切文化现象的共同基础。[2] 日常生活世界的行动者是自由的、富有创造力的、极富想象力的[3]，因而是一个整体的自我。[4] 阅读推广的目的正是为了让阅读成为一种习惯，让阅读活动更加普遍，那么，从"日常生活世界"角度去观察阅读行为的变化，把人的复合阅读行为和其日常生活脉络结合，有助于揭示复合阅读行为的特征和规律，推动复合阅读行为理论体系的构建。

二 研究目标及方法

(一) 研究目标的确立

面向日常生活，聚焦于"读者个体—阅读行为—阅读环境"关系的复合阅读行为研究应从读者认知形成角度探讨复合阅读行为的形成机理和社会情境，并基于对复合阅读行为的深刻认识来探索阅读推广策略创新路径。

本书梳理复合阅读行为为研究对象，根据"社会认知理论"对

---

[1] Savolainen R., "Everyday Life Information Seeking: Approaching Information Seeking in the Context of 'Way of Life'", *Library & Information Science Research*, 1995, 17 (3): 259-294.

[2] Lefebvre H., *Critique of Everyday Life*, London: Verso, 1991.

[3] 何雪松:《迈向日常生活世界的现象学社会学——舒茨》,《华东理工大学学报》(社科版) 2000 年第 1 期。

[4] Ritzer G., *Sociological Theory*, Blacklick: Mcgraw-Hall, Inc, 2012: 219.

"读者个体—阅读行为—阅读环境"间具体逻辑关系进行了具体展开（见图1-2）。

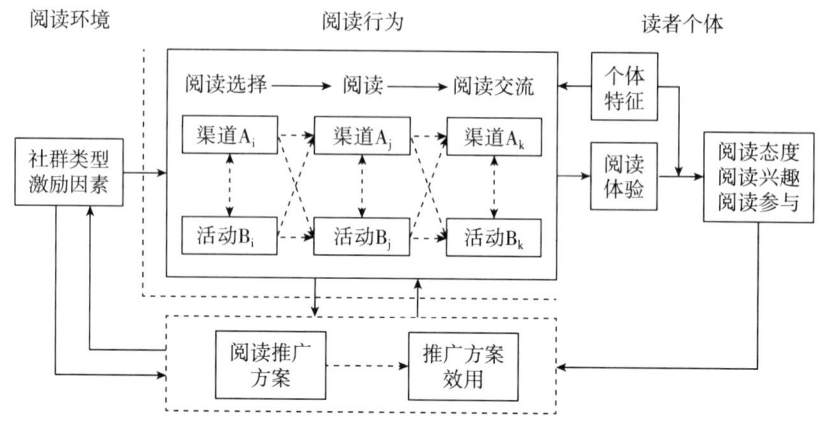

图1-2 基于"社会认知理论"的复合阅读行为研究逻辑展开

首先，读者在阅读前、阅读中、阅读后三阶段均有其特定的价值追求，因而各阶段有不同的行为渠道、活动方式选择。而其具体行为渠道选择和活动选择彼此会相互作用，并将影响后续阶段的行为选择。

其次，复合阅读行为是阅读环境作用结果，而阅读推广则是阅读环境的重要构成。读者自发形成的各种线上线下社群为读者寻求阅读活动的复合价值提供了空间，同时，作为阅读环境的构成部分，全民阅读活动既会受到社群因素和阅读行为等影响，寻求阅读推广创新，又会为读者参与阅读活动提供更丰富激励，并推动个体从传统阅读向复合阅读的转变。

最后，作为复合阅读的行为主体，读者的个体特征差异会带来复合阅读行为的差异，同时，作为复合阅读的效应对象，读者会因复合阅读行为所赋予的新阅读体验，改变其阅读态度、阅读兴趣以及阅读参与。而读者的改变也将推动阅读推广活动设计的改变，并影响阅读推广开展的效果。因此，阅读环境、阅读行为、读者在这种相互适应、相互作用下不断相互改变。

基于这一思路，本书确立了6个研究目标，全书（共十二章）即围绕这 6 个目标展开。

（1）梳理阅读行为研究理论基础，构建基础概念体系。本书第一章、第二章主要围绕这一研究目标展开。

（2）观察复合阅读行为现状，识别复合阅读总体特征。探索复合阅读行为过程中的活动规律，如复合阅读行为各阶段活动构成和行为模式、渠道选择规律，及复合阅读行为中的阅读参与特征等。本书第三章、第四章主要围绕这一研究目标展开。

（3）探究复合阅读形成机理，发现个体与行为相互作用关系。探索读者个体与阅读行为之间的相互作用，包括阅读行为转变过程规律、复合阅读行为效应等。本书第五章、第六章、第七章主要围绕这一研究目标展开。

（4）探索复合阅读的社会情境，揭示行为与环境相互作用关系。探索外部社会环境对复合阅读的作用，涉及社群因素、阅读推广激励因素等对阅读行为的影响，及阅读社群环境下的阅读体验特征等。本书第八章主要围绕这一研究目标展开。

（5）梳理阅读推广策略和路径，探索顺应复合阅读的新方法新思路。基于复合阅读行为这一新情境，探索针对复合阅读行为的阅读推广设计，并提出融合式阅读推广策略及其实现路径。本书第九章、第十章、第十一章主要围绕这一研究目标展开。

（6）观察我国图书馆阅读推广实践现状，根据阅读行为趋势提出改进策略。深入调查我国现阶段图书馆阅读推广实施情况，基于当前读者阅读行为规律对现状进行解析，并从融合式阅读推广策略角度提出改进策略。本书第十二章主要围绕这一研究目标展开。

（二）方法论与研究方法

本书以现象学为基础方法论展开研究。现象学是对"生活世界"探索的科学。[1] 它尊重事实本身，主张以质化研究为中心，注重通过解释实现对未来的探索和发现[2]。遵循现象学方法论，本书采用"回到事

---

[1] ［德］胡塞尔：《现象学的观念》，上海译文出版社 1986 年版。
[2] 郭永玉、陶宏斌：《现代西方心理学的实证主义与现象学方法论之比较》，《华中师范大学学报》（人文社会科学版）1999 年第 6 期。

实本身"的态度和方法，通过大量对读者自我表达的数据收集（包括读者的访谈、网络发帖、问卷填写等）透视全媒体时代的阅读行为现象，以回归读者的"阅读生活世界"，发现其阅读行为的主观模式及内在体验，探索阅读行为的意义及实践特征，并基于阅读推广的实践观察梳理阅读推广策略、方法，进而基于阅读行为规律的发现来指导阅读推广策略的提出。

1. 数据采集方法

本研究主要采用4种方法展开研究数据收集：

（1）问卷调查法。问卷调查是指人们通过精心设计的调查问卷来收集社会信息，以具体把握现实社会状态及其发展变化趋势的一种调查研究活动。① 问卷调查可用于描述性研究也可用于解释性研究。本书运用问卷调查采集大样本青少年数据对其阅读行为进行调查，并形成描述行分析；同时，本书运用问卷调查对大学生进行了阅读渠道选择调查，并形成解释性分析。

（2）网络志法。网络志作为一种收集网络空间中质性分析资料的新方法，目前已被国内外学者充分应用于社会科学研究中，"网络志"源于民族志研究方法，而"民族志"这一术语起源于西方的人类学研究。② 随着互联网的发展，网络信息的出现促使民族志顺应时代的变迁，Hine 最早提出了"虚拟民族志"的概念，之后以互联网为研究环境并利用互联网进行资料收集的方法相继出现③，基于前人的研究成果，Kozinets 将"网络"（Internet）和"民族志"（Ethnography）两词合并，生成"网络志"（Netnography）这一术语。④ Marotzki 指出网络志的两个特征：运用定性调查的方法工具，调查主要涉及网络社区；通常通过内容分析的方法对在线社区用户生活方式、行为模式、群体文化等方面进行研究。⑤ 本书采用网络志法对大量网络社区数据进行观察，

---

① 谢俊贵：《社会调查方法研究》，北京理工大学出版社 2009 年版，第 224—225 页。
② 郑新民、徐斌：《网络志：质化研究资料收集新方法》，《外语电化教学》2016 年第 4 期。
③ Hine C., *VirtualEthnography*, London: Sage, 2000: 65.
④ Kozinets R. V., "I Want to Believe: A Netnography of the X – philes Subculture of Consumption", *Advances in Consumer Research*, 1997, 24 (1): 470 – 475.
⑤ 蒋宁平：《大众传媒编码制作的民族志研究方法》，《中国传媒报告》2006 年第 2 期。

将网络环境下读者的发帖、评论、讨论等作为分析素材，观察和梳理个体复合阅读行为形成的背景因素、特征以及复合阅读行为效应。

（3）案例调查法。又称个案研究法，是以典型案例为素材，并通过具体分析、解剖，得出一般性、普遍性的规律的方法。案例研究能够给研究者提供系统的观点，通过对研究对象尽可能完全直接地考查与思考，从而能够建立起比较深入和周全的理解，从中发现指导实践的方法和策略。本书主要通过案例研究形成对阅读推广策略的认识，并对我国图书馆阅读推广进行了多样本案例研究，梳理我国图书馆阅读推广现状，并探索适应全媒体时代阅读行为趋势的阅读推广创新路径。

（4）深入访谈法。深入访谈法是通过深入交谈来获取有关个人的经历、动机和情感方面的信息。[①] 使用该方法有利于对复杂行为的更详细的理解。本书在"从传统阅读到复合阅读行为转变的过程机理"研究部分（第五章）、"复合阅读的效应"研究部分（第七章）以及"图书馆阅读推广的服务渠道融合模式"探索部分（第十二章）使用了该方法。其中，"从传统阅读到复合阅读行为转变的过程机理"研究部分采用的是基于关键事件的深入访谈法。

2. 数据分析方法

本书主要采用了以下4种数据分析方法：

（1）统计分析法。统计分析法是一种对数据进行综合处理，以解释事物的内在数量规律的方法。[②] 本书基于统计分析法对所采集数据进行了频率分析、集中趋势分析等描述性分析，以及结构方程、相关分析、方差分析等解释性分析，以发现数据之间深层次关系。描述性分析方法广泛运用在本书各章节，解释性分析方法主要运用于本书第六章。

（2）扎根理论法。扎根理论研究法是运用系统化的程序，针对某一现象归纳式质化地引导出阐释性的理论的一种质性研究方法。这是一种自下而上生成理论的研究路径，即在收集文本资料的基础上寻找反映研究对象本质的核心概念，然后通过这些概念之间的联系建构相关的理论或模式，研究者在扎根过程中不能作任何理论假设。具体表现为开放

[①] 涂平：《营销研究方法与应用》，北京大学出版社2008年版，第126页。
[②] 孙国强：《管理研究方法》，上海人民出版社2007年版，第212页。

性编码、主轴编码、选择性编码三个阶段。① 本书在研究复合阅读的阅读参与特征（第六章）、阅读社区中的阅读体验构成（第八章）等相关部分采用了扎根理论构建理论。

（3）文献计量法。文献计量学作为图书情报学研究的特定方法，借助文献的各种特征数量，采用数学与统计学方法来描述、评价和预测科学技术的现状与发展趋势。② 本书第二章将文献计量法运用到对阅读学文献的分析，基于文献计量绘制相关领域的知识图谱，包括热点图谱和前言图谱、共被引聚类图谱等。

（4）内容分析法。本书以现象学为方法论，采取了大量质性分析方法对现象进行深描，包括内容分析法。内容分析法一般从两个角度展开：概念分析和关系分析。概念分析侧重于运用定量方法计算词频；而关系分析则侧重于定性推导，强调联系实践进行逻辑分析。③ 本书主要应用了基于关系分析的内容分析法。但为保障研究的信度效度，我们通过 Nvivo 这一定性分析软件展开内容分析法的运用（第七章）。

三 研究实施过程

（一）第一阶段：准备阶段

课题组在 2015 年 9 月—2017 年 7 月完成了课题研究准备工作，该阶段主要达成 4 个工作目标：课题研究大纲撰写、课题研究策略制定、文献基础理论准备、前沿实践调查。分三个小组完成相关工作，包括：

1. 文献调查工作小组

广泛收集现有阅读学相关研究成果，并对其文本进行汇编。形成了包括阅读行为、阅读推广、深阅读、阅读动机、阅读参与、阅读态度、阅读体验、数字阅读、阅读社区、青少年阅读、阅读兴趣、阅读效果十二个主题在内的英文文献摘要汇编，完成了对国外阅读学研究的知识图谱分析。

---

① 陈向明：《扎根理论在中国教育研究中的运用探索》，《北京大学教育评论》2015 年第 1 期。
② 郑文晖：《文献计量法与内容分析法的比较研究》，《情报杂志》2006 年第 5 期。
③ 邱均平、邹菲：《国外内容分析法的研究概况及进展》，《图书情报知识》2003 年第 6 期。

2. 实践调查工作小组

梳理了各国阅读危机应对策略，对包括国家图书馆、深圳市少年儿童图书馆、重庆大学图书馆等 23 个图书馆进行实地考察，并广泛收集全球图书馆阅读推广优秀案例进行编译整理，为项目研究提供实践依据。对掌阅等 18 个数字化阅读服务平台和应用进行调研和比较分析。

3. 理论构建工作小组

探索阅读行为理论空白领域，梳理基本学术概念、构建基本理论框架。对阅读行为研究导向进行了梳理，构建了阅读行为概念体系，深入探索了深阅读这一核心概念。

该阶段主要形成了以下三方面研究成果：

（1）《中国图书馆学报》发表论文《深阅读：概念构建与路径探索》（2017 年第 6 期）。该论文被人大报刊复印资料《图书馆学情报学》（2018 年第 3 期）和《新华文摘》（网络版 2018 年第 6 期）双转载。

（2）《国家图书馆学刊》发表"新阅读、新推广"专题系列论文（共五篇，2017 年第 4 期）。其中论文《"深阅读"之争议与再思考》被人大复印报刊资料《图书馆学情报学》（2018 年第 4 期）和《中国社会科学网》（2018 年 11 月 22 日）转载。

（3）《国家图书馆学刊》发表论文《当代阅读行为研究：研究导向与概念构成》（2017 年第 6 期）。该论文被《新华文摘》（网络版 2018 年第 5 期）转载。

（二）第二阶段：实证研究阶段

课题组于 2017 年 1 月—2018 年 12 月期间完成第二阶段工作，主要达成三个工作目标：复合阅读行为现状调查、复合阅读行为特征探索、复合阅读行为形成机理探索。分四个小组展开相关工作，包括：

1. 问卷调查小组

开展大样本问卷调查，分析复合阅读行为现状、读者阅读渠道选择影响因素等问题。

2. 阅读社区调查小组

对豆瓣阅读、京东阅读、当当阅读等六个阅读社区平台进行深入观察，分析阅读社区成因、类型、个体互动情况，形成面向阅读推广的阅

读社区观察报告。

3. 网络文本调查小组

收集特定阅读社区涉及阅读参与、阅读体验的网络文本并展开内容分析,细化对阅读社区中互动行为、阅读参与、阅读体验的理解。

4. 访谈调查小组

对复合阅读者展开深入访谈,探索其阅读行为转变的过程、原因,以及复合阅读对其产生的具体效用。

本阶段成果主要包括:

(1)《中国图书馆学报》发表论文《转向:全媒体时代青少年复合阅读图景》(2019年第2期)。该文被《中国图书馆学报》2019年英文版翻译转载,向国际推介。

(2)《图书情报知识》发表"全媒体环境下的复合阅读"专题系列论文(共三篇,2019年第3期)。

(3)《图书馆论坛》"面向阅读推广的阅读社区研究"专题系列论文(共三篇,2017年第6期)。

(4)学术海报"Adolescents Behavior of Hybrid Reading in the Omni-media Ear"在ISC2019(International Symposium of Children Reading, Learning and Empowering)国际会议获优秀学术海报一等奖。

(三)第三阶段:策略研究阶段

课题组于2017年6月—2019年6月完成第三阶段工作,主要达成四个工作目标:梳理阅读推广实践路径、提出适应于复合阅读的阅读推广策略、调查我国图书馆阅读推广现状、提出改进对策。

1. 国内案例调查小组

国内案例调查小组采取了由点及面的方法展开案例调查工作。一方面,对深圳市图书馆、国家图书馆、深圳市少年儿童图书馆、重庆大学图书馆、广州市图书馆、铜陵市图书馆、敦煌市图书馆等馆展开实地调查,展开针对性案例分析。另一方面,对2018年、2019年"4·23"世界读书日各类图书馆阅读推广活动展开分类研究,形成对我国图书馆阅读推广实践的系统扫描和现状分析。

2. 国外案例调查小组

国外案例调查小组主要采取二手资料和网络一手资料相结合的方法

收集资料。主要对美、英、德等国家阅读推广优秀案例展开调查，分析其阅读推广活动中的促进活动参与策略、情境设计策略以及读书会组织策略。

3. 社会组织阅读推广案例调查小组

社会组织案例调查小组对薄荷阅读、有书、攀登读书会、熊猫书院等社会组织所开展阅读推广活动展开调查，剖析情境设计策略，并与图书馆阅读推广活动展开对比分析。

本阶段主要研究成果包括：

（1）《国家图书馆学刊》发表"2019世界读书日图书馆阅读推广系列调查"专题系列论文（2019年第6期，共五篇）。

（2）《图书馆论坛》发表"阅读推广：从个体关照到社会关照"专题系列论文（2020年第1期，共五篇）。

（3）《图书情报工作》（2018年第18期）、《大学图书馆学报》（2019年第4期）分别发表案例研究论文一篇。

（4）案例研究报告"面向复合阅读的服务渠道融合：基于深圳图书馆的案例分析"在首届图书情报案例大赛中荣获二等奖。

（四）结项阶段

2019年6—9月完成结项工作，主要包括研究内容整合、研究内容修订、结项专著排版、结项书撰写等工作。

第四节　关于本书的说明

（一）本书内容

本书是在项目已发表的阶段性成果基础上修改补充完成的。全书共分为上、中、下三篇，共包括十二章内容。

上篇　现状研究

第一章　绪论

第二章　阅读学与阅读行为研究

第三章　复合阅读：全媒体时代的新型深阅读行为

第四章　青少年复合阅读行为现状调查

中篇　机制研究

第五章　全媒体环境下的阅读渠道选择

第六章　复合阅读中的阅读参与

第七章　复合阅读的效应研究

第八章　阅读社区与阅读行为

下篇　实践探索

第九章　融合式阅读推广：面向复合阅读的阅读推广策略构建

第十章　融合式阅读推广的情境设计

第十一章　融合式阅读推广的渠道设计

第十二章　我国图书馆阅读推广案例调查与分析

（二）本书各章撰写情况

本书各章撰写情况如下：

第一章由李桂华撰写。

第二章由李桂华、汪力、宁璐嘉撰写。

第三章由李桂华、李凡捷撰写。

第四章由李桂华、刘静、龙心竹撰写。

第五章由刘澈、李桂华撰写。

第六章由宁璐嘉、李桂华、谢艾玲撰写。

第七章由黄琳、李桂华撰写。

第八章由李桂华、冯亚飞、黄琳、樊舒撰写。

第九章由李桂华、李迎春、姜晓、樊伟、于姝撰写。

第十章由李桂华、朱馨叶、刘先瑞、宁璐嘉撰写。

第十一章由林思妍、黄琳、李桂华撰写。

第十二章由黄琳、张瀚东、范九江、任运月、李桂华撰写。

另外，蒋子可、黄琳、张瀚东、范九江、任运月、朱馨叶等同学参与了书稿排版和校对工作。

（三）本书的创新之处

本书深入全媒体时代的现实阅读情境，面向深阅读过程建构问题对复合阅读行为这一快速发展的新阅读现象展开探索，为阅读行为和阅读推广研究开辟了新的研究空间。

第一，本书认为，当前阅读危机本质是深阅读危机，因而在解构全媒体时代的新型深阅读过程基础上厘清阅读推广的历史方位，理解阅读行为研究的现实语境，进而梳理阅读行为研究脉络和概念体系、探寻阅读行为研究意义，并通过实证研究形成了系统的复合阅读行为理论。这种面向深阅读过程建构问题解决的研究路径实现了当前阅读行为和阅读推广在研究空间上的突破。

第二，本书将复合阅读行为各阶段视为一个整体，从行为过程和行为情境角度综合观察，实现了阅读行为研究对象和研究视角的创新。

新技术环境带来的阅读行为嬗变已引起大量关注，但当前相关研究更关注新技术环境下的阅读，特别是数字阅读、移动阅读等。本书则认为，进入全媒体时代，媒介之间的融合互补、无缝连接使人们能够充分利用线上渠道和线下渠道各自优势，并发展出了"复合阅读"这一新型深阅读行为。本书对"复合阅读"这一概念的提取和相关现象的观察体现了一种"整体观"，而对"复合阅读"的系统研究为通过阅读推广研究介入当前阅读行为转变提供了新的理论依据。

第三，本书采用社会认知理论构建复合阅读行为研究逻辑，比之当前以理性选择理论为主导的阅读行为研究实现了研究思想上的突破。

本书发现新技术环境下的阅读行为研究多以理性选择理论为主导，但事实上，今天阅读行为的转变是个体、行为、环境相互作用的结果，因此，本书采用社会认知理论来梳理研究逻辑，并以其为基础观察复合阅读行为形成机理，实现了阅读行为研究思想的创新。

第四，本书面向复合阅读行为进行融合式阅读推广模式建构，实现了阅读推广观念和推广路径的创新。

阅读推广是干预式、介入式的服务活动，是面对环境变化带来挑战的一种解决方案。传统的深阅读遭遇挑战，新的深阅读正在确立。本书认为，混沌状态正是酝酿新思想的契机，应当从"如何应对新科技对深阅读的冲击"转变到"如何利用新科技塑造新型深阅读"。基于这一思想，本书在充分探索全媒体环境下复合阅读行为特征、规律的基础上从"应然"角度构建策略，提出融合式阅读推广模式这一概念，并从"实然"角度阐明其现实性，通过丰富的案例研究阐明实现融合式阅读推广的方式、方法，从而实现了阅读推广实践策略的创新。

第五，本书以现象学为基础，按照混合研究思路，运用扎根理论、访谈研究、内容分析等多种研究方法夯实研究基础，实现阅读行为研究

上篇 现状研究

方法创新,并进一步推动阅读推广研究方法体系丰富化、科学化。

本书采取基于阅读行为研究的阅读推广策略提出的研究路径,通过多种观察方法从"现象"中抽象复合阅读行为相关理论。其中既包括通过大样本问卷调查来扫描全媒体时代的阅读行为现状,又包括通过网络志等质性研究探索阅读行为转变背后的深层次原因。混合研究的思路使得各源流数据相互印证,使研究发现具有了扎实的逻辑基础。本书通过混合研究方法对阅读行为展开深入观察进而构建阅读推广理论的具体研究操作具有一定的创新性。

第二章 阅读学与阅读行为研究

社会阅读环境的变化,图书馆的阅读服务变革,开展阅读推广遇到的种种问题,这些都要求展开对阅读问题的系统研究。从阅读学研究中汲取营养,探寻阅读行为规律,成为当前我国图书馆阅读推广研究的一项重要任务。

本章将完成对阅读学研究成果,尤其是阅读行为研究成果的系统梳理。首先,扫描现有国外阅读学成果,构建热点知识图谱、前沿知识图谱、聚类图谱,梳理图书馆学在阅读学领域的研究进展;其次,观察阅读行为研究演进过程,归纳阅读行为研究导向;最后,揭示阅读行为研究的核心学术概念,构建概念框架,并结合我国阅读推广研究中的理论缺位情况,提出本书阅读行为研究思路。

第一节 阅读学研究格局与变迁

一 图书馆学与阅读学

阅读学与图书情报学具有紧密的学科联系,甚至阅读被认为是图书情报学的学科基础之一[1],这源于图书馆与阅读之间的天然联系。1883年,图书馆学的开创者之一——麦维尔·杜威在哥伦比亚学院创办第一所图书馆学院时提出图书馆学有四方面教学内容,"阅读之学"正是其

---

[1] Taylor J. B., *When Adults Talk in Circles: Book Groups and Contemporary Reading Practices*, Ann Arbor: ProQuest, 2007.

中之一。① 其实，图书馆所从事的利用文献资料交流知识、分享社会信息的活动，本身就是一种教育现象②，图书馆的这种教育性，让其与阅读密不可分。但图书馆所肩负的阅读教育使命作用方式与学校有所不同，图书馆通常是通过阅读对象的选择、阅读环境的提供、阅读活动的举办等方式来激发阅读兴趣、实现阅读教育。因而，欧美等国一些高校图书情报学专业课程体系中会包含"青少年阅读"等相关课程，不少学者也致力于相关研究。然而，美国图书馆历史学家 Wiegand 认为，鉴于阅读学对图书馆学研究有着重要意义，图书情报领域对其的重视远远不够。③ 反观我国图书情报学领域，这一点问题尤为突出，我国图书情报学专业教育中通常没有将相关知识纳入教育内容，更没有设置相关课程。阅读学理论和相关知识的缺乏影响着对我国阅读推广工作的深入开展。

基于此，本节将基于知识图谱技术对国外阅读学成果进行系统梳理，以期通过对阅读学研究格局的扫描，为分析其知识营养提供基础。

二 分析资料来源

本书以 Web of ScienceTM 为数据来源，对 *Reading Research Quarterly*、*Reading Teacher*、*Journal of Adolescent & Adult Literacy* 三本阅读学学术期刊 2006—2016 年刊出的 1277 篇期刊论文信息展开分析。之所以选择这三本期刊的论文文献作为数据源，是因为它们具有权威性、代表性和较强学术影响力。

首先，三本期刊具有权威性。上述三本期刊为阅读学的成立标志——国际阅读协会（ILA）所主办的历史最悠久、审核难度最高的三本专业性学术期刊，其刊载的文献与阅读有着明显的关系。

其次，三本期刊高产阅读学研究成果，且被引率高。此三本期刊影

---

① 周亚：《麦维尔·杜威图书馆学教育思想的形成与演变》，《中国图书馆学报》2017年第6期。
② 邵森万等：《论图书馆的基本属性》，《图书馆学研究》1985年第3期。
③ Wiegand W. A., "Out of Sight, Out of Mind: Why don't We Have any Schools of Library and Reading Studies?", *Journal of Education for Library and Information Science*, 1997, 38 (4): 314-326.

响因子数值高，高产阅读领域高被引的研究文章。据 Web of Science 的 Journal Citation Reports（JCR）显示 *Reading Teacher* 的期刊影响因子指数为 0.748（2014）、0.697（2015），*Journal of Adolescent & Adult Literacy* 的指数为 0.674（2014）、0.716（2015），其中 *Reading Research Quarterly* 的期刊影响因子指数最高，分别高达 2.884（2014）、2.087（2015），同时此三本期刊的引文数据完整，数据具有可控性。

最后，此三本期刊在阅读领域具有代表性。早在 30 多年前，不列颠哥伦比亚大学教授 Edward G. Summers[①] 即使用期刊引文分析法，以四本阅读学期刊 *Reading Research Quarterly*、*Reading Teacher*、*Journal of Reading*、*Journal Reading Behavior* 为基础，寻找其各自的延伸数据以构建期刊集群，通过分析期刊间的引证关系，得出当时阅读学领域的主题趋势和学科划分，这体现了这四种期刊对阅读学研究的代表性。其中 *Journal Reading Behavior* 现已停止发行，故本书只选择前三本期刊为数据来源（20 世纪 90 年代 *Journal of Reading* 已更名为 *Journal of Adolescent & Adult Literacy*[②]）。

我们借助 Citespace 软件绘制知识图谱，并展开定量分析。首先，采用关键词共现分析法和词频统计工具分析了国外阅读领域近十年的研究热点，展示国外阅读研究的趋势与特点；其次，在文献共被引分析的基础上，使用突现词检测法分析国外阅读领域的研究前沿，以把握当前的阅读研究和未来研究方向；最后，进行期刊共被引分析，归纳国外图书馆学的阅读研究特点。

三　国外阅读研究图谱分析：热点与前沿

（一）国外阅读研究热点图谱分析

1. 热点图谱

关键词是对文献内容高度凝练后的概念语词，一定时空范围内的关

[①] Edward G. S., "A Review and Application of Citation Analysis Methodology to Reading Research Journal Literature", *Journal of the American Society for Information Science*, 1984, 35 (6): 332–343.

[②] Wikipedia, "Journal of Adolescent & Adult Literacy", https://en.wikipedia.org/wiki/Journal_of_Adolescent_%26_Adult_Literacy, 2017 年 3 月 13 日。

键词出现频次和该范围内的研究热度成正比，故在一定时空范围内，呈上升趋势的高频关键词一定程度上可被视为该领域、该时期内的研究热点。[1] 在 Citespace 所绘制关键词共现图谱里，每个圆圈形成一个节点，每个节点为一关键词，节点间的连线代表着关键词之间的共现关系（不同词在同一篇文献中同时出现），连线越粗，共现关系越强烈，则关键词所反映的主题内容越接近，这有利于归纳并总结研究热点的主题概念，而节点所占面积则反映着关键词的频次，套有紫粉色圈层的节点，代表着重点关键词。（因为其中心性高于 0.1，与网络中的其他节点关系甚密，对临近节点有重要影响，有"枢纽"作用，且自身出现频次极高[2]。）

故此，为对上文中的 1277 篇文献进行热点分析，本书使用了关键词共现分析法，同时借助软件内置的词频统计工具，剔除非实义词汇，来制作并分析了三本核心期刊的关键词共现知识图谱与高频关键词表。

本书使用 CiteSpace5.0.R1.SE.9.4.2016 版本知识图谱分析软件，在新建 project 中，为使图谱更清晰，圈层分明，将 Link Retaining Factor/Look Back Years 设置为 8（经反复图谱绘制实验后，此数值状态下的图谱展示数据最清晰），并在分析的时间设置（Time Slicing）上选为 2006 年到 2016 年，且每 2 年一个片段，共分为 5 个片段。网络节点类型（Node Type）选为"keyword"，并将术语类型（Term Type）选为"Noun Phrases"，设置相应的阈值和算法，具体为"g – index（k = 5），strength – Cos，Scope = within slices"，修正算法选择最小生成树法（Minimum Spanning Tree）并修剪混合网络（pruning the merged network），其他选择保持默认状态，开始图谱绘制。

三本期刊近十年的研究热点知识图谱如图 2 – 1 所示。在图谱中，共现关系十分强烈的节点会自动聚为一团，代表着关键词间具有密切的联系，集中反映着同一个主题，如图中 "childhood" "adolescence" "early Adolescence" "adolescent" 等便因共现关系过强而聚成一类，共

---

[1] 赵健保：《Citespace 可视化流程与分析范式研究》，《知识经济》2014 年第 16 期。
[2] Freeman L. C., "Centrality in social Networks Conceptual Clarification", *Social Networks*, 1979, 1 (3): 215 – 239.

同指向"青少年研究"主题。图中节点越大表示关键词出现频次越高，外圈层颜色最深的节点因其中心性高而代表着重要关键词，如"comprehension""strategy""literacy"等。借助词频统计工具，将关键词按词频排列，剔除中心性为0的词以及非实义词汇后，词频达46次以上的关键词共计31个，结果如表2-1所示。

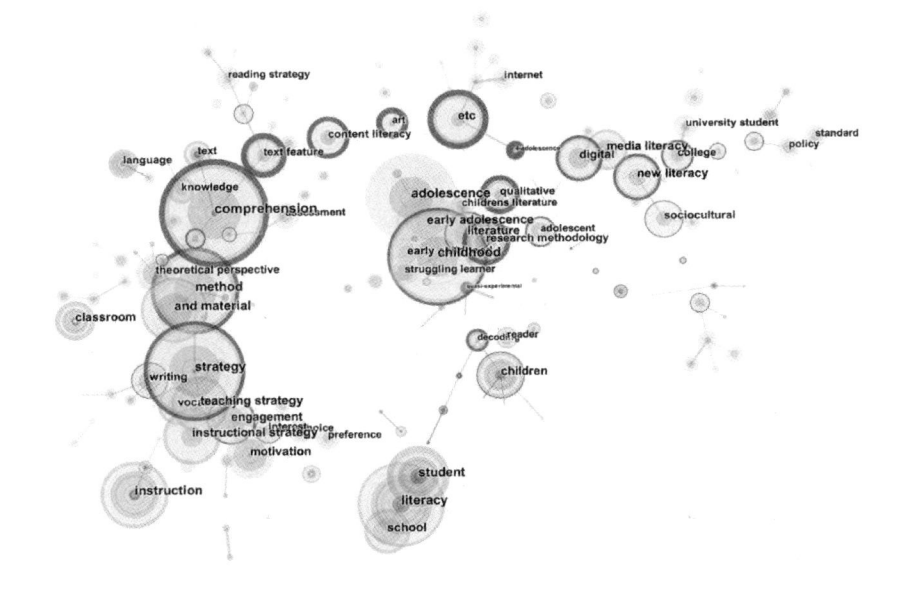

图2-1 阅读领域的研究热点知识图谱

注：节点越大表示关键词出现频次越高，节点所套圈层颜色深意味其中心性高，即代表着重要关键词。

表2-1　　　　　　　　近十年来阅读研究的高频关键词

排名	频次	中心性	首现年份	关键词
1	174	1.08	2006	Comprehension（理解）
2	163	0.66	2006	Strategy（策略）
3	161	0.53	2012	Childhood（童年）
4	155	0.02	2012	Adolescence（青春期）
5	152	0.05	2006	Literacy（读写能力）
6	137	0.79	2012	Method（技巧）

续表

排名	频次	中心性	首现年份	关键词
7	115	0.09	2006	Student（学生）
8	104	0.05	2012	Early adolescence（青春期早期）
9	101	0.07	2012	Teaching strategy（教学策略）
10	99	0.02	2012	Instructional strategy（教学策略）
11	86	0.07	2006	Motivation（动机）
12	85	0.02	2007	School（学校）
13	84	0.11	2006	Children（儿童）
14	81	0.3	2008	Engagement（参与）
15	75	0.48	2012	New literacy（新的读写能力）
16	74	0.34	2012	Literature（文学）
17	74	0.51	2012	Digital（数字的）
18	71	0.07	2008	Vocabulary（词汇）
19	71	0.09	2012	Theoretical perspective（理论观点）
20	66	0.86	2012	Research methodology（研究方法论）
21	64	0.18	2012	Sociocultural（社会文化）
22	62	0.13	2012	Writing（写作）
23	60	0.99	2012	Content literacy（内容素养）
24	60	1.08	2012	Text feature（文字功能）
25	56	0.07	2006	Knowledge（知识）
26	53	0.86	2012	Qualitative（定性的）
27	50	0.24	2012	College（大学）
28	48	0.05	2012	Assessment（评估）
29	48	0.26	2009	Adolescent（青少年）
30	46	0.05	2012	Struggling learner（学习困难者）
31	46	0.07	2006	Reader（读者）

同时借助软件内置的词频统计工具，将关键词按词频排列，剔除中心性为 0 的词以及虚词等非实义词汇后，保留词频达 40 次以上的关键词共计 36 个，具体词汇如表 2-1 所示。

根据高频关键词表显示，阅读研究所涉及的学科非常广泛，跨学科特征鲜明。表 2-1 中词汇分别映射着不同的学科领域，如 Writing（写作）、Literature（文学）、Vocabulary（词汇）属于语言文学领域，Motivation（动机）、Engagement（参与）、Comprehension（理解）属于心理学领域，Sociocultural（社会文化）属于社会学领域，不少词汇还具有交叉学科背景如 Knowledge（知识）、Digital（数字的）等，这与 Edward G. Summers 所提出的"阅读是一个独特的跨学科性质十分浓厚的学术研究领域"[①] 的论述十分契合。而从热点图谱可知，学生（Student）、学校（School）、动机（Motivation）、教学策略（Instructional strategy/Teaching strategy）、倾向（Preference）等关键词节点大且彼此之间有紧密而丰富的联系，揭示了教育学领域在阅读研究上自成一派，成为近十年的研究热点中最重要的关键族群。

知识图谱和高频词表共同彰显了这十年来国外阅读研究热点的以下特征：

第一，以阅读理解为研究核心。在图 2-1 中"Comprehension"是最大的节点，表明十年来学者们始终将目光锁定在"理解"的问题上，出现这一明显特征是对"多数读者阅读是为了获得知识感悟"[②] 现实的回应。此主题下国外的研究成果多为实证研究，常构建相应的模型，采用实验的方式来探索特定人群阅读理解与创作能力的影响因素及其作用机制。此方面的成果常常推动着学校、图书馆等阅读教育与活动的革新。

第二，强调阅读干预/指导的作用。技巧（Method）与策略（Strategy）是与理解（Comprehension）共现频率较高的重要关键词，显示阅读研究者在对理解进行研究的同时，通常会回归到技术、方法层面，寻找解决方案。细读文本发现，研究者们在设计不同的阅读干预策略和指导方案时，常以阅读素材为切入点。由于技术策略的大量涌现，研究者们也意识到了概念梳理与界定的必要性，如 Afflerbach 便探讨了术语 Reading Skill 和 Reading Strategy 的现状与历史用途，厘清其定义并描述其异同关联，启发了学界对技能培养、策略教学的再思考，强调了阅读干预/指导的意义。[③] 此方面成果的兴起从一定程度上反映了近十年来，国外阅读研究领域所重点解决的是阅读方法与实际操作上的问题，基础

[①] Summers G. S., "A Review and Application of Citation Analysis Methodology to Reading Research Journal Literature", *Journal of The American Society for Information Science*, 1984, 35 (6): 332-343.

[②] Olinger H. C., "Reading Aim and Reading Method", *The Modern Language Journal*, 1931, 15 (7): 501-508.

[③] Afflerbach P., et al., "Clarifying Differences between Reading Skills and Reading Strategies", *Reading Teacher*, 2008, 61 (5): 364-373.

理论次之。

第三,侧重青少年阅读研究。共现网络中还有童年(Childhood)、青春期(Adolescence)、青春期早期(Early adolescence)、儿童期早期(Early childhood)等相交关键点,形成紧密的关键词族,可见近十年来关于青少年儿童阅读问题的研究成果颇多。细读文献可知,学者们主要聚焦在青少年的阅读教育方法与指导策略设计,以及青少年儿童内容媒介素养培养的问题上。此方面成果多为实证研究,在特定环境下,探索青少年儿童阅读要素(如阅读环境、阅读动机、阅读参与、阅读成就、阅读思考等)的具体特征和作用机制,并提出针对性的阅读改进方案。值得注意的是,此方面的研究多追求实用价值,即看重青少年读者的身体、心理、升学、职业等各方面的提升与发展。

2. 热点聚类图谱

我们又对图 2-1 的结果进行了聚类分析,具体操作是:以夹角余弦相似系数来进行相似性度量,通过 Log-likelihood Ratio(LLR)算法,选择标题术语(Title Terms)来做聚类标签,排除掉小型聚类结果,得出国外阅读研究的四个热点族群。

族群1:以提升学生读写能力的教学设计与实践为目标的研究。该族群以阅读技巧(Reading Skill)、教学策略(Teaching strategy)、教学策略(Instructional strategy)、教室(Classroom)、学校(School)等词为代表。此部分内容在整个阅读研究中占比最大,执笔者多为来自各地的教育界人士。该族群关注如何对学生进行阅读干预、阅读指导、实施阅读教育从而帮助学生成长的问题。其中学者们提出了许多如精读(Close Reading)、批判性阅读(Critical Reading)、编写应用程序(Coding App)、结构主义超音段音位法(Suprasegmental Phonology)等新型的阅读教学方法与趋势。[1][2] 需要注意的是,在该族群中,学者还重点关注着青少年儿童中弱势群体的个性发展、再创作能力培养等方面的内容,这里的弱势群体主要指阅读障碍者(Dyslexia)、学习困难者

---

[1] Schwanenflugel P. J., et al., "Becoming a Fluent and Automatic Reader in the Early Elementary School Years", *Reading Research Quarterly*, 2006, 41 (4): 496-522.

[2] Wilson D., "Training The Mind's Eye 'Brain Movies' Support Comprehension and Recall", *Reading Teacher*, 2012, 66 (3): 189-194.

(Struggling Learner)、阅读困难者（Struggling Reader）。所谓学习困难者，即有学习障碍，有强烈学习失败感的学习者[1]，阅读困难者同理。如 Dana E. Wright 等研究了一位阅读困难者长达七个月的阅读活动，观察其是如何在预先设计的参与式行动研究（PAR）项目中获得研究、写作和口头交流方面的技能的，从而寻找其读写能力发展的关键因素。[2] Graff 等则做了历时 8 个月，关于女性阅读困难者书本选择问题的定性研究（Qualitative, Book-Selection Study），在他看来阅读困难者不仅有在阅读理解能力上的困难者，还有在经济实力上的困难者，研究除了关注该群体的书籍选择行为、理念，还关注她们与书籍的交互过程及其阅读观念。[3]

族群 2：以数字阅读环境下相关素养的培养为目标的研究。该族群以数字的（Digital）、新读写能力（New literacy）、社会文化（Sociocultural）、信息文本（Informational text）等词汇为代表。面对数字阅读环境如何培养新的读写能力，媒介素养、内容素养、数据素养等，学者们做出了相应的思考，如 Jesse 讨论了读者应该具备怎样的批判性思维（Critical thinking）才能满足 21 世纪数字文本阅读的要求[4]；Hutchison 等探讨了小学老师们如何将 iPad 融入阅读教学中，以培养学生的数据素养与纸本素养。[5] Larson 则设计了一款协作式在线学习社区，通过分析学生自主分享的阅读反馈（如留言等），构建了适应新读写能力的素养指标体系。[6]

族群 3：服务于阅读理解的理论与方法论的研究。该族群以理解

---

[1] Wagner M. M., Blackorby J., "Transition from High School to Work or College: How Special Education Students Fare", *The Future of Children*, 1996, 6 (1): 103-120.

[2] Wright D. E., Mahiri J., "Literacy Learning within Community Action Projects for Social Change", *Journal of Adolescent & Adult Literacy*, 2012, 6 (2): 123-131.

[3] Graff J. M., "Girls as 'Struggling Readers': Delineating the Sociopolitical and Sociocultural Terrains of Books and Reading", *Reading Research Quarterly*, 2009, 44 (4): 357-359.

[4] Gainer J., "Critical Thinking: Foundational for Digital Literacies and Democracy", *Journal of Adolesscent & Adult Literacy*, 2012, 56 (1): 14-17.

[5] Hutchison A., et al., "Exploring the Use of the iPad for Literacy Learning", *Reading Teacher*, 2012, 66 (1): 15-23.

[6] Larson L. C., "Reader Response Meets New Literacies: Empowering Readers in Online Learning Communities", *Reading Teacher*, 2009, 62 (8): 638-648.

(Comprehension)、技巧(Method)、理论观点(Theoretical perspective)、策略(Strategy)、政策(Policy)等词为代表。此部分研究成果较少,其作品多为阅读领域的知识基础。如 Sinatra 等研究了科学学习中读者是如何在大脑中进行知识概念转换的,还探讨了读者从文本理解到产生兴趣的心理过程,构建了相应的阅读理解理论模型。① 值得注意的是,在该族群中不乏批判性成果,如 Moje 在其高被引文章中,主张在新媒体、新文本和新社交网络发展迅猛的今天建立学科文献导读系列课程(Disciplinary Literacy Instructional Programs),在为读者做指引的同时要相信读者能明智地质疑文本,反驳甚至创造知识,而不应像众多的先行研究那样,鼓励老师们做单向灌输式的阅读/写作能力教学。②

族群 4:青少年儿童阅读行为及心理分析。该族群以兴趣(Interest)、青春期(Adolescence)、童年(Childhood)、动机(Motivation)、心理的(Phonological)等词为代表。此部分成果被引频次总体偏高,偏向于心理学研究。如 Senn 调查了为何男孩子小时候往往缺乏阅读/写作动机的问题,并为教师设计了相应的方法让男孩积极参与阅读和写作③;Pitcher 等总结了以往关于青少年、小学生阅读动机的成果,发现青少年阅读动机的特点和作用力,从而创立了"未成年人阅读动机框架"(the Adolescent Motivation to Read Profile)来评估促进青少年读书的各种方式④;Gibson 介绍城市小说这种体裁的文献,探讨了美国非洲裔的青少年女孩会沉迷于这种体裁的小说的原因,就其动机、情感做了相应分析。⑤

---

① Sinatra G. M., Broughton S. H., "Bridging Reading Comprehension and Conceptual Change in Science Education: The Promise of Refutation Text", *Reading Research Quarterly*, 2011, 46 (4): 374–393.

② Moje E. B., "Foregrounding the Disciplines in Secondary Literacy Teaching and Learning: A Call for Change", *Journal of Adolescent & Adult Literacy*, 2008, 52 (2): 96–107.

③ Senn N., "Effective Approaches to Motivate and Engage Reluctant Boys in Literacy", *Reading Teacher*, 2012, 66 (3): 211–220.

④ Pitcher S. M., "Assessing Adolescents' Motivation to Read", *Journal of Adolescent & Adult Literacy*, 2007, 50 (5): 378–396.

⑤ Simone G., "Critical Readings: African American Girls and Urban Fiction", *Journal of Adolescent & Adult Literacy*, 2010, 53 (7): 565–574.

(二) 国外阅读研究前沿图谱分析

研究前沿的概念最早由 Price 提出,即被频繁引用的近期文章的动态聚类[①],Citespace 软件设计者则在众多前人研究的基础上认为,研究前沿表示的是正兴起的理论潮流和新涌现的主题。在操作上,Citespace 从导入数据的题目、摘要、叙词等文献的著录标识符里抽炼出的出现频率突然增加的专业术语(Burst Terms)来代表研究前沿,同时用于文献的聚类标注。[②] Citespace 的这种突现词检测法的优点在于,不管文章被引用次数的高低(或是否有足够多的引文使其在网络中展现),都能检测到突然涌现的专业术语,并在图示中显示出来。

我们使用 CiteSpace5.0.R1.SE.9.4.2016 版本知识图谱分析软件,在新建 project 中,将 Link Retaining Factor/Look Back Years 分别设置为 2 和 8(经反复图谱绘制实验后,此数值状态下的图谱展示数据最清晰),并将分析的时间设置(Time Slicing)选为 2006 年到 2016 年,且每 1 年一个片段,共分为 10 个片段。网络节点类型(Node Type)选为"Cited Reference",并将术语类型(Term Type)选为"突显术语"(Burst Terms),设置术语来源(Term Source)为"Title""Author keywords""Abstract""Keywords Plus",数据抽取对象(Selection Criteria)为"Top 50",并设置相应的阈值和算法,具体为"Strength – Cos,Scope = within slices",修正算法选择探索关键路径算法(Pathfinder)并修剪时区切片网(pruning sliced network),其他选择保持默认状态,开始图谱绘制。

形成文献共被引知识图谱后,以夹角余弦(Strength – Cos)相似系数来进行相似性度量,对图谱进行聚类,选定聚类标签为"Title Terms",使用 Log – Likelihood Ratio(LLR)算法对图谱结果进行自动标识,并在展示结果中剔除掉小型聚类结果,保留主要聚类结果,对图表进行美观度调整后,得出近十年来阅读领域研究前沿的时间线程图(见图 2 – 2),该图的横向直线代表着对应的突现词所持续的年份跨度。

---

① Price D. J. D.,"Networks of Scientific Papers",*Science*,1965 (149):510.
② 陈超美等:《CiteSpace Ⅱ:科学文献中新趋势与新动态的识别与可视化》,《情报学报》2009 年第 3 期。

值得说明的是，本图谱建立在文献共被引分析的基础之上，所使用的2006—2016年的1277篇文献，其引文不少发表于2006年以前，故研究前沿的时间线程超出了2006—2016年。

从聚类结果来看2006—2016年国外阅读学研究共产生了11个重要突现词，分别是流行文化（Popular Culture）、词汇指导（Vocabulary Instruction）、学习障碍（Learning Disability）、英语语言（English Language）、学科素养/读写能力（Disciplinary Literacy）、表演诗（Performance Poetry）、青少年态度测度（Measuring Adolescents Attitude）、在线研究（Online Research）、工作记忆（Working Memory）、新的读写能力/新素养（New Literacy）、反馈式指导（Responsive Instruction）、阅读历史小说图画书（Reading Historical Fiction Picturebook）。这些突现词分别代表着阅读学研究各个时期新涌现的主题与正兴起的理论趋势，整体上较好地反映了近十年阅读学领域的新视角、新理论、新技术，代表着阅读学的研究前沿。其中#7 在线研究（Online Research）和#9 新的读写能力/新素养（New Literacy）虽然出现最晚，但其时间线程持续至今，显示此二者为当前国外阅读研究的前沿主题。

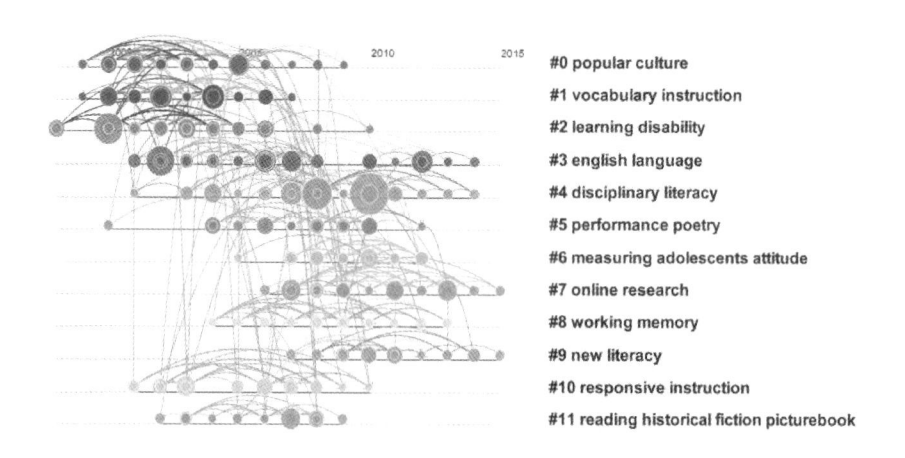

图2-2　国外阅读领域的研究前沿时间线程图谱

注：图中每条时间线上的大小节点都代表着一篇文献，节点圈层的尺寸由文献被引频次的高低所决定，圈层越大代表其越重要，圈层颜色深代表其为关键点，代表其在该聚类下占有重要地位的同时，与其他聚类之间的联系也很密切，节点与节点之间的连线代表着相应的引用与被引用的关系，横向直线代表着对应的突现词所持续的年份跨度。

1. 在线阅读研究

在线阅读研究的相关文献紧密地贴合着数字时代背景，相关研究者们注意到了互联网数字媒体环境下人们阅读方式的转变，重点讨论了线上阅读方式中，读者们的阅读行为、态度、效果、体验等阅读因素的变化与影响因素，这一点与前文梳理的热点特征相呼应。值得注意的是，该研究前沿的研究者们纷纷尝试着建立线上阅读/数字阅读评估体系，提出面向地区的政策参考意见，希望通过学术上的呼吁，使国家地方政府尽快建立健全相关标准法案；相关文献还批评了西方国家政府对新型阅读形式的忽视，在教育法规和具体指导建议上的缺失。如 Donald 等关注"在收入存在明显差距的背景下，人们线上/线下阅读方式和研究能力是否也存在着绩效差距"的问题，探讨了政策对阅读的影响，呼吁建立线上阅读的促进、保护、评估等方面的法规方案。[1]

2. 新读写能力/新素养研究

关于"新读写能力/新素养"的研究亦与新的阅读环境相呼应。从对应文献中可发现学者的研究思路和角度变得更加开阔和包容，一方面，学者们对阅读的认知已经从"获取纸本知识用于写作"的教学概念，升华到"了解并创造文化"的社会概念，就阅读与文化的关系进行了探讨；另一方面，相关学者有一个共识，即阅读的培养和教育应该走出课堂、走出学校、走出纸本作品。他们认为，图书馆、文化馆、博物馆等都该是阅读教育与阅读研究的重要阵地，现代一些非正式的（Informal）、非本地的（Nonlocal）、数字化的（Digitally mediated）阅读干预与指导实践都将有助于人们了解社会的动态阅读格局，促进全球文化的交融。另外，还有不少学者重点开展了网络阅读社区的研究（如论坛等），如 Kim 以一韩剧在线交流论坛为例，探讨该社区是如何成为多元文化学习（Multicultural Learning）动态空间的，其用户是如何阅读韩国文化并与他人进行对话的，以及他们是如何形成自我身份认同的，指出青年往往借助跨文化数字读写能力（Transcultural Digital Literacies）使用新技术新平台新媒体（包括在线平台），阅读并理解信息，构建自

---

[1] Donald J. L., et al., "The New Literacies of Online Research and Comprehension: Rethinking the Reading Achievement Gap", *Reading Research Quarterly*, 2014, 50 (1): 37-59.

己的多模态文本（Multimodal Texts）来学习、想象和创造跨越国界和传统文化边界的知识。①

四 国外阅读研究中的图书馆学成果

阅读领域是多学科交叉研究地带。早在 30 多年前，Summers 便曾厘清过与阅读研究关系最密切的四个学科，分别为心理学、教育学、语言学、图书馆与信息科学。② 在国内，于志涛等所分析的新世纪国际阅读领域重要学者，同样来自上述 4 个领域。③ 吴建华等采集了 SCI/SSCI/A&CHI 数据库收录的 2007—2016 年图书情报领域阅读研究文献，进行文本分析后发现：阅读行为是阅读研究领域中最受关注的热点。④ 也就是说，图书馆学同其他学科一道丰富并影响着整个阅读领域，而本书绘制的三种期刊共被引图谱（见图 2 - 3）中，#5 数字工具（digital tool）、#16 阅读理解（reading comprehension）、#11 读书会（book club）、#1 阅读过程（reading process）等聚类结果下，均能发现图书馆学者的身影以及图书馆学的研究。

细读这些图书馆学领域阅读研究文献，可以发现以下特点：

第一，强调图书馆的阅读教辅作用。学者们呼吁阅读的培养应该走出课堂、走出纸本作品，应将图书馆等地作为阅读教育与阅读研究的重要阵地。⑤ 他们认为，图书馆员是"第二课堂"的老师，应该担负着教会学生阅读、促进学生阅读的重要责任，其工作不只是图书的管理，如 Gavigan 便呼吁学校图书馆员们应该利用馆藏中的绘本等特色资源，训

---

① Kim G. M. , "Transcultural Digital Literacies: Cross – border Connections and Self – representations in an Online Forum", *Reading Research Quarterly*, 2015, 51 (2): 199 – 219.

② Summers E. G. , "A Review and Application of Citation Analysis Methodology to Reading Research Journal Literature", *Journal of The American Society for Information Science*, 1984, 35 (6): 332 – 343.

③ 于志涛、牟晓青：《新世纪国际阅读领域重要学者与研究主题演变》，《图书馆论坛》2017 年第 4 期。

④ 吴建华等：《国际图书情报领域阅读研究文献内容分析》，《图书馆论坛》2018 年第 5 期。

⑤ Kim G. M. , "Transcultural Digital Literacies: Cross – Border Connections and Self – Representations in an Online Forum", *Reading Research Quarterly*, 2015, 51 (2): 199 – 219.

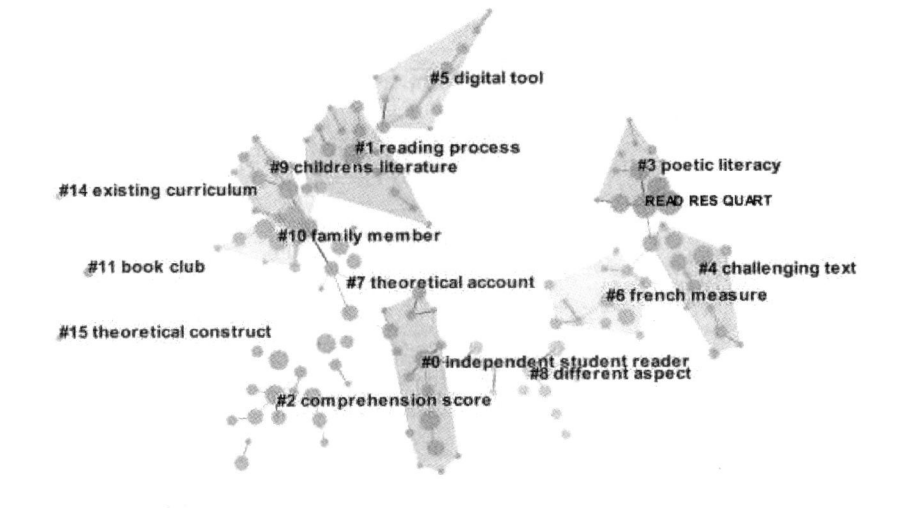

图 2-3　阅读领域的期刊共被引聚类图谱

练学生们的阅读方式、培养学生们的阅读能力[1]；McNair 为图书馆员设计了各类书籍的筛选标准，强调学校图书馆员优化馆藏要考虑到种族、阶级、残疾和宗教等众多因素，他还从内容分析、信息共享的角度，为图书馆员设计了一套新的阅读干预方法，以帮助学生们更好地享受阅读。[2] 除此之外，图书馆学界一度强调的信息素养（Information Literacy）、媒介素养（Media Literacy）、数据素养（Data Literacy）的培养，亦能在阅读研究中找到其踪影。如 Fockler 讨论了"约 870 万 4—12 年级的学生难以达到国家规定的阅读和写作能力水平"的现状，并为学校图书馆员和媒体专家们设计了一份指南，以便其在学校范围内开展信息素养、媒介素养等方面培养工作，提高学生的阅读理解能力和写作能力。[3]

---

[1] Gavigan K., Albright K., "Writing from behind the Fence: Incarcerated Youths and a Graphic Novel on HIV/AIDS", *Journal of Adolescent & Adult Literacy*, 2015, 59 (1): 41-50.

[2] McNair J. C., "We Need Mirrors and Windows: Diverse Classroom Libraries for K-6 Students", *Reading Teacher*, 2016, 70 (3): 375-381.

[3] Fockler E., "Research-Based Reading Strategies in the Library for Adolescent Learners", *Journal of Adolescent & Adult Literacy*, 2011, 54 (5): 388-390.

第二,主张以图书馆为青少年阅读研究的实验场。从事阅读研究的图书馆学学者同教育学、社会学学者们一同高度关注青少年儿童的阅读心理、情感、环境等要素,但与之不同的是,他们的焦点更侧重于青少年儿童在图书馆中的阅读行为及在图书馆的阅读体验,即学者们常从图书馆活动设计的角度出发,探索符合青少年儿童的新型阅读方式与学习观念。如 Abrams 等观察了青少年在学校内(纽约市某中学)外(公共图书馆)不同环境中的"层次能力"(Layer Literacies),研究了学生分析、理解并使用图书馆中线上/线下学习工具从而掌握知识的全过程,从而总结出当代青少年学习的特点以及知识分层的意义。[1] 此外,国外图书馆学者将读者"阅读兴趣"的研究提升到了"学习兴趣"的高度,这与图书馆的"终身学习之地"的使命身份相符。如 Vickery 研究了某公共图书馆的网页设计暑期讲习班中,学生们的兴趣驱动机制以及数字媒体素养、数字读写能力的获取过程,反思了图书馆在为读者提供阅读环境的同时,还应提供学习环境、学习活动的必要性[2];又如 Walker 等通过分析埃塞俄比亚儿童图书馆"用书带人,以书练就读写能力"的实践案例,探讨了图书馆员在读者阅读写作能力培养中的角色。[3] 值得注意的是,此方面的研究多为实验研究,而图书馆学的研究者们常以图书馆为实验地点,以学校、企业等地为参照,通过研究读者们在图书馆服务范围内的阅读兴趣和学习兴趣,探讨怎样设计图书馆的阅读推广活动。

第三,顺应图书馆的数字化服务变革。信息时代,技术成为图书馆和图书馆发展的重要驱动本质,图书馆学者也意识到了技术变革带来的阅读环境剧烈变化,与其他专业的阅读研究者和实践工作者一样,都在试图回答数字化阅读的一些基本问题,例如"怎样的阅读材料是有效""什么样的阅读方式更好""什么样的阅读环境更优"等。在图书馆学

---

[1] Abrams S. S., Russo M. P., "Layering Literacies and Contemporary Learning", *Journal of Adolesscent & Adult Literacy*, 2015, 59 (2): 131 – 135.
[2] Vickery J., "Youths Teaching Youths", *Journal of Adolescent & Adult Literacy*, 2014, 57 (57): 361 – 365.
[3] Walker, Anne B., "Giving Literacy, Learning Literacy: Service – Learning and School Book Drives", *The Reading Teacher*, 2015, 69 (3): 299 – 306.

学者从事的相关研究中，学者们常以阅读载体（打印/电子/App 等）和阅读材料（漫画/故事等）为切入点，如 Yokota 等注意到近年来图书出版业和儿童图画编辑行业在数字阅读时代发生的变化，重点讨论了儿童群体与他们所接触的阅读载体（纸本/数字）在互动性上的特征，并为图书馆等文献收藏与应用机构设计了数字图书评价标准和选择指标。[1] 值得一提的是，图书馆学学者们还就读者的数字化阅读行为过程进行了细致的观察和分析，为图书馆数字化服务变革提供用户研究层面的实证依据。如 Hutchison 等留意到图书馆学者们对青少年学生的在线阅读与创作活动高度重视，却对在线阅读的前景、偏好、所需技能知之甚少，因此研究了上千名四/五年级学生在数字化任务完成活动中其感知、偏好和技能背景差异，为图书馆开展数字阅读活动提供参考。[2]

第四，设计阅读促进计划并探讨阅读活动评估方案。随着碎片化、功利性、快餐式阅读的兴起，许多国家陆续地从提升国民阅读兴趣，提高国家文化竞争力的高度发起阅读推广活动，学者们也纷纷从图书馆服务实际出发，通过设计或引进新颖的阅读计划与活动来促进读者阅读，改善地区"文化贫瘠"状况。如 Lane 等介绍了一种图书馆阅读推广方案——"陪读狗计划"（Canine - Assisted Reading Programs，部分图书馆更其名为 Reading Dog Program），并分析了一些图书馆的成功应用案例。[3] 而且该阅读促进计划近年来被学者们反复研究和改进，如 Roux 等验证了低年级学生使用该计划后的阅读效率、准确性、理解力上的变化[4]，Fung 从阅读障碍群体出发补充了使用该计划理由和注意事项[5]。

---

[1] Yokota J., Teale W. H., "Picture Books and the Digital World", *Reading Teacher*, 2014, 67 (8): 577 - 585.

[2] Hutchison A. C., et al., "What are Preadolescent Readers Doing Online? An Examination of Upper Elementary Students' Reading, Writing, and Communication in Digital Spaces", *Reading Research Quarterly*, 2016, 51 (4): 435 - 454.

[3] Lane H. B., Zavada S. D. W., "When Reading Gets Ruff Canine - assisted Reading Programs", *Reading Teacher*, 2013, 67 (2): 87 - 95.

[4] Roux M. C. L., et al., "The Effect of an Animal - assisted Reading Program on the Reading Rate, Accuracy and Comprehension of Grade 3 Students: A Randomized Control Study", *Child & Youth Care Forum*, 2014, 43 (6): 655 - 673.

[5] Fung Suk - chun, "Canine - assisted Reading Programs for Children with Special Educational Needs: Rationale and Recommendations for the Use of Dogs in Assisting Learning", *Educational Review*, 2016 (9): 1 - 16.

同时学者们还不忘对各式的阅读活动计划进行评估，反复验证其合理性，确认其在特定地区场合的适用性。如尼泊尔在十年前便开展了"尼泊尔农村教育与发展（阅读）计划"[Rural Education and Development（Read）program]，该计划旨在通过创建社区图书馆来解决尼泊尔文盲率高的问题，美国密歇根大学教授 Neuman 的团队在国际阅读协会（ILA）的赞助下，对这一计划进行了评估。①

五 小结

梳理上述国外阅读领域研究特点，有以下特点值得我国阅读推广领域研究者思考：

第一，阅读行为研究既是阅读领域研究的核心领域，也是策略研究的基础。我们可以看到，当前阅读领域研究中，阅读行为研究是其重要构成，通常以阅读心理学理论知识的运用为基础，基于对阅读行为相关变量的深入观察来探测策略干预的效果，因而，阅读行为观察已成为策略研究型阅读领域研究的学术基础。

第二，课堂环境下的阅读研究较多，日常环境下的阅读研究相对缺乏。当前阅读领域研究以教育学成果为主，而教育学领域阅读研究倾向于对课堂环境的阅读教学研究，但事实上，家庭环境、社区环境下的自主阅读对阅读习惯养成尤其重要，而现有相关研究相比课堂环境阅读研究而言比较缺乏。

第三，对阅读变化以及新阅读的关注是当前焦点研究问题。各学科阅读研究者均对线上阅读、新阅读素养表现出极大的研究热情，而这部分研究往往以阅读行为观察为基础，以探求全民阅读对应策略为目的，体现了理论观照与现实观照的结合。

第四，图书馆学学者是阅读领域的重要研究力量，而且具有自己独特研究视角。图书馆学者关注社会情境下的阅读行为和阅读习惯养成问题，关注数字阅读行为的观察，关注阅读促进策略及其评估，以阅读行为为中心展开阅读促进策略研究已成为其鲜明特色。

---

① Neuman S. B., et al., "When I Give, I Own: Building Literacy through Read Community Libraries in Nepal", *Reading Teacher*, 2008, 61 (7): 513-522.

第二节 阅读行为研究演进

一 阅读行为的界定

根据对国外阅读研究的观察,阅读行为是阅读学领域的基础命题也是核心命题,而图书馆学界对阅读的研究通常是以阅读行为为中心,策略型研究通常也是在阅读行为观察中发现问题,并以促进阅读行为为策略目标和评测标准。也就是说,对阅读行为持续关注和深刻了解是图书馆阅读推广深入发展和创新的重要基础。探索阅读行为发生、发展的过程和规律,了解其影响因素,有利于图书馆以读者为导向构建阅读推广策略,提高推广效率和质量。随着媒介环境的变迁,新阅读行为应运而生,并引起越来越多学者的研究兴趣,在此之际,梳理阅读行为研究成果、发现其趋势和脉络有助于我国图书馆学界阅读推广研究的科学开展。

阅读行为涉及学科范围广,对其的界定观点各异。部分学者在研究中甚至将阅读行为的范畴扩大等同于阅读,这使对阅读行为的理解更加广泛。李新祥[1]认为,可以将国内外阅读(行为)相关定义归纳为解释说、沟通说、改写说、构造说、显现价值说、接受信息说、思考说、广义说8类,阅读行为理解观点繁多,由此可见一斑。众学者具体如何阐释阅读行为,在此不一一赘述。本书借鉴和融合学者们对"行为"和"阅读"的解释,认为可以对阅读行为做如下定义:狭义地来讲,阅读行为是读者对由视觉输入的语言文字符号的信息进行解码进而认知并产生意义的过程中具体表现出来的行为;广义上说,阅读行为是读者在获取、选择、阅读、评价阅读对象过程中所产生的行为活动以及相关的心理反应。

二 国内外阅读行为研究演进

(一) 国外阅读行为研究演进

阅读行为属于跨学科研究领域,被社会学、教育学、图书馆学、传

---

[1] 李新祥:《数字时代我国国民阅读行为嬗变及对策研究》,博士学位论文,武汉大学,2013年。

播学、出版学等各学科当作研究对象，但其基本思维框架来自心理学，尤其是行为心理学和认知心理学。

在国外图书馆学学术领域，阅读行为研究一直被作为阅读研究的核心问题展开，我们将相关研究分为三个阶段：第一阶段（20世纪80年代前）是对阅读行为基本构成要素的深入探讨，阅读动机、阅读兴趣、阅读偏好、阅读习惯、阅读效率、阅读态度、阅读参与等重要阅读行为概念在这一阶段得以构建；第二阶段（20世纪80年代至20世纪末）主要关注不同人群的阅读行为差异性，大量研究者对青少年、妇女等特定人群的阅读行为特征展开实证分析；第三阶段（21世纪初开始）则聚焦在新的阅读环境、阅读工具、阅读服务策略与阅读行为的相互作用。

随着阅读行为研究深入，各学科的研究界限日渐消解，进入数字时代，数字阅读更成为共同话题，而相关观点也随着实践环境的改变悄然改变。早期对数字阅读的认识以负面评价为主，有不少研究证明屏幕阅读与纸上阅读的信息加工过程有差异，发现人们屏幕阅读比纸阅读速度更慢，更不精确，更难理解[1]；进入21世纪，一些研究发现，屏幕阅读者更多的时间会花在浏览、扫描、关键词点读、一次性阅读、非线性阅读上，花在深度阅读和精读上的时间减少，持续注意力也会减少。[2]但是近年越来越多中性观点甚至积极观点出现。如 Eden 和 Eshet－Alkalai 指出今天的年轻读者阅读数字文本与阅读纸质书一样熟练，因为数字阅读已经成为他们的日常行为[3]；Prensky 发现[4]，作为"数字原住民"的儿童越来越依赖数字媒体的应用，这导致他们的大脑组织结构会与属于"数字技术移民"的成人有所不同；Grzeschik 等通过实验研

---

[1] Dillon A., "Reading from Paper Versus Screens—A Critical－review of the Empirical Literature", *Ergonomics*, 1992, 35（10）: 1297－1326.

[2] Liu Z., "Reading Behavior in the Digital Environment", *Journal of Documentation*, 2013, 61（6）: 700－712.

[3] Eden S., Eshet－Alkalai Y., "The Effect of Format on Performance: Editing Text in Print Versus Digital Formats", *British Journal of Educational Technology*, 2013, 44（5）: 846－856.

[4] Prensky M., "Digital Natives, Digital Immigrants", *Horizon*, 2001, 9: 1－6.

究发现①,数字环境下可能给阅读率和阅读精力集中度带来负面影响的不是电子阅读设备,而是个体的阅读行为本身以及文本的性质;Peters认为,在线阅读和云阅读的增长正在实时创造读者在线社群,唤起读者和作者交流的兴趣,所以,读者是有弹性和创造力的,应该担心的不是阅读的衰减、边缘化,而是图书馆员的发展路径以及阅读的异化问题②;Chen等通过实验研究发现,利用在线协同阅读系统进行阅读在理解清晰度、推理效果、阅读策略应用等方面均显著优于传统的"纸质阅读+面对面讨论",而且在增进阅读态度方面也体现出显著优势。③

基于此,越来越多学者提出需要进一步研究数字环境下阅读行为的改变问题,主张帮助读者尝试各种新阅读体验。如,Wolf 和 Barzillai 认为,为促成在线阅读的深度理解,应对网上深度阅读的过程构建加以研究④;Shabani 等指出,对阅读行为变化研究有助于提高阅读推广针对性和有效性⑤;而 Peters 则指出,今天的读者有机会获得更多权力控制自身的阅读体验,但这一过程势必需要面临一些挑战,图书馆应帮助用户克服这些挑战,也应该鼓励,甚至支持和帮助读者进行各种阅读尝试⑥。

(二) 国内阅读行为研究格局

国内图书馆学阅读行为研究起步较晚,一般与信息资源建设、阅读推广等话题相重叠,成果主要集中在三个方面:国民阅读现状和倾向研究、不同人群(大学生、老年人、农民工等)阅读行为特征研究、数字阅读行为(包括移动阅读、网络阅读、社会化阅读等)研究等。

近年也有大批国内学者关注数字时代读者的阅读行为转变,尤其是

---

① Grzeschik K., et al., "Reading in 2110 – reading Behavior and Reading Devices: A Case Study", *The Electronic Library*, 2011, 29 (3): 288 – 302.

② Peters T., "The Future of Reading", *Library Journal*, 2009, 134 (18): 18 – 22.

③ Chen G., et al., "A Comparison of Reading Comprehension Across Paper, Cmputer Screens, and Tablets: Does Tablet Familiarity Matter?", *Journal of Computers in Education*, 2014, 1 (2-3).

④ Wolf M., Barzillai M., "The Importance of Deep Reading", *Educational Leadership*, 2009, 66 (6): 32 – 37.

⑤ Shabani A., et al., "Reading Behavior in Digital Environments Among Higher Education Students: Analysis of Demographic Factors in Iran", *Library Review*, 2011, 60 (8): 654 – 657.

⑥ Peters T., "The Future of Reading", *Library Journal*, 2009, 134 (18): 18 – 22.

数字时代的"浅阅读"和"功利性阅读"问题。袁曦临等发现相比纸质阅读，数字阅读更倾向于跳读和略读，数字阅读对于复杂信息的认知加工效果略差，长期记忆表现逊于纸质阅读，内化阅读材料的能力较弱①；李武等发现互动性需求已成为大学生移动阅读的动机之一②；王余光、汪琴认为，文本的多元化发展，使人们对阅读文本的选择倾向更趋于分散和多元化③；刘德寰等指出，数字化时代读者的阅读主体、阅读载体、阅读内容、阅读方式、阅读时间等方面都发生了变化，目前学界缺乏对这些变化的系统而深入的研究。④

对此，韩立红认为，阅读革命的积极意义表现为阅读功能的进一步拓展，阅读逐渐成为一种交流方式、交往方式、工作方式、休闲方式、生活方式，甚至成为新的生存方式。⑤ 王佑镁指出⑥，目前阅读推广应与变化中的阅读行为结合，系统分析媒介融合发展态势等移动互联网时代跨媒体阅读的O2O特质。

尽管国内图书馆学者均认同阅读行为研究是阅读推广的重要基础，但该领域研究仍存在以下问题：

第一，相较于国外图书馆学的阅读研究多以行为学为起点，国内阅读研究则多以社会学为起点，更关注整体格局及社会影响，对行为学相关理论体系缺乏系统引进和深入应用，更缺乏对认知问题的探究。

第二，国内阅读行为研究以描述性研究为主，鲜有的解释性研究也主要以理性主义选择理论为基础，面对全媒体环境下更富于社会性的阅读行为缺乏解释力，对阅读推广创新指导有限。

第三，国内现有数字化阅读研究更多是将各阅读行为环节作为独立研究对象，特别是将线上阅读与线下阅读割裂来观察，缺乏对新型阅读

---

① 袁曦临等：《纸质阅读与数字阅读理解效果实验研究》，《中国图书馆学报》2015年第5期。

② 李武等：《中日韩三国大学生移动阅读行为的跨国比较研究》，《出版广角》2013年第18期。

③ 王余光、汪琴：《世纪之交读者阅读习惯的变化》，《图书情报知识》2005年第4期。

④ 刘德寰等：《数字化时代对国民阅读影响的文献综述》，《广告大观》（理论版）2009年第2期。

⑤ 韩立红：《阅读革命带来的利好与冲击》，《领导之友》2011年第4期。

⑥ 王佑镁：《跨媒体阅读：整合O2O与MOOCs的泛在阅读新趋势》，《中国电化教育》2015年第1期。

行为过程的整体观察和剖析。

第三节 阅读行为研究的三种导向

一 阅读行为研究导向

研究导向表示研究者们看待和解释世界的基本方式。研究导向不同，观察角度、研究路径、基本假设、概念体系等方面都有所差异。[①]心理学认为刺激—反应是行为的基本单位[②]，行动、认知、情感是行为反应的三个阶段，选取不同的元素或角度进行观察研究，呈现出完全不同的研究导向。本课题组对国内外图书馆学、信息学等领域的阅读行为文献进行了全面检索和调查，认为阅读行为研究领域主要发展了三种研究导向，它们分别是：行为过程导向、认知效果导向、阅读体验导向。行为过程导向聚焦于阅读过程中具体的行为及从过程中抽象出来的范式特征；认知效果导向着重在剖析读者加工和吸收阅读内容的行为过程；阅读体验导向倾向于从读者感受的角度探查阅读行为的内在根据及内、外影响因素，三种导向的研究反映了研究者们对行为不同阶段的强调。

二 行为过程导向的阅读行为研究

行为过程导向的阅读行为研究受古典行为主义的影响，把读者视为做出选择和动作的"行动人"，关注读者在阅读过程中的具体行为事实，关注行为受环境影响的变迁及在变化的时间轴上呈现出的状态和特征，并通过调查、观察等方法予以客观的描述，或试图将这些行为特征归纳成不同的模式。

（一）过程导向阅读行为研究及其理论来源

1913年，华生（Watson）在他主编的《心理学评论》杂志上发表了论文《行为主义者心目中的心理学》，行为主义心理学诞生。以华生

---

① 陈立华：《问题研究范式的导向：图书馆学科研究的基本方法论》，《图书馆学研究》2015年第21期。
② 张厚粲：《行为主义心理学》，浙江教育出版社2003年版。

为代表的古典行为主义提出把行为而不是意识作为心理学研究的客观对象，认为行为研究的出发点是可观察的事实，主体的各种复杂行为可以说是在一定情境下的适应活动。[1]

1931年，Waples首次提出阅读行为这一研究主题，认为图书馆应通过图书流通借阅的数据来分析不同性别群体的阅读态度、阅读偏好等阅读行为特征，把握读者需求，更好地完成图书馆采访工作。[2]尔后的研究者们在当时的研究情境下从女性、高中生、老年人等不同的读者群体切入，从课本、报纸期刊、休闲读物等不同阅读对象切入，选取不同研究视角对阅读行为领域展开了纵深研究。例如，Burton调查了Palo高中的学生的报刊阅读行为[3]，Plotz调查了西德工人阶级的阅读状况、需求发展[4]，Delin等调查分析当时男女老少不同群体的休闲阅读选择和偏好。[5] 这种以调查为主的阅读行为研究也是国内阅读行为研究的主流，肖雪、张伟通过向老年人发放问卷调查其阅读状况为推进全民阅读提供实证基础[6]，王虹等实地走访嫩江流域少数民族地区以调查其阅读情况发现当前农村阅读行为中的突出问题[7]。

(二) 数字时代的阅读行为调查研究

随着数字洪流涌入，读者的阅读行为适应着不断发展的数字革命，阅读载体从纸质向屏幕的转变使越来越多的人着手进行数字化阅读行为的调查研究，此类研究虽然仍然以阅读行为过程为导向，但按具体对象的不同可以分为两种：一种是基于阅读数据对新阅读行为展开研究。以美国国家艺术基金会、中国新闻出版研究院等为主要代表的机构发布的

---

[1] 张厚粲：《行为主义心理学》，浙江教育出版社2003年版。
[2] Waples D., "Book - reading Habits among Women. Contribution to the Study of Reading Behavior and Attitudes", *Library Quarterly*, 1931, 4 (1): 478 – 486.
[3] Burton P. W., "Newspaper - reading Behavior of High - school Students", *School and Society*, 1946 (2): 86.
[4] Plotz K., "Reading Interests of West - German Workers - Reading Behavior, Inventory of Works Read and Development Needs within West - German Working - Class", *Zentralblatt Fur Bibliothekswesen*, 1976 (12): 567 – 569.
[5] Delin C. R., et al., "Patterns and Preferences in Recreational Reading", *Australian Library Journal*, 1995, 44 (3): 119 – 131.
[6] 肖雪、张伟：《我国老年人阅读行为调查》，《国家图书馆学刊》2014年第6期。
[7] 王虹等：《农村居民阅读的知与行——嫩江流域少数民族地区阅读情况调查》，《中国图书馆学报》2015年第5期。

阅读报告都提到：传统阅读行为受到数字媒体和数字化阅读载体的冲击，新的阅读行为呈现出新的特征和规律。国内外的学者们展开进一步的研究分析，例如 Du 应用德尔菲专家法调查图书馆员和教师对国家艺术基金会（NEA）发布的《阅读处于危险》（*Reading at Risk*）报告的态度，发现专家们认为图书馆员也应更多地关注用户所表现出来的新阅读行为[1]；屈明颖基于历年"全国国民阅读调查"内容数据，从时间序列的角度，探析我国数字阅读作为主流阅读方式出现的节点，解读国民阅读行为的趋势特征。[2] 另一种研究路径是对特定阅读行为的专门调查和研究。如李武等对中日韩大学生移动阅读行为进行跨国比较研究，着重阐述三国大学生移动阅读行为的差异[3]；茚意宏等通过对阅读行为调查分析，以阅读学理论、阅读认知理论为基础提出移动互联网用户阅读寻求和交流、利用行为框架[4][5][6]；刘亚、塞瑞卿调查大学生手机阅读信息行为，分析其在阅读需求、阅读寻求、阅读处理与使用三个阶段，干扰和激励因素两个方面的发生、发展及变化规律[7]；尚珊、阴晓慧通过问卷和访谈相结合的方法，分析用户在获取方式、阅读内容、阅读方式、阅读效率和行为交互方面具体变化[8]；Kurata 等通过聚类的方法分析其调查数据，比较了日本读者在不同情况下对 11 个印刷或数字媒体的阅读行为偏好。[9]

（三）数字化时代的阅读行为模式研究

数字化时代一些学者开始以阅读行为过程为导向对阅读行为模式展开探索性研究，此类研究往往聚焦于阅读行为的差异性和变化上，探索

---

[1] Du Y., "Librarians' Responses to 'Reading at Risk': A Delphi Study", *Library & Information Science Research*, 2009, 31 (1): 46–53.

[2] 屈明颖：《数字阅读拐点及阅读趋势变迁问题研究——以历年"全国国民阅读调查"内容变化、数据分析为视角》，《出版广角》2017 年第 23 期。

[3] 李武等：《中日韩三国大学生移动阅读行为的跨国比较研究》，《出版广角》2013 年第 18 期。

[4] 茚意宏等：《移动互联网用户阅读寻求行为研究》，《图书情报工作》2014 年第 17 期。

[5] 何琳等：《移动互联网用户阅读利用行为研究》，《图书情报工作》2014 年第 17 期。

[6] 万健等：《移动互联网用户阅读交流行为研究》，《图书情报工作》2014 年第 17 期。

[7] 刘亚、塞瑞卿：《大学生手机阅读行为的调查分析》，《图书馆论坛》2013 年第 3 期。

[8] 尚珊、阴晓慧：《新时代用户阅读行为变化研究》，《图书馆》2016 年第 6 期。

[9] Kurata K., Ishita E., "Print or Digital? Reading Behavior and Preferences in Japan", *Journal of The Association for Information Science and Technology*, 2017, 68 (4): 884–894.

人们在适应新情境的过程中阅读行为模式发生的嬗变，试图寻求对新阅读现象的解释。如 Liu 通过分析人们的阅读行为在过去十年内所发生的变化，发现一种以长时间浏览、关键词识别、一次性非线性、可选择为特征，基于屏幕的新阅读行为范式正逐渐形成①；Mozuraite 探讨阅读范式的改变，发现阅读和阅读素养等词的含义都有了很大的扩展，阐述了数字阅读从线性纵深式阅读到非线性发散式阅读、从水平翻页到垂直浏览、更易于交流反馈的超链接式新阅读范式②；许欢总结了当前比较有特色的集中网络阅读共享行为模式，认为阅读社区、人际社区等模式既满足了读者阅读、分享、反馈、传播的需要，又形成了新型阅读关系和挑战③；王佑镁从跨媒体和泛在化的双重视角出发，系统分析移动互联网时代跨媒体阅读的 O2O 特质，构建了"跨媒体阅读"模式，阐述了跨媒体阅读的连续一致、即时共享、连续补偿和即时互动四种模式。④

综上所述，行为过程导向的文章倾向于以调查为主的定量研究，从阅读行为过程本身着眼，通过归纳分析寻求行动的共性和差异，此类研究通常不会深入探讨读者内在阅读心理过程和影响因素，较少产生解释性研究成果。

三 认知效果导向的阅读行为研究

认知效果导向的阅读行为研究者通常把研究对象指向作为"认知人"的读者，审视个体的内隐阅读过程。对这些研究者而言，读者的阅读行为包含了他们为了满足需要而寻找阅读内容的信息加工过程，以及大脑面对阅读对象时的文字解码及策略应用等认知活动。

（一）认知效果导向研究及其理论来源

20 世纪 30 年代初，以认知心理学先驱托尔曼（Tolman）、赫尔

---

① Liu Z. M., "Reading Behavior in the Digital Environment", *Journal of Documentation*, 2005, 61 (6): 700 - 712.

② Mozuraite V., "Change of the Reading Paradigm in the Age of E - book", *Libellarium: Journal for the Research of Writing, Books, and Cultural Heritage Institutions*, 2015, 7 (1): 83 - 91.

③ 许欢：《小径交叉的数字花园——网络阅读共享行为模式研究》，《高校图书馆工作》2014 年第 6 期。

④ 王佑镁：《跨媒体阅读：整合 O2O 与 MOOCs 的泛在阅读新趋势》，《中国电化教育》2015 年第 1 期。

(Hull)等为代表的新行为主义者受到逻辑实证主义及动力心理学等思潮的影响,开始对人类大脑"黑匣子"感兴趣。20世纪中期,为了适应教育的需求,认知主义出现,主张学习是人们通过感觉、知觉得到的,是由人脑主体的主观组织作用而实现的,否定刺激与反应的联系是直接的、机械的,主张通过内省来寻求思想和经历的普遍本质。[1]

20世纪五六十年代开始,在阅读行为研究领域,斯金纳[2][3]等心理学家们顺应心理学由行为主义转向认知发展心理学的研究趋势,对行为主义学习理论产生怀疑,主要应用实验研究法,从读者文本阅读心理的角度去探索阅读行为过程中的文本信息加工、思维获得和批判等过程,以更好地指导阅读实践。Hively综述了相关研究成果展,认为他们从知觉、心理语言学、学习理论出发对有阅读技巧的读者的行为过程进行分析,并探讨阅读引导的方法,在此基础上他提出了基本阅读行为分析框架[4];而Stanovich则综合大量之前的研究文献,通过阐释阅读能力与认知过程的关系,提出个体阅读能力差异的影响因素概念框架,认为影响阅读能力差异的是阅读过程中的阅读效率[5];19世纪末Keith、George等人试图通过眼动仪收集的数据研究眼动中注视点的顺序和跳动来了解阅读过程中的认知加工过程,逐渐形成阅读中的眼动控制模型。[6][7]

(二)数字化阅读的认知效果研究

传统的认知效果导向的阅读行为研究主要应用在教育领域,进入新时代,数字化阅读的出现赋予了认知导向的阅读行为研究新的意义和命题,研究者们多采用与传统阅读行为相对比的方式,把讨论聚焦在数字化阅读行为认知表现的相异之处。如Muter等通过实验比较了纸质书和

---

[1] 张厚粲:《行为主义心理学》,浙江教育出版社2003年版。

[2] Skinner B. F., "Verbal Behavior", *Language*, 1959 (1): 83-99.

[3] Skinner B. F., "Why We Need Teaching Machines", *Harvard Educational Review*, 1961 (31): 377-398.

[4] Hively W., "A Framework for the Analysis of Elementary Reading Behavior", *American Educational Research Journal*, 1966, 3 (2): 89-103.

[5] Stanovich K. E., "Matthew Effects in Reading: Some Consequences of Individual Differences in the Acquisition of Literacy", *Reading Research Quarterly*, 1986, 21 (4): 360-407.

[6] 吴迪、舒华:《眼动技术在阅读研究中的应用》,《心理学动态》2001年第4期。

[7] Keith R., Sara C. S., "Eye Movements in Reading", in Gernsbacher M, eds. *Handbook of Psycholinguistics*, San Diego: Academic Press, 1994: 57-81.

电子书的精读和略读，用速度和准确率的相关关系来解释进行屏读理解力更高的发现。[1] Dyson 等通过比较实验发现在正常阅读速度下电子屏幕阅读会有更好的理解水平，而在正常阅读速度下，花更长时间停顿、有更多光标滑动次数的读者，对文献有着更高的理解能力。[2] Rodrigues 和 Martins 实验研究巴西学生信息通信技术的应用和表现与阅读理解程度之间的关系，发现数字化文本对阅读理解有积极影响。[3] Ho 等实验证明利用在线协同阅读系统阅读在理解清晰度、推理效果、阅读策略应用等方面显著优于传统的"纸质阅读+面对面讨论"。[4] 而袁曦临等采用实验方法从阅读理解和记忆保持层面研究纸质阅读与数字阅读的差异，发现数字阅读对于复杂信息的认知加工效果略差，内化阅读材料的能力较弱，长期记忆表现逊于纸质阅读。[5]

（三）数字化阅读认知问题的提出及解决策略研究

随着数字阅读行为的深入，研究者们逐渐意识到数字化时代认知变化所带来的阅读问题：Carusi 认为，超文本阅读时间成碎片化发展趋势，相较于直接阅读纸质文档，读者很容易受到网络信息干扰而无法集中注意力，对文本的理解更肤浅，缺乏更具体的理解和感情投入[6]；Wolf 等认为，社会从印刷文化到数字文化的过渡使读者很容易从不同渠道进入阅读，但注意力很快又被分散和转移，进而限制了认知的理解过程[7]；Carl 提出"高度紧张"这种屏幕阅读状态会导致神经认知的浅

---

[1] Muter P., Maurutto P., "Reading and Skimming from Computer Screens and Books: The Paperless Office Revisited?", *Behaviour & Information Technology*, 1991, 10 (4): 257-266.

[2] Dyson M., Haselgrove M., "The Effects of Reading Speed and Reading Patterns on the Understanding of Text Read from Screen", *Journal of Research in Reading*, 2000, 23 (2): 210-223.

[3] Rodrigues M. C. A. J., Martins R. X., "Digital Media Performance and Reading Comprehension", *Flash Kids*, 2010, 3 (1): 33-42.

[4] Ho C. H., et al., "Enhancement of Reading Experience: Users' Behavior Patterns and the Interactive Interface Design of Tablet Readers", *Library Hi Tech*, 2014, 32 (3): 509-528.

[5] 袁曦临等：《纸质阅读与数字阅读理解效果实验研究》，《中国图书馆学报》2015 年第 5 期。

[6] Carusi A., "Textual Practitioners: A Comparison of Hypertext Theory and Phenomenology of Reading", *Arts & Humanities in Higher Education*, 2006, 5 (2): 163-180.

[7] Wolf M., Barzillai M., "The Importance of Deep Reading", *Educational Leadership*, 2009, 66 (6): 32-37.

薄和文化的缺失。①

认识到阅读行为在认知表现方面的危机，研究者们开始着手探索解决问题的方法。为促成数字化阅读的深度理解，使阅读成为一种新的认知功能，达到超越文本，建构自身的效果，Wolf 等对网上深度阅读的过程构建展开研究，认为在阅读中推理与演绎推理、类比技巧、批判性分析、反思和洞察等认知过程是进入深阅读的核心。② Cull 研究（美国、加拿大）高校学生对于纸本与电子文本的偏好，从神经系统的角度探讨学生们的屏读认知，并强调读者进入深阅读和学习是一个时间过程，阅读的力量在时间中体现，教育工作者应鼓励学生多花时间学习深阅读技能、提高阅读素养。③ 袁曦临综合大量网络阅读认知效果相关的研究提出培养读者的元阅读能力尤为重要，元阅读能力在网络数字阅读中是一个值得重点关注的领域，对于提升网络环境下读者的阅读理解效果具有深刻的影响。④

综观认知效果导向的阅读行为研究脉络，我们发现认知效果导向的研究大多是通过实验的方法，从阅读行为过程中的理性认知层面着眼，从脑神经研究切入，融合认知心理学的方法以及量表，假设阅读行为是读者寻求知识或解决问题的理性过程。这种导向的研究有利于突破以快餐式、跳跃性、碎片化为特征的浅阅读困境，帮助读者发现阅读策略，提高阅读能力，更好地了解和控制阅读认知过程。但是阅读的意义不仅仅是认知的获得，阅读行为也不只是阅读理解，阅读行为主体选择、获取、分享、反馈等行为过程中所产生的审美价值、文化价值、社交价值等同样是不容忽视的，单一的考察阅读行为中的认知表现不能满足当今阅读推广主体及广大读者的复合需求。

---

① ［美］尼古拉斯·卡尔：《浅薄：互联网如何毒化了我们的大脑》，刘纯毅译，中信出版社 2015 年版。

② Wolf M., Barzillai M., "The Importance of Deep Reading", *Educational Leadership*, 2009, 66 (6): 32-37.

③ Cull B. W., "Reading revolutions: Online Digital Text and Implications for Reading in Academe", *First Monday*, 2011, 16 (6).

④ 袁曦临：《网络数字阅读行为对阅读脑的改造及其对认知的影响》，《图书馆杂志》2016 年第 4 期。

四 体验导向的阅读行为研究

体验导向的阅读行为研究受到当代行为主义的影响，着重从读者个体心理反应、外部环境影响以及读者行为表现相交互的角度理解读者行为，分别从阅读过程中读者的心理投射和向外显现（阅读体验和阅读参与）着手探索各种复合的命题并寻求解释，对读者从更复合、立体的"社会人"的角度加以理解，研究人的个性心理、体验和意向及其与外界环境的关系，并以质性研究居多。

（一）体验导向阅读研究及其理论来源

20世纪40年代，德国社会心理学家勒温（Lewin）提出人类行为公式，认为人的行为是环境与个体相互作用的结果。[①] 20世纪70年代，班杜拉（Bandura）在新行为主义理论的影响下将赫尔（Hull）和斯金纳（Skinner）的思想相融合，又吸收了认知主义心理学和社会心理学的思想，形成突破刺激反应（S-R）理论的环境、人和行为三者相互作用的交互决定论，行为主义走向当代。[②] 交互产生体验，体验从哲学上理解既是知—情—行心理三因素的统一，也是心理过程与心理结果的统一，还是"身"与"心"的统一，这正是在英国哲学家大卫·休谟的经验主义的基础上对班杜拉交互决定论的另一种阐释。[③] 从体验的角度来看，阅读它不只是信息和知识的获得，而是包含着深层的道德、心理、审美和哲学的价值，它从内部塑造人的精神和情感意志。

在该思想引导下，19世纪末20世纪初学者们也对阅读行为开始有了新的认识，Heap从现象学角度解释阅读体验，将阅读理解为一种有意义的日常生活方式[④]；Mann也提出研究学生的阅读方法和体验需要把阅读视为对于学生在各方面都有重要意义的一种活动，认为仅仅将阅读视为学习情境下的一种纯粹中立的认知过程是不够的，它需要融入对个体、

---

① 车文博：《西方心理学史》，浙江教育出版社1998年版。
② 张厚粲：《行为主义心理学》，浙江教育出版社2003年版。
③ 邹为诚等：《"语言体验"的教育学理论研究》，《中国外语》2009年第6期。
④ Heap J. L., "Toward a Phenomenology of Reading", *Journal of Phenomenological Psychology*, 1977, 8 (1): 103-113.

社会文化、政治背景的综合考虑,来理解阅读如何产生意义[1];林珊如等采访了我国台湾地区爱书人的休闲阅读体验,借由解释现象学的观点发现阅读爱好者在阅读历程中看见自我、指涉他人、理解世界,阅读体验的意义在于获得认知与情感上的帮助,其本质在于人生的意义建构。[2]

(二)数字化时代阅读体验的质性研究

在数字革命的冲击下阅读载体形态产生深刻变化,阅读行为领域研究新的阅读范式以及新的阅读认知表现的同时,有一部分学者着手对电子设备阅读应用、阅读选择、阅读交流、阅读分享等新的数字阅读行为现象伴随的阅读体验作出解释。Sedo 通过对线上线下相结合的俱乐部的讨论发现,成员们(女性为主)相互解释书籍,形成了一种社会纽带,这个纽带帮助他们实现认识世界和认识自己的愿望[3];Fister 通过获取在线小组的讨论内容、实践情况以及采访成员关于在虚拟社区一起阅读的体验,分析了在线阅读小组以及阅读行为的社会维度[4];Rose 应用解释现象学的原理试图深入探寻近年来大学生对学术类数字化文本的屏幕阅读体验,发现学生的环境适应性,并提出进一步适应阅读学习方式变革的相关对策[5];James 等对可控的数字阅读体验持积极的态度,通过对阅读体验的阐释,进而提出数字阅读的速度优势使其比传统阅读更有利于长远的教育和综合的学习过程。[6]

(三)数字化时代阅读体验的量化研究

上述质性研究方法难以保持完全中立,调查对象有可能预设立场,而定量研究的客观性为之前以阐释性为主的研究提供了有力的支持。

---

[1] Mann S. J. , "The Student's Experience of Reading", *Higher Education*, 2000, 39 (3):297 – 317.

[2] 林珊如、刘应琳:《诠释现象学的观点看爱书人之休闲阅读经验》,《(中国台湾)中国图书馆学会学报》2003 年第 71 期。

[3] Sedo D. N. R. , "Readers in Reading Groups An Online Survey of Face – to – Face and Virtual Book Clubs", *Convergence*, 2003, 9 (1):66 – 90.

[4] Fister B. , " 'Reading as a Contact Sport':Online Book Groups and the Social Dimensions of Reading", *Reference & User Services Quarterly*, 2005, 44 (4):303 – 309.

[5] Rose E. , "The Phenomenology of On – screen Reading:University Students' Lived Experience of Digitised Text", *British Journal of Educational Technology*, 2011, 42 (3):515 – 526.

[6] James R. , De Kock L. , "Deepening the 'Shallows':The Fate of Reading in an Electronic Age, Revisited", *Current Writing Text & Reception in Southern Africa*, 2013, 25 (1):4 – 19.

Huang 基于技术接受模型，采用实验方法验证交互设计如何提升平板阅读的使用意向，最后表示读者要提升数字阅读水平、培养新的阅读策略，仍须努力适应日益复杂的阅读情境和阅读文化、调节个性化的阅读心理过程。① 该团队在另一篇研究文献中从交互设计的角度研究阅读体验，使用相关法探讨平板阅读用户的阅读动机和阅读感知之间的关系，从而明确提高阅读行为意向的关键——阅读体验。② 袁曦临等通过基于 Pad 的移动阅读过程实验研究，了解移动阅读环境下读者的阅读行为及其阅读体验，实验结果表明传统阅读和移动阅读之间存在显著差别。③ 为了探究可能决定用户在组织内部博客系统里产生持续阅读行为的因素，Li 等基于社会资本理论提出了一个包含关于群组结构、关系和认知的研究模型。④ Park 等基于 TAM 模型验证了学生的电子阅读设备的接受性。⑤

阅读动机、阅读参与、阅读体验与阅读活动之间有着相互影响的密切联系，是行为体验导向的阅读行为研究中的核心概念。阅读动机是影响个体阅读行为、与文本互动、学习行为的目标、信念，是阅读体验的内部因素。阅读参与是读者阅读行为过程中表现出来的一种积极的行为、认知和情感的状态，是阅读体验的外显形式。研究者们通常采用建模设维量化的方式考察这两个概念。Wigfield、Guthrie 开发出阅读动机量表，实证表明阅读的内外动机都与阅读活动相关，但内部动机组合比外部动机组合对于阅读行为有更强的影响。⑥ 他们认为"阅读中的参与"指的是在阅读活动中动机和策略同时存在的行为。通过阅读参与

---

① Huang K. L., "Promoting In-depth Reading Experience and Acceptance: Design and Assessment of Tablet Reading Interfaces", *Behaviour & Information Technology*, 2014, 33 (6): 606–618.

② Ho C. H., et al., "Enhancement of Reading Experience: Users' Behavior Patterns and the Interactive Interface Design of Tablet Readers", *Library Hi Tech*, 2014, 32 (3): 509–528.

③ 袁曦临等:《基于 Pad 的移动阅读行为及阅读体验实证研究》,《图书馆杂志》2013 年第 3 期。

④ Li N., et al., "Reading Behavior on Intra-organizational Blogging Systems", *Information & Management*, 2015, 52 (7): 870–881.

⑤ Park E., et al., "Reading Experiences Influencing the Acceptance of E-book Devices", *Electronic Library*, 2015. 33 (1): 120–135.

⑥ Schiefele U., et al., "Dimensions of Reading Motivation and Their Relation to Reading Behavior and Competence", *Reading Research Quarterly*, 2012, 47 (4): 427–463.

模型指出阅读参与是受阅读行为中的动机过程和认知策略过程共同影响的。① Fredricks 等提出参与是一个多维度、多属性的概念,包括行为参与、认知参与和情感参与。② Eccles、Wang 认为对于高级读者而言,阅读动机导致阅读参与,而参与反过来又有利于阅读成就。③ Klauda 等进一步完善了阅读动机成就理论。④ Naumann 提出在线阅读参与模型,对数字阅读行为与信息搜索、社会交往的关联作出假设,并予以验证。⑤ 徐孝娟等基于 MEC 理论,采用结构化访谈的方式,从用户价值视角切入探索用户从传统纸媒到数字阅读媒体转移的动机。⑥

以上体验导向的相关研究着重于对阅读行为的演绎,多质性研究与定量研究相结合的方法,从阅读行为过程中的感知层面着眼,聚焦于阅读行为的发生条件、影响因素、读者的主观经验、情感共鸣等的相互作用。体验导向的阅读行为研究不但探查阅读行为过程中的具体事实并考虑阅读行为所伴随的认知表现,更重视读者本身的主观心理与环境等因素所带来的影响,其研究发现有利于为读者创造更好的阅读体验,从个体、环境、行为相交互的角度因势利导,突破数字阅读的负面影响,创造创新阅读推广模式。随着阅读行为研究的继续向前推进,体验导向逐渐成为主流。但是由于可探讨的主题范围相对更广,对认知、行动、情感都有涵括,导致目前这一导向的研究比较分散,呈现出碎片化的特点,缺乏整体的研究思路,难以将研究成果推广形成积极联动的阅读效应,对阅读推广的指导也因而受到限制。

---

① Guthrie J. T., Wigfield A., "How Motivation Fits into a Science of Reading", *Scientific Studies of Reading*, 1999 (3): 119-205.

② Fredricks J. A., et al., "School engagement: Potential of the cncept, state of the evidence", *Review of Educational Research*, 2004 (74): 59-109.

③ Eccles J. S., Wang M., "Part I commentary: So what is Student Engagement Anyway?", in Christenson S. L., Reschly A. L., eds. *Handbook of Research on Student Engagement*, New York: Springer Science, 2012: 133-145.

④ Klauda S. L., Guthrie J. T., "Comparing Relations of Motivation, Engagement, and Achievement among Struggling and Advanced Adolescent Readers", *Reading and Writing*, 2015, 28 (2): 239-269.

⑤ Naumann J., "A Model of Online Reading Engagement: Linking Engagement, Navigation, and Performance in Digital Reading", *Computers in Human Behavior*, 2015, 53: 263-277.

⑥ 徐孝娟等:《从传统纸媒到数字媒介的用户阅读转移行为研究——基于 MEC 理论的探索》,《中国图书馆学报》2016 年第 3 期。

第四节 阅读行为研究要素与研究需求

阅读行为研究涉及对象众多，不同的研究导向下，学者们对阅读行为内涵和外延理解的侧重点各有不同（见表2-2），缺乏统一的定义以及对这些概念的梳理。而且，由于阅读行为这个词的泛在性和广义上的抽象性，目前大部分阅读行为研究直接将"阅读行为"概念泛在地约同于"阅读"，或将概念阐释的重点聚焦于移动、数字化、深浅等修饰词上，这种概念模糊不利于阅读行为研究的有序发展。因此，本研究认为，探讨和界定阅读行为概念有助于把握阅读行为的本质属性，厘清阅读行为概念，为后续研究提供一个有参考意义的整体性概念框架。

表2-2　　　　　　　　各阅读行为导向研究比较

研究导向	行为过程导向	认知效果导向	行为体验导向
主要思想来源	古典行为主义	新行为主义	当代行为主义
基本假设	读者是作为活动动作主体的"行动人"	读者是作为信息加工主体的"认知人"	读者是作为参与反应主体的"社会人"
主要目标	掌握读者阅读行为事实，明晰阅读行为趋势	优化读者阅读效果，寻求阅读策略达到更理想的阅读状态	解释阅读行为及过程中的交互影响，创造更好的阅读体验
研究视角	整体	整体	整体/个人
核心概念	阅读选择、阅读获取、阅读反馈、阅读效率、阅读行为特征、阅读模式	阅读理解、阅读能力、阅读策略、阅读水平、深阅读、阅读效果	阅读体验、阅读态度、阅读参与、阅读需要、阅读动机、阅读意向
主要方法	定量（问卷调查、数据挖掘）	定量（实验法）/定性（科学观察法）	定量（建立模型、问卷调查等）/定性（访谈法/网志法）

一　三种研究导向所涉主要学术概念

（一）行为过程导向阅读行为研究主要学术概念

行为过程导向阅读行为研究侧重于对阅读行为过程本身展开研究，

基于时间轴延展开的阅读行为构成——阅读选择、阅读获取、阅读反馈、阅读效率以及抽象出来的阅读行为特征、阅读模式等是这一导向的核心研究对象。该导向的研究一般侧重于阅读行为概念的广度，其调查内容涵括阅读行为的各种维度，其阐述的阅读模式明晰了阅读行为的要素和特征，有利于我们从行为事实角度把握读者的阅读轨迹，是助力解决当前国民数字迷失、选择困难等阅读问题的基础。

(二) 认知效果导向阅读行为研究主要学术概念

认知效果导向阅读行为研究聚焦在阅读认知表现的深度和变化，提高阅读能力、深化理解和记忆、掌握策略和优化效果、促进深阅读等认知心理过程调节是研究主题，阅读理解、阅读能力、阅读效果、阅读策略、深阅读等是其核心研究对象。

(三) 体验导向阅读行为研究主要学术概念

体验导向阅读行为研究主要聚焦于读者阅读行为过程中的综合感知，阅读主体、阅读动机、阅读态度、阅读意向、阅读参与、阅读体验、阅读情境等以及这些概念相互之间的影响关系是这一导向的核心研究对象。

二 阅读行为学术概念关系框架

基于此，本书围绕社会认知理论的"交互决定"观点建立阅读行为概念框架，试从整体上系统梳理阅读行为的概念构件之间逻辑关系。如第一章所述，社会认知理论认为人的认知因素及其与环境、行为之间的相互作用是一个辩证和完善的统一体系，其中任何两个因素之间的双向互动关系的强度和模式都随个体、行为和环境的不同而发生变化，而我们认为，读者个体、阅读环境、阅读行为之间存在着某种相互适应的关系，可以将阅读行为的相关理论概念归纳到这三个构件中（见图2-4）。

这一概念构成图中把阅读行为相关概念主要分为三大板块：读者心理板块，包括读者个体特征（基本特征、阅读能力）、基础阅读心理（阅读需要、阅读动机、阅读倾向、阅读兴趣等）以及读者心理反应（包括阅读态度、阅读参与、阅读体验、阅读效果等概念）。基础阅读心理代表读者较稳定的阅读心理特征，读者心理反应则是指读者阅读心

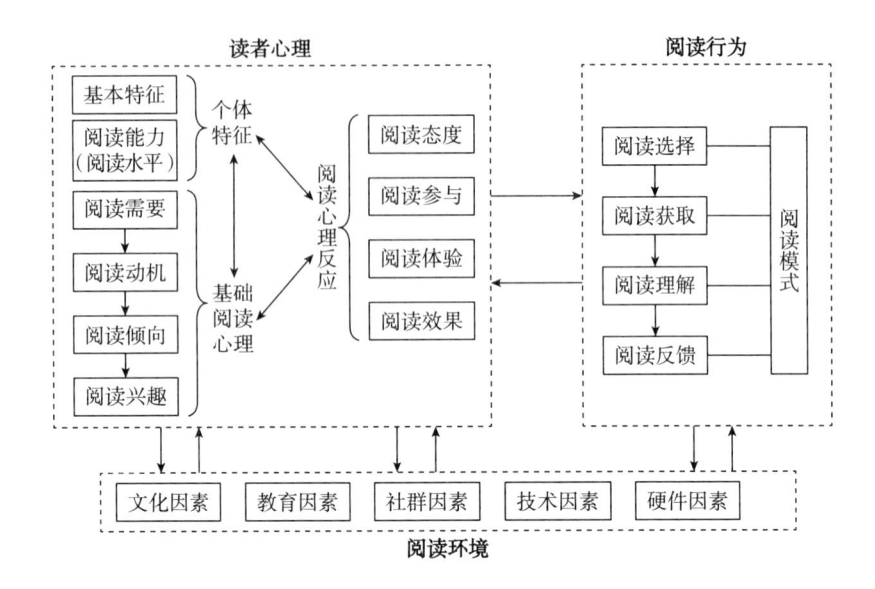

图 2-4 阅读行为概念构成

理向阅读行为转移,阅读行为向阅读心理反馈的过程中出现的心理现象。阅读行为板块,此处是指狭义的阅读行为,包括阅读选择、阅读获取、阅读理解、阅读反馈等概念,阅读模式则是对这些行为现象的概括和归纳。阅读环境板块,是体现阅读行为概念展开时,读者在阅读行为过程中与社会情境相交互并受到其调控,主要包括文化因素、教育因素、社群因素、技术因素、硬件因素等。

目前看来,我国当前阅读行为研究已不同程度涉及这些阅读行为研究要素。其中,阅读需要、阅读动机、阅读倾向、阅读兴趣等基础阅读心理要素涉及较多,而阅读参与、阅读体验等读者心理反应要素涉及较少,论及技术因素对阅读行为研究的成果较多,涉及文化因素、教育因素、社群因素等社会情境的阅读行为研究成果较少。

三 我国阅读行为研究的匮乏

(一) 我国阅读推广理论研究的相对滞后

阅读推广是图书馆职业在实现专业化(19 世纪末)以后最早开展

的实践领域之一。① 今天阅读推广已发展成图书馆的一项主流服务②，但根据相关调查，当前我国图书馆阅读推广活动因缺乏理论指导未能精准把握读者的阅读需求，往往流于形式、成效一般③，甚至暴露出活动举办随意④、引起读者逆反心理⑤等诸多问题，已经面临一个"瓶颈"期。而这些问题的存在会导致阅读推广工作沦为图书馆的"面子工程"，将带来社会资源的极大浪费，甚至会给社会的阅读认知和图书馆认知带来负面影响。

为什么会出现这些问题？其原因之一，在于我国阅读推广理论研究的相对滞后，难以给阅读推广实践科学化和实践创新提供足够的滋养。已有多位阅读推广研究者针对我国阅读推广发展中的问题提出了阅读推广基础理论研究缺位的问题。如范并思指出，阅读推广实践源于导读或新书推荐，然后发展为多种多样的读者活动，但直到目前为止，图书馆人对这些阅读推广服务的研究仍停留在经验的或感性的层面。⑥ 张文彦认为，阅读推广在实践层面发展迅速但相对离散，在学术层面则已成为热度上升的"关键词"，但对案例、综述、意义的探讨较多，而少见从大量实践中提取规律的研究。⑦ 徐建华等则认为，我国阅读理论研究虽然取得了一些成果，但仍显薄弱，尚未形成相对成熟、稳定、集中的理论研究体系，特别是基础理论研究。而且在理论体系中，理论"舶来品"占据主流地位。⑧

关于阅读推广缺乏理论支撑所导致的后果，曾祥芹曾给出了这样的阐述："（我国阅读推广工作）在'阅读原理、阅读技法、阅读工程'的三级体系建构中，未能自觉地进行'形而上'和'形而下'的'三

---

① 于良芝、于斌斌：《图书馆阅读推广——循证图书馆学（EBL）的典型》，《国家图书馆学刊》2014年第6期。
② 范并思、王巧丽：《阅读推广的管理自觉》，《图书馆论坛》2015年第10期。
③ 刘时容：《学生社团视角下的高校图书馆阅读推广策略探析》，《图书馆工作与研究》2016年第12期。
④ 岳修志：《基于问卷调查的高校阅读推广活动评价》，《大学图书馆学报》2012年第5期。
⑤ 王波：《图书馆阅读推广亟待研究的若干问题》，《大学图书馆学报》2011年第5期。
⑥ 范并思：《阅读推广的理论自觉》，《国家图书馆学刊》2014年第6期。
⑦ 张文彦：《融合视域下全民阅读推广专业化研究》，《中国出版》2018年第20期。
⑧ 徐建华、王晴：《我国全民阅读理论与实践研究进展》，《图书情报工作》2018年第12期。

级循环跳'。专搞阅读学术研究的不太注重其成果在学院教学和社会读书活动中的应用；从事学校阅读教学和社会阅读指导的又往往漠视新的阅读学术。因此，出现'学、术分离，知、行不一'的毛病。"①

西方对阅读学的研究（始于1879年）至今已有130年多历史。②1956年在美国就成立了国际性的阅读研究组织——国际阅读协会（IRA）和一系列阅读研究机构，其宗旨是提高人们的阅读水平，倡导终生阅读的习惯，加强阅读指导，促进阅读研究。国际阅读协会还建有专门的研究所，有六种学术报刊，每年出版大量的阅读专业书籍③，并发布了《在图书馆中用研究来促进素养与阅读：图书馆员指南》，强调"研究"能够帮助图书馆员有效收集数据和实施测评，帮助他们提高推广效率。国际图联（IFLA）在2011年的职业发展报告中在强调阅读活动是现代图书馆的基本服务的同时，也提出了要"以研究促进阅读推广"。④但反观我国对阅读学的研究，是1978年改革开放以后才开始，至今才40年⑤，对阅读推广的理论研究更是进入21世纪之后才启动。我国阅读推广基础理论研究与发达国家有相当的差距，而且这种基础理论的不足已经严重制约了阅读推广实践的科学发展。

（二）当前阅读推广实践迫切需要阅读行为研究

阅读推广，其本质上是图书馆对读者进行阅读干预、指导、教育的一种方式。因此，吴晞将图书馆阅读推广的理论研究分为两类，一是应用理论研究，主要指从实践中总结、归纳，从而指导实践工作，如阅读推广活动的策划、组织、宣传、绩效评估等；二是基础理论研究，从"形而上"的角度进行理论论证，主要回答图书馆阅读推广"是什么""为什么""应该怎么做"等问题，解决阅读推广存在和发展的根本问题。

---

① 曾祥芹：《阅读学研究的历史检讨和未来愿景》，《悦读时代》2010年第5期。
② 曾祥芹：《阅读学研究的历史检讨和未来愿景》，《悦读时代》2010年第5期。
③ 黄晓新：《试论全民阅读的社会学研究——兼论阅读社会学》，《出版发行研究》2017年第6期。
④ IFLA Professional Report No. 125, "Using Research To Promote Literacy And Reading In Libraries: Guidelines For Librarians", (2011 - 03 - 01) http：//www.ifla.org/files/hq/publications/professional - report /125. pdf, March 1, 2011.
⑤ 曾祥芹：《阅读学研究的历史检讨和未来愿景》，《悦读时代》2010年第5期。

而事实上，我国目前已开展的阅读推广理论研究主要是应用理论，而不是基础理论研究。曾祥芹认为，我国在探讨"为什么读书""读什么书""怎样读书"三大基本问题时未能把阅读情志的动力开源摆在第一位。也就是说，阅读行为的变化给图书馆的阅读服务带来了深刻的变革，是图书馆服务设计的重要思索点，却被我国图书馆学研究所忽略。以至于我国在阅读推广实际工作中对阅读本质的认识还没有从"主客体间性"上升到"主体间性"，"读者与文本对话"的旧观念还没有被"读者与文本作者及其他读者对话"的新理念所取代，就是说，尚未解决阅读本体论与阅读认识论、阅读方法论之间的矛盾统一问题。[1]

20世纪50年代，美国曾出现了一本关于阅读的畅销书——Rudolf Flesch所著《为什么约翰不能阅读》（*Why Johnny Can't Read*）[2]，该书对当时美国阅读教育提出质疑，认为阅读方法并无正确无否之分，重要的是不能扼杀儿童的阅读乐趣，该观点引发了全国性的大辩论。在这场关于阅读教育的运动中，行为心理学扮演了重要角色，Witty等学者关于阅读行为的相关研究是基础论据。[3] 而进入数字时代，面对深阅读危机，越来越多学者提出需要进一步研究数字环境下阅读行为的改变问题，主张帮助读者尝试各种新阅读体验。如Wolf和Barzillai认为，为促成在线阅读的深度理解，应对网上深度阅读的过程构建加以研究[4]；Shabani等指出，对阅读行为变化研究有助于提高阅读推广针对性和有效性[5]；而Peters则指出，今天的读者有机会获得更多权力控制自身的阅读体验，但这一过程势必需要面临一些挑战，图书馆应帮助用户克服这些挑战，也应该鼓励，甚至支持和帮助读者进行各种阅读尝试。[6]

其实，我国阅读推广工作中遇到的各种难题也有待通过阅读行为研

---

[1] 曾祥芹：《阅读学研究的历史检讨和未来愿景》，《悦读时代》2010年第5期。

[2] Flesch R., *Why Johnny Can't Read*, New York: Harper & Bros, 1955.

[3] Blumenfeld S. L., "Why Johnny Still Can't Read", https://www.thenewamerican.com/reviews/opinion/item/10752-why-johnny-still-cant-read.

[4] Wolf M., Barzillai M., "The Importance of Deep Reading", *Educational Leadership*, 2009, 66 (6): 32-37.

[5] Shabani A., et al., "Reading Behavior in Digital Environments Among Higher Education Students: Analysis of Demographic Factors in Iran", *Library Review*, 2011, 60 (8): 654-657.

[6] Peters T., "The Future of Reading", *Library Journal*, 2009, 134 (18): 18-22.

究来探索答案。余波对此阐述道,全民阅读在我国本不应成为问题,却作为一个口号提了出来。究竟是什么地方出了问题,或者说我们的社会系统运转中缺失了哪一个环节与链条?这就启发我们从深层次思考当前全民阅读热情衰退的原因,并从根源上探寻促进全民阅读、建设书香社会的治本之道。因此,阅读行为研究应成为阅读推广研究的重要构成。①

既然阅读推广是阅读行为的外部介入性因素,那么按照行为学观点,外界刺激往往通过作用于个体的心理,引起其心理变化,进而才会引起行为变化。这种心理变化是一种中介,是外界刺激对个体行为发生作用的桥梁。因而,应对深阅读危机的基础是对当代阅读行为的深刻理解。如曾祥芹的观点,面对"左书右网"的阅读新挑战,精英读者的"深阅读"和大众读者的"浅阅读"出现相互指摘、彼此对立的不和谐状态,如何让纸书阅读和网络阅读在每个人的阅读生活中协调发展,使深阅读和浅阅读互相转化,全面解决阅读的深度、广度和速度问题,应该是引领全民阅读的科学导向。② 解决该问题还需要回到阅读本身,基于对社会大众的阅读行为观察发现二者相互转化的可能性和可行之道。

四 复合阅读行为研究的对象与观察维度

(一)复合阅读行为的阶段性特征

本书以"复合阅读"这一阅读行为现象作为主要研究对象,对复合阅读理解的基础是对阅读行为过程的重新审视。阅读是读者与文本交流的过程,这一交流的成功将依赖文本变成读者意识中的关联物的程度③,因此,阅读活动成效很大程度上取决于阅读过程中读者个人感知和信息加工能力被激发的情况。也就是说,"读"仅仅是阅读行为的一个构成部分而不是全部。基于此,Balling 提出阅读体验是包括阅读前、阅读中和阅读后三阶段体验的总和,各阶段都存在影响读者阅读体验的不同要素,而阅读行为是这三阶段体验相互作用的铰链式过程(见

---

① 余波:《全民阅读的社会学考量》,《中国出版》2007 年第 4 期。
② 曾祥芹:《阅读学研究的历史检讨和未来愿景》,《悦读时代》2010 年第 5 期。
③ 张必隐:《阅读心理学》,北京师范大学出版社 1992 年版。

图2-5)。① 全媒体时代丰富的媒介环境使得个体能够利用多种渠道、采用多种方式更充分地开展阅读相关活动。

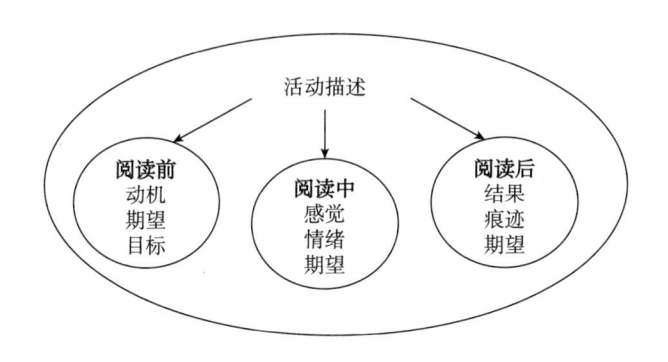

图2-5　基于时间维度的铰链式阅读体验构成（Balling, 2009）

过去，我们强调的阅读更多是"读"的过程，即"拿起书本看"的过程。如今，阅读行为已经从侧重于"读"的行为转变为囊括了选择、决策、获取、阅读、分享等多种行为的复合体，读者的阅读行为不再是以"读"为核心的单一行为，而是以"读好"为核心的选择、阅览、评价、分享等多种行为，这就是复合阅读行为在行为上的复合。基于此，以时间轴为线，我们可以将阅读行为分为阅读前、阅读中和阅读后三个阶段。

因此，我们将复合阅读行为进一步划分为阅读行为趋向阶段（阅读前阶段）、阅读行为产生阶段（阅读中阶段）、阅读行为延伸阶段（阅读后阶段）（见图2-6）。其中，行为趋向阶段即读者正式阅读前的一系列准备过程，包括锁定阅读目标、进行阅读决策和通过各种渠道获取阅读内容三个方面，它是阅读行为正式产生前的准备阶段；行为产生阶段即正式产生"读"这一行为的阶段，是读者与阅读内容正式发生交互的行为阶段；阅读行为延伸阶段即"读"这一行为结束后，由"读"引发一系列后续行为的阶段，包括读者分享、评论/评价、推荐、再选择等行为。阅读行为延伸阶段产生的行为将影响读者的个人认知和

---

① Balling G., *Literary Aesthetic Experience: Reading, Reading Experience, and Reading Studies: A Discussion of Theoretical and Methodological Approaches*, Kobenhavn: Danmarks, 2009.

阅读偏好,这种影响主要体现在下一次阅读过程中的阅读行为趋向阶段,形成一个闭环。

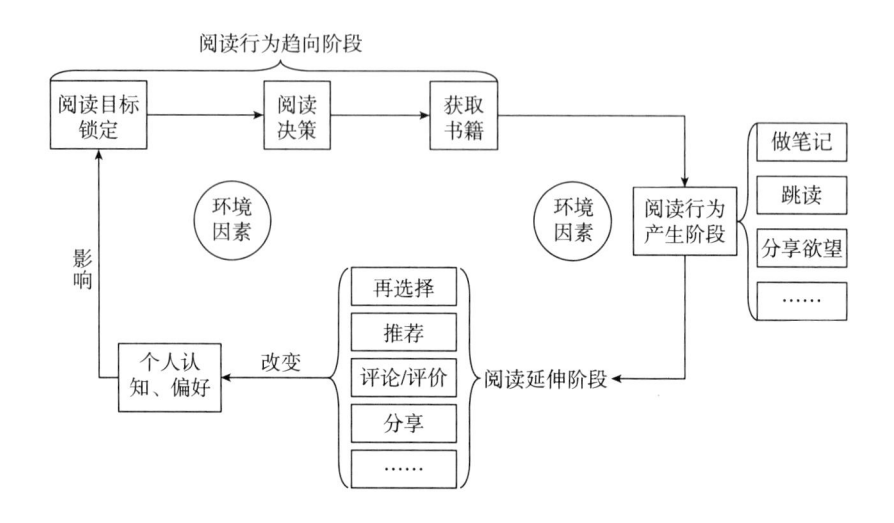

图2-6 复合阅读阶段分解

(二) 本书对复合阅读行为的观察维度

本研究更关注复合阅读行为过程中读者的阅读参与情况,以发现复合阅读助力深阅读的可能路径。鉴于阅读参与包括认知、情感、行为三个维度,本书将从这三个维度去寻找复合阅读研究具体的观察对象。

首先,复合阅读的行为维度。复合阅读最为外在的特征即行为的复合,表现为读者参与的三阶段中均有类型多样、内容丰富的活动。因此,本研究将以阅读相关活动为主要对象展开对复合阅读行为维度的观察,第四章即对青少年复合阅读行为的现状调查及其分析。

其次,复合阅读的情感维度。个体行为研究需要寻找个体采取特定行为的内在驱动力和外在驱动力,复合阅读所带来的丰富阅读体验所赋予个体的主要价值在于交流过程所带来的愉悦感,也成为阅读态度向良性转变的另一基点。因此,本书将阅读体验作为复合阅读情感维度观察的主要对象。本书第八章将对复合阅读过程中阅读体验构成进行观察和分析。

最后,复合阅读的认知维度。个体从传统阅读到复合阅读的转变即是内外驱动力最终作用于个体认知的过程。因而，我们对复合阅读的认知维度研究主要从三方面展开：一是读者阅读渠道选择问题研究。二是读者从传统阅读到复合阅读的行为转变过程研究。本书第五章、第六章主要围绕这两方面问题展开。三是读者对复合阅读效应的认识。本书第七章主要围绕这一问题展开。

综上所述，本书对复合阅读行为部分的观察将从复合阅读行为中的阅读活动、阅读渠道选择影响因素、行为转变机理、阅读过程四方面展开，对复合阅读行为的行为维度、情感维度、认知维度展开横向和纵向的探索。

第三章　复合阅读：全媒体时代的新型深阅读行为

进入全媒体时代，媒体融合打通了各类场景，使得时空交叠，阅读载体、阅读渠道，乃至人们的阅读情境均在复合维度充分延展，复合维度的阅读行为因而繁荣生长。各类虚拟阅读社群、阅读工具的蓬勃兴起暗示复合维度的阅读行为正在成型。

梳理良性的阅读行为趋势并加以促进和倡导，是阅读推广的高效路径。复合阅读正是全媒体时代阅读从多元到复合的产物，既是在新技术条件下的个体阅读行为的自我适应和自我矫正，也是一种新型深阅读行为。但这一过程势必面临一些挑战，阅读推广研究者和阅读推广实践领域应对此有所作为。

本章在厘清深阅读本质的基础上讨论复合阅读行为产生背景及其特征，论证其为何是一种深阅读行为，并阐述当前进行复合阅读行为研究的意义所在。

第一节　深阅读的再思考

一　深阅读之"深"

随着深阅读危机的出现，促进深阅读已成为全民阅读推广的核心任务。然而，目前学界仍缺乏对深阅读的明确界定和阐释。

1994 年 Sven Birkerts 在谈及电子时代阅读的命运时首创了深阅读

(Deep Reading) 这一词汇，他这样描述深阅读："我们可以控制阅读，所以它应当与我们的需求和节奏相匹配；如果在阅读过程中我们达到一定的自由，以至于我们主观的、联想的冲动被解放，这种状态我将其命名为深阅读。深阅读即对书的缓慢的、通过深思的占有（The term I coin for this is deep reading：the slow and meditative possession of a book）。"① 显然，这是一种现象化的描述，并未涉及深阅读的本质。而其后出现的大量关于深阅读的文献，在谈及深阅读时也并未引用特定定义，而均是从不同角度描述自己所观察到的深阅读现象。也就是说，对深阅读的认识主要停留在表象上，对其内涵并未达成共识。

而要明确界定深阅读，其核心是，怎样理解深阅读之"深"？

深度原本是物理学概念，指物体的深浅程度和距离的远近；后来引申为触及事物本质的程度，以及事物向更高阶段发展的程度。而哲学则对深度有更抽象的表述，如梅洛·庞蒂把深度的含义进一步与人的生存问题紧密联系起来，认为深度是存在之维，是原始体验，它形成于物体的相互重叠与隐伏中、在我与其发生的关系中，对象之物的深度需要自我的深度来显示。② 显然，在实际运用中，"深"是一个具有较高抽象度的概念。

在众多谈及深阅读的文献中，研究者们围绕深阅读之"深"提出了很多不同看法。我们将这些看法归纳为三个维度。

第一个维度与信息获取有关，相关阐述涉及的主要关键词包括思考、理解、探索等。如 Wolf 等认为，深阅读是一系列促进理解的过程，包括推论、演绎推理、批判分析、反思和洞察等③；Oubai 等认为，阅读深刻化是从碎品式、经验化的思维转向整体性、理性化的思维开始

---

① Birkerts S., *The Gutenberg Elegies*：*The Fate of Reading in an Electronic Age*, Boston：Faber and Faber, 1994：105 - 106.
② ［法］梅洛·庞蒂：《眼与心》，刘韵涵译，中国社会科学出版社 1992 年版，第 125—166 页。
③ Wolf M., et al., "The Importance of Deep Reading", *Literacy* 2.0, 2009, 66 (6)：32 - 37.

的①；洛特曼认为，深阅读时读者会从表象的世界抽离，转而凝视内在②；默盖尔则把阅读分为了3个层次诠释其由浅入深的区分，即知识性、理解性、探索性。③

第二个维度与感受有关，涉及的主要关键词包括乐趣、情感、沉浸、投入等。相关阐述认为深阅读不只意味着信息的解码，如沃尔夫所指出的，情绪上的投入通常是能否进入阅读生涯的关键，且发现流畅级阅读者的脑成像图清楚地显示出主观情绪的边缘系统和认知区联结部分逐渐被激活④；杜夫海纳指出，"深就存在于我们对过去的使用之中"，"真正感动我们的是过去和现在在我们身上的汇合"⑤；张晓星、邓小昭认为，深度代表着一种"投入"与"奉献"，并不是"严肃"的含义⑥，而戴维·罗斯则将感受情绪和模式识别、规划策略一起作为阅读时大脑面向的三项主要任务。⑦

第三个维度与交流有关，涉及的主要关键词包括交流、对话、互动等。持该观点的相关学者认为，深阅读是互动的，它唤醒读者，要求读者全身心参与⑧；深阅读时读者需要把注意力从外在不停变动的感官刺激移开，好让它与内在的文字、思想、情感流动深度交流⑨；当文本和读者相遇时，在读者因人而异的符码系统的作用下，两者之间由于互动和对话又产生了新的意义⑩，因此，深阅读是阅读生命中影响最为深远

---

① Elkerdi O.：《互联网如何毒化了我们的大脑？》，《求知导刊》2014年第1期。
② 彭佳：《另一种文本中心——回应尤里·洛特曼的文本观》，《符号与传媒》2011年第2期。
③ 章祺：《浅析数字时代"深阅读"》，《中国出版》2017年第5期。
④ ［美］沃尔夫：《普鲁斯特与乌贼：阅读如何改变我们的思维》，王惟芬、杨仕音译，中国人民大学出版社2012年版，第131页。
⑤ ［法］杜夫海纳：《审美现象学》，韩树站译，文化艺术出版社1996年版，第439页。
⑥ 张晓星、邓小昭：《深度休闲信息行为研究述评》，《图书情报工作》2015年第8期。
⑦ ［美］沃尔夫：《普鲁斯特与乌贼：阅读如何改变我们的思维》，王惟芬、杨仕音译，中国人民大学出版社2012年版，第131页。
⑧ Hall M. P., et al., "The Power of Deep Reading and Mindful Literacy: An Innovative Approach in Contemporary Education", *Innovacion Educativa*, 2015, 15 (67): 49-59.
⑨ ［美］尼古拉斯·卡尔：《浅薄：互联网如何毒化了我们的大脑》，刘纯毅译，中信出版社2010年版，第79页。
⑩ Billington J., "Reading for Life: Prison Reading Groups in Practice and Theory", *Critical Survey*, 2011, 23 (3): 67-85.

的时刻,有着"苏格拉底式对话"的转化性效果。①

即便对深阅读的理解有不同,但这些理解有一个共性,即认为深阅读中读者不仅仅是被动的接受者,更是一个"参与者"。在德国语言里,reading 这个词——lesen、lese、lasa,字面意思是聚到一起,也意指参与和注意并存。只有读者将自身作为一个参与者,才可能对阅读对象有更能动的思考,深阅读才可能发生。研究发现,阅读时,在读者从动机加工到生成一定认知策略的过程中,阅读参与是二者间的连接因素,而阅读的深度关键取决于阅读过程中思维的参与度和力度,取决于阅读主体能否对文本的内涵、语言、审美张力产生相应的应力②③④。人们经常用来描述深阅读状态的术语"沉浸",即是用来形容一种随着体验的发展而呈现的最佳参与状态,处于沉浸状态的人往往会把注意力完全集中在执行某个给定的任务上,可能会意识不到时间的流逝或他人的存在。⑤

鉴于阅读参与是深阅读达成的基础条件,这一概念已成为阅读学研究的重要对象。根据美国国家阅读研究中心(the National Reading Research Center,NRRC)提出的阅读参与理论(Reading Engagement Theory),阅读参与指在阅读活动中动机和策略同时存在的行为。⑥ Fredricks 等曾提出参与是一个多维度的属性,包括行为参与、认知参与和情感参与。⑦ 将他们对这三个维度的阐释运用于深阅读可以得出这些理解:认

---

① [美]沃尔夫:《普鲁斯特与乌贼:阅读如何改变我们的思维》,王惟芬、杨仕音译,中国人民大学出版社2012年版,第131页。

② Guthrie J. T., Wigfield A., "Engagement and Motivation in Reading", in Kami M L, Mosenthal P. B., et al. *Handbook of Reading Research*, 3rd Ed. New York: Longman, 2000: 403 – 422.

③ Naumann J, "A Model of Online Reading Engagement: Linking Engagement, Navigation, and Performance in Digital Reading", *Computers in Human Behavior*, 2015, 53: 263 – 277.

④ 潘双林:《网络阅读深度化的实践探索》,《中国电化教育》2012年第4期。

⑤ Csikszentmihalyi M., "The Flow Experience and Its Significance for Human Psychology", in Csikszentmihalyi M., Csikszentmihalyi I. S., *Optimal Experience: Psychological Studies of Flow in Consciousness*, New York: Cambridge University Press, 1988: 15 – 35.

⑥ Guthrie J. T., et al., "Principles of Integrated Instruction for Engagement Reading", *Educational Psychology Review*, 1998, 10 (2): 177 – 199.

⑦ Fredricks J. A., et al., "School Engagement", in Moore KA, Lippman L., *What Do Children Need to Flourish?* New York: Springer US, 2005: 305 – 321.

知参与指读者使用高水平的策略来对待阅读对象，在深化理解的基础上深入思考；行为参与指读者投入一定的时间、空间，排除干扰、积极地完成阅读；而情感参与，则指读者享受阅读过程，并表现出一定的阅读热情。

今天，越来越多的学者认为单纯的信息输入不是深阅读。如 Mannheimer 认为，过于强调认知参与是将深阅读作为一种"元认知处理"来认识，更像是导致"学会"（Learning）的深度学习[1]；Guthrie 等认为参与的读者理解文本不仅因为他们能够理解，而且也因为他们积极地去理解，因此，他们聚焦于意义，并会自觉避免分心，而且可能毫不费力地在阅读过程中应用自我监控和推理等策略[2]；事实上，应试教育背景下通过阅读训练获得优异考试成绩但事后厌学的例子比比皆是，某种意义上也显示了阅读引导中单纯认知参与这一维度的促进难以支撑长期的阅读兴趣和习惯。

因此，深阅读之深，需要通过认知参与、行为参与、情感参与的共同作用达成，而深阅读，正是通过阅读参与的作用，使读者呈现与浅阅读者不同的状态和收获。

二　因何导致深阅读？

只有理解某对象的形成路径，才能认识其本质。那么，如果说阅读参与是深阅读的特性，导致阅读参与的主要因素又是什么？对此主要有两类不同的理解。

第一个理解认为，深阅读是被动的环境投射，蕴含着阅读对象等客体对读者的作用以及由此产生的反应。因此，作用于阅读参与的主要因素是文本本身及其物质形式。

文本是阅读的对象，也是深阅读产生的最基本物质条件，不同文本引发深阅读的可能性不同。因此，一些学者提出，在"作者—文本—

---

[1] Mannheimer S., "Some Semi-deep Thoughts About Deep Reading: Rejoinder to 'Digital Technology and Student Cognitive Development: The Neuroscience of the University Classroom'", *Journal of Management Education*, 2016, 40（4）: 405–410.

[2] Guthrie J. T., et al., "Principles of Integrated Instruction for Engagement reading", *Educational Psychology Review*, 1998, 10（2）: 177–199.

读者"间关系中，文本是处于中心地位的：正是文本自身的多语性使得它具有创新功能，可以促进新意义的产生。[①]

同时，阅读不仅仅是一种抽象的智力活动，还涉及运用身体的活动，因此一些学者强调，文本的物质形式也会是作用于阅读深度的关键因素。研究发现，所有的阅读都是涉及多种感觉的互动，在书面作品的物质性感觉——运动体验和文本内容认知处理过程间存在着重要关联[②]。因此，文本的物质形式将在具体空间中建立读者与自身、与他人的关系，自然会影响到读者的期待和阅读的感受。比如，对有些人而言，听有声读物更容易带来深阅读，因为他们缺乏阅读训练或足够的自制力，"读"书时容易被微信、QQ等打断、干扰，转而他顾，而听书则因是用"耳"而非用"眼"，即便受到干扰，仍能保持"听"的连续性，所以对这些人而言"听书"更易于集中注意力；而对有些人而言，坐飞机或在机场更容易深度阅读，因为这种环境创造出了一种适宜深度阅读的"狭小空间"。

持此观点的很多学者沿用行为心理学的"刺激—反应"模型观察深阅读的发生条件。他们将阅读对象——文本及其载体视为一种刺激，而阅读行为是阅读对象作用于读者，引起不同的阅读态度后的结果。研究中会假设不同阅读载体、文本形式对人们阅读过程和阅读效果的影响，进而展开相关实证研究，特别是针对电子书、超文本等的作用效果展开了大量研究。

第二个理解则认为，文本与读者的关系并不是一种介乎对象和观察者之间的主客关系，深阅读包含着读者的意识和意识体验，读者有其主体地位，因此读者自身才是阅读参与的核心作用因素。

按照这一理解，深阅读过程中的读者与浅阅读有所不同，深阅读过程中的读者往往是一个张力系统，享受着既基于文本，又高于文本的相对自由。如丁宁提出，深阅读过程是读者以文本为媒介，以其自在的社

[①] 彭佳：《另一种文本中心——回应尤里·洛特曼的文本观》，《符号与传媒》2011年第2期。

[②] Mangen A., "Hypertext Fiction Reading: Haptics and Immersion", *Journal of Research in Reading*, 2008, 31 (4): 404–419.

会文化系统为基础,与自身交流的过程①;卡尔认为,深阅读的读者会不断将自己代入文本,与文本中的人物、关系、观点进行互动,从而达到自我审视、自我反思、自我成长的目的。② 而实证研究对此观点也予以了支持,如圣路易斯华盛顿大学动态认知实验室一项研究曾使用脑部扫描来监视读者在阅读小说时的脑内反应,发现读者会在脑内模拟叙事里遇到的每个新情境。他们会从文本里抓出动作和感受的细节,再将之与自己过往经验整合。活动起来的脑部区域经常与读者做出、想象、观察现实世界里类似的动作时相当,因此认为,深阅读根本不是被动的行为。③

也就是说,深阅读不是发现原文是什么意思的问题,深阅读过程中文本的意义并非固有的,而是由读者的反应所创造和决定的。而简单的信息传播要成为创造的过程,其条件就是文本接收者的符号结构要更复杂,并且要具有人格④;文本往往只是充当着读者头脑中的催化剂,激发读者产生新的洞见、新的联想、新的领悟,甚至迸发顿悟的灵感。⑤因而,持有这些观点的学者认为采用"刺激—反应"模型把阅读文本视为一个普通的物理刺激对象加以观察有失偏颇,如学者张国良提出,同样一篇新闻、一篇评论,或一篇论文、一部小说,怎么会因为是在网络上阅读,还是在纸张中阅读,而产生深浅不一的差别呢?⑥

两种不同理解使得对深阅读发生的研究面临着一种"解释的鸿沟"。因为深阅读既是主体的参与行为,又是外部环境和对象的作用结果,而按照惯常的心理与物理、理性与感性"二元对立论",很难对其进行包容性的解释。

然而,近年来来自认知科学的"生成认知"理论给我们提供了第

---

① 丁宁:《接受之维》,百花文艺出版社1999年版,第163—168页。
② [美]尼古拉斯·卡尔:《浅薄:互联网如何毒化了我们的大脑》,刘纯毅译,中信出版社2010年版。
③ Speer N. K., et al., "Reading Stories Activates Neural Representations of Visual and Motor Experiences", *Psychological Science*, 2009, 20 (8): 989–999.
④ Lotman J. M., *Mind of the Universe: A Semiotic Theory of Culture*, Bloomington and Indianapolis: Indian University Press, 1990: 69–75.
⑤ 吴靖:《浅浏览时代的文明忧思》,《教师博览》2012年第9期。
⑥ 张国良:《新媒体时代的阅读行为》,《编辑学刊》2013年第3期。

三种理解路径。该理论认为，不是大脑具有心智，而是有意识地与世界打交道的、作为整体的有机体的、活生生的人具有心智能力。从涉身认知—嵌入式认知—延展认知到生成认知（Embodied‑Embedded‑Extended‑Enactive Cognition），意识和意识经验的产生将不服从物理的因果律，而是通过有机体的自组织系统的部分与整体的互惠因果作用涌现出来，这一自组织过程使大脑、身体与环境耦合成为一个动力系统[①]。

基于"生成认知"理论的整体论思想，我们这里将深阅读定义为：深阅读是读者这一具有心智能力的有机体，与适合其条件的阅读对象相遇，在适宜的情境下产生积极的行为动力，进而发展而来的高参与度阅读行为。这一定义包括三个观点：①深阅读本质上是一种高参与度阅读行为；②深阅读与阅读文本的内容和形式有关，与阅读环境有关，但也取决于读者的阅读态度；③促成深阅读的关键是促进读者生成认知，使得其拥有良好的阅读预期和积极的阅读行为准备状态，发展积极的行为动力。

三 深阅读的实现机制

（一）阅读时究竟发生了什么

要理解"深阅读如何实现"，我们必须首先对"阅读时究竟发生了什么"做出解释。基于认知心理学的一种理解认为，阅读是一个经历了"解码—理解—思考"等环节的认知过程。基于这种观点的深阅读理解，一方面在认知参与上强调读者深度阅读时积极的、深刻的、独立的、高层次的思维活动，如"批判分析"；另一方面，则在认知效果上强调读者应当将文本解码时的工作记忆转化为长期记忆，并在内化理解文本的基础上与相关知识建立联系，启发性重构知识，实现迁移与创新。然而，尽管认知过程的确是读者进行阅读活动的基础，但它并不能概括读者阅读时的全部心理现象。阅读时我们会因有所顿悟、茅塞顿开而感到雀跃欣喜，我们会因为故事中人物所遭受的不公对待感到愤怒惋惜，我们会因为一段妙笔生花的修辞体味到语言的魅力……阅读中读者

---

① 刘晓力：《当代哲学如何面对认知科学的意识难题》，《中国社会科学》2014年第6期。

所经历的情感过程,既表现为阅读对读者心境的渲染,又表现为阅读对读者的道德感、理智感、美感等高级情感的唤醒与潜移默化的重塑。强调阅读心理现象中读者情感过程的深阅读理解,则指出深度阅读应当赋予读者丰富的思考体验、情感体验、价值体验、审美体验等,并通过对最佳体验中"沉浸"状态的阐释,指出阅读活动本身所能带给读者的享受与乐趣。

那么,如果我们综合两种理解,将阅读心理现象视为读者认知过程与情感过程的综合体,我们是否还可以在更高的抽象层次进一步对"阅读时究竟发生了什么"做出解释?接受美学的文本解读观为我们提供了另一种解释阅读的路径。在这种理解下,阅读不再仅仅是读者与文本的交互,而是一场联结阅读活动中多元主体的主体间性对话。基于文本,读者在阅读中与作者对话、与自身对话,并继而通过分享、交流、评论等与其他读者交流互动,在对"他人的世界"的感悟和体验过程中,扩展自己的世界。而无论是"口述文化"的口语交流,还是"印刷文化""数字文化"中的书面阅读,对话模型所提取出的,正是这些活动所共有的"交流"属性。

(二) 阅读中主体与客体的相互作用

理解"深阅读如何实现"的第二个关键点,则是对问题"阅读的过程中主体与客体是如何相互作用的"的回答。部分基于认知过程的理解以"刺激—反应"模型解释阅读活动中的主客体关系,强调读者形成的认知是阅读脑对阅读客体施加的刺激进行被动接受与加工的结果。其认为,数字化载体中的超文本、多媒体等在持续地对阅读脑施加刺激,导致其疲于信息解码,在高强度的认知负荷下无暇完成后续深度阅读所要求的深刻的、高层次的思维活动;而印刷文本的单调性与线性组织方式则减少了对阅读脑持续、高强度的刺激,从而使读者能够调动充足的智力资源投入更高层次的思维活动,实现深度阅读。然而,关于阅读活动中主客体关系的另一种理解则是以读者为中心的,强调读者才是意义的生产者。其主张读者是"思考着的芦苇",文本往往只是充当着读者头脑中的催化剂,激发读者产生新的洞见、新的联想、新的领悟，甚至迸发顿悟的灵感①；深度阅读是通过书中他人的语言和声音发现我们自己类似的生活，是从外界通往我们内心的一座桥梁②。如在"对话"模型下的文本解读观中，读者的阅读参与则成为连接阅读活动中主体与客体的桥梁，其认为，一定条件下，特定的文本会激发读者积极的阅读参与，促使其形成认知、生成体验，而读者能动性参与行为价值的高低层次则决定于文本深度与读者认知与体验深度不同程度的化合。

无论是将读者视为"思考着的芦苇"还是"主体间性对话中能动的参与者"，如果我们承认读者的能动作用，便还需要解答关于"深阅读如何实现"的最后一个问题——"读者如何深度参与阅读"。阅读参与的激发是有条件的。一种理解认为，激发阅读参与的条件是"适度的挑战"，亦即适合读者条件的文本，它应当能够带给读者新认知、新体验，也应与读者的认知水平与知识经验背景相称。另一种理解则指出，激发阅读参与的条件还应包括对读者需要的满足，这将促使读者产生积极的心理预期与行为动力。

此外，导致人们对深阅读理解不一致的还有对阅读参与的不同阐释。第一种理解主要从行为参与出发，认为阅读参与是读者以积极主动的阅读态度，投入一定的时间、空间，采取一定的阅读策略，以排除干扰、深化阅读效果，持此观点的研究者往往将深阅读描绘成慢的、仔细的、专注的阅读行为。另外两种理解则分别从认知过程、情感过程出发，将阅读参与阐释为认知参与、情感参与，要求读者深入思考、深度体验、沉浸于阅读并享受阅读。在他们看来，与其说阅读是获取知识、完善人格的工具，不如说阅读是一种能够满足读者精神性、社会性需要的生活方式，其价值在于让读者在享受阅读的乐趣的同时，获得超越时空、超越个体经验的自由——我们为什么要读书的理由之一，便是想要超越我们的生活，了解别人的生活，阅读的快乐不在于人家告诉了你什么，而在于借此你的心灵得以舒展开来，你自己的想象力可以和作者的

---

① 郭贵春：《科学研究中的意义建构》，《中国社会科学》2016 年第 2 期。
② ［法］胡塞尔：《欧洲科学的危机和超验现象学》，张庆熊译，上海译文出版社 1988 年版，第 58—68 页。

想象力一道飞翔,甚至超越他的,你的经验和作者的比较起来,所得的结论可能一样也可能不同,但了解他的观念就可以建立起你自己的观念①——而这种理解下阅读的价值恰恰与"交流"的价值,不谋而合。

(三)深阅读实现的内在机制

基于以上讨论,本书认为在"选择—获取—阅读—分享—交流—评论"的阅读行为闭环中,存在读者与作者、读者与自身、读者与其他读者的"对话"交流活动。而深阅读则是一场读者深度参与的主体间性对话。其中,读者的能动性参与行为以特定情境下能够满足读者需要的、适合读者条件的特定文本为发生条件,具备认知参与、情感参与、行为参与的多维度属性,其价值一方面表现为读者对文本及自身的理解与建构,另一方面则表现为读者精神性与社会性需要的满足及其所赋予读者的阅读兴趣与可持续的阅读动力,如图 3-1 所示。

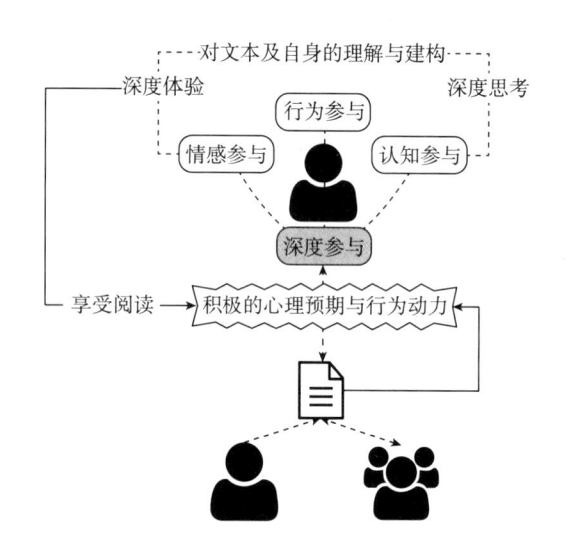

图 3-1 深阅读实现的内在机制

阅读作为一种主体间性对话具有"一对多"的特性。阅读的故事开始于一位思考者的文本创作,而读者们同样作为"思考着的芦苇"

---

① [德]席勒:《审美教育书简》,冯至、范大灿译,北京大学出版社 1985 年版,第 30 页。

因与文本相遇加入这场对话，一系列体验的交流与思想的碰撞就此展开。文本缺乏"弹性"是苏格拉底反对以阅读代替口语交流的重要原因之一，然而，阅读的"一对多"特性一定程度上可以弥补"文本缺乏弹性"的不足——虽然较难直接与作者进行双向沟通，但读者可以通过与其他读者对话，将表达的愿望与反馈的寻求转移到阅读社群中，而阅读社群引入更多生命体验，将继续延展这种对话。

深度参与是深阅读的基本属性，其隐含特征是积极的、能动的、投入的，而读者的深度参与过程既包括心理层面的认知活动与情感活动，也包括外显的参与行为。特别地，在这一参与过程中读者将自由选择适合其条件的阅读策略，"慢的、仔细的"阅读方式并不是阅读参与的必然要求。此外，深度参与的发生是有条件的，特定情境下能够满足读者需要的、适合读者条件的特定文本，将使读者产生积极的心理预期与行为动力，促进深度阅读参与的产生与发展。

那么，深阅读与浅阅读之间是否存在明确的界限？从深阅读的深度参与本质来看，"深阅读"及其否定性一极"浅阅读"之间是概念的连续谱（见图3-2），二者之间存在着模糊的灰色区域。不同程度的阅读参与、阅读体验、阅读效果标定了阅读个案在此连续谱上的位置。其中，高度参与、深度体验、收益显著的阅读必然是深阅读，低度参与、体验缺失、效果缺失的阅读必然是浅阅读。通过增加、删除属性或改变属性的程度，能够使阅读个案在"深阅读""浅阅读"两极之间的连续谱移动。而回答上述问题所需要解决的，便是如何看待灰色模糊区域的个案。

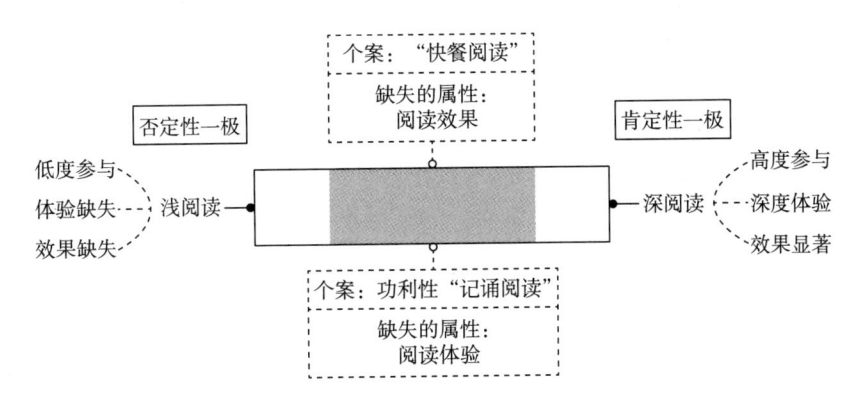

图3-2 "深阅读"与"浅阅读"之间的连续谱

对此，深阅读作为一种价值判断，其概念注定不会是"确定的""唯一的"。无论是严肃型理解所强调的"获取知识""汲取营养"，还是享受型理解所强调的"满足""乐趣"，都赋予了阅读一定的价值期望。当界定灰色区域个案这些价值产生冲突时，其争议无从消解也不必消解。一方面，我们建构深阅读概念的初衷原本就是厘清、描述理想中"应然"的阅读。肯定性一极的"完全"的深阅读已然为我们提供了"理想状态"阅读的范本。我们只需要以之为目标，推动阅读个案向肯定性一极移动即可。另一方面，如果需要评估阅读的深度，我们不妨回归深阅读的价值诉求，审视阅读个案能够实现哪些层次的价值，再结合具体情境，选择合适层次作为基线，并由此作出判断。

第二节 全媒体时代的阅读行为：从多元到复合

一 全媒体环境对阅读的影响

（一）全媒体的定义及特征

阅读环境改变着人们阅读参与的形式，也正在改变着深阅读。今天的全媒体环境更是通过对阅读介质、阅读渠道及其之间相互连接和相互作用的方式在塑造着一个又一个新阅读方式，这些新阅读方式导致深阅读的路径日益多样化。

全媒体时代是近年来媒体界出现较为频繁的一个词汇，目前为止，学术界还并没有形成有关"全媒体"的统一定义。在新闻传播学界，主要将全媒体的定义分为运营模式与运营理论、传播形态这两大类。以彭兰为代表的学者认为，"全媒体是指一种业务运作的整体模式与策略，及运用所有媒体手段和平台来构建大的报道体系"[1]，认为全媒体应该是在多个平台进行多点着落，多形态传播的。而刘光牛等则从媒体的应用层面出发，认为"全媒体是媒体走向融合后的跨媒体产物"[2]。

---

[1] 彭兰：《媒介融合方向下的四个关键变革》，《青年记者》2009年第2期。
[2] 新华社新闻研究所课题组、刘光牛：《中国传媒全媒体发展研究报告》，《科技传播》2010年第4期。

而石长顺等指出全媒体有狭义与广义两种理解：狭义上讲，全媒体是所有不同的媒介载体形式的总和；广义上讲，是时代发展中，日益增多的信息传播手段带给受众信息服务的新体验。① 因此，全媒体的特征也被学者归纳为五新：新的媒介观念、新的媒介形态、新的传播手段、新的信息生产方式以及新的媒介运用模式。② 总结起来即"各种不同媒体经过融合后，跨越媒介的产物"。③

全媒体环境下，不同的媒介与运营机构通过各种媒体形式，向用户提供多种不同终端的多元信息接收方式，使用户在信息接收上不再有时间、空间与方式上的隔阂与障碍。④ 在这样的新潮流冲击下，传统信息渠道不再成为唯一的信息传递方式，也使新的媒体格局随之产生。毫无疑问，在各种新型媒介争相涌现，并逐渐呈现出上升的良性发展状态时，传统媒介的优势开始逐渐瓦解，随着融合性的加强，传统媒介对新媒体不再敌对，开始以一种互相融合的方式以实现多元共同发展，不断吸收计算机和通信数字技术，进行改革创新，成为新的媒体形式。⑤ 于是，无论新型或传统媒介，都在全媒体时代走向融合，使得各自作为信息服务者，信息传达的成果与效益受到内容、渠道与终端这三方的共同影响，最终使原本单一的媒介渠道与终端开始多元化。

同时，全媒体不仅影响新闻传播，而且将深刻影响其他业态，因为其影响的不仅是信息传播者，更影响信息接收者，这种影响已从载体形式扩展到信息传递和信息接收。

在载体形式的角度，全媒体集成了内容与形式，也集成了技术与平台。全媒体传播的载体工具丰富多样化，传播的内容形式涵盖人们接受信息的全部感官⑥，受众面临的是文字、声音、图片、视频，能够通过

---

① 石长顺、唐晓丹：《全媒体语境下电视编辑的角色转型与功能拓展》，《中国编辑》2009年第2期。
② 姚君喜、刘春娟：《"全媒体"概念辨析》，《当代传播》（汉文版）2010年第6期。
③ 郭瑶：《全媒体时代高校图书馆信息服务模式研究》，《经管研究》2015年第6期。
④ 殷俊：《全媒体时代的传播探索》，《视听纵横》2017年第4期。
⑤ 闫焓：《全媒体时代媒体品牌的构建与发展》，《今传媒》2015年第1期。
⑥ 邰书错：《全媒体时代我国报业的数字化转型》，博士学位论文，浙江大学，2010年。

不受时间空间与地域限制的移动设备进行选择。①

在信息传递的角度,全媒体下的新媒体具有三大特征:个性化的信息能够同时传递给每个受众;每个参与者对内容拥有对等的相互控制②;媒介的整体传播具有了所有人对所有人传播的性质。③

在信息接收的角度,全媒体的本质特征是"媒体内容、形式、功能、手段多层面的融合,使受众获得更及时、更多角度、更多听觉和视觉满足的媒体体验"。④

(二)阅读的多元化

随着互联网传输技术与数字技术的迅速发展,文字、图像音乐、视频等多种信息资源已经能够成熟地被转移到移动与互联网的环境之中,而进入全媒体时代,在克服了技术障碍后,阅读媒介也越来越多地呈现融合性的特点,走进了全民日常生活。而渠道的多元化必然带来行为的多元化。全媒体时代,阅读行为不管从阅读载体、阅读动机、阅读活动都呈现日益多元的格局,而阅读的多元化也引起对于"新阅读是否能够实现深阅读"的广泛争议。

1. 阅读载体的多元化:从纸质阅读到数字阅读

相较于依托于纸质书籍的、线性的、专注的传统阅读,数字阅读载体包含文字、声音、影像、动画、网页等多视听符号,越来越立体化。⑤ 2014 年我国第十一次国民阅读调查显示,包括网络在线阅读、手机阅读、电子阅读器阅读、光盘阅读、Pda/MP4/MP5 阅读等形式在内的数字阅读方式的接触率达 50.1%⑥,已有超过一半的国民参与各种类型的数字阅读。2018 年我国第十五次国民阅读调查更现实,数字阅读

---

① 郭媛媛:《全媒体时代下我国纸质书籍形态设计研究》,硕士学位论文,北京服装学院,2016 年。
② Crosbie V.,"What Newspapers and Their Web Sites Must Do to Survive",*Online Journalism Review*,2004.
③ 李静修:《全媒体视野下的受众审美心理研究》,博士学位论文,吉林大学,2013 年。
④ 张从明:《全媒体新闻采写教程》,北京大学出版社 2010 年版。
⑤ 刘淑华:《数字阅读的新特征与后现代反思》,《青年记者》2017 年第 11 期。
⑥ "第十一次国民阅读调查结果公布",http://epaper.gmw.cn/gmrb/html/2014 - 04/22/nw.D110000gmrb_ 20140422_ 4 - 01.htm。

方式的接触率达到73%。①

然而，一些观点认为，数字阅读更多表现为"浅阅读"，甚而有研究基于"媒介决定论"的观点，否定了数字阅读发展为深阅读的可能性。因为：数字媒介下的信息多呈现出海量、粗浅化、碎片化、多媒体、超文本的特征，这加剧了读者的认知负荷，进而造成了读者注意力的分散、记忆力的衰减、想象力的钝化②；以超级注意力为认知特征的浏览式阅读大行其道，而曾经流行的以深度注意力为认知特征的沉浸式阅读日趋衰微③；此外，不同于可翻阅的、"散发着油墨香气"的纸本书籍，数字阅读设备反光的屏幕与"消失"的书页都带给读者极大的困扰，难以带给读者能够媲美纸本书籍阅读的沉浸体验。④ 此外，有学者认为，深度阅读依赖于具有较大知识信息含量和较高系统性的阅读对象⑤，甚至所谓的"经典文本"；而数字阅读下碎片化的阅读对象则象征着信息的碎片化、思维的碎片化、思想的碎片化⑥，对人们的知识体系的形成及思维能力的培养都构成挑战。⑦ 并有学者进一步指出，足够的时间积累是读者进入深层次阅读状态的必要条件⑧，深阅读应当是慢的、仔细的，需要读者反复咀嚼、反复品味，表现为阅读对象碎片化和阅读时间碎片化的数字阅读与深阅读之间存在根本对立。

然而，另有研究者指出，阅读的深浅状态并不取决于阅读的载体，数字媒介不会削弱读者的阅读专注度⑨，以阅读载体定论阅读深浅的方

---

① "第十五次全国国民阅读调查报告发布"，http：//book.sina.com.cn/news/whxw/2018 - 04 - 18/doc - ifzihnep4386289.shtml。

② Carr N.，*The shallows：What the Internet is doing to our brains*，New York：WW Norton & Company，2011：115 - 143.

③ 周宪：《从"沉浸式"到"浏览式"阅读的转向》，《中国社会科学》2016年第11期。

④ Rose E，"The Phenomenology of On - screen Reading：University Students' Lived Experience of Digitized Text"，*British Journal of Educational Technology*，2011，42（3）：515 - 526.

⑤ 周亚：《"浅阅读"概念界定及相关辨析》，《图书馆杂志》2013年第8期。

⑥ 张少宁：《新媒体时代中深度阅读的路径研究》，《河南图书馆学刊》2014年第5期。

⑦ 迟艺欣：《大学生阅读选择和阅读方法》，《吉林化工学院学报》2015年第7期。

⑧ 姜云云：《让阅读教学向更深处漫溯——浅阅读背景下中学语文深度阅读教学的策略》，硕士学位论文，辽宁师范大学，2016年。

⑨ Grzeschik K.，et al.，"Reading in 2110 - reading Behavior and Reading Devices：A Case Study"，*The Electronic Library*，2011，29（3）：288 - 302.

式完全忽视了阅读主体的能动作用和阅读本体的内在机制[①];新媒介同样为"深阅读"提供了条件和保证,读者有能力掌握和利用新媒介并充分利用数字阅读在便利性、交互性、联结性上的优势,推动数字化深阅读的实现更是新媒体时代回归深度阅读的精髓所在。[②③] 持上述观点的研究者一方面指出,阅读的深浅不应取决于阅读载体,而应取决于读者对待阅读的态度[④]、阅读中的思考深度[⑤]或阅读中的思考和感悟程度[⑥];另一方面,则尝试从阅读社群培育、阅读设备改进、社会化批注、知识图示等角度出发,提出推动数字化深阅读实现的策略。

2. 阅读动机的多元化:从严肃阅读到轻松阅读

手机是全媒体时代的重要阅读工具,然而,随着手机的广泛智能化,手机在人们的生活中所扮演的角色已演变为一个娱乐休闲工具,使得人们在休闲和阅读之间经常切换,甚至合二为一。阅读从传统的"心怀敬畏""静心沉潜"演变为享受的、轻松的,以追求知识和发展为动机发展成调剂生活的,甚至是拿来炫耀的活动。

这种阅读动机的多元化也带了对新阅读的争议。已有诸多学者提及,深阅读是以获取知识、锻炼思维、提升自我为目的的深层次阅读形式,深度阅读不同于休闲阅读,目的性、学习性与研究性是其本质属性。[⑦⑧⑨] 此外,深阅读需要读者对书本心怀敬畏,基于一种自我完善和自我实现的志愿去"啃"一本书,在"静心沉潜""细细品读"的过

---

① 吴健等:《基于关键词共现聚类的深阅读研究热点分析》,《图书馆建设》2016 年第 12 期。
② 邱景华:《网络时代的"深阅读"》,《福建图书馆理论与实践》2011 年第 3 期。
③ 彭丽等:《新媒体时代惠州学院大学生阅读情况调研——基于 90 后的新视角》,《学理论》2014 年第 9 期。
④ 章祺:《浅析数字时代"深阅读"》,《中国出版》2017 年第 5 期。
⑤ 茆意宏:《对新媒体阅读争议的思考》,《出版发行研究》2013 年第 9 期。
⑥ 王余光、汪琴天:《关于阅读文化研究的几个问题》,《图书情报知识》2004 年第 5 期。
⑦ 许苗苗:《正确应对少儿的"深阅读"与"浅阅读"》,《中小学图书情报世界》2009 年第 6 期。
⑧ 张楚:《从"浅阅读"到"瞄阅读"》,《传媒》2014 年第 10 期。
⑨ 史慧媛:《中医药院校大学生"深阅读"阅读推广研究——以黑龙江中医药大学为例》,《中国中医药图书情报杂志》2017 年第 1 期。

程中实现理性的参与和思考。①②③ 其价值在于帮助读者获取知识，提高思维能力，在领悟中形成自己的人生哲学基础，并由此实现知行合一的升华。④⑤⑥ 无论是从读者的阅读动机、阅读态度、阅读参与还是阅读效果出发，上述理解中描摹出的深阅读影像都颇具"严肃性"。

然而，也有一些不同观点出现。Jacobs 指出，阅读不应当是"吃有机蔬菜式的脑力劳动"或是"社交和道德保健"，将阅读的动机与价值简单地进行"获取信息和增长知识—娱乐消遣"的二元分割，是难以体会阅读的乐趣的含义的。⑦ 而罗薇认为，与其说深阅读是"心怀敬畏"的、"静心沉潜"的，不如说深阅读是"享受"的、"阐释沉浸"的。⑧

无论是"严肃"的阅读还是"享受"的阅读，持这两种理解的研究者均强调读者参与阅读的投入程度应达到较高水平，但不同于前者的是，在享受型阅读的理解下，读者的投入状态不是"凝神聚思"的意志过程，而是一种自然产生的"心流体验"。Csikszentmihalyi 等在最佳体验（optimal experience）理论中指出，工作或休闲娱乐情境下，适度的挑战能激发人们积极的"心流体验"，在这种状态下，人们更为活跃、专注、快乐、满足且更富创造力。⑨ 而在阅读情境中，随着阅读参与程度的不断加深，体验也将随之达到最高层次，在此阶段，读者能够进入"阐释沉浸"的状态，读者被阅读内容深深吸引，积极投入到文本的解读与阐释中，达到时空的失真状态，是一个主动享受阅读的过程，在这一过程中，读者将收获丰富的思考体验、情感体验、价值体验、审美体验等。

---

① 张亚军：《从深阅读到浅阅读的变迁》，《贵州大学学报》（社会科学版）2011 年第 6 期。
② 李元凤：《由"浅"入"深"的微信阅读》，《石油教育》2016 年第 6 期。
③ 余逊涛：《图书馆如何引导学生深度阅读》，《内蒙古科技与经济》2017 年第 3 期。
④ 黄荔：《论互联网时代的深度阅读重拾》，《广西社会科学》2013 年第 2 期。
⑤ 董朝峰：《电子传媒时代的深浅阅读再辨析》，《图书馆杂志》2011 年第 3 期。
⑥ 张杨：《网络视域下大学生深度阅读模式优化研究》，《中国成人教育》2017 年第 1 期。
⑦ Jacobs A., *The Pleasures of Reading in an Age of Distraction*, New York: Oxford University Press, 2011: 13 - 25.
⑧ 罗薇：《阅读体验的层次与"沉浸"阅读体验》，《艺术与设计（理论）》2013 年第 6 版。
⑨ Csikszentmihalyi M., LeFevre J., "Optimal Experience in Work and Leisure", *Journal of Personality and Social Psychology*, 1989, 56 (5): 815.

3. 阅读活动的多元化：从孤独静观到对话连接

传统阅读往往是静默的，而今天阅读中的人们则往往借助各类媒体工具与人对话，甚至群众活动式的阅读也成为一种风潮。"一城一书""一校一书"使阅读过程呈现出传统阅读全然没有过的热闹场面。而网上阅读社群的大量涌现也诠释着新阅读在活动形式上的突破。

这种热闹的新阅读似乎与深阅读有一定距离。在"孤独静观"式的深阅读影像中，深阅读是一种"安静"的状态，其"安静"属性主要表现为环境的安静、文本的安静以及读者内心的安静。其中，环境的安静主要意指一种"孤独静默"的阅读情境。持此理解的研究者主张，深阅读是默不作声的、私人性的体验，是一个人与文本交流的孤独情境，由此，读者个体在一人独处的孤独境况中，通过特定文本和世界产生某种意义的关联。[1] 除此之外，深阅读的文本也应当是"安静的""单调的"，深阅读应当摒弃嘈杂的多媒体、超链接，将线性排列的文字作为阅读的主角。最为重要的是，阅读的理性特征进一步规定了深阅读的"静观"特性。静观（contemplation）是指专注凝神的状态，即庄子所说的"用志不分，乃凝于神"，是阅读过程中不时抑或持续产生的沉思冥想[2]，是读者达成内心的安静后所进入的沉浸式阅读状态。而这一特性，则对深阅读的养成至关重要。

二 阅读行为的复合化

（一）什么是复合阅读行为？

如上所述，尽管阅读多元化给了人们更多的阅读选择，但这些选择在深阅读实现上似乎总还是存在种种障碍，这既是"深阅读危机"产生的原因，也为阅读行为改变提供了环境与契机。如麦克卢汉所认为，媒介与技术是等价物，它们增加或延伸人的力量，成为"活生生的力的旋涡"，由此造就的隐蔽环境（和影响）可能会对旧的文化形式产生

---

[1] 周宪：《从"沉浸式"到"浏览式"阅读的转向》，《中国社会科学》2016年第11期。

[2] 周宪：《从"沉浸式"到"浏览式"阅读的转向》，《中国社会科学》2016年第11期。

腐蚀和破坏的作用。①

习近平总书记在 2019 年 1 月 25 日中共中央政治局就全媒体时代和媒体融合发展所举行的第十二次集体学习中曾指出，"全媒体时代是个大趋势，媒体融合发展是篇大文章"，而且"媒体融合发展不仅仅是新闻单位的事"。事实上，阅读是全媒体环境深度改造的一种行为方式，实践领域层出不穷的阅读新现象表明，如果说新媒体、社交媒体等的出现使得阅读行为多元化，那么全媒体时代媒介融合的大趋势已带动阅读活动的大联结。正是由于全媒体的媒体融合背景，一种"混合式"的新型阅读行为——复合阅读行为产生。我们将复合阅读行为定义为：全媒体时代背景下，个体通过选择、阅览、评价、分享等多种活动，从书面语言和其他书面符号中获得包括知识、审美、道德观念等在内的复合价值的一种社会行为。

数字环境带来的阅读嬗变已引起大量关注，阅读行为多元化在互联网时代到来之际已然开始，交互阅读等新阅读概念已广为所知并成为研究热点，那么，这里的复合阅读行为与它们有何不同？

我们认为，复合阅读行为与其他新阅读概念的不同主要体现在两个方面：一方面，是产生环境的不同。复合阅读主要是全媒体环境对阅读行为的作用结果。正是因为全媒体时代媒介之间的融合互补、无缝连接，使得新旧媒介互相促进，导致人们能够充分利用线上阅读渠道和线下阅读渠道各自优势，更多样地开展阅读活动，更充分地挖掘阅读的价值。另一方面，是对阅读行为观察的角度不同。数字阅读、社会化阅读、交互阅读等概念主要聚焦于人们利用新技术开展的阅读活动，而复合阅读关注的是全媒体环境下人们在阅读各阶段充分利用各类阅读渠道的整体行为，包括各种线上阅读渠道也包括各种线下阅读渠道，体现的是一种"整体观"。

正因为复合阅读这一概念是立足于全媒体时代新的技术环境、以整体主义视角对阅读行为进行观察的结果，这一阅读行为有着清晰的全媒体时代特征，也呈现出与传统阅读行为更具区分度的外在特征。对复合

---

① ［加］罗伯特·洛根：《理解新媒介：延伸麦克卢汉》，何道宽译. 复旦大学出版社 2012 年版，第 9—20 页。

阅读行为的研究，有利于把握阅读行为的变化趋势，加强对环境要素的利用和控制，为阅读推广注入新的动力。

(二) 复合阅读行为兴起的背景

那么，为什么复合阅读行为会成为一种阅读新风尚，特别是在青少年群里有着越来越大的号召力？我们可以将读者这一从传统阅读向复合阅读的转变视为一种迁徙行为加以理解。1885 年，Ravenstein 观察到人类的迁徙受到推和拉两方面大影响，即迁徙是原驻地的推因素和目标地的拉因素二者相互作用的结果。[1] 后来，学者们注意到在迁徙决策中规范和心理变量也非常重要，Moon 从推拉模型延伸出一体锁定观念，将锁定因素纳入，提出 PPM 模型（推—拉—锁定）解释人类的迁徙。按照这一理论，造成迁徙活动的原因可分为推动因素、拉动因素和锁定因素。[2] 我们可以用这一理论理解个体从传统阅读向复合阅读转变的原因所在。

首先，传统阅读行为向复合阅读行为迁移的推动因素主要来自传统阅读行为成本和个体时间资源两方面的变化。一方面，数字阅读大大降低了阅读的时间成本、经济成本等，使传统阅读相对成本大幅提升，以致个体更趋向于到网络寻求降低阅读成本的途径。包括征询网友书评意见以提升图书选择决策效率，通过共享渠道直接获得自己最感兴趣的阅读对象段落进行选读或重读等。另一方面，网络时代人们支配时间更加自由，可控时间增多，导致认知盈余产生，人们有更多时间精力去做自己真正感兴趣的事情。同时，每个人的自由时间累积成强大的共享资源，使得人们更有可能将时间用于与阅读有关的活动。如克莱·舍基所认为，认知盈余是网络时代给人类社会带来的巨大福利，将惠及每一个个体，当然，也使围绕阅读的各种有趣活动成为可能。[3] 另外，各种媒介之间可无缝地自由切换，导致"线下关系"与"线上关系"之间的"时间替代"概念变得不再适用。两者之间不再是必然的此消彼长的关

---

[1] Lee E. S., "A Theory of Migration", *Demography*, 1966, 3 (1): 47–57.
[2] Moon B., "Paradigms in Migration Research: Exploring 'Moorings' As a Schema", *Progress in Human Geography*, 1995, 19 (4): 504–524.
[3] [美] 克莱·舍基:《认知盈余：自由时间的力量》，胡泳译，中国人民大学出版社 2012 年版。

系，相反现实交往和虚拟交往在一定范围内获得了共同增长的可能性。

其次，传统阅读行为向复合阅读行为迁移的拉动因素既来自复合阅读行为实施的高度便利性，也来自读者间准确匹配的巨大可能性。一方面，各类新型阅读媒介不断推陈出新，为读者提供了多元的选择机会，可以在任何时间任何地点为我们所用，导致复合阅读实施具有高度便利性。个体接受一种新事物的过程也是新事物的意义建构的过程，Faber 等的研究显示，意义构建是一个比简单的编码、发现其中蕴含的知识复杂得多的过程。有三个意义构建需要完成的事情：细节的质量、消化它的轻松感（休闲感），和基于前两者的交互作用实施行动的权利。[1] 而如 Peters 谈到阅读行为中力量的制衡问题，认为在 21 世纪，读者有机会获得更多权利以控制自身的阅读体验。[2] Hsiusen 和 Chen 对用户向电子阅读的行为转向问题进行了研究，显示便利性和社会影响对用户的转化意向有显著正向影响。[3] 另一方面，读者间匹配的可能性增大，使得"以社交促阅读""以阅读促社交"均可轻松实现。Matthew Lieberman 的研究表明，"人们习惯想知道自己所看的东西将会多么有帮助，多么有趣，不仅是对自己，而且也对别人。我们总是在寻找还有谁也会觉得这个有帮助或者有趣，我们的大脑数据证明了这一点"。[4] 原本阅读只能通过单向公共媒介（如书籍）完成，但全媒体时代不但出现了众多双向阅读媒介（如具备交流功能的阅读 App），而且扩展出了第三个选项——将阅读行为从个人向公众延展的多向媒介（如微信朋友圈等）。这为阅读者找到阅读伙伴提供了无限的可能性。

最后，传统阅读行为向复合阅读行为迁移的锁定因素主要有阅读兴趣群体内聚力和阅读行为公共价值放大两方面。一方面，复合阅读行为易于个体找到与自身思想和兴趣深度契合的群体，而这一群体内聚力的发展将发挥锁定效应使得复合阅读行为从偶尔为之变为一种理性选择；

---

[1] Faber N., et al., "Sense Making of (Social) sustainability: A Behavioral and Knowledge Approach", *International Studies of Management and Organization*, 2010, 40 (3): 8 – 22.

[2] Peters T., "The Future of Reading", *Library Journal*, 2009, 134 (18): 18 – 22.

[3] Hsiusen C., Chen C. C., "Exploring Switch Intention of Users' Reading Behaviour", *Electronic Library*, 2014, 32 (4): 434 – 457.

[4] Lieberman M. D., *Social: Why Our Brains are Wired to Connect*, Oxford: Oxford University Press, 2013: 374.

另一方面，通过复合阅读行为读者更容易放大其表露倾向，因为在一个反馈循环中个人动机和社会动机可以互相放大。推动因素和拉动因素使读者选择复合阅读行为，而锁定因素使读者认同这种阅读行为，尤其是青少年更可能将之与自己的信念和价值观相联系，从理智上产生支持态度。同时，复合阅读拓宽了阅读活动的领域和空间，从单一的阅读转向多重生活世界的阅读，促成了阅读的增值。

以上三方面因素导致读者放弃复合阅读行为而转移到传统阅读的成本提升，也就意味着，一旦采取复合阅读行为的读者通常不会再回归传统阅读，也就是说，复合阅读行为将成为大趋势。

第三节 复合阅读特征及研究意义

一 复合阅读行为的特征

复合阅读行为是信息技术环境加速更迭、信息社会快速演进的一种副产品，是信息社会向智慧社会演进中具有未来启示性的新型阅读行为。尽管它仍处于变化进行时，但比之传统阅读已然浮现出以下显著特点：

首先，媒介复合。与传统阅读"静默独观"的活动方式不同，复合阅读行为最外显的特征是读者往往利用多种媒介渠道、采用多种方式进行阅读活动，不再仅仅是"走进书本里的第二世界"，而是"站在现实世界与书本世界的交界处"。如 Persson 讨论了一个复合阅读的案例，即创立于纽约市的布什维克图书俱乐部（Bushwick Book Club）。[1] 该俱乐部的宗旨是"让阅读激发创作"，其举办的活动总是以一本图书（往往是小说）为焦点，邀请多位知名艺术家或团队（须事先完成与该书有关的歌曲）现场演奏围绕他们这本书创造的歌曲，俱乐部会预先在其网站和社交媒体号上公布所选图书和受邀艺术家的情况。活动现场出

---

[1] Persson M.，"'High Culture as Entertainment' Hybrid Reading Practices in a Live Book Club"，*Dialogue*：*The Interdisciplinary Journal of Popular Culture and Pedagogy*，2016，3（2）[2018－07－21]，http：//journaldialogue.org/issues/high－culture－as－entertainment－hybrid－reading－practices－in－a－live－book－club/.

现了多种形态的阅读活动，包括主持人现场朗读图书选段、主持人和艺术家们讨论自己对该书的理解以及文学、音乐创造的情况，观众可与其互动并在休息时间围绕这本书漫聊，活动前后大家会深入阅读该书，以及线上论坛里人们持续讨论该书和音乐并发布书评等。多样化的阅读活动形式使读书趣味十足，也使所有参与者体验了一场共享式的深阅读。

其次，行为复合。个人阅读行为的形成需要以阅读能力、对阅读效果的积极期待以及对图书的正确选择为前提，经历正确的阅读过程并在心理和认知两个层面产生效果，这种效果集中体现为愉快抑或不愉快，并进而导致其是否继续阅读还是转而选择其他活动。[1] 基于此可将阅读行为分为阅读前、阅读中、阅读后三个阶段，涉及阅读对象查询、选择、阅读、评论等若干活动。传统阅读情形下强调得更多的是"读"的过程，即"拿起书本看"的过程。也就是说，"读"本身是这个过程的绝对核心，其他环节和阶段则仅起辅助作用，往往是被动进行，甚至退化为个人的内化活动。然而，复合阅读行为则与之不同，阅读前、阅读后这些"辅助"环节和阶段在新媒介的促进下出现了多样化的活动方式、高价值的活动内容，因而被放大、细化，具有了突出的独立价值。这样，阅读过程被解构，阅读不再是一个活动，而是一连串活动的作用结果。也因如此，即便某个阅读活动本身可能更快、更便捷，但阅读行为流程整体却拉长了，各行为阶段间的互作用更加复杂，也更加强烈。凯文·凯利甚至将这个现象归结为图书性质的改变："书不再是一种制品，而成为一种流程，是一种变化，是思考、写作、研究、编辑、改变、分享、社交、知化、组合、营销、进一步分享、屏读等动作的持续流动。"[2]

最后，价值复合。阅读本身是一个体验过程，而体验则是一种价值性的认识和领悟，它要求"以身体之，以心验之"，指向的是价值世界。[3] 因此，价值感知是体验的产物。对传统阅读而言，阅读仅仅是一

---

[1] Shera J. H., *The Foundations of Education for Librarianship*, New York: Wiley, 1972: 107, 103.
[2] [美] 凯文·凯利：《必然》，周峰、董理等译，电子工业出版社 2016 年版，第 100 页。
[3] 陈佑清：《体验及其生成》，《教育研究与实验》2002 年第 2 期。

个"接收"的过程,阅读的价值主要在于其知识价值、功能价值,即便是休闲阅读所带来的休闲娱乐价值,也往往是"独享式"的自得其乐。而对于复合阅读行为而言,读者的主体性大大强化,而且阅读的价值感知是通过各阶段阅读活动持续建构的,读者将在复合阅读行为已然细化的阅读活动形式中重新认知阅读行为全过程的价值:他们将发现阅读价值不仅来自"书中玉",也在于阅读这个行为过程本身,不仅来自图书的知识价值,也来自其作为联系纽带的交流价值,不仅来自独自沉浸于其中的对于个人的审美价值,也在于"共享"带来的自我实现价值和"交流"带来的休闲娱乐价值。如巴特勒所言,阅读动机一定要足够强烈到能够战胜个人心中的其他各种动机,否则不会激发个人产生真正的阅读行为。① 复合的阅读价值追求将使阅读成为更具竞争力的行为选择。

二 复合阅读是全媒体时代的新型深阅读行为

复合阅读行为的媒介复合、行为复合、价值复合特征,使互动、对话、连接彼此促进,深化了个体的阅读参与,赋予了复合阅读深阅读行为的特征。具体表现在以下四方面:

第一,复合阅读的知识获得往往有一些附加机制,使阅读过程成为复合价值生成过程,也是阅读由浅入深的发展过程。复合阅读过程中,阅读者通过阅读前、阅读中、阅读后的丰富活动获得知识价值、娱乐价值、审美价值、交流价值、道德体验价值等多重价值。而这些价值的获取才能更好地满足当代个体和社会对深阅读的需要。正如李克强总理所言,"把阅读作为一种生活方式,把它与工作方式相结合,不仅会增加发展的创新力量,而且会增强社会的道德力量"。若书的力量能到达人的灵魂,时代的精神面貌应当会有所改观。改造社会的起点是改造人本身,阅读产生价值的起点首先在于其对读者个体需要的满足。阅读过程所带来的复合价值,会使浅阅读更可能发展为深阅读。

第二,复合阅读通过丰富的阅读过程体验,使读者打通从心到脑的路,建立起意义世界和精神家园。亚里士多德曾谈到三种生活——行动

---

① [美] 巴特勒:《图书馆学导论》,谢欢译,海洋出版社2018年版,第70页。

的生活、沉思的生活、享受的生活。① 数字阅读使人们阅读效率得到快速提高，但同时也更可能被培养成为单纯的、被动的信息接收者，以至于价值选择能力失准、思维混乱、心灵萎缩，沉思的生活被挤压几乎消失殆尽。而复合阅读过程中的各种活动赋予读者丰富的阅读体验，使读者打通从心到脑的路，在享受阅读的过程中获得价值，并进而认识、理解生存的意义，从而完善其行动、享受和沉思三种生活。这种心脑和谐正是当前的稀缺物，也是读者对深阅读需求的核心。因此，复合阅读通过予以读者丰富体验，使读者在发展自身能力的同时使自己的精神和心灵得到滋养，发展和谐的生活世界，使生命更具质感。而这也正是深阅读对于个体的意义所在。

第三，复合阅读行为是对传统阅读和新阅读的兼收并蓄，实现二者在深阅读上的优势互补。歌德曾区分过三类读者："一种是没有判断地享受；一种是没有享受地判断；而介乎其间的另一种则是边享受边判断，边判断边享受。"以人们实施以碎片化阅读为特征的数字阅读往往易于"没有判断地享受"，而当代的传统阅读也因为过多追求阅读的"功能性价值"导致读书成为知识获取过程，往往也流于"没有享受地判断"。而复合阅读行为是对过去阅读行为流程的一种解构，解构后的阅读行为各环节的活动寻求的是新的价值，这个价值的核心是"体验"，人们是为体验而读。复合阅读中的阅读活动不管是以传统方式还是以新阅读方式，都因其在丰富着阅读体验而使阅读过程称为"边享受边判断，边判断边享受"的过程。而这，正是深阅读的"深度参与"之体现。

第四，复合阅读通过多主体联结的对话，不但有助于实现对于阅读者个体的复合价值获取，也有助于其公共性培育，从而拓展深阅读的社会价值。阅读既有个人意义，也是富有社会—政治意义的活动。② 当代文本解读观将深度阅读中的文本解读视为读者与作者主体间性的对话，这种"对话"交流活动本质上是一种解读主体的能动性参与行为。而

---

① Coltheart M., "Modelling Reading: The Dual-route Approach", in *The science of reading: a handbook*, Hoboken: Blackwell Publishing Ltd, 2008: 272-295.

② Mann S. J., "Alternative Perspectives on the Student Experience: Alienation and Engagement", *Studies in Higher Education*, 2001, 26 (1): 7-19.

复合阅读使读者更可能将自己的生活经验置于文本，融注自身的感知、想象、理解、感悟等多种信息因素的发现性活动和表达性活动，在理解世界的同时也理解自己，在对"他人的世界"的感悟和体验过程中，扩展自己的世界，使自我反省的朴素意识慢慢开始萌芽，获得对自己有益的意义，进而重塑自我[①]，并取得对世界的一致性的整合而最终达到较完善的理性境界。

三　复合阅读研究的意义所在

理解复合阅读是为了寻求新技术环境下的深阅读建构之路，而深入理解复合阅读在当代的意义是寻求这条道路的逻辑起点。

在现阶段，对复合阅读研究价值的理解还是要落脚到阅读推广问题上来，要在厘清阅读推广的历史方位基础上探寻复合阅读的研究意义。阅读推广是干预式介入式的服务活动，是面对环境变化带来的挑战的一种解决方案，我们可以从社会和读者这两个角度观察复合阅读的现实意义。

（一）读者视角的意义探索

读者是阅读推广活动过程的核心，是复合阅读所形成价值的承受者，也是复合阅读意义的评价者。根据胡塞尔，主体总是以需求和满足需求的可能性为轴心组织自己的反应状态，而其评价对象价值的主要参照系统是其所在的生活世界。[②] 因而只有将阅读活动置于读者的生活世界中去考虑，才能发现读者对其的价值需要。那么，数字时代，对读者而言怎样的深阅读才最有价值？

这需要先讨论互联网等新科技对人们生活世界的改变。科技既可能是生活世界的推动者，也可能是一种破坏性力量。如席勒所言，科技对人性有着巨大的"杀伤力"，使人更易于粗野和懒散，使人原本浑然一体的内在完整和谐被破坏，享受与劳动、感性与理性、主体与对象、本质与现象决然对立。[③] 互联网科技也一样，它一定程度上可能会带来人

[①] 张晓星、邓小昭:《深度休闲信息行为研究述评》，《图书情报工作》2015 年第 8 期。
[②] ［德］胡塞尔:《欧洲科学的危机和超验现象学》，张庆熊译，上海译文出版社 1988 年版，第 58—68 页。
[③] ［德］席勒:《审美教育书简》，冯至、范大灿译，北京大学出版社 1985 年版，第 30 页。

们生活世界的危机。而复合阅读通过在三个阅读阶段的多样化阅读行为创造丰富的阅读体验,建立起意义世界和精神家园。因此,对数字时代的读者而言,复合阅读的意义在于它通过予以读者丰富体验,使读者在发展自身能力的同时使自己的精神和心灵得到滋养,发展和谐的生活世界,使生命更具质感。

(二) 社会视角的意义探索

阅读既有个人意义,也是富有社会—政治意义的活动。[1] 那么,在互联网时代复合阅读之于社会的主要意义何在?

回答这一问题同样需要思考科技对社会的作用。很多学者认为,科技对社会的作用也具有双面性。科技的发展是一种进步力量,但也会导致人类活动的工具化,使文化领域受到工具理性的侵蚀。海德格尔曾这样描述这种负面作用——"技术的铁蹄践踏着世界,它使各种自然形态仅仅屈从于功利的目的"。[2] 哈贝马斯也认为,科技高度发达的情况下人们会把工具理性这种控制自然而采取的方法用来调节人与人的关系,乃至人失去了自由。但事实上,人不仅是具有目的性和工具性的人,也是具有理性的自我反思的人,因此,人除了工具行为之外,还有交往行为,即以符号、语言、意识和文化形式表现出来的人们之间的相互作用。这种交往行为"以理解为取向",可以取得对世界的一致性的整合而最终达到较完善的理性境界,不但实现生产力的学习,而且兼顾道德实践领域的学习。[3] 事实上,社会进化主要是价值观念与制度系统等的进化,因此,实践道德的学习是社会建设和生产力发展的前提条件。

复合阅读作为一种新型深阅读行为,也是交往行为的一种高级形式。如相关学者所认为的,文本,作为完整意义和完整功能的携带者,本身就是文化的第一要素。[4] 深阅读者会通过反思文本与自身以及更为

---

[1] Mann S. J., "Alternative Perspectives on the Student Experience: Alienation and Engagement", *Studies in Higher Education*, 2001, 26 (1): 7-19.
[2] [英] 乔治·斯坦纳:《海德格尔》,阳仁生译,中国社会科学出版社1989年版,第244页。
[3] 张雯雯:《哈贝马斯的交往行为理论与历史唯物主义》,中国社会科学出版社2011年版,第85—150页。
[4] 康澄:《文本——洛特曼文化符号学的核心概念》,《当代外国文学》2005年第4期。

广泛的社会的关系,进而重塑自我。① 也就是说,深阅读过程中读者通过其高度的参与不但完成对功能性知识的学习,而且也在道德实践意识领域展开学习。而且,深阅读可通过多重渠道的社会交流使得读者与社会需要相协调,包括文本发出者和接受者之间的交流、接收者和文化传统之间的交流、接收者和自己的交流、接收者和文本的交流等。借由这些渠道,复合阅读者能够在文本的畅游中既获得工具理性,又收获道德实践理性。

因此,在工具理性大行其道的今天,与其说复合阅读作为一种深阅读对社会的意义在于促进学习和教育,不如说其意义更在于增强公民工具理性、道德实践理性两方面理性,在于促进实践道德与生产力的同步发展。

(三)复合价值——复合阅读的深阅读价值所在

鉴于互联网时代所带来重大时代改变,复合阅读作为一种深阅读行为对于读者个体和社会其意义都更加凸显,而其当前意义不仅在于具有促进知识吸收的价值,更在于它具有"复合"价值。

只有具有复合价值的深阅读,才更有利于培养个体的长期阅读兴趣。利物浦大学阅读研究中心研究发现,相比较于那些只是把阅读当作工具的读者,为了愉悦而阅读的读者更容易培养起阅读的习惯。② 因为,复合阅读所引发的复合价值感知使阅读成为一个愉悦过程,促进读者长期阅读习惯的形成。

强调复合阅读的复合价值,与传统基于工具理性、片面强调知识传播功能的图书馆服务理念有很大不同。一些研究者认为,浅阅读就是阅读对象通俗化、阅读动机娱乐化,将休闲文化视为深阅读的对立物。这种说法是长期以来图书馆学更强调工具理性、忽略读者本体需要的一种反映。袁昱明曾指出,工具理性在图书馆的表现就是,选择性地强调阅读的知识传播功能,忽视阅读的审美、艺术实践、道德实践、宗教信仰

---

① [日]斋藤孝:《深阅读:信息爆炸时代我们怎么读书?》,程亮译,江西人民出版社2016年版。

② Billington J., "Reading for Life: Prison Reading Groups in Practice and Theory", *Critical Survey*, 2011, 23 (3): 67–85.

等功能和价值。① 而这种基于认识论的传统思维忽略了改造社会的起点是改造人本身，而复合阅读作为一种深阅读行为其产生价值的起点首先在于其对读者个体需要的满足。阅读通常有一个由浅入深的过程，而创造阅读过程的复合价值，会使浅阅读更可能发展为深阅读。

解构是为了建构，当我们解构了复合阅读作为新型深阅读行为的当代意义并寻求意义建构之路时，需要建立的一个基本认识是，通过新技术、新方法、新工具进一步创造阅读包括知识价值、娱乐价值、审美价值、道德体验价值等在内的复合价值，才能在碎片化阅读、浅阅读大行其道的今天重塑深阅读之吸引力。

四 复合阅读视野下的阅读行为研究

阅读变革是进行时，不是完成时，也不是将来时。复合阅读也许是一种过渡态，但它预示着阅读的未来，图书馆学研究应当以此为契机，因势而动、应势而动、顺势而为。本书认为，面对复合阅读行为的兴起，图书馆阅读行为研究应有所转变。

一方面，应转变对数字阅读行为的态度，关注其对传统阅读的积极作用。国内学者更关注数字阅读将带来对传统阅读的冲击而非机会，认为阅读推广的目的正是要推广传统的以纸质载体为主的阅读。但事实上，数字环境下的阅读行为与传统环境下的阅读行为并非泾渭分明的两难选择。复合阅读更是信息行为、社交行为、娱乐行为、学习行为等各类行为的复合体，是个体生活世界建构的结果，与人们对阅读价值的长期认同有关，也是新信息环境对人们生活结构、信息行为习惯改变结果，有着复杂的形成背景。复合阅读行为的兴起说明了不同渠道阅读活动间资源的流动可以相互促进，从而促成阅读行为的增值。因此，我国图书馆阅读推广研究和实践领域需要关注复合阅读行为正负两方面的可能效应，特别要充分研究和发扬其正面效应。只有这样才能产生顺应趋势的阅读推广方案。

另一方面，应探索复合阅读行为规律并科学介入阅读文化转变过

---

① 袁昱明：《复合阅读交流本体论：图书馆学重建的基础》，《大学图书馆学报》2014年第2期。

程。阅读推广是对读者干预的专业活动①,阅读行为研究能够帮助图书馆人更好地认识阅读的社会意义和基本规律②,因此图书馆阅读推广活动需要来自阅读行为研究的理论支撑。复合阅读行为是读者复杂的自然选择过程所致,个体因素和社会因素共同对这一过程发生作用。然而,当前国内的阅读行为研究以描述性研究为主,鲜有的解释性研究也主要以理性主义选择理论为基础,面对新环境下更富于社会性的阅读行为缺乏解释力。尤其是复合阅读行为过程中往往会同时利用线上线下渠道,但当前国内阅读研究通常将线上阅读与线下阅读割裂来观察,缺乏对这一新型阅读行为过程的整体观察和剖析。而对复合阅读行为规律的深入研究有助于了解阅读文化转变的内在机制,发现阅读推广可以发生作用的关键环节,从而发现矫正数字阅读弊端的具体路径,建立更系统更可靠的应对策略和方案,实现对全媒体时代读者阅读活动的精确引导,因而对图书馆介入阅读文化转变过程、实现阅读推广策略创新应具有重要现实意义。

---

① 于良芝、于斌斌:《图书馆阅读推广——循证图书馆学(EBL)的典型领域》,《国家图书馆学刊》2014年第6期。
② 范并思:《阅读推广的理论自觉》,《国家图书馆学刊》2014年第6期。

第四章 青少年复合阅读行为现状调查

深阅读危机时代也是新型阅读行为酝酿的时代。实践领域的各种现象显示，一个从传统阅读到复合阅读的转向正在进行，但是这种暗示需要数据确认。当代青少年出生于全媒体环境或者经历了全媒体环境产生的过渡期，是新环境的"原住民"，其阅读习惯必然更能体现全媒介环境之作用，因此，以当前青少年阅读行为为观察起点可实现对全媒体时代阅读行为走势的把握。

本章即通过青少年阅读行为问卷调查对当前复合阅读行为现状进行调查。内容以青少年在阅读过程中与环境的交互为重点，对全媒体时代青少年在阅读各阶段的阅读行为表现进行系统观察，揭示青少年在新时代环境下的行为变化，并进一步归纳新环境下青少年读者的类型，识别各类型青少年读者的行为模式，为后续复合阅读行为的深入观察及阅读推广策略提出提供依据。

第一节 青少年复合阅读现状调查设计

当代青少年阅读行为是否已受到全媒体环境的影响，呈现向复合阅读转变的趋势？如果答案是肯定的，那这种复合阅读行为具体特征和表现如何？为回答这些问题，本书启动了一项以青少年为对象的阅读行为问卷调查，试图发现从传统阅读到复合阅读转向迹象，并探讨其具体行为格局。

一 调查问卷设计

（一）基于阅读阶段的问卷设计

本调查按阅读时间轴，从阅读前、阅读中、阅读后三阶段构建阅读行为调查框架，以便更细节地把握当前青少年阅读行为变化轨迹。

鉴于课外自主阅读更能表征青少年阅读行为受媒介环境影响情况，本书将"阅读"限定为课外阅读，包括课堂外阅读任何内容的纸质版和电子版的书籍、报纸杂志、散文等。调查问卷内容采用五度 Likert 量表进行测量。

复合阅读相关实证研究尚未开展，缺乏相应测量工具。学者 Tashakkori 和 Teddlie 认为，针对此种情况可先利用深度访谈或焦点小组收集定性数据、确定需要深入探讨的问题，再基于相关发现开展大样本问卷调查方案进行描述性和探索性研究[1]，故本书问卷设计过程经历了一次开放式访谈和两次问卷预调查。

首先，本书立足于复合阅读行为的阶段性特征，使用访谈法对 5 位喜爱读书的读者进行了以"回溯阅读过程"为主题的开放式采访，力求挖掘阅读整个过程中最具代表性的活动。基于访谈结果，初步拟出阅读各个阶段的典型阅读行为变量、形成问卷相关问项，经课题组集体讨论修改并确定问项后，再根据具体指问项进行具体问卷题目设计形成问卷初稿。

其次，使用问卷初稿在课题组内进行第一次预调查，采集样本 20 个。综合课题组成员的意见，对问卷题目的顺序、表达方式和部分内容进行了删减修改，形成问卷二稿；使用问卷二稿在课题组外进行第二次预调查，采集样本 75 份。此次预调查中，80% 受访者以上反映问卷过于冗长，存在部分重复问题，用户体验较差。根据受访者提出的问题，我们又进行了课题组讨论并修改问卷，删除部分对本书意义不大的问题，就每个阶段都可能产生的行为进行提取，增加指标"全过程行为"，将这类问题纳入其中，仅询问一次。

通过上述预调查和问卷修改，最终完成了问卷设计工作。

---

[1] Tashakkori A., Teddlie C., *Mixed Methodology: Combining Qualitative and Quantitative Approaches*, Thousand Oake: Sage, 1998.

(二) 问卷结构

预调查优化后形成了包括 52 项提问的最终问卷，主要包括两大部分：第一部分为个人背景资料，第二部分调查阅读的各个阶段青少年阅读行为表现情况。问卷题目结构分布如表 4-1 所示。

表 4-1　　　　　　　　　　问卷结构

维度	变量	子变量	备注	对应题号
A 基本信息	A1 性别			Q1
	A2 年龄			Q2
B 阅读情况概述	B1 阅读频率			Q3
	B2 单次阅读时长			Q4
	B3 自我定位			Q8
	B4 阅读动机			Q9
C 全过程行为	C1 阅读社区参与			Q5
	C2 延伸阅读			Q6
	C3 加入讨论组			Q7
D 阅读前阶段	D1 目标锁定	D11 朋辈影响		Q10
		D12 他人推荐		Q11
		D13 偶像效应		Q12
		D14 书单推荐		Q13
		D15 排行榜		Q14
		D16 社交媒体热度		Q15
		D17 其他表现形式		Q16
		D18 外观		Q17
		D19 阅读内容偏好		Q18
	D2 阅读决策	D21 他人阅读感受		Q19
		D22 网络评价		Q20
		D23 网络试读		Q21
		D24 比较		Q22
	D3 书籍获取	D31 朋友借阅	纸质书	Q24
		D32 图书馆借阅		Q25
		D33 网上购买		Q26
		D34 实体店购买		Q27
		D35 阅读活动获取		Q28

续表

维度	变量	子变量	备注	对应题号
D 阅读前阶段	D3 书籍获取	D36 搜索引擎搜索	电子书	Q32
		D37 阅读社区		Q33
		D38 购买电子版		Q34
E 阅读中阶段	E1 独立行为	E11 添加书签		Q36
		E12 做笔记		Q37
		E13 使用电子笔记功能		Q38
E 阅读中阶段	E1 独立行为	E14 跳读		Q39
	E2 社交倾向	E21 进度分享		Q40
		E22 想法分享		Q41
F 阅读后阶段	F1 独立行为	F11 评论/读后感撰写		Q42
		F12 偏好形成		Q47
		F13 衍生物检索		Q48
	F2 社交行为	F21 笔记/感悟分享		Q43
		F22 评论检索		Q44
		F23 推荐		Q45、Q46

第一部分：个人背景资料。共5题，包括体现人口特征的性别、年龄，体现个人阅读情况的阅读频率、单次阅读时长和阅读自我定位。

第二部分：阅读行为表现情况。从全过程行为、阅读前向阶段、阅读中阶段、阅读后阶段4个方面进行问题设计，重点调查青少年在如今新环境（全媒体环境）下的阅读行为表现。

二 采样与调查实施

（一）调查对象

张文新教授在《青少年发展心理学》一书中提到："西方大多数发展心理学家对青少年的界定更为宽泛一些，认为青少年期是指从青春发育期开始至完成大学学业这一发展阶段。"[1] 基于此，我们将本书调查对象定为全国范围内的青少年（年龄在11—25岁）群体。由于本次研

---

[1] 张文新：《青少年发展心理学》，山东人民出版社2008年版。

究旨在广泛搜集样本信息，从大量数据出发分析出具有普遍性的结论，故对研究对象仅作年龄限制。

（二）调查实施

本书的研究调查实施主要采用线上与线下结合、滚雪球的抽样方式进行问卷发放和回收。其中，线上问卷的发放主要通过问卷星完成，线下问卷则通过联系地方学校、老师进行发放。虽然我们为了广泛搜集样本信息，放宽了对调查对象的限制，但考虑到我国幅员辽阔、人口众多，在问卷发放过程中仍将地理位置作为重要考虑因素，力求样本尽可能多地来自不同地区。

修正后的问卷于2018年1月22日发布，2018年4月5日停止回收，整个过程历时两个多月。最终回收线上问卷2897份，线下问卷1057份，共3954份。样本来自贵州、四川、山西、湖北、上海、重庆、江苏、黑龙江、河南、安徽、甘肃、宁夏、广东、辽宁、浙江、云南、山西、新疆、山东、福建、河北等20多个省份。

三 基础数据分析

（一）数据分析步骤与方法

通过上文所述审核步骤做了如下剔除工作：第一，纸质问卷中有129份问卷不完整或质量不高，相同题目勾选两个选项或超过90%的题目选择相同选项，视作无效问卷予以剔除；第二，纸质问卷和线上问卷共有433份问卷年龄不在研究范围内，这批问卷予以删除；第三，线上问卷中207份问卷填写时间低于2分钟，填写时间低于正常范围，视为无效问卷剔除。进行了数据整理工作后，共有3185份有效问卷纳入研究，这个数据构成了本书研究的数据分析基础。对于问卷调查所采集的数据，主要采取了以下步骤进行处理和分析：

首先，通过描述性分析，探析全媒体环境下，青少年复合阅读行为在各个阶段的总体情况特征，相比过去发生了哪些变化。

其次，通过聚类分析，从全过程出发，将青少年复合阅读行为进行聚类，探索青少年复合阅读行为有哪些类型及各类型的行为路径。

最后，通过聚类结果与性别、阅读频率、阅读时长的交叉分析，探索不同类型青少年读者的复合阅读行为差异。

（二）样本结构

在 3185 份有效问卷中，11—15 岁（青少年早期）的男性占比 21.0%，女性占比 24.6%，15—25 岁（青少年晚期）的男性占比 21.2%，女性占比 33.3%。在性别和年龄分布上接近均衡，具有较强代表性。

（三）信效度分析

调查数据分析显示，本问卷的 Cronbach's α 系数为 0.94，达到了较高信度水平。

本书研究数据主要采取描述性分析方法展开，并通过多方面措施保证研究的效度水平：首先，进行大样本调查并控制样本结构，保障了调查的外在效度；其次，15 名课题成员共同参与问卷设计，且通过多轮访谈调查、预测试进行问卷完善，保证了问卷的内容效度；最后，对各项数据分析均进行显著性检验（涉及卡方检验、F 检验、轮廓系数等），使研究具有较高准则效度。

第二节　全媒体时代青少年阅读行为概况

一　总体阅读水平

（一）阅读时长与阅读频率分析

数据反映，青少年总体课外阅读的时长略短于成年人。

本书研究调查中的"阅读"是指课外阅读。就阅读频率而言，39.56% 的青少年选择 1—2 次/周，33.38% 的青少年选择 3—4 次/周，12.31% 的青少年选择 5—6 次/周，14.76% 的青少年选择 6 次以上/周。就阅读时长而言，33.31% 的青少年选择 1 小时以下，52.40% 的青少年选择 1—2 小时，8.92% 的青少年选择 2—3 小时，5.37% 的青少年选择 3 小时以上。由此可计算，青少年每周阅读时长大部分在 3—8 小时左右。

2018 年 4 月 18 日发布的《第十五次全国国民阅读调查》[①] 报告显

[①] 中国新闻出版研究院：《第十五次全国国民阅读调查数据在京发布》，http://www.rmzxb.com.cn/c/2018-04-24/2034835.shtml。

示，传统纸质媒介中，我国成年国民人均每天读书时长为 20.38 分钟；新兴数字媒介中，人均每天微信阅读时长为 27.02 分钟，人均每天电子阅读器阅读时长为 8.12 分钟，人均每天接触 Pad（平板电脑）的时长为 12.61 分钟。根据这些信息可以推断，成年人平均每周阅读时长约为 4—8 小时。

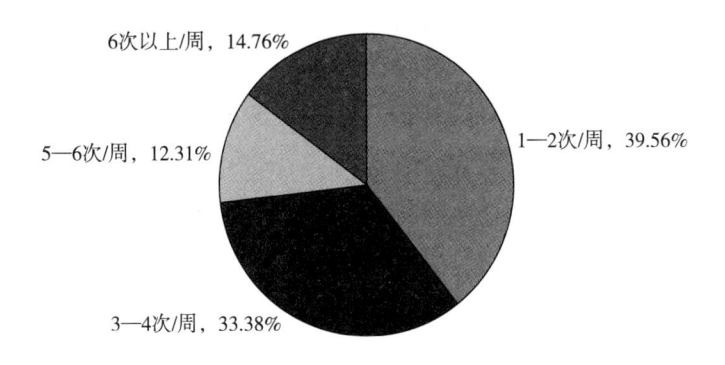

图 4-1 阅读频率分布

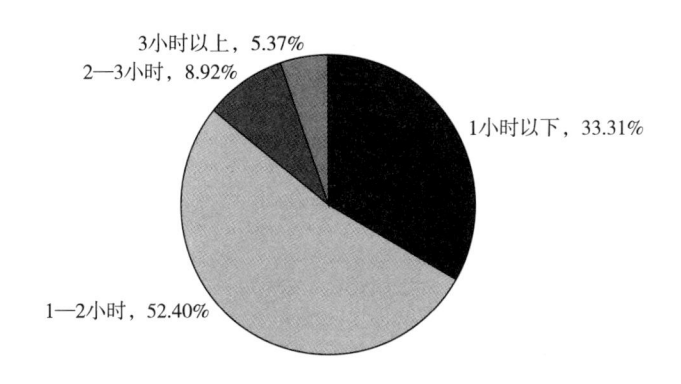

图 4-2 阅读时长分布

基于上述对比我们可以看出，青少年总体课外阅读时长短于成年人，这从某种程度上反映了青少年课外阅读不足。

（二）阅读社区参与分析

数据显示，"阅读+社交"成为相当数量青少年喜爱的阅读行为方式。

样本中加入阅读社区的青少年约占 1/4。这意味着社会化阅读在青少年群体的普及程度明显提高，这可能是阅读环境改变带来的红利。随着各类阅读社区的产生，青少年在阅读时不局限于个人的阅读和理解，更能通过阅读社区找到阅读伙伴。

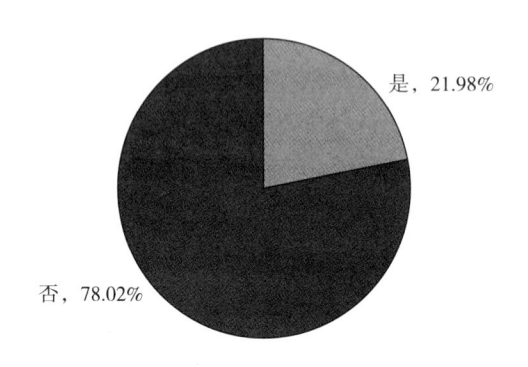

图 4-3　社区参与情况分布

（三）阅读载体偏好分析

数据显示，对电子版和纸质版图书的复合选择成为青少年主流选择。

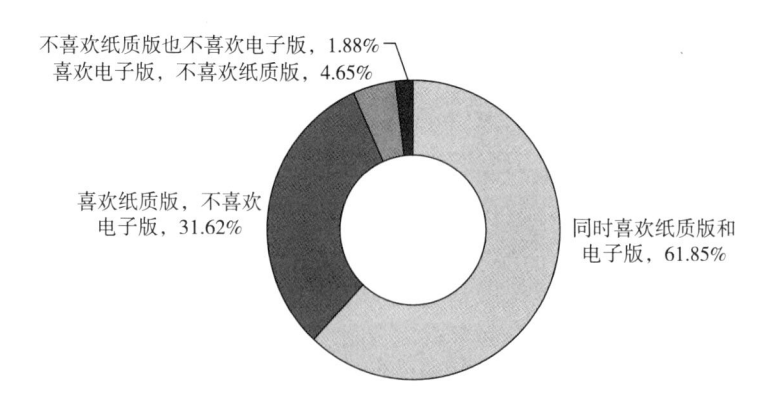

图 4-4　阅读载体偏好分布

从调查结果来看，同时喜欢纸质书和电子版书籍的青少年读者约占 61.85%，喜欢纸质版而不喜欢电子版的青少年约占 31.62%，喜欢电子版而不喜欢纸质版的青少年仅占4.65%，1.88%的青少年表示既不喜欢纸质版也不喜欢电子版。

纸质阅读和数字阅读一直是阅读领域关注度极高的话题，虽然现阶段不少学者认为数字阅读冲击了纸质阅读，呼吁关注阅读载体危机。但从青少年的态度来看，仅不足5%的青少年表示喜爱电子版却不喜爱纸质版，且一半以上的青少年同时喜爱纸质版和电子版书籍，在青少年中数字阅读对纸质阅读的冲击并未体现出来，这反映了青少年群体对阅读载体选择的复合性，也意味着，对大多数青少年而言，电子图书与纸质图书并不是竞争关系，对二者的复合选择是全媒体时代青少年阅读行为的主体选择。

（四）碎片阅读与移动阅读

数据显示，移动阅读工具的广泛应用使得虚拟空间与现实空间耦合情境呈碎片化出现，青少年乐意利用这些碎片时间阅读。

就移动设备的使用情况而言，移动阅读的普及程度在青少年群体较高。43.76%的受访者选择了"非常符合"和"符合"，24.62%的读者选择了"比较符合"，31.62%的读者选择了"不符合"和"非常不符合"。由此可以看出，青少年正感受着由移动设备、互联网环境带来的阅读方式的改变。在碎片时间的利用上，大部分青少年存在利用乘坐公交车、排队等待等零碎时间进行阅读。38.56%的受访者选择了"非常符合"和"符合"，26.59%的受访者选择了"比较符合"，34.85%的受访者选择了"不符合"和"非常不符合"。

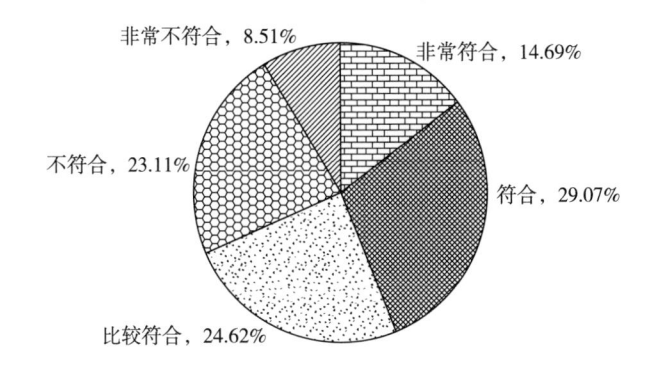

图4-5 移动设备使用情况分布

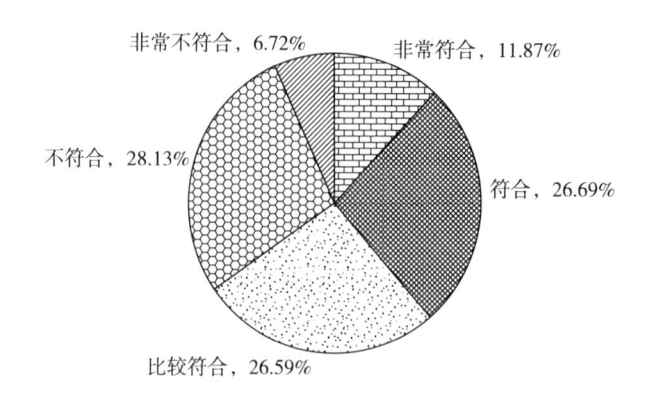

图 4-6 碎片时间利用分布

技术发展已成为复合阅读发展的重要物质基础。阅读媒介的拓展从某种程度上降低了我们对阅读空间、阅读时间的要求，为碎片化阅读方式提供了环境支持。青少年群体的移动阅读与碎片化阅读趋势，正是环境要素发生变化带来的复合阅读行为表现之一。

二 阅读各阶段情况

（一）阅读前阶段

阅读前阶段，丰富的阅读目标锁定方式激活青少年阅读活动张力，使之倾向于同时使用线上渠道和线下渠道获取阅读对象信息。胡塞尔曾指出，"每一个原始的构成过程都是由前张力激发而来的，它建造和搜集将会发芽的种子，并使它得以实现"[①]，而本调查发现，青少年会利用线上线下双重渠道以及丰富的阅读前活动构建阅读期待，使阅读前活动的前张力激发价值得到充分挖掘。具体情况如表 4-2 所示。

表 4-2　　　　　　　　　目标锁定行为分析

目标锁定行为	平均值	方差
我常常看到身边的人在读书而想要阅读书籍	2.57	1.061
我常常由于他人（如朋友/亲戚等）的推荐而选择阅读某本书	2.45	0.887

---

① ［德］胡塞尔：《内在时间意识现象学》，杨富斌译，华夏出版社 2000 年版，第 52 页。

续表

目标锁定行为	平均值	方差
我常常受偶像（如明星/博主等）的影响而选择阅读某本书	3.30	1.394
我常常由于看到线上或线下的书单推荐而选择阅读某本书	2.77	1.106
我常常通过各类排行榜（如畅销书籍排行榜、热门书籍排行榜等）选择想要阅读的书籍	2.61	1.125
我常常关注社交媒体（如微信、微博等），选择热门书籍或话题相关的书籍进行阅读	2.84	1.194
我常常因为看过某本书的其他展示形式（如电视剧、电影等）而选择阅读这本书	2.64	1.186
我常常由于书籍精美外观（如包装、插图等）而选择阅读这本书	3.09	1.308
我有自己非常喜欢的一种类型的书，我往往会选择这种类型的书籍进行阅读	1.99	0.722

在目标锁定行为中，大部分青少年会通过各类数字工具来锁定阅读目标。他们大多有自己非常喜欢的书籍类型，已经形成自己的阅读内容偏好，并将这种偏好作为自己锁定阅读目标的重要考虑因素。超过65%的青少年通过搜索引擎渠道和社交媒体热点话题来锁定阅读目标，但书籍外观、偶像影响这两个指标相关题目的答案均值则在均值则在3左右，即"比较符合"附近，对青少年读者在阅读目标锁定上影响较弱。

表4-3　　　　　　　　阅读决策行为分析

阅读决策行为	平均值	方差
阅读前我常常参考他人的阅读感受以确定是否读这本书	2.79	1.060
阅读前我常常到网络上查找相关评价（如豆瓣评分等）以确定是否阅读一本书	2.98	1.252
阅读前我常常在网上进行试读，以确定是否读这本书	2.88	1.267
阅读前我常常将几本书进行比较以确定要阅读的书	2.79	1.181

在阅读决策行为中，超过65%的青少年会参考他人的决定，通过查找评论、试读、书籍比较进行阅读决策。值得关注的是在查找网络评价、网上试读这两个题目的方差相对较大，这说明对这两个变量而言，结果相对较为分散，受访者在这两方面行为偏好呈现较大差异性。

表4-4　　　　　　　　　　　　书籍获取行为分析

阅读载体	书籍获取行为	平均值	方差
纸质书	我常常向朋友借阅我想看的书	2.52	1.075
	我常常到图书馆借我想看的课外书	2.64	1.182
	我常常在网上购买我想看的课外书	2.70	1.244
	我常常在线下书店购买我想看的课外书	2.41	1.044
	我曾通过图书漂流、图书共享、图书交换等方式获得我想看的书	3.14	1.239
电子书	我常常用专业的电子阅读器（如kindle等）阅读书籍	3.16	1.375
	我常常用手机、iPad等移动设备阅读书籍	2.82	1.417
	我常常通过搜索引擎寻找我想读的书籍的电子版	2.83	1.366
	我常常在阅读社区（如豆瓣读书、微信读书群等）里寻找我想读的书籍的电子版	3.20	1.296
	我常常通过购买得到我想读的书籍的电子版	3.21	1.346

在书籍获取行为方面，超过66%的青少年同时选择线上购买图书和线下购买图书。就纸质书籍而言，向朋友借阅、向图书馆借阅、线上购买、线下购买这四个问题的答案均值都在"2-符合"和"3-比较符合"之间，线下书店购买比线上购买在均值上更接近"2-符合"，且线上购买纸质书籍的方差相对较大一些。这表明对青少年而言，他们普遍接受的纸质书籍购买方式是线下书店购买，对线上购买分布较为离散，我们推测这可能与青少年年龄与网购条件限制有关；"通过图书漂流等阅读推广活动获取书籍"的答案均值在"3-比较符合"与"4-不符合"之间，且方差较大。这从侧面反映出青少年通过阅读推广活动获取书籍的人在整个群体中占比较少。就电子版书籍而言，使用手机、iPad等移动设备进行阅读，通过搜索引擎查找想读的书籍这几个题目的答案均值在"2-符合"与"3-比较符合"之间，说明这两种行为在青少年中还是普遍产生的；使用专业电子阅读器进行阅读、通过阅读社区获得书籍电子版、通过购买获得书籍电子版这三个问题的答案均值分布在"3-比较符合"与"4-不符合"之间，且方差较大，说明在这三种行为上，青少年内部分歧相对较大。

（二）阅读中阶段

阅读中阶段是阅读期望的响应和再造过程。本调查数据显示，多数青少年会使用各类媒体的新功能、新方式促成深阅读，而且乐于"边阅读边分享"。

表4-5　　　　　　　阅读行为产生阶段行为分析

行为类型	阅读行为产生阶段	平均值	方差
独立行为	阅读时我常常添加书签	2.47	1.106
	阅读纸质书时我通常会做笔记（如勾画、批注、摘抄等）	2.76	1.179
	阅读电子书时我常常使用电子书标记、摘录、截图等笔记功能	3.03	1.323
	我阅读时常常跳过书中某些部分以更快获得我想要的信息	3.11	1.282
社交倾向	阅读时我常常与他人分享我的阅读进度（如告诉书友或朋友、朋友圈打卡等）	2.95	1.263
	阅读时我希望把自己的想法即时与他人分享	2.53	1.045

在阅读中阶段，超过70%的青少年会采用"添加书签""做笔记"等方式阅读，且方差较小，这说明青少年读者或多或少在阅读时都会产生这两种行为。但使用电子书相关的笔记功能和跳读这两个问题的答案均值都在"3-比较符合"与"4-不符合"之间，且方差相对较大，说明就这两个行为而言，青少年选择有所不同。

在阅读时社交倾向的表现中，超过60%的青少年会在阅读中与他人分享自己的阅读进度和想法，且方差较小，说明大部分青少年在阅读时都会产生一定的社交倾向。但进度分享的均值略小于想法分享的均值，这表明在社交倾向中，青少年读者更倾向于想法分享。

阅读进行中青少年读者对各种阅读工具的服务和功能的利用不仅可以满足其预设的阅读期望，而且易于引发其新的阅读价值期望。

（三）阅读后阶段

阅读后行为赋予阅读过程一种"回溯力"。[1] 本调查数据显示，青

---

[1] ［德］沃·伊瑟尔：《阅读行为》，金惠敏等译，湖南文艺出版社1991年版，第135页。

少年读者普遍会在这一阶段利用新媒体渠道进行形式多样的延伸阅读。

表4-6　　　　　　　　阅读行为延伸阶段行为分析

行为类型	阅读行为延伸阶段	平均值	方差
独立行为	阅读后我常常撰写读后感或评论	3.09	1.184
	阅读后我会查找这本书的作者的其他书籍进行阅读	2.34	0.929
	阅读后我会查找观看这本书的其他表现形式（如电视剧、电影等）	2.52	1.131
社交行为	阅读后，我会将阅读过程中做的笔记或感悟同他人分享	2.93	1.213
	阅读后我会上网查找他人的评价，加深自己对阅读内容的认识	2.78	1.209
	阅读后我会向身边的朋友/亲戚推荐读完的书	2.38	0.931
	阅读后我会到社交平台向（如QQ、微信、微博等）网友推荐读完的书	3.03	1.295
	阅读后我会在社交平台发布我的看法	3.19	1.251
	阅读后我常常跟朋友（包括线上、线下的朋友）进行讨论	2.76	1.168
	我常常使用社交媒体记录我的阅读经历	3.32	1.210
	我曾因为阅读一本书而认识新的朋友	2.93	1.363

一方面，就阅读后的独立行为而言，鉴于新媒体工具所提供的便利渠道，阅读后88%的青少年会"搜索同作者的其他书籍"，80%的青少年会"查找书籍的其他表现形式"，且方差较小。这表明青少年读者大部分愿意在阅读完书籍后查找作者的其他书籍或书籍的其他表现形式。但撰写读后感或评论的答案均值基本在"3-比较符合"上且方差较小，说明大部分青少年在阅读后较少进行读后感或评论的撰写。

这些阅读后活动会不断给读者记忆力以刺激，使阅读过程成为价值提升的闭环，特别是读者互动将为其展示多样的阅读视角，使原本持单一视角的读者透视角度被交互唤起，促成阅读内容以及阅读活动的价值延展和升级。

另一方面，就阅读后的社交行为而言，87.4%青少年会"向朋友推荐"，73.8%青少年会"讨论相关书籍"，71.8%青少年会"进一步查找该书籍相关评论"，说明在阅读后大部分青少年都会产生以上三种行为。而阅读笔记的分享、到社交平台推荐、到社交平台发布自己的看法、利用社交媒体记录自己的经验、交际圈拓展等几种行为的答案均值在"3-勉强符合"左右，且方差相对较大，这说明在几种行为上，虽然大部分青少年偶尔都会产生这些行为，但内部差距较大。

三 小结

从上述描述性分析中可以总结出全媒体环境下青少年阅读行为的两个特点：复合阅读行为特征凸显、内部差异明显。

一方面，全媒体时代青少年复合阅读行为特征凸显，这主要体现在阅读载体的复合选择和阅读社交价值产生两个方面。全媒体环境带来最明显的改变就是阅读载体的改变，随着移动设备的普及，青少年利用零碎时间进行移动阅读成为普遍现象，相应地，青少年阅读的内容从纸质印刷的文字扩展到网络数字化资源。但全媒体环境下的青少年更具包容性，大部分青少年表现出对数字、纸质两种阅读载体的喜爱。此外，全媒体环境同时也加强了读者之间的社交联系，加入阅读社区的青少年约占受访者总人数的1/4，大部分青少年在阅读行为产生阶段都表现出来明显的社交倾向，在阅读行为延伸阶段或多或少都产生了社交行为。

另一方面，环境要素的改变对不同青少年的作用效果是有差异的，这使得青少年群体内部的差异性逐渐体现出来。青少年在查找网络评价、网络试读、社交平台推荐书籍等题目的答案方差较大，分布较为离散。这表明在这些行为上，青少年群体内部差异较大，这一发现也为我们的下一步分析奠定了基础。

第三节 青少年复合阅读行为模式研究

一 青少年读者聚类分析

数据显示，青少年人群中已出现明显的向复合阅读行为转向趋势，但转变进程仍存在差异，那么青少年间复合阅读行为程度究竟有怎样的不同？为回答这一问题，本书对调查数据进行了聚类分析。

表4-7　　　　　　　　　　　聚类结果

个案族群编号	类别命名	计数	占比（%）
1	传统阅读者	797	25.024
2	被动复合阅读者	682	21.419
3	高参与复合阅读者	686	21.538
4	标准复合阅读者	1020	32.019

基于问卷调查数据，本书的研究使用 SPSS 22.0 对样本进行聚类分析。由于样本量巨大、指标众多，根据样本特点和 SPSS 提供的聚类分析方法特点，最终选用"分类：K-平均值聚类"对样本进行分析探索，并使用 RStudio 计算聚类数 K 分别取 2—10 类时聚类效果的轮廓系数。

当指定聚类数为 4 时，在初始聚类中心的基础上，经过 19 次迭代后聚类结果稳定，任何中心的最大绝对坐标更改为 0.000，此时初始中心之间最小距离时 18.028。将"聚类结果"与参与聚类的变量进行了方差分析以检验聚类效果，结果显示所有变量的 Sig 值均为 0.000，显著性通过检验，说明通过聚类所得的类别之间是有显著差异的。考虑到这一聚类结果轮廓系数达标且最有意义，本研究最终形成复合阅读行为差异较为明显、数量分布较为均衡的四个青少年种群。

结合聚类分析结果的最终聚类中心和每个类别的个案详情，我们以阅读行为表现为依据，将所有样本分为四类：传统阅读者、被动复合阅读者、标准复合阅读者以及高参与复合阅读者。

第一种群：传统阅读者（占比约 25%）

该种群主要包括在整个阅读过程与环境交互极少、行为表现相对传统的青少年。他们目标锁定和阅读决策的行为均值分别为 3.24、3.59，均低于总体均值，这表明他们在阅读前不擅于综合利用各种渠道获取阅读信息、做出阅读决策；就书籍获取而言，这类读者线上获取电子书的行为均值接近"4-不符合"，这表明他们对数字阅读的接受程度很低；他们在阅读时社交倾向均值为 3.52，低于总体均值，社交倾向低；阅读后社交行为的行为均值为 3.79，接近"4-不符合"，这表明他们阅读后也几乎不会产生社交行为。

表 4-8　　　　　　　聚类结果与测量指标均值分布表

测量指标		各选项均值 （1、2、3、4、5分别代表非常符合、符合、基本符合、不符合、非常不符合）				
		1-传统阅读者	2-被动复合阅读者	3-标准复合阅读者	4-高参与复合阅读者	样本总体均值
阅读前	目标锁定					
	朋辈影响	3.01	2.62	2.58	1.98	2.55
	他人推荐	2.90	2.39	2.50	1.92	2.43
	偶像效应	3.86	3.62	3.16	2.54	3.30
	书单推荐	3.46	2.89	2.67	2.01	2.76
	排行榜	3.35	2.77	2.45	1.85	2.61
	社交媒体热度	3.66	2.91	2.76	1.95	2.82
	书籍其他表现形式	3.24	2.78	2.52	1.98	2.63
	书籍外观	3.48	3.47	2.94	2.49	3.10
	阅读内容偏好	2.23	1.96	2.04	1.67	1.98
	阅读决策					
	他人阅读感受	3.32	2.93	2.76	2.10	2.78
	网络评价	3.83	3.14	2.86	2.04	2.97
	网络试读	3.69	3.21	2.67	1.92	2.87
	比较	3.52	2.75	2.84	1.89	2.75
	书籍获取					
	朋友借阅	3.10	2.21	2.74	1.81	2.47
	图书馆借阅	3.32	2.23	2.91	1.87	2.58
	网上购买	3.34	2.61	2.79	1.89	2.66
	实体店购买	2.90	2.19	2.61	1.78	2.37
	阅读活动获取	3.94	3.06	3.27	2.10	
	搜索引擎搜索	3.52	3.68	2.36	1.90	
	阅读社区	4.07	3.82	2.91	2.02	
	购买电子版	4.02	3.82	2.95	2.04	
阅读中	独立行为					
	添加书签	3.08	2.18	2.68	1.74	
	做笔记	3.43	2.38	3.05	1.92	
	使用电子笔记功能	3.90	3.26	2.92	1.93	
	跳读	3.55	3.54	3.00	2.33	
	社交倾向					
	进度分享	3.77	2.79	3.06	1.97	
	想法分享	3.26	2.10	2.72	1.83	

综上所述，新环境对这类读者阅读行为的影响并不明显，因此，我们将其命名为"传统阅读者"。此类读者约占总样本量的1/4。

第二种群：被动复合阅读者（占比约21%）

该种群读者在阅读中、阅读后两个阶段的行为均值表现都仅次于高参与复合阅读者，这表明他们在整个阅读过程中存在复合渠道、复合行为、复合价值等特征，值得关注的是，他们在书籍获取阶段对线下获取纸质书的均值为2.46，线上获取电子书的均值为3.77，差距非常明显，这表现出他们对纸质阅读的偏好明显，对数字阅读的接受程度较低。而且阅读相关的社交行为中，线下行为均值多大于线上行为，这表明这一人群阅读后仍然更乐于利用传统渠道进行交流。

我们认为，这类青少年虽然出现了复合阅读行为，但其思想上仍较为保守，由此将其命名为"被动复合阅读者"。此类青少年数量占比略高于1/5。

第三种群：标准复合阅读者（占比约32%）

该种群主要指在三个阅读阶段均与环境产生交互，表现出行为复合的特征的青少年。这些青少年在阅读前行为均值为2.74，仅次于高参与复合阅读者，这表明他们能够较好地利用各种渠道获取阅读信息。不同于被动复合阅读者，他们线上获取电子书和线下获取纸质书的行为均值相差仅为0.12，远低于被动复合阅读者的1.31，这表明他们对电子阅读接受能力强，电子书和纸质书均喜欢；在阅读后的社交行为上，线上行为和线下行为的均值差仅为0.31，低于被动复合阅读行为。这说明他们阅读后社交行为较为均衡，线上和线下行为兼顾。

由于该种群的阅读行为具有复合阅读三个特征已较明显，我们将其命名为"标准复合阅读者"。此类读者在四类种群中数量最多，占比已超过32%。

第四种群：高参与复合阅读者（占比约22%）

该种群主要包括那些在整个阅读过程中与环境积极交互，三个阅读阶段均存在大量线上线下行为的青少年。他们在整个阶段的行为均值均低于总体均值。这表明他们了解新媒体工具，能综合利用各种渠道获取阅读信息，有很强的社交倾向，产生了较多的线上线下社交行为。因此，我们将其命名为"高参与复合阅读者"。此类青少年数量占比略高于 1/5。

二 四种群读者阅读过程特征

已然浮现的四类青少年种群为我们提供了观察当前阅读行为模式的契机。为更好地梳理阅读行为模式,我们对四个种群在阅读行为各阶段的特征表现进行了具体分析和比较。

(一) 全过程行为

在全过程行为中,就阅读社区参与而言,所有读者的聚类中心都为"2-否"。其中,传统阅读者的答案均值为1.94,标准复合阅读者的答案均值为1.82,被动复合阅读者的答案均值为1.78,高参与复合阅读者的答案均值为1.54,四种类别的读者答案逐渐向"1-是"靠拢。

就延伸阅读而言,传统阅读者与标准复合阅读者的聚类中心为"3-勉强符合",被动复合阅读者与高参与复合阅读者聚类中心为"2-复合"。其中,传统阅读者的答案均值为3.03,标准复合阅读者的答案均值为2.73,被动复合阅读者的答案均值为2.26,高参与复合阅读者的答案均值为1.95,四种类别的读者答案逐渐聚集在"2-勉强符合"周围。

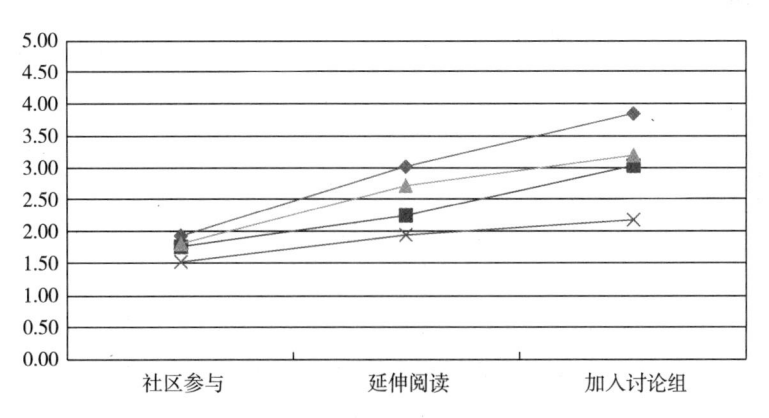

图 4-7 四类读者全过程行为表现差异

就加入讨论组而言,传统阅读者的聚类中心为"4-不符合",

标准复合阅读者与被动复合阅读者的聚类中心为"3-勉强符合",高参与复合阅读者的聚类中心为"2-符合"。其中,传统阅读者的答案均值为3.86,标准复合阅读者的答案均值为3.21,被动复合阅读者的答案均值为3.04,高参与复合阅读者的答案均值为2.19。

从上面的分析中我们可以得出结论:对我们列举出的三种行为,四种类型的读者的复合程度由高到低依次为高参与复合阅读者、被动复合阅读者、标准复合阅读者、传统阅读者。其中,高参与复合阅读者在阅读时经常产生社区参与、延伸阅读和加入讨论组这三种行为,而传统阅读者则几乎不会产生这些行为。

(二)阅读前阶段

总的看来,阅读前阶段,传统阅读者锁定阅读目标的行为方式较为单一,更关注纸质书的获取,而高参与复合阅读者往往会利用多种渠道并付诸更多努力锁定阅读目标,且兼顾纸质书和电子书的获取。

在目标锁定相关行为中,就目标锁定行为而言,传统阅读者仅阅读偏好的答案聚集在"2-符合"附近,其他都聚集在"3-比较符合"或"4-不符合"附近;标准复合阅读者除他人推荐、排行榜关注和阅读口味的答案集中在"2-符合附近",其余题目答案均集中在"3-勉强符合"附近;被动复合阅读者与之类似,除阅读口味、他人推荐的大多集中在"2-符合"附近,偶像明星影响一题答案集中在"4-不符合"附近,其他答案均集中在"3-比较符合"附近;高参与复合阅读者所有答案几乎都集中在"2-符合"附近。

根据各类型读者在相关选题的答案均值做出目标锁定阶段四类读者行为表现差异(见图4-8)。从图4-8中可以看到,对我们列举的目标锁定行为,四种类型的读者的符合程度从高到低依次为高参与复合阅读者、标准复合阅读者、被动复合阅读者、传统阅读者。即高参与复合阅读者能够有效通过他人推荐、书单、排行榜和社交媒体热点等方式锁定阅读目标,标准复合阅读者和被动复合阅读者有时也能通过这些方式锁定阅读目标,但发生频率不高,而传统阅读者则很少通过这些方式锁定阅读目标。

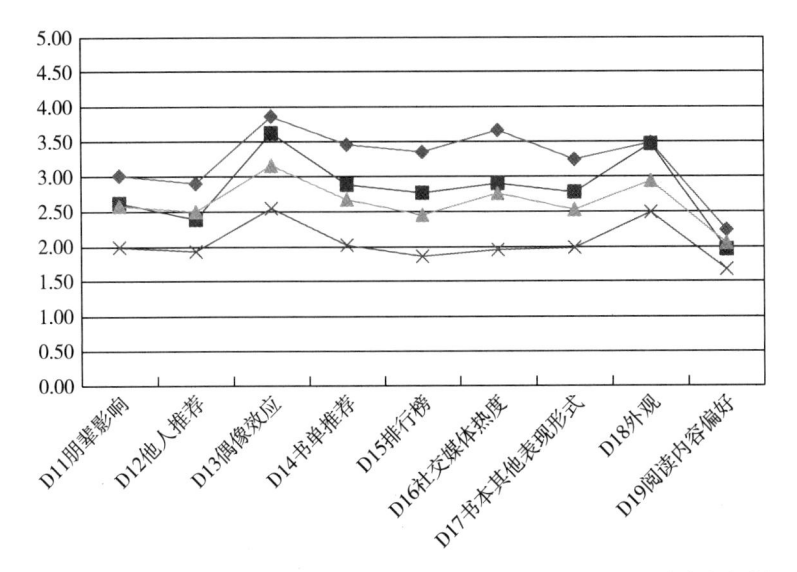

第四章 青少年复合阅读行为现状调查

图 4-8 四类读者目标锁定行为表现差异

就阅读决策行为而言，传统阅读者除参考他人感受的答案集中在"3-勉强符合"附近，其余题目答案都集中在"4-不符合"附近，标准复合阅读者和被动复合阅读者所有题目答案都集中在"3-勉强符合"附近，而高参与复合阅读者所有题目答案都集中在"2-符合"附近。

根据各类型读者在相关选题的答案均值，做出阅读决策阶段四类读者阅读决策行为表现差异（见图4-9），从图4-9中可以看出，对我们列举的阅读决策行为，四种类型的读者的符合程度由高到低依次为：高参与复合阅读者、标准复合阅读者、被动复合阅读者、传统阅读者，其中标准复合阅读者与被动复合阅读者在这一阶段的表现非常接近。值得关注的是传统阅读者所有题目的答案均值都接近"4-不符合"，说明传统阅读者在阅读决策阶段可能存在缺失。

在书籍获取相关行为中，传统阅读者对纸质书籍相关问题的答案集中在"3-勉强符合"附近，对电子书籍相关问题的答案集中在"4-不符合"附近；被动复合阅读者对纸质书籍相关问题的答案集中在"2-符合"附近，对电子书相关问题的答案集中在"4-不符合"附近；标

上篇 现状研究

准复合阅读者对纸质书和电子书相关题目四类读者题目的答案都集中在"2-符合"或"3-勉强符合"附近；高参与复合阅读者对纸质书和电子书相关题目的答案都集中在"2-符合"附近（图4-10）。

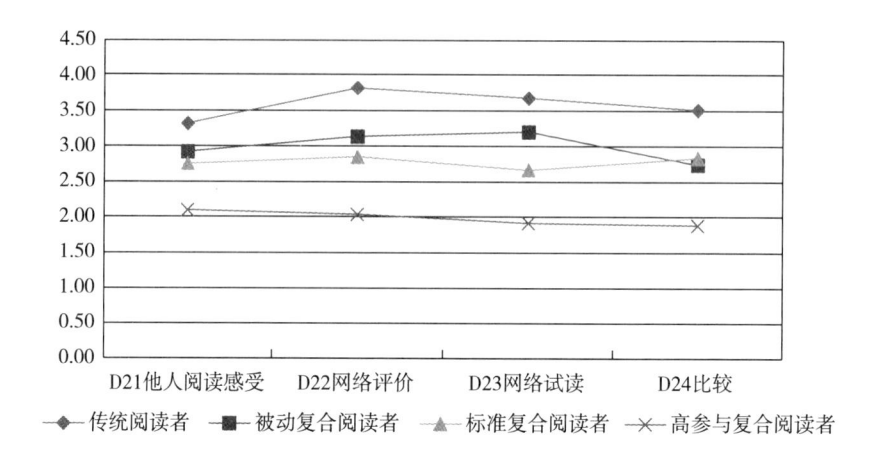

图 4-9 四类读者阅读决策行为表现差异

根据各类型读者在相关选题的答案均值，做出了书籍获取阶段四类读者书籍获取行为表现差异（见图4-10），从图4-10中可以看出，传

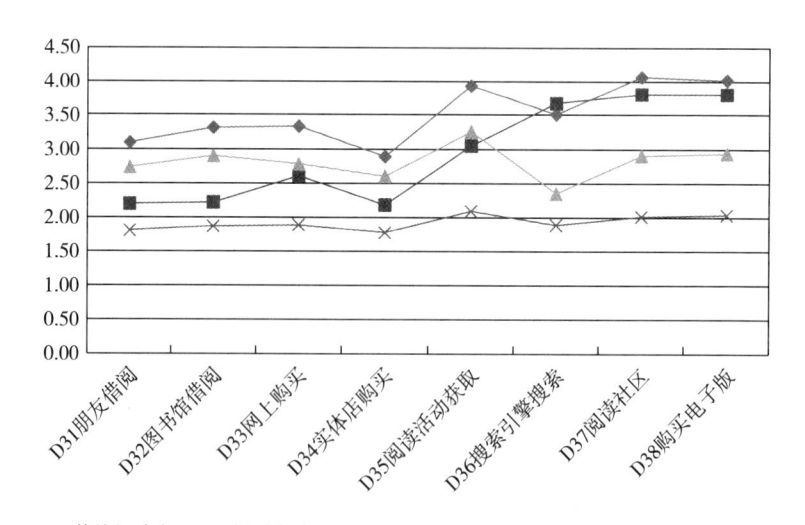

图 4-10 书籍获取行为表现差异

124

统阅读者与被动复合阅读者都出现"偏科"现象,他们常发生与纸质书籍相关的行为,但与电子书相关的行为很少发生;标准复合阅读者和高参与复合阅读者则纸质书、电子书相关的行为都有发生。

(三)阅读中阶段

总的看来,在阅读中阶段,高参与复合阅读者和标准复合阅读者通常会使用新工具、新功能辅助阅读,而传统阅读者活动方式比较单一,被动复合阅读者则特别乐于分享。

传统阅读者对独立行为(如添加书签、做笔记等)相关题目的答案大多集中在"3-勉强符合"附近,电子笔记功能、跳读这两个题目的答案集中在"4-不符合"附近,对社交倾向(如进度分享、想法分享等)相关题目的答案集中在"4-不符合"附近;标准复合阅读者独立行为、社交倾向相关题目的答案都集中在"3-勉强符合"附近;被动复合阅读者就独立行为而言,除使用电子笔记功能、跳读这两个题目的答案集中在"3-勉强符合"附近,其余相关题目答案都集中在"2-符合",社交倾向中想法分享的答案集中在"2-符合"附近,进度分享的答案集中在"3-勉强符合"附近;高参与复合阅读者独立行为、社交倾向相关题目答案均集中在"2-符合"附近。

根据各类型读者在相关选题的答案均值,做出了阅读行为产生阶段各类型读者分布情况(见图4-11),从图4-11中可以看出,总体而

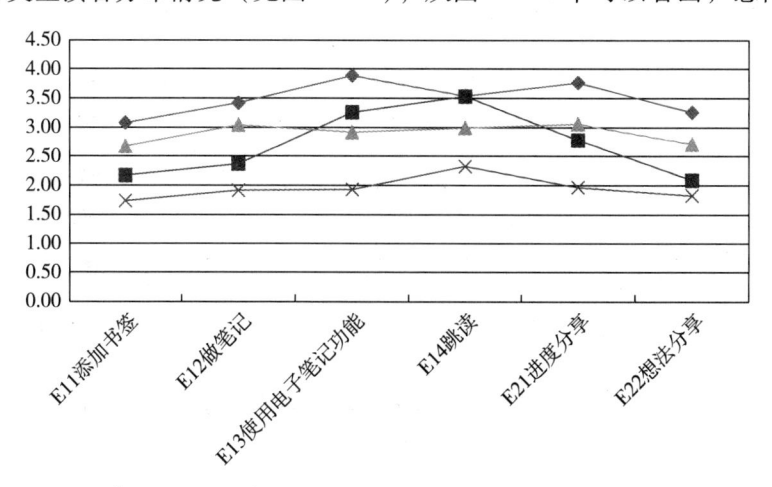

图4-11 四类读者阅读行为产生阶段行为表现差异

言，各类型读者都会产生独立行为，但传统阅读者与被动复合阅读者几乎不会产生跳读、电子笔记功能相关的行为，这可能与前期书籍载体偏好有关；就社交倾向而言，四种类型的读者的符合程度由高到低依次为高参与复合阅读者、被动复合阅读者、标准复合阅读者、传统阅读者。

（四）阅读后阶段

在阅读后阶段，传统阅读者鲜少有进一步的阅读相关活动，而高参与度复合阅读者会利用多种渠道多种方式开展延伸阅读，被动复合阅读者则热衷于阅读后线下社交行为。

就独立行为而言，传统阅读者对相关问题的答案都集中在"3-勉强符合"附近，标准复合阅读者和被动复合阅读者的答案集中在"2-符合"与"3-勉强符合"附近，高参与复合阅读者的答案都集中在"2-符合"附近。

根据各类型读者在相关选题的答案均值，做出了阅读行为延伸阶段——各类型读者独立行为分布情况（见图4-12），从图4-12中可以看出，总体而言，四种类型的读者的符合程度由高到低依次为高参与复合阅读者、被动复合阅读者、标准复合阅读者、传统阅读者。

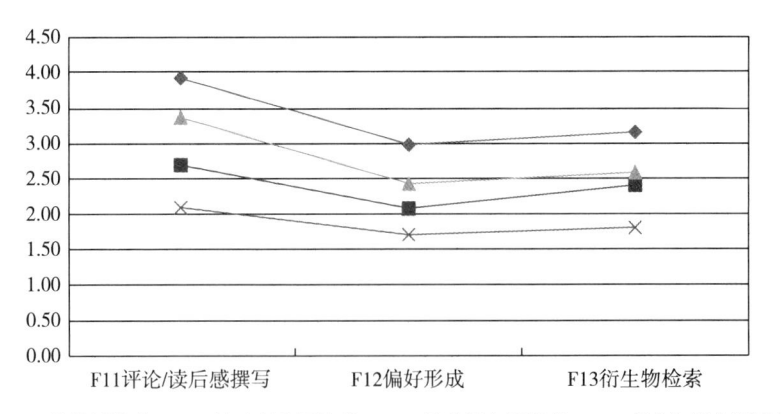

图4-12 四类读者阅读延伸阶段——独立行为表现差异

就社交行为而言，传统阅读者除向朋友推荐一题答案集中在"3-比较符合"附近外，其他题目答案都集中在"4-不符合"附近；标准复合阅读者所有题目答案都集中在"3-勉强符合"附近;被动复合阅读者除在社交媒体发表自己的看法、记录阅读经历、在社交媒体推荐书籍、认识新朋友四个题目答案集中在"3-勉强符合"附近外,其余题目答案均集中在"2-符合"附近;高参与复合阅读者所有题目答案均集中在"2-符合"附近。

根据各类型读者在相关选题的答案均值,做出了阅读行为延伸阶段——社交行为各类型读者分布情况图(见图 4-13),从图中可以看出,总体而言,四种类型的读者的符合程度由高到低依次为高参与复合阅读者、被动复合阅读者、标准复合阅读者、传统阅读者,但被动复合阅读者在与社交媒体相关行为的评论发表、推荐、阅读经历记录三种行为相对而言更靠近"3-勉强符合",说明这类型的读者在社交媒体上产生社交行为,他们的社交行为偏向于线下。

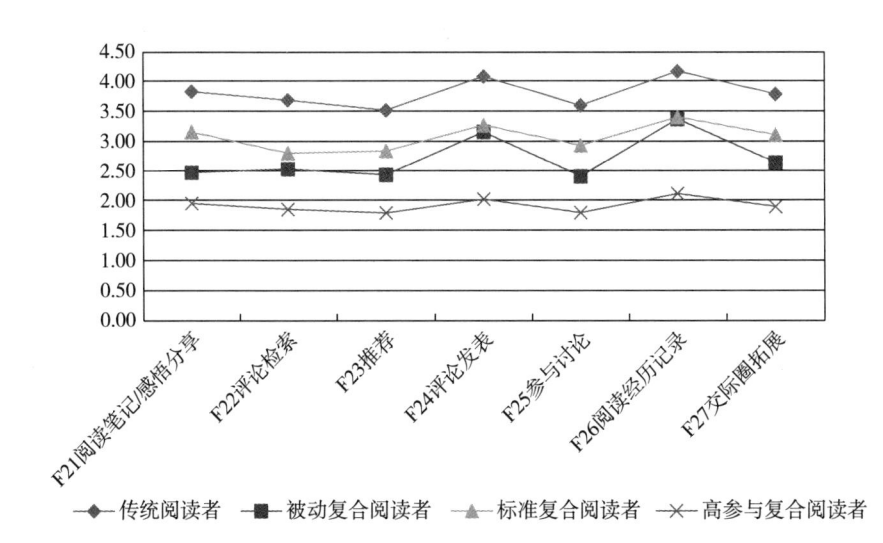

图 4-13 四类读者阅读行为延伸阶段——社交行为表现差异

三 阅读行为模式分析

根据以上青少年种群阅读行为特征分析,可归纳得出四种类型读者的阅读行为模式,如表 4-9 所示。

表 4-9　　　　　　　　　各种群读者阅读行为模式比较

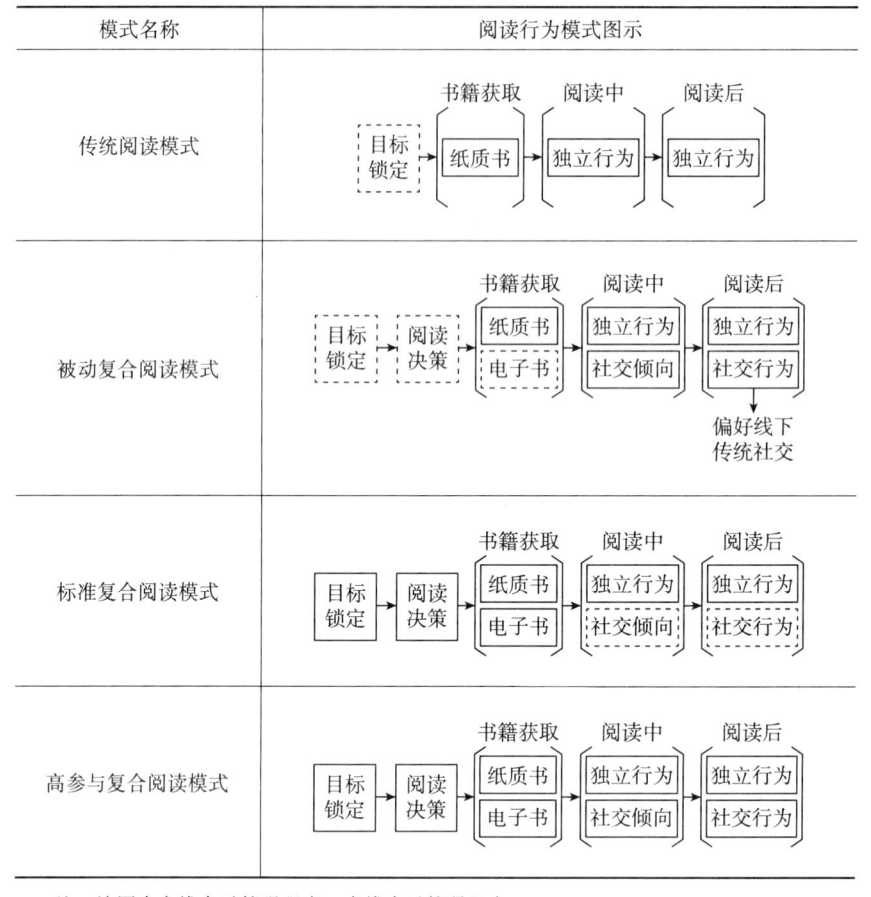

模式名称	阅读行为模式图示
传统阅读模式	目标锁定 → [书籍获取] 纸质书 → [阅读中] 独立行为 → [阅读后] 独立行为
被动复合阅读模式	目标锁定 → 阅读决策 → [书籍获取] 纸质书/电子书 → [阅读中] 独立行为/社交倾向 → [阅读后] 独立行为/社交行为 → 偏好线下传统社交
标准复合阅读模式	目标锁定 → 阅读决策 → [书籍获取] 纸质书/电子书 → [阅读中] 独立行为/社交倾向 → [阅读后] 独立行为/社交行为
高参与复合阅读模式	目标锁定 → 阅读决策 → [书籍获取] 纸质书/电子书 → [阅读中] 独立行为/社交倾向 → [阅读后] 独立行为/社交行为

注：该图中实线表示较强程度，虚线表示较弱程度。

本书通过问卷对各阶段青少年读者的阅读行为进行了全面的刻画，在对青少年读者进行分类和特征描述后，以时间为轴线，可以归纳出各类型读者的阅读行为模式，如表 4-9 所示。

传统阅读者的阅读行为模式基本为：基于部分相对传统的目标锁定因素（如朋辈影响、他人推荐等）锁定阅读对象（通常为纸质书籍）并通过相关途径获取书籍，独立地完成书籍的阅读，阅读后产生撰写读后感、查找同作者其他书籍等独立行为。

标准复合阅读者的阅读行为模式基本为：通过多样的目标锁定因素（如他人推荐、书单/排行榜推荐等）锁定阅读对象（包括纸质书和电子书），偶尔通过试读、对比等手段进行阅读决策确定阅读书籍并获取书籍，相对独立地完成书籍阅读，产生较弱的社交倾向。在阅读完成后，产生部分社交行为（如到社交平台发布评论、跟线上线下的朋友进行讨论等），但发生频率较低。

被动复合阅读的阅读行为模式基本为：基于相对传统的目标锁定因素（如他人推荐、书单/排行榜推荐等）锁定阅读对象（通常为纸质书籍，偶尔也会有电子书籍），偶尔通过试读、对比等手段进行阅读决策确定阅读内容并获取书籍。在阅读行为产生阶段他们会产生独立行为及较强的社交倾向，在阅读行为延伸阶段相应地产生独立行为和社交行为，但社交行为多为向家人朋友推荐、进行笔记分享等线下行为。

高参与复合阅读者的阅读行为模式基本为：全面地通过各种目标锁定因素锁定阅读对象（包括纸质书和电子书），通过试读、对比、查找书评等方式综合做出阅读决策确定内容并获取书籍，在阅读行为产生阶段产生独立行为和很强的社交倾向，在阅读行为延伸阶段产生独立行为和丰富的社交行为，如进行线上线下讨论、到社交媒体发布评价、用社交媒体记录阅读经历等。

通过对比我们能看到各类型读者的阅读行为模式差异，传统阅读者在阅读决策环节有缺失，他们只关注纸质书籍，在阅读行为产生和延伸阶段都只产生独立行为；标准复合阅读者阅读过程完整，对纸质书和电子书无明显偏好，但社交倾向和社交行为的产生并不是很丰富，仍有挖掘潜力；被动复合阅读者在阅读行为趋向阶段与环境的交互较弱，对数字阅读的接受程度较低，但他们在阅读行为延伸阶段仍会产生丰富线下社交行为；高参与复合阅读者在阅读行为模式上环节更加完整，各阶段与环境的交互都非常充分，有丰富多样的复合阅读行为表现。

四 四族群读者个体差异与阅读态度比较

那么，青少年向复合阅读的转变究竟意味着什么？它是一种积极趋势抑或预示着新的危机？为解答这一问题，我们对各青少年种群在阅读态度上的表现差异展开进一步分析。

阅读态度即个体对阅读的感情，这种感情导致阅读者趋近或者规避阅读情境，因而是阅读行为的重要心理构件。① 现有研究已证明阅读态度能够预测阅读绩效，并会影响个体阅读行为的持续性。②③④ 对阅读态度通常从阅读情感、阅读量、阅读认知等角度测量⑤⑥，本问卷则设计了"阅读兴趣""阅读时长""阅读频率"三个变量从阅读情感和阅读量两方面判断被调查对象阅读态度积极程度，并对四个青少年种群阅读态度展开比较。

（一）读者类型与单次阅读时长交叉分析

从个案编号与单次阅读时长的交叉分析中可以看出，传统阅读者（第一类）仅在"1 小时以下"这个选项的计数大于预期计数，即传统阅读者更偏向于单次阅读时长为 1 小时以下；被动复合阅读者（第二类）在"1—2 小时""2—3 小时"这两个选项的计数大于预期计数，即被动复合阅读者更偏向于单次阅读时长为 1—2 小时、2—3 小时；高参与复合阅读者（第三类）在"1—2 小时""2—3 小时""3 小时以上"三个选项的计数都大于预期计数，即高参与复合阅读者更偏向于单次阅读时长为 1—2 小时、2—3 小时、3 小时以上；标准复合阅读者（第四类）在"1—2 小时"选项的计数大于预期计数，即标准复合阅读者更偏向于单次阅读时长为 1—2 小时。

由此我们可以推断，传统阅读者在阅读时长的表现相较其他三种类型的读者较为逊色，其中，高参与复合阅读者在单次阅读时长上表现最佳。

---

① Alexander, J. E., Filler, R. C., *Attitudes and Reading*, Newark, DE: International Reading Association, 1976, 73.

② McKenna, M. C., et al., "Children's Attitudes toward Reading: A National Survey", *Reading Research Quarterly*, 1995, 30 (4): 934 – 956.

③ Coiro, J., Dobler, E., "Exploring the Online Reading Comprehension Strategies Used by Sixth - grade Skilled Readers to Search for and Locate Information on the Internet", *Reading Research Quarterly*, 2007, 42 (2): 214 – 257.

④ Kidwai, K., "A Design – Based Research Investigation of a Web – Based Learning Environment Designed to Support the Reading Process", University park: The Pennsylvania State University, 2009.

⑤ Summers, E. G., "Instruments for Assessing Reading Attitudes: A Review of Research and Bibliography", *Journal of Literacy Research*, 1977, 9 (2): 137 – 165.

⑥ National Endowment for The Arts, "Reading at Risk: A Survey of Literacy Reading in America", [2017 – 08 – 17], https://www.arts.gov/publications/reading – risk – survey – literary – reading – america – 0.

表 4－10　　　　　个案族群编号 × 单次阅读时长交叉

			个案族群编号				总计
			传统阅读者	被动复合阅读者	高参与复合阅读者	标准复合阅读者	
单次阅读时长	1小时以下	计数	351	196	177	337	1061
		预期计数	265.5	227.2	228.5	339.8	1061
		占群体分类的百分比（%）	11.00	6.20	5.60	10.60	33.30
	1—2小时	计数	351	386	378	554	1669
		预期计数	417.6	357.4	359.5	534.5	1669
		占群体分类的百分比（%）	11.00	12.10	11.90	17.40	52.40
	2—3小时	计数	56	69	73	86	284
		预期计数	71.1	60.8	61.2	91	284
		占群体分类的百分比（%）	1.80	2.20	2.30	2.70	8.90
	3小时以上	计数	39	31	58	43	171
		预期计数	42.8	36.6	36.8	54.8	171
		占群体分类的百分比（%）	1.20	1.00	1.80	1.40	5.40
总计		计数	797	682	686	1020	3185
		预期计数	797	682	686	1020	3185
		占群体分类的百分比（%）	25.00	21.40	21.50	32.00	100.00

（二）读者类型与阅读频率交叉分析

从个案编号与阅读频率的交叉分析中可以看出，传统阅读者（第一类）仅在"1—2次/周"这个选项的计数大于预期计数，即传统阅读者更偏向于每周阅读1—2次；被动复合阅读者（第二类）在"3—4次/周""5—6次/周""6次以上/周"三个选项的计数大于预期计数，即被动复合阅读者对每周阅读3—4次、5—6次、6次以上都比较喜欢；高参与复合阅读者（第三类）在"3—4次/周""6次以上/周"两个选项的计数都大于预期计数,即高参与复合阅读者更喜欢每周阅读3—4次或6次以上;标准复合阅读者(第四类)在"3—4次/周""5—6次/周"两个选项的计数大于预期计数,即标准复合阅读者更喜欢每周阅读3—4次或5—6次。

表4-11　　　　　　　　个案族群编号×阅读频率交叉表

			个案族群编号				总计
			传统阅读者	被动复合阅读者	高参与复合阅读者	标准复合阅读者	
阅读频率	1—2次/周	计数	375	245	242	398	1260
		预期计数	315.3	269.8	271.4	403.5	1260
		占群体分类的百分比(%)	11.80	7.70	7.60	12.50	39.60
	3—4次/周	计数	236	231	239	357	1063
		预期计数	266	227.6	229	340.4	1063
		占群体分类的百分比(%)	7.40	7.30	7.50	11.20	33.40
	5—6次/周	计数	81	90	81	140	392
		预期计数	98.1	83.9	84.4	125.5	392
		占群体分类的百分比(%)	2.50	2.80	2.50	4.40	12.30
	6次以上/周	计数	105	116	124	125	470
		预期计数	117.6	100.6	101.2	150.5	470
		占群体分类的百分比(%)	3.30	3.60	3.90	3.90	14.80
总计		计数	797	682	686	1020	3185
		预期计数	797	682	686	1020	3185
		占群体分类的百分比(%)	25.00	21.40	21.50	32.00	100.00

注:由于四舍五入的原因,总计可能有出入,取近似值,下同。

由此我们可以推断,传统阅读者在阅读频率的表现相较其他三种类型的读者较为逊色。其中,被动复合阅读者和高参与复合阅读者都表现出了对每周阅读6次以上这种阅读频率的偏好。

(三)读者类型与性别交叉分析

为进一步了解各族群个体差异,我们对族群性别分布进行了比较。对个案族群编号与性别进行交叉分析时,经皮尔逊卡方检验,显著性为0.002,远小于0.05,差异性存在。

从表4-12可以看出,总体而言,被纳入复合阅读行为模式范围内的读者高达75%,四种读者类型中占比最大的是第四类,即大部分青少年都是标准复合阅读者。无论男女,占比最大的都是标准复合阅读者。除了标准复合阅读者外,男性占比较高的分别是传统阅读者和高参与复合阅读者,分别是26.8%和22.2%,女性其他各类型读者占比差距不大,分别是23.8%、23.8%和21.0%。

表4-12　　　　　个案族群编号×性别交叉表

			性别 男	性别 女	总计
个案族群结果	传统阅读者	计数	359	438	797
		占群体分类的百分比(%)	26.8	23.8	25.0
	被动复合阅读者	计数	244	438	682
		占群体分类的百分比(%)	18.2	23.8	21.4
	高参与复合阅读者	计数	298	388	686
		占群体分类的百分比(%)	22.2	21.0	21.5
	标准复合阅读者	计数	440	580	1020
		占群体分类的百分比(%)	32.8	31.5	32.0
总计		计数	1341	1844	3185
		占群体分类的百分比(%)	100.0	100.0	100.0

五　小结

综合上述分析,我们可以推测,当前社会条件下,复合阅读行为已是大势所趋,75%的青少年都受到来自环境的影响并产生相应的复合阅读行为。其中，男性青少年群体阅读行为内部差异明显，传统模式的读者与高参与模式的读者所占比例差距较大，而女性青少年群体在四种模式的分布相对均匀一些。

通过个案族群编号与阅读频率、单次阅读时长的交叉分析，我们可以明显看到，传统阅读行为模式的青少年在阅读频率和单次阅读时长上较复合阅读行为模式的青少年表现略逊色，而在复合阅读行为模式中，又以高参与模式的青少年表现最佳。据此，我们推测复合阅读行为模式对青少年阅读表现（包括阅读频率、单次阅读时长）有着潜移默化的而影响。

首先，全媒体环境下复合阅读已成为青少年主流选择，青少年从传统阅读行为到复合阅读行为的转向已成事实。

通过调查我们发现，就总体而言，青少年群体在阅读过程中总体呈现阅读目标锁定方式多样、阅读决策参考信息多样、阅读载体选择多样、普遍产生社交行为等复合阅读特征，70%以上的青少年读者的阅读行为可以被纳入复合阅读行为范畴。

虽然在学术上对复合阅读行为的研究仍处于起步阶段，但从我们的调查中可以看到，大部分青少年已经产生了复合阅读行为，从传统阅读到复合阅读的转变趋势已然明显。

其次，本研究发现，媒介环境的改变对青少年作用效果存在差异，按复合阅读行为程度可将青少年分为传统阅读者、被动复合阅读者、标准复合阅读者、高参与复合阅读者，四个种群阅读模式不同。

通过聚类分析，我们发现可以将青少年读者划分为四种类型：传统阅读者、被动复合阅读者、标准复合阅读者和高参与复合阅读者，这四类读者复合阅读程度不同，且不同类型青少年读者在阅读过程中表现出不同行为特征。

传统阅读者在阅读行为趋向阶段的特征为阅读决策环节缺失，纸质书偏好明显，在阅读行为产生阶段特征为无社交倾向，在阅读行为延伸阶段特征为无社交行为；被动复合阅读者在阅读行为趋向阶段特征为目标锁定环节、阅读决策环节表现较差，存在较弱的纸质书偏好，在阅读行为产生阶段表现出较强的社交倾向，在阅读行为延伸阶段产生较多的线下社交行为；标准复合阅读者在阅读行为趋向阶段特征为目标锁定环节和阅读决策环节表现优异、无明显阅读载体偏好，在阅读行为产生阶段表现出较弱的社交倾向，在阅读行为延伸阶段产生较少社交行为；高参与复合阅读者在阅读行为趋向阶段的特征为目标锁定环节和阅读决策环节表现优异，无阅读载体偏好，在阅读行为产生阶段有强烈社交倾向，在阅读行为延伸阶段产生多样的社交行为。

最后，相较于传统阅读型，复合阅读型青少年呈现出更积极的阅读态度。

不同类型的青少年读者在阅读态度表现上存在差异。基于聚类分析，通过聚类结果与阅读时长、阅读频率的交叉分析我们发现，传统阅读者相较于复合阅读者在阅读时长和阅读频率的表现上较差，而在复合阅读者中，又以高参与复合阅读者在阅读时长和阅读频率上表现最佳。这暗示着，复合阅读能力的培养可能有助于培养青少年阅读兴趣，也从侧面印证了复合阅读的研究价值。

中篇　机制研究

本篇包括第五章至第九章，核心内容是对复合阅读行为的产生机制、内在过程机制、效应机制等进行探索。

第五章　全媒体环境下的阅读渠道选择。本章采用实证研究方法验证了个体多渠道阅读行为选择模型。该模型基于技术接受模型对影响个体多渠道阅读行为选择意向与使用意愿的关键因素及其关系进行了梳理。研究采用结构方程模型软件对选择模型加以验证，并基于研究发现向阅读推广主体提出实践建议。

第六章　复合阅读中的阅读参与。本章采用网络志法、扎根理论、关键事件法等质性研究方法对复合阅读中的阅读参与表现、特征、驱动因素展开研究，并探索了读者从传统阅读到复合阅读的行为转变过程要素，形成了阅读参与过程模型和阅读行为转变模型，并基于此提出关于阅读推广设计的针对性建议。

第七章　复合阅读的效应研究。本章采用网络志法、深入访谈法、内容分析法等质性研究方法对复合阅读对读者个体的具体效应展开研究。梳理了复合阅读对于个体的作用效果及其影响因素，并归纳了复合阅读的四种效应，构建了复合阅读效应路线图。本章还对复合阅读的效应阶段进行了分析，揭示了复合阅读效应的动态特征。

第八章　阅读社区与阅读行为。本章采用比较研究法、扎根理论等质性研究方法探索了在阅读社区环境下阅读行为呈现的具体特征，以阐明阅读社区的交互活动对复合阅读的具体促进作用。包括阅读社区的类型研究、阅读社区中人们的交互行为特征、阅读社区中的阅读体验构成等相关研究。

第五章　全媒体环境下的阅读渠道选择

青少年阅读行为调查结果显示，阅读内涵本身已经发生了巨大改变，青少年复合阅读趋势已经十分明显，复合阅读行为模式的读者阅读表现也更加优异。因此，在未来的全民阅读推进中，需要将复合阅读行为的推广纳入阅读推广的内容范畴。

调查显示，当前青少年阅读行为的一个突出特征是接受阅读信息、处理阅读信息和反馈分享阅读信息的渠道拓展，而媒介复合也是复合阅读行为最外显特征。那么，这种多渠道的阅读行为为何更受读者青睐？本章将围绕这一问题展开实证研究。

第一节　全媒体环境下的阅读渠道

一　阅读渠道的多样化

全媒体的特点在于发展主体依然为传统媒体，但在此基础之上，整合多种媒介形态，实施多媒体分流传播，展现新型运行模式。[①] 同时，全媒体的本质是"媒体内容、形式、功能、手段多层面的融合，使受

[①] 石长顺、唐晓丹：《全媒体语境下电视编辑的角色转型与功能拓展》，《中国编辑》2009年第2期。

众获得更及时、更多角度、更多听觉和视觉满足的媒体体验"。① 今天，电子阅览器、移动广播、数字电视等，单一形式的媒介终端不再能满足人们日益增长的精神文化需求，新的媒体产品不断产生。

在这样的背景下，阅读行为已经不再仅仅以单一的传统方式进行了，如今每一个阅读过程与阅读阶段都涌现了许多可选择性，阅读的选择、阅览、阅读后的评价分享，不同的阅读行为阶段都涌现多种不同渠道以供读者选择。阅读的选择从线下走向线上，阅读载体的逐渐丰富，都打破了曾经仅仅以阅览阶段为核心的单一渠道特点。阅读材料不再仅仅依靠印刷出版，以 Kindle 为代表的移动电子阅读器年销量上千万；阅读也不再仅是个人的独立活动，线上线下阅读活动日益丰富，各种线上阅读社区纷纷涌现。

基于此，阅读渠道日益多样化，更重要的是，阅读渠道之间不但具备多样性，而且因其服务于阅读的不同阶段，具有强烈的互补性，这使多渠道阅读行为成为可能。

二 新时期阅读渠道类型

个体在进行阅读的选择、阅览、评价分享等多种从信息中获得价值的行为活动中，借助的不同的线上线下媒介渠道形式，便是阅读的各种渠道。整理现有研究，大体从以下几种不同的角度来对阅读行为中的各种渠道可做如下分类划分：

从阅读过程的角度，可以将多种阅读渠道分为阅读前渠道、阅读中渠道与阅读后渠道三大类。阅读前通过多种渠道进行阅读材料的选择，包括借助图书馆、阅读小组、网络阅读站点、电子书市场等。阅读中的多种阅读渠道，包括借助微信公众号、电子阅览器、听书 App 等各种渠道。而阅读后，用户可以选择的多种阅读渠道包括线上阅读分享、线下读书会等。

从阅读媒介的角度，可以将阅读渠道按照媒介类型分为传统媒介渠道与新媒介渠道，以划分传统的图书馆借阅、纸本阅读与新型的电子阅读、社交阅读等阅读渠道。

---

① 张从明：《全媒体新闻采写教程》，北京大学出版社 2010 年版。

从阅读载体的角度，可以将多种阅读渠道分为纸质载体与电子载体两大类。纸质载体包括从图书馆、读书会社区等多种渠道获得纸质书籍进行阅读评价交流与分享，而数字载体包括 Kindle、平板电脑等多种电子阅读器在内的数字阅读设备与电子阅读材料。

而本书将阅读渠道分为线上渠道与线下渠道两大类型进行实证研究。线上渠道包括借助网络搜索书评、使用阅读类 App 或 Kindle 等电子工具、访问读书网站或阅读公众号，参与线上阅读社区、撰写并发布书评等；线下渠道包括参加读书会、共读活动、图书漂流活动等。

三 阅读的多渠道选择

全媒体环境提供了多样化的渠道，而读者在对渠道的利用过程中逐渐积累了对渠道的认识，从被动使用逐渐转变为主动选择。当读者发现不同阅读渠道有各自不同的价值和优势，则会倾向于对阅读渠道的组合使用，即多渠道阅读。本研究将多渠道阅读定义为：个体借助不同的线上线下媒介渠道形式，进行选择、阅览、评价分享等多种阅读相关的行为活动。多渠道阅读行为是复合阅读的基本外在行为表现。

（一）多渠道阅读特点

区别于传统的以"阅览"为核心的阅读行为研究，全媒体时代下的多渠道阅读展现出了每个阅读行为环节的重要性。在传统的阅读行为中，只有阅览才是最为核心的要素，其他的阅读过程都是为阅览提供帮助支撑的，阅读行为中唯一的核心是阅读，而从哪些渠道获取阅读资源、如何选择阅读、在阅读后的评论分享，这些过程都是辅助性的。但随着全媒体时代的发展，如今每一个阅读过程与阅读阶段都涌现了许多可选择性，阅读前、阅读中与阅读后，各个阶段的价值独立地彰显了出来，每个阶段都值得成为选择的一个过程，值得用户投入时间与精力，不同阶段的选择共同形成了用户阅读行为多渠道的选择。多渠道阅读行为的特征，已经逐渐从阅读选择、用户的阅览与阅读的评价与分享三个不同的阅读阶段彰显出来。

首先，阅读的选择在多渠道化。在传统环境下，用户进行阅读的选择只能通过线下的书店或者图书馆进行，而进入全媒体时代后，阅读的选择渠道逐渐丰富。线下在图书馆与书店之外，随着图书馆的阅读推广活动的发展、全民阅读的城市氛围渲染，还出现了各种图书漂流点等线下图书选择渠道。而线上阅读选择的渠道更加丰富，亚马逊的电子书商城每日不断轮换更新上架最新畅销电子书籍，网络小说站点每日有千万签约作者进行连载更新，社交网络大 V 推荐，电视节目如《朗读者》的介绍，公众号如《罗辑思维》的导读推荐，给用户提供了可同时参与的各种多渠道阅读选择方式。

其次，用户的阅览在多渠道化。从传统的纸本时代，到现在电子与传统齐头并进的全媒体时代，阅览的方式渠道也日益增多，并且选择多渠道进行阅读的个体也越来越多。移动终端的发展，电子墨水屏幕技术的革新，使得现如今在手机、平板电脑和电子阅读器上进行阅读更加方便。阅读材料提供的多渠道化也支撑着不同渠道的阅览行为，丰富的网络资源和其便捷性使年轻用户能在几十年时间中迅速接受移动阅览渠道。在这样的技术与资源的支持下，阅览渠道多样化也是一种必然。

最后，阅读的评价与分享渠道多样化。从读书会到阅读社区，新媒体时代阅读文化传播的优秀载体不断丰富。线下的各种读书会中 20 世纪 60 年代便已经成为了人们常用的阅读评价分享渠道①，而线上的阅读评价与分享渠道更是伴随着互联网的发展层出不穷。网络用户积极借助社交平台搭建线上阅读评价与分享渠道，豆瓣读书、微信共读、亚马逊 Goodreads 等借助着自己的平台优势与用户数量迅速形成了几大阅读社群。随着这样的形式，图书馆与政府也开始着手发展阅读的线下与线上交流分享延伸服务渠道，更多的阅读社区构建问题已经正在被图书馆与政府提上议程。②

(二) 研究问题的提出

全媒体时代，个体开始逐渐接受并主动选择不同的渠道方式进行各自的阅读，这种选择行为是随着技术的成熟以及时代的发展而自然过渡的。目前对于这种新型的多渠道选择的阅读行为，学术界还缺乏深入研究。同时，在技术继续发展的今天，渠道融合与多元还在继续，可以预

---

① Harder, A., et al., "Creating Cohesive Community through Shared Reading: A Case Study of One Book Nova Scotia", *The Canadian Journal of Library and Information Practice and Research*, 2015, 10 (1).

② 徐杰：《阅读 App 的发展态势与社群化发展战略》，《青年记者》2016 年第 23 期。

判未来伴随全媒体的进程，会涌现更多可供用户读者选择的阅读渠道。

然而，多渠道阅读区别于传统单一渠道的阅读行为，因其选择多样性、内容复杂性等因素，存在诸多差异，而目前全媒体时代下进行的多渠道阅读行为，也呈现很多区别于传统阅读行为的特点。涌现的多种渠道如何影响着人们的阅读？哪些因素让人们选择多种渠道进行阅读？这些因素对人们的阅读行为产生着怎样的作用？图书馆与政府单位如何利用这些因素来建设阅读渠道市场并从而促进人们的阅读行为？这些问题目前都还没有研究进行解答。

本部分即围绕以上问题，以 Davis 等在 1989 年构建的技术采纳模型（Technology Acceptance Model，TAM）为基础，同时结合 1985 年 Ajzen 提出的计划行为理论以及阅读动机相关理论，来探讨在全媒体时代背景下，用户阅读行为过程中选择多种阅读渠道的原因，构建阅读的多种渠道选择模型，并分析影响用户选择的各个变量因素，验证这些因素对用户选择多种阅读渠道带来的影响作用。

第二节　阅读渠道选择模型构建

一　技术采纳理论及其应用

基于上节提出的研究问题，我们选择以技术采纳模型为基础构建一个全媒体时代下的多渠道阅读行为选择模型。本书将结合阅读动机理论、感知娱乐理论、计划行为理论，探索用户感知阅读多渠道的有用性、易用性、娱乐性、社交性、可控性与用户采纳行为意愿等变量之间的关系，同时考察情境因素对用户感知阅读渠道、使用意愿及行为意向之间的影响。

技术采纳模型，由 Davis 于 1989 年首次提出，是在理性行为理论（Theory of Reasoned Action，TRA）的基础之上提出的，如图 5-1 所示。目前，TAM 模型已在国内外得到了广泛的应用，该模型成功示意了感知有用性、感知易用性、态度、意向和最终的使用行为这些变量因子之间的直接关系。

本章的主要研究方向是分析影响用户选择使用多种阅读渠道的主要

因素以及因素之间的相互关系。在文献回顾的背景下，发现技术采纳理论模型因为其简洁精练，以及其对各种背景研究目标的强适应性，该模型已经成为科技采纳研究中最为经典，也是应用最为广泛的理论模型。TAM 模型在解释新技术出现后受用的采纳行为研究中有着很广泛的利用，Byoungsoo Kim[1]、Lee JH[2]、Dong[3] 等大量学者的研究纷纷证明了该模型在进行调整后可以适合不同的环境背景。众多学者在新媒体用户行为方面的研究也证明了该模型对新媒体下的媒介信息服务行为有较高的有效性（Lin & Lu[4]；Lee & Kim 等[5]；刘强[6]）。因此，本书将以 TAM 模型为主要理论基础。

同时，Davis 在 TAM 模型提出之后的研究中也表明，对 TAM 模型进行相应的拓展修正，有利于模型对不同研究对象的适用性的提升。2006 年 King 与 He 总结了现有的对 TAM 模型有效修正的四种方法，分别包括增加前置变量、增加背景变量、增加其他理论以及增加结果变量[7]，因此，本书研究将结合多渠道以及阅读行为的特点，在 TAM 模型基础上，进行相应的修改与变量增加。在对模型进行修正时，根据全媒体多渠道的特点以及阅读行为的特征，主要参考了感知娱乐理论、感知可控理论、自我效能理论、感知社交理论以及阅读动机等相关理论。因此，本章将在进一步分析多渠道阅读行为内涵的背景下，针对影响该行为的变量因素进行分析与定义，并提出变量之间的假设。在假设基础

---

[1] Kim, B., Han, I., "The Role of Trust Belief and Its Antecedents in a Community - driven Knowledge Environment", *Journal of the Association for Information Science & Technology*, 2010, 60 (5): 1012 -1026.

[2] Lee J. H., et al., "A Comparison of Adoption Models for New Mobile Media Services between High - and Low - motive Groups", *International Journal of Mobile Communications*, 2010, 8 (5): 487 -506.

[3] Shin D. H., "User Acceptance of Mobile Internet: Implication for Convergence Technologies", *Interacting with Computers*, 2007, 19 (4): 472 -483.

[4] Lin, J. C. C., Hsipeng L. U., "Towards an Understanding of the Behavioural Intention to Use a web Site", *International Journal of Information Management*, 2000, 20 (3): 197 -208.

[5] Lee K. C., et al., "Exploring the User Interface of Negotiation Support Systems from the User Acceptance Perspective", *Computers in Human Behavior*, 2007, 23 (1): 220 -239.

[6] 刘强：《融合媒体的受众采纳行为研究》，博士学位论文，上海交通大学，2011 年。

[7] King W. R., He J., "A Meta - analysis of the Technology Acceptance Model", *Information & Management*, 2006, 43 (6): 740 -755.

之上，提出对全媒体时代的多渠道阅读行为的初步模型。

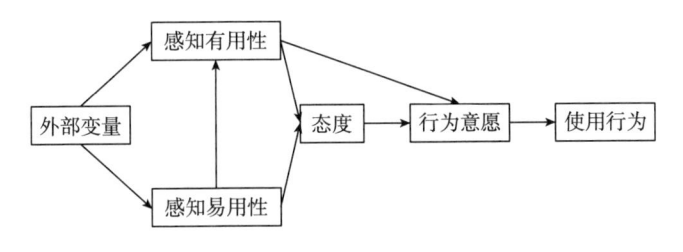

图 5-1 技术采纳模型

资料来源：Davis 等（1989）。

二 多渠道阅读行为选择的变量定义与研究假设

（一）TAM 模型的相关变量定义与假设

1989 年 Davis 在针对"信息系统"的研究中，在比较新旧科学技术对工作效率的影响时，将感知有用性定义为，个体所相信的使用信息科技对其工作效率的提升程度。相较于实际的有用性，TAM 模型中的感知有用性实际上是被个体感知的有用性。对于多渠道阅读行为来说，用户选择多种渠道进行阅读行为，其目的是为了获取阅读材料，进行阅览分享交流等整个阅读行为，满足自身阅读需求。因此，在本研究中，将"感知有用性"定义为，相较于传统单渠道阅读行为，用户通过多渠道进行阅读行为，感受到的这些渠道对自己阅读整个流程的有用程度。同样，根据 Davis 对感知易用性"个体相信使用某种特定科技系统可以减少努力的程度"，针对阅读行为，本研究的"感知易用性"定义为：相较于传统单一阅读渠道，用户对多渠道阅读行为容易、便捷程度的理解。1975 年 Ajzen 与 Fishbein 提出，行为是由行为意向这一因素直接决定的。[1] 行为意向，指的是个人对行为的预期，对行为对象的态度审判，对人、事、物乃至问题的态度倾向。本书将"行为意向"定义为：用户对多渠道阅读行为的态度评判，是用户是否会选择多渠道阅读行为的主观倾向。使用意愿作为最终的结果变量，代表着人们根据实际情况，按照自己的意愿做出的最终选择，是用户是否会最终采取某行为

---

[1] Ajzen, I., Fishbein, M., "A Bayesian Analysis of Attribution Processes", *Psychological Bulletin*, 1975, 82 (2): 261-277.

的指标。在本研究中,"使用意愿"即用户是否会最终选择多渠道阅读行为,以及未来还会考虑进行该行为选择的意愿强度。

在 Davis 提出的 TAM 模型之中,感知有用性与感知易用性两个变量共同影响了行为意愿,而行为意愿最终影响了用户的行动。其中,感知有用性在一定程度上是受到感知易用性的影响的,用户对某一特定的科技感知到的有用性与易用性越高,那么该用户对这一特定技术的使用意向就越高,就越可能采纳该技术,落实为具体的行动。

TAM 的这几个变量之间的关系在大量学者的实证研究中都得到了验证,以证明该模型的有效性。例如,Dong Hee Shin 在移动互联网的研究中发现了感知有用性对使用意愿具有非常显著的正相关[1];Lopez 等对移动业务的证明发现感知易用性、感知有用性与使用意愿有非常明显的正面影响[2];Hiramatsu 等证明了感知有用性与感知易用性直接的正相关,以及两者对使用意愿与行为意向直接的显著正相关关系。[3] 国内也有很多学者证明了 TAM 模型的这几个主要变量在我国背景下的适用性与有效性。李贺等证明了感知易用性影响感知有用性在我国的数字图书馆资源利用背景下是显著正相关的[4],明均仁证明了感知有用性、感知易用性与使用意愿行为意向在我国的移动图书馆背景下同样具有显著影响。[5]

同时,在现实层面上,针对用户阅读渠道的选择,观察到了如下一些现象:越是简单易用的阅读渠道,拥有越多的用户注册数量,也就越容易让用户感知到这一渠道的价值。例如关注微信阅读公众号,从而获取公众号推送的阅读资源,用户只需要进行"关注"这一简单的动作便可以方便地使用公众号提供的各种阅读服务,用户也能直接明显地感

---

[1] Shin D. H., *User Acceptance of Mobile Internet: Implication for Convergence Technologies*, Elsevier Science Inc., 2007.

[2] Lopez – Nicolas C., et al., "An Assessment of Advanced Mobile Services Acceptance: Contributions from TAM and Diffusion Theory Models", *Information & Management*, 2008, 45 (6): 359 – 364.

[3] Hiramatsu A., et al., "An Empirical Study of an Extended Technology Acceptance Model for Online Video Services", in *Distributed Computing, Artificial Intelligence, Bioinformatics, Soft Computing, and Ambient Assisted Living*, Springer Berlin Heidelberg, 2009: 416 – 423.

[4] 李贺等:《基于 TAM 模型的数字图书馆资源利用研究》,《图书情报工作》2010 年第 15 期。

[5] 明均仁:《基于 TAM 模型的移动图书馆用户接受研究》,《图书馆建设》2013 年第 11 期。

知到关注公众号这一阅读渠道的功能性价值。因此，借助这种易于使用感，"逻辑思维"拥有 200 万的关注粉丝数量，微信阅读公众号每篇推送的阅读量也在 3 万人次之上，部分文章阅读数量远超过十万。同时也发现，当用户越感知到这些阅读渠道的有用性，就越有使用这些阅读渠道的意向。大量用户会感觉阅读渠道有价值，对自己有用，而产生想要选择这些渠道的意向，这些行为意向最终促使用户选择了使用这些渠道进行阅读。在方所举办的线下阅读交流会中，不少参与者都表示提前看到了活动的推广介绍，认为活动"有趣""有意义"，从而选择了实际的参加。因此在这样的背景下，结合前人的研究与现象的观察，针对全媒体下的多渠道阅读行为选择研究，本书提出以下假设：

H1：用户对多渠道阅读的易用性感知越强，其对多渠道阅读的有用性感知越强。

H2：用户对多渠道阅读的易用性感知与其行为意向呈正相关。

H3：用户对多渠道阅读的有用性感知与其行为意向呈正相关。

H4：用户对多渠道阅读的行为意向与使用意愿呈正相关。

（二）情境因素的相关变量的定义与假设

情境因素一般指所有那些在一定时刻一定地点由个人或者刺激物长期特性发生改变而具有的特性[1]，一般在消费者行为学中，包含物理场景氛围、社会氛围、时间氛围、任务氛围与个人的消费前状态。在本书研究中，阅读行为受到物理场景影响较小，而多渠道的阅读行为选择，更多地受到用户个人特性所影响。因此，参考社会认知理论与阅读动机理论，将情境因素细分为自我效能与好奇心两个变量进行测量。

1. 自我效能

自我效能概念来自社会认知理论，是由 Bandura 在 1982 年首次提出[2]，Gist 在 1987 年进一步进行解释[3]，定义为"一个人相信自己能够

---

[1] 庄贵军等：《情境因素对于顾客购买决策的影响（一个初步的研究）》，《数理统计与管理》2004 年第 4 期。

[2] Bandura A., "Self-efficacy Mechanism in Human Agency", *Am Psychol*, 1982, 37 (2): 122-147.

[3] Gist M. E., "Self-Efficacy: Implications for Organizational Behavior and Human Resource Management", *Academy of Management Review*, 1987, 12 (3): 472-485.

完成一个任务的能力"。Bandura将自我效能定义为一种再生能力，是由认知、社交与行为这三个技能板块组合起来的，用以服务各种目标。汤冬玲等提出自我效能是预测个体行为的重要因素之一，因为自我效能能够调节人们对行为的选择，从而进一步影响人们的行为决策。[①] 因此，在本书研究中，将"自我效能"定义为，用户使用多种网络技术渠道，从收集信息到完成行为的能力与信心。

目前已经有不少研究证明了自我效能与感知有用性、感知易用性直接的相互关系。Mckee等在2006年证明了顾客的自我效能是与服务的感知有用性、感知易用性呈正相关的[②]，Ellen P. S. 提出自我效能能够解释很多技术接收方面的问题[③]，Wang等证明了自我效能在消费者行为领域方面对感知有用性、感知易用性的影响[④]。在国内，翁智刚等也证明了在电子政务的基础参与方面，自我效能对感知有用性与感知易用性的正相关关系[⑤]，郭燕与周梅华证明了多渠道自我效能对消费者的跨渠道购买行为的积极影响[⑥]。而在多渠道阅读行为选择上，自我效能感越强，用户越自信能对各种新型的阅读渠道轻松上手，相信自己能够掌握这些新的阅读渠道，也更能获取到这些渠道的价值所在。例如，熟练掌握网络信息检索的用户，相较于对自己网上查找信息能力保持怀疑的用户，更能自信地在阅读站点获得自己需求的信息，更充分地接受到站点提供的各种阅读服务。因此，本书针对多渠道的阅读行为，提出有关自我效能的假设如下：

[①] 汤冬玲等：《情绪调节自我效能感：一个新的研究主题》，《心理科学进展》2010年第4期。

[②] Mckee D., et al., "Customer self-efficacy and Response to Service", *Journal of Service Research*, 2006, 8 (3): 207.

[③] Ellen P. S., et al., "Resistance to Technological Innovations: An Examination of the Role of Self-efficacy and Performance Satisfaction", *Journal of the Academy of Marketing Science*, 1991, 19 (4): 297-307.

[④] Wang G., Netemyer R. G., "The Effects of Job Autonomy, Customer Demandingness, and Trait Competitiveness on Salesperson Learning, Self-efficacy, and Performance", *Journal of the Academy of Marketing Science*, 2002, 30 (3): 217-228.

[⑤] 翁智刚等：《电子政务公众参与层级影响因素研究》，JMS中国营销科学学术年会暨博士生论坛会议论文，2013年。

[⑥] 郭燕、周梅华：《消费者跨渠道购买行为影响因素实证分析》，《经济问题》2015年第5期。

H5：用户自我效能感越强，对多渠道阅读的有用性感知越强。

H6：用户自我效能感越强，对多渠道阅读的易用性感知越强。

H7：用户自我效能感越强，对多渠道阅读的可控性感知越强。

2. 好奇心

Wigfield 与 Guthrie，Watkins 与 Coffey，刘佩云、柳长友等诸多国内外学者对阅读动机的研究中，都证明了好奇心是阅读动机中重要的一大因素。好奇心是一种较为短暂的情绪状态，同时好奇心也是一种比较稳定的人格特质，即对能够引起个体好奇的刺激的反应，因此，好奇心这种特质受到个体的差异影响（Day；Beswick；Leherissey）。好奇心又分为特质性好奇与状态性好奇，二者的区别在于，特质性好奇侧重于广度上的延伸，强调的是一般情况下好奇的频率，反映的是个体差异，因此不强调特定的对象。而状态性好奇更侧重于对某一特定对象个体的好奇程度，反映的是程度差异。因此，本研究选择特质性好奇，并将保持使用其原有定义。

而好奇心，从 Wigfield 与 Guthrie 自 1997 年对阅读动机的研究开始，就一直是阅读动机研究中各个学者纳入阅读目的的一个维度。Watkins 与 Coffey，Schutte 与 Malouff，黄馨仪、刘佩云、柳长友在对阅读动机的研究中，都认为好奇心是引发读者进行阅读的重要维度之一。而在多渠道阅读行为方面，用户会因为对新型渠道的好奇而对新的阅读渠道加以关注，例如图书馆推出的阅读漂流等新活动，会吸引大量同学围观。那么是否用户的好奇心能够促使用户对区别于传统模式的多渠道阅读方式的有用性感知，好奇心越强的用户是否会认为多渠道的阅读方式更有可控感，从而促进其对多渠道阅读行为的选择？因此，本书针对好奇心做出如下假设：

H8：用户好奇心越强，对多渠道阅读的有用性感知越强。

H9：用户好奇心越强，对多渠道阅读的可控性感知越强。

（三）感知娱乐性的定义与相关假设

相较于感知有用性与感知易用性，感知娱乐性是一种内部动机。Lieberman 早在 1977 年提出娱乐性的概念，Davis 在 1992 年引入感知娱乐性这一概念，认为相较于外部动机的感知有用性，愉悦性作为内部动机同样会影响意愿与行为。因此，本书研究的"感知娱乐性"的定义为，用户在使用多渠道进行阅读时感受到的有趣性，在这个过程中产生的愉悦感受的程度。

目前已经有不少消费行为学以及媒介行为学方面的研究者，将感知娱乐性作为 TAM 修正模型的其中一个变量进行实证研究。Teo 等在研究中发现感知乐趣很大程度上影响了用户对信息系统的有用度感知，从而影响了用户对信息系统的使用意愿与接收程度。[①] 自此之后，Dong[②]、Kim 等[③]学者都发现感知娱乐性对感知有用性有明显的正面影响。而针对多渠道的阅读行为，用户一样会受到娱乐性的吸引，会因为感受到渠道的娱乐性，从而产生"渠道有价值"的认知。例如，有趣的小功能持续为各个渠道吸引着粉丝：在对阅读 App"单读"的用户观察中，发现大量用户选择"单读"是因为该 App 设置了每天更新的阅读日历，这一功能被用户在豆瓣应用评价与 App Store 中大量评价为"有趣"，为该阅读 App 打 5 星满分的用户中很多评论提及"日历不错""新颖"。因此，本研究对感知娱乐性提出假设如下：

H10：用户对多渠道阅读的娱乐性感知越强，其对多渠道阅读的有用性感知越强。

（四）感知社交性的定义与相关假设

社交性是阅读动机中重要的影响因素。[④] 从参与视角看，阅读的目的本质上就是一种社交活动，并且这一社交因素对读者来讲还有非常重要的意义。与朋友一起组建或者分享从阅读材料中获得的信息，是阅读以及阅读行为的目的之一。[⑤] 而随着新媒体的出现，TAM 模型中的社会

---

① Teo T. S. H., et al., "Intrinsic and Extrinsic Motivation in Internet Usage", *Omega*, 1999, 27 (1): 25–37.

② Shin D. H., "The Effects of Trust, Security and Privacy in Social Networking: A Security–based Approach to Understand the Pattern of Adoption", *Interacting with Computers*, 2010, 22 (5): 428–438.

③ Kim B., et al., "User Behaviors toward Mobile Data Services: The Role of Perceived Fee and Prior Experience", *Expert Systems with Applications*, 2009, 36 (4): 8528–8536.

④ Guthrie J. T., et al., "Motivational and Cognitive Predictors of Text Comprehension and Reading Amount", *Scientific Studies of Reading*, 1999, 3 (3): 231–256.

⑤ Baker L., Wigfield A., "Dimensions of Children's Motivation for Reading and Their Relations to Reading Activity and Reading Achievement", *Reading Research Quarterly*, 1999, 34 (4): 452–477.

因子受到的关注也逐渐增加。Livari 等提出感知社交性,认为感知社交性是系统多大程度上帮助用户创建和维系社会关系所形成的信念。① 因此,本研究中,"感知社交性"的定义为,用户在使用多渠道进行阅读行为时,相较于传统单渠道的阅读行为,感受到多渠道带给他们在创建与维护社会关系上的帮助程度。

自 Iivari 在对 Facebook 用户的使用行为提出感知社交性这一概念后②,大量研究者也纷纷将感知社交性纳入对 TAM 的修正之中。在国内李武等先以微信阅读的案例分析了社交性的重要动机作用③,随后证明了社交性对有用性的感知有正相关④。吴忠等也提出社交性是在全媒体视角下消费者渠道利用行为中的重要积极影响变量之一。⑤ 同时,根据满足理论,当用户从某一渠道获得需求上的满足,则会提升其满意度,最终影响其持续使用的意愿。⑥ 同时观察现较为热门的多种阅读渠道,无论是线上阅读渠道还是线下阅读渠道都将社交元素作为渠道的重要组成部分之一。线下各种阅读交流会也更突出了社会交流环节,而线上阅读渠道中,建立好友关系、一键分享、关注留言等社交功能更是随处可见。因此,本书针对感知社交性提出假设如下:

H11:用户对多渠道阅读的社交性感知越强,其对多渠道阅读的有用性感知越强。

(五) 感知可控性的定义与相关假设

控制属于心理学概念,是影响主体行为的关键驱动因素,人们的行

---

① Livari Z. V., et al., "Designing the Evaluation Model of Customer e‒loyalty in the Banking Industry and Prioritization of Electronic Factors Affecting e‒loyalty of Bank Mellat customer", *Advances in Environmental Biology*, 2014, 4 (8): 61.

② Iivari J., "Perceived Sociability Use and Individual Use of Social Networking Applications — The Case of Facebook", *Open Journal of Information Systems*, 2014 (1) 1: 23‒53.

③ 李武等:《青少年社会化阅读动机与行为之关系研究——以上海市初高中生微信阅读为例》,《图书情报工作》2014 年第 23 期。

④ 李武、赵星:《大学生社会化阅读 App 持续使用意愿及发生机理研究》,《中国图书馆学报》2016 年第 1 期。

⑤ 吴忠、唐敏:《全渠道视角下消费者渠道利用行为研究》,《商业研究》2015 年第 2 期。

⑥ 赵文军、任剑:《移动阅读服务持续使用意向研究——基于认知维、社会维、情感维的影响分析》,《情报科学》2017 年第 8 期。

为活动的主要目的就是追求对情境的控制。① Schutz 在 1966 年研究发现，控制感是主体行为获得满足的关键因素。② 而对控制进行细分，则可以分为实际控制与感知控制两类。感知控制是对个人实际控制的主观感受，是基于实际控制的一种心理状态。③ 感知控制这一概念由美国心理学家 J. R. Averill 提出，最早被广泛运用于消费者行为的解释当中。Averill 在 1973 年指出④，控制可以分为三个类别，分别是：行为控制、认知控制以及决策控制。其中，行为控制是指在面临威胁时，主体所进行的行为对形势发展的直接影响情况。认知控制是指主体通过获取的相关信息分析周边环境，从而达到控制的目的，即主体对情境的潜在危险的认知解释。在认知控制中，包含信息获取与评估两个认知成分，前者侧重于对事务情境的推断与预测，后者侧重于将事务情境进行评估、衡量与比较。而决策控制，是指主体在预期的一系列具有可能性的结果与目标之间做出判断选择。当主体认为自己有选择时，主体便经历了感知决策控制，这一感知过程与实际主体拥有的选择范围无关。⑤ 根据 Averill 对控制的定义，Bateson⑥ 提出，行为控制包括了影响情境知觉或真实的能力，认知控制是主体对预测并了解事件结果的自我暗示，决策控制是个人认知的能改变情境目标的能力。区别于计划行为理论中的感知行为控制，在该理论中的这一变量强调的是个体感知到执行某一行为的易难程度，更偏重于个体对某个行为所需要的资源与机会的判断。而本研究中的感知可控性更偏重于用户感受到的自身行为控制程度。因此，本书中，"感知可控性"的定义为：用户在采取多渠道阅读行为

---

① Bateson J. E., "Self-service Consumer: An Exploratory Study", *Journal of Retailing*, 1985, 61 (3): 49–76.

② Schutz W., *The Interpersonal Underworld*. Palo Alto: Science&Behavior, 1966, 2–19.

③ Czepiel J. A., et al., "The Service Encounter: Managing Employee/Customer Interaction in Service Businesses", in *The Service Encounter: Managing Employee/Customer Interaction in Service Businesses*. Lexington Books, 1985.

④ Averill J. R., "Personal Control over Aversive Stimuli and Its Relationship to Stress", *Psychological Bulletin*, 1973, 80: 286–303.

⑤ 彭艳君：《服务中的感知控制、顾客参与和顾客满意》，《销售与市场：管理版》2010年第1期。

⑥ Bateson J. E., "Self-service Consumer: An Exploratory Study", *Journal of Retailing*, 1985, 61: 49–76.

第五章　全媒体环境下的阅读渠道选择

时，对环境与个人行为感知的控制程度。

感知控制比起人们对事物与情景的真实控制有更高的重要性[1]，学者们的实证研究纷纷证明了感知控制和人们的心理与生理变化是有一定的影响的：Idsoe 研究证明了，感知控制与满意度有紧密关系，越是高水平的感知控制越导向高程度的满意度，感知控制在一定程度上，能激发个体在决策过程中的生理与心理反应[2]；Schutz W 证明了在与他人的交流中，控制感正向影响满意感；Jewell 等研究表明感知控制在获取服务的过程中对用户有很直接明显的影响[3]；应咪娜发现在博物馆电子导览设计中，在对感知控制对感知可用性的关系研究中，发现了两者之间有正向影响作用[4]；陈远等研究证明感知控制对感知有用性、感知易用性与感知便利性都产生正向影响[5]。而在阅读渠道方面，同样观察到用户感知可控性在其中是起到一定影响作用的。用户对渠道越有可控感，越能感受到使用这些渠道是轻松容易的，而这种心理上的可控感能够使用户产生愿意选择使用渠道的行为意向。例如电子阅览这一线上新兴阅读渠道，观察使用 Kindle 进行阅读的用户，Kindle 用户群在知乎、贴吧等网络聚集社区大量分享并积极学习 Kindle 的多种使用方法。"如何用好 Kindle"，"有哪些经验可以送给 Kindle 新人"等帖子的上百条评论中可以看出，回答者大多对这一阅读渠道有极强的可控感知，对这种阅读渠道有较强的自信，认为自己能够充分控制并掌握这一阅读渠道，因此才愿意并且能够大段落地分享自己的经验。从这些用户的回复中显示出了，用户自我感觉对 Kindle 的可控性越强，越认为 Kindle 是易于使用并且适合新人的阅读渠道工具，而越是对 Kindle 有强烈的可控感的

---

[1] Ajzen I., "Attitude Structure and Behavior", in Pratkanis A. R., et al., eds, Attitude Structure And Function, Hillsdale N J: Erlbaum, 1989.

[2] Thormod Idsoe, "Job Aspects in the School Psychology Service: Empirically Distinct Associations with Positive Challenge at Work, Perceived Control at Work, and Job Attitudes", *European Journal of Work & Organizational Psychology*, 2006, 15 (1): 46 – 72.

[3] Jewell R. D., Kidwell B., "The Moderating Effect of Perceived Control on Motivation to Engage in Deliberative Processing", *Psychology & Marketing*, 2005, 22 (9): 751 – 769.

[4] 应咪娜：《感知控制对可用性和态度的影响研究及其在博物馆电子导航设计中的应用》，硕士学位论文，浙江大学，2013 年。

[5] 陈远等：《图书馆服务功能 IT 消费化的用户采纳意愿分析——基于使用特性、用户特性和系统特性的分析视角》，《图书馆工作与研究》2017 年第 8 期。

用户，追踪他们的阅读行为，可以看到他们选择电子阅览相关渠道进行阅读也是非常频繁的，对使用这一阅读渠道的行为意向是非常明显的。因此，本书针对感知可控性提出假设如下：

H12：用户对多渠道阅读的可控性感知越强，其对多渠道阅读的易用性感知越强。

H13：用户对多渠道阅读的可控性感知与其行为意向呈正相关。

综上所述，本书共提出13个假设，假设汇总如表5-1所示。

表5-1　　　　　　　　　研究假设汇总

序号	假设
H1	用户对多渠道阅读的易用性感知越强，其对多渠道阅读的有用性感知越强
H2	用户对多渠道阅读的易用性感知与其行为意向呈正相关
H3	用户对多渠道阅读的有用性感知与其行为意向呈正相关
H4	用户对多渠道阅读的行为意向与使用意愿呈正相关
H5	用户自我效能感越强，对多渠道阅读的有用性感知越强
H6	用户自我效能感越强，对多渠道阅读的易用性感知越强
H7	用户自我效能感越强，对多渠道阅读的可控性感知越强
H8	用户好奇心越强，对多渠道阅读的有用性感知越强
H9	用户好奇心越强，对多渠道阅读的可控性感知越强
H10	用户对多渠道阅读的娱乐性感知越强，其对多渠道阅读的有用性感知越强
H11	用户对多渠道阅读的社交性感知越强，其对多渠道阅读的有用性感知越强
H12	用户对多渠道阅读的可控性感知越强，其对多渠道阅读的易用性感知越强
H13	用户对多渠道阅读的可控性感知与其行为意向呈正相关

三　多渠道阅读行为的理论模型构建

综合上述对变量的定义以及对变量之间影响关系的假设，根据TAM以及其他相关理论，研究提出模型如图5-2所示。整个模型由自我效能与好奇心共同构成的情境因素为预测变量，由感知娱乐性、感知社交性、感知有用性、感知易用性、感知可控性及行为意向为潜在变量，由使用意愿作为结果变量。

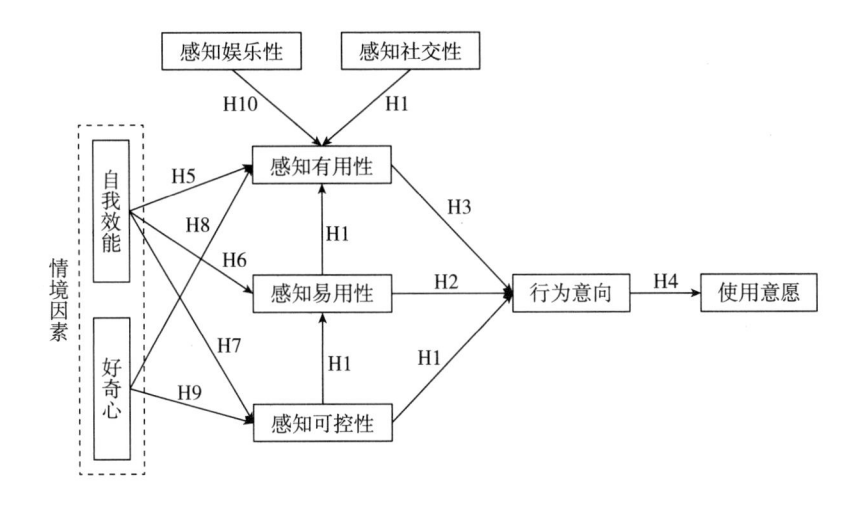

第五章 全媒体环境下的阅读渠道选择

图 5-2 全媒体时代多渠道阅读行为选择模型

相较于其他广义的媒介融合采纳行为研究，本研究的理论模型的特点在于以下两点：首先，以 TAM 模型为基础，结合 TPB 模型理论与阅读动机相关理论提出研究模型的主要架构，鉴于 TAM 模型主体经过了多年的实证验证，保证了本模型主体架构是科学可靠的。其次，本书根据阅读行为与全媒体多渠道背景，引入了感知娱乐性、感知社交性与感知可控性三个变量，以增强模型与本书内容的适应性，更能够提高 TAM 模型在多渠道阅读行为选择应用上的效度。

第三节 研究设计与评测

本节将陈述对收集研究数据到方法与过程，并对所收集到的数据样本进行人口统计特征等描述性统计和信度与效度分析，以确保数据与模型的准确性、科学性、有效性与可靠性。

一 数据收集方法

本书的研究对模型数据收集，在变量测量的研究基础之上，采取了问卷调查的研究方法。问卷的结构设计与发放回收将在本小节进行展开。

(一) 问卷设计

1. 问卷的内容设计

在内容上,根据多渠道阅读行为选择模型的建立,需要测量的变量主要有9个,均使用5度 Likert 量表进行测量。每个变量均收集了大量文献,参考诸多学者的量表进行整理修改。各个变量参考文献的选择以及最终的测量量表说明见表5-2。

表5-2　　　　　　　　　　感知易用性测量量表

变量	量表	参考文献
感知易用性	通过这些阅读渠道,搜索和获取我想要的阅读内容是很容易的	Park (2004)[1]; Pavlou (2003)[2]; Davis[3] (1989)
	借助这些阅读渠道可以使用一些方便的阅读功能(如设置电子书签、屏幕背光、发布书评、自动翻页等功能)	
	我很容易掌握如何使用这些阅读渠道	

对于 TAM 模型核心变量之一的感知易用性,学术界拥有了大量经过验证的科学经典量表,本书主要参考 Park、Pavlou 以及 Davis 使用的测量问题。

感知有用性同样作为 TAM 模型的核心变量之一,也已经拥有了大量研究者对该变量设计计量表进行测量。在本书的研究中,选用使用频率较高的几位学者相关经典量表,在针对阅读行为特征进行修改后,形成3道测量问题(见表5-3)。

在感知娱乐性的测量方面,很多学者对感知娱乐性这一变量进行了实证研究,从 Davis1992 年的研究开始,Schmidt 与 Spreng、Teo 等、Moon 等、Pedersen、Tsang 等、Dong 等学者均将感知娱乐性纳入了 TAM

---

[1] Park K., "Applying the Technology Acceptance Model and Trust Beliefs to Online B2C Websites", *Journal of Information Systems*, 2004, 13 (2): 173-193.

[2] Pavlou P. A., "Consumer Acceptance of Electronic Commerce: Integrating Trust and Risk with the Technology Acceptance Model", *International Journal of Electronic Commerce*, 2003, 7 (3): 101-134.

[3] Davis F. D., "Perceived Usefulness, Perceived Ease of Use, and User Acceptance of Information Technology", *Mis Quarterly*, 1989, 13 (3): 319-340.

模型，因此，本书主要借鉴 Dong 等学者的研究量表，最终形成 4 道量表问项（见表 5-4）。

表 5-3　　　　　　　　　　感知有用性测量量表

变量	量表	参考文献
感知有用性	我利用这些阅读渠道，有效地筛选到了很多我感兴趣的阅读对象	Lin 和 Hsipeng LU（2000）[1]；Pavlou（2003）[2]；Colgate 和 Lang（2001）[3]
	使用这些阅读渠道进行阅读很有效率	
	总体来说，这些阅读渠道满足了我的阅读需求	

表 5-4　　　　　　　　　　感知娱乐性测量量表

变量	量表	参考文献
感知娱乐性	当我采用这些阅读渠道进行阅读时，我感觉时间飞逝	Dong Hee Shin（2009）[4]；Namok（2005）[5]；Yi 和 HWang（2003）[6]
	这些阅读渠道能让我很投入地进行阅读，甚至会忘记其他事情	
	这些阅读渠道能给我提供很多乐趣	
	我很享受通过这些阅读渠道进行阅读	

在感知社交性的测量方面，Preece 将社交因素描绘为信息技术支持

---

[1] Lin J. C. C., Hsipeng L. U., "Towards an Understanding of the Behavioural Intention to Use a Web Site", *International Journal of Information Management*, 2000, 20 (3): 197-208.

[2] Pavlou P. A., "Consumer Acceptance of Electronic Commerce: Integrating Trust and Risk with the Technology Acceptance Model", *International Journal of Electronic Commerce*, 2003, 7 (3): 101-134.

[3] Lang B., Colgate M., "Switching Barriers in Consumer Markets: An Investigation of the Financial Services Industry", *Journal of Consumer Marketing*, 2001, 18 (4): 332-347.

[4] Shin D. H., "Towards an Understanding of the Consumer Acceptance of Mobile Wallet", *Computers in Human Behavior*, 2009, 25 (6): 1343-1354.

[5] Namok C., "Self-efficacy and Self-concept As Predictors of College Students' Academic Performance", *Psychology in the Schools*, 2005, 42 (2): 197-205.

[6] Yi M. Y., Hwang Y., "Predicting the Use of Web-based Information Systems: Self-efficacy, Enjoyment, Learning Goal Orientation, and the Technology Acceptance Model", *International Journal of Human-Computer Studies*, 2003, 59 (4): 431-449.

用户进行人际沟通的变量，使用量表来测量这一变量[1]，同时 Junglas、Livari 以及国内的吴忠、唐敏等学者都对这一变量进行了测量与验证。基于此，本书的研究借以 3 个问题来进行感知社交性的变量测量（见表 5-5）。

表 5-5　　　　　　　　　　感知社交性测量量表

变量	量表	参考文献
感知社交性	通过这些阅读渠道，我能结识新朋友	Lin 和 lu（2000）[2]；Iivari J.（2014）[3]；吴忠等（2015）[4]
	借助这些阅读渠道，我可以更方便地与他人交流阅读心得	
	通过这些阅读渠道可以看到其他用户的评价，有助于更好地了解阅读对象	

对于感知可控性的测量，学者们提出的量表各有不同，如 Coyle J. 和 Thorson E 在 2001 年以"我可以自由地选择我想要浏览的内容"进行测量，Bateson 和 Hui 的量表更偏重于网页控制，Ahn T、Ryu S 与 Han 的量表分别从时间、空间、资源三个维度进行可控性测量。[5] 而本研究针对渠道阅读的特点，最终确定的测量问题如表 5-6 所示。

对于行为意向，结合 Davis、Pedersen 与刘强对这类直接影响行为的主观态度性的变量测量量表，本书研究使用的测量问题如表 5-7 所示。

针对使用意愿，作为最终的结果变量，参考了众多 TAM 模型的结果变量测量量表后，最终选择了 3 个问题进行用户使用意愿的测量

---

[1] Preece J., "Sociability and Usability in Online Communi-ties: Determining and Measuring Success", *Behaviour &Information Technology*, 2001, 20（5）: 347-356.

[2] Lin J. C. C., Hsipeng L. U., "Towards an Understanding of the Behavioural Intention to Use a Web Site", *International Journal of Information Management*, 2000, 20（3）: 197-208.

[3] Iivari J., "Perceived Sociability Use and Individual Use of Social Networking Applications - The Case of Facebook", *Open Journal of Information Systems*, 2014（1）1: 23-53.

[4] 吴忠、唐敏：《全渠道视角下消费者渠道利用行为研究》，《商业研究》2015 年第 2 期，第 152—160 页。

[5] Ahn T., et al., "The Impact of the Online and Offline Features on the User Acceptance of Internet Shopping Malls", *Electronic Commerce Research & Applications*, 2004, 3（4）: 405-420.

(见表 5-8)。

表 5-6　感知可控性测量量表

变量	量表	参考文献
感知可控性	利用这些阅读渠道，我可以自由地选择我想要浏览的内容	Bateson 和 Hui（1992）[1]；Wu G（2006）[2]；Coyle J R 和 Thorson（2001）[3]
	利用这些阅读渠道，我完全可以控制自己的阅读节奏	
	采用这些阅读渠道时，我感觉所有与阅读相关的事情都在我的控制之下	

表 5-7　行为意向测量量表

变量	量表	参考文献
行为意向	我认为使用这些阅读渠道进行阅读是很好的事	Davis（1989）[4]；Pedersen 等（2003）[5]；刘强融（2011）[6]
	我认为使用这些阅读渠道是很有价值的	
	我对这些阅读渠道持支持态度	

而针对情境因素，在自我效能的测量方面，Mckee 等在 2006 年使用 5 个问题对服务使用的自我效能进行测量[7]，Wang 和 Netemayer 用 3

---

[1] Bateson J. E., Hui M. K., "The Ecological Validity of Photographic Slides and Videotapes in Simulating the Service Setting", *Journal of Consumer Research*, 1992, 19 (2): 271-281.

[2] Wu G., "Conceptualizing and Measuring the Perceived Interactivity of Websites", *Journal of Current Issues & Research in Advertising*, 2006, 28 (1): 87-104.

[3] Coyle J. R., Thorson E., "The Effects of Progressive Levels of Interactivity and Vividness in Web Marketing Sites", *Journal of Advertising*, 2001, 30 (3): 65-77.

[4] Davis F. D., "Perceived Usefulness, Perceived Ease of Use, and User Acceptance of Information Technology", *Mis Quarterly*, 1989, 13 (3): 319-340.

[5] Pedersen P. E., Ling R., "Modifying Adoption Research for Mobile Internet Service Adoption: Cross-disciplinary Interactions", in Hawaii International Conference on System Sciences, IEEE, 2003.

[6] 刘强融：《融合媒体的受众采纳行为研究》，博士学位论文，上海交通大学，2011 年，第 65—66 页。

[7] Mckee D., et al., "Customer Self-efficacy and Response to Service", *Journal of Service Research*, 2006, 8 (3): 207.

道问题对个人工作自我效能方面进行了测量①,涂红伟等、刘立等、郭燕与周梅华都纷纷使用了3—5道问题来测量自我效能对消费者渠道的影响。因此,本书的研究通过梳理前人经典量表,使用了4道问题进行自我效能的测量(见表5-9)。

表5-8　　　　　　　　　　使用意愿测量量表

变量	量表	参考文献
使用意愿	我愿意使用这些阅读渠道进行阅读 我愿意向亲朋好友推荐这些阅读渠道 在未来三个月我会继续采用这些阅读渠道进行阅读	Venkatesh(2000)②;Dong-Hee Shin(2009)③

表5-9　　　　　　　　　　自我效能测量量表

变量	量表	参考文献
自我效能	我有运用新网络工具的能力 我平时可以很容易地使用多种网络工具解决问题 我擅长对各种网络工具进行评价选择 我擅长使用不同的网络服务	Mckee等(2006)④;Wang和Netemayer(2002)⑤;郭燕、周梅华(2015)⑥;陈霞等(2016)⑦

---

① Wang G., Netemayer R. G., "The Effects of Job Autonomy, Customer Demandingness, and Trait Competitiveness on Salesperson Learning, Self-efficacy, and Performance", *Journal of the Academy of Marketing Science*, 2002, 30 (3): 217-228.

② Davis V. F. D., "A Theoretical Extension of the Technology Acceptance Model: Four Longitudinal Field Studies", *Management Science*, 2000, 46 (2): 186-204.

③ Shin D. H., "Towards an Understanding of the Consumer Acceptance of Mobile Wallet", *Computers in Human Behavior*, 2009, 25 (6): 1343-1354.

④ Mckee D., et al., "Customer Self-efficacy and Response to Service", *Journal of Service Research*, 2006, 8 (3): 207.

⑤ Wang G., Netemayer R. G., "The Effects of Job Autonomy, Customer Demandingness, and Trait Competitiveness on Salesperson Learning, Self-efficacy, and Performance", *Journal of the Academy of Marketing Science*, 2002, 30 (3): 217-228.

⑥ 郭燕、周梅华:《消费者跨渠道购买行为影响因素实证分析》,《经济问题》2015年第5期。

⑦ 陈霞:《双渠道环境下消费者渠道迁徙行为的影响因素实证分析》,硕士学位论文,江西师范大学,2016年。

在对好奇心的测量方面，心理学有大量成熟量表测量好奇心的各个方面。以 Berlyne 提出的好奇理论为基础的量表，大多用来测评个体受到好奇刺激而诱发出的情感反应，如感知性好奇量表（Collins；Collins、Litman & Spielberger）。而 Leherissey 等编制的状态认知性好奇量表（State Epistemic Curiosity Scale，SECS）则侧重于评估不同个体对于能诱发认知加工刺激的个体之间的差异。Spielberger 与 Butler 在 1971 年编制的状态—特质好奇量表（The State – Trait Curiosity Inventory，STCI）重点评估某一特定时间好奇的强弱程度与感知频率。人际好奇量表（Interpersonal Curiosity Scale，IPCS）则是由 Singer 与 Antrobus 于 1963 年编制的侧重于对人际好奇心进行测量的。本研究用户对多渠道阅读行为的选择，更多的是一种特质好奇，因此，主要参考的是特质方面的经典量表（见表 5 – 10）。

表 5 – 10　　　　　　　　好奇心测量量表

变量	量表	参考文献
好奇心	我是一个对事物充满好奇的人 新的情境常常会引起我的注意 我喜欢去探索一些新的事物 我喜欢体验一些新的感觉	Spielberger 和 Butler（STCI，好奇心特质状态量表）；Olson 和 Eloise（TSCIJ）[①]

2. 问卷的结构设计

在结构上，问卷分为三个部分，第一部分为被调查者的基本信息与阅读实际情况的调查，第二和第三部分为问卷的主体部分。第二部分针对多渠道阅读行为的各个变量进行调查："感知易用性"共 3 个题目，序号为 PE1—PE3（Perceived ease of use）；"感知有用性"共 3 个题目，序号为 PU1—PU3（Perceived usefulness）；"感知娱乐性"共 4 个题目，序号为 PP1—PP4（Perceived enjoyment）；"感知社交性"共 3 个题目，序号为 PS1—PS3（Perceived sociability of use）；"感知可控性"共 3 个

---

① Olson, Eloise, *Measurement of Curiosity in Junior High School Students*, Iowa State University, 1986: 89 – 90.

题目，序号为 PC1—PC3（Perceived behavior control）；"行为意向"共 3 个题目，序号为 BI1—BI3（Behavior intention）；"使用意愿"共 3 个题目，序号为 WU1—WU3（Willingness to use）。第三部分针对被调查者的情境因素进行调查："自我效能"共 4 个题目，序号为 SE1—SE4（Self-efficacy）；"好奇心"共 4 个题目，序号为 C1—C4（Curiosity）。

（二）问卷的前测

为了确保问卷的可行性，提高正式调查中问卷的信度与效度，在正式开始调查研究之前，本研究进行了问卷的前测。在形成了最初问卷后，共发放 32 份网络问卷并成功回收，主要目的为对问卷一些问项的措辞、表达与逻辑进行意见征求与修改。

前测 32 份回收结果的整体信度 Alpha 系数为 0.945，每个变量也同样具有较优秀的信度系数，也证明了本研究的测量量表总体来说具有良好的内部一致性，在根据预调研反馈意见进行修改后，可以投放到正式的调查研究中进行使用。

（三）问卷的正式发放与回收

根据预调研的反馈，本研究形成了最终的正式调研问卷（详见附录），对问卷进行了正式的发放与回收工作。

在样本的规模上，本书研究计划使用结构方程模型进行数据分析与模型检验，介于结构方程模型是根据协方差矩阵进行主要计算的，其结果对样本数量非常敏感。参考 Schumacker 与 Lomax（1996）的研究，大部分的结构方程模型样本数最好介于 200—500 个[1]；Mueller 在 1997 年提出，结构方程模型样本量大小应该在 100 个以上，200 以上最佳[2]。而 Thompson 在 2000 年研究指出，从模型的变量数量来讲，最好样本数与模型的变量数比例为 10∶1—15∶1[3]，黄芳铭（2005）认为，测量问项

---

[1] Schumacker R. E., Lomax R. G., *A Beginner's Guide to Structural Equation Modeling*, New York: LEA, 1996.

[2] Mueller R. O., "Structural Equation Modeling: Back to Basics", *Structural Equation Modeling A Multidisciplinary Journal*, 1997, 4 (4): 353-369.

[3] Thompson B, "Ten Commandments of Structural Equation Modeling", *Reading and Understanding More Multivariate Statistics*, 2000: 261-284.

与受访者应该大于 1∶5，小于 1∶10①。因此，本书综合了目前关于结构方程模型样本数量的研究，目标样本量在 300 份左右。

基于此，本书研究于 2018 年 3 月进行问卷的正式发放，累计回收问卷 346 份，其中有效问卷 322 份，问卷的有效回收率为 93%。

二 多渠道阅读行为选择的描述性统计分析

（一）样本的人口统计特征

在性别方面，调查样本中男性 123 名，占总比例的 38.2%，女性 199 人，占总比例的 61.8%，男女比约为 2∶3（0.6）。

从年龄上看，18 岁以下的占 1.6%，大部分样本年龄集中于 19—30 岁，总共占了样本量的 79%。其中 19—24 岁占样本量的 35.4%，25—30 岁占样本量的 43.8%。45 岁以上的调查者有 26 位，占样本量的 8%。根据多媒体的发展与媒体的融合，大部分的网络使用者都为年轻人，这样的样本年龄分布也与本书的研究进行多渠道阅读行为的调查目前相契合，能够调查到更多的使用多渠道进行阅读行为的用户。

从学历程度来看，学历为本科的受访者占了 45%，硕士研究生程度的受访者占了 40.7%，本科与研究生占了样本的绝大多数（85.7%）。其他的调查者，大专学历 24 位，占调查样本的 7.5%；博士及以上的样本数为 13 位，占了总样本量的 4%；高中学历 6 位，占据样本量的 1.9%；初中及以下的 3 位，占样本量的 0.9%。

（二）样本的阅读兴趣与多渠道阅读选择情况

首先，对于阅读的自我评价，大部分被调查者认为自己对阅读是有兴趣的，但是否进行阅读主要取决于自己的空闲时间，这样的用户占总样本量的 53.1%。其次，24.2% 的被调查者对阅读没有特别的偏好，只会在有特别吸引他们的阅读材料出现时才会选择阅读。同时，22.4% 的被调查者认为自己热爱读书，无论多忙都会抽时间读书。最后，仅 0.3% 的被调查者是非常抗拒读书的，在学习与工作之外绝对不会主动进行阅读。可以明显地看出，本次样本中 75.5% 的被调查者都或多或

---

① 黄芳铭：《结构方程模式：理论与应用》，中国税务出版社 2005 年版，第 111—130 页。

少地喜爱读书，对阅读大部分的被调查者都不是特别抗拒。

表 5-11　　　　　　　　　对阅读兴趣的自我评价

自我评价	频率	百分比（%）	有效百分比（%）	累计百分比（%）
我是一个爱读书的人，无论多忙我都会抽空阅读	72	22.4	22.4	22.4
我对阅读有兴趣，但阅读与否主要取决于我是否有空闲时间	171	53.1	53.1	75.5
在没有特别吸引我的阅读读物时，我不会主动选择阅读	78	24.2	24.2	99.7
我抗拒阅读，阅读只是为了完成学习或者工作上的任务	1	0.3	0.3	100.0

表 5-12　　　　　　　　　多渠道阅读行为选择情况

选择情况	频率	百分比（%）	有效百分比（%）	累计百分比（%）
从来不会借助任何的线上渠道，且独自完成阅读	33	10.2	10.2	10.2
会借助各种线上渠道（如搜索书评、使用阅读类 App 或 Kindle 等电子工具、访问读书网站或阅读公众号，参与线上阅读社区、撰写并发布书评等）完成阅读	171	53.1	53.1	63.4
会借助各种线下社交渠道（如参加读书会、共读活动、图书漂流活动等）完成阅读	13	4.0	4.0	67.4
会同时借助线上渠道和线下社交渠道完成阅读过程	105	32.6	32.6	100.0

另外，对受调查者们在阅读时所选择的渠道情况进行研究。其中，10.2%的被调查者是倾向于选择传统的单一渠道进行阅读的，剩下89.8%的被调查者都会在阅读过程中习惯进行多渠道的阅读。在这

89.8%的被调查者中,53.1%的读者习惯使用各种线上渠道进行阅读,例如搜索书评、使用阅读类 App 或 Kindle 等电子工具、访问读书网站或阅读公众号,参与线上阅读社区、撰写并发布书评等。其中4%的读者习惯选择各种线下的阅读渠道,例如参加读书会、共读活动、图书漂流活动等。同时,32.6%的读者会同时借助线下与线上的多种阅读渠道。这也再次证明了,多渠道阅读行为已经成为目前大部分用户会主动选择的一种阅读习惯,已经逐渐走进了人们的阅读生活,用户选择多渠道进行阅读已经是一种新的趋势。在随后的模型数据适配与路径分析研究中,也将选择这89.8%的用户数据(289 份本题选择 B、C 及 D 的被调查者的问卷数据)进行具体分析。

三 多渠道阅读行为选择模型因子的信度与效度评测

(一)多渠道阅读行为选择模型因子的信度评测

信度是问卷测量的可靠性,代表着测量的结果是否具有一致性或者稳定性,以保证所有的变量测量题目在其所属的因子中,具有高度的一致性。在正式问卷的调研中,本书研究继续采用 Cronbach's Alpha 值进行信度分析。

通过 SPSS 的分析—度量—可靠性分析板块,进行了整个量表的信度测试,整个量表的信度系数为 0.939,属于高信度系数,可以证明本量表整体具有一定同质性。

(二)多渠道阅读行为选择模型因子的效度评测

效度是测量的正确性,指测量工具是否能够实际测量到其所测量的构念的程度。[1] 效度的内容包含较为广泛,普遍认为可以从内容效度和建构效度两方面进行测评。

内容效度方面,本书研究主要根据 TAM、TPB 等不同的理论进行变量确定,并参考各个变量的研究中较为广泛使用的经典量表,尽力达成测量变量的完整性,保证测量变量的有效性,因此具有较优的内容效度。

而针对构建效度,探索性因子分析与验证性因子分析两种类型的构

---

[1] 邱皓正:《量化研究与统计分析》,重庆大学出版社2009年版。

建效度分析方法之间有一定的区别。本书是根据现有的理论提出因素变量结构，再进行研究验证，因此，本书从性质上属于验证性因子分析，是用调查数据来验证理论模型中潜在变量的因子结构，而非为了简化数据抽取主成分及因子。目前针对验证性因子分析的效度分析，主要采取结构方程模型中的检验方式以及对各个变量问项分别进行因子分析的方式进行。针对验证性因子分析，学者们将各个变量问项分开执行因子分析，以避免混合执行导致因子负荷的对应关系不符合预先设定[1][2]；或根据测量模型进行分析。[3] 本部分暂且展示对不同变量问项分开执行的因子分析，测量模型中进行的建构效度分析详见第四节。

整份问卷的 Bartlett 的球形状检验和 KMO 量数检验具体数值见表 5-13。其 KMO 值为 0.919，Sig. 小于 0.05，适合进行因素分析。同时，9 个变量的 KMO 值均大于 0.6，且 Sig. 均小于 0.05，适合对问项进行因子分析。

表 5-13　　　　　　　　　KMO 和 Bartlett 的检验

取样足够度的 Kaiser - Meyer - Olkin 度量		0.919
Bartlett 的球形度检验	近似卡方	5026.644
	df	325
	Sig.	0.000

表 5-14　　　　　　　　　因子负荷的判断标准

因子负荷	解释方差百分比（%）	情况
0.71	50	优秀
0.63	40	非常好
0.55	30	好

---

[1] 刘强：《融合媒体的受众采纳行为研究》，博士学位论文，上海交通大学，2011 年。
[2] 赵英：《政府电子公共服务系统的用户接受影响因素研究——基于成都市的实证分析》，《四川大学学报》（哲学社会科学版）2014 年第 6 期。
[3] 吴明隆：《结构方程模型：AMOS 的操作与应用》（第 2 版），重庆大学出版社 2010 年版。

续表

因子负荷	解释方差百分比（%）	情况
0.45	20	普通
0.32	10	不好
0.32 以下	0	不及格

另外，对各个变量的因子负荷进行分析，根据 Tabachnica 与 Fiedell 提出的因子负荷标准[①]，因子负荷数与解释方差百分比对应的效度情况如表5-14所示，得出结论如表5-15所示。从表中可见，感知易用性每个问项的因子负荷在0.754—0.834，萃取一个公共因子特征根为1.915，解释总体方差的63.82%；感知有用性每个问项的因子负荷在0.822—0.868，萃取一个公共因子特征根为2.125，解释总体方差的70.83%；感知娱乐性每个问项的因子负荷在0.806—0.859，萃取一个公共因子特征根为2.817，解释总体方差的70.42%；感知社交性每个问项的因子负荷在0.744—0.919，萃取一个公共因子特征根为2.370，解释总体方差的71.25%；感知可控性每个问项的因子负荷在0.756—0.858，萃取一个公共因子特征根为2.027，解释总体方差的67.55%；行为意向每个问项的因子负荷在0.873—0.916，萃取一个公共因子特征根为2.370，解释总体方差的79.01%；使用意愿每个问项的因子负荷在0.792—0.886，萃取一个公共因子特征根为2.166，解释总体方差的72.20%；自我效能每个问项的因子负荷在0.820—0.865，萃取一个公共因子特征根为2.882，解释总体方差的72.04%；好奇心每个问项的因子负荷在0.841—0.920，萃取一个公共因子特征根为3.070，解释总体方差的76.75%。各个变量的因子负荷与特征根均显示了较强的相关性，具有较好的结构效度。

综合以上信度与效度分析，各个变量的测量问项设计基本上都是合格的，变量的构成效度较高，测量模型具有较好的正确性与稳定性，测量的结构是可靠合理的，可以用作下一步的继续分析研究。

[①] Tabachnick B. G., Fidell L. S., *Using Multivarate Statistics* (5th ed.), New York: Allyn and Bacon, 2007.

表 5–15　　各个变量的因子负荷

变量	问项	成分	特征根（解释方差）
感知易用性	PE1 通过这些阅读渠道，搜索和获取我想要的阅读内容是很容易的	0.754	1.915 63.82%
	PE2 借助这些阅读渠道可以使用一些方便的阅读功能（如设置电子书签、屏幕背光、发布书评、自动翻页等功能）	0.806	
	PE3 我很容易掌握如何使用这些阅读渠道	0.834	
感知有用性	PU1 我利用这些阅读渠道，有效地筛选得到了很多我感兴趣的阅读对象	0.822	2.125 70.83%
	PU2 使用这些阅读渠道进行阅读很有效率	0.868	
	PU3 总体来说，这些阅读渠道满足了我的阅读需求	0.834	
感知娱乐性	PP1 当我采用这些阅读渠道进行阅读时，我感觉时间飞逝	0.806	2.817 70.42%
	PP2 这些阅读渠道能让我很投入地进行阅读，甚至会忘记其他事情	0.844	
	PP3 这些阅读渠道能给我提供很多乐趣	0.859	
	PP4 我很享受通过这些阅读渠道进行阅读	0.847	
感知社交性	PS1 通过这些阅读渠道，我能结识新朋友	0.860	2.370 71.25%
	PS2 借助这些阅读渠道，我可以更方便地与他人交流阅读心得	0.919	
	PS3 通过这些阅读渠道可以看到其他用户的评价，有助于更好地了解阅读对象	0.744	
感知可控性	PC1 利用这些阅读渠道，我可以自由地选择我想要浏览的内容	0.756	2.027 67.55%
	PC2 利用这些阅读渠道，我完全可以控制自己的阅读节奏	0.858	
	PC3 采用这些阅读渠道时，我感觉所有与阅读相关的事情都在我的控制之下	0.848	
行为意向	BI1 我认为使用这些阅读渠道进行阅读是很好的事	0.873	2.370 79.01%
	BI2 我认为使用这些阅读渠道是很有价值的	0.916	
	BI3 我对这些阅读渠道持支持态度	0.877	

续表

变量	问项	成分	特征根（解释方差）
使用意愿	WU1 我愿意使用这些阅读渠道进行阅读	0.868	2.166 72.20%
	WU2 我愿意向亲朋好友推荐这些阅读渠道	0.792	
	WU3 在未来三个月我会继续采用这些阅读渠道进行阅读	0.886	
自我效能	SE1 我有运用新网络工具的能力	0.820	2.882 72.04%
	SE2 我平时可以很容易地使用多种网络工具解决问题	0.865	
	SE3 我擅长对各种网络工具进行评价选择	0.863	
	SE4 我擅长使用不同的网络服务	0.846	
好奇心	C1 我是一个对事物充满好奇的人	0.841	3.070 76.75%
	C2 新的情境常常会引起我的注意	0.867	
	C3 我喜欢去探索一些新的事物	0.920	
	C4 我喜欢体验一些新的感觉	0.875	

第四节　多渠道阅读行为选择模型验证

本节通过结构方程模型，对数据与模型进行拟合度匹配，继而对用户的自我效能、好奇心、感知有用性、感知易用性、感知娱乐性、感知社交性、感知可控性、行为意向与使用意愿之间的影响关系进行假设检验研究，最终得到修正之后的全媒体时代下多渠道阅读行为选择模型。

一　多渠道阅读行为选择的模型设立与检验

本书研究的模型设立与检验主要使用的是结构方程模型（Structural Equation Modeling，SEM），使用软件 AMOS（Analysis of Moment Structures 矩阵结构分析）24.0 对其进行分析处理。结构方程模型这一数据分析方法属于多变量统计，它能够在整合因素分析与路径分析两种统计方法的同时，还检验模型中包含的各个变量之间的关系，是一种验证性的方法。① 本书使用作为验证性方法的结构方程模型具有更好的适应度。SEM 的分析基本程序为：相关理论探究、界定测量模型、模型设立、模型识别、模型适配判断、模型修正与结果解释和讨论。理论与界定测量模型相关部分前文已经进行了讨论，因此接下来会按照程序继续分析。

（一）多渠道阅读行为选择的 SEM 模型设立

在结构方程模型中，模型包括两个部分，一是结构模型，二是测量模型。本研究的结构模型即第三节图 5-5，在图 5-5 中建立了本书的研究潜在变量之间的因果关系模型。而测量模型，即本研究第四节根据 9 个变量提出的共 30 个测量变量。根据 SEM 模型的要求，增加了每个潜在变量与测量变量的误差项与外生变量之间的共变关系，通过 AMOS24.0 绘制的 SEM 图形见图 5-3。

（二）多渠道阅读行为选择模型的识别检验

在 SEM 中，模型必须要能够识别才能继续估计参数，进行模型的整体适配与检验。根据数据点的数目与参数数目，模型识别分为三类，分别是正好识别、过度识别与低度识别。进行模式识别，首先需要计算数据点数目、模型中的参数数目（t）② 与数据数目③。当参数数目小于数据数目，即模型显示模型自由度 df（Degrees of freedom）大于 0，代表着模型的过度识别，只有这样，才能继续进行模型适配度等其他参数的进一步检验。这一步是 SEM 模型分析的必要条件。根据 t 法则，本模型的自由度为 350，大于 0，满足模型识别的必要条件，是可以进行下一步模型适配度的检验的。

（三）模型适配度检验

将数据导入模型中后，必须要进行数据与模型配适度的检验，通过各种参数对模型的契合度加以判别，分析假设理论模型与实际数据的一致性程度。在模型匹配度较高的基础上，才能进一步进行变量之间的路径分析。

---

① 吴明隆：《结构方程模型：AMOS 的操作与应用》（第 2 版），重庆大学出版社 2010 年版。
② 模型中待估计的归回系数、方差、协方差的总数目。
③ 数据数目的计算公式为 $(p+q)(p+q+1)/2$，p 为模型中外生测量变量数目，q 为内生测量变量数目。

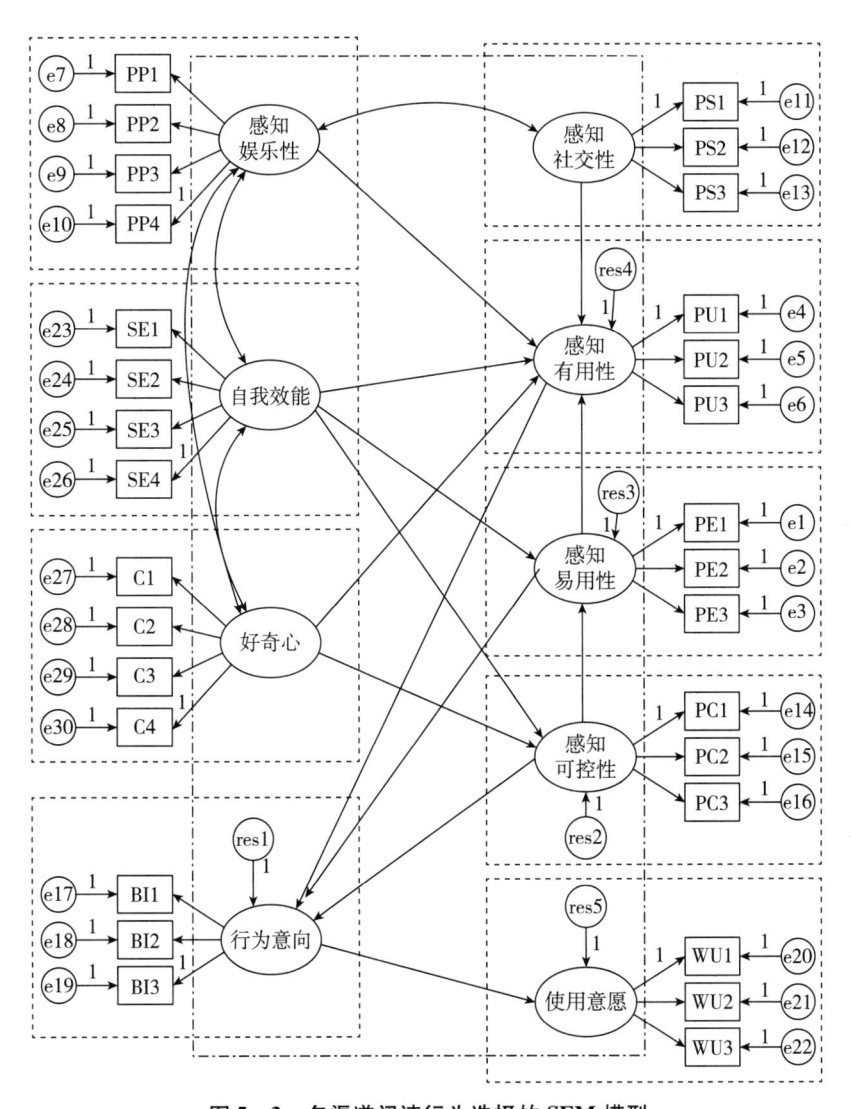

图 5-3　多渠道阅读行为选择的 SEM 模型

注：其中 ⌐⌐⌐ 表示测量模型，⌐⌐⌐ 表示结构模型。

在模型的配适度检验中，有诸多参数指标对模型的契合度进行考察。根据吴明隆教授所著的《结构方程模型：AMOS 的操作与应用》，整合了目前 SEM 研究中学者们使用的所有模型适配判断指标，发现指标总共分为三类，分别是绝对配适度指数、增值配适度指数以及简约配适度指数。根据 AMOS 系统的建议与结构方程模型修正的原则，对模型的残差项（measurement errors，即每个测量变量对潜在变量进行测量时的误差,是进行结构方程模型运算必须增加的误差项)进行一定修正后,本模型与数据的适配度是非常优秀的。现将本模型的适配判断分析列于表 5-16。

表 5-16　　　　　　　　SEM 模型适配度检验分析

	统计监测量	适配标准/临界值[①]	检验结果数据	模型适配判断
绝对适配度指数	χ^2	p>0.05(未达到显著水平)	p=0.000<0.05	否
	RMR	<0.05	0.05	否
	RMSEA	<0.08(若<0.05 优秀;<0.08 良好)	0.047	优秀
	GFI	>0.9	0.886	否
	AGFI	>0.8[②]	0.848	是
增值适配度指数	NFI	>0.9	0.901	是
	RFI	>0.9	0.877	否
	IFI	>0.9	0.959	是
	TLI	>0.9	0.949	是
	CFI	>0.9	0.959	是
简约适配指数	PGFI	>0.5	0.667	是
	PNFI	>0.5	0.725	是
	PCFI	>0.5	0.771	是
	CN	≥200	210	是
	NC 值(卡方值自由度比)	1<NC<3,表示模型有简约适配程度;NC>5,表示模型需要修正	1.626	是
	AIC	理论模型的 AIC 值小于独立模型的 AIC 值,且小于饱和模型的 AIC 值	799.046<930.000;799.046<5796.089	是
	CAIC	理论模型的 CAIC 值小于独立模型的 CAIC 值,且小于饱和模型的 CAIC 值	1335.685<3099.888;1335.685<5936.081	是

---

① 除 AGFI 数据适配标准,其他标准均参考吴明隆《结构方程模型:AMOS 的操作与应用》(第 2 版),重庆大学出版社 2010 年版。

② Marsh H. W., et al., "Goodness-of-fit Indexes in Confirmatory Factor Analysis: The Effect of Sample Size", *Psychological Bulletin*, 1988, 103 (3): 391-410.

在整体模型适配度的数据分析中,卡方值的显著性概率小于0.05。但因为卡方值的计算对样本数量的大小十分敏感,样本数量越大,卡方值越容易达到显著(小于0.05),卡方值检验的最合适样本数介于100到200,而在问卷调查法中,样本数量通常大于200,模型参数越多,所需要的样本数就越多,这便导致卡方检验的问题越严重。因此,整体模型的适配中,在大于200的样本量实际情况下,卡方值的参考意义不大(Rigdon,1995)。在本书研究中,共9个变量,样本数远远大于200,因此显著性概率 $p = 0.000 < 0.05$ 是可以不作为整体模型适配的评判标准的。

从整体模型的其他适配指标来看,RMR数值为0.05但并不小于0.05,GFI为0.886小于0.9,RFI为0.877小于0.9,仅三个指标未达到模型适配的标准。$RMSEA = 0.047 < 0.05$、$AGFI = 0.848 > 0.8$、$NFI = 0.901 > 0.9$、$IFI = 0.959 > 0.9$、$TLI = 0.949 > 0.9$、$CFI = 0.959 > 0.9$、$PGFI = 0.667 > 0.5$、$PNFI = 0.725 > 0.5$、$PCFI = 0.771 > 0.5$、$CN = 210 > 200$、$NC = 1.626 \in (1, 3)$、$AIC = 799.046 < 930.000 < 5796.089$,小于独立模型的AIC值,且小于饱和模型的AIC值、$CAIC = 1335.685 < 3099.888 < 5936.081$,小于独立模型的CAIC值,且小于饱和模型的CAIC值。该13项指标均达到了模型较优适配标准。因此,整体而言,从主要适配度的统计指标来看,本书的SEM模型与数据适配度良好。

(四)模型的建构效度检验

建构效度有收敛效度检验与区别效度检验两种方法。Anderson与Gerbing在1988年提出,针对测量模型进行验证性因子分析来检验变量的收敛效度和区别效度[1],这一方法得到了广泛的研究与认可。Fornell与Larcker于1981年具体对如何在测量模型中进行收敛效度检验进行了方法论的阐述。[2]

Fornell与Larcker提出,应该考察AMOS模型中潜在变量的平均方

---

[1] Anderson J. C., Gerbing D. W., "Structural Equation Modeling in practice: A Review and Reccomended Two - Step Approach", *Psychological Bulletin*, 1988, 103, 3.

[2] Fornell, Larcker, "Evaluating Structural Equation Models with Unobservable Variables and Measurement Error", *Journal of Marketing Research*, 1981, 18 (February): 39 - 50.

差抽取量（Average Variance Extracted，AVE 值，ρ)[①]。同样，根据吴明隆2010年编著的 AMOS 操作应用教程，如果 ρ 值小于 0.05，则表示测量误差解释指标变量的变异量反而高于基底潜在变量所能解释的变异量，这种情况表示潜在变量平均方差抽取值不佳。潜在变量平均方差抽取值的大小如果在 0.50 以上，表示指标变量可以有效反映其潜在变量，该潜在变量便具有良好的效度。

根据吴明隆开发的潜在变量平均方差抽取量计算小程序，可得本书研究的平均变异数抽取量 ρ = 0.5243 > 0.50，代表本书的研究具有良好的信度与效度。

二 多渠道阅读行为选择模型数据分析结果

通过前文的参数检验，可以显现本模型与数据的拟合程度较好，与数据的适配较为契合。因此，继续用 AMOS 对本书的假设进行检验，系统输出的估计结果如表 5 - 17 所示，系统输出的标准化路径系数结果如表 5 - 18 所示。

表 5 - 17　　　　非标准化的路径系数及显著性检验结果

	Estimate	S. E.	C. R.	p
感知可控性 <--- 自我效能	0.679	0.090	7.564	***
感知可控性 <--- 好奇心	-0.092	0.075	-1.220	0.223
感知易用性 <--- 自我效能	0.302	0.123	2.445	0.014
感知易用性 <--- 感知可控性	0.493	0.177	2.784	0.005
感知有用性 <--- 感知娱乐性	0.444	0.084	5.295	***
感知有用性 <--- 感知社交性	0.035	0.031	1.127	0.260
感知有用性 <--- 自我效能	-0.537	0.179	-3.008	0.003
感知有用性 <--- 好奇心	0.136	0.075	1.822	0.068
感知有用性 <--- 感知易用性	1.251	0.215	5.821	***
行为意向 <--- 感知可控性	0.893	0.230	3.876	***

---

① Fornell C., Larcker D. F., "Evaluating Structural Equation Models with Unobservable Variables and Measurement Error", *Journal of Marketing Research*, 1981, 18 (1): 39 - 50.

续表

	Estimate	S.E.	C.R.	P
行为意向 <--- 感知有用性	0.947	0.186	5.092	***
行为意向 <--- 感知易用性	-1.019	0.309	-3.301	***
使用意愿 <--- 行为意向	0.911	0.056	16.349	***

表 5-18　　　　　　　　　标准化路径系数

	Estimate
感知可控性 <--- 自我效能	0.904
感知可控性 <--- 好奇心	-0.106
感知易用性 <--- 自我效能	0.389
感知易用性 <--- 感知可控性	0.477
感知有用性 <--- 感知娱乐性	0.494
感知有用性 <--- 感知社交性	0.054
感知有用性 <--- 自我效能	-0.560
感知有用性 <--- 好奇心	0.123
感知有用性 <--- 感知易用性	1.012
行为意向 <--- 感知可控性	0.745
行为意向 <--- 感知有用性	1.007
行为意向 <--- 感知易用性	-0.877
使用意愿 <--- 行为意向	0.933

在表 5-17 中，检验统计量 C.R. 即临界比（Critical Ratio），如果 C.R. 大于 1.96 则表示该路径达到了 0.05 的显著水平。在 AMOS 中，如果 p 值为显著性的，即 p<0.001，则会以"＊＊＊"的符号呈现；若 p 值不显著，即 p>0.001，则会直接显示数值。简单来讲，即 C.R.（t）>1.96，则可以认为是假设成立，反之假设失败。因此，可根据表 5-17 对模型变量的相关假设进行分析与检验。

（一）有关 TAM 模型变量的假设检验

H1：用户对多渠道阅读的易用性感知越强，其对多渠道阅读的有用性感知越强。

结构方程的路径分析数据，显示了模型中感知易用性与感知有用性的标准化系数为1.012，临界比为5.821，发生概率低于0.05，假设H1成立。

H2：用户对多渠道阅读的易用性感知与其行为意向呈正相关。

结构方程的路径分析数据，显示了模型中感知易用性与行为意向的标准化系数为-0.877，临界比为-3.301，发生概率高于0.05，假设H2不成立。

H3：用户对多渠道阅读的有用性感知与其行为意向呈正相关。

结构方程的路径分析数据，显示了模型中感知有用性与行为意向的标准化系数为1.007，临界比为5.092，发生概率低于0.05，假设H3成立。

H4：用户对多渠道阅读的行为意向与使用意愿呈正相关。

结构方程的路径分析数据，显示了模型中行为意向与使用意愿的标准化系数为0.933，临界比为16.349，发生概率低于0.05，假设H4成立。

（二）情境因素相关的假设检验

H5：用户自我效能感越强，对多渠道阅读的有用性感知越强。

通过结构方程的路径分析数据可得，模型中自我效能与感知有用性的标准化系数为-0.56，临界比为-3.008，发生概率高于0.05，假设H5不成立。

H6：用户自我效能感越强，对多渠道阅读的易用性感知越强。

通过结构方程的路径分析数据可得，模型中自我效能与感知易用性的标准化系数为0.389，临界比为2.445，发生概率低于0.05，假设H6成立。

H7：用户自我效能感越强，对多渠道阅读的可控性感知越强。

通过结构方程的路径分析数据可得，模型中自我效能与感知可控性的标准化系数为0.904，临界比为7.564，发生概率低于0.05，假设H7成立。

H8：用户好奇心越强，对多渠道阅读的有用性感知越强。

通过结构方程的路径分析数据可得，模型中好奇心与感知有用性的标准化系数为0.123，临界比为1.822，发生概率高于0.05，假设H8不成立。

H9：用户好奇心越强，对多渠道阅读的可控性感知越强。

通过结构方程的路径分析数据可得，模型中好奇心与感知可控性的标准化系数为 -0.106，临界比为 -1.22，发生概率高于 0.05，假设 H9 不成立。

（三）感知娱乐性相关的假设检验

H10：用户对多渠道阅读的娱乐性感知越强，其对多渠道阅读的有用性感知越强。

通过结构方程的路径分析数据可得，模型中感知娱乐性与感知有用性的标准化系数为 0.494，临界比为 5.295，发生概率低于 0.05，假设 H10 成立。

（四）感知社交性相关的假设检验

H11：用户对多渠道阅读的社交性感知越强，其对多渠道阅读的有用性感知越强。

通过结构方程的路径分析数据可得，模型中感知社交性与感知有用性的标准化系数为 0.054，临界比为 1.127，发生概率高于 0.05，假设 H11 不成立。

（五）感知可控性相关的假设检验

H12：用户对多渠道阅读的可控性感知越强，其对多渠道阅读的易用性感知越强。

通过结构方程的路径分析数据可得，模型中感知可控性与感知易用性的标准化系数为 0.477，临界比为 2.784，发生概率低于 0.05，假设 H12 成立。

H13：用户对多渠道阅读的可控性感知与其行为意向呈正相关。

通过结构方程的路径分析数据可得，模型中感知可控性与行为意向的标准化系数为 0.745，临界比为 3.876，发生概率低于 0.05，假设 H13 成立。

三　实证结果解释与讨论

经过以上结构方程建模，可以看出，本模型与数据的适配性良好，研究的理论模型主要假设得到验证，假设验证的结果汇总见表 5-19，在原 13 则假设中，共 8 则假设是成立的。

表 5-19　　　　　　　　　　假设验证结果汇总

假设序号	假设	检验结果
H1	用户对多渠道阅读的易用性感知越强，其对多渠道阅读的有用性感知越强	成立
H2	用户对多渠道阅读的易用性感知与其行为意向呈正相关	不成立
H3	用户对多渠道阅读的有用性感知与其行为意向呈正相关	成立
H4	用户对多渠道阅读的行为意向与使用意愿呈正相关	成立
H5	用户自我效能感越强，对多渠道阅读的有用性感知越强	不成立
H6	用户自我效能感越强，对多渠道阅读的易用性感知越强	成立
H7	用户自我效能感越强，对多渠道阅读的可控性感知越强	成立
H8	用户好奇心越强，对多渠道阅读的有用性感知越强	不成立
H9	用户好奇心越强，对多渠道阅读的可控性感知越强	不成立
H10	用户对多渠道阅读的娱乐性感知越强，其对多渠道阅读的有用性感知越强	成立
H11	用户对多渠道阅读的社交性感知越强，其对多渠道阅读的有用性感知越强	不成立
H12	用户对多渠道阅读的可控性感知越强，其对多渠道阅读的易用性感知越强	成立
H13	用户对多渠道阅读的可控性感知与其行为意向呈正相关	成立

在对假设进行验证后，对理论模型进行修正，得到最终的多渠道阅读行为选择模型路径系数图（见图 5-4）。根据模型假设验证与路径系数，本书的研究将对主要结论进行讨论，以更好地了解本研究结论的实际意义。

（一）TAM 模型相关实证结果讨论

1. 行为意向影响使用意愿

本书的研究再次证明了行为意向对使用意愿具有非常明显的积极影响因素，其标准化路径系数为 0.933，临界比为 16.349，发生概率低于 0.05，在整个模型中占据最大的路径系数值。由此可见，在多渠道阅读行为选择过程中，用户的行为意向越明显，则其实际的使用意愿就越强烈，越倾向于选择多渠道的方式进行阅读。

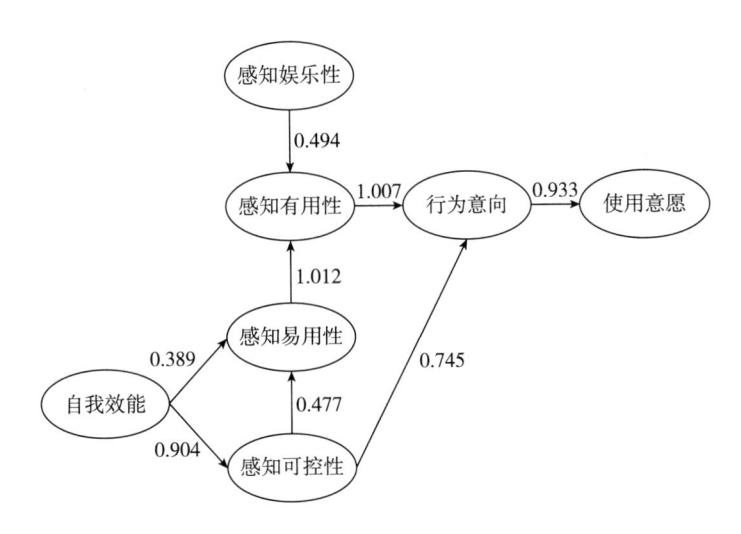

图 5-4 修正后多渠道阅读行为选择模型路径系数

在行为意向对使用意愿的积极影响方面，Fishbein 与 Ajzen 在 1975 年提出这一影响关系，随后，Lopez 等证明在移动业务中这一影响也显著成立[1]，Hiramatsu 发现在线上网络视频中，行为意向受使用意愿的积极影响[2]。同时国内李贺证明在图书馆资源利用背景下行为意向同样积极影响使用意愿[3]，明均仁证明了该影响关系也适用于移动图书馆背景[4]。因此，本研究这一结果与很多前人相关的 TAM 研究结论是相符合的。也就证明了在全媒体时代下，多渠道阅读行为的选择上，行为意向对使用意愿的显著正相关关系成立。因而，要促进用户进行多渠道阅读行为的选择，给用户创建积极的行为意向是尤其重要的。

2. 感知有用性影响行为意向

研究证明了感知有用性对行为意向的积极影响，其标准化路径系数

---

[1] Lopez-Nicolas C., Molina-Castillo F. J., "Customer Knowledge Management and E-commerce: The Role of Customer Perceived Risk", *International Journal of Information Management*, 2008, 28 (2): 102-113.

[2] Hiramatsu A., et al., "An Empirical Study of an Extended Technology Acceptance Model for Online Video Services", in International Work-conference on Artificial Neural Networks, 2009.

[3] 李贺:《基于 TAM 模型的数字图书馆资源利用研究》,《图书情报工作》2010 年第 15 期。

[4] 明均仁:《基于 TAM 模型的移动图书馆用户接受研究》,《图书馆建设》2013 年第 11 期。

为 1.007，临界比为 5.092，发生概率低于 0.05，在对行为意向有影响的变量中，拥有最大的影响力。这一结论与 Davis 等的最初提出的 TAM 模型相关结论一致，也与不少前人针对不同背景对 TAM 模型的扩展研究结果吻合。例如，2007 年 Shin 将 TAM 模型扩展以应用到移动互联网的研究中，发现了感知有用性对行为意向有非常大的影响力[1]；Jung 在 2008 年，通过网络调查验证了在移动电视背景下感知有用性的积极影响[2]；Kim 等在 2010 年证明了，感知有用性对行为意向的积极影响也适用于移动数据服务[3]；我国吴雅娟也在 2010 年证明了感知有用性在手机视频方面积极影响着消费行为意向[4]。

本书研究的感知有用性对行为意向有积极影响，且标准化路径系数为 1.007，这样显著的影响关系是与其他学者在各个不同背景下的研究结果相符合的，也证明了在本书背景下，在全媒体时代的多渠道阅读选择方面，用户的感知有用性对行为意向起积极影响的适用性与有效性。

3. 感知易用性影响感知有用性

本书的研究通过实证结果验证了用户对多种阅读渠道的感知易用性对用户感知多种阅读渠道的有用性的显著影响，其标准化路径系数为 1.012，临界比为 5.821，发生概率低于 0.05，是对感知有用性影响最为突出的一个变量。

该结论同样与大量针对 TAM 模型的研究相关结论相符合，例如 Shin 在 2007 年针对移动互联网[5]以及 2009 年针对 IPTV[6] 的两个实证研究、Fune 等 2003 年针对移动互联网的研究、Chong 等 2010 年针对 3G

---

[1] Shin D. H., "User Acceptance of Mobile Internet: Implication for Convergence Technologies", *Interacting with Computers*, 2007, 19 (4): 472 – 483.

[2] Jung Y., *Influence of Sense of Presence on Intention to Participate in a Virtual Community*, in Hawaii International Conference on System Sciences. 2008.

[3] Kim B., Han I., "The Role of Trust Belief and Its Antecedents in a Community-driven Knowledge Environment", *Journal of the Association for Information Science & Technology*, 2010, 60 (5): 1012 – 1026.

[4] 吴雅娟：《手机视频用户接受模型研究》，硕士学位论文，北京邮电大学，2010 年。

[5] Shin D. H., "User Acceptance of Mobile Internet: Implication for Convergence Technologies", *Interacting with Computers*, 2007, 19 (4): 472 – 483.

[6] Shin D. H., "An Empirical Investigation of a Modified Technology Acceptance Model of IPTV", *Behaviour & Information Technology*, 2009, 28 (4): 361 – 372.

的调查研究等，都证明了感知易用性对感知有用性是有着积极的显著影响的。

与大量前人研究相符合，也代表着在多渠道阅读行为选择方面，各个渠道让用户感知到的便捷程度能够积极影响用户对多渠道的有用性认知。阅读渠道越是让用户感受到易于使用，用户越会直接感受到这些阅读渠道是有用的。这种感官感受与实际体验的有用性可能有区别，但易于使用的感知被证明是能够带给用户以有用性的感知的。

4. 感知易用性影响行为意向

在感知易用性对行为意向的影响研究中，该 t 值小于 1.96，发生概率高于 0.05，说明在多渠道阅读行为选择方面，用户认为渠道的易用程度并不会对他们的行为意向产生明显的积极影响。

这一结论与 Davis 的 TAM 模型中相关结论不同，也与一些学者在新媒体的 TAM 模型相关实证研究的结论不同。例如 Hiramatsu、Yamasaki、Nose 在 2009 年证明了新媒体环境下易用性是对使用意愿有积极影响的；Hsin、Chen 等 2008 年也证明了在新媒体环境下感知易用性积极影响行为意向。

但同样也有不少学者认为感知易用性在科技创新相关选择行为中并不是特别重要的因素，例如 Ling 在 2001 年的实证研究以及 Taylor 与 Harper 在 2001 年的实证研究，也都证明了在科技创新相关背景下，感知易用性并没有产生对行为意向的任何积极影响。[1] 在国内学术界，也有学者相关研究证明了对于较为年轻的，具有较高创新意识的群体，感知易用性的重要程度是比较低的。[2]

因此，从全媒体时代下的多渠道阅读行为背景上讲，针对这一科技创新相关领域，用户群体相比之下较为年轻且创新意识较高，因而，用户在阅读目的中更多地关注有用性。阅读行为中，相比只愿意选择传统单一阅读渠道进行阅读的用户，接受并选择多渠道阅读行为的用户群体较为年轻，对媒介容纳与全媒体各种线上线下渠道服务较为熟悉，多渠

---

[1] Hiramatsu A., et al., "An Empirical Study of an Extended Technology Acceptance Model for Online Video Services", in *Distributed Computing*, *Artificial Intelligence*, *Bioinformatics*, Soft Computing, and Ambient Assisted Living. 2009.

[2] 刘强：《融合媒体的受众采纳行为研究》，博士学位论文，上海交通大学，2011 年。

道的阅读行为并不会太过于复杂,并且会愿意学习并逐渐熟悉多种阅读渠道,其基本的创新渠道较高,因此,对渠道易用性的感知对行为意向并不会有太大影响,渠道使用的容易程度对行为意向的影响程度较弱。

(二) 情境因素相关实证结果讨论

1. 自我效能影响感知有用性与感知可控性

在情境因素中,可以看到的是,自我效能对感知有用性与感知可控性均有正面影响,其对感知易用性的标准化路径系数为 0.389,对感知可控性的标准化路径系数为 0.904。因此,可以看出,用户的自我效能更多地影响了用户对多渠道阅读行为的可控性感知,也会对用户产生一定的易用性感知。

本书研究的这一相关自我效能的结果,也与一些前人的研究具有一致性。2002 年,Wang 等证明了在消费者行为领域自我效能对感知有用性的积极影响[1];2006 年 Mckee 等证明了,自我效能与感知有用性之间具有积极的正面影响[2];2013 年我国翁智刚等也证明了在电子政务背景下用户的参与行为中,自我效能与感知有用性呈现显著的正相关关系[3];2015 年周梅华证明了在消费者的渠道选择行为方面,自我效能能够积极地影响感知有用性[4]。同时,本书自我效能与感知可控性之间的正相关关系,显示了用户在多渠道阅读选择行为中自我效能感知能够对他们感知自己对这些渠道的控制性有明显的积极影响,也再次证明了自我效能是预测个体行为的重要因素之一,能调节人们对行为的选择,从而进一步影响人们的行为决策。[5] 因此,也验证了自我效能对感知有用性与感知可控性的影响,放在全媒体时代的多渠道阅读行为选择环境

---

[1] Wang G., Netemyer R. G., "The Effects of Job Autonomy, Customer Demandingness, and trait Competitive Esson Salesperson Learning, Self-efficacy, and Performance", *Journal of the Academy of Marketing Science*, 2002, 30 (3): 217–228.

[2] Mckee D., et al., "Customer Self-efficacy and Response to service", *Journal of Service Research*, 2006, 8 (3): 207.

[3] 翁智刚等:《电子政务公众参与层级影响因素研究》,JMS 中国营销科学学术年会暨博士生论坛会议论文,2013 年。

[4] 郭燕、周梅华:《消费者跨渠道购买行为影响因素实证》,《经济问题》2015 年第 5 期。

[5] 汤冬玲等:《情绪调节自我效能感:一个新的研究主题》,《心理科学进展》2010 年第 4 期。

下，也同样适用：自我效能越高的用户，越会认为多渠道的阅读行为是可控的，也会因为对自己能力的自信认为在可控范围内的阅读多渠道易于使用。

2. 好奇心影响感知有用性与感知可控性

好奇心，被证明对感知有用性与感知可控性都是没有积极影响的，两段关系中的 t 值均小于 1.96，发生概率高于 0.05。这也说明了，好奇心作为阅读的动机，能够影响用户是否进行阅读，但在用户阅读时选择什么渠道这样的行为选择上，好奇心便不再对用户的选择具有影响了。

(三) 感知娱乐性相关实证结果讨论

研究结果显示，感知娱乐性对感知有用性有一定的积极影响，其标准化系数路径为 0.494，临界比为 5.295，发生概率低于 0.05，显示了用户感知到多渠道阅读的娱乐性越强，越会认为多渠道阅读有用。

这一研究结果也与不少前人基于 TAM 模型，在消费行为学、媒介行为学方面的研究相吻合。1999 年 Teo 等证明了感知娱乐性是与用户信息系统的感知有用性有正相关关系的[1]，同时 2009 年 Shin[2] 与 Kim 等[3]分别在他们各自的研究中证明了这一影响关系。因此，本书对感知性的相关数据，验证了这一影响关系放在全媒体背景下的阅读领域，在用户选择多种阅读渠道的行为同样是显著成立的。用户在进行多种阅读渠道的选择时，如果感知到这些渠道的娱乐性，认为这些渠道是能够带给自己以娱乐感体验，那么，他们就趋向于认同选择这些阅读渠道是有价值有用的。这也进一步彰显了，提高各种渠道的娱乐性，是有利于让用户产生选择多渠道阅读的意向，并触发这样的选择行为。

(四) 感知社交性相关实证结果讨论

研究结果表明，感知社交性并不会对感知有用性产生积极的影响，

---

[1] Teo T. S. H., et al., "Intrinsic and Extrinsic Motivation in Internet Usage", *Omega*, 1999, 27 (1): 25-37.

[2] shin D. H., "An Empirical Investigation of a Modified Technology Acceptance Model of IPTV", *Behaviour & Information Technology*, 2009, 28 (4): 361-372.

[3] Kim B., et al., "User Behaviors toward Mobile Data Services: The Role of Perceived Fee and Prior Experience", *Expert Systems with Applications*, 2009, 36 (4): 8528-8536.

其t值小于1.96，发生概率高于0.05。Livari[①]、李武等[②]、吴忠等[③]一些学者的研究结论发现感知社交性是对感知有用性有显著影响的，本研究与前人研究结论不一致。

因此，本书关于感知社交性的相关实证结果表明，虽然社交性是读者阅读行为的目的与动机之一，但是在针对阅读行为的多种渠道选择方面，用户对渠道社交性的感知并没有对该渠道有用性的感知产生积极影响。各种阅读渠道让用户感受到的好玩、有趣程度，并不会导致用户感受到这些渠道的有用程度。可推测用户认为渠道体现出的有用性更多的还是专注于"阅读"而非阅读社交。

（五）感知可控性相关实证结果讨论

1. 感知可控性影响感知易用性

实证结果显示，感知可控性对感知易用性有积极影响，其标准化路径系数为0.477，临界比为2.784，发生概率低于0.05，属于影响感知有用性中影响较大的因子之一。

在本书研究之前，Idsoe[④]等学者纷纷证明了感知控制是与用户的积极态度有一定影响关系的，随后，应咪娜[⑤]与陈远等[⑥]通过实证研究验证了感知可控性对用户感知易用性的正相关关系。而本书研究的这一实证结果，证明了在阅读的多渠道选择背景下，用户的感知可控性具体影响了用户对各种渠道易用性的感知，也就是说，用户对多渠道阅读行为感受到的可控性越高，那么用户感受到的易于使用程度就越高，越认为这些渠道是他们能够轻松掌握的。因此，当不同机构组织试图推动多渠

---

① Iivari J, "Perceived Sociability Use and Individual use of Social Networking Applications - the Case of Facebook", *Open Journal of Information Systems*, 2014, 1(1): 23-53.

② 李武等：《青少年社会化阅读动机与行为之关系研究——以上海市初高中生微信阅读为例》，《图书情报工作》2014年第23期。

③ 吴忠、唐敏：《全渠道视角下消费者渠道利用行为研究》，《商业研究》2015年第2期。

④ Thormod Idsoe, "Job Aspects in the School Psychology Service: Empirically Distinct Associations with Positive Challenge at Work, Perceived Control at Work, and Job Attitudes", *European Journal of Work & Organizational Psychology*, 2006, 15(1): 46-72.

⑤ 应咪娜：《感知控制对可用性和态度的影响研究及其在博物馆电子导航设计中的应用》，硕士学位论文，浙江大学，2013年。

⑥ 陈远等：《图书馆服务功能IT消费化的用户采纳意愿分析——基于使用特性、用户特性和系统特性的分析视角》，《图书馆工作与研究》2017年第8期。

道阅读行为以及推广各种新兴阅读渠道时，重视这些渠道给用户的可控性感知，能够显著提高用户对这些阅读渠道的易用感认同程度，从而进一步地促使用户选择行为的发生。

2. 感知可控性影响行为意向

同时，本次研究的实证结果也显示了，感知可控性对行为意向是能产生直接的积极影响的，其标准化路径系数为 0.745，临界比为 3.876，发生概率低于 0.05。

在本书研究之前，1988 年 Ajzen 提出感知控制是一种相较于真实的控制感，而且对人们有更明显重要性的因素。随后的学者分别就消费行为中的服务获取、个体决策行为提出了感知可控性对人们最终决策的影响。[1] 接下来国内一些学者针对博物馆的电子导览技术采纳行为以及图书馆 IT 服务功能提出并验证了感知可控性对行为的积极影响。虽然前人的诸多研究验证了感知可控性在不同环境背景下，对用户的行为都产生了积极影响，但各研究均未明确提出感知可控性对"行为意向"这一命名变量的影响关系。而本书通过实证结果数据，证明了感知可控性在全媒体时代背景下，能够通过对用户选择多阅读渠道的行为意向的积极影响来正面影响用户的行为，是对感知可控性在 TAM 模型扩展中的补充完善，也进一步说明了针对本书研究对象，感知可控性的重要价值。

在实证结果推翻了感知易用性对行为意向的积极影响后，感知可控性被证明是除却感知有用性之外唯一能对行为意向产生影响的变量。因此这一影响路径具有很明显的实践意义，他证明了用户对渠道感受到的控制程度能够直接正面影响用户是否会选择这些渠道的行为意向，证明了在对用户选择多种阅读渠道的行为方面，是由感知有用性与感知可控性这两个变量来直接影响用户的行为意向的。因此，在推动多渠道阅读行为的过程中，加强用户对渠道感知可控性能够起到对用户行为意向推动的直接相关关系。

---

[1] Idsoe T., "Job Aspects in the School Psychology Service: Empirically Distinct Associations with Positive Challenge at Work, Perceived Control at Work, and Job Attitudes", *European Journal of Work & Organizational Psychology*, 2006, 15 (1): 46-72.

第五节 本章小结

一 研究结论

第一，多渠道阅读之所以受到读者的青睐，最重要原因是其感知有用性。感知有用性作为直接影响读者选择多渠道阅读的影响因素之一，对行为意向产生了最大的影响关系。这一结论证明了，读者在感受到各种阅读渠道对其阅读流程的价值作用时，这种"有价值感"会直接促使读者选择这些阅读渠道进行阅读。或者说，相比于阅读渠道的多种功能，越能够让读者直接、明确地感受到这些渠道对他们有用，这些阅读渠道被选择的可能性就越大。

第二，多渠道阅读的感知可控性会正向影响读者对其的易用性判断，同时也对直接对读者选择各种阅读渠道的行为意向产生积极的影响。研究发现，读者越认为自己对各种阅读渠道具有可控性感知，则对这些渠道的易于使用程度认可越高，同时也能促使读者在阅读行为中对各种阅读渠道的选择意向。作为直接影响读者行为意向的第二个变量，这也说明了，在全媒体时代下，各种阅读渠道如果能够让读者产生可控的自信感知，那么就能够更加轻松地使各种渠道被读者接受并上手，从而使读者愿意选择这些阅读渠道。若这些阅读渠道在设计或使用方面给予了读者难以被自己掌握的感受，那么很可能影响读者对这些阅读渠道的易用性感受，也影响读者选择各种阅读渠道的意向。因此，各种阅读渠道给读者的可控性感知尤其重要。

第三，多渠道阅读的感知娱乐性会正向影响读者对其的有用性判断。进入全媒体时代，阅读的审美意义开始被广大读者逐渐重视，为了审美娱乐价值而阅读的价值观念逐渐深入人心。本研究数据也证实了，在读者进行多种阅读渠道的选择时，他们对这些渠道是否有趣的直观感受，会显著地影响他们对这些渠道是否有用的感受与判断。如果各种阅读渠道能够让读者产生较高的愉悦感知，让读者认同他们的有趣性，那么这些阅读渠道会更容易让读者认为是对其有用并且有价值的。因此，阅读渠道自身能够给予读者的娱乐性感知，在促进读者对多种阅读渠道进行选择的行为方面也有正面的积极影响。

第四，读者的自我效能影响其对多渠道阅读的感知易用性与感知可控性。自我效能，作为读者对自己使用各种新技术渠道完成信息行为的能力与信心，影响着读者对各种渠道的易用性与可控性感知。当读者自信有较强的渠道技术使用能力，对自己完成信息行为的信心十足时，读者更能够感受到各种阅读渠道对于其自身来讲是易于使用，并易于控制的。自我效能能够给读者以积极的主观能动性，让读者感受到选择各种阅读渠道对其并非难事，从而进一步影响读者对各种阅读渠道的选择行为。

二 实践建议

根据本书研究的各项发现，予以图书馆等阅读推广实施主体以下建议：

第一，建设阅读渠道时，首先应重视渠道的有用性。根据路径系数，感知有用性是最明显的对用户多渠道阅读行为选择起积极作用的因素之一。各馆在全媒体时代的发展下，纷纷在构建自己的移动图书馆App、图书馆线上线下分享活动，不能为了拓宽阅读渠道的多样化，而忽略每一个渠道的有用性建设。每个渠道是否能够更好地引导用户寻找到他们需求的阅读资源，是否能够提供真正有用的阅读工具，是否能够让用户在阅读中，通过这些新的渠道感受到阅读效率的提高，这些关系到渠道阅读的有用性的功能，比更多地开发阅读渠道更有效。

第二，对阅读渠道时的宣传重心应回归阅读本质。模型中感知社交性对感知有用性的影响被证明是不成立的，对感知有用性的影响最终成立的因子是感知易用性、感知娱乐性及自我效能。同时，感知易用性的影响大于感知娱乐性影响大于自我效能的影响。实践中，一些阅读渠道试图将社交性夸大以期望吸引更多的参与者，而本书的研究模型证明了感知社交性对用户选择多渠道阅读并没有显著的影响。也就是说，选择多渠道方向进行阅读的读者，更多的是看中阅读分享、交流、参与等与阅读直接相关的功能。不能为提升读者的参与体验而过于强调渠道的社交价值。

第三，建设阅读多渠道时也应重视渠道可控性感知。在实践中，将阅读每个阶段的可控性分别加以重视并予以突出，线上渠道可以通过更加明晰的浏览路径、更加明确的功能板块区分、更加清爽的 UI 设计等方式增强用户对线上渠道可控性的感知。线下渠道方面，可以增强活动流程与活动引导，使参与线下阅读渠道的用户能够有更优的感知可控性，从而吸引更多的用户参与到多渠道的阅读行为中来。

第四，应重视信息素养教育培养，提升用户的自我效能感。自我效能同样对用户选择多渠道阅读有间接的积极影响，在图书馆的信息素养教育活动中，应普及阅读渠道相关知识，增加用户对使用这些渠道的自我效能感知，也对推动用户选择使用多种渠道进行阅读有帮助。

第六章　复合阅读中的阅读参与

复合阅读过程中读者的主体性和参与感大大强化，他们对阅读的认识从"读"向"对话"转移，且意识到阅读是一个可设计也有必要设计的过程。正是由于读者在阅读过程中更深入地参与，复合阅读成为全媒体时代的新型深阅读行为。那么，复合阅读中的阅读参与活动有哪些具体特征？以及读者究竟如何实现从传统阅读到复合阅读的行为转移？如何促进当前读者的参与？本章将通过质性研究完成对以上问题的探索。

本章将在虚拟阅读社区及互联网平台衍生的阅读平台中挖掘阅读参与的内涵和驱动因素，探求复合阅读行为中阅读参与的表现特征和构成规律，并基于关键事件法对复合阅读者进行深入访谈，以探究读者从传统阅读到复合阅读的行为转移过程及其影响因素，进而提出优化复合阅读环境、促进阅读参与的方法策略。

第一节　阅读参与

阅读参与是重要的阅读反应变量。阅读推广活动中读者所呈现出来的参与感和投入的状态是增强阅读效果、收获理想阅读体验的前提，深阅读正是以"参与性"为基础的一种高参与度阅读行为。那么，如何理解阅读参与？

一 阅读参与概念

阅读这一概念广义上是指人从符号中获得意义的一种社会实践活动[①]，是对读者感官与精神同步活动方式的客观陈述[②]；而阅读参与则更具有读者主体性，侧重在读者在阅读及阅读相关的行为过程中呈现出来的一种可以被测量的心理或行为结果。参与是在投入、参加、卷入等方面，读者的阅读行为和心理反应。[③] 20世纪90年代开始，Guthrie等在教育领域学者首次提出阅读参与概念，以促进参与为教学干预的核心目标，并在后续研究中开发出相应的评估工具——阅读参与指数，以支撑系统化的以概念为导向的教学指导理论。[④] 而在图书馆等领域，也有一些图书馆和公益组织开始重视"阅读参与"：新西兰国家图书馆认为阅读参与对数字素养以及学校图书馆都很重要，阅读参与有社会性益处，也会提高阅读素养和阅读绩效。英国艺术协会发布的数字化阅读调查报告（2016）重点提出了情感性参与、共享性参与、持续性参与、创造性参与、个人化参与、互动性参与六大板块，调查数字化阅读和纸质阅读的差异。然而，在国内图书馆学领域阅读参与很少被提及。

（一）参与

Kanungo等提出，参与（Engagement）是一种具有心理认同的总体认知状态，具有满足个体主导需求和期望的潜力。[⑤] Connell等认为，参与是一个具有延展性且可塑的概念，它产生于个体和环境的相互作用，并且对环境变化做出反应。[⑥] Fredricks等综合学者们之前的各种观点，

[①] 王余光、徐雁：《中国读书大辞典》，南京大学出版社1999年版，第350页。

[②] 徐雁：《"世界读书日"人文理念在阅读推广实践中的"中国化"》，《图书馆杂志》2016年第3期。

[③] Guthrie, J. T., et al., "Principles of Integrated Instruction for Engagement in Reading", *Educational Psychology Review*, 1998, 10 (2): 177-199.

[④] Wigfield A., et al., "Role of Reading Engagement in Mediating Effects of Reading Comprehension Instruction on Reading Outcomes", *Psychology in the Schools*, 2008, 45 (5): 432-445.

[⑤] Conradi K., et a., "Motivation Terminology in Reading Research: A Conceptual Review", *Educational Psychology Review*, 2014, 26 (1): 127-164.

[⑥] Connell J. P., Wellborn J. G., "Competence, Autonomy, and Relatedness: A Motivational Analysis of Self-system Processes", *Journal of Personality & Social Psychology*, 1991, 65: 43-77.

主张将参与作为一个多维度，多属性的元概念。参与是可塑的，被环境特征所影响，并能适应环境变化的。[1] Skinner 等将参与定义为动机性行动的反应和表现，并指出行动包含了情感、注意力、目标以及包含持久努力行为的其他心理过程。[2]

（二）阅读参与

Cambourne 提到阅读过程中的参与融合了多重属性，包括有目的性、主动理解、相信自己的能力、对结果负责。Guthrie 和 Wigfield 认为，知识驱动型阅读参与是指在阅读活动中读者所表现出来的动机和策略同时存在的行为。[3] 他们受到 Fedricks 观点的影响，认为阅读参与是包含行为、认知、情感的多维度构念。而投入的读者本质上会被自己的卷入性、好奇心、挑战欲所驱动，审慎采用认知方法结合自己的知识建构去理解文本，呈现积极的社会互动性，他们的阅读行为往往频繁而深入。[4] 高参与度的阅读即是有动机性、策略性、知识驱动性、社会互动性的。新西兰国家图书馆将参与的读者定义为：①沉浸在阅读中为了愉悦或满足自己的好奇心而读；②会自己去寻找信息和阅读对象已达到学习或取得一定的成就；③有动机去更广泛地阅读，这使阅读变成一件更轻松愉悦的事情，创造了一个持续提升的良性循环。

了解上述定义之后，本书欲进一步对阅读参与现有研究内容进行梳理，充分了解国内外阅读参与研究现状，厘清阅读参与的研究发展脉络及研究成果，并在已有研究的基础上明确全媒体时代情境下的阅读参与研究新方向。

---

[1] Fredricks J. A., et al., "School Engagement: Potential of the Concept, State of the Evidence", *Review of Educational Research*, 2004, 74 (1): 59–109.

[2] Skinner E. A., et al., "Engagement and Disaffection As Organizational Constructs in the Dynamics of Motivational Development". In Wentzel KR, Wigfield A (Eds.), *Handbook of motivation at school*. New York: Routledge/Taylor & Francis Group, 2009: 223–245.

[3] Guthrie J. T., et al., "Principles of Integrated Instruction for Engagement in Reading", *Educational Psychology Review*, 1998, 10 (2): 177–199.

[4] Guthrie J. T., "Contexts for Engagement and Motivation in Reading", *Reading Online*, 2001, 4: 403–422.

二 国内外阅读参与研究

(一)阅读参与基础研究

国外阅读参与研究最早出现于20世纪90年代,在教育心理学、语言心理学领域以认知效果为研究导向发展起来。大多数研究者认同文本意义存在于阅读者、文本和情境之间的动态关系中,同时他们也认同随着目标的变化,读者的参与程度也会改变。Skinner等首次提出阅读参与与阅读效果之间关系的研究,并考察了环境的作用,对后续研究产生了深远的影响。[①] 受语言学、语义学的影响,阅读交互理论(Rosenblatt,1994)认为阅读交互涉及特定的读者和特定的文本标记结构,发生在特定时间、特定环境下,某些机体状态、某种感觉、某些联系从读者语义库中被唤起,阅读过程产生意义。阅读内隐模式主要分为传递/翻译模式(假设作者直接能将文本意义传递给读者或意义存在于文本本身,独立于作者的创作意图以及读者的阅读理解能力,读者是一个被动的接收者)和交互模式(假设文本意义对于不同的读者而言是不同的,即读者在特定的阅读情境下,带着自己的目标和意图,结合自己的相关主题先验知识、经验、审美,在阅读文本过程中主观上建构起意义)。[②] Schraw和Bruning发现读者阅读过程中的内隐模式会影响阅读参与程度,通过对在校大学生的阅读信念问卷调查数据对不同模式下读者评分进行交叉分类后发现,倾向于选择交互模式的读者更容易回忆起解释性文本。相对于传递性读者只是处理文本内容,交互性维度高的人会对文本进行更为批判性的评价,更有可能将文本信息与先前的知识联系起来,并产生了更多的情感反应和审美参与。[③] 这一阶段讨论阅读参与还主要发生在读者和文本的交互过程中,以阅读交互理论为指导来谈不

[①] Skinner E. A., et al., "What It Takes to Do Well in School and Whether I've Got it: The Role of Perceived Control in Children's Engagement and School Achievement", *Journal of Educational Psychology*, 1990, 82 (1): 22 – 32.

[②] Rosenblatt L. M., *The Transactional Theory of Reading and Writing*. In Ruddell R. B., et al., Eds. Theoretical Models and Processes of Reading, Newark, DE: International Reading Association, 1994: 1057 – 1091.

[③] Schraw G., Bruning R., "Readers' Implicit Models of Reading", *Reading Research Quarterly*, 1996, 31 (3): 290 – 305.

同模式对阅读参与的影响。

以提高教学水平，强化阅读动机，提高阅读成就为主要目的，Guthrie 和 Wigfield 最早将阅读参与概念化并作为核心来研究并试图论述阅读参与模式（见图 6-1），以此成为阅读指导的突破口、提升学生阅读理解能力的切入点。受到希金斯个体情境理论、班杜拉学习理论、强化理论的影响，环境的作用逐渐被强调，其所在研究机构 20 世纪 90 年代末至今不断完善阅读参与理论以指导教学实践，营造教学环境提高阅读参与程度。二人完成的第三卷中系统地阐述了阅读参与、阅读动机阶段性研究成果[①]：①阅读参与及其重要性。根据概念为导向的阅读理解教学项目（Concept-Oriented Reading Instruction，CORI），阅读教学的目标是通过创造教学条件促成持续阅读参与，假定阅读参与是提高阅读成就的必要条件，提出阅读参与综合指导原则。②阅读动机本质是阅读

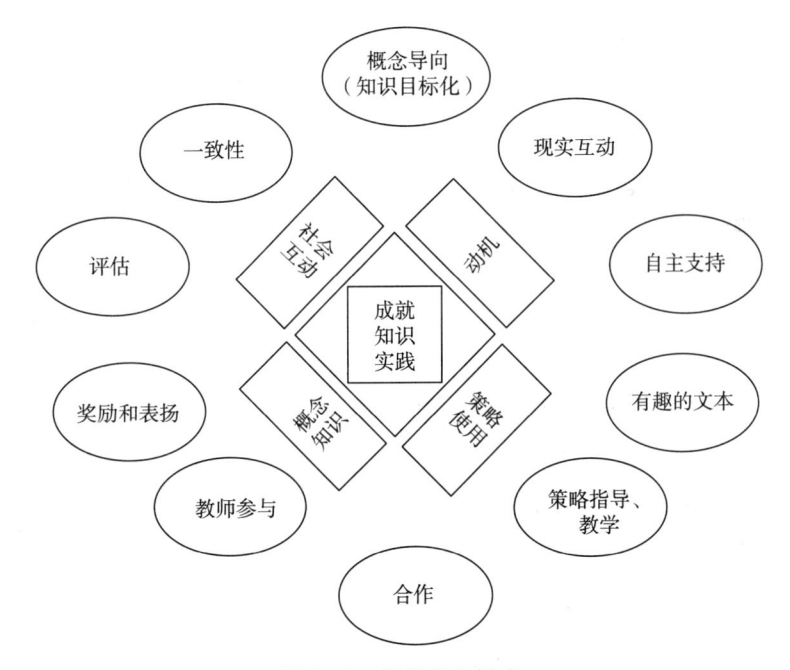

图 6-1 阅读参与模式

———————
① Guthrie, J. T., Wigfield, A., "Engagement and Motivation in Reading", *Handbook of Reading Research*, 2000, 3: 403-422.

中协调认知目标和策略的基础。动机激活行为，动机包括目标、内在动机、外部动机、自我效能、社会动机等多个方面，具有高内在动机、高自我效能、高学习目标导向的学生相对而言在阅读中表现更为活跃，在理解文本意义时会采用疑问或总结等策略，最终取得更高的阅读成就。③提出阅读参与发展模型并对三层要素，即环境条件要素、参与过程要素、结果要素进行解释。④阅读环境以阅读参与为中介变量协调并影响阅读效果。以 CORI 框架为指导，持续性地洞察并营造增强阅读动机的阅读环境，为学生的自主性阅读创造机会，促使读者持续参与到阅读中。

关于阅读动机与阅读参与的关系，也有很多学者做了专门的论述。20 世纪末，参与和动机往往在文献中互替使用[1]，Fredricks 坚持应对这两个概念加以区分。他认为参与是一个多维度元概念，而动机是一个相对更为具体的参与相关概念。动机可能是由某种活动特征如新奇引起的，而参与可能是参加一个活动、开展一项研究、接受一种挑战，相对于动机的短暂性，参与更具有稳定性。[2] Guthrie 和 Wigfield 将阅读动机定义为在阅读为主题的过程和结果之下的个人目标、价值观和信念。[3] 动机是维持行为的概念，特别在行为有较高认知需要的情况下，阅读就是这样一种从处理单个词语到从复杂文本从而生成意义的高认知需要活动，并以成就目标理论为基础，将阅读动机划分为阅读自我效能感、阅读内在动机、阅读外在动机和社会交往动机四个层面。[4] Wigfield（2000）发现高参与度的读者比起外部因素的激励，受内在动机的影响更大。鉴于此，动机对阅读参与尤为重要。

（二）阅读参与实证分析研究

围绕阅读参与的基础理论，一些文献采取实证研究的方法对阅读参

---

[1] Council N., Medicine I. O., "Engaging Schools: Fostering High School Students' Motivation to Learn", *Teachers College Record*, 2003 (12): 2318 - 2321.

[2] Eccles J. S., Wigfield A., "Motivational Beliefs, Values, and Goals", *Annual Review of Psychology*, 2002, 53 (1): 109.

[3] Guthrie J. T., Wigfield A., "Engagement and Motivation in Reading", *Handbook of Reading Research*, 2000, 3: 403 - 422.

[4] Wolters C. A., "Regulation of Motivation: Evaluating an Underemphasized Aspect of Self - Regulated Learning", *Educational Psychologist*, 2003, 38 (4): 189 - 205.

与相关概念之间的影响关系进行了验证,主要是对 Guthrie 和 Wigfield 提出的阅读参与模型(见图 6-2)的影响路径进行检验。

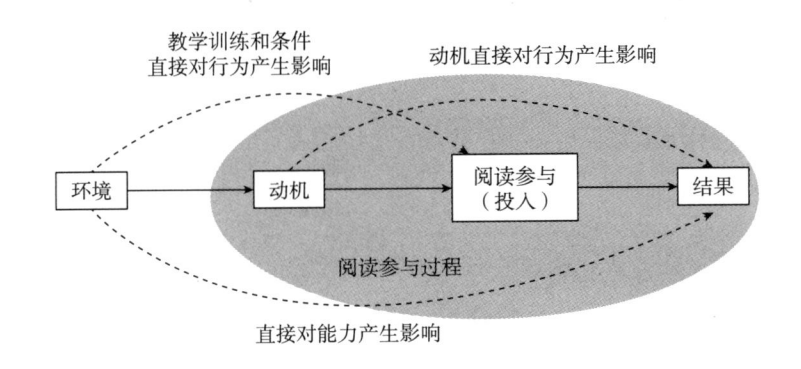

图 6-2 阅读参与模型

Guthrie 等在控制了自我效能感以及认知水平变量后,证明内在动机如好奇、挑战、卷入感与阅读参与有关;Wigfield 等经过实证研究验证:阅读参与与阅读理解能力呈正相关;CORI 教学项目下学生阅读理解流畅,有更好的社会性体验;学生的参与是教学指导对学生的阅读效果产生影响的中介变量[①];Sinner 认为当学生有积极的阅读动机时,他们会更多地参与阅读。Lau 发现 11—18 岁青少年的内在动机和社会动机对阅读量有重要影响;Durik 等追踪了在寻求休闲阅读或选课过程中动机的构念对阅读参与的影响;Klauda 等(2015)对七年级学生调查发现高水平读者阅读动机、参与、成就之间更相关,对于困难读者而言,动机和参与的关系受到了认知困难的限制。[②] 此外,还有一些对主要影响路径进行验证的文献(见表 6-1)。

这些阅读参与的实证性研究也为阅读参与的测量提供了大量的依据:Wigfield 提出衡量阅读参与指数的指标如下:①经常自主阅读

---

① Wigfield A., et al., "Role of Reading Engagement in Mediating Effects of Reading Comprehension Instruction on Reading Outcomes", *Psychology in the Schools*, 2008, 45(5): 432-445.

② Klauda S. L., Guthrie J. T., "Comparing Relations of Motivation, Engagement, and Achievement among Struggling and Advanced Adolescent Readers", *Reading and Writing*, 2015, 28(2): 239-269.

表6-1　　　　　阅读参与主要影响路径其他相关文献

影响路径	作者及时间	调查人数
行为参与对阅读能力的影响	Guthrie 等（2012）	1200
	Guthrie 等（1999a）	271
	Jang（2008）	136（大学生）
动机对阅读参与的影响	Baker、Wigfield（1999）	371
	Lau（2009）	1146
课堂环境对学生动机的影响	Wang、Guthrie（2004）	187（US），197（CN）
	Guthrie 等（2007）	综述
	Greene 等（2004）	220

（行为）；②选择喜欢的主题和作者的文本来阅读（内在动机）；③在自我选择式阅读中容易分散注意力（内在动机的反作用）；④努力地阅读（认知努力）；⑤相信自己的阅读能力（自我效能动机）；⑥能很好地使用理解策略（认知策略）；⑦能深度思考文本内容（认知概念导向）；⑧喜欢与同伴讨论书籍（社会性动机）。Guthrie 和 Wigfield 提到行为参与的衡量指标：读者所认为自己在阅读中的坚持和努力、读者阅读文本的客观时间以及被观察到的具体的参与事实（阅读量、阅读范围、理解程度等）。Mak 等提出阅读的乐趣性、阅读的多样性以及阅读的元认知意识是测量情感和认知维度的三个变量。[①]

也有学者把调查对象定位在出现阅读困难、阅读障碍的特殊群体中，意图找到引导他们阅读、提高他们阅读参与程度的解决措施。Worthy 等对阅读困难学生进行实验，经过指导后他们的阅读成绩大幅上升。对影响阅读参与的因素进行验证，并提出好的辅导者能够考虑到学生的阅读需要和阅读兴趣，为学生找到合适的文本，充分地引导和激发他们去阅读。[②] Woolley 和 Hay 调查了后天性阅读障碍的学生的真实需要，

[①] Mak Soi – kei, et al., "An Examination of Student – and across – level Mediation Mechanisms Accounting for Gender Differences in Reading Performance: A Multilevel Analysis of Reading Engagement", *Educational Psychology*, 2017, 37（10）: 1206 – 1221.

[②] Worthy J., et al., "'More than Just Reading': The Human Factor in Reaching Resistant Readers", *Reading Research and Instruction*, 2002, 41（2）: 177 – 201.

这些学生缺乏阅读动机、常常经历失败的阅读体验、在阅读中形成了消极的自我概念以及较低的阅读期望，不愿意去尝试；研究结论认为，教育者需要通过提供具有挑战性又可控的阅读材料和学习环境来提高读者的自我效能感和阅读能力。① 也有学者意在验证阅读参与与阅读态度、阅读兴趣、情绪智力等其他概念的关系：Flowerday 等讨论了阅读选择、内容兴趣、情境兴趣对阅读参与的影响，研究主要发现，情境兴趣对阅读态度有积极影响从而促进阅读参与。② Ghaemi 等研究发现，阅读参与程度与情绪智力之间存在显著的正相关关系。情绪智力指识别和理解自己和他人的情绪状态的能力。③

（三）数字化阅读参与研究

随着数字化媒介对日常阅读行为不断渗透，一些研究人员开始关注读者数字阅读参与，由经合组织主持的国际学生评估项目（Program for International Student Assessment，PISA）以 15 岁学生为调查对象，根据线上线下阅读素养及阅读行为相关指标对其进行评估，基于该项目 2009 年数据：Lee 发现，以阅读参与为中介变量，学生对待网络计算机的态度以及新媒体的有用性都对阅读素养产生正向的影响，但是信息技术的有用性直接对阅读素养产生的影响却是相反的④；Wu 发现信息搜索活动，元认知策略和导航技能知识对纸质阅读评估和电子阅读评估都产生积极影响，而在线阅读参与的性别差异不明显。⑤ Naumann 在

---

① Woolley G., Hay I., "Students with Late Emerging Reading Difficulties: Reading Engagement, Motivation, and Intervention Issues", in *Reimagining Practice: Researching Change*, Griffith University, 2003: 175 – 184.

② Flowerday T., et al., "The Role of Choice and Interest in Reader Engagement", *Journal of Experimental Education*, 2004, 72 (2): 93 – 114.

③ Ghaemi H., Khodabakhsh M., "The Relationship between Efl Learners' Level of Reading Engagement and Their Emotional Intelligence", *Modern Journal of Language Teaching Methods*, 2016, 6 (1): 407 – 414.

④ Lee Y. H., Wu J., "The Effect of Individual Differences in the Inner and Outer States of ICT on Engagement in Online Reading Activities and PISA 2009 Reading Literacy: Exploring the Relationship between the Old and New Reading Literacy", *Learning & individual differences*, 2012, 22 (3): 336 – 342.

⑤ Wu J. Y., "Gender Differences in Online Reading Engagement, Metacognitive Strategies, Navigation Skills and Reading Literacy", *Journal of Computer Assisted Learning*, 2014, 30 (3): 252 – 271.

Guthrie 阅读参与基本模型的基础上提出在线阅读参与模型（见图6-3），对数字阅读行为与信息参与、社会互动参与的关联作出假设，并予以验证，结论表明内容获取行为和导航行为是数字化阅读的关键环节，信息参与正向影响内容获取行为，对数字化阅读产生积极影响；社会参与负向影响获取行为，但是对数字化阅读也并没有什么副作用。

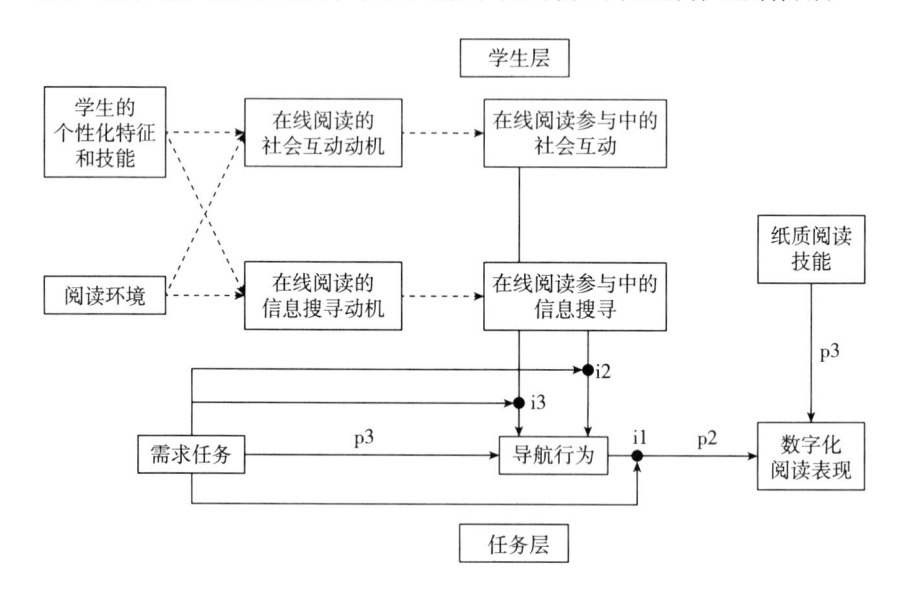

图6-3 在线参与模型

（四）国内阅读参与研究

相对于国外阅读参与的广泛讨论，国内关于阅读参与的研究尚处于起步阶段，只有少数教育领域的学者在讨论这个话题，其中有些学者将 Reading Engagement 翻译为阅读投入。一部分研究仍主要基于 PISA 数据展开分析：陆璟讨论了通过阅读参与度数据和学习策略数据分析对阅读成绩的影响，研究发现，元认知策略和阅读兴趣对上海学生的阅读成绩影响最显著[1]；张文静、辛涛跨文化地比较阅读参与（阅读兴趣、阅读策略、理解、元认知策略等）对阅读素养的影响，建议从增加个人阅读时间、丰富阅读文本的多样性以及有效学习策略指导着手促进学生的

---

[1] 陆璟：《阅读参与度和学习策略对阅读成绩的影响——基于上海 PISA2009 数据的实证研究》，《教育发展研究》2012年第18期。

阅读参与[①]；于婧完善中学生阅读参与研究框架，并提出指导中学生阅读参与的方法策略。[②] 除此之外，温红博等以阅读投入、阅读兴趣为中介变量，以家庭为研究环境，探讨影响学生学习能力的内在机制。[③] 徐孝娟等基于 MEC（Means－End Chain，手段—目的链理论）理论，采用结构化访谈的方式，从用户价值视角切入探索用户从传统纸媒到数字媒体转移的动机。[④] 闫碧舟以终身阅读为出发点，分析阅读参与对培养学生阅读素养的影响，认为阅读参与即在行为、认知和情感层面与阅读文本交互，阅读投入具有差异性、可塑性、预测性，对学生进行自我建构非常重要。[⑤]

三 问题的提出

通过对既有文献的回顾可以发现，阅读环境、阅读动机、阅读参与、阅读结果这些概念之间的相互影响关系和路径已经得到了反复验证，延伸到数字阅读领域也有学者进行了补充性发现和验证。这些研究的核心目的主要是去捕捉阅读行为特征来论证第三方可以作用于阅读环境、阅读情景从而直接或间接提高阅读参与度以促进阅读效果，达到教学目的；大多数研究人员虽然将视角聚焦在读者的行为表现，但最终的结论不是去直接改变人，直接对个体施加刺激，而是提出改善环境的措施，以充分利用阅读参与的中介作用。

从图书馆的研究立场来看，首先，过去阅读参与研究主要服务于教育工作者这一主体，旨在提高学生的阅读绩效，Guthrie 等提出的阅读参与模式有值得借鉴的地方，但无法全部加以应用；其次，过去的阅读参与研究都没有纵向挖掘阅读参与概念下的丰富内容，展开更为维度化

---

① 张文静、辛涛：《阅读投入对阅读素养影响的跨文化比较研究——以 PISA 2009 为例》，《心理发展与教育》2012 年第 2 期。
② 于婧：《PISA 视域下的中学生阅读参与研究》，硕士学位论文，四川师范大学，2015 年。
③ 温红博等：《家庭环境对中学生阅读能力的影响：阅读投入、阅读兴趣的中介作用》，《心理学报》2016 年第 3 期。
④ 徐孝娟等：《从传统纸媒到数字媒介的用户阅读转移行为研究——基于 MEC 理论的探索》，《中国图书馆学报》2016 年第 3 期。
⑤ 闫碧舟：《面向终身阅读：阅读投入的内涵、特征及其当下课题》，《课程教学研究》2017 年第 9 期。

的深入讨论，因此参考教育学、心理学等学科的研究路径和研究结论并结合现实情境去探索读者的阅读参与，显得十分关键和迫切。

我们将阅读行为的研究分别归纳为行为过程、认知效果、阅读体验三大导向：①行为过程导向聚焦于阅读过程中具体的行为及从过程中抽象出来的范式特征；②认知效果导向着重在剖析读者加工和吸收阅读内容的行为过程；③阅读体验导向倾向于从读者感受的角度探查阅读行为的内在根据及内、外影响因素。综合上述发现并基于班杜拉交互决定论个体、环境、行为相互影响的观点提出阅读行为的学术概念框架，如图2-4所示。在阅读行为的学术概念框架中，发现阅读参与贯穿于阅读选择、阅读获取、阅读文本、阅读反馈整个阅读行为过程当中，已经从传统观念里阅读对象和读者的二元互动延伸到多个阅读参与体的动态网状互动，是从投入的角度对读者心理和行动反应的表达。

本书的研究显示，全媒体时代下青少年阅读行为已出现从传统阅读向复合阅读的转变，那么，在全媒体环境下，读者的阅读参与在怎样的条件下发生？阅读参与是否呈现出新的过程模式？是否呈现出新的特征？受到什么因素的驱动？读者具体怎样从传统阅读转移到复合阅读？有哪些因素可能起作用？这些都需要更深入的探讨。

本章主要采用网络志法、扎根理论、关键事件法等方法展开对以上问题的探讨。在背景分析和文献综述的基础上，结合相关理论，从解释现象学的角度观察复合阅读中的阅读参与，解析其动态过程，构建全媒体时代下的阅读参与过程模式，并进一步梳理出可能的阅读参与驱动因素，找到阅读推广活动的最佳作用力，再采用关键事件法，挖掘读者行为转变的具体过程及其影响因素，为图书馆阅读推广工作提出具体的建议措施。

第二节　复合阅读的阅读参与观察

一　观察框架与数据来源

阅读参与是一个相对抽象的多维度概念，既包含具体的行为事实，也存在心理反应。本节以扎根理论为主，对阅读参与的过程表现进行观察，通过网络志法从网络阅读社区里用户的讨论内容中挖掘阅读参与的具体情形，从现象中归纳特点。将扎根理论的研究思路作为主要流程，主要目的是自下而上地将阅读参与具体化、细化，分为以下几个步骤：对收集的文本数据进行观察、筛选、整理；提取原始资料中出现的相关概念；进行概念之间的比较，分析其相关性，逐级编码，归纳为理论性概念；根据一定的规则或者逻辑，形成阅读参与过程模式；从中总结出阅读参与的过程规律和特征。

网络志法是一种常用的质性研究的数据收集和分析方法。基于数据全面性考虑，本书首先确定将兴趣内容社区豆瓣、网络知识问答社区知乎、最大社交平台微信、优质创作社区简书和晋江网作为调查平台，以丰富调查情境。再从中分别选取豆瓣小组"最近我们读了同一本书"（共43万多成员）、知乎"阅读"话题（共收录4万多个问题）、微信读书评论区、微信群"跬步"和"剪灯夜话"、简书"读书"专题（共16万篇原创文章）、晋江网热门文章留言讨论区进行跟踪观察，拟全面捕捉与参与相关的读者发言内容。本书从2017年8月开始，对所选择的在线阅读社区进行有目的的参与性观察，并收集有实义的表达内容2000多条。在阅读社区当中发言的用户本质上就是参与度较高的读者，他们所呈现出来的参与特征有一定的代表性并且完全符合全媒体时代表达和交互多元化的情境，分析这些参与节点有利于我们从微观处把握读者阅读行为。

二 观察过程与结果

（一）开放性编码

在分析过程中，为保证扎根过程的严谨性和客观性，本书借鉴了扎根理论开创者 Strauss 的方法，采用及时记录想法、多人校验、小组讨论的方式。整个扎根过程中，利用一致性计算公式 $PAo = A/n$，两位编码者的相互同意度为 $PAo = A/n = 278/316 = 88\%$，内部一致性达到88%，在有争议的编码部分通过小组内讨论形成较为客观的统一意见。本次研究最终从收集的2000多条文本当中筛选出与参与相关的数据条目316个，合并重复概念后，发现初始概念155个（a1—a155），进一步对初始概念进行分类与合并，归纳出27个范畴（A1—A27）。开放性编码结果见表6-2（详细原始数据编码结果表请参见附录1）。

表6-2　　　　　　　　　开放性编码结果

范畴	概念	原始资料抽取过程举例
A1 寻找	a1 寻找内容，a2 寻找书名，a3 寻找书单，a4 逛图书馆（书店）	#a1#综艺啥的都看完了，到晋江里来找好文来。 #a2#找权威或共性的书单，如各大公号、出版社推荐的书单
A2 选择	a5 添加书单，a6 筛选，a7 挑选，a8 搜索，a9 选择（阅读方向）	#a6#我筛选书籍主要还是通过看别人对这本书的评价，这些评价则主要来源于豆瓣评价和书评、亚马逊和当当网的评价以及别人的介绍
A3 计划	a10 准备看，a11 列清单，a12 关注，a13 观望，a14 加购物车	#a12#好几位朋友给我推荐木心的书，可一直没机会看，看来真得看看了
A4 获取	a15 购买，a16 下载，a17 借阅，a18 订阅，a19 交换，a20 收藏，a21 等更新	#a17#我分别订阅了《樊登读书会》的会员和喜马拉雅FM的收费音频节目《大咖读书会》，最近也在陆陆续续地听到《每天听本书》。#a20#值得收藏
A5 互动	a22 邀请（共读），a23 求荐（有参照），a24 求荐（无参照），a25 求介绍，a26 询问（作比较），a27 询问（方法），a28 询问（评价），a29 加入社群	#a23#求推荐像《英国病人》一样优美的小说。 #a28#我还没开始看，好看吗？ #29#第七期的群名叫作"Saga"。进群之后，发现群里有很多厉害的小伙伴，贯穿各行各业
A6 价值感知	a30 了解背景，a31 了解评价，a32 了解内容，a33 判断，a34 匹配需求，a35 自我定位，a36 匹配能力	#a30#或许，等我更加了解它的背景之后，重读以前读过的书会别有一番感想。所以，我一直觉得，学习某个东西，兴趣是最好的老师
A7 心理投资	a37 期望，a38 好奇，a39 设目标，a40 总结方法	#a39#平常看书看得少，今年给自己的目标就是充实自己，多读些书，把读的每一本书都做读书笔记，记录下来，我们一起加油
A8 倾向	a41 合胃口，a42 被吸引，a43 有兴趣，a44 爱好	#a42#喜欢这种风格，喜欢桐华的文风，我是被书名和封面吸引的

续表

范畴	概念	原始资料抽取过程举例
A9 整体行为	a45 交替读，a46 对照读，a47 反复读，a48 重读，a49 细读、慢读	#a46#电影已经出了两部了，个人还是觉得书好看，握手礼有英文原版书，对照着中文看，觉得更有意思
A10 书内行为	a50 记笔记，a51 摘抄，a52 批注，a53 搜索，a54 回翻	#a51#摘抄，记录心动，一是不想错过句子的美好，二是督促自己多看书 #a53#利用网络进行搜索，比如看看维基百科对于概念是如何理解的
A11 阅读方式	a55 对话，a56 浏览，a57 背诵，a58 听书，a59 翻阅	#a56#我读书喜欢浏览式的阅读，知道主题是什么就好，不喜欢逐字逐句地看，就算再有哲理的句子当时记住了过后也会忘，但主题是会印在脑子里的
A12 理解	a60 理解，a61 理解困难，a62 翻译，a63 巩固，a64 解释	#a62#很多人翻译只是按照字面的意思直译过来，但是你要考虑到翻译出来的东西是给别人看的
A13 思考	a65 思量，a66 思考，a67 思辨，a68 反思	#a65#《我们仨》真是好书，杨绛先生的书，总是轻描淡写，看的时候仔细思量，充满喜庆的片段，布满恐怖的事件，亲人之间的爱
A14 关联	a69 比较，a70 联想，a71 想象，a72 认同，a73 发现，a74 认识自己，a75 认识自己	#a70#突然想到了阿西莫夫《神们自己》里面对平行宇宙中外星文明的描写
A15 加工	a76 画思维导图，a77 梳理时间轴，a78 梳理人物关系，a79 拆解文本	#a76#看这些书的过程中感觉自己的分析能力确实见长，很多次做福尔摩斯人物关系分析以及推理过程分析都是用思维图形象地画出各个主干和分枝来
A16 情绪	a80 幸福，a81 温暖，a82 轻松，a83 愉悦，a84 平和，a85 惊喜，a86 震撼，a87 感动，a88 触动，a89 畅快，a90 恶心，a91 忧伤，a92 心疼，a93 压抑，a94 遗憾	#a82#喜欢村上的书，读他的书，感觉好轻松 #a83#挺爱看村上的书的，每看他的书的时候心情比较愉悦 #a86#第二遍精读，没什么可说的，就是震撼 #a89#很喜欢这本书，逻辑编织了一张网，读出了人生的惊喜

续表

范畴	概念	原始资料抽取过程举例
A17 心流	a95 代入，a96 渐入佳境，a97 扣动心弦，a98 亲历，a99 入迷，a100 共情，a101 共鸣，a102 沉浸，a103 欲罢不能	#a95#看的时候跟着人物走，现在回想，很有代入感 #a97#《平凡的世界》中除了那跌宕起伏的故事情节拨动我心弦外，还有那不畏生活艰辛的人物形象让我折服
A18 兴趣	a104 被吸引（情节），a106 感兴趣	#a104#我看书属于比较浅，只看故事，但是《百年孤独》情节确实很吸引我，没有大家说得那么难读
A19 分享	a106 引用，a107 分享感受，a108 分享观点，a109 分享资源，a110 介绍	#a106# "你要知道，只有时间能证明你的努力。我始终坚信，时光不会辜负那些努力并坚持的人。"这话说得真好
A20 评价	a111 评价外在，a112 评价作者，a113 评价思路，a114 评价文风，a115 评价内容	#a111#这个绘本感觉有点贵，毕竟书很小很薄……但是很喜欢的话就买吧，其实还是蛮有意思的 #a113#思路好清晰，尽管也很喜欢看书，也会做笔记，偶尔写书评。但是看你的文章，发现非常有条理，从选书到活用
A21 互动	a116 交流（与社区用户），a117 交流（与书中人），a118 参考，a119 与他人比较，a120 推荐，a121 提建议，a122 劝读，a123 回复	#a117#小王子，你在自己的星球上过得还快乐吗？你和你的玫瑰花和好了吗？ #a118#感谢答主哦会好好作参考的，有很大收获 #a120 推荐《刻意练习》，美国一专家写的
A22 操作	a125 写读后感，a126 整理，a127 打卡，a128 标记，a129 排名	#a129#其次，我定期会标注看过的书 #a129#《解忧杂货店》，这本书给我的感觉很好，如果给我读过的书列个排名，它能在第二位
A23 总结	a130 归纳，a131 总结（写法），a132 总结（内容）	#a130#我将此书认为比较有收获的文章归纳为三个部分：规划时间、自我投资和总结

续表

范畴	概念	原始资料抽取过程举例
A24 分析	a133 分析情节，a134 分析原因，a135 生发观点，a136 反对，a137 批评，a138 质疑	#a133#《小王子》的故事情结是以小王子和心爱的玫瑰花吵架而离开自己的星球之后的旅途为主线的 #a137#第一章，思绪紊乱，没有布局，没有条理。第二章，段落太长会产生视觉疲劳
A25 联想	a139 反思，a140 比较，a141 启发，a142 认同	#a139#一本好书读完往往能让人反思许久，犹如一位长辈对你孜孜不倦的教诲
A26 感受	a143 慰藉，a144 治愈，a145 热血，a146 叹息，a147 悲痛，a148 抑郁，a149 感同身受	#a143#唯一的慰藉是方才阅读完的书，我还想说说这本书——远山淡影 #a146#夜莺与蔷薇、少年国王、西班牙公主的生日……至今想来仍旧忍不住叹息一声
A27 态度	a150 赞赏，a151 感激，a152 欣赏，a153 佩服，a154 珍视，a155 可惜	#a152#欣赏春风的读书态度，也欣赏春风文字中流露的真情实感，真正的如沐春风~ #a153#太厉害了，读书广而且精啊，佩服

（二）主轴编码

主轴编码阶段的主要任务是在开放式编码挖掘范畴的基础上，通过聚类进一步发现范畴之间的各种联系，从而建立资料中各独立范畴间的有机关联。[1] 建立关联时常借助相关线索，以分析概念层次上的联结关系[2]，如因果关系、结构关系、情境关系、功能关系、类型关系、过程关系、策略关系等。根据本研究目标与研究对象的特性，从阅读参与的阶段性和参与的维度性两个大类入手对范畴进行交叉归纳聚类，最终形成9个大类（B1—B9）。主轴编码结果如表6-3所示。

---

[1] 陈向明：《扎根理论的思路和方法》，《教育研究与实验》1999年第4期。
[2] 李燕萍等：《科研经费的有效使用特征及其影响因素——基于扎根理论》，《科学学研究》2009年第11期。

表 6-3　　　　　　　　　　　　主轴编码表

阶段	维度	范畴	范畴内涵
阅读前	B1 行为参与	A1 寻找	寻找阅读对象的过程
		A2 选择	选择阅读对象的过程
		A3 计划	在阅读前做的准备和打算
		A4 获取	获取阅读对象的行动方式
		A5 互动	阅读前与社区成员基于阅读话题的交流
	B2 认知参与	A6 价值感知	判断阅读对象是否适合自己的过程
		A7 心理投资	例如设目标、好奇、期望
	B3 情感参与	A8 倾向	心理倾向,推动阅读的关键
阅读中	B4 行为参与	A9 整体行为	自己阅读中的读法和节奏
		A10 书内行为	在阅读中对阅读对象的直接操作
		A11 阅读方式	阅读方式如听、背、浏览
	B5 认知参与	A12 理解	把握和解读阅读对象的过程
		A13 思考	思维的一种探索活动
		A14 关联	阅读时通过联想、回忆等方式将阅读对象与其他产生联系
		A15 加工	将阅读对象通过一定的方式进行整理
	B6 情感参与	A16 情绪	内心世界的外在表达
		A17 心流	完全参与、失去对时间空间意识的主观状态
		A18 兴趣	心理倾向,阅读中推动阅读的重要动机
阅读后	B7 行为参与	A19 分享	分享自己的观点、资源、感受等过程
		A20 评价	对阅读对象进行点评
		A21 互动	阅读后关于自己的阅读经验与社区成员进行互动
		A22 操作	对自己的阅读经验进行标记、打卡等处理
	B8 认知参与	A23 总结	总结自己在阅读过程当中的认识和发现
		A24 分析	对阅读文本进行分析
		A25 联想	阅读后通过联想、回忆等方式将阅读对象与其他产生联系
	B9 情感参与	A26 感受	阅读后产生的体会、感想
		A27 态度	阅读后对待阅读对象以及相关人事的心理倾向

在主轴编码环节，本书将阅读前、阅读中、阅读后三个阶段分别划分为行为、认知、情感三个参与维度，构成9个主范畴。三个维度并不是完全独立存在的，而是相互交叠又各有侧重。行为参与强调卷入具体的活动，在阅读前主要包括寻找、选择、计划、获取、互动，阅读中包括整体行为、书内行为、阅读方式，阅读后包括分享、评价、互动、整理；认知参与强调融入了自我调节和策略去努力引导心理（思维）活动过程，在阅读前主要包括价值感知和心理投资，阅读中包括理解、思考、关联、加工，阅读后包括总结、分析、联想；情感参与强调对接触的对象做出积极或消极的反应，阅读前主要包括兴趣，阅读中主要包括情绪、心流、兴趣，阅读后主要包括经历阅读过程后所形成的感受、态度。

（三）选择性编码

选择性编码阶段进一步梳理主轴编码步骤中形成的9个维度之间的关系（见表6-3），挖掘出核心范畴，通过主要现象的"故事线"把核心范畴与其他维度相联结，从而展示整个阅读参与过程，使维度间的关系更加清晰，具体如图6-4所示。同时，笔者从网络社区中采集了50条记录进行饱和度检验，没有发现遗漏的重要范畴和概念，因此本次扎根研究基本达到饱和。在9个维度的基础上，本书将"全媒体时代的阅读参与"确定为核心范畴，具体如下：

阅读前——"与文本相遇"阶段和阅读后——"对文本进行反馈"阶段主要是以丰富的行为参与为主要表现，读者因认知参与或情感参与的影响，分别在阅读前后产生行为参与。阅读前因价值感知、心理投资或兴趣的触发，寻找可读物、完成最终选择、制订阅读计划、获取阅读对象以及在上述行为过程中与他人互动；阅读后对阅读经历进行总结、分析、联想或基于阅读经历产生了感受和态度，进而反馈自己的阅读体验、分享关于阅读对象的心情、想法和资源、作出一系列评价、整理阅读结果和阅读经历以及这串行为过程中与他人互动。

阅读中——"与文本对话、生成意义"阶段，读者的阅读参与以某种整体行为为主导，在某种阅读方式下，情感参与和认知参与从中生发出来，也是阅读中行为参与的一种结果：认知参与表现在大脑应用一定的策略对文本的处理过程；情感参与表现在阅读时愉悦、轻松、悲痛等各种情绪的产生，以及进入"心流"。如学者Csikszentmihalyi所述，心流是一种完全参与的主观状态，即个人参与到一项活动中，以至于他们失去了时间和空间的意识①，是一个代表高情感投入或投资的概念。

阅读前的参与对阅读中的读者反应产生了直接的影响，阅读过程中情感和认知的共同作用产生了阅读后的反馈，阅读后产生新的认知，新的情感态度，或与他人产生新的关联，促使读者以终为始，进入新的阅读循环，如图6-4所示。

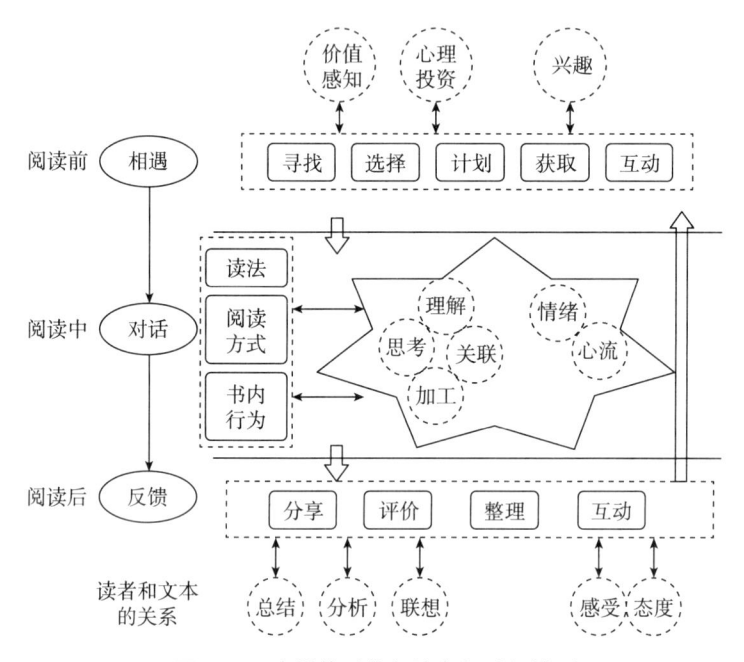

图6-4 全媒体时代阅读参与过程模型

第三节 复合阅读中的阅读参与特征及其成因

一 复合阅读中的阅读参与特征

全媒体时代赋予了阅读更丰富的内容和形态，笔者结合上述编码结

---

① Csikszentmihalyi, M., "The Flow Experience and Its Significance for Human Psychology", Csikszentmihalyi M., csikszentmihalyi I. s. Optimal, 1988.

果以及自身以参与者身份在阅读社区的长期观察中产生的对读者与文本关系的理解，分析得出新情境下阅读参与的以下新特征：

(一) 内涵和外延越来越丰富

1. 行为参与多样化

在媒介融合和渠道多元化的趋势下，阅读参与泛在化成为一种现象，网络上的表达渠道通畅，使具体行为外显，易被观察到，行为参与的多样化成为全媒体时代阅读参与最为显著且最易被感知到的特征。读者自发地寻找阅读对象是一种行为参与，挑选购买是一种行为参与，订阅是一种参与，将阅读体会和心得与他人交流、分享也是一种参与。

2. 读者角色多元化

互联网的出现将信息传播及文化流通的形式从法兰克福学派所认为的"受众被动接受信息"的框架中分离出来，加速和强化了读者的阅读参与行为。从个体层面来看，从被动的接受转换为主动的选择，读者与文本、媒介、其他读者、传播者形成多元网络关系。在阅读参与的过程中，读者的角色经历从"信息搜寻者""意见征求者""文化消费者"到"意义生成者""文本加工者""体验者"再到"内容传播者""评论者""社区成员""共创者"的转换[1]，从而获得更丰富的阅读体验，阅读价值的内涵也从知识价值向娱乐价值、社交价值、体验价值和文化情境价值等蔓延。

借助互联网技术之利，如今读者可以将阅读时的感想和总结以文字的方式上载到社交媒介上，这个过程不仅加深了自己的阅读深度，也体现了自己"书写"内容的意义，从内容接收者转为内容生产者，再传播释放了阅读再生产的张力。

很多读者还可以直接参与到作品的创作过程中，成为共创者。例如百度百科的共同编辑模式、在晋江文学城、起点中文网等网站，读者们在追连载更新的作品时会及时表达自己的感情，分享自己的想法，提出相关的建议，和作者直接沟通。读者的参与程度逐渐深入，将作者的创作引向一个不断完善的路径："个人觉得还可以再奇幻一点，比如学学

---

[1] 张宏伟:《参与式生产：文化产品生产的转向与变革》，《新闻与传播研究》2015年第11期。

电影加菲猫里面跳跳肚皮舞之类的"（起点中文网）、"老实说，突然出现的蓝烟那个角色写得非常不好，虽然隐隐约约地透露出她的出身可能很高贵，但是她是在最凄惨最危险的时候被主角所救，且没有表现出有什么强的实力，现在处处一副大小姐模样，主角还带着她，迁就她……"（起点中文网）。

3. 阅读参与价值不断演进

过去，我们讨论的阅读参与仅仅是读者在阅读文本时呈现出来投入的行为状态，而当下阅读参与行为节点变得更加细化。在编码分析过程中，本书发现，阅读前、阅读中、阅读后的行为、情感、认知参与互相有作用，过程行为更加细化，价值独立出来，对阅读本身作用更强。从价值层面来看读者阅读参与全过程经历了从价值寻找到全方位共创价值的演进：阅读前与文本相遇的过程，在价值寻找、价值感知、价值选择等方面体现着读者的自主性；阅读中与文本对话的过程是价值渗透、价值获得的主要发生场；读者阅读文本后进行反馈的过程是基于自身体验的动态共享，是形成价值扩散、价值整合、价值共创的行为。在读者的阅读参与过程中，阅读前、阅读后的参与从以前的边缘化升级成为一个具有整体意义的板块，与阅读中参与的联合作用，产生的一种价值升级，更多复合价值显现出来，情感、心理、审美、哲学、社交等各种其他价值在这个过程中产生。

（二）线上与线下联动使读者回归阅读参与

1. 渠道联动让阅读参与更有动力

从渠道来讲，社会化阅读渠道赋予了数字阅读参与新的含义，使读者不仅能够阅读，而且能够在阅读交流中拓展自身的社会关系网络，更为重要的是，通过社会化阅读渠道构建的虚拟社区进行组织，线上阅读参与拓展了到线下，形成了各类阅读主题活动，进而又从线上和线下双渠道塑造读者的阅读动力参与到新一轮的阅读当中。

2. 媒介融合让阅读参与更自由

从媒介来讲，全媒体时代背景不仅仅是媒体内容、渠道、功能层面的融合，更是线上线下阅读媒介在新技术所创造的丰富体验下深度融合，这种融合不是多种阅读媒介的简单叠加，而是纸本、网页、移动终端、电视平台、电子书阅读器等媒介的联动。① 应用软件、Kindle 等电子书阅读器、纸本、浏览器只是为"我"所用的工具，基于个体目的的选择自然而然发生，阅读行为不再受时空的限制，这样才是将阅读真正回归到读者。

3. 新阅读参与促成数字时代焦点转移

当我们切换到对阅读参与的观察视角，发现社区当中的讨论风向呈现出回归内容本身的趋势，因各种阅读方式早已深入我们行为中，阅读媒介只是载体，阅读渠道只是路径，无论是纸质文本还是电子屏幕，互联网社交分享还是线下读书会讨论，落脚点最终都在读者的阅读上。以前阅读参与的焦点就是读，通过阅读理解内化成自己掌握的知识或建构自我意义，现在阅读参与的焦点已发生转移：整合阅读渠道打通线上线下形成了新阅读参与，使读者从被动的被吸引状态变得更主动，对自己的阅读更有控制感，更关注体验和享受阅读参与过程本身。

(三) 更多社会性的互动

1. 阅读参与的社会化交互趋势

亚马逊中国《2017 全民阅读报告》调查显示，78%的受访者选择通过社交平台，如微信、微博、豆瓣、知乎等分享阅读有关的内容，17%的受访者会在电商平台留下读者评论。全媒体时代下，阅读参与逐渐从传统的"与文本交互"转变为"社会性的互动"，读者以阅读为媒介延伸出来的社会交往行为，丰富了整个阅读参与过程。从读者个体层面来看，这一社会化交互趋势使读者"搜索、获取、阅读、评论、分享"更加流畅，更有参与感和互动感。

2. 从传统阅读中的"社交"转变为新阅读中的"社交"

传统的阅读其实也是一种"社交"，社交场合聚焦到了一本书上，但对话双方在时空上出现了分离，这种对话往往伴随着孤独的回响。而线上阅读社区渗透到爱书人的日常生活，樊登读书会、得到、罗辑思维等知识付费型、管理型阅读社群兴起，读者直接参与到作者的创作过程，朋友圈被"薄荷阅读"刷屏、真人图书馆活动理念逐渐传播等新

---

① 李健：《图书馆全媒体阅读服务探析——以国家图书馆的实践为例》，《新世纪图书馆》2015 年第 7 期。

阅读现象表明社会化媒体的出现使阅读不再是独自地或小范围地接收与传播信息，而成为可即时评论内容、可自行发布内容的、以兴趣为基础的、具有社会化属性的群体智慧的交汇。[①]

3. 社群中阅读和社交相互促进

"没有人是一座孤岛，每本书都是一个世界。"笔者就跟踪的阅读社群"剪灯夜话"347名成员的入群原因调查结果进行分析（该社群由阅读爱好者阿云基于微信社交平台创建），发现成员们加入社群的原因主要集中在和他人关于"阅读"话题的互动诉求的满足（见表6-4），在社交网络中发现、分享、交流阅读，即通过社交促进阅读；又因阅读形成话题和活动主题，在阅读中促进社交。

表6-4　　　　　　　　读者加入阅读社群的原因

入群原因	原始表达
交流心得	可能就是喜欢一群看书人一起交流的感觉吧；及时思想交流，头脑风暴；看看别人的理解和视角；希望和有共同话题的人多多交流；希望能够分享交流对文字的内心感悟；阅读中遇到问题能请教交流；一起看书一起分享感受，一个人看书太孤单了……
好书推荐	知道大家觉得有趣的书，分享自己读过的书；相互推荐喜欢的书；有新的书可以及时得到推荐
资源互助	互相帮助，微信赠一得一；微信读书互赠；获得书友资源……
交友	以文会友，认识更多的良师益友和贵人，结交更多纯粹的、没有利益冲突的志同道合者；结交有共同读书爱好的朋友；想从读书活动中认识一些同好……
扩展知识面	学习历史方面的知识；学习读书群运营的方法；开阔眼界；接触文学知识，提升自己……
坚持与成长	希望能坚持读书；希望我的读书不要断；一起读书，一起成长……

4. 产生更多社会资本

社会资本理论中，社会资本是指个体或组织所拥有的关系网中潜在或现有价值的总和，也是社会单元的特征，通过协调群体的行动来提升

[①] 尤翕然：《基于社交网络的社会化阅读研究》，硕士学位论文，湖南大学，2014年。

社会效率[1]。人作为最宝贵的社会资源，以"阅读"为联结点在社交网络中集中，自然产生了超出个体意义的社会资本。读者们借助网络平台进行情感关系和文化认同的交流分享，建立或加入阅读社区，与其他阅读爱好者或者直接和作品创作者实现网状链接。

读者们跨越了出版社、图书馆等层层中介，以阅读为兴趣节点，通过这种链接将趣缘群体构成的概念建立于书本之上，找到归属和认同。[2] 这种关系网络较现实生活中的社会互动更为流动和随意，读者也有了更大的个人空间基于"第二身份"将阅读参与过程当中自身获得的意义和情感传递出去。以兴趣和价值观为纽带，当不同文化背景的读者置于同一平台，社区成员对共同阅读话题的交流、思维碰撞与资源共享形成个人或组织的社会资本。

二 复合阅读的阅读参与之成因

从教育主体的立场出发，可能发挥作用的地方主要体现在课堂情境下的教师教学和学习任务；而从图书馆、政府、公益组织等服务机构的立场出发，在阅读推广的过程中主要是通过外部环境的设置和调度实现对阅读的驱动。具体来讲应要进一步明确图书馆等服务机构在读者阅读参与过程中可能发挥作用的空间，即促进或强化读者参与的外部因素和具体情境，以更有针对性地介入读者的阅读。

驱动因素的提出一般是在尝试解决两类问题之时：行为为什么发生？行为的强度因何而异[3]？就促进阅读而言，尽管已有一些文献对影响阅读参与的驱动因素进行了讨论，但跳脱出传统教学情境，立足于全媒体的时代背景的研究仍很缺乏。

Bandura 从社会学习的观点出发，在 1977 年提出了交互决定论、强化理论、自我效能理论。其中交互决定论主张必须以环境、行为、人三者之间的交互作用来解释人的行为表现，因而读者心理、阅读环境、阅

---

[1] 宋中英：《论社会资本概念的分类及其意义》，《齐鲁学刊》2011 年第 1 期。
[2] 林楷：《社会化媒体视野下数字阅读价值重塑与形态拓展》，《编辑之友》2017 年第 4 期。
[3] Deci E. L., Ryan R. M., "Intrinsic Motivation and Self-Determination in Human Behavior", *Encyclopedia of Applied Psychology*, 2004, 3 (2): 437-448.

读行为之间存在着某种相互适应的关系。曾祥芹在《阅读学新论》一书中提到其实读者最初的阅读驱动力都来自外界环境[①]，因奖励或任务式要求，非主动且非自发地参与到阅读中，当经过外界的干预和培养之后，逐渐衍生出内在的动机，阅读也就成为了无须引导的，更有主动性的，对精神文化生活的自觉追求的自发行为。Guthrie 和 Wigfield 提出的阅读参与模型当中也指出阅读参与受阅读动机和环境的共同影响，阅读环境通过影响阅读动机促进阅读参与达成阅读效果。因此，阅读参与的驱动因素有必要从读者的阅读动机和外部环境两大方面来考虑，基于此，我们可从内部驱动因素即内生阅读动机的产生以及外部驱动因素的影响展开分析。

（一）内生阅读动机的产生

内生阅读动机指的是读者个体因内在的目标、信念、倾向、期望、价值、自我概念等而阅读的一种综合内驱力，例如为了实现自我目标、为了内心的愉悦、为了加深对自己的了解、为了满足自己的好奇心等都是一种内生阅读动机。[②] 随着全媒体时代阅读的概念越来越泛在化，存在于个体中的内生阅读动机越来越复杂多样，对于一些读者来说可能选择读什么书的动力大于读某本书本身，或者倾听他人转述书中内容的动力大于阅读这本书本身，本书欲从探讨内生阅读如何产生来进行把握这种动机的变化。

自我决定理论是由 Deci 和 Ryan 在 20 世纪七八十年代提出的理论，常常用来解释人们参与某项活动的动机，已被广泛应用到体育、医疗保健、教育、游戏等各个方面，与操作性条件反射理论的外部驱动相反，它重点刻画内在的驱动。根据自我决定理论，动机分为内在动机、外在动机和无动机。[③] 人类有三种基本心理需求，分别是自主需求、胜任需求、归属需求。自主需求指人们希望能够掌握自己的行为和决定行为结果。Deci 和 Ryan 将自主性定义为："当个体的行为可能受到外部因素

[①] 曾祥芹：《阅读学新论》，语文出版社 1999 年版，第 131 页。

[②] Conradi K., et al., "Motivation Terminology in Reading Research: A Conceptual Review", *Educational Psychology Review*, 2014, 26 (1): 127 - 164.

[③] Deci E. L., Ryan R. M., "The Support of Autonomy and the Control of Behavior", *Journal of Personality and Social Psychology*, 1987, 53 (6): 1024 - 1037.

的影响时，能够进行自主选择的程度。"如果外界只是提供一个参考性建议或行动理由同时给人们选择和做决定的机会，这样人们的自主需求就会被增强就会得到满足。胜任被定义为对挑战的渴望和对自己能力、精通程度的感知，胜任需求又被称为能力需求，强调个体寻求对结果的控制。认知评价理论指出诸如获取新技能的机会和被适当挑战的机会都能增强胜任感，进而激发内生动机。关联需求指个体希望与他人相联系，产生互动并照顾他人，从情境角度解释关联感是指个体对所处社会环境价值的内化。基于上述三种心理需要，社会环境因素和个体相互作用，通过助长个体的自主感、胜任感和关联感支援内生动机，并促进外在动机的内化，最终激励个体的某种行为。[1]

除自我决定理论之外，Bandura 将自我效能概念作为人们动机生成过程中的一个重要影响因素，用来解释在特定情景下动机产生的原因。自我效能是指个体对自己能否在一定水平上完成某一活动所具有的能力判断、信念或主体自我把握与感受，也将直接影响到一个人的行为动机。Schunk 和 Zimmerman 研究发现自我效能感高的学生认为困难的阅读任务是具有挑战性的，并会努力地进行和掌握阅读过程，有效地运用他们的认知策略。

因此，当个体能感受到阅读对自身自主性需要、胜任性需要、关联性需要的充足支持或自我效能感时，阅读参与自然而然地发生。这样的读者往往目标明确，对自己的阅读能力和水平有一定的认识，对阅读有兴趣和好奇心，为了认知获得或情感体验的需求，为了通过表达分享进行所想所思的传诉，为了以阅读为纽带找到认同和归属等目的都有可能是他们阅读参与的主要内在动机，而读者内在驱动力的多样性也促进了阅读参与的多样。

（二）外部驱动因素的影响

行为主体和其所处环境相互影响，并在这一影响过程中不断演化。[2] 由于不是每个读者自身对于阅读都存在明确的目标、信念、期

---

[1] 张剑等、Deci, E. L.：《促进工作动机的有效路径：自我决定理论的观点》，《心理科学进展》2010 年第 5 期。

[2] Reeve J., "Understanding Motivation and Emotion", in *Understanding Motivation and Emotion*, Harcourt Brace Jovanovich College Publishers, 1992: 1771 – 1782.

望、自我概念等内在动机，因此在这个时候，就需要外界环境机制起作用，促进其参与到阅读中来。Guthrie 和 Wigfield（2000）在阅读参与模型中揭示了教学过程中通过调节外在条件来驱动阅读参与的有效途径。Guthrie 和 Wigfield 在阅读参与模型中提出的阅读参与受阅读动机和环境的共同影响，环境主要通过影响动机来促进阅读参与这一块关系。

随着阅读实践的发展，阅读的促进不限于教学情景，跳脱出课堂的概念化框架，读者的阅读参与过程中出现辐射面更大的更开放的外部调节方式，来激发读者内生动机或使外在动机内化。在充分利用云计算、社交网络、智能推送等互联网技术工具的前提下，线上线下相结合地为读者提供自主性支持、胜任性支持、关联性支持来实现持续激励，促进阅读参与。主要有以下作用因素：

（1）信息流：在阅读选择环节，外界向读者输出书单、推荐书目、背景介绍、内容介绍、观点评价和感受，在充分尊重读者自主选择的同时给予信息流支持，增强其对阅读的价值感知、心理投资或引发阅读兴趣，从认知和情感两个方面起作用促成阅读参与。——"谢谢推荐，之前都没有听说过这些书！今天按照书单定了书，4—5 月核心书单。（简书）""每一本的书评都勾起我购购的欲望。（豆瓣）"

（2）阅读资源：在阅读获取环节，外界通过既有资源输出，促成读者和阅读对象的连接，为读者通向阅读排除物质层阻力。

（3）技术：外界可为读者提供必要的技术支持，帮助部分读者更好地适应数字化阅读，跨越数字鸿沟，在阅读前助力查询、搜索等行为，在阅读中更自如地完成添加、标记等书内行为；相反，如果将图书数字化不当或技术支持不到位，也会对读者的数字阅读体验造成负面影响，不利于阅读参与的持续。——"是因为微信阅读的编辑太烂，导致此书很多单词排版都出现了问题，从而影响了阅读体验（微信读书）""先吐槽一下微信读书，已经写了两段的书评，然后程序崩溃，草稿也没有了，体验差（微信读书）"。

（4）挑战机制及奖励：通过设置目标或任务，发起挑战，引导读者的胜任性需要，辅助读者制订相关阅读计划，使读者明确达成某项阅读目标可以获得外部奖励，促进其参与到阅读活动中。

（5）互动平台：通过搭建阅读互动平台使读者之间、读者和服务方之间、读者和作者之间产生关联，保证在阅读过程中的碎片化输出，及时交流，寻求同感，提高阅读的黏性。

（6）共读机制：设立共读机制，吸引读者参与到群体阅读中，相互带动，彼此监督，双向促成阅读参与动力。"了解了共读的意义以后，我就开始坚持每天阅读 30 分，……还有小伙伴经常在群内，赠送微信电子书给大家，让人觉得'轻松读书'是一个温馨有爱的大家庭，共读的意义是彼此监督，然后用共读一本书达到趋同的效果，让你有一种身处团队的感觉。（简书）"

（7）策略指导：在阅读中理解、思考、关联、加工等环节，提供策略指导，例如翻译训练、思维导图训练、拆解文本训练等，促进读者阅读中的认知参与过程。

（8）阅读空间：无论是线下实体阅读场所还是线上虚拟阅读场域，外界都可以通过在阅读空间中传播阅读文化，营造适合沉浸阅读氛围，既可能是物理层面的安静、舒适，也可能是精神层面的感染和鼓舞，吸引读者走进阅读，沉浸其中。"关键群里的同学都很努力，很多次想要懈怠的时候，看看别人有多么努力，就会有继续坚持的动力了。（简书）"

（9）反馈机制：通过建立阅读后读者输出规则，将互联网产品运营机制迁移到阅读场域中，引导读者按照一定规则参与并完成打卡、签到、分享、写读后感等一系列行动。赋予读者反馈的动力，读者在反馈中也收获了新的意义。——"看完每天打卡到朋友圈……最后可以得到阅读计划里的实体书……小市民的我面对这种种优惠甚至有种自己赚到的错觉……（知乎）"

（三）阅读参与的循环驱动

当外部环境充分调动起读者的自主性、胜任感和关联感，激发阅读兴趣，个体主要受到内生动机的驱动，将自身作为一个参与者，才可能对阅读对象产生能动性，深阅读才有可能发生。在阅读过程当中充分的情感或认知参与的基础上，读者阅读后进行了相应的反馈，其结果之于引发新的阅读参与有两种可能性：

一种是成为别人阅读的前因，你将一次阅读经历向外传诉，所分享的观点、总结和陈述通过某种平台或参与机制引起了他人的关注，他人在与你交流过程中引发了兴趣点或感知到了阅读价值，增加了心理投资，进而引发了阅读前的行为参与表现。例如"都是好书，《动物庄园》已经加入购物车，谢谢您的留言。(豆瓣)"

另一种是给自己创造激励线索，以终为始，成为新一轮阅读参与的动力，读者在完成一次阅读中的参与感、获得感、体验感、满足感，或者找到延展阅读内容的信息线索，都有可能促成新的阅读参与的发生。例如"在看《菊与刀》时，曾看到'日本四书'的说法，《菊与刀》浮光掠影，而《武士道》是了解大概。于是在读完《菊与刀》之后，我就选择了《武士道》……（豆瓣）"

综合上述分析，我们尝试对全媒体时代阅读参与的驱动因素进行如图 6-5 所示。

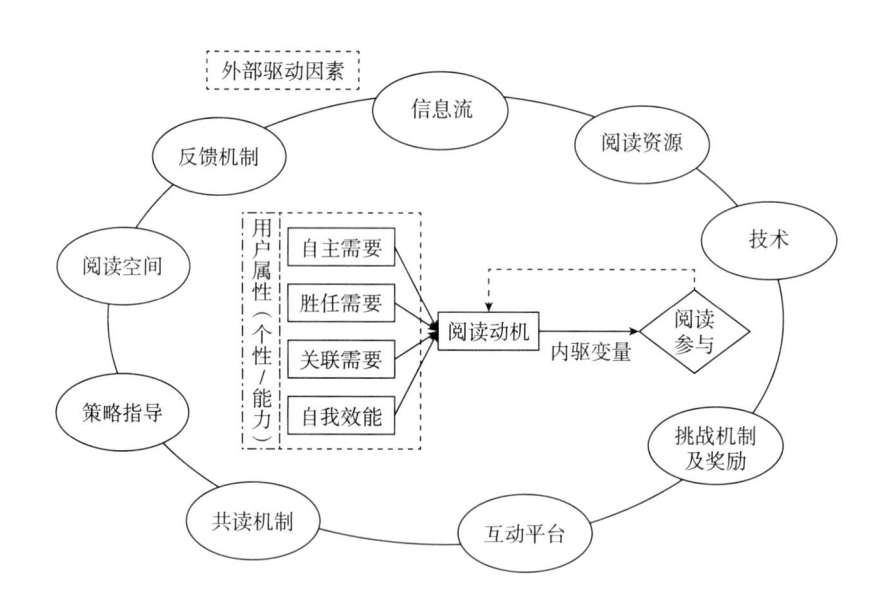

图 6-5 全媒体时代阅读参与的驱动因素

第四节　从传统阅读到复合阅读的转变机理

我们通过网络社区的发帖文本分析理清了复合阅读的阅读参与的特点与成因，那么，这一切是如何发生的呢？读者怎样从传统阅读过渡到复合阅读的阅读参与活动中，实现其阅读观念的转变呢？本节采用关键事件法，将关注点聚焦到阅读行为转变的具体过程机理，以回答以上问题。

一　关于"行为转变"的研究

Prochaska 和 DiClemente（1983）提出行为分阶段转变理论（Stage of Change Theory），也被国内学者译为跨理论模型（The Transtheoretical Model，TTM）。该理论认为人的行为改变需要经过六个阶段：认识前阶段（Precontemplation）、沉思阶段（Contemplation）、准备阶段（Preparation）、行为阶段（Action）、维持阶段（Maintenance），到最后行为终止（Termination）。[①] 该理论被广泛应用在健康领域，后来逐渐应用在企业管理、社会营销领域。检索发现，国内外对行为转变的研究多集中于健康行为领域，诸如体育锻炼、体重控制、健康行为变化等，未发现将该理论应用到分析阅读行为转变的研究。

徐孝娟等基于 MEC 理论，探索纸媒到数字媒介阅读转移的动机，认为用户主要受到功能性价值、机会性价值、社会性价值和情感性价值的影响。[②] 除此之外，多为描述性研究和阅读行为转变单个环节的实证研究。杨军描述了媒介形态变迁下，阅读行为的主体、方式、心理、功能价值等多方面也发生了变化。[③] 徐凯英等基于 TAM 和 ISSM 模型，分

[①] Prochaska J. O., Diclemente C. C., "Stages and Processes of Self–change of Smoking: Toward an Integrative Model of Change", *Journal of Consulting &Clinical Psychology*, 1983, 51 (3): 390–395.

[②] 徐孝娟等：《从传统纸媒到数字媒介的用户阅读转移行为研究——基于 MEC 理论的探索》，《中国图书馆学报》2016 年第 3 期。

[③] 杨军：《媒介形态变迁与阅读行为的嬗变——以印刷媒介与网络媒介为例的考察》，《图书馆工作与研究》2006 年第 2 期。

析了图书馆移动阅读服务的相关因素对用户接纳行为的影响。[①] 张迪和郑雅君对新媒体环境下大学生群体的阅读方式转变做出研究,研究揭示了这种阅读模式与传统阅读模式相比之下存在多元、视觉化冲击、及时互动的特点。[②] 如季丹、李武基于网络社区临场感,探讨出网络社区临场感对阅读行为发挥正向作用。[③] 综上所述,针对传统阅读转向复合阅读整体的行为影响因素的研究较少,本书在以往学者研究的基础上,通过关键事件法则识别行为转变的关键事件,深入挖掘影响读者行为转变的深层次原因,提出转变过程模型。

二 研究方法

本节研究主要采用了关键事件法和半结构化访谈法两种研究方法。

(一) 关键事件法

关键事件法又称关键事件技术(CIT),美国学者 Flanagan J C 在 1954 年提出。[④] 它是一种基于质性访谈的实证研究方法,该方法要求被访者对一些印象深刻的重要事件或故事进行描述,包括这些事件发生的具体表现、事件经过、事件影响等,然后研究者对这些关键事件进行归纳和分析,以寻求解决问题的途径。

关键事件法的目的是,基于个体的视角,从认知、态度和行为等不同层面来理解这些关键事件。这种研究方法是从被访者的视角进行,能够让被访者自己选择比较有代表性的事件进行描述,自主性较强,可以为研究提供大量有用的原始信息。同时,它的针对性也比较强,因为它要求被访者遵循一定的程序描述相关事件,而不是任由被访者夸夸其谈而偏离研究主题。

关于本书的研究主题相关文献较少,关键事件法有助于用较少的样

---

① 徐恺英等:《图书馆移动阅读用户接纳行为影响因素研究》,《图书情报工作》2017 年第 15 期。
② 张迪、郑雅君:《新媒体环境下大学生阅读行为的转变及对策研究》,《新闻研究导刊》2017 年第 14 期。
③ 季丹、李武:《网络社区临场感对阅读行为的影响机制研究——基于满意度的中介效应分析》,《图书情报工作》2016 年第 2 期。
④ Flanagan J. C. , "The Critical Incident Technique", *Psychological Bulletin*, 1954, 51 (4): 327 – 358.

本获取大量的原始信息。另外,行为是可观察和可测量的,读者的行为也可以通过自身或别人的观察和感受被描述出来,使用关键事件法不仅仅有利于研究的顺利进行,也容易抓住研究的关键问题。

(二) 半结构化访谈

基于选择关键事件法则作为该研究的主要方法,和研究所需细致、深入的数据资料,选择了半结构化访谈。这种访谈形式介于结构化访谈和非结构化访谈之间,是指按照一个比较粗略的访谈提纲而进行的非正式的访谈。访谈者可以根据访谈时的实际情况做出一定的调整,灵活变通,对提问的方式、顺序、访谈对象回答的方式、访谈记录的方式还有访谈的事件、地点等都没有具体的要求。因此,这种方式有助于根据询问中的实际情况,诸如被访者的表情、态度、语气等,选择更合适的方式更深层次地挖掘出对研究有用的因素。

三 关键事件收集

本书基于半结构化访谈的方式,调查访谈对象在传统阅读向复合阅读行为转变过程中的关键事件,深入挖掘关键事件描述中影响行为的因素。

(一) 关键概念界定

本书的关键概念是传统阅读和复合阅读。这里将传统阅读外延界定为,以纸质媒介为载体的阅读方式,是一种以阅读内容为重点,获取知识为目的的阅读行为。该阅读行为阅读的内容、方式和目的均呈现单一化、个人化的特征,是自己与书本、自己与自己的自我互动。相较于传统阅读而言,复合阅读是在阅读的媒介、行为和价值上具有复合性特征的阅读模式。如前所述它与传统阅读不同,这种阅读行为跳脱出传统的纸质媒介阅读,而表现出媒介复合、行为复合、价值复合的特征。基于此,本部分研究识别出作为复合阅读行为事件的描述,按照这三个特征分类,如表6-5所示。

表6-5中媒介复合指读者采用线上线下结合阅读的复合行为,被细分为五种阅读模式,分别是:纸质+Kindle+Pad、纸质+Kindle、纸质+手机+Pad、纸质+手机+Kindle、纸质+手机。行为复合表现在阅读内容的选择、获取,线上线下阅读笔记的结合以及阅读后的交流分

享。价值复合指在复合阅读中获得功能价值、娱乐价值、交互价值、知识价值、审美价值任意两种及其以上的价值。

表6-5　　　　　　　　　　　复合阅读范畴

复合特征	范畴	典型案例
媒介复合	纸质 + Kindle + iPad	纸质书、Kindle 和 iPad 我都会用,用 Kindle 的时候比较多,iPad 看与课程学习相关的时候会用
	纸质 + Kindle	一般看纸质书,出门会带 Kindle
	纸质 + 手机 + iPad	纸质书、手机和 iPad 吧,视情况而定
	纸质 + 手机 + Kindle	常用 Kindle 看书,手机偶尔会用,但纸质书还是阅读感受最好了,偶尔买了就看纸质
	纸质 + 手机	我喜欢看纸质书,但也有在用手机上的 App 阅读
行为复合	多渠道选择阅读内容	我一般根据自己的喜好,看网上的推荐综合来选择自己要阅读的内容
	多渠道获取阅读内容	有些书可以直接在线阅读、有些会从网站上下载下来
	兼顾线上线下阅读笔记	我其实一般都用纸质笔记,但用 Kindle 阅读的时候也会用它自带的标记功能,比较方便
	阅读后交流分享	我看完书会在豆瓣上评分,写自己的感受,与别人分享
价值复合	获得功能价值、娱乐价值、交互价值、知识价值、审美价值任意两种及其以上的价值	我觉得除了能汲取书本的知识,与朋友分享交流的过程中能沟通感情,还能加深对知识的理解

(二) 访谈提纲的设计

传统阅读向复合阅读行为转变的过程,类似于接受一个新产品的过程。人们从接收信息到最后采取行动并且维持行动的这一过程中的决策是隐匿于受众的大脑中的,在行为逐渐转变的过程中,各种因素是以持续、积累的方式作用到人们最后的决策行为中,最终完成行为转变。因此,要通过合理的访谈问题的设计帮助被访者回忆和识别出行为转变的关键因素。以前文提到的行为分阶段转变理论(Stage of Change Theory)为基础,让前后两个阶段形成一个过程,从这五个过程出发,设计访谈结构：（1）请描述一下您当时是如何了解到/得知（某种阅读工具、App 或者阅读活动等）？（2）请描述一下您知道以后的态度/想法/反应/行动？（3）请描述一下您第一次使用××进行阅读的情况/选择将要阅读书籍的过程/阅读中和阅读后分享交流的情况/第一次参加读书会的情况。（4）请描述一下您再次使用或多次使用的场景/感受等？（5）您是否还会继续使用/参与？

（三）访谈样本选择

本书在选择访谈对象的时候，先对可能采访的对象做了初步了解，确定它符合复合阅读读者的特征再将其作为最后的访谈对象。最终确定的 20 位访谈对象满足以下条件中至少一项：（1）除了阅读纸质书，也使用手机、Kindle、iPad 等移动阅读工具进行线上阅读；（2）多渠道选择或获取阅读内容；（3）兼顾线上线下阅读笔记；（4）除了自己阅读和思考，也与他人互动交流；（5）参加读书会、阅读小组或虚拟阅读社群。

四 关键事件分析

（一）分阶段关键事件数据与分析

本书所研究的内容比较难从时间入手来区分受访者处于行为的哪个过程中，因此我们以下面的方式（见表 6-6）区分：受访者经历不知道到知道为第一个过程；开始出现下载、查询等行为处于第二个过程；有了第一次正式的体验处于第三个过程；出现多次一次以上复合阅读行为便进入第四个过程；当受访者明确表明会继续这种行为即属于第五个过程。

表 6-6　　　　　　　　受访者分阶段行为特点

行为过程	阶段释义
处于认识前到沉思阶段过程	受访者从完全不知道到被动或主动知道
处于沉思到准备阶段过程	受访者知道之后开始出现下载、查询等行为
处于在准备到行动阶段过程	受访者从初步了解到第一次正式体验
处于在行动到维持阶段过程	受访者不止一次出现复合阅读行为
处于在维持到终止阶段过程	受访者明确表明这种复合阅读行为会继续下去

1. 认识前→沉思阶段的关键事件分析

从访谈信息中识别出受访者经老师、朋友推荐，家人赠送，Appstore 推广，微博推广和豆瓣活动推广而了解到一些线上阅读工具和阅读分享交流活动，这些途径主要来自外界，老师推荐和朋友推荐为主要途径。老师、朋友、家人是受访者身处的社群，他们的推荐对受访者的影响属于社群因素，将其他媒体和平台等的宣传归纳为推广因素。

表 6-7　　　　　　　　认识前→沉思阶段的影响因素

影响因素	子范畴	样例（关键事件描述）
社群因素	老师推荐	有节课上老师推荐的
	朋友推荐	朋友推荐给我的
	家人赠送	当时我哥送了我一个
推广因素	Appstore 推广	浏览 Appstore 时看到推荐这个
	微博推广	好像是在刷微博的时候看到宣传广告
	豆瓣活动推广	我会关注豆瓣上的活动消息，当时在活动上看到这个读书会了

2. 沉思→准备阶段的关键事件分析

第二个过程中，被访者认识到事物之后，出现了主动搜索查询相关信息、下载等行为。从受访者对相关行为的描述中识别出，有的受访者出于好奇、从众、自我期望的心理产生下载、购买的行为；设备的易用性和便利性、免费的资源和感兴趣的活动内容、与他人交流的机会等在受访者留下较好的印象，有助于积极的态度产生。与设备的性能、特征、功能的归纳为设备因素；个人心理活动被归纳为个人因素；资源和活动内容被归纳为资源因素；与他人分享交流被归纳为社交因素。因此，在这一过程，受到了设备、个人、资源和社交因素的影响。

表 6-8　　　　　　　　沉思→准备阶段的影响因素

影响因素	子范畴	样例（关键事件描述）
设备因素	易用性	我下载了微信读书，发现很多免费，而且还有好书，也不用重新注册账号和手机验证码，可以用已有账号
	便利性	我下载后，感觉使用起来还挺方便的

续表

影响因素	子范畴	样例（关键事件描述）
个人因素	好奇心理	我看到宣传后，出于好奇，就下载来准备看看
	从众心理	看到那么多人都在用 Kindle，我也想要跟个风，就买了，觉得自己有了 Kindle 应该会看很多书吧
	自我期望心理	
资源因素	免费资源	下载后，看见了很多免费资源
	活动内容	我去看了下读书会的介绍，是自己比较感兴趣的作者，作者会在现场探讨自己作品中的想法，也可以向作者提问，能够与作者直接进行交流，其次，参加的人都基本爱好相似，听听他们的观点也好，也许还能以书会友
社交因素	分享交流	

3. 准备→行为阶段的关键事件分析

第三个过程中，被访者完成初步了解的阶段后，出现了第一次正式使用或参与的行为。通过受访者对第一次行为的描述，发现一些人因为时间空闲、工作和学习要求的需要而产生行为；设备的标记功能和便利性被提及；免费资源、朋友推荐、分享交流均为推动第一次行为产生的重要原因；受访者首次表明朋友推荐后使用能够起到维护友谊的作用。将时间空闲、工作和学习要求归纳进个人因素、标记功能放入设备因素，维护友谊纳入社交因素。因此，这一过程，受访者受到了个人、设备、资源、社群、社交五大因素的影响。

表6–9　　　　　　　准备→行动阶段的影响因素

影响因素	子范畴	样例（关键事件描述）
个人因素	时间空闲	应该就是缘分吧，当时我正好想看点什么，有点闲，就打开它，选了一本比较感兴趣的书，就开始看了
	工作需要	因为工作需要我来组织参与读书会
	学习要求	导师要求定期开展读书会
	好奇心理	我刚拿到就开始看了，因为觉得很新奇
设备因素	标记功能	我做笔记一般就在书上画，用 iPad 阅读的时候刚好它有标记功能嘛，还有颜色可选，就直接用了，也挺方便
	便利性	我当时在公交车上，要坐很久，想看书，就打开了之前下载的 App，在车上用手机看书比较方便

续表

影响因素	子范畴	样例（关键事件描述）
资源因素	免费资源	我当时就点开 App，看着一堆书都免费，就点了首页推荐的一个开始看了
社群因素	朋友推荐	当时我朋友先下载了微信读书，然后因为看上了一本书挺好的，就推荐我，然后强烈给我推荐了一下微信读书集金币买书的优秀勤俭持家行为，然后我就下载了微信读书，看了朋友推荐的书，后面到缴费部分的时候，我发现我还差点儿金币，然后又看了些其他的，补够了时间，最后才成功买下那本书
社交因素	分享交流	我第一次在豆瓣上给看过的书打分，想表达一下我对这本书的看法，告诉别人我认为这本书的质量如何
	维护友谊	朋友推荐我使用的，所以我一定得看一看，才能跟她交流嘛，不然也不太好哈哈

4. 行为→维持阶段的关键事件分析

第四个过程中，受访者已不止一次出现复合阅读行为，产生了更多的使用体验感受。过程第一、第二、第三过程中的部分因素反复多次被提及。由于更多次的使用和体验，被访者描述的关键事件也更加详细，也出现更多丰富的复合行为。设备查询功能、背光功能、界面设计、设备体感、记录性被提到；同时受访者也提到了复合阅读带来的放松、调节生活以及愉快的体验感受。还有受访者谈到因为参加读书会而结识了朋友，在阅读分享交流中产生了共鸣，并认为经常相互分享交流能加深知识的理解、促进感情。这其中阅读带来的放松、愉悦，我们把它归纳为情感因素，结交朋友、获得共鸣被纳入社交因素，有关设备性能的都属于设备因素。因此，这一阶段，资源、设备、情感、社交因素发挥着影响作用。

5. 维持前→终止阶段的关键事件分析

第五个过程中，受访者明确表明会继续采纳复合阅读行为。他们在表明决定时再次提及屏幕质感、设备便利、感兴趣的活动内容，因此认为，受访者在这一过程主要受到设备、资源因素的影响。

表 6-10　　　　　　　　　行动→维持阶段的影响因素

影响因素	子范畴	样例（关键事件描述）
资源因素	免费资源	我比较常用 iPad 看书，有很多资源是免费的
	特有资源	其实我觉得那个 App 使用体验极差，但是有我喜欢的作者和文，也就忍了
设备因素	查询功能	我用 iPad 看书的时候，会经常使用查询功能，及时查询不明白的东西
	背光功能	我晚上就用 Kindle 看书，晚上阅读不用打灯
	便利性	出门的时候觉得带本书不方便，就用手机看
	界面设计	手机兼容度做得很好，仿真度高，界面看着舒服
	设备体感	用 Kindle 看书的时候会有一种任务感，有利于督促自己看书
	记录性	我每次看完都会在豆瓣上记录我的感受。记录的同时也在反复思考，看得越多，再回去看以前对一本书的评价的时候，也能看出那时与现在的成长和变化
情感因素	放松	我觉得用手机阅读的时候对我来说是放松的时刻
	调节生活	用手机阅读作为我一种生活的调剂
	愉快	参加阅读活动这些会让我获得很多，通常都感到愉快
社交因素	结交朋友	我因为参与读书会结交到了爱好相似的朋友
	获得共鸣	参加读书活动容易遇到同样想法的人，能够产生共鸣的感觉很棒
	维护友谊	因为一开始就是朋友推荐的，我使用过后也觉得不错，就一直在用，还能跟朋友多个共同话题，能够经常相互分享交流
	分享交流	

表 6-11　　　　　　　　　维持→决定阶段的影响因素

影响因素	子范畴	样例（关键事件描述）
设备因素	屏幕质感	我使用过程中一直很喜欢它的屏幕，有质感，会继续使用
	便利性	携带方便、能用的场合多，会继续使用
资源因素	活动内容	我参加过作家分享会后，觉得要是有我比较感兴趣的作者我都会参加

（二）影响因素的作用特点

将作用于五个过程的影响因素分阶段对比展示在表 6-12 中，发现推广因素仅出现在第一个过程中,情感因素仅出现在行动和维持阶段,这两种因素性质比较特殊,这是因为推广很大程度只会影响到认知,情感因素通常会在多次体验后才会被受访者所感知到。

表 6-12　　　　传统阅读转向复合阅读五过程中的影响因素

认识前→沉思	社群因素	推广因素				
沉思→准备				个人因素		
准备→行动	社群因素		设备因素		资源因素	社交因素
行动→维持						情感因素
维持→终止						

从表 6-12 中看出,沉思到维持的三个过程中受到的影响的种类相对较多。其中设备因素和资源因素贯穿了四个过程,一定程度表明,复合阅读的载体和资源存在比较直接和有效的影响,徐延章以用户体验为视角,研究得出移动阅读 App 的交互设计直接影响用户的认知和体验感受[1],本书的调查结果显示,大多数人都提到了手机阅读的种种特性,一些特性甚至成为一部分人最终持续采纳复合阅读的关键因素。

影响因素的作用特点存在隐匿性、累积性和稳定性。访谈发现,这些影响因素在现实采取行动的决策过程中很少被行动者主动识别出来,它隐藏在整个决策过程中,潜移默化影响着行动者的决策。其次,前面阶段所受到的影响,产生的感受很难产生比较大的变化、难以彻底改变,并且这些影响因素随着过程进展不断往后一直积累,反复持续产生影响。因此,维持到终止阶段并不能说只有设备因素和资源因素对这个环节过程起了影响作用,而只是因为这两个因素比较关键、较易被受访者识别和回忆起来,前面所有阶段的社群、推广、社交等因素都影响着最后是否持续采纳复合阅读行为。

(三) 行为转变过程模型

在本书研究中,认知是指对接受到的全新的阅读工具、阅读活动的

---

[1] 徐延章:《用户体验视角下的移动阅读 APP "甜点"》,《出版发行研究》2017 年第 3 期。

全部认识过程,包括了从完全不认识到熟悉的所有心理活动;态度是在认识这些事物的基础上产生的心理过程和外部行为表现,一般表现为心理和行为倾向,如积极或消极、反对或认可等;行为是经历了认知和态度的过程,在内外部环境的共同作用下,由行动倾向到产生实际的行为,具体表现为下载、购买、使用等。

访谈过程中被访者的表情、语气、态度和内容均可作为研究的重要素材,从被访者的神情等可以一定程度判断被访者说出的内容的可靠性,特定时候,神情等的表现也可归纳出研究相关的重要信息。基于访谈时访谈对象所表现出的神情、语气、态度和内容。将六个阶段中被访者的认知、态度、行为的表现和变化归纳如表 6-13 所示。

表 6-13　　　　传统阅读转向复合阅读六阶段的认知、态度、行为变化

	认识前	沉思	准备	行为	维持	终止
认知	不解	模糊	了解	掌握	熟悉	非常熟悉
态度	未知	注意/好奇	期待	选择	积极	认可
行为	无行动/被告知	查询相关信息/下载/购买	尝试使用/参与	积极使用/参与	深度使用/参与	做出决定继续使用/参与

认知层面,被访者对阅读工具和活动的认识过程表现为:不解—模糊—了解—掌握—熟悉—非常熟悉。认知包括了对复合阅读存在的感知以及复合阅读设备、资源和价值的感知。受访者通过他人推荐和宣传推广感知到复合阅读的存在,随着态度的产生和变化及行动的执行,认知程度不断提升。

态度层面,被访者的态度呈现出未知—注意/好奇—期待—选择—积极—认可的变化过程。态度受到个人、社群、设备、资源、社交、情感多方面因素的影响,随着复合阅读设备、资源等的认知变化而变化,展现出对复合阅读的期待与信念。

行为层面,被访者在行为转变过程中的行为受到认知和态度层面的影响,从完全无行动/被告知,然后经历了查询相关信息/下载、购买、尝试使用/参与、深度使用/参与的过程。行为的转向推进表现了受访者对复合阅读行为的依赖程度不断提高。

基于上述七大影响因素的讨论和"认知—态度—行为"路径下行为转变机制的分析，将认知过程提炼为对复合阅读设备、资源和价值的认知、态度过程表现的是复合阅读的期待和信念、采纳行动指的是复合阅读的参与、持续采纳行为是复合阅读依赖，把传统阅读向复合阅读行为转变整体分为五个主要阶段：认知过程、态度过程、行动过程、复合价值获取过程、持续行为过程（见图6-6）。图中上方虚线框内是影响行为转变的因素，下方的点线框是每一个过程的内涵和表现。

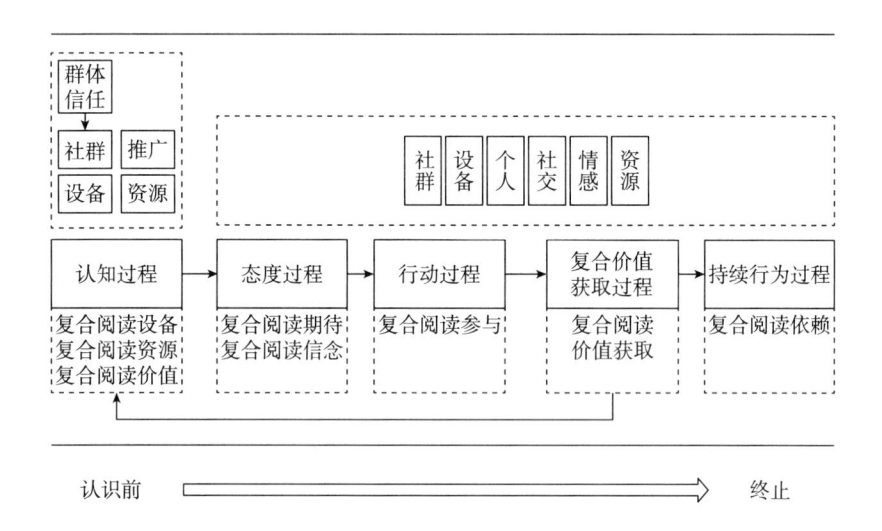

图6-6　传统阅读向复合阅读行为转变模型

关于图6-6，需要说明三点：

群体信任的作用。 由访谈结果得到，被访者大部分通过身边朋友、老师等对阅读设备或活动的存在产生认识，其中还存在经朋友推荐后没有经历较为明显的沉思阶段，而直接进入行动阶段的情况。这是由于受访者对老师、朋友产生了普遍意义上的信任，是一种人际信任的体现，常以情感为基础，认为他人或团体的言辞、诺言和书面陈述都是可以相信的倾向。[①] 由于这种信任，被访者对阅读设备和阅读社群活动等的信

---

① Rotter J. B., "A New Scale for the Measurement of Interpersonal Trust", *Journal of Personality*, 1967, 35 (4): 651-665.

赖初始值较高，对态度的行为变化起正向影响。

认知过程和态度过程不是单向模式，而是层层叠加作用的循环过程。认知过程并非在接收到外界刺激而在脑海中产生事物印象就结束，此时此刻的认知对态度会产生影响，态度又影响着行为决策，诸如查询、下载、购买等行为又再次作用于对事物的认知，这时的认知又会影响着态度，以此类推，循环往复。

复合阅读价值的地位。价值的复合是复合阅读的重要复合特征，因此将其与认知、态度、行动并列，作为行动后续。复合价值会再次作用到认知环节，影响态度和行动。

综上所述，传统阅读向复合阅读转变中受到社群、推广、设备、资源、情感、个人、社交七种因素的影响，这七种因素以"认知—态度—行为"为路径作用于行为转变过程，过程呈现出单线与多线的特征。

五 结论

本节通过关键事件法，对20名复合阅读参与者进行半结构式访谈。得到影响被访者从传统阅读转向复合阅读行为的七个主要因素：设备因素、社群因素、资源因素、个人因素、社交因素、推广因素、情感因素。这七个因素以"认知—态度—行为"为路径作用于行为转变过程中，影响着读者复合阅读行为的认知、态度、参与和依赖。总结分析发现，传统阅读向复合阅读行为转向的过程中并非单线的前后一次作用，而呈现出更为复杂的特征：

首先，向复合阅读行为的转变过程具有隐匿性、累积性、稳定性。

行为转变过程是一个潜移默化的过程，读者在由传统阅读转向复合阅读的过程中并不能主动意识到自己身处行为转变过程当中，外部的环境与内心的变化对行为的影响是隐秘的、未被明确感知的，影响因素的作用是潜藏在行为和心理过程中。每一个对行为转变起影响作用的因素都不是孤立的，而是多种因素共同、多次影响，不断积累而产生的影响。同时在这个转变过程中，一旦某个因素对某个阶段产生了影响，这种影响是难以改变的，它会持续在内心结合其他新的影响因素共同作用。

其次，向复合阅读行为转变过程具有阶段性和层次性。

本书在第三部分开头以五个事件节点区分行为的阶段过程。读者从完全未知到持续采纳行动，经历了认识前、沉思、准备、行动、维持、终止这六个阶段，每一个阶段的行为特征不同，所受到的影响也不同。这六个阶段层层递进，每个阶段以前一个阶段为基础，为后一个阶段做铺垫，每经历一个阶段就离复合阅读行为更近一步。

最后，向复合阅读行为转变过程具有单线和多线结合，线性与螺旋结合的特征。

传统阅读向复合阅读转变中，并非从认识前到终止这六个阶段，直线前进一步到位。首先，在这过程中隐含着"认知—态度—行为"路径，这个路径中的认知、态度过程不是单向模式，而是层层叠加作用的循环过程。认知过程并非在接收到外界刺激而在脑海中产生事物印象就结束，它对态度产生的影响决定着行为决策，这种行为又再次作用于对事物的认知，这时的认知又会影响着态度，以此类推，循环往复。其次并不是每一个人都按部就班一次完成这六个阶段，而是存在一部分人到某一个阶段后不再前进，开始重复前面的阶段，比如从行动阶段再次回到沉思阶段，呈螺旋状前进。

第五节　本章小结

一　本章主要结论

本部分研究围绕全媒体环境下的阅读参与展开了一系列的讨论。首先，基于扎根理论研究方法分析全媒体时代阅读参与过程及模式，进而从内涵和外延越来越丰富、线上与线下联动使阅读焦点转移、更多社会性的互动三个方面探讨阅读参与的新特征；其次，根据阅读参与模型中外部环境通过促进动机内化进而影响阅读参与的主要关系，讨论了内生阅读动机是如何产生的，哪些主要的外部因素会对阅读参与产生影响；最后，采用关键事件法探索了读者从传统阅读向复合阅读行为转变的机理。

本部分有以下研究发现：首先，复合阅读中的阅读参与呈现出三方面特征：内涵和外延越来越丰富；线上与线下联动使读者回归阅读参与；更多社会性的互动。其次，我们发现复合阅读过程中驱动读者阅读参与的内在动因是个体感受到阅读对自身自主性需要、胜任性需要、关联性需要的充足支持或自我效能感；而外在动因包括信息流、阅读资源、技术、挑战机制及奖励、共读机制、策略指导、阅读空间、反馈机制等多方面。再次，复合阅读中的读者阅读参与可能有两种结果，一是成为别人阅读的前因，二是成为自己下一次阅读的激励线索，或者二者兼而有之。最后，我们发现读者向复合阅读行为的转变虽然具有隐匿性、累积性和稳定性，且是一个单线和多线结合，线性与螺旋结合的过程，设备因素、社群因素、资源因素、个人因素、社交因素、推广因素、情感因素七个因素以"认知—态度—行为"为路径作用于行为转变过程中。

二 实践建议

（一）阅读推广设计应着眼阅读全过程，细化参与节点

全媒体时代环境变革要求图书馆工作人员积极探索和创新，转换思维，从读者出发，制定更明确目标，疏通读者阅读过程中的参与节点，通过起承转合更好地连接读者的阅读参与。前文中对阅读参与脉络的梳理和分析使阅读环节更加清晰，阅读不仅仅是"读"，在阅读推广活动中每个环节都可以做设计，意味着我们可以从多处对读者阅读参与施加影响。应在此基础上，也能制定出更为科学合理的评价指标进行推广效果评测。

读者投入细化的阅读推广项目当中，可能会经历如下过程片段：在浩瀚书海里不知所措无从选择时，定期更新的书单、阅读推送、精华解读、精选书籍、优质书评可为其提供方向；困惑迷茫、阅读困难之时，有专家、达人、领读者引领和指导；缺乏目标和动力时，阅读计划的设置可以让其有认真看书的动力，鼓励自己每天完成规定任务；产生惰性时，激励督促机制产生作用，众多书友相互的坚持激励着持之以恒；想要和他人分享时，能立即在平台上表达，并将阅读经历转换为自己的内容，大家的智慧积聚在一起，发现和共读更多精彩内容。长此以往，养成了坚持读书的习惯，培养读书的兴趣，结交爱读书的朋友，在纷繁的

全媒体世界里找到兴趣的栖息地……在这样的情境下，当读者通过阅读参与持续生成阅读意义，改变自己，影响他人，以始为终，形成阅读参与的循环往复，构建起阅读生态，阅读推广的目的才是真正达到了。

（二）图书馆阅读推广中应加强阅读指导，重视知识服务

阅读参与是一个多维度构念，如果把阅读参与的过程看作一场"掘金"活动，关键就在于阅读时读者的大脑"挖掘机"是否运转，能否产生认知和思辨，可否形成对于阅读对象的主观感受和情感体验[①]。读者和阅读对象相遇不应是阅读推广活动的终点，让读者走进图书馆坐下读书也不是当代图书馆的发展方向，图书馆如果能通过阅读指导、知识服务，优化认知思维、提升阅读能力，将是读者"掘金"的有力助推器。从阅读推广的角度来看，读者在"掘金之旅"中不断培养起来的阅读素养将是持续参与到阅读中，走向终身阅读的钥匙。

在通过阅读指导提高读者"胜任力"方面，图书馆有很大的发挥空间，制定概念化阅读指导框架，发布分级阅读标准，阅读策略教学，讲解文本内容促进共同理解，乃至通过瑜伽手工等活动训练读者的注意力等，都是可以采取的方式。国内外已有很多值得借鉴的案例：中国图书馆学会自2009年起每年都会举办"全国少年儿童阅读年"系列活动，其中最为强调的就是公共图书馆培养专业的阅读推广人，对少年儿童科学地开展阅读指导工作。不仅仅是面向儿童，多机构联合终身阅读项目"ABC Life Literacy"，由加拿大非营利组织Good Read、Family Literacy Fun等发起，旨在激励成人提高阅读技巧，支持其终身学习的梦想。

知识服务是图书馆的核心业务，图书馆应顺应新阅读趋势，利用自身资源优势、人才优势打造、职能优势打造内容加工型、知识服务型阅读推广项目，将知识内容收集、加工、组织、传递、共享与创新和读者新媒体阅读习惯匹配，促进读者的认知参与和阅读理解。正如我们已无法想象在竹简上阅读白话文，如今适合纸质阅读的内容未必适用于数字阅读，且优质的阅读内容早已不限于传统出版领域，在这样的背景下互

---

① 张汇：《"微时代"公共图书馆阅读推广的创新实践——以上海青浦区"清阅朴读"为例》，《新世纪图书馆》2016年第1期。

联网平台上得到、十点读书、熊猫读书等"碎片化"内容服务机构应运而生且发展迅速。而图书馆完全可以借鉴其移动互联网平台化路径或依托自身优势与这些机构进行合作,在新媒体环境下重塑知识服务主体地位,以读者需求为驱动为读者谋福利,帮助读者高效利用碎片化阅读形成自己的知识体系。

(三)尝试加入游戏化元素,建立差异化阅读激励机制

相较于自觉的、有既定阅读目标、高内在动机的读者,阅读推广更主要的还是针对缺乏内在动机的潜在读者,通过外部环境的影响和引导,赋予这一部分读者外在动机并促成外在动机转换为内在动力,持续参与到阅读活动当中。因此,贯穿全过程的激励的机制在这个引导的过程中就显得很重要。从情境理论的角度讲,阅读是在一定环境中的体验过程,是一种交互的动态生成过程。在系统化的项目理念之下,图书馆可以面向读者发起阅读计划,通过引入奖励、成就、挑战等游戏化元素,设置外部奖励、积分排名等建立起长效激励和督促机制,引起读者注意、强调读者和阅读的关联、建立信心、满足读者的胜任需求,从而达到比较理想的阅读参与效果,培养起阅读习惯。

在激励过程中有两点需要注意:首先每个读者作为一个行为单位,其个性化和差异化是必然存在的,需比较分析老年人、中青年、少年儿童不同读者群的共同兴趣所在,找出这些群体的共性,全方位满足加适当定制,分别加以引导。其次需要注意的是,图书馆应做"引导者""建议者""提供者",而不是"干预者""决策者",应充分尊重读者在阅读中的主体地位,提供选择和建议,而不是带有强制意味的硬性要求,支持其自主性和控制感。

(四)应强化阅读参与中的社会互动,打造"互联网+阅读社群"

从"阅独"到分享,阅读社交化日益明显,阅读文本虽然是一个独立个人的事情,但是阅读前和阅读后的选择和分享等行为的扩散让读者彼此有了更多的联结。"互联网+"阅读社群或成为连接读者阅读参与行为的桥梁,充分促进读者的情感、认知、行为参与。首先,好的阅读社群带给人们的不仅仅是知识,更带来了与人交流的方式,让人学会在融洽对等的氛围里表达自己的观点并聆听他人的想法,在互动中学会交流,碰撞思维的火花。其次,读书会能够让读者更容易找寻到适合自

己的书，对于一部分人而言，相比读书而言，阅读的难点是选择，而有效推荐也能让推荐者获得成就感和新动力。再次，多元化的阅读社群可以开展形式各异、层次梯度的活动，可以满足不同层次的阅读需求，吸引各类参与群体，社群里的书友既可以不受话题限制进行开放式讨论，也可在某一规则下围绕一本书、一个领域的话题深入探讨，让阅读引领思考和创新。最后，将阅读社群扎根于互联网平台与数字化阅读相适应，为读者提供便捷的阅读交流以及内容再生产通道，缩短了时间和空间的距离，这也是组建社群的关键。从线上阅读社群再到线下读书会等活动，形成线上线下相结合的阅读社群，将阅读行为更好地渗透到读者的日常生活当中，使读者在阅读参与过程中找到归属感。

在全民阅读浪潮的推动下，阅读社群呈现出雨后春笋般的发展趋势，但是这些社群多是大众自发组织的，常常因组织松散、精力不够、资金匮乏、活动少、空间局限等原因出现不了了之、难以为继的情况，持续发展能力较差。而图书馆有其自身资源、组织人力、责任和资金等方面的优势，但又在一定程度上缺乏社群运营、多元读书会运营、互联网平台开发的经验和技术。因此，图书馆牵头，与非营利组织、出版界、传媒界、书店等机构展开广泛合作，联合打造多元化的阅读社群，或可以让阅读推广工作展现出新的生机和活力，产生复合效应，将公共服务和文化推广发挥到极致。阅读社群的搭建也可以使图书馆更容易追踪读者的参与情况，了解读者的心路历程，及时接收到读者对阅读推广工作的反馈意见，在此基础上调节和优化阅读推广方案，提高推广效率。以阅读社群成员为中心，将体系化的阅读推广活动向更多的读者扩散，也更容易产生规模效应。阅读社群不止于阅读，在群空间的基础上可能融入更多元的共享资源，扩展图书馆服务的边界。

（五）打造复合阅读环境要顺应行为转变特征

在复合阅读模式下，读者不再仅仅是从传统纸质书本中获取所需的知识价值，而是通过接触不同的阅读媒介和平台、积极参与阅读交流活动等的过程中获得了更加丰富的阅读价值和体验，想要推动这种阅读模式更为广泛地应用，应该先顺应人们的行为转变规律。

从影响传统阅读向复合阅读转变的七个影响因素来看，图书馆应该完善线上阅读工具，推出线上咨询、查询、获取等多种服务，丰富资源、打造更好的互动交流平台，提高读者与馆员、读者与读者、高校间的分享交流。提升大数据分析整合能力，综合分析读者的借阅、互动历史、需求等，提供个性化推荐和分众化服务，给读者提供复合阅读的资源和机会，营造良好的阅读体验和轻松愉快的阅读氛围。

同时，从传统阅读转向复合阅读的过程特征来看，高校图书馆不应急于求成，应在硬件和软件上、活动和推广方面做好工作，使读者认识和体验到复合阅读的价值，从而提高图书馆资源的利用率和平台的互动率，有效打造更完善的复合阅读环境。

第七章 复合阅读的效应研究

第六章的研究表明,个体从传统阅读向复合阅读的转向受到复杂因素的影响,且这些因素以"认知—态度—行为"为路径作用于行为转变过程,并循环改造着个体的认知,使个体的阅读视域不断扩大,对个体的知识、审美、价值等造成冲击甚至重塑,进而实现价值的复合。也就是说,个体最终选择复合阅读作为一种持续进行的阅读行为模式,其根本原因在于复合阅读对读者个体会产生能够使之感知到的具有吸引力的价值。

那么,复合阅读对读者个体究竟意味着什么?它可能对读者的阅读生活带来怎样的改变?本章将围绕这一问题展开对复合阅读效应的观察和探索。

第一节 阅读效应

一 阅读效应之理解

阅读作为人们普遍的精神生活方式,往往在一个人成长的过程中扮演着重要的角色,对一个人文化塑造、个体发展的作用不可估量。王余光等认为,阅读文化的功能与价值属观念或思想层面,是阅读文化的精神内核和本质。[①] 而复合阅读行为呈现新的特征与规律,也会给人们带

[①] 王余光、汪琴:《关于阅读文化研究的几个问题》,《图书情报知识》2004 年第 5 期。

第七章 复合阅读的效应研究

来完全不同于传统阅读的影响方式,我们将复合阅读的作用路径称为复合阅读效应。只有充分掌握复合阅读的影响因素、效应过程以及影响结果,才能为阅读推广策划提供依据。那么,复合阅读究竟会对读者产生怎样的效应?这些效应作用过程又是怎样的?哪些因素又会影响它们的产生?本章拟通过质性分析对复合阅读效应产生机制进行追根溯源。

关于效应一词,在不同的学科领域其含义略有差异,在《汉语新词新语大辞典》中定义为由某个典型的人或事件引发产生一批同类型人物或事件的现象。[1] 在诗歌美学辞典中效应又定义为欣赏客体及其蕴含的审美素质,对欣赏主体的有效作用和欣赏主体对客体做出的相应的积极心理反应。[2] 而现在最为普遍的效应定义为在有限环境下,一些因素和一些结果而构成的一种因果现象,多用于对一种自然现象和社会现象的描述。[3] 综合以上效应解释结果,效应多定义为一种现象,而现象则通常为一个过程,所以本书对效应和效果进行区分,即效应强调作用过程,效果则强调作用结果。据此,本书将复合阅读个体效应定义为复合阅读行为对读者个体产生影响的作用路径。

二 关于阅读效果的当前认识

目前国内外多聚焦于对阅读效果的研究,且研究成果较为丰富。由于数字媒体时代的发展,阅读在新时期呈现出新的特征与规律,学术界对阅读效果的研究也发生了相应变化,即学者研究关注点从传统阅读研究逐渐向网络、数字媒体阅读转变,且这一领域成为研究聚焦点。

首先,对于传统阅读研究方面,凌美秀等提出个体通过阅读成为人类文化传承的动态载体,且阅读对个体发挥着精神安顿的作用。[4] 卢锋在其博士论文中探讨了阅读对个体信息、知识的获取以及精神的发展两个维度的重要意义。[5] 此外,应克荣在研究经典阅读中提出经典阅读具有获取知识、促进思维发展、提高表达能力的价值;能够引领人的成

---

[1] 宋子然:《汉语新词新语大辞典》,上海辞书出版社 2014 年版。
[2] 朱先树:《诗歌美学辞典》,四川辞书出版社 1989 年版。
[3] 王同亿:《英汉辞海》,国防工业出版社 1987 年版,第 1656—1657 页。
[4] 凌美秀、曹春晖:《论阅读的价值:哲学诠释学的视角》,《图书馆》2015 年第 6 期。
[5] 卢锋:《阅读的价值、危机与出路》,博士学位论文,苏州大学,2013 年。

长，陶冶心灵，培养并提高审美鉴赏力的价值。① 同样，在国外研究中，KE Stanovich 在其研究框架中特别强调了阅读对个体认知发展的影响。②

其次，对于新时代阅读研究方面，众多的学者从不同维度进行了探讨，并同时关注了其影响的积极性和消极性，其中研究最为集中的两个方面为阅读行为和个体发展。在阅读行为方面，黄晓斌等在讨论数字媒介对大学生阅读行为的影响中提出数字媒体促使学生阅读的时间、方式，阅读的倾向、内容等方面均发生变化。③ Liu 提出在网络数字阅读行为模式下人们在深阅读与聚焦式阅读上所投入的时间正日益减少，人们持久性的注意力也趋于下降。④ 在个体发展方面，王佑镁则着重研究了数字化阅读对未成年人的影响，提出数字化阅读对未成年人的认知、积极社会化情绪以及理性自我意识与自我评价等方面的发展更具积极意义。⑤⑥ 此外，袁曦临提出网络数字阅读行为对认知产生影响，其正在改变"阅读脑"，导致读者逐渐从书本知识的耕耘者向网络知识的采集发现者转变。⑦ 唐庆华等在研究新媒体阅读对研究生的影响以及邱相彬等对浅阅读、深阅读的探讨中均提出，新媒体、移动网络阅读容易导致文化底蕴散失，造成心态浮躁，致使语言表达运用能力降低，甚至阻碍思维发展。⑧⑨ 同时，周斌也提出数字阅读在生活节奏、学习工作状态、

---

① 应克荣：《经典与经典阅读——对网络文化背景下阅读价值的思考》，《出版发行研究》2011 年第 2 期。

② Stanovich K. E., "Matthew Effects in Reading: Some Consequences of Individual Differences in the Acquisition of Literacy", *Reading Research Quarterly*, 1986, 21 (4): 360 – 407.

③ 黄晓斌、林晓燕、刘子明：《数字媒体对大学生阅读行为影响的调查分析》，《图书情报工作》2008 年第 2 期。

④ Liu Z., "Reading Behavior in the Digital Environment: Changes in Reading Behavior over the Past Ten Years", *Journal of Documentation*, 2008, 61 (6): 700 – 712.

⑤ 王佑镁：《数字化阅读对未成年人认知发展的影响研究》，《中国电化教育》2014 年第 11 期。

⑥ 王佑镁：《数字化阅读对未成年人社会性发展的影响研究》，《中国电化教育》2014 年第 11 期。

⑦ 袁曦临：《网络数字阅读行为对阅读脑的改造及其认知的影响》，《图书馆杂志》2016 年第 4 期。

⑧ 唐庆华等：《新媒体阅读对研究生认知发展影响的实证研究》，《扬州大学学报》（高教研究版）2017 年第 3 期。

⑨ 邱相彬等：《移动网络环境下"浅阅读"对"深阅读"的影响分析——基于对浙江六所高校大学生的实证研究》，《图书馆学研究》2016 年第 1 期。

阅读习惯、身心精神、是非判断以及文化心理等方面给许多读者带来比较严重、日益突出的消极影响。[①] 通过综述可以发现，目前关于新时代阅读效果的相关研究较为片面，多注重研究其负面作用，缺乏一定的全面性；现有研究多忽略了传统阅读与新时代阅读之间的承接关系；现有研究多仅注重阅读效果，而忽略了阅读效应，即忽略了新时代下阅读对人影响的作用路径，缺乏过程追溯性。据此，本书的研究旨在弥补现有研究不足，进而丰富阅读效应理论研究。

三 复合阅读效应研究设计

（一）研究思路

复合阅读个体效应相较于众多文献中的新媒体、网络数字阅读影响存在较大区别：首先，复合阅读聚焦于"复合"，即在上文中谈到的媒介、行为以及价值的三重复合，并且本研究同时注重复合阅读的积极影响与消极影响。因此，在本书效应研究中更注重宏观整体性。其次，由于复合阅读是一种线上线下相结合的阅读行为，并且复合阅读与传统阅读实质上是相交融的，两者不可完全割裂开，因此效应研究中，则更注重传统阅读与复合阅读之间的承接性。最后，复合阅读效应是如何产生的，效应过程是怎样的，其影响因素又是什么，此为本书一大研究重点，因此本书研究更注重追溯性。

据以上研究目标，本部分研究框架主要聚焦于三个问题"是什么？""如何产生？""怎样发展？"具体阐释如下：第一，"复合阅读效应是什么？"通过梳理复合阅读现象，充分了解当下的复合阅读对读者个体产生了什么样的影响和效果，注重效应维度归纳的整体与全面。第二，"复合阅读效应怎么产生？"在归纳效应维度过程中同时注重探索影响效应的因素以及效应产生的路径，准确把握关键因素，厘清效应产生过程。总的来说以上两个研究问题遵循"影响因素—效应过程—影响结果"这一研究链条。第三，"如何推动复合阅读积极发展？"在以上研究的基础上，分析讨论复合阅读积极发展策略。

[①] 周斌：《数字阅读负面影响的现状调查与分析》，《编辑之友》2018年第3期。

（二）研究方法

本研究操作流程主要分为了五个阶段，即确定研究问题、研究问题分析、研究资料收集、研究资料分析以及研究结果呈现。研究问题的确定以及分析已在上文做了明确的阐述，以提出的研究问题为基础，逐步开展资料收集、分析、研究结果呈现等环节，同样，本书行为思路据此展开。

本书的研究主要采用一种线上线下交互并行的混合模式进行资料收集[①]，本书研究的数据来源，即线上渠道的网络志和线下渠道的深度访谈共同进行研究资料的收集。这一资料收集的混合模式有利于降低单一渠道资料收集的局限性。如网络志作为一种低成本、高时效、多数据、不受限的资料收集方法，在极大程度上弥补了深度访谈成本高、样本少、操作不便的数据收集缺陷；而同样地，网络志数据收集方式并非完美，研究者对网络信息的再辨别、再理解均存在较大缺陷，因此在此情况下，通过深度访谈对其缺陷进行弥补，从而使数据收集综合效果达到最佳状态。

1. 网络志方法的运用

"网络志"来源于民族志研究方法[②]，网络信息的出现促使民族志方法有了进一步发展，Hine 最早提出了"虚拟民族志"的概念，之后以互联网为研究环境并利用互联网进行资料收集的方法相继出现。[③] 基于前人的研究成果，Kozinets 将"网络"（Internet）和"民族志"（ethnography）两词合并，生成"网络志"（netnography）这一术语。[④] 目前，网络志作为一种收集网络空间中质性分析资料的新方法，以其收集工作成本低、资料时效性强、数据丰富且不受空间限制等优点，被充分应用于社会科学研究中。

在网络社区中，一些读者会在线分享和交流阅读体验、阅读价值、

[①] 陈向明：《质性研究的新发展及其对社会科学研究的意义》，《教育研究与实验》2008年第2期。

[②] 郑新民、徐斌：《网络志：质化研究资料收集新方法》，《外语电化教学》2016年第4期。

[③] Hine C., *Virtual Ethnography*, London: Sage, 2000: 65.

[④] Kozinets R. V., "I Want to Believe: A Netnography of the X – philes Subculture of Consumption", *Advances in Consumer Research*, 1997, 24 (1): 470 – 475.

阅读方式等方面的内容，这些内容记录了读者的复合阅读效应。本书的研究基于拟解决的研究问题，选定知乎的"阅读对人的影响有多大？"这一问题的回答内容作为主要数据来源。知乎为目前中文互联网最大的知识互动平台，其用户活跃度以及信息质量较高；"阅读对人的影响有多大？"这一问题与本书所需资料吻合度极高，且回答数已达到 2993 条，可作为良好的研究数据样本。因此，本项目于 2017 年 12 月—2018 年 2 月开展该知乎问题下的问答数据收集筛选工作，因在收集过程中发现用户重复转载情况较多，我们剔除了重复数据和无关数据，最终将 2306 条有效回答存放于一整合文档中，以备分析。

2. 深入访谈法的运用

同时，由于知乎回答数据存在一定的局限性，其对于复合阅读的影响因素与影响结果两类研究问题的探索具有较大意义，但对于效应过程这一问题的探索有一定限制，因为有部分用户回答中仅谈论复合阅读对其的影响结果，而未追溯因果，并且研究者难以对用户表述的某些对研究有重要意义的回答进行追问探索，所以本书的研究以访谈法对这一局限进行弥补。关于复合阅读效应的获取及因果追溯，一般而言通过读者自身的阅读经历述说可以比较容易呈现，并且访谈者可以较好地在访谈过程中追问挖掘某些重要现象过程发展及其原因。因此本研究数据来源的另一渠道则是通过对典型的复合阅读者进行深度访谈，以对其在复合阅读中的效应表现进行深入研究。

基于复合阅读行为的特征，我们确定了以下三个受访对象选择标准：第一，热爱阅读，对阅读价值有较深刻认识；第二，阅读前后会与他人产生阅读相关交流活动；第三，既使用线上渠道又使用线下渠道进行阅读。遵循以上三个条件的基础上我们使用了目的性抽样方式，选择与研究主题相关的、掌握丰富信息的对象进行访谈，最终于 2017 年 10 月至 2018 年 3 月对 15 名典型复合阅读者进行了深度访谈。受访者年龄在 18—50 岁，其中男性 5 名，女性 10 名。职业分布情况为 6 名本科生、3 名研究生、2 名图书馆馆员、1 名幼师、1 名公务员以及 2 名未透露职业的图书馆读者。每一位受访者的访谈时间在 40—60 分钟，并进行录音记录。

本书采用非结构式访谈方式，访谈前仅准备一份简单的访谈提纲，此提纲仅指示主要的访谈方向,并不对访谈内容进行严格限制,在访谈过程中根据受访者的回答增加或减少不同的问题。总体而言,本次访谈遵循以下几个技巧:首先,访谈主要采用关键事件法引出受访者的复合阅读现象,所选取的关键事件为"最近"与"印象深刻"两个方面。此种方式有益于访谈者和受访者处于较为轻松的访谈情景,以"聊天"的形式进行。其次,访谈过程中尽可能引导受访者陈述从选择获取到阅读反馈的完整的复合阅读行为过程。最后,访谈过程中注意引导读者进行今昔对比,即读者对传统阅读与复合阅读的感知与反应差异。在遵循以上技巧的基础上访谈主要通过以下问题进行引导:(1)在你的记忆中,你印象最深刻(最近阅读)的一本书是什么?能讲一讲你阅读它的经历吗?(2)能聊一聊你印象最深刻(最近)的一次选书或者获得书的经历吗?(3)你印象最深刻(最近)的一次与他人进行阅读交流的经历是怎样的,能分享一下吗?(4)你觉得你以前的阅读和现在的阅读有什么变化?(5)你觉得阅读对你有什么影响?

(三)分析方法

1. 分析思路

质性分析是社会科学研究常用的一种研究方法,目前已被广泛应用于社会科学的各个领域,陈向明在教育领域的研究中提出质性研究是一种在自然情境中收集各种质性资料,运用现象学、阐释学的理论和方法对社会现象进行整体性探究,通过归纳演绎构建理论的研究方法[1],林珊如在从解释现象学出发研究休闲阅读中谈到所谓质性的自然探究法在于研究者并不企图以人力操控研究情境,以了解在自然发生的状态中自然发生的现象。[2] 本书的研究主要采用质性分析方法,以探求在自然发生的复合阅读现象中,读者所表现出来的效应以及前因后果。

首先,对于知乎回答数据,研究者先对其进行统一浏览,浏览过程中对回答内容进行筛选剔除,摘录出有效非重复数据整合为统一文件。

---

[1] 陈向明:《质性研究的新发展及其对社会科学研究的意义》,《教育研究与实验》2008年第2期。

[2] 林珊如:《从解释现象学角度看爱读书人之休闲阅读经验》,(中国台湾)《中国图书馆学会会报》2003年第12期。

利用 Nvivo11 质性分析软件进行效应概念提取、内容归纳分析。具体分析过程分为三个阶段：第一阶段，设定研究大类。针对本研究问题，在分析之前首先设定作用结果、影响因素、效应过程三个研究大类。第二阶段，在遵循以上三个类别的基础上，对资料进行二级概念节点的创建。第三阶段，对二级节点进行分类总结，形成一级节点。第二、第三阶段主要遵循自下而上的分析方法。从最后完成的分析结果中可以明显发现作用结果、影响因素两类所获结果较为丰富，但是在效应过程一类中分析结果较为单薄。

其次，对于访谈数据，大致流程与知乎数据分析一致，但部分环节存在一定差异。将转录的访谈文本记录同样导入 Nvivo10 质性分析软件中进行分析，同样首先划分研究大类，与知乎回答分析不同的是，除了作用结果、影响因素、效应过程三类外，还增加了一个研究大类为效应阶段。因为在访谈中读者比较明显地陈述出阅读对个体的影响存在力度强弱、时间长短等差异，因此本部分分析增加该大类进行探索研究。第二、第三阶段分析过程均与知乎回答分析相同。在最后的分析结果中看出，访谈分析成果对知乎回答分析结果的单薄之处进行了弥补。

2. 编码与分析过程

本书的研究基于 Nvivo 开展自由节点创建、子节点提取与树节点归纳等步骤。由于文章篇幅限制，这里仅以复合阅读效果表现中"思维"树节点下的内容为例阐述编码及分析过程。另外后文中除部分内容在归纳层级上略有区别外，所有分析均按相同方法开展。

首先，表 7-1 列举部分案例的自由节点创建情况。

表 7-1　　　　"思维"树节点下部分自由节点示例

序号	语料	自由节点
1	让我更有力量去面对生活，去经历一些事情，就是激励你做各种事情	得到鼓励
2	阅读让我结交了更多高质量的朋友	认识书友
3	阅读会在短期会开阔视野，知道很多未知的东西，包括思想、见识……	增长知识

续表

序号	语料	自由节点
4	书读多了可以培养抽象和想象的能力	提升想象力
5	就是那种淳朴，就觉得自己要做一个善良的人	做善良的人

创建自由节点的过程中，对自由节点不断进行整合归纳，最终利用 Nvivo 得到自由节点层次结构图，以下结构图仅展示"思维"树节点下最终形成的 6 个子节点：个人能力、认知宽度、社会关系、精神、情感、三观，如图 7-1 所示。

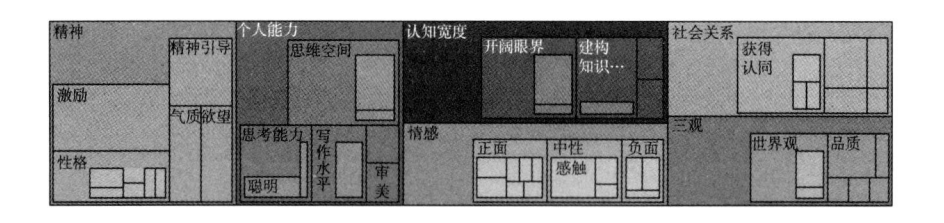

图 7-1　"思维"树节点下自由节点层次结构

接下来对已经得到的编码和概念进行二次审视，理清概念及关系，形成树节点。根据以上子节点并结合自由节点状况，我们将以上六个子节点归纳为两个方面：个人能力、认知宽度及社会关系归纳为"客观能力"，精神、情感及三观归纳为主观观念。而无论是能力还是观念对读者而言都可高度抽象为思维活动，因为通常意义上的思维涉及所有的认知或智力活动，所以最后将"思维"设为树节点。

（四）信度与效度保障

质性研究是目前社会科学领域常用的一种研究方法，但是由于该方法易受研究者自身主观因素诱导，因而在信度和效度上均存在一定局限性。而从 20 世纪末起，质性研究的质量越来越受到学者的关注，众多研究成果提出了不同的方法以最大化提高质性研究的质量。

在已有研究中有学者提出数据三角法对质性研究的信度和效度进行保证。数据三角法即研究中利用不同类型的数据来源阐述一个问题，一个事件或一个现象。① Creswell 等认为，三角法是一个从不同个体、不同来源的数据和不同研究方法中收集佐证的过程，以此证明研究的准确性，这是因为信息的来源不是来自单个信息源、单个个体或单个数据收集过程。② 本书的研究样本资料来源为网络志法和访谈法两种渠道，且访谈对象年龄、性别、职业均具有一定差异。分析过程中遵循数据三角法，在对不同来源数据进行编码分析过程中，通过不断将两者进行比较，进而不断补充、修改已有编码，通过这种不断佐证的过程提高分析的准确性。

第二节 复合阅读作用效果及其影响因素

一 复合阅读对个体的作用效果

本书的研究借助质性分析软件 Nvivo11 对访谈以及知乎回答进行质性分析，最终发现受访者在对复合阅读现象进行陈述的过程中往往涉及三个方面问题表达：我付出了什么？我自身发生了怎样的改变？以及我从中获得了什么？根据以上三个问题方向，本书的研究对复合阅读作用效果进行总结，即具体归纳为生活计划、生活方式以及思维三个维度。

（一）生活计划维度

生活计划维度主要归纳读者对"我付出了什么？"的相关陈述，无论是在复合阅读还是传统阅读中，阅读均需要读者在时间、金钱以及精力上的投入。该维度仅停留在表层，是一种较为粗浅的复合阅读作用效果。详细分级阐述如表 7-2 所示。

（二）生活方式维度

生活方式维度主要归纳读者对"我自身发生了怎样的改变？"的陈述，复合阅读中新要素的加入，如网络媒体、社群、阅读信息等，往往对读者的日常习惯、阅读偏好、兴趣爱好等方面带来影响。这一维度通

---

① 张小红：《教育质性研究信度的建构》，《辽宁教育行政学院学报》2011 年第 4 期。
② Creswell J. W., Miller D. L., "Determining Validity in Qualitative Inquiry", *Theory into Practice summer*, 2000, 39 (3): 124-129.

常表现为读者行为的变化。详细分级阐述如表 7-3 所示。

表 7-2　　　　　　　　　　生活计划维度示例

一级	二级	案例
生活计划	时间	阅读经常会侵占你的生活时间,占领你的卧室高地……
	金钱	(通常会为了买书) 挪用饱腹之公款,以补卷目之完全……
	精力	消耗你的大量精力,课堂上还通常一心二用……

表 7-3　　　　　　　　　　生活方式维度示例

一级	二级	案例
生活方式	兴趣爱好	就是我这么喜欢科幻小说,其实最开始我是不喜欢的,就是评论看多了后来又有个朋友特喜欢科幻小说……
	日常习惯	因为你看平时没事大家还是喜欢拿着手机,就算 QQ 微信有什么消息还是会点开看看,或者就是点开微博刷一刷,但是像我手机上有下载阅读 App,我可能就不会点开这些看,我就点开阅读 App 去刷一刷……
	阅读偏好	[习惯养成] 我是一本书,我就会 Pad 存一个手机存一个,我手边是什么我就拿起怎么看,就这样的,手边手机,我就拿手机开始看
		[方式选择] 像我只有这种娱乐性、消遣性的书会在就是手机、iPad 或者 Kindle 上读,就是因为它故事比较强,你前后还能连接得了,你就能接着往下去读。那像专业性的书的话,就你看看看着翻看不懂的就往后倒的时候,电子书就很麻烦,所以基本上不会用电子书来看专业的书

（三）思维维度

思维维度主要归纳读者对"我从中获得了什么?"的相关陈述,在已有研究中,较多文献已提出,阅读对于人的认知、价值、个体发展等方面具有重要影响。但在本研究中,将思维维度划分为两个方面:一方面,为客观能力塑造,即无论是传统阅读还是复合阅读,阅读对读者的个人能力、认知宽度、社会关系等客观层面均具有较大影响;另一方面,为主观观念默化,即较之客观能力塑造更为深层次的三观、情感、

第七章 复合阅读的效应研究

精神等主观方面,复合阅读仍发挥着举足轻重的作用,且这一维度通常为一种潜移默化的长期作用。

详细分级阐述如表7-4所示。

表7-4　　　　　　　　　　思维维度示例

一级	二级	案例
思维	客观能力	[社会关系] 我确实觉得通过读书我真的是找到一堆觉得玩得特别来的朋友,然后可能就是在阅读这个过程当中我们会去交流,然后我们会去分享它,其实对于我们友情之间就也是一个巩固的过程
		[认知宽度] 当时看到那句话就是读书可以让你走遍英国走遍美国,但是可能你开着车都走不遍一个上海这样的。我觉得书就是给你开眼界的
		[个人能力] ……但是他可能不光教给你的是知识,其实还有一种处理事情的思维和手段……
	主观观念	[精神] 就觉得看完之后很激励人,就激励我去做一些之前不敢做的事情……
		[三观] 其实我觉得有的时候三观越是小说越能塑造我,我真的觉得小说对于人的影响还是蛮大的……
		[情感] 感到自己在世上不再那么孤独,格格不入,让自己幸福平静……

根据以上各个维度的分析,我们将其与社会学家布迪厄的日常生活理论相结合进行进一步解释。布迪厄对日常生活言行的解释可概括为"惯习/资本+场域=日常生活言行①",我们可以发现该理论中的各个概念已然涵盖各个作用效果维度。首先,由于生活计划维度为读者对时间、金钱、精力等的规划,所以可视为一种资本;其次,布迪厄认为惯习为一种主观内在的心智结构,也就是说惯习囊括了生活方式维度以及思维维度的各个方面;最后,场域这一概念根据布迪厄的解释可理解为一种社会关系构型,其又与思维维度中的社会关系恰好契合。所以根据以上理论分析,我们可以认为,复合阅读改变了人们对自身资本的配

① 刘欣:《阶级惯习与品位:布迪厄的阶级理论》,《社会学研究》2003年第6期。

置，且其惯习受到影响，而由于资本、惯习的变化其所位于的场域也随之改变，总的来说，复合阅读改变了人们的日常生活。

二 复合阅读作用效果之影响因素

对复合阅读作用效果维度进行了归纳分析之后，我们知道复合阅读对读者的影响是多面的，为个体发展所带来的效果是深刻的。那么，复合阅读现象中到底有哪些因素影响了读者的阅读？

在对样本资料进行分析的过程中，研究者发现读者在陈述自身复合阅读经历过程时，与影响因素有关的表达往往可以归纳为以下三个方面：我觉得怎么样？我做了什么以至于我怎么样？什么让我能或者不能怎么样？而在已有关于阅读行为研究中，有学者提出阅读行为概念要素模型中包括了三个方面：读者心理、读者行为以及阅读环境。在本书研究中认为，读者心理可对应为"我觉得怎么样？"读者行为可对应为"我做了什么以至于我怎么样？"阅读环境可对应为"什么让我能或者不能怎么样？"因此，基于此分析，本书将影响因素最终归纳为读者心理、阅读行为、阅读环境三个方面。

（一）读者心理

读者心理指的是读者自身的内在主观要素对其复合阅读作用效果的影响，在《审美心理描述》一书中提到构成审美经验的最主要的基石就是人们常常论及的感知、情感、想象、理解等活动。[①] 而在阅读中仍是如此，书本营造出的观念网络对于读者个体而言兼具创造性与异化性，读者能够借助其从书中解读出的符号网络来进一步诠释世界，但在这一过程中需要审慎地思考以及创造性转化，倘若没有，则自己的思维及语言便只是符号传递的一个中转站。通过对大量访谈以及知乎回答的分析，笔者认为，读者心理在阅读中发挥的作用不可忽视，甚至其作用至为关键。从读者讲述的复合阅读经历中寻根追溯，通过概念提取总结，最终将读者心理这一维度具体划分为认知能力、个体经历、性格特征以及阅读态度四个方面，具体示例如表 7-5 所示。

---

① 腾守尧：《审美心理描述》，四川人民出版社 1998 年版。

表 7-5　　　　　　　　　　读者心理因素示例

因素		示例
读者心理	认知能力	权力永远会萌生一些不好的东西，这让我想到了当初历史上讲的一些东西，好吧，因为我是理科生，理解历史的东西会有点不太一样
	个体经历	可能就是和主人公的经历有点相似，就会特别印象深刻，然后去可以学他的思想行为……
读者心理	性格特征	可能他印象深刻的就是林黛玉，可能是因为我也容易哭，我就会比较容易对号入座，然后就会特别偏袒林黛玉一些，但是当时我同学就很不喜欢林黛玉，我们俩还吵起来了……
	阅读态度	只有在外界给我压力，就比如说老师布置作业这种情况下，我才会选择看这种书……

（二）阅读行为

在访谈技巧中有提到，本次访谈注重引导读者陈述自身完整的复合阅读行为，即阅读前、阅读中、阅读后整个过程。此种访谈设定主要参考已有关于当代阅读行为的研究成果，其提出阅读行为可以划分为狭义和广义两个方面，狭义的阅读行为定义为读者在整个阅读过程中进行的阅读选择、阅读获取、阅读文本以及阅读反馈。所以本书的研究主要参考狭义阅读行为定义，据此在访谈中进行引导，最终通过样本资料分析发现，读者在每一阶段的阅读行为均会影响其复合阅读的最终效果。具体示例如表 7-6 所示。

表 7-6　　　　　　　　　　阅读行为因素示例

因素		示例
阅读行为	阅读选择	有的时候就是逛书店或者有时候翻当当、亚马逊，微博的时候，不是有很多书单吗？就是感觉自己可能会感兴趣或者对简介内容比较满意……
	阅读获取	我之前有参加一种阅读活动，就是一种阅读计划，你天天去打卡阅读，然后最后结束时就会送你实体书……
	阅读文本	然后到后来的时候忽然被他洗脑，我对那段很迷茫，然后就忽然就（主人公）觉得是自己错了，是他对了……
	阅读反馈	《三体》这种脑子不太够用的我就想跟别人讲一讲。"我看不懂，兄弟你怎么想的"就这种……

(三) 阅读环境

在新时代的阅读中，许多新的因素加入读者的阅读中，例如网络媒介、数字载体、社群平台等，这些要素的加入使读者处于不同于传统阅读的单一环境中，而在这样一个复合环境中，读者受到多种因素的干扰与引导，相应地也表现出不同的阅读效果。

通过对访谈以及知乎回答的分析，笔者认为阅读环境可通过三个维度进行总结，即社群环境、网络环境以及技术环境。首先，社群环境对应的是"多读者"，在复合阅读中读者更倾向于"阅读对话"，因而，复合阅读环境中线上线下广泛存在的社群集中了众多读者，进而打造了一个广阔的交流平台；其次，网络环境对应的是"多信息"，网络的普及使得信息无处不在，在这一环境中，书籍信息、人的认知在不断流动，人们通过这种流动关系将信息串联成或松散或紧凑的庞大的阅读信息网络；最后，技术环境对应的是"多方式"，在新的环境下，Kindle、手机、阅读 App、网络平台等新型阅读方式、表达渠道完全颠覆了传统阅读习惯。具体示例如表 7-7 所示。

表 7-7　　　　　　　　　阅读环境因素示例

因素		示例
阅读环境	社群环境	当时看到一个书友评论我的书评，说他有和我类似的经历，我当时就有一种不孤独的感觉，就是一种其实很多人也和我一样在挣扎着，然后突然就释然了……
	网络环境	当然未来技术发展+互联网一定会有新的存放信息的工具的出现，现在电子书什么的都太没创意了，我想那都不一定带"书"字了，内容编织更完整、体验更丰富……
	技术环境	不知道为啥？电子版我感觉我就看了一个手机，就是看完虽然自己知道事情了，但是感觉自己好像没有什么翻书的动作……

(四) 其他因素

读者心理、阅读行为以及阅读环境是影响复合阅读作用效果的三大关键因素，除此之外，还有一些其他因素同样对复合阅读作用效果有着一定的影响。例如书籍本身内容，读者所获得的多数作用效果起源往往是文本本身所包含的内容价值,即文本、文字直接表达出的内容。但由于本书的研究主要聚焦于社会物理环境对复合阅读的影响,因此不对该部分进行深入挖掘,但我们需要注意书籍本身是作用效果产生的源泉。另外,又如时间因素,在资料分析中发现,时间因素对读者作用效果的获取和延续影响较为显著,有访谈者表示"我觉得我可能理解一本书的时间要花得久一点,有时候就当时并没有理解得太深刻吧,需要时间慢慢消化……",或者"一般我花的时间比较久的书印象会深刻一些……"又如知乎回答中的"一个人的性格、思维方式和行为方式是与他的阅读史息息相关的"。

第三节 复合阅读作用效应及其路线图

一 复合阅读的四种效应

从以上作用效果总结中,我们已经证实,复合阅读和传统阅读实际上并无明显的界限区分,尤其是生活计划维度、思维维度在传统阅读中仍然显著存在。而不同的是,在访谈中通过引导受访者陈述传统阅读与复合阅读有何不同时,读者的表达往往包括以下几个方面:以前我不能(能)怎么样,但现在我能(不能)怎么样;以前我觉得××很困难(简单),但现在我觉得××很简单(困难)。据此笔者认为,由于读者心理、阅读行为、阅读环境等影响因素的作用,传统阅读给读者带来的影响在复合阅读中以相同或不同、增强或减弱的形式发挥,即复合阅读以区别于传统阅读的不同的"效应"影响着人们。根据对知乎回答以及访谈结果的分析,最终将这一"效应"总结为重塑效应、加强效应、弥补效应以及弱化效应,如图7-2所示。

(一)重塑效应

重塑效应指由复合阅读中的一些新要素的加入使读者通过复合阅读产生新的作用效果,而这一作用效果不存在于传统阅读中。通过对样本资料的分析发现,这一效应可分为两个方面,一方面为正效应,即产生了新的正面效果;另一方面为负效应,即产生了新的负面效果。

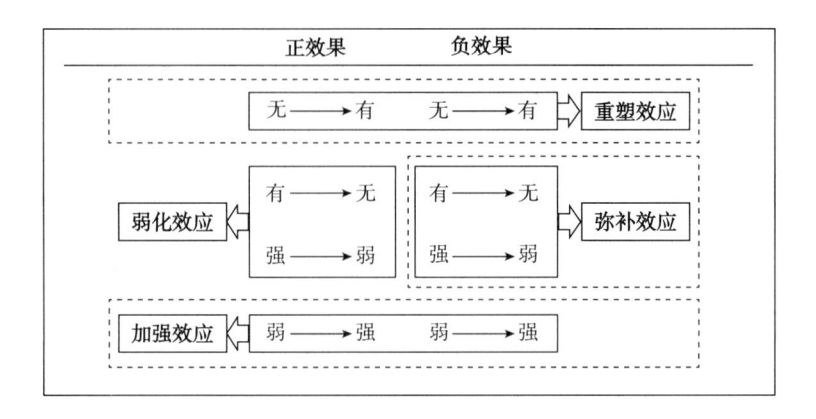

```
               正效果           负效果
     ┌─────────────────────────────────────────┐
     │ ┌───────────────────────────────┐       │
     │ │  无──→有      无──→有         │→ 重塑效应
     │ └───────────────────────────────┘       │
     │         ┌─────────┐ ┌─────────┐         │
     │         │ 有──→无 │ │ 有──→无 │         │
     │ 弱化效应←┤         │ │         ├→弥补效应
     │         │ 强──→弱 │ │ 强──→弱 │         │
     │         └─────────┘ └─────────┘         │
     │ ┌───────────────────────────────┐       │
     │ 加强效应← 弱──→强    弱──→强    │       │
     │ └───────────────────────────────┘       │
     └─────────────────────────────────────────┘
```

图 7-2 复合阅读效应

在以上的复合阅读效应总结中，网络数字媒体所带来的重塑效应尤为明显，且多体现在个体行为改变方面，如"因为你看平时没事大家还是喜欢拿着手机，就算 QQ 微信没什么消息还是会点开看看，或者就是点开微博刷一刷，但是像我手机上有下载阅读 App，我可能就不会点开这些看，我就点开阅读 App 去刷一刷……"，这一现象则是由于手机阅读 App 这一新的阅读渠道，改变了作者原本刷 QQ、微信的日常行为习惯，并且该重塑效应可视为一种正效应。另外，又如"一个人读书太嗨了，特别是使用移动阅读，就会不受控制地不断刷不断刷……"，这是移动阅读方式使读者形成不受控的阅读行为，且对读者有消极影响，可视为一种负效应。

（二）加强效应

加强效应指在传统阅读中已有的作用效果由于复合阅读新要素的介入使其得到了效应加强。此效应同样涉及正负两个方面，即对传统阅读中正效果的加强以及对传统阅读中负效果的加强。

首先，加强效应中的正效应在复合阅读中表现得极为显著。在传统阅读中，单一的阅读同样能够塑造三观、增长见识、结识书友，但是这种作用效果较之复合阅读则显得极为浅弱。单一阅读中，读者仅能从书中汲取，进而思考或许还会进行交流。而复合阅读中众多新要素的介入使"汲取—思考—交流"这一过程变得更为可塑，例如"可能在现实生活中你找不到有共同话题的人，但在网上（读书社群）就有很多，然后探讨这本书实际就是加深了这本书的认识"，即复合阅读中有更多的人、更多的书、更多的思想，却只需更少的时间以及更短的距离，读者可以通过媒体进行自由选择、自由汲取、自由交流与分享，从而实现效应加强。其次，加强效应中的负效应也不可忽视，例如"可能有的书我本来也没太看懂，然后网上各说各话，就反倒让我更混乱了"。由此可见，复合阅读中纷杂的信息也易导致读者阅读负面效果的加强。

（三）弥补效应

弥补效应是指传统阅读所带来的负面效果由于复合阅读中新要素、新方式的加入使这些负面效果得到减弱、消除，甚至往正方向发展。弥补效应主要表现为一种正效应。

弥补效应在分析中存在较为显著，其在生活计划、生活方式以及思维等层面均存在，在此以弥补效应最突出的"孤独感"为例。在大多数的知乎回答中发现，很多读者在传统阅读中会感受到孤独，例如"当我有一个非常想分享的东西的时候，我找不到人去诉说因为说了可能没人会理解"。又如很多知乎用户提到"书读越多越孤独"。而在复合阅读中，少有读者表达自己存在孤独感，且更多的读者表示自己能够在复合阅读中找到更多的共鸣或者表达的渠道，所以可见这一传统阅读中的负面效果在复合阅读中得以弥补。

（四）弱化效应

弱化效应指复合阅读中由于新要素、新方式的介入反而使传统中已有的正面效果消失或弱化。弱化效应主要表现为一种负效应。

此效应同样在生活计划、生活方式以及思维层面中均有表现。例如多数读者反映"虽然像有时候碎片时间可以看些东西，但是（网上）这些文章你会觉得就因为有了网络这种东西深度不够……"，又如访谈中读者提到的"那些杂志它都会讲，我现在反而不看这些杂志了，上网就行……"由此可见，复合阅读中的某些新要素的介入改变了读者的阅读行为，弱化了读者的阅读契机、阅读深度以及阅读价值等。而我们同样发现网络媒介因素在这一效应中的弱化作用尤为突出。

二　复合阅读效应路线图

在以上分析中，我们已掌握了复合阅读影响因素、效应过程以及影响结果。据此笔者根据以上研究结果，归纳出如图7-3所示的复合阅读效应路线图。

如图7-3所示，复合阅读个体效应最终形成需经历三个路线环节，第一环节发生在因素层，即各个影响因素之间的相互影响、相互作用；第二环节发生在因素层与效应层之间，即因素转化为复合阅读效应过程；第三环节发生在效应层，即效应的方向结果。三个环节具体阐释如下：

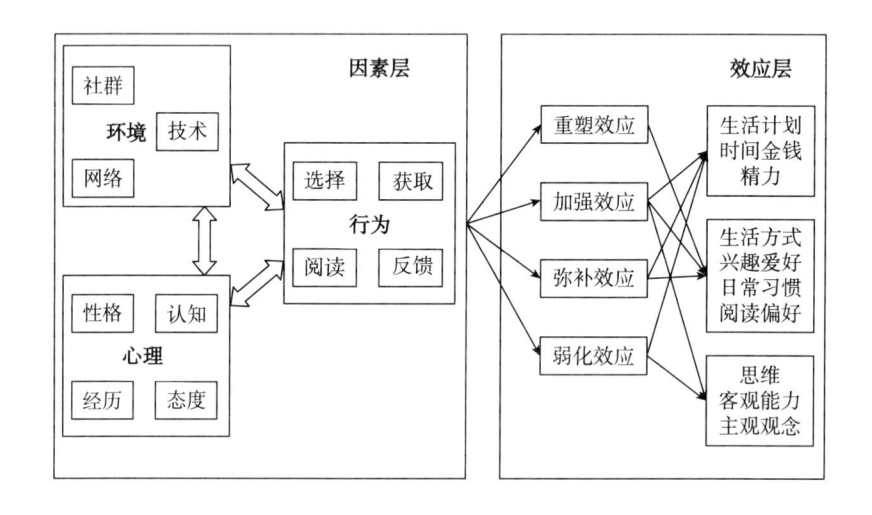

图7-3 复合阅读效应路线

环节一：影响因素之间的相互作用。

已有研究文献提出根据交互决定论认为，读者个体、阅读环境、阅读行为存在某种相互适应的关系，在本书的研究中，笔者同样发现，作为影响因素的读者心理、阅读环境以及阅读行为三个维度存在相互影响、相互作用的关系。例如阅读环境中的众多要素会显著影响读者的阅读行为，而读者的个性心理又会影响读者对复合环境的接受程度，同时又会影响读者阅读行为偏好。例如访谈中提到的"像图文绘本以及特别有价值的，还有可能很长很枯燥的这种书，我会去选择纸质版，然后像短篇以及娱乐性高于实用性的书，我会去选择电子版"。又如"我是一个特别喜欢接受安利的人，我觉得他给我安利我就会去翻一翻他的空间阅读笔记，然后就去看了"。因此，读者在复合阅读中所获效应往往并非单一影响因素作用的结果，实为读者心理、阅读行为以及阅读环境三因素的共同作用结果。

环节二：因素作用实施过程。

读者心理、阅读行为以及阅读环境三个维度因素在相互作用、相互影响的过程中，共同形成一种复合阅读效应，这一效应则是以传统阅读效果对比为基础，即重塑效应、加强效应、弥补效应以及弱化效应。但是效应的呈现在不同的情境中或者不同的读者群中差异较大，即效应并不是稳定的、普适的，其还受读者个体心理特征影响。例如部分读者对于数字阅读载体带来的效应感知存在差异，部分回答表示"对我来说，电子书纸质书并没有什么差别，甚至我觉得电子书方便的笔记什么的功能让我能更好地捕捉自己的思考……"此为复合阅读环境中电子载体这一因素带来的正加强效应，而另外还有回答表示"我比较喜欢看纸质的，因为看电子版我看不下去，看着看着就不想看了，感觉没办法完全投入……"此为复合阅读环境中电子载体带来的弱化效应。所以，由此可见，同为电子载体这一阅读环境影响因素，但是其对不同的读者所产生的效应完全相反。

环节三：因素作用方向结果。

在环节二中产生的复合阅读效应则最终作用到生活计划、生活方式、思维等层面中，但是各个效应的最终作用方向结果有一定差异。

首先，重塑效应主要作用于生活方式层面。实质上笔者认为此与前文所提到的日常生活理论相印证，复合阅读一些新要素的加入改变的是读者普遍的在阅读时间、空间、方式等方面的规划或者习惯，因为在复合阅读中，读者可以思考怎样阅读更方便、怎样阅读更有效、怎样阅读更适合自己，也就是说读者可以根据自身条件进行多样化的选择。而这一规划或习惯的改变带来的连锁效应则是读者整个生活习惯、方式的改变，那么必然会对读者很多行为进行重塑。

其次，加强、弥补、弱化效应在三个作用效果中均有体现。但值得注意的是加强效应主要表现出的是对传统阅读正面效果的加强，即更多地正向作用于思维维度中的客观能力塑造以及主观观念默化。

第四节　复合阅读效应的动态性

一　复合阅读效应阶段分析

（一）阶段划分

对于读者而言，效应从最初的萌芽到形成再到延续是为一个长期阶段，在访谈技巧中有谈到，对访谈记录的分析增添了效应阶段这一研究大类，因为读者往往在陈述中会显示出其所获得的效应存在时效差异性、强弱差异性以及阶段差异性等。另外，在《审美心理描述》中将审美经验的阶段分为了初始阶段、高潮阶段以及效果延续阶段[1]，参考此阶段划分，笔者通过样本资料分析认为复合阅读效应的产生阶段存在孕育、高潮以及效应延续三个阶段。具体诠释如下：

孕育阶段：此阶段为读者注意、被吸引、产生阅读冲动、开始阅读行为这一过程，即社会物理环境中各个因素引导读者产生这一系列初始行为。在此阶段中，复合阅读效应处于被孕育状态，读者整个心理机制进入一种特殊的阅读注意状态，伴随这种注意状态，是情感上的某种期望。[2] 而同样地，在这一阶段中，不同的读者、不同的环境或者不同的阅读行为，均会对复合阅读效应的形成产生影响。

高潮阶段：审美经验中将这一阶段分为了审美知觉和审美特殊认识。复合阅读效应类似，读者在阅读中同样存在知觉、情感、想象、理解等主观因素参与其中的活动。而复合阅读并不局限于传统阅读中读者仅对书籍文本的主观因素参与，更多的是在书本外，更多社群平台、网络信息空间中的参与，而这一过程又会受到客观环境因素影响。实际上在这一阶段中，复合阅读过程实现的是一个双向反馈，即读者在知觉、情感、想象以及理解等的投入后，形成复合阅读效应，继而使生活计划、生活方式、思维等层面受到影响。此阶段为复合阅读效应形成高潮阶段，并且读者的效应表征最为明显。

---

[1] 腾守尧：《审美心理描述》，四川人民出版社1998年版。
[2] 腾守尧：《审美心理描述》，四川人民出版社1998年版。

效应延续阶段：在《审美心理描述》中将这一阶段分为了直接效应阶段和间接效应阶段，而在本研究中，笔者发现多数读者表现出所获效应存在时效性，即复合阅读效应的延续存在时间上的差异，据此，将复合阅读效应划分为短期效应和长期效应。

（1）短期效应：此为读者在阅读当时的阅读效应，即短期内对读者有所影响。

（2）长期效应：此为读者在阅读中获得效应并对其进行长久影响。

短期效应和长期效应之间存在一个跨越——时间。当读者正处于阅读一本书或阅读完不久这一状态时，读者处于效应产生高潮阶段，而这些效应会受到如读者的兴趣、时间的流逝等因素的考验，部分效应会逐渐消失，而部分则会不断升华，最终长久地留存于读者生活中。即高潮阶段中的这一部分短期效应则转化为了长期效应。

（二）阶段特征

在对复合阅读效应阶段进行划分的过程中，我们可以从各个阶段中、阶段之间以及阶段整体中总结出以下两方面复合阅读效应阶段特征：

一方面，读者心理、阅读行为以及阅读环境三大因素在效应产生的各个阶段中均发挥其影响作用。在此举一最为典型因素案例——阅读环境因素维度中的社群环境，"他是会列一个小书单，就是他读了什么书，会在这个（朋友圈）下面打卡，然后会把书名写在这里，我就会经常去读一些他书单里的书"。此为初始阶段中社群因素作用发挥；"当你在群里看到别人说他有类似经历的时候，你就会觉得好像自己在世界上不是孤独的，就是自己的经历也不是那么糟，就有一种有人陪伴的感觉……"此为高潮阶段中社群因素作用发挥；"其实很多时候你去翻书评的时候会发现大家的看法其实都差不多，但是当有一个人的想法特别另类的时候，可能就会给我印象深刻，就可能很久都不会忘"。此为效应延续阶段社群因素作用发挥。

另一方面，初始阶段到高潮阶段是为效应量变过程，高潮阶段到效应延续阶段实质上为效应质变过程。初始阶段到高潮阶段这一过程中，读者会由于处于阅读行为进行中，且不断受到各个因素的冲击，从而使读者不断受到各种效应刺激，进而不断产生新的作用效果。这一阶段中的效应状态即为上文中所定义的短期效应,由于此阶段的效应并不具有稳定性,所以可视为一种效应的量变过程。而高潮阶段到效应延续阶段这一过程中,读者往往已经停止或者转移了阅读行为,所以其所受到的因素刺激也相应减弱甚至消失,因而高潮阶段中稳定性较差的效应则随着时间消失,而稳定性强的效应则实现效应延续。实际上效应延续阶段既可以整体视为一个效应衰减过程,也可视为一个效应质变过程。

二 复合阅读效应与个体发展的动态循环塑造

在教育学中,个体发展包括身体和心理两个方面,前者指有机体的自然形态和组织器官及其机能的发展、完善,后者指人的心理过程和个性心理的发展,包括认知、情感、意志和各种高级社会性的发展。[①] 从以上的复合阅读效应研究结果中可以发现,读者通过复合阅读行为所获得的影响覆盖了个体发展的各个方面,换句话说复合阅读这一现象所带来的积极效应对于个体发展具有重大影响。

除此之外,研究还发现,当读者通过复合阅读获得效应之后,尤其是在效应延续阶段发生质变的效应则真正实现对读者自身的认知、情感、意志以及社会性的长久塑造,这一过程又使影响因素中的读者心理因素发生改变,进而读者以不同的心理进行新一轮的复合阅读行为,而新一轮的复合阅读效应再次塑造读者个体,从而循环往复,读者在这一良性循环中,不断提高自身复合阅读质量并不断实现自身积极的个体发展。

具体循环塑造过程如图7-4所示。

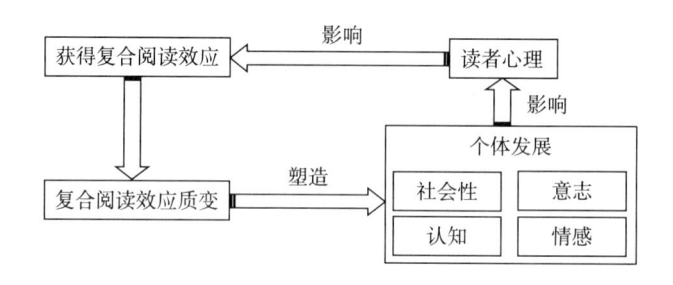

图7-4 循环塑造过程

---

① 车文博:《心理咨询大百科全书》,浙江科学技术出版社2001年版。

第五节 本章小结

一 研究结论

以上对复合阅读效应的研究为阅读推广实践提供了学理依据,图书馆作为社会公共文化服务平台,在新时期面临转型挑战,如何有效开展阅读推广活动,如何有效引导读者进行复合阅读行为,本书的研究则对以上实践问题提供依据。在提出策略建议之前,我们首先需掌握图书馆面临的复合阅读现象中不利于实践开展的效应特征以及亟须解决的问题:第一,复合阅读效应存在正负两方面效应,图书馆应如何避免负效应产生、扩大正效应影响力;第二,在效应延续阶段多数效应会随着时间的流逝而衰减,图书馆应如何在推广活动中增强读者所获效应的稳定性;第三,复合阅读影响因素众多且对于读者作用效果差异较大,图书馆应如何有效掌握各个因素之间的作用关系,充分且高效地利用影响因素打造一个有价值的高效的阅读推广活动。

二 实践建议

(一)复合阅读负效应的避免

通过研究发现,复合阅读效应存在正负两方面,笔者认为复合阅读负效应可区分为两种不同情形:

第一,读者心理因素诱导的负效应。通过研究发现,在不同的情形下,复合阅读效应所呈现的正负表征与读者心理因素相关性极大。即总的来说复合阅读效应与读者自身水平以及所处境地相关,而非外界因素。正如知乎回答上大多数读者就电子书谈到的"同样的人,同样的内容,如果说换个阅读媒介就影响了你知识的汲取与理解的话,难免说不过去"。所以就部分复合阅读负效应而言,其产生根源在于读者自身的认知或看法的诱导,而由于影响因素之间是相互作用、相互影响的,所以读者心理上的诱导必然导致读者消极的复合阅读行为。所以,要避免复合阅读负效应,图书馆首先应注重增强读者对自身心理因素的认知,进而促使读者主动规避一些偏见或克服一些不利诱导,因而开展相应读者培训是极为重要的。

第二，复合环境本身导致的负效应。除却读者心理因素外，复合环境本身却存在消极影响。如网络阅读信息的繁杂无序、众口不一等，如访谈中多数受访者谈到的"线上书评、书单太多了，就会让我觉得有点迷茫……"而这一负效应是在复合阅读现象中难以通过改变客观环境避免的。但是，笔者认为图书馆同样可以通过开展培训，提高读者的阅读信息获取、阅读信息辨别以及阅读信息使用等信息素养，由此改变读者在复合环境中的被动状态，进而能够高效地利用庞大阅读信息网，弥补由于复合环境本身带来的负效应。

（二）复合阅读效应差异的应对

通过研究发现，在同样的复合阅读情景中，读者所获复合阅读效应内容以及不同因素对各个读者个体的影响效果存在着较大差异。本书的研究认为根据读者表现出的"因素—效应"特征可将其分为三类群体，即保守型群体、包容型群体以及求新型群体。保守型群体中的读者自身心理因素影响较为稳定，阅读行为不易改变，且复合阅读易对其思维层面造成影响；包容型群体中的读者受自身心理因素影响，但稳定性较保守型低，且其对复合环境所带来的生活计划、生活方式、思维等层面的影响包容性较高；求新型群体中的读者则乐于探索新的复合阅读因素，且易受其影响，高潮阶段效应量变显著，而在延续阶段中效应衰退明显。

基于以上读者群体划分，图书馆应根据不同读者群体开展具有针对性的有效的阅读推广活动。因为不同读者群体其因素作用、效应形成存在较大的区别，要增强阅读推广活动的高效性，充分实现阅读推广价值，就应在不同的群体中采用不同的影响因素刺激，即注重差异化的阅读推广活动。

（三）增强复合阅读效应的稳定性

本书的研究显示，在效应延续阶段中，读者在高潮阶段形成的众多复合阅读正效应会随着时间的消逝衰退，即大多数情况下读者仅在复合阅读中形成了短期效应，获得了短期的阅读体验，但是随着阅读行为的结束，刺激消失，短期效应也不复存在。那么图书馆在进行阅读推广活动后，应如何缓解读者效应的衰退以维持阅读推广效果呢？本书的研究认为在此种情况下图书馆与读者之间的后续反馈工作极为重要。例如，图书馆可通过活动反馈、读者回信或者系列主题活动等形式对读者阅读推广活动记忆进行多次刺激，由此增强效应存留时间，促使效应质变，达到延续效果。

第八章 阅读社区与阅读行为

青少年阅读行为调查显示，相当多的青少年曾经参加过阅读社区活动，而且青少年在阅读前、阅读中、阅读后可能都会借助阅读社区进行各种信息活动和社交活动，尤其是网上阅读社区这一新生事物越来越成为人们阅读生活中不可或缺的构成部分。那么，阅读社区与阅读行为究竟有怎样的关系？如果是促进关系的话，这种促进作用是怎样产生的？同时，基于阅读社区的阅读生活会有怎样不同的体验？

本章将对以上问题做出探索。

第一节 阅读社区及其研究

一 从读书会到阅读社区

我们对青少年阅读行为的调查显示，1/4 的青少年曾参与过阅读社区活动，全媒体时代，线上线下阅读社区已成为培育复合阅读行为的肥沃土壤。

虚拟社区是社交媒体时代社会聚合的重要载体，人类的四大需求（兴趣、人际关系、幻想和交易）是其产生的根本原因[1]，而"阅读"作为有大量社会基础的兴趣方向之一也已成为虚拟社区形成的理由。当前，网上阅读社区繁荣发展，仅豆瓣网民就陆续建立了 1000 多个读书

---

[1] Armstrong A., Iii J. H., "The Real Value of Communities", *Harvard Business Review*, 1996, 74 (June): 134–141.

小组,其中"最近我们读了同一本书"小组成员超 30 万人,"经典短篇阅读"小组成员超 90 万人。然而,虽然学习社区、知识社区、品牌社区等虚拟社区话题在相关学科领域已均成为研究热点,但阅读社区的理论探索却鲜见。在社群信息学兴起的今天,将这一领域作为突破点既有利于推动图书馆学与信息学的深度交流,也可以促进阅读推广研究的理论创新。

虽然阅读社区是一种"微社群",但它同样也是一个复杂的有机体,而且如学者 Fister 所言,阅读社区为图书馆领域提供了探索读者怎样与图书连接的一种绝好渠道[1],已成为新媒体时代阅读文化传播的优秀承载体,对其开展研究有利于探索阅读推广策略创新路径。

那么,阅读社区经历了怎样的发展历程呢?

关于读书会的描述自中世纪以来就已经被记录在案,而且读书会一直被视为读者一起分享想法和观点的流行方式。[2] 这种组织先后以文学社团(Literary Societies)、阅读社团(Reading Societies)、图书社团(Book Societies)、图书俱乐部(Book Clubs)、读书会(Reading Group)等不同称谓出现,尤其是在 20 世纪 60 年代的美国开始成为一种文化现象。在那个特殊政治时期,人们的能量被导向社会和政治活动,"快被无处不在的无线电波逼疯",而读书会为人们感受交谈价值提供了一种积极保证,因此美国读书会数量猛增。[3] 这一文化在美国延续至今。

读书会发展史上另一个里程碑是 20 世纪末到 21 世纪初 "Richard and Judy's"(英国)、"Canada Reads"(加拿大)、"Oprah's"(美国)三个以"读书俱乐部"冠名广播电视节目的启动和流行。这三个节目将读书俱乐部参与者通过电视或广播等大众媒体联系起来,激发了人们对谈论书籍的无限渴望,得到了广泛关注。自此,读书会这种小众活动开始越来越大众化,并开始更多地扰动社会,甚至成为新人群形成的一

---

[1] Fister B., "Reading as a Contact Sport: Online Book Groups and the Social Dimensions of Reading", *Reference & User Services Quarterly*, 2005, 44 (4): 303–309.

[2] Harder A., et al., "Creating Cohesive Community Through Shared Reading: A Case Study of One Book Nova Scotia", *The Canadian Journal of Library and Information Practice and Research*, 2015, 10 (1).

[3] Jacobsohn R. W., *The Reading Group Handbook*, New York: Hyderion, 1998.

种核心因素。2013年的一项调查显示，美国23%的图书馆读者都参加了他们各自所属的读书会。[①]

广播电视节目类的读书俱乐部唤起人们对读书本身的热情，而网络才真正使人们实现以读书为纽带的大规模聚合。网络重构了时空结构，使人们找到志趣相同的同伴可能性空前变大，也予以人们更多利用充裕的碎片时间谈论图书的机会。如1996年Winfrey在启动她著名的Oprah's读书俱乐部脱口秀的同时，即举办了一个交互性的读者参与的在线论坛，为俱乐部的支持者和文学小说评论家们提供讨论话题。今天的美国，更多的个体和社会组织通过网络条件建立阅读社区，一些专门网络平台也已投入市场且用户增长迅速。如图书馆纷纷利用LibraryThing平台建立自己的读书会虚拟社区，著名书评网站Goodreads也以提供社区服务受到青睐，并已经被亚马逊收购，成为其"找书—买书—评书"服务链的一部分。

除了美国，其他很多地区和国家也将阅读社区建设作为官方任务加以推动。如我国香港官方教育平台网站"教育城"就建立专门的阅读推广品牌"阅读城"，2007年"阅读城"设立网络读书会，开展读书会的学校可以在此申请到本校专属的网上讨论区并进行资讯发布、资源分享和交流讨论。据调查，全港已有超过160所学校使用该阅读平台进行阅读交流和讨论，并展示本校读书会的成果。[②] 在中国内地，草根民众借助各社交平台建设阅读社区成为一种现象，移动阅读App产品层出不穷，豆瓣读书、当当、掌阅、QQ阅读等均以其先天的社交基因和优秀的用户体验迅速构造着各类阅读大社区。[③] 同时，越来越多的图书馆领域在发展线下读书会的同时，也开始提供线上交流的延伸服务，且已将阅读社区的构建问题提上日程。[④]

从线下读书会，到电视节目读书俱乐部，再到今天遍地开花的网上

[①] Gurstein M., "Welcome to the Journal of Community Informatics", *Journal on Community Informatics*, 2004, 1: 2–4.

[②] Fuller, et al., *Reading Beyond the Book: The Social Practices of Contemporary Literary Culture*, New York and London 2013: Routledge, 2013.

[③] 侯君洁：《香港地区读书会的发展及其启示》，《大学图书馆学报》2015年第6期。

[④] 徐杰：《阅读APP的发展态势与社群化发展战略》，《青年记者》2016年第23期。

阅读社区，阅读社区形态虽然在变化，但这一发展过程中有两个恒久不变的核心，一个是"阅读"，而另一个则是"社交"。

二 阅读社区的本质

无论是读书会，还是今天的网上阅读社区，它们都是一种以"阅读"和"社交"为核心的组织，而且都是一种"社区"。

什么是社区（Community，也译为社群）？根据《中国大百科全书（社会学）》，社区是人们在特定区域内共同生活的组织体系。而社区解放论者主张将社区从地域和场所中解放出来，通过广泛而自由的人际关系构建"脱域的共同体"[1]，因此，社区也常指一个因具有共同特征或兴趣，使它在其存在的较大社会组织中显现出来的团体[2]，或者指进行一定的社会活动，具有某种互动关系和共同文化维系力的人类群体及其活动区域。[3] 从这个意义上说，读书会和网上阅读社区都具有一定的社区特征，在这里我们试将这种阅读社区定义为"由于对阅读的兴趣在实体场所或虚拟场景中出现的人的聚集"。

"社区"一词意味着一种情感上的力量，也意味着一种个体对于发生在身边的、熟悉的社会环境的认同感。而阅读社区是由于强烈的文化身份认同感召而形成的共同体，且这种认同由个体独立意志主导、建立在人们对阅读活动及从事阅读活动的认可基础之上。因此，从本质上说，阅读社区是一种以"阅读文化认同"为中心的共同体，而非仅仅阅读活动或阅读者的集合。

三 阅读社区参与动机

虽然阅读一直被认为是一个安静且单独的活动，但阅读社区的普及表明，阅读也是一种社会活动或者社会体验。[4] 人们选择通过参与阅读社区而不是独自阅读，或者选择参与阅读社区而不是选择参与一个课堂

---

[1] 梁志敏：《我国公共图书馆读书会调查》，《图书馆论坛》2015年第7期。
[2] 陈福平、黎熙元：《当代社区的两种空间：地域与社会网络》，《社会》2008年第5期。
[3] 张新明：《网络学习社区的概念演变及构建》，《比较教育研究》2003年第5期。
[4] Fister B., "Reading as a Contact Sport: Online Book Groups and the Social Dimensions of Reading", *Reference & User Services Quarterly*, 2005, 44 (4): 303–309.

小组的阅读，是因为参与阅读社区能够给人带来不同的体验。那么，对读者而言，参与阅读社区与参与其他阅读活动有何不同？

第一，阅读社区是一个无压力的富有包容性的环境，是滋养和拥抱各种不同观点的地方。Jacobsohn 的研究发现，对于读者而言，进入一个接受性的、合法的、不存在偏见的、与其他文化组织迥然不同的社区是有吸引力的，特别是在社区感日渐下降的现代社会，它弥补了现代社区的异质和疏离。[1] 而且，Fister 的调查显示，参与阅读社区有助于了解人与人之间在生活方式和思考方式上的多样性，提升人们的批判性阅读和思考能力，增进人们在公共和私人两个领域的自我反思和成长。[2]

第二，在阅读社区中，书籍与阅读之间的关系有所不同。Barstow 的研究发现，参与者纯粹是自愿参与阅读社区，因共同兴趣而聚集，而且通常不需要达成特定的目标；阅读社区相关活动很少围绕文本之间的比较与连接展开，周期性的阅读通常较为离散；阅读社区的终点是不断开始的新的对话。而课堂上的小组阅读等其他常见阅读讨论方式却与阅读社区的体验有显著不同，因为它们通常围绕一个主题、一个流派、一个时期，收集一些共同点，而且其终点往往是论文或考试。[3] 也就是说，阅读社区中，书籍与阅读行为被更直接相连，而没有文本本身、阅读目标等作为中介。

第三，作为一个平等的社交环境，阅读是一种理想的社交纽带，可以激发人们的表达，为社交深化提供最好的机会。赫勒把日常生活中所形成的交往关系分为基本的两类：以平等为基础的关系和以不平等为基础的关系。[4] Sedo 的调查显示，阅读社区不但提供了社交环境，而且在阅读社区里，人们的相貌、身份、地位都不重要，共同的兴趣和价值观成为纽带，更易引发人们的自我表露，并带来交谈的乐趣。[5]

---

[1] Jacobsohn R. W., *The Reading Group Handbook*, New York: Hyderion, 1998.
[2] Fister B., "Reading as a Contact Sport: Online Book Groups and the Social Dimensions of Reading", *Reference & User Services Quarterly*, 2005, 44 (4): 303 – 309.
[3] Barstow J. M., "Reading in Groups: Women's Clubs and College Literature Classes", *Publishing Research Quarterly*, 2003, 18 (4): 3 – 17.
[4] ［匈］阿格妮丝·赫勒：《日常生活》，衣俊卿译，重庆出版社 2010 年版。
[5] Sedo D. N. R., "Readers in Reading GroupsAn Online Survey of Face – to – Face and Virtual Book Clubs", *Convergence*, 2003, 9 (1): 66 – 90.

基于以上原因，阅读社区虽然是一种"弱连接"的捆绑，却往往更容易实现人们在情感上、认知上，甚至价值观的一致性，从而达到一种深刻的影响力。而这种影响力，是其他很多阅读推广活动所不具备的。

对此，Sedo 的调查研究显示人们参与阅读社区四个方面的动机[①]：一是无论是线上还是线下的阅读社区，读者通过在这里可以了解自己拥有的特定的、有影响力的社会文化资源，在社区中他们的观点被证实、挑战和改变，这也被他们视为归属感的一种重要的益处。二是成员们相互解释书籍，形成了一种社会纽带，这个纽带帮助他们实现认识世界和认识自己的愿望。但是，他的调查也发现，线上和线下阅读社区参与者彼此关系紧密度不同，大多数（77%）面对面俱乐部成员将其他成员视作非常亲密或亲密的朋友，但是 66% 的虚拟俱乐部成员只把其他成员视为泛泛之交。三是 68% 的俱乐部成员将他们的讨论视作学习新观点的机会。四是阅读社区可以为读者提供在写作和阅读上重要的灵感，以及个人体会或集体交流理解的热烈氛围。尤其是女性，更多地认为通过阅读社会可以创造一片自我发现的灵感空间。除此外，Fister 发现，虚拟社区的非真实、神秘感反而给人们带来了巨大的安全感，如给面临生活重大灾难（亲人离去）的人心灵上的满足[②]；Sedo 则发现"Canada Reads"和"The Richard and Judy Book Club"的读者参与（项目）是为了读那些他们没有读过的书。

四 阅读社区研究

（一）阅读社区研究现状

对读书会的理论研究早已展开，其中尤其是美国图书馆学领域相关研究非常丰富。美国对读书会的研究有两大分支，一个是理论研究，主要围绕读书会参与行为与阅读动机、阅读兴趣、阅读行为之间关系研究展开，而且对不同性别、不同年龄段的读书会参与行为做了较多探讨；

---

① Fister B., "Reading as a Contact Sport: Online Book Groups and the Social Dimensions of Reading", *Reference & User Services Quarterly*, 2005, 44 (4): 303–309.

② Fister B., "Reading as a Contact Sport: Online Book Groups and the Social Dimensions of Reading", *Reference & User Services Quarterly*, 2005, 44 (4): 303–309.

另一个是实践研究，这类研究更多关注读书会中的人们如何互动、读书会的交流环境如何构建、怎样促进交流行为等策略问题。

阅读社区这一词汇提出则较晚。作为阅读社区实践推动的直接结果，20世纪80年代阅读社群概念开始出现。[①] 美国一些学校通过强调阅读过程的互动、社会、建设性和动态本质，成功建立了阅读社群。在这些阅读社区里，人们交换图书，持续阅读，通过讨论所读内容互相影响、互相帮助。[②] 这个阅读社区概念与读书会稍有交叉，但比起传统的读书会，它主要针对更大的人口聚集，比如一所学校、一个实体社区等。

进入互联网时代，阅读社区和读书会的研究开始呈合流之势，在线读书会、阅读社区等概念开始被混用。如Fister等提出了将阅读作为一种社交娱乐活动的概念，尝试对阅读社区的社交维度进行研究[③]；Harder等则直接比较了阅读社区与大众阅读事件（Mass Reading Event）的具体区别，认为大众阅读事件是为了在一个较大的区域内促进共享式阅读而举行的大型一次性或年度活动，而阅读社区是基于17世纪文学社团和当代读书会实践的一种进化，其特点是聚焦于讨论、关注对文本的个人化理解，以及通过以图书为中心的互动开展社区建设等。[④] 阅读社区和读书会在人群范围上的区别开始模糊化，其"阅读"和"社交"双中心的特点受到更多关注。

随着线下读书会向线上发展和线上阅读社区向线下延伸，近年来，欧美等国图书馆学界的阅读社区研究也逐渐增多，但尚处于实践研究阶段，主要是对网上阅读社区建设的经验不断提炼，特别是对图书馆领域

---

① Harste J. C., *New Policy Guidelines for Reading: Connecting Research and Practice*. Urbana, IL: National Council of Teachers of English, 1989.
② Baker P. J., Moss R. K., "Creating a Community of Readers", *School Community Journal*, 1993, 3 (1): 69-82.
③ Fister B., "Reading as a Contact Sport: Online Book Groups and the Social Dimensions of Reading", *Reference & User Services Quarterly*, 2005, 44 (4): 303-309.
④ Harder A., et al., "Creating Cohesive Community Through Shared Reading: A Case Study of One Book Nova Scotia", *Partnership the Canadian Journal of Library and Information Practice and Research*, 2015, 10 (1).

的网上阅读社区实践进行了及时总结。[1][2][3] 相关研究涉及如何建立和维护一个阅读社区、怎样策划阅读社区中的阅读活动、社区文化如何坚守等一系列问题。

我国尚处于对国外读书会相关研究成果的吸收引进阶段，理论研究尚未展开。而同时，实践领域在读书会建设方面不断突破，推动了一批调查研究出现。相关论文在谈及读书会的时候，经常也会谈及"线上读书会"，或者读书会QQ群等问题，不少图书馆员关注到网上阅读社区的繁荣，开始思考"当图书馆遇到豆瓣，图书馆该怎么办"的问题。[4][5] 而以网上阅读社区为对象的研究往往是对某个具体阅读社区的观察，分析这些社区中的人及其之间关系，如对豆瓣读书小组、罗辑思维等展开个案分析，但这种研究通常采用观察读书会的惯常思路，即更关注阅读社区中的读者们怎样看待阅读、关心哪些读物、谈及哪些话题。也就是说，思维路径是将对个人阅读行为的观察方法延伸用于观察阅读社区。

（二）阅读社区研究对阅读推广的意义

个体是群体中的个体，只有在群体和社会中个体才能展开其现实的社会活动，因此它致力于通过加强社区网络和社区组织的运作，构建民众对ICT的应用能力和信心。[6] 如前所述，阅读社群是一种社会组织，对阅读社群的研究除了关注其"阅读"属性，也要关注其"社交"属性，除了将参与者作为读者个体来研究，也应将参与者作为组织的一部分，或者将这一组织本身作为对象加以系统研究。简言之，就是立足于

---

[1] Fister B., "Reading as a Contact Sport: Online Book Groups and the Social Dimensions of Reading", *Reference & User Services Quarterly*, 2005, 44 (4): 303-309.

[2] Harder A., et al., "Creating Cohesive Community Through Shared Reading: A Case Study of One Book Nova Scotia", *Partnership the Canadian Journal of Library and Information Practice and Research*, 2015, 10 (1).

[3] Auyeung C., et al., "Book Buzz: Online 24/7 Virtual Reading Clubs and What We've Learned About Them", *the Canadian Journal of Library and Information Practice and Research*, 2007, 2 (2).

[4] 司姣姣：《当图书馆遇到豆瓣》，《图书馆杂志》2008年第3期。

[5] 秦鸿：《欧美图书馆读书会经验及其借鉴》，《图书情报工作》2013年第12期。

[6] 李刚等：《促进社会包容——美国社群信息学研究述评》，《中国图书馆学报》2012年第3期。

社群开展研究。

那么,阅读社群研究对于阅读推广来说有何意义?

一方面,聚焦于阅读社区整体建设和发展问题,其成果有助于促进阅读社区这一新型社会单元的科学构建和持续发展,从而带动更大范围的阅读活动参与。社群是一种中介性的系统组织,可以把现实中个体的各种需求整合后作用于社会,使其通过读者的结合统一地对内和对外发挥作用[1],而阅读社区作为自发形成社群,在当前媒体环境下更易于外化,从而带动社会参与,如 Castek 等将网上阅读社区列为能将互联网融入文学素养计划的激动人心五大方法之一。[2] 通过探索阅读社区的内外作用规律和发展规律可为各类阅读社区组织者的社区组织策略提供依据。

另一方面,致力于个体与社区关系研究的阅读社区研究,探索人们因阅读而聚合的规律和个体与社区共同发展的路径,有助于提升阅读社区的凝聚力和对参与者个体的影响力。正如相关研究所揭示的,读者有时想通过一本书寻求社区沉浸,有时想要通过一个社区寻求图书沉浸。[3] 人们因阅读而聚合的过程既是个体从寻找团体到融入团体的累积过程,同时也是一个以阅读为核心的群体互动及文化实践的持续过程。因而,从"社交"去观察读书会中的阅读现象更易于发现阅读社区发生发展的根本规律,更有利于挖掘阅读社区与全民阅读推广的多角度关联。

第二节 网上阅读社区类型研究

一 对网上阅读社区及其类型的认识

随着国民阅读率的提升和社交媒体的兴起,出现了很多深受读者喜

---

[1] 王洪波:《个人、社群与社会的双重互动——一种关系思维方法论的视角》,《学术论坛》2013 年第 4 期。

[2] Castek J., et al., "Reading Adventures Online: Five Ways to Introduce the New Literacies of the Internet Through Children's Literature", *The Reading Teacher*, 2006, 59 (7): 714 – 728.

[3] Mozuraite V., "Change of the Reading Paradigm in the Age of E – book", *Libellarium: Journal for the Research of Writing, Books, and Cultural Heritage Institutions*, 2015, 7 (1): 83 – 91.

爱的阅读社区。阅读社群是发展变化中的有机体，阅读社区总是在同一时间背景下呈现出一定的差异性。阅读社群形态研究有助于探讨情境对读者阅读行为的影响。阅读社区分类体系的构建是阅读社区研究的基础工作。

什么是网上阅读社区？相较于线下阅读社区，芈婧认为"网络图书阅读社区是一种以社交为手段，以读书为兴趣，聚集读书爱好者，且在阅读过程中用户可以随时进行分享、互动和传播的新型阅读平台。它在内容生产上更开放和平等，它让读书不再是一个私密又封闭的过程，而更强调自由、分享和交流，它是传播知识与文化的平台"。[1] 而我们认为，网上阅读社区是指在网络空间里形成的以阅读分享等为目标的虚拟活动团体，是传统读书会在网络上的再生和拓展。[2]

网络环境赋予了网上阅读社区两个突出特点：一方面，阅读资源的共享性。网上阅读社区中的资源具有开放性，很多网上阅读社区的参与者既是内容的生产者、传播者，又是内容的消费者、受益者，读者在阅读社区中通常可以平等地享有社区拥有的阅读资源。另一方面，阅读交流的多发性。社区成员可以在阅读过程中随时随地与其他成员或好友分享自己的观点和看法，就自己感兴趣的内容展开交流与讨论，特别是，随着新形势的不断变化，阅读社区的内容形式更加多样化，基于音频、视频，甚至虚拟现实的互动式阅读逐渐普及，使"阅读"和"交流"呈现一体化趋势。

对网上阅读社区的分类首先有必要参考虚拟社区的分类思路。目前对虚拟社区的分类研究主要有以下三种：从用户角度进行分类。Armstrong 和 Hagel 根据社区成员的需求将虚拟社区划分为交易社区、兴趣社区、幻想社区和关系社区[3]；Bressler 按照社区用户的参与动机将虚拟社区分为目的型社区、实践型社区、环境型社区和兴趣型社区[4]；Li

---

[1] 芈婧：《基于网络图书阅读社区的大众图书出版产业链分析》，硕士学位论文，四川外国语大学，2015 年。

[2] 许欢：《网络虚拟阅读社群发展初探》，《数字图书馆论坛》2009 年第 4 期。

[3] Armstrong A., Hagel III J., "The Real Value of Online Communities", *Harvard Business Review*, 1996, 74 (3): 134–141.

[4] Bressler S. E., *Communities of Commerce: Building Internet Business Communities to Accelerate Growth, Minimize Risk and Increase Customer Loyalty*, New York: McGraw–Hill, 2000.

H 按照社区成员之间的互动时间将虚拟社区分为同步虚拟社区和异步虚拟社区[①]；France 按照社区成员的目的将虚拟社区分为兴趣型社区、目标型社区、学习型社区和实践型社区。[②] 从管理者角度进行分类。Klang 和 Olsson 根据经营性质对虚拟社区进行了分类，以公司经营和营利性构建了一个二维分类表[③]（见表 8-1）；Schubert 和 Ginsburg 认为，根据社区的目的可以把虚拟社区分为企业社区（包括电子商店、商务社区和交易社区）、闲暇社区（包括幻想社区、交易社区和爱好社区）、研究社区（包括人文管理类社区、专业型社区和理工型社区）。[④] 从社区内容特点角度进行分类。根据这一思路的分类集中在国内学者的研究中，夏南强、李倩根据社区学科的内容特点将虚拟社区分为综合性、专科性、专题性三大类[⑤]；孙颖、毛波根据社区的主题把虚拟社区分为娱乐和兴趣型、情感和交流型、物品交易型、学习型社区。[⑥]

表 8-1　　　　　　　　Klang 和 Olsson 的虚拟社区分类

	营利性	非营利性
公司经营	商店式虚拟社区	论坛式虚拟社区
非公司经营	集市式虚拟社区	俱乐部式虚拟社区

目前国内外对网上阅读社区分类的研究比较少，且多以日常经验为主，没有明确的分类标准，如许欢认为目前日趋成熟的虚拟阅读社群主要有门户网站读书频道的书友会、专门性的阅读论坛和互动分享型阅读

[①] Li H., "Virtual Community Studies: A Literature Review, Synthesis and Research agenda", in *Proceedings of the America's Conference on Information Systems*, New York, 2004.

[②] Stephens M., "Recent Research on Virtual Community", http://webjunction.org/do/Diplaycontent? id=11258, 2008-07-16.

[③] Klang M., Olsson S., "Virtual Communities", in *Proceedings of 22nd Information Research in Scandinavia*, 1999: 249-260.

[④] Schubert P., Ginsburg M., "Virtual Communities of Transaction: The Role of Personalization in Electronic Commerce", *Electronic Markets*, 2000, 10 (1): 45-55.

[⑤] 夏南强、李倩:《试论社会科学学术网络的类型与特点》,《情报科学》2007 年第 3 期。

[⑥] 孙颖、毛波:《基于数据挖掘技术的虚拟社区成员行为研究》,《计算机应用》2003 年第 1 期。

社区[1],芣婧认为目前中国的网络阅读社区主要分为电子商务网站的阅读社区、专门的阅读分享社区、门户网站的阅读频道、移动终端的阅读专区、网上书店或网上出版社的读者俱乐部。[2]

网上阅读社群是一种以阅读为基础的虚拟社群,用虚拟社区的分类思路对其进行分类是合适的。从以上对虚拟社区的分类可以看出,已有分类大多从单一的视角进行分析,且多是理论分析,缺乏实证研究。基于此,本书的研究将采用系统的视角综合以上三种虚拟社区分类思路,采用理论和实践相结合的方法对网上阅读社区进行分类。具体如下:结合价值网络相关理论,构建网上阅读社区分析框架;利用已经建立的分析框架对选择的典型案例进行分析总结;从分析框架中选择合适的二级要素作为分类维度,构建阅读社区分类体系。

二 基于价值网络的网上阅读社区类型研究

(一) 基于价值网络理论的分析框架

价值网络这一概念是由 Slywotzky 等在专著《发现利润区》较早地提出,书中指出,价值网络的本质是围绕客户价值重构价值链以实现客户整体价值最优。[3] 利用价值网络理论能够比较全面地分析一个实体的构成要素及其关系,这种基于价值网络的研究视角也被一些分类研究所采用,如 Pappy 提出了以价值主张和价值实现为基础的商业模式分类体系。[4] 孔栋等提出了以价值主张、价值实现、价值创造为基础的 O2O 模式分析框架,构建了 O2O 模式分类体系。[5] 价值网络贯穿一个社区运作的全过程,能够全面系统地对当前的阅读社区进行分析。因此,本书的研究以价值网络理论为基础,并结合 Pappa、孔栋的商业模式分类思路来建立网上阅读社区分析框架。

---

[1] 许欢:《网络虚拟阅读社群发展初探》,《数字图书馆论坛》2009 年第 4 期。
[2] 芣婧:《网络图书阅读社区的大众图书出版产业链分析》,硕士学位论文,四川外国语大学,2015 年。
[3] Slywotzky A. J., et al., *The Profit Zone: How Strategic Pusiness Design Will Lead You to Tomorrow's Profits*, New York: Three Rivers Press, 2002.
[4] Rappa M., "Managing the Digital Enterprise – Business Models on the Web" (2001 – 06 – 02) [2014 – 12 – 20], http://digitalenterprise.org/models/models.html.
[5] 孔栋等:《O2O 模式分类体系构建的多案例研究》,《管理学报》2015 年第 11 期。

本书研究的分析框架以阅读社区特点为基础,由3个一级要素和9个二级要素构成。一级要素包括价值主张、价值创造和价值实现,其中价值主张是开始,是一个社区差异化的战略定位,包括目标用户和需求内容2个二级要素;价值创造是核心,是一个社区为实现其价值主张而采取的一系列措施,包括社区内容生产方式、社区内容涉及主题、社区交互形式和社区交流实时性4个二级要素;价值实现是结果,是一个社区通过一系列价值创造活动获得的收益,包括运营成本、收入来源、社区目标3个二级要素。各要素的定义见表8-2。

表8-2　　　　　　　　　网上阅读社区构成要素定义

一级要素及定义	二级要素及定义
价值主张:目标社区对其提供的产品或服务的清晰定位	目标用户:目标社区通过用户细分确定的具有一定特点的群体
	需求内容:解决目标用户需求"痛点"的产品或服务
价值创造:目标社区为实现其价值主张而采取的一系列措施的集合	社区内容生产方式:社区内容生产、筛选、展现等机制
	社区内容涉及主题:社区内容的覆盖范围
	社区交互形式:社区参与者之间的互动方式
	社区交流实时性:社区成员交流的即时性
价值实现:目标社区利用自身价值获得的收益	运营成本:维持社区正常运行所需投入的人力、物力等成本
	收入来源:目标社区主要的资金来源渠道
	社区目标:经营社区要达成的某种目标

(二) 研究设计与实施

案例研究方法是管理学中一种常用的定性研究方法,能够帮助我们对现实中的某些现象、事物进行分析和探索,特别适合回答现实环境中某种现象"怎么样"和"为什么"的问题。[1] 由于目前对阅读社区的研究处于刚刚起步阶段,而对阅读社区分类体系的研究更是一片空白,所以本书的研究无法从该领域已有理论中得到一些参考,因此案例研究

---

[1] Eisenhardt K. M., "Building Theories from Case Study Research", *The Academy of Management Review*, 1989, 14 (4): 532-550.

方法比较适用于当前的研究情景。这种方法能够通过对具有代表性的案例进行深入剖析，从而达到对研究对象全面、系统的理解，帮助研究者得出科学合理的结论。同时，本书的研究是为了系统地构建网上阅读社区分类体系，和单案例研究相比，多案例研究能够更好地通过案例之间的对比分析找出其中的差异，进而确定合适的分类维度，构建科学的分类体系。因此，本书的研究尝试采用多案例研究方法构建网上阅读社区分类体系。

根据本研究对网上阅读社区的定义，同时结合研究目的，本研究参照以下标准选择案例：所选案例社区必须是发展势头良好的社区，有自己独特的竞争优势；所选案例社区必须上线较长一段时间，并具有一定的用户规模。样本库来自我们课题组的15个成员将近一个月对网上阅读社区的调研和讨论。又由于多案例研究的案例数量在6—10个比较合适[1]，因此根据以上两条标准，本书的研究从重点调研的将近50个阅读社区中选择了6个比较有代表性的社区作为研究样本。这6个样本都以自身独特的竞争优势而保持着良好的发展势头，具有较长的运营时间和较大的用户规模，创建者既有私营企业、事业单位，也有个人。表8-3是案例社区的基本情况。

表8-3　　　　　　　　案例社区基本情况汇总

案例社区	运营时间	社群成员规模	创建者
得到App	一年以上	600万人以上	私企
豆瓣	十年以上	5000万人以上	私企
微信阅读	一年以上	1300万人以上	私企
简书	四年以上	700万人以上	私企
国家数字图书馆	四年以上	80万人以上	事业单位
三体社区官方幻迷群（QQ群）	两年以上	1000人以上	个人

注：表中数据来自酷传科技，截至2016年11月。

此次研究中案例社群的资料收集工作持续将近六个月。首先，我们

---

[1] Yin R. K., *Case Study Research: Design and Methods*, London: Sage Publications, 2008.

中篇　机制研究

对案例社区进行二手资料的收集，如行业评论、企业内部人员的经验分享、第三方机构评价等。然后，在对案例社区进行充分的了解之后展开一手资料的收集，包括对案例社区进行体验式考察、对社区管理者和社区参与者进行访谈等。最后，我们通过交叉验证剔除无用和无效的资料，把有价值的信息进行整理汇编。

本书研究中对案例社区的资料处理分为四个阶段：①课题组成员对案例社区深入观察、讨论观察结果；②根据之前拟定的价值网络分析框架确定编码规则；③对 6 个案例社区进行为期 2 个月有重点的参与式观察，并对收集到的资料进行编码处理，主要是根据之前的分析框架对案例社区资料进行类别化分析和处理；④对 6 个案例社区进行对比、分析，找出其在社区构成要素上的共性和差异，以选择合适的要素作为分类维度构建阅读社区分类体系。

（三）基于价值网络理论的网上阅读社区类型划分

基于价值网络要素的阅读社区案例分析

根据已建立的基于价值网络理论的分析框架，本书的研究对 6 个案例社区展开了围绕 3 个一级要素和 9 个二级要素的具体分析，得到了一系列结论。

（1）价值主张。价值主张是目标社区对其提供的产品或服务的清晰定位，包括目标用户和需求内容两个方面。目标用户是不同的阅读社区根据自身特点在细分市场中选择合适的用户，需求内容则是不同的阅读社区根据自己的资源优势选择向目标用户提供的产品或服务。例如，得到 App 拥有强大的知识服务团队，根据互联网时代碎片化阅读的特点，选择向白领为主的中产阶级提供稀缺的干货知识，降低用户的选择成本，缓解中产阶级的知识焦虑；微信阅读以微信庞大的用户规模和关系链为基础，倡导"以书会友"，推出了熟人间的"阅读 + 社交"模式，读者可查看微信好友的读书动态、与好友讨论正在阅读的书籍，以书为节点来强化微信好友之间的关系，同时好友圈子又反过来拓展了阅读。案例社区在"价值主张"要素的详细情况如表 8 - 4 所示。

（2）价值创造。价值创造是目标社区为实现其价值主张而采取的一系列措施的集合。不同的阅读社区在确定自己的价值主张后，就要考虑通过一系列的价值创造活动来实现自己的价值主张。对于阅读社区而

表8-4　　　　　案例社区"价值主张"要素情况汇总

案例社区	目标用户	需求内容
得到	以公司白领为主的中产阶级	简单易懂的干货知识
豆瓣	在校大学生、白领	共同兴趣下交流、讨论的场所
微信阅读	微信用户中学生、白领群体	和熟人一起阅读的场所
简书	读者、写作爱好者	既能阅读,又能写作的场所
国家数字图书馆	国家图书馆访客	能够简化借还书流程、线上获取该馆资源
三体社区官方幻迷群（QQ群）	《三体》粉丝	和喜欢《三体》的人一起讨论书中内容

言,价值创造主要包括社区内容生产和社区交流形式两个方面,社区内容生产又可分为内容生产方式和内容涉及主题,社区交流形式可分为社区交互形式和社区交流实时性。例如,为了保证阅读资源的质量,得到App的阅读内容是由专业的读书团队提供,不对用户开放,属于PGC的内容生产模式;又由于其提供内容是各个行业、学科的干货知识,内容涉及主题十分广泛,所以是综合型主题;得到App把重点放在提供稀缺的干货资源,所以对社区交流这方面要求不是很高,属于单向沟通,交流的实时性也比较弱。豆瓣社区的内容则是由普通的用户提供,对所有用户开放,属于UGC的内容生产模式;又由于豆瓣里面有各个主题、学科的兴趣小组,所以属于综合型主题,并且豆瓣是论坛形式的社区,对交流的实时性要求也不高,所以是异步型,社区成员的交互形式也比较平等,属于双向沟通。案例社区在"价值创造"要素的详细情况如表8-5所示。

（3）价值实现。价值实现是目标社区利用自身价值获得的收益,其内容主要包括盈利方式和社区目标,这里的盈利方式主要是指社区的运营成本和收入来源,而社区目标主要是区分目标社区是否以营利为目的。在6个案例社区中,得到、豆瓣、微信阅读、简书的营利方式和社区目标都大致相同,其运营成本主要是版税、技术、推广、物流等支出,其收入主要是用户付费分成和流量广告收入,社区目标都是以营利为目的；而国家数字图书馆和三体社区官方迷幻群则呈现出较大的差异，国家数字图书馆的运营成本是版税、技术、推广支出，收入主要来自机构专用资金，该社区创建的目的是方便读者、推广阅读。三体社区官方迷幻群的运营成本较低，主要是管理者的时间成本，花费也主要来自创建者，该社区的目标是给具有相同兴趣爱好的读者提供一个表达自己观点、倾听别人想法的机会。案例社区"价值实现"要素的详细情况如表8-6所示。

表8-5　　　　　　案例社区"价值创造"要素情况汇总

案例社区	内容生产方式	内容涉及主题	社区交互形式	社区交流实时性
得到	PGC	综合型	单向	异步
豆瓣	UGC	综合型	双向	异步
微信阅读	PGC	综合型	双向	异步
简书	PGC、UGC	综合型	双向	异步
国家数字图书馆	PGC	综合型	单向	异步
三体社区官方幻迷群（QQ群）	UGC	专门型	双向	同步

注：PGC 为 Professionally - generated Content 的缩写，指专业生产内容；UGC 为 User - generated Content 的缩写，指用户生产内容。

表8-6　　　　　　案例社区"价值实现"要素情况汇总

案例社区	运营成本	收入来源	社区目标
得到	版税、技术、推广、物流支出	用户付费阅读分成、流量广告收入	营利
豆瓣	版税、技术、推广、物流支出	电子书付费分成、流量广告收入	营利
微信阅读	版税、技术、推广支出	电子书付费分成、流量广告收入	营利
简书	版税、技术、推广支出	电子书付费分成、流量广告收入	营利
国家数字图书馆	版税、技术、推广支出	机构专用资金	非营利（阅读推广）
三体社区官方幻迷群（QQ群）	管理者时间成本	创建者自费	非营利（陶冶情操）

（四）网上阅读社区分类体系构建

1. 分类维度选择

在对网上阅读社区的构成要素从价值网络的视角进行分析之后，我们需要选择合适的要素作为分类维度来构建阅读社区分类体系。我们选择分类维度的标准是：案例社区在该维度上有显著差异，且能归纳出清晰的类型；所有案例社区在该分类维度下都能找到特定的归属。据此我们对阅读社区分析框架中的 9 个二级要素进行了判断，最终选择了需求内容、内容生产方式、内容涉及主题、社区交互形式、社区交互实时性、社区目标这 6 个要素作为我们的分类维度，各案例社区在不同分类维度上的归属如表 8-7 所示。

表 8-7　　　　基于价值网络视角的网上阅读社区分类体系

一级要素	二级要素（分类维度）	社区类型	案例归属
价值主张	目标用户		
价值主张	需求内容	资源导向型	得到 App、国家数字图书馆
价值主张	需求内容	兴趣导向型	豆瓣、三体社区官方幻迷群（QQ 群）
价值主张	需求内容	关系导向型	微信阅读
价值主张	需求内容	复合价值型	简书
价值创造	内容生产方式	PGC	得到 App、微信读书、国家数字图书馆
价值创造	内容生产方式	UGC	豆瓣、三体社区官方幻迷群（QQ 群）
价值创造	内容生产方式	复合生产型	简书
价值创造	内容涉及主题	综合型	得到 App、豆瓣、微信阅读、简书、国家数字图书馆
价值创造	内容涉及主题	专门型	三体社区官方幻迷群（QQ 群）
价值创造	社区交互形式	单向	得到 App、国家数字图书馆
价值创造	社区交互形式	双向	豆瓣、简书、微信读书、三体社区官方幻迷群（QQ 群）
价值创造	社区交流实时性	同步	三体社区官方幻迷群（QQ 群）
价值创造	社区交流实时性	异步	得到 App、豆瓣、微信阅读、简书、国家数字图书馆

续表

一级要素	二级要素 （分类维度）	社区类型	案例归属
价值实现	社区运营成本		
	社区收入来源		
	社区目标	营利	得到App、豆瓣、微信阅读、简书
		非营利	国家数字图书馆、三体社区官方幻迷群（QQ群）

2. 不同类型阅读社区模式分析

（1）维度一：价值主张（需求内容）。

①资源导向型阅读社区。

此类阅读社区以提供稀缺、有价值的资源为特色，主要是为了满足社区成员对阅读资源的需求。一般情况下，该类社区有专业的内容生产团队来保证社区资源的质量。例如，罗辑思维的得到社区，内容生产全部由专业团队完成，对内容质量的要求比较高，普通用户没有创建内容的权限。此外，这类社区中也有少量是用户生产内容，但是有比较合理的筛选机制，也能保证社区内容的高质量，连接着各行各业精英的网络问答社区知乎也是属于这一类型。

②兴趣导向型阅读社区。

此类阅读社区将分散的、有共同兴趣或某方面专业技能的人聚集在一起，给社群成员提供表达、交流或者学习的机会。豆瓣社区是这一类型阅读社区的典型代表，任何人都可以加入自己喜欢的阅读小组，就自己感兴趣的内容与其他成员进行沟通和交流。此外，一些单一兴趣主题的微信群、QQ群也属于此类。

③关系导向型阅读社区。

此类阅读社区提供给有共同兴趣的人们聚集在一起、建立有意义的人际关系的机会，以书会友是该类型阅读社区的主要特色。例如，微信群陪你读书，该阅读社区主要面向北京地区，除了一起读书外，还有桌游、运动、学习、联谊等多种年轻人相约的方式。此外，微信读书也是这一类社区的代表，微信读书是基于微信关系链的阅读应用，以书为节点来强化好友之间的关系,是熟人之间的阅读社区。

④复合价值型阅读社区。

复合价值型阅读社区同时满足社区成员的以上两种或者两种以上的需求,且对每一种需求没有明显偏重,现在的许多读书会在定位时就选择兴趣和资源并重的发展模式。简书是这一类型社区的代表,简书社区是一个把写作和阅读结合起来的应用,其定位就是为写作者打造最优秀的写作软件,为阅读者打造最优雅的阅读社区,坚持写作和阅读并重的发展模式。

(2)维度二:内容生产方式。

①UGC型阅读社区(User-generated Content,用户生产内容)。

社区成员将自己原创的内容通过互联网平台进行展示或者提供给其他用户,对内容的质量要求比较低,限制也比较少,如豆瓣阅读小组、百度各种读书吧、知乎等。

②PGC型阅读社区(Professionally-generated Content,专业生产内容)。

一般是由专业的写作团队负责内容的生产、加工,普通用户没有创建内容的权限,内容的质量一般会比较高,相应的限制也会比较多,如得到社区、单读社区。

③复合生产型阅读社区。

社区内容由专业人士和社区普通成员共同生产,如阅读应用简书,其文章一部分来自签约的专栏作家和自己的写作团队,而另一部分则来自普通用户。

(3)维度三:社区内容涉及主题。

①综合型阅读社区。

内容不限学科或者主题,大部分的阅读应用平台属于此类阅读社区,读者可以按照主题分类、学科分类或者关键词查找自己感兴趣的阅读内容。例如,在豆瓣社区中,用户可以根据自己的兴趣加入不同主题的小组进行讨论和交流。

②专门型阅读社区。

社区成员的阅读目的比较明确,内容比较集中于某一学科或主题。例如,在痴迷于科幻小说《三体》这本书的三体社区官方幻迷群(QQ

群）中，社区成员一起分享和交流自己对书中内容的观点和看法。

（4）维度四：社区交互形式。

①单向沟通型阅读社区。

主要是单向沟通，发送者在沟通交流中居于主导地位，他们生产并发布内容、吸引读者，根据其定位推广产品或服务。例如，在罗辑思维的得到社区里，内容生产方面社区用户发挥的作用很少，社区成员之间一般没有直接的交流，只能通过意见反馈或者邮件的形式与管理者交流。此外，大部分的读书类公众号也属于此类，只能通过评论功能与发送者交流。

②双向沟通型阅读社区。

发送者和接收者享有同样的机会，能够平等地交流沟通，没有任何限制。这一类型的社区是当今阅读社区的主流形式，与阅读相关的贴吧、论坛、QQ群、微信群等都是双向沟通型阅读社区。

（5）维度五：社区交流的实时性。

①同步阅读社区。

以某种即时通信软件为基础，社群成员交流的实时性较高，成员交流的时间间隔较短，如各种以阅读为主题的QQ群、微信群。

②异步阅读社区。

对社区成员交流的实时性要求不高，成员交流的时间间隔较长，如各种阅读论坛、贴吧。

（6）维度六：社区目标。

①营利性阅读社区。

用以促销产品、服务或者品牌推广，以营利为目的，其创建者一般为私企。如得到社区、当当读书社区、京东阅读社区等。

②非营利性阅读社区。

致力于阅读推广、陶冶情操等目标，不以营利为目的，其创建者一般为政府公共部门、事业单位或个人。国家数字图书馆、各个高校图书馆或者公共图书馆的线上社区都属于此类。

三 网上阅读社群类型比较

一个社区的价值主张是一个社区核心竞争力的体现，对该维度下不同类型社区展开分析能够找出不同类型阅读社区的共性和差异,帮助其他社区管理者或阅读推广人在利用阅读社区进行阅读推广时扬长避短。所以,本章在对大量社区进行体验式观察的基础上,对不同类型阅读社区在社区交流、社区资源、社区关系、社区文化这几个方面的特点进行了总结(见表8-8),并选取了不同类型社区中发展较好的得到社区、豆瓣社区、微信读书社区和简书社区展开了深入分析。

表8-8　　　　　　　　不同类型阅读社区特点

类型	特点	资源导向型阅读社区	兴趣导向型阅读社区	关系导向型阅读社区	复合价值型阅读社区
社区交流	交流的互动性	弱	强	强	一般
	交流的实时性	弱	强	强	一般
	社区活跃度	低	高	高	一般
	社区成员黏性	低	高	高	一般
社区资源	内容与定位的相关性	强	弱	弱	一般
	内容生产方式	PGC为主	UGC为主	UGC为主	PGC/UGC
	资源获取成本	大	小	大	一般
	社区资源的质量	高	一般	一般	一般
社区关系	社区成员的作用	小	大	大	一般
	管理者的作用	大	小	大	一般
	社区成员流动性	强	弱	弱	一般
	社区成员之间关系	弱	一般	强	一般
社区文化	社区准入门槛	低	一般	高	一般
	社区规则	少	一般	多	一般
	社区福利	一般	一般	多	一般

(一)不同类型阅读社区特点

1. 社区交流

在社区交流方面,兴趣导向型和关系导向型阅读社区显然更具有优势,由于这两个类型的社区成员是因"兴趣"和"熟人关系链"聚集在一起的,所以有更多的共同话题,无论是交流的互动性、实时性,还是社区活跃度、社区成员黏性,都要高于资源导向型阅读社区,而复合价值型阅读社区则处于二者之间。

2. 社区资源

在社区资源方面，由于资源导向型的阅读社区内容生产以 PGC 为主，所以管理者对社区资源有较强的掌控能力，无论是社区资源的质量还是内容与定位的相关性都比较高，但同时这也意味着社区用户需要付出一定的成本。而兴趣导向型和关系导向型的阅读社区内容生产以 UGC 为主，对用户发表内容的限制较小，所以管理者对社区资源的可控性较低，社区资源的质量和内容相关性也低于资源导向型阅读社区，但同时也意味着获取资源的成本较低。

3. 社区关系

在社区关系方面，"以书会友"是关系导向型阅读社区的特色，所以该类型阅读社区具有强社交关系属性，社区成员的流动性较低，管理者和社区成员的关系也较为融洽。资源导向型阅读社区中，一般情况下管理者发挥的作用比较大，这也意味着社区成员具有较小的发言权，所以社区成员的积极性比较低，社区成员以获取资源为目的，故流动性较强。兴趣导向型阅读社区中，由于社区成员之间具有相同的兴趣爱好，所以社区成员的流动性比较低，社区成员具有较大的发言权，社区也比较活跃，成员之间的关系要好于资源导向型社区，但是低于"以书会友"的关系导向型社区。

4. 社区文化

在社区文化方面，资源导向型和兴趣导向型阅读社区的准入门槛较低，社区规则也较少，但社区福利也很少；而关系导向型阅读社区由于具有强社交属性，所以对参与者的要求比较高，无论是社区规则还是准入门槛都要高于其他类型的阅读社区，但社区福利也相对较多。

（二）各类网上阅读社群案例分析

1. 资源导向型阅读社区——以得到社区为例

（1）生产高质量的稀缺资源。

得到社区把生产高质量稀缺资源的能力作为自己的核心竞争力。得到 App 是典型的 PGC 模式，其专业的读书团队能够把十几万字的抽象难懂的一本专业书籍浓缩为通俗易懂的几千字，这不仅能够帮助读者快速理解一本书的精华，而且极大地降低了读者的选择成本；此外，在得到还可以订阅大量各行业领军人物的独家课程,这些资源都具有较高的稀缺性。

(2) 迎合读者碎片化的阅读习惯。

得到社区采取定时推送少量知识新闻的方式,以迎合读者碎片化的阅读习惯。得到 App 会由专业人士每天精选出 5 条知识新闻,大部分是和当今时事有关的评论或高质量文章,既可以读文字,也可以听音频(每条 4 分钟左右),充分迎合了互联网时代人们的碎片化阅读习惯。

(3) 做到极致的社群营销。

得到社区通过社群营销进行阅读推广,扩大自身影响力。在得到社区推出之前罗辑思维的微信公众号就已经积累了 600 万的高黏度粉丝,"死磕自己,愉悦大家"的罗振宇倡导独立、理性的思考,推崇自由主义与互联网思维,以其独特的个人魅力凝聚着一大批忠实粉丝,是国内社群营销的典范。

(4) 培养读者的付费习惯。

得到社区努力培养读者的付费习惯,坚持可持续的发展模式。得到社区虽然有免费的内容,但是大部分都是收费的。罗辑思维团队相信营利才是可持续的发展之道,所以一直都在培养用户的付费习惯,如得到 App 上很多内容只收取 0.01 元,但是只有完成这个支付过程才能阅读相关内容。

2. 兴趣导向型阅读社区——以豆瓣社区为例

(1) 去中心化的小众兴趣社区。豆瓣以其去中心化小众兴趣社区而为人所知。豆瓣的出现充分体现了互联网时代下大众兴趣多样性的特点,人们的小众化兴趣需求得到满足。在豆瓣,每个用户既可以创建自己的兴趣小组,也可以在自己感兴趣的小组里随意发言,帖子是按照发言的时间顺序排列,最新的帖子出现在最前面,所以高质量的帖子也会下沉,每个人参与讨论的机会均等,这便形成了一种去中心化的小众兴趣社区。

(2) 良性循环的内容生产机制。良性循环的内容生产机制是豆瓣维持其社区黏度的重要原因。豆瓣的内容生产以 UGC 为主,用户可以在平台上写书评、影评、乐评,发起话题讨论,甚至是写书出书,内容质量的评判也主要是由用户决定,用户通过"推荐""喜欢""回应"

来评价其内容，高质量的文章不会被埋没。

（3）颇具特色的评论功能。豆瓣的评论功能是其区别于其他兴趣社区的重要特色。豆瓣目前是国内影响力最大的书籍、电影评价网站，在选择书籍或电影之前去豆瓣看看评价已经成为很多人的习惯。而豆瓣评价也因为有庞大的用户群体和科学的评价规则，其评价结果往往能够客观地反映某本书或某个电影的质量，因此为大众所喜爱。

（4）个性化的用户界面。豆瓣个性化的界面设计给用户带来了良好的用户体验。豆瓣坚持简洁干净的 UI 设计，跟其他网站相比，豆瓣的广告很少，而且你可以选择是否跳过广告。此外，豆瓣是动态网站，呈现给每个注册用户的主页都是各不相同的，而同一个用户在不同时间上豆瓣，也会看到不同的首页，首页上所有的内容、分类、筛选、排序都可以由用户选择，极大地满足了不同用户的个性化需求。

3. 关系导向型阅读社区——以微信读书社区为例

（1）基于熟人之间的关系链进行阅读互动。基于熟人之间的关系链进行阅读互动是微信读书区别于其他阅读社区的主要特点。微信读书是基于微信关系链的阅读应用，采用了"社交＋分享＋想法"的模式，强调的是圈子阅读，而不是阅读圈子。读者可查看微信好友的读书动态、与好友讨论正在阅读的书籍，以书为节点来强化微信好友之间的关系，同时好友圈子又反过来拓展了阅读。

（2）合理的社区运行机制。合理的社区运行机制使得微信读书赢得持续发展的潜力。微信读书拥有专业的社区运营团队，一直推崇"强社交"和"弱商业"，通过大量的活动如"节日红包""时长兑书币""赠一得一""限免""微信读书群"等来进行阅读推广，取得了良好的效果。

（3）做到极致的细节设计。对细节的重视是微信读书取得成功的重要因素。微信读书的阅读界面除了提供基础的设置如查看目录、页面跳转、亮度调节、背景色更换、字体调节外，还有笔记、写想法、评论、分享等功能。此外，微信读书还极度重视用户隐私，推出私密阅读模式，隐藏自己的阅读轨迹，充分保护用户隐私。

（4）较高的图书质量。较高的图书质量是微信读书能够持续吸引用户的保证。微信读书书城里面的书籍大多数都是经过筛选的质量较高的名著、专业书籍，网络小说的占比极少，这就聚集了一大批对图书质量有较高要求的读者。

4. 复合导向型阅读社区——以简书社区为例

（1）明确的定位——"写作"和"阅读"。明确的定位——"写作"和"阅读"，使简书为读者创造了复合价值。简书是一个把写作和阅读结合起来的应用，其定位就是为写作者打造最优秀的写作软件，为阅读者打造最优雅的阅读社区。它有非常明确的目标人群：写作者（写作爱好者、作家、专业领域作家等作者）和阅读者（以学习、休闲等为目的的读者）。明确的定位为其带来了差异化的竞争优势，在众多阅读应用中脱颖而出。

（2）科学的内容筛选机制。科学的内容筛选机制是简书高质量服务的保障。简书对用户的投稿是由专门的管理员进行筛选的，通过审批后文章才会出现在各个专题里，而专题中文章排名是根据一套独特的算法来决定的，文章收到的喜欢数、评论数、阅读量都会影响到文章的排名，这就保证了简书内容的高质量。

（3）为用户提供多种交流方式。促进用户之间的交流是提高用户黏性的关键因素。简书社区十分重视读者与读者、读者与作者以及作者与作者之间的交流，提供了多种形式的交流方式，用户除了"喜欢""评论""赞赏""关注"之外，还可以通过简信与作者进行私密沟通，真正做到了简书社区口号中所说的"交流故事，沟通想法"。

（4）营造适合深阅读的阅读环境。简书倡导回归阅读的本质，努力营造一种适合深度阅读的环境。除了对内容严格筛选外，简书的每篇文章都要有与主题相关的配图，整个画面版式的设计简洁舒适，给人很好的阅读体验，更容易让读者沉浸其中。

第三节 阅读社区中的读者交互行为

阅读社区对读者的关键吸引力在于其所提供的社交价值。读者可利用阅读社区提供的交互机会来满足自身信息需要、娱乐需要、社交需要。那么，阅读社区中的读者交互行为具体是怎样的过程，这一过程对其阅读行为的促进作用具体是怎样产生的呢？本节将围绕这一问题展开研究。

中篇　机制研究

一　阅读社区读者交互的生命周期

"生命周期"原为生物学术语,指一个生物体从出生到死亡所经历的各个阶段和整个过程。这一概念经引用扩展后,成为一种在社会科学各学科中应用颇为广泛的研究方法,即一种把研究对象从产生到死亡的整个过程,划分成一个个前后相继,甚至周而复始的阶段来加以研究的方法。[1] 本书参考相关研究成果认为[2],读者在网络阅读社区中参与交互活动有一个从交互动机的孕育到对帖子关注焦点转移的过程,因此也可将其视为一个完整的生命周期链条。

基于以上推理,本书的研究将读者参与交互活动的生命周期划分为如下四个阶段:参与动机孕育阶段,指发生在读者参与交互前,指读者产生发布帖子、发表评论等的动机,有意于参与到社区交互中的阶段,即交互活动的参与动机孕育阶段;被动参与过程阶段,指在阅读社区中,读者对已发布的帖子进行阅读,获得一定的自身体验与感悟,并进行评论和交流的过程,此阶段是一个被他人发帖吸引而被动参与的过程;主动参与过程阶段,指读者在动机的驱动下,在阅读社区中以某一主题发布相关的帖子,以达到表达某一信息或情感的目的,这是一个主动参与过程;关注焦点转移阶段,指读者对特定主题发帖的兴趣削减乃至转移到其他主题的过程,具体表现为,某主题帖发布一段时间后,读者对其的关注度逐渐降低直至不再有针对此帖的新的评论出现,此阶段即为关注焦点转移过程。

本书的研究以"当当读书"手机客户端中子阅读社区"静静读书"书吧作为研究对象,采用内容分析法进行研究。"当当读书"是一款阅读应用软件,依托于国内最大的图书电商"当当网",已相继推出"频道""书吧""赠书""社交聊天"等互动板块,用户规模大、用户体验良好。"静静读书"书吧是"当当读书"客户端平台中规模最大、拥有读者成员人数最多的阅读社区,该阅读社区成立时间已超过1年,截至2017年1月10日,社区成员数达到12159人,而且日发帖数过百,

---

[1]　马国泉:《新时期新名词大辞典》,中国广播电视出版社1992年版。
[2]　陈晓美等:《虚拟社区信息运动及其规律研究》,《图书情报工作》2016年第6期。

活跃度高。该书吧的愿景是希望读者能静心读书、滋润心灵，是"当当读书"客户端具典型性的书吧。

本书的研究聚焦于"静静读书"阅读社区读者之间的交互特征。帖子作为社区中整个交互活动的主要呈现载体，承载着读者在整个社区参与过程中的显性特征以及隐性特征，因此研究抽取了该阅读社区2016年5月、6月共两个月内读者在社区中的总计688条发帖作为研究样本。本书研究以社区交互活动的生命周期阶段划分为依据采集内容分析对象，如对应于参与动机孕育和主动参与过程阶段，研究采集了帖子内容、发帖人信息；对应于被动参与过程阶段，本书研究采集帖子的阅读数、赞数、评论总数以及部分一级评论内容等信息；对应于关注焦点转移阶段，本书采集一级评论数、最新的评论时间及评论持续时间段等信息。本书研究运用SPSS分析软件对数据进行分析处理。

二 基于社区发帖的交互生命周期分析

（一）参与动机孕育阶段——读者交互动机分析

本书研究对读者交互参与动机的分析基于帖内容分析和已有文献相关结论展开。一方面，读者在一定动机的驱使下通过发布某一主题帖参与到社区交互中，帖内容是读者动机信息的载体，通过其可以发现读者参与阅读社区的动机。另一方面，已有研究成果提出博客阅读动机的四个维度假设：情感交流、信息搜索、娱乐和从众效应[1]，而阅读动机对社区参与动机应有作用。[2] 因此，笔者对收集到的帖子主题内容信息所含动机及信息进行了梳理，并结合博客阅读动机研究成果[3][4]，将"静

---

[1] De Naeghel J., et al., "The Relation between Elementary students \ " Recreational and Academic Reading Motivation, Reading Frequency, Engagement, and Comprehension: A Self-determination Theory Perspective", *Journal of Educational Psychology*, 2012, 104 (4): 1006-1021.

[2] Li N. C., et al., "Reading Behavior on Intra-organizational Blogging Systems: A Group-level Analysis through the Lens of Social Capital Theory", *Information & Management*, 2015, 52 (7): 870-881.

[3] De Naeghel J., et al., "The Relation between Elementary Students \ " Recreational and Academic Reading Motivation, Reading Frequency, Engagement, and Comprehension: A Self-determination Theory Perspective", *Journal of Educational Psychology*, 2012, 104 (4): 1006-1021.

[4] 李武等：《青少年社会化阅读动机与行为之关系研究——以上海市初高中生微信阅读为例》，《图书情报工作》2014年第23期。

静读书"阅读社区中读者参与交互的动机归纳为信息搜寻、娱乐、互动交流、好奇四个维度。

表8-9给出了四类动机的相关案例帖标题。如案例所显示,信息搜寻动机指读者发帖目的在于向其他成员传递信息或征集信息;娱乐动机指读者发帖主要为生活上、日常工作中趣事分享,以达到放松身心等目的;互动交流动机指作者发帖主要是为了与其他成员进行互动分享,从而促进自身表达、实现社区交友;好奇动机指作者发帖仅为了满足自身的好奇心、探索欲望等。

表8-9 阅读社区话题交互动机特征案例分析

话题帖案例	交互动机
求助关于孩子教育问题?	信息搜寻
如何读书?选书?	信息搜寻
大美女是如何练成的	娱乐
异形系列:最具影响力的科幻恐怖片	娱乐
致静静书友	互动交流
魂牵梦萦的《边城》	互动交流
纯属好奇书吧新功能	好奇

(二)被动参与过程阶段——交互对象选择特征和社区参与体验特征分析

读者的首次参与交互通常是对他人已发布的帖子进行阅读和评论,也就是说,是被动参与到社区互动的过程。那么,在此阶段读者会选择哪些类型帖子作为互动对象?其互动参与体验如何?这些问题是对这一阶段观察的重点。为便于分析,我们对所收集的主题帖按其内容划分为无关话题和核心话题两类。核心话题帖指与阅读有关的话题帖,无关话题帖则指与阅读无关的话题帖。数据显示,阅读社区中的无关话题帖总量多于核心话题帖。

为更具体地对帖内容进行观察,研究将核心话题帖进一步细分为书评、书籍推荐、书吧情感、读书感悟、再创作以及原文摘录六类。书评帖指读者以阅读过的书籍为对象,表达自己的阅读感受、情感波动的话题帖；书籍推荐帖指内容不包括读者的主观思想创作，仅仅是对书籍的介绍，目的在于将书籍推荐给其他读者的话题帖；书吧情感帖指读者在长期的社区交互中，对书吧或者书吧中吧友形成了一定的认知或者产生了一定的情感，通过文字表达分享的话题帖；读书感悟帖指读者对阅读这一行为事件整体的宏观性的感悟的话题帖；再创作帖指读者针对自己阅读过的书籍或者阅读经历，围绕某一话题进行全新的创作，例如书籍改编等话题帖；原文摘录帖指内容不包括自己的主观思想创作，仅仅将书中原文或者其他出处的文章进行摘录或转载的话题帖。

1. 交互对象选择特征

根据读者对各类话题帖的反应，我们有以下发现：

（1）读者对阅读相关类话题帖更能产生交互热情。据话题帖阅读数统计结果显示（见图8-1），"核心话题"阅读数均值为61.49，略高于"无关话题"阅读数均值57.63，评论数与赞数则两者相差甚微。其次，根据阅读数综合降序排列后，发现阅读数最高的前20条话题帖中，"核心话题"占15条，达到75%的占比；而阅读数最高的前10条话题帖，"核心话题"占9条，达到90%的占比，远高于"无关话题"。从话题细分类型来看，利用SPSS数据分析工具，将688条话题帖的阅读数、赞数、评论数总数按照话题类型进行分类统计，得到图8-1各类型话题帖热度降序排列结果，由此可知，"书吧情感"以及"书评"两类话题帖更能引起读者的关注、共鸣及评论。以上数据说明，在阅读社区里"阅读"确实是其焦点话题，阅读社区是一个较为理想的阅读推广阵地。

（2）参与读者对于社区归属感的显化具有极高敏感度。通过阅读社区对同一本书的共同阅读体验和讨论，读者会切实地感受到对于社区的归属感和联系[1]，而本书核心话题中"书吧情感"话题帖将读者的归属感最大化地诱发并显现出来。根据我们的统计，"书吧情感"话题帖

---

[1] Alyssa H., et al., "Creating Cohesive Community Through Shared Reading: A Case Study of One Book Nova Scotia", Partnership: The Canadian Journal of Library and Information Practice and Research, 2015, 10 (1): 1-21.

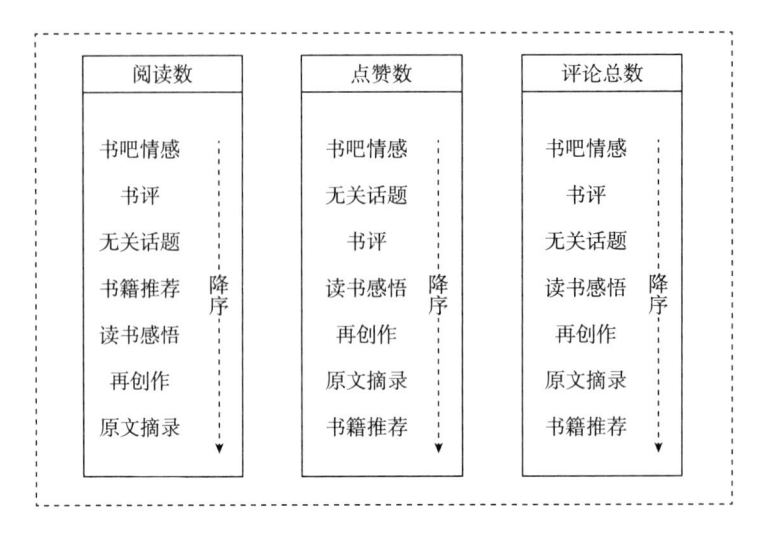

阅读数	点赞数	评论总数
书吧情感 书评 无关话题 书籍推荐 读书感悟 再创作 原文摘录 降序	书吧情感 无关话题 书评 读书感悟 再创作 原文摘录 书籍推荐 降序	书吧情感 书评 无关话题 读书感悟 再创作 原文摘录 书籍推荐 降序

图 8-1　各类型话题帖热度对比

的阅读数、点赞数、评论总数均值分别高达 164.7、25.4、29.7，远高于"核心话题"总均值 61.49、13.2、7.29。同时，基于对"书吧情感"话题帖的分析发现，读者往往会在帖中使用富含情感色彩的文字进行自身的感情抒发，例如"温馨""家""热爱"等词。而其他成员对社区情感几乎呈现出高度的一致性，所以情感一经被显化出来，就易引起众多成员的高度关注。

这两个特征充分体现了阅读社区的"阅读"和"社交"双向功能，对基于阅读社区的阅读推广活动而言，这两种功能互相作用，应同时予以重视。

2. 交互参与体验特征

为探究读者交互参与体验，本阶段抽取所有"书评"话题帖的一级评论作为文本研究对象（共计 317 条），以此为基础对读者被动参与的表达特征进行研究。

通过对评论内容进行分析梳理，本书研究发现评论中显示的社区交互体验主要涉及"我觉得怎么样""我想到了什么""我将会怎么做"等语篇内容。伯德·施密特曾将消费者体验划分为感官、情感、思考、行动、关联五个方面①②，本研究认为阅读社区中帖子评论显示的读者体验可以与之对应。如感官体验体现在读者从话题帖的语言文字、图文分享中获得一种感官的愉悦，情感体验体现在读者通过阅读社区中的发帖产生情绪、情感共鸣，而很多描述"我觉得怎么样"的帖子评论以表达感官体验和情感体验为主。行动体验体现在读者阅读发帖后会受到影响，产生某种行为或行为动机，包括引发阅读行为、引发阅读探讨、改变阅读方式、改变阅读认知等，帖子评论中很多描述"我将会怎么做"的评论以表达行动体验为主。而思考体验体现在读者可以在阅读交互过程中获得一种新的认知或者加深对原有认知的理解，获得新的学习体验和思考体验。关联体验指通过对帖子的阅读，读者被引发关联性想象，帖子评论中很多描述"我想到了什么"的评论以表达思考体验和关联体验为主。

丰富的交互体验是阅读社区良性运作的原因，也是结果，基于此，阅读社区应将交互体验纳入管理对象，着手于培养阅读社区参与者的阅读文化认同感。

表 8-10　　　　　　　　　　阅读社区参与体验

维度	体验	案例
我觉得怎么样	感官	文笔细腻，感情丰富
		图好看，文更美
	情感	很棒，读得泪腺有点悸动
		光看龙女对此书的介绍，心里好沉重，有些喘不过气
我想到了什么	思考	得饶人处且饶人，心无恩怨生身在
		我没看过这本书，但是我特别欣赏你有自己的想法。无论何事，过于执念，就是偏执了，必然走向反面
	关联	温姐姐，我看了书评后感觉很沉重，这让我想起我高考的一段日子，我家……

---

① Schmitt B. H., *Experiential Marketing*: *How to Get Customers to Sense*, *Feel*, *Think*, *Act*, *Relate to Your Company and Brands*, New York: The Free Press, 1999: 131-133.

② 曲霏等：《高校虚拟社区用户体验与信息持续使用意向的关系研究》，《图书馆学研究》2016 年第 3 期。

续表

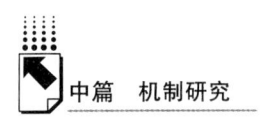

维度	体验	案例
我想到了什么	关联	看你前两段文字,是有《百年孤独》的感觉,第二段结尾又让我想起正在看的《东藏记》,里面的每一个名字都有诗意,后面写鄂温克人敬畏自然又让我想到了《狼图腾》
我将会怎么做	行动	好有画面的一篇读后感,去搜索一下这本书,慢慢读,感谢分享
		我是看了天道的评论,特意来看你的这篇文章。真的不失所望
		我认为读书就是要带感情去细细揣摩书中的人物和故事。我觉得你做到了
		第一次看到这样的说法,突然有感

(三) 主动参与过程阶段——读者交互内容特征探究

读者通过发布帖子正式参与到阅读社区交互活动中,帖子内容承载着读者在社区中的表达偏好,可通过帖子内容分析总结出社区交互内容的范畴特征以及社区成员整体的交互内容表达倾向及情感倾向。笔者对收集到的 688 条话题帖进行了内容分析,划分出内容特征和情感色彩两个维度。表 8-11 展现了话题帖类型的数量占比、情感色彩特征,以及其对提升社区价值的作用。

表 8-11　　　　　　　　各类型话题帖特征

类型名称		数量占比(%)	主要情感色彩	对提升社区价值的作用
无关话题		56.4	情感复杂,轻松、伤感表露明显	活跃社区气氛、增进社区读者交流互动
核心话题	书评	15.4	情感复杂	促进读者分享阅读所得,提升读者阅读收益,体现社区对"阅读"的促进作用
	书籍推荐	10.6	无明显情感倾向	给予读者丰富阅读选择,为社区话题多样性奠基
	书吧情感	4.1	感动	激发社区读者归属感,增强社区凝聚力

续表

类型名称		数量占比（%）	主要情感色彩	对提升社区价值的作用
核心话题	读书感悟	5.7	情感复杂	读者分享阅读经历，营造社区浓郁阅读氛围
	再创作	2.3	情感复杂	体现读者创作智慧，增添社区话题新颖度
	原文摘录	5.5	无明显情感倾向	丰富社区交互内容

1. 主题范畴特征分析

根据内容分析，我们发现了读者倾向于分享的主题范围特征：

首先，读者偏爱生活化内容分享。统计结果显示，688 条话题中"核心话题"占 43.6%，"无关话题"占 56.4%，社区中"无关话题"数量略多于"核心话题"，交互内容呈现生活化。

基于对静静读书阅读社区的观察，笔者认为导致此现象的因素有三：首先，书吧管理者并未对读者的发帖进行限制，所以此书吧对于社区成员的作用不仅仅局限于阅读书籍的交流，其还包括生活娱乐、情感发泄、感悟人生等功能。其次，读者从阅读书籍到获得感悟再到形成文字具有一定的周期性，但是生活娱乐等帖子则更具有随意性和便利性。最后，社区中的成员知识水平不一，对于"核心话题"类的帖子，例如"书评"等需具备一定的写作水平。但是对于"无关话题"而言，则任何人都可以随意发表，没有写作的限制。总的来看，无关话题帖虽然与阅读无关，但可能与社交等有关，因此其作用不可忽略。

另外，读者更愿意分享"书籍推荐"与"书评"两种类型主题发帖，以达到通过交互进行阅读探讨的目的。数据显示，成员最普遍的阅读交互载体是"书评"和"书籍推荐"话题帖，占"核心话题"的 62.5%。

同时，我们发现，原文摘录类主题帖数量极少，688 条话题帖中仅 16 条。其原因可能在于，阅读社区为读者提供的是一个自由表达的平台，而"原文摘录"却缺乏读者自身的感悟以及带有自身情感色彩的文字表述，无法满足读者自我表达的需求，所以读者一般不会选择此类方式进行发帖，而"书籍推荐"与"书评"两类话题帖则充分满足了读者的自我表达欲望，因此更受青睐。

2. 情感特征分析

读者发帖的文字表述常常带有一定的情感色彩，这种情感色彩在一定程度上反映着读者的情感需求并影响着读者的交互热情。笔者在对话题帖内容所包含的情感色彩进行分析时发现，读者文字表述中情感包含极为复杂，按照读者发帖文字的情感用词及语句特征状况，归纳出几种读者表露明显的情感色彩：伤感、疑虑、批驳、感动、情感复杂以及无明显情感倾向。通过统计发现，近一半的读者发帖中所包含的情感十分复杂，难以进行辨别以及单一明确的归纳。其次，有多数发帖中包含伤感和愉悦两种情绪，不少读者在发帖中也表露出感动、批驳情绪，个别读者在发帖中出现烦躁情绪。

阅读社区作为读者自我表达的空间平台，同时也是读者情感分享与发泄的平台，读者通过阅读社区这一虚拟平台实现情感上的传递与慰藉。因此，读者参与时的情感状况以及其渴望得到的情感需求是否被满足是影响读者是否保持交互热情的重要因素。

（四）关注焦点转移阶段——读者关注度转移规律

为探索阅读社区发帖关注度消长规律，本书的研究对样本发帖的关注周期进行了统计分析，发现以下规律：

第一，读者对所有话题帖平均关注周期为3天，各类型"核心话题"关注周期时间差异大。据数据统计，"核心话题"评论持续时间平均值为3.2天，"无关话题"评论持续时间为3.6天，两者差异不显著。因此本研究认为，阅读社区发帖从被读者发布开始的前3天时间，社区读者对帖子的关注度最高，即是帖子价值发挥的"黄金三天"。

第二，读者对各类型话题帖评论持续时间差异极大。笔者对"核心话题"的各类型帖子进行进一步分析发现，平均值按照"书吧情感"（8.6天）、"书评"（4.1天）、"原文摘录"（2.8天）、"读书感悟"（2.1天）、"再创作"（1.68天）、"书籍推荐"（1.66天）依次递减。由此本书研究认为，读者对于"书吧情感"以及"书评"话题帖的关注持续时间更长，此类信息更易沉淀下来成为社区资产。

第三，读者大多于帖子发布的第一天、第二天发布一级评论，但是在"黄金三天"后读者发布一级评论的后劲仍不可忽略。为了更深入地了解读者评论产生时间段上的特征,本研究记录下了每一话题帖第一天到第三天每天读者发布的一级评论数,以及三天后的一级评论数。按照话题类别绘制出一级评论数时间变化折线图(见图8-2、图8-3)。

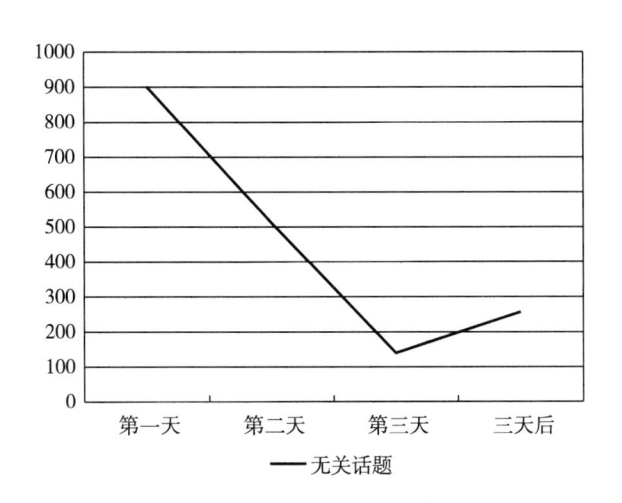

图8-2 无关话题一级评论数时间变化

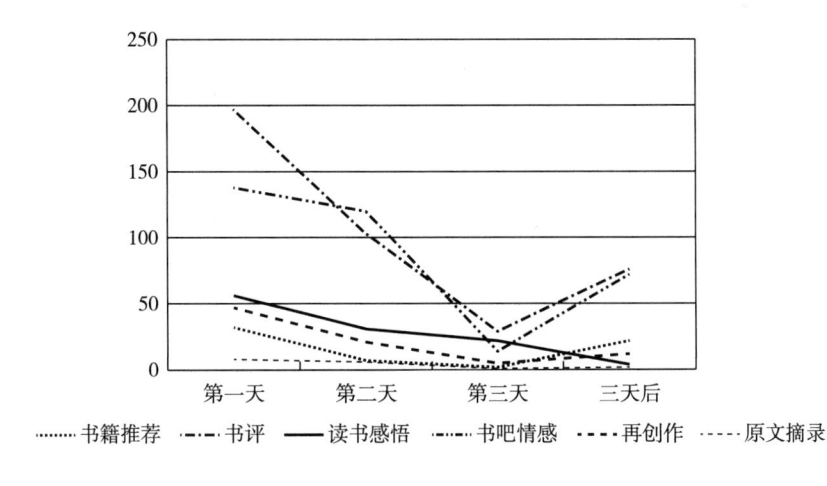

图8-3 核心话题一级评论数时间变化

从以上读者发布一级评论时间变化折线图中可以发现,一级评论数在第一天达到顶峰值后逐渐减少,但是三天后评论数有所回升,且数值不小。笔者认为，帖子虽然在发布后的前三天中受读者关注度最高，但是部分帖子在三天后处于"假沉寂"状态，读者的关注后劲不可忽略，应具有极大的长尾效应潜质。

三 阅读社区中的"阅读—交互"相互促进

本书研究发现，阅读社区中读者的交互体验非常丰富，这也构成其吸引更多读者参与的主要原因。对于阅读推广主体而言，明晰阅读社区交互体验对阅读行为的作用将有助于通过阅读社区进行更具效力的阅读推广。本书研究基于对静静书吧读者交互生命周期中所呈现的关系，认为读者间交流、读者的相互认知、读者间关系、读者阅读行为四者存在一个循环促进的过程。

如图 8-4 所示，社区的主要功能即为读者提供一个阅读交流分享的平台，所以在以上循环促进过程中，将促进交流视为过程起点。读者之间以阅读为背景、以帖子作为载体的交流促进了彼此对阅读对象和阅读活动的认知，也同时促进了彼此的认知、对社区的认知，而随着交流的深入以及交流次数的增多，读者间的情感得到深化，实现读者之间性格、价值观上的情感连接，最终促成读者间关系的发展，即实现交友，书友关系促使双方阅读热情的共同提高，而阅读的促进则进一步激发新的交流，以此不断实现循环促进的效果。

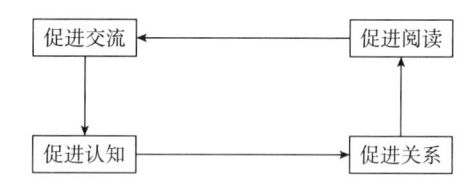

图 8-4 阅读社区中交互—阅读的循环促进关系

由于交互—阅读的循环促进关系，在新媒体时代阅读社区对阅读推广的作用有待进一步挖掘。本研究认为，可以在把握读者参与阅读社区交互特征的基础上，从交互活动生命周期四个阶段出发，施以策略。

首先，最大化激发并诱导读者参与社区交互动机。就研究结果来看，"静静读书"书吧成员人数共计一万余人，但是实际参与到社区交互的人数于总数而言十分有限，此种情况极大抑制了社区阅读交互效果的表现以及读者阅读收益的增值。就研究中动机分析来看，笔者认为阅读社区可采取两种动机策略，一是以丰富的社区交互活动激发并培养读者动机；二是以读者参与交互诱导读者参与动机，此种方式需在社区中培养起少数具有"意见领袖"性质的读者，依靠此类读者的影响力，达到以读者促读者的效果。

其次，充分发挥阅读社区非阅读功能促阅读的效果，并重视读者参与情感的管理。从研究结果来看，于读者而言，阅读社区的功能已不仅仅局限于"阅读交流"，其同样是读者娱乐、情感发泄、生活感悟分享等非阅读的交流平台。而在读者交互特征中我们知道，读者之间的交流、认知程度以及交友关系程度最终都会作用于促进读者的阅读行为，所以当读者在社区中的阅读热情以及阅读交互效果不佳时，在保障阅读社区"阅读"这一主体作用的基础上，对非阅读的交互进行合理的引导以充分发挥其促进读者间认知的作用，进而推动读者间关系，带动读者阅读行为的循环促进效果。

再次，利用读者交互搭建具有凝聚力的社区平台，并不断丰富读者体验。数据统计分析中我们知道"书吧情感"话题是所有话题类型中最为特殊的一种，其无论从阅读数还是评论数而言都远远高于其他类型话题帖。"书吧情感"话题是读者对于社区归属感的显化，此类帖子能够极大引发同样具有较大归属感的读者的共鸣，从而促使其对帖子进行回复评论。所以通过此类帖子可能最大化地聚集具有较大归属感的读者，而对此类读者的有效把握有利于利用此类读者带动这一群体范围的扩大，进一步增强社区凝聚力，为提升读者阅读热情以及实现阅读收益最大化提供适宜的平台基础。

最后，优秀的社区管理者以及有序的社区信息处理机制极为重要。用户对于帖子的关注度与帖子的持续时间存在一定的正相关关系，而研究结果中我们知道部分帖子能够在发布后的很长时间内间断获得新的关注。一方面说明此类帖子确有较高的阅读价值，另一方面说明此类帖子的价值也在不断地被重新发掘，不断地实现读者阅读收益的增值。因此，阅读社区中应当具备优秀的管理者对此类帖子进行验证和收集并应对此类帖子实施有效管理，一来可利用此类帖子净化社区环境，二来能方便后来者的阅读，进一步提升阅读价值。

第四节　基于阅读社区的阅读体验

阅读社区作为复合阅读行为发生的重要环境，其为读者带来的体验是多方面的，而且为读者表现其阅读体验也提供了一个理想诉说平台，这为我们观察复合阅读者的阅读体验提供了数据基础。

根据体验哲学，体验是思想改变的基础，也为行为提供了理由。也就是说，好的阅读体验往往是阅读行为发生及延续的前兆，也能够成为阅读推广活动促进阅读行为的中介因素。正因为如此，近年来体验导向的阅读行为研究也已成为阅读研究的重要领域。

然而，实践中很多全民阅读活动是以彰显阅读意义为中心而不是以提升阅读体验为中心，事实上，在已经厌倦了说教的信息时代，在自我意识崛起的个性化时代，意义的推广远没有意义的体验来得实际，而全媒体环境下，个体可自由选择盈余时间的利用方式、自由确定阅读渠道和阅读方式，阅读体验更成为个体阅读行为选择的主要理由。因此，阅读体验提升应作为当前全民阅读的直接目标，而阅读推广活动设计也应以此为追求。然而，当前阅读体验研究并不充分，难以为阅读推广实践提供参照。本书即围绕阅读体验这一心理反应变量收集网上阅读社区用户发帖文本，并基于扎根理论梳理阅读体验的构成内容，形成对复合阅读之阅读体验基本构成的框架性认识。

一　阅读中的体验

（一）体验

我国的阅读推广研究向阅读行为领域的延伸刚刚起步，因此，阅读体验似乎是一个相对陌生的概念，但事实上，体验已成为其他很多实践领域的重要对象。如旅游体验、消费体验、游戏体验、学习体验等均是对应学科的重要学术概念，近年，用户体验也已成为信息产品设计领域的核心概念之一。

《现代汉语词典》将"体验"定义为"通过实践来认识周围的事

物；亲身经历"①，对体验的重视有其哲学基础。休谟（David Hume）认为，人类的"感知经验"是获得"印象"的基础，而"印象"则是构成"思想"的基础，人类的每一个思想的产生都是因为有"感知经验"作基础②。在体验哲学领域，体验是个体以身体为中介，以"行或思"为手段，以知情相互作用为典型特征，作用于人的对象对人产生意义时而引发的不断生成的居身状态。③ 而现代社会对体验的重视始于一篇 Pine 和 Gilmore 1998 年发表于《哈佛商业评论》的论文《欢迎来到体验经济》，该文指出，体验并不是看不见摸不着的，它像商品和服务一样真实，但又有着自己独特的质量标准。④

体验如何形成？心理学研究认为，"感受→情感→理解、联想→领悟/意义"共同组成了体验心理机制的完整过程（见图 8-5）：体验始于主体与客体之间的接触、了解、适应，使得主体形成对客体事物的基本感受（包括对事物物理属性的基本认识和初次接触事物的感性认识）⑤；这种感受促使主体产生对事物的情感反应，积极的情感反应进一步激发主体对于客体的探究动力，探究则促进了联想/想象、直觉/灵感等思维过程，使主体对课题产生新的领悟和意义认知，也深化对客体的情感反应，最后形成对客体的综合感受，即体验综合体。而这种体验综合体往往决定了主体是否对客体再次主动接触。

体验和其他心理因素比有其独特性，可概括为整体性、个体中心性、生成性、价值性四个特性。整体性是指体验是理性和非理性的结合，也是心理过程与心理结果的统一，还是"身"与"心"的统一；个体中心性指因人与人之间的不同存在体验差异性；生成性指体验是一种动态的心理活动过程，是主体在特定情境（环境）下产生的，且这种情境会不断地建构和塑造着个体的心理世界；价值性指体验是一种价

---

① 中国社会科学院语言研究所词典编辑室：《现代汉语词典》（第6版），商务印书馆 2012 年版。
② Hume D., "An Enquiry Concerning the Principles of Morals", *Hume Studies*, 2000, 26 (2): 344-346.
③ 张鹏程、卢家楣：《体验的心理机制研究》，《心理科学》2013 年第 6 期。
④ Nd P. B., Gilmore J. H., "Welcome to the Experience Economy", *Harv Bus Rev*, 1998, 76 (4): 97-105.
⑤ 陈佑清：《体验及其生成》，《教育研究与实验》2002 年第 2 期。

值性的认识和领悟,它要求"以身体之,以心验之",指向的是价值世界。① 正是因为这些特征,使体验成为思想和行为的铺垫。

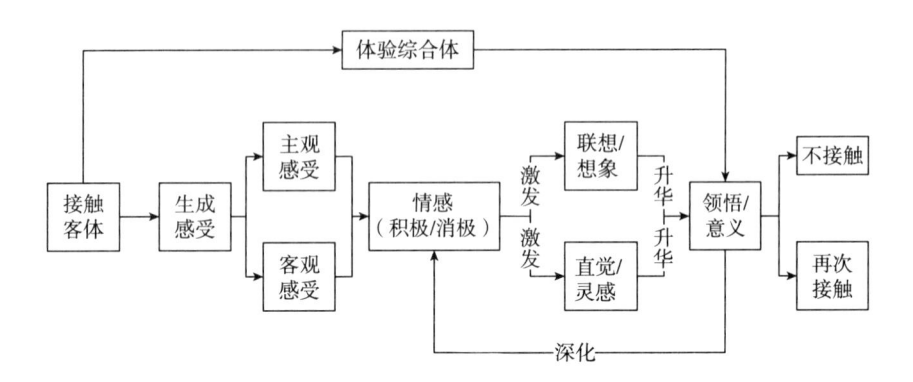

图 8-5 体验的心理机制

(二) 阅读体验

阅读是指读者对由视觉输入的语言文字符号的信息进行解码,获取作者意愿想法等信息的活动。② 阅读过程本身就是一个体验过程,在这个过程中读者与文字相遇,读者与字里行间的符号之间的关系在一来一回的螺旋式过程中发展着③,这一过程使读者获得舒畅、自在、沉浸、独特的感受和丰富愉悦的阅读记忆,且不同的社会和文化背景会影响读者的阅读过程、阅读思维和阅读态度,并塑造了读者不同的阅读体验。④ 因此,尽管很多时候阅读体验被指向读者在阅读数字内容或纸质内容过程中产生的心理上、情感上的主观感受,但这种仅仅是阅读体验的狭义理解,从广义上看,阅读体验可泛指读者在阅读前后产生的或已有的主观感受,这种感受不仅被阅读内容本身影响,还被多种外界因素所影响,同时又会对阅读行为产生重要影响。

---

① 童庆炳:《经验,体验与文学》,《北京师范大学学报》(社会科学版) 2000 年第 1 期。
② 张必隐:《阅读心理学》,北京师范大学出版社 1992 年版。
③ Rosenblatt L. M., *The Reader, the Text, the Poem: The Transactional Theory of the Literary Work*, Carbondale: Southern Illinois University Press, 1978.
④ Balling G., "What is a Reading Experience? The Development of a Theoretical and Empirical", in *Plotting the Reading Experience—Theory/Practice/Politics*, 2016.

阅读体验既是个体的、独特的，又兼有内隐和外显的特征，还是读者感受集成的综合体。对全媒体环境下的复合阅读而言，阅读前得到的关于阅读对象的信息，阅读后与其他人的讨论、分享等也都是阅读体验的构成部分，并将作用于人们对"阅读"这个活动的整体感受。因此，当前对阅读体验的广义理解更有助于阅读推广的发展与创新。

（三）阅读体验的特征

阅读体验有着一般体验的共性，但又有其特性。

第一，阅读是一个读者高度参与的体验过程。在阅读过程中，读者是积极的，且有高度的个体意识，文本仅仅是读者体验的一部分，或者成为他们新体验创造的准备，对此阅读研究者看法高度一致，如 Peter Mendelsund 描述道，"我们用熟知的事物将书殖民化，把书中的人物放逐、调遣到自己更为熟悉的土地上"[1]；Bakhtin 则认为"只有通过对阅读对象反应，与其展开一场对话，阅读的意义才得以产生"[2]；Säljö、Kirkpatrick 和 Mulligan 等甚至认为，阅读教学可能会干扰阅读质量，因为会干扰阅读中读者的主动性发挥。[3][4]

第二，阅读是一种具有社会性的体验。阅读作为一种对话，它首先发生于个体与文本之间，后来会延伸到文本之间，读者与读者之间。如当前出现的粉丝阅读，即是一种社会过程。在学者亨利·詹金斯看来，"在这种社会过程中，个人的阐释经过与其他读者的不断讨论，进而被塑造和巩固"。[5]

第三，阅读体验不仅是在场完成的。阅读是一个在特定情境下随着时间过去的建构性的、选择性的过程（Louise Rosenblatt）。因此，Ball-

---

[1] ［美］彼得·门德尔桑德：《当我们阅读时 我们看到了什么》，应宁译，北京联合出版公司2015年版。

[2] Bakhtin M., "Discourse and the Novel", in Holquist M Ed., *The Dialogic Imagination*, Austin, TX: University of Texas Press, 1981: 259 – 422.

[3] Kirkpatrick A., Mulligan D., "'Cultures of Learning in Australian Universities: Reading Expectations and Practice in the Social and Applied Sciences'", in the Applied Linguistics Association of Australia Conference, October 1996.

[4] Säljö R., *Learning and Understanding: A Study of Differences in Constructing Meaning from a Text*, Göteborg: Acta Universitatis Gothoburgensis, 1982.

[5] Jenkins H., *Convergence Culture: Where Old and New Media Collide*, New York: New York University Press, 2006.

ing 提出，阅读体验具有时间维度，可将其分为阅读前、阅读中、阅读后三个阶段，每个阶段影响体验的因素不同，但读者不会将经验和经历描述为单独的现象，而是将实际阅读体验和阅读结果描述为合并描述，如一个硬币的两面。并且认为，阅读体验的三阶段间会发生铰链式的相互作用。[1][2]

第四，阅读体验具有具身性。具身认知是哲学思考的一个概念，强调认知的形成是身体、体验、环境等多个因素作用的结果[3]，尽管阅读体验是一种主观感受，但它受到多种外界因素如阅读场所、阅读载体、阅读渠道等的影响，而且读者可以通过记录笔记、交流分享、评论转发等行为将体验进一步具象化，加深读者的阅读感受和理解能力，这种真实性、客观性有助于读者在阅读过程中形成高质量、沉浸性的享受。古时对图书装帧的推崇，今日人们对网红图书馆、网红书店的关注，都是阅读体验"具身性"特征的反应。

二 阅读体验研究现状

国外针对阅读体验的研究启动较早，主要围绕阅读体验的影响因素展开。如 Cunningham 和 Stanovich 探讨了学生的阅读实践、阅读体验和阅读获取能力之间的关系[4]；Mann 则提出阅读体验研究不能仅仅将其看作真空社会状态下的纯粹中立的认知过程，而应该与个体联系起来，置于特定的社会、文化、政治背景中进行理解[5]；Moyo 等认为利用社交媒体或 Web 2.0 技术可以极大地增强和丰富个人的阅读体验[6]；Huang 和 Chen 比较平板阅读系统和其他数字阅读系统的差异，阐明了电子设备实用性、易用性，阅读主体的态度、感知、能力等要素对于提

---

[1] 张必隐:《阅读心理学》，北京师范大学出版社 1992 年版。
[2] Balling G., *Literary Aesthetic Experience: Reading, Reading Experience, and Reading Studies: A Discussion of Theoretical and Methodological Approaches*, Kobenhavn: Danmarks, 2009.
[3] 叶浩生:《具身认知：认知心理学的新取向》，《心理科学进展》2010 年第 5 期。
[4] Cunningham A. E., Stanovich K. E., "Early Reading Acquisition and Its Relation to Reading Experience and Ability 10 Years Later", *Developmental Psychology*, 1997, 33 (6).
[5] Mann S. J., "The Student's Experience of Reading", *Higher Education*, 2000, 39 (3): 297–317.
[6] Moyo M., Abdullah H., "Enhancing and Enriching Students' Reading Experience by Using Social Media Technologies", *Mousaion: South African Journal of Information Studies*, 2013, 1.

升阅读体验的重要性①；Park 等探究了用户对于电子书作为新的阅读设备的感知能力，梳理了影响电子设备阅读体验的主要因素。②

国内最早针对阅读体验的研究来源于教育学的阅读教学、课堂实践等领域研究，聚焦于通过体验型阅读提升阅读效果和教学质量，包括对于体验型教学方式的探索和学生良好阅读体验培养等。③④ 如张伟平提出实现阅读个性化的培养需要激发学生的内在心理体验——高峰体验，其实现方式涉及对师生地位平等的阅读环境和积极主动的双向互动。⑤近几年，图书馆、情报学研究领域对于阅读体验研究日渐发展，从强调阅读体验重要性开始深入阅读体验影响因素、阅读体验构成等理论命题。如台湾学者林珊如等采用民族志研究方法调查台湾爱书人休闲阅读的行为和体验，揭示其阅读体验的本质和核心是实现人生的意义建构⑥；袁曦临等探讨了移动阅读环境下读者阅读行为和阅读体验的变化，并基于 Pad 的阅读体验探讨其对不种阅读材料读者阅读过程的影响⑦；罗薇借用用户体验的四层次探讨研究了阅读产品用户体验的层次⑧；朱明通过访谈调查归纳用户阅读过程中沉浸体验的构成维度。⑨

总的看来，尽管国内外关于阅读体验的理论研究日渐深入，但尚存在一些研究空白，尤其是对阅读体验具体构成这一重要理论问题探讨并不充分。典型研究包括：Balling（2016）通过焦点小组访谈法探讨良好

---

① Huang K., Chen K., "Enhancement of Reading Experience: Users' Behavior Patterns and the Interactive Interface Design of Tablet Readers", *Library Hi Tech*, 2014, 32 (3): 509 – 528.

② Park E., et al., "Reading Experiences Influencing the Acceptance of E – book Devices", *Electronic Library*, 2015, 33 (1): 120 – 135.

③ 刘仁增：《体验的生成与体验型阅读教学的构建》，《中小学教师培训》2004 年第 6 期。

④ 茹红忠：《体验感悟：提高阅读教学有效性的策略》，《中小学教师培训》2010 年第 4 期。

⑤ 张伟平：《个性阅读的培养及其内在心理体验》，《中国教育学刊》2006 年第 9 期。

⑥ 林珊如、刘应琳：《从诠释现象学的观点看爱书人之休闲阅读经验》，（中国台湾）《中国图书馆学会会报》2003 年第 12 期。

⑦ 袁曦临等：《基于 Pad 的移动阅读行为及阅读体验实证研究》，《图书馆杂志》2013 年第 3 期。

⑧ 罗薇：《阅读体验的层次与"沉浸"阅读体验》，《艺术与设计》（理论版）2013 年第 6 期。

⑨ 朱明：《高校图书馆用户阅读过程中的沉浸体验研究——构成维度及其作用机制》，《图书馆》2017 年第 1 期。

的阅读体验构成及其价值和意义，提出阅读体验兼具故事性和优美性，审美体验是阅读体验的重要组成部分[①]；Steenberg（2016）则通过对阅读疗法应用案例的研究进一步确认了审美体验在阅读体验中的核心地位，指出"当阅读小组的干预并没有被视为一种治疗，而是一种基于阅读和分享反应的美学活动时，才能实现与社会功能和情绪良好有关的潜在治疗效果"。[②] 朱明通过访谈调查探讨了高校图书馆用户阅读沉浸体验的构成，确定了能力契合、目标明确、即时反馈、全神贯注、过程控制、意识丧失、时间扭曲、自我兴趣、群体氛围9个维度[③]；宫昌俊等采用问卷调查法对公共图书馆阅读体验展开研究，确定了图书馆阅读体验的四个维度：体感舒适性、美观性与便捷性、获取性与展示性、团体活动与个人活动。[④] 可以看到，现有研究尚没有围绕阅读体验的基本构成展开框架型探索，对全民阅读工程展开和阅读推广实践指导有限。

三 基于阅读社区的阅读体验研究

（一）研究设计

本书研究以现象学为基础方法论，以网络阅读社区的发帖内容作为资料来源和研究对象，采用扎根理论构建阅读体验维度模型。

新技术环境下网上各类阅读社区层出不穷。研究显示，阅读社区已成为阅读者另一个精神家园，有超过1/4的青少年曾经有参与阅读社区的经历。尤其是网上阅读社区沉淀了大量关于阅读体验的文本资源，是研究新技术环境下读者阅读体验的良好素材。冯亚飞、李桂华从价值网络的角度将这些网络阅读社区分为四类：兴趣导向型、资源导向型、关系导向型、复合价值导向型。鉴于四类网络阅读社区有其不同特点，为了使阅读体验相关文本更具代表性，本书的研究按照该研究的标准，选

[①] 张必隐：《阅读心理学》，北京师范大学出版社1992年版。
[②] Steenberg M., "Literary Reading as A Social Technology: An Exploratory Study on Shared Reading Groups", in Rothbauer P. M. et al., *Plotting The Reading Experience: Theory, Practice, Politics*. Waterloo: Wilfrid Laurier University Press, 2016: 183–198.
[③] 朱明：《高校图书馆用户阅读过程中的沉浸体验研究——构成维度及其作用机制》，《图书馆》2017年第1期。
[④] 宫昌俊：《基于感知学习风格的公共图书馆阅读体验研究——以江阴市图书馆为例》，《情报资料工作》2016年第2期。

取了 4 种类型的网络阅读社区中具有代表性的社区作为数据源进行研究，它们分别是：以兴趣导向型为主的阅读社区——豆瓣，以资源导向型为主的阅读社区——京东阅读，以关系导向型为主的社区——微信读书和以复合价值导向型为主的阅读社区——简书（见表 8-12）。

表 8-12　　　　　　　　　　研究对象的选取

研究对象	社区类型	简介	互动平台
豆瓣	兴趣导向型	豆瓣以满足用户自身兴趣为出发点，提供给读者一个自由的交流平台，由用户自生成内容为主。豆瓣读书自 2005 年上线，已成为国内信息最全、用户数量最大且最为活跃的读书网站	小组、书评
京东阅读	资源导向型	京东阅读是京东推出的一款集电子书阅读、下载、收藏等功能于一体的图书阅读软件。采用 PGC 内容生产方式，提供综合型主题内容的阅读社区	书评
微信读书	关系导向型	微信读书是基于微信关系链的官方阅读应用，充分发掘了人际社交关系在阅读社区中的价值。在提供极致阅读体验的同时，为用户推荐合适的书籍，并可查看微信好友的读书动态、与好友讨论正在阅读的书籍等	想法
简书	复合价值导向型	简书是拥有千万作者的全新优质原创内容社区，它将"写作"与"阅读"相结合，挖掘出阅读社区新的复合价值	话题

为保证扎根理论研究的信度和效度，本课题组共 16 位成员参加了此次扎根理论研究过程，分四组分别针对四个不同的网络阅读社区内容展开扎根理论分析。整个扎根理论研究环节包含以下三个阶段：第一阶段为调查准备阶段，以课题组为单位对于扎根理论的内容和方法进行深入学习，并在样本的选择环节设立具体的筛选标准，力求尽可能多地收集较为全面的样本；第二阶段为数据采集阶段，对所收集的评论内容进行初步选择和删除，形成四组独立的样本；第三阶段为数据分析阶段，每组 4 位成员对所收集的帖子、评论等文本内容进行多次分析和讨论，

提升研究的可信度和有效性。

经过一段时间的观测和调查，本书的研究收集2016年5月、6月份的用户发帖及评论内容共计2044条，经过三个阶段对所抽取的文本内容进行筛选、剔除、分析，保留有效文本，并围绕阅读体验的构成问题对其进行开放性编码、主轴编码和选择性编码。

（二）资料分析

1. 开放性编码

开放性编码主要涉及的内容是数据收集和初步分析，在实践过程中表现为从各个阅读类应用平台中抽取相应数量的主帖和评论绘制成表，然后根据收集内容人工逐条进行筛选，剔除不相关的水帖和无效评论，并对原始文本内容进行逐句编码。综合四个调查平台的内容进行归纳整合，形成开放性编码的主要结果，共计96个概念（见表8-13中示例）。

表8-13　　　　　　　　开放性编码部分概念示例

编码	概念	文本案例	来源
A1	载体感受	虽然已是网络时代，依然大爱纸质书！纸张滑落指尖的感觉美妙至极	豆瓣
B1	环境感受	图书馆氛围不错	京东阅读
C1	语言感受	太啰唆了，语言再精练些就好了	简书
A2	阅读困难	两年前被人逼着读，那个时候怂到爆了，也读不进去，不懂	豆瓣
A3	思考	我把这本书放到哲学里，因为它的内涵实在太丰富太迷人了	豆瓣
B2	意境	想象力蛮丰富的啊，意境很美，有淡淡的惆怅和忧思	京东阅读
B3	内容	不太好看，有点假	京东阅读
C2	空旷感	书里描述了两个女孩的友情，以一个人追忆的方式来纪念曾经那位将会怀念一生的人，读完有巨大的空旷感	简书
D1	意犹未尽	挺好看的，不过谁能告诉我最后一个番外怎么没写完就完结了，明显说了一半话嘛……	微信读书

续表

编码	概念	文本案例	来源
C3	感悟	永恒轮回意味着了无生趣。当上帝意味着"一举一动都承受着不能承受的责任重负"这个观点很沉重	简书
A4	控制感	2016.5.1……昨天拿出来翻翻觉得能理解了,打算翻越高山,开心~5.11 我读完了!虽然没有读附录,but 读了几年终于拿下了	豆瓣
B4	共鸣	看到她儿子死时,我也哭了	京东阅读
B5	压力	新买的书一年都看不完,真是压力山大啊	京东阅读
C4	苦恼	自己也总是不能坚持一件事,总是浅尝辄止,很苦恼	简书
D2	入迷	阅读这本书基本上是利用宝宝睡着后的碎片化时间看的,有时看得入迷,会不自觉看到凌晨两三点	微信读书
D3	改变	二十多年后重读,感受自然是大大不同,当初一股脑接受主人公的处事方式,而今有着自己不同的看法……	微信读书
A5	阅读欲望	真的吗我也去看!这本也看嘛疯狂推荐的好书	豆瓣
A6	社交欲望	喜欢书籍的范围很广,可是感觉身边无人一起分享,所以想试着与网络书友一起聊聊,增进彼此的思维与见解	豆瓣
C5	互相学习	一个人可以两年读完 200 本书,是件不容易的事,你一定是一个好学乐学会学的人,我要向你学习	简书
C6	方法	说出了我心中的共鸣。很多优秀的书我看很多遍甚至手抄,只有这样才能体会书中文中的内涵,这样才敢说是读书	简书
B6	沉浸	让人想一口气读完,让人泣不成声	京东阅读

2. 主轴编码

主轴编码阶段,本书的研究基于前期概念范畴提取的基础上,对所收集的资料进行二次分析,综合比较各个范畴之间的相似性和差异性,经过反复的讨论归纳出 12 个范畴,并将这些范畴进一步归纳形成 6 个核心范畴,即 6 个主维度,分别是审美体验、情感体验、价值体验、思考体验、社交体验和沉浸体验（见表 8 - 14、图 8 - 6）。

表 8 - 14　　　　　　　　　开放编码及主轴编码的主要结果

维度	范畴	概念	举例
审美体验	物理审美体验	对阅读载体、阅读环境以及阅读对象的外观、形式、质感和其他物理属性的关注和感受	1. 虽然已是网络时代，依然大爱纸质书！纸张滑落指尖的感觉美妙至极！（豆瓣） 2. 我也一样，钟爱纸质版图书，摸着有触感（简书）
	语法审美体验	对阅读内容的写作风格、写作手法、文学体裁、语言文字等的关注和感受	1. 余华的文笔利索而有力，宛如刻刀（简书） 2. 通篇语言朴素，没有一丝华丽，诉说着一位经历中国不同历史阶段的人的一生（京东阅读）
	语义审美体验	对阅读内容的思想观点、意境情怀、结构布局等的关注和感受	1. 看过，结局很有意思，一环扣一环。（豆瓣） 2. 郁达夫总是把冷色调的环境和低潮期的人物境遇写得细腻入微，意蕴悠长（简书） 3. 想象力蛮丰富的啊，意境很美，有淡淡的惆怅和忧思（京东阅读）
情感体验	文本角度	由文本内容生发的喜怒哀乐等直接感受	1. 潺潺流水，微风细浪，淡淡花香，蛰伏了很久的心情，开始春心荡漾（京东阅读） 2. 诗经里有些诗会让人悲伤难过（简书）
	行为角度	由阅读行为本身引发的感受和感悟	1. 二十多年后重读，感受自然是大大不同，当初一股脑接受主人公的处事方式，而今有着自己不同的看法……（微信读书） 2. 我读书喜欢浏览式的阅读，知道主题是什么就好，不喜欢逐字逐句地看，就算再有哲理的句子当时记住了过后也会忘，但主题是会印在脑子里的（简书）

续表

维度	范畴	概念	举例
价值体验	知识价值	在阅读过程中实现知识体系的丰富和完善，获得新认识、新认知的感受与感悟。如温故知新、知识普及、认知转变或接触新概念、窥见新世界等	1. 前三分之一的感触太深，完全颠覆了我对经济的认识。书里的内容不一定都认同，但至少引发了思考并能给我提供另一个维度的解读（豆瓣） 2. 扎，这个字是个多音字，我还头次知道，而且貌似搜狗输入法也不知道，我输入"扎头发"提示我是 zhatoufa 百度上解释为扎，为 za 和 zha 的多音字，扎头发用 za，看来还是知道的少（豆瓣）
	行动价值	在阅读过程中激发驱动行为的内在力量的感受与感悟。如学习欲望、探索欲望等	1. 读一次不能理解的地方太多并且感觉很懊恼并且越发想了解宇宙的奥秘，可这也正是其吸引人的魅力所在吧（豆瓣） 2. 一个人可以 2 年读完 200 本书，是件不容易的事，你一定是一个好学乐学会学的人，我要向你学习（简书）
	启发价值	在阅读过程中启发自我，反思现实，转变思维，获得力量的感受与感悟	1. 发现自己还有很多的毛病，希望自己能慢慢改变，成为更好的自己（京东阅读） 2. 在爱与灾难并存的世界，信仰是人的精神食粮，但是一切禁锢了人的思想的教条主义、本本主义、主观主义都是恐怖主义，理性难能可贵（微信读书） 3. 你给我的生活打开了一扇窗，获得了批判的阳光，促进我更好成长（简书）
思考体验	联想体验	由文本内容联想到作者、社会实际、个人经历、历史事实、其他知识储备等的感受与感悟	1. 怀念童年的无忧无虑（京东阅读） 2. 对于我这种从小极其听话的孩子而言，这里的每一个人都是我的安生，我是循规蹈矩的七月，我有着最安稳的轨迹，可是哪一个七月不希望有安生呢？（微信读书）
	对话体验	由文本内容生发的共鸣、疑惑、认同、自省等感受与感悟	1. 字字珠玑。其中阐述的很多问题在如今依然适用。不愧为经典之作（豆瓣） 2. 身临其境，感受主人公的心酸无奈（京东阅读）

续表

维度	范畴	概念	举例
	社交体验	在阅读过程中由阅读内容触发的读者想要积极分享、与人交流的内心渴望，伴随着线上、线下等多种交流方式	1. 喜欢书籍的范围很广，可是感觉身边无人一起分享，所以想试着与网络书友一起聊聊，增进彼此的思维与见解（豆瓣） 2. 这本书让人对互联网思维有了深刻的思考，对职业发展、工作方法有了重新认识，推荐每一个互联网从业者都值得一读（简书）
	沉浸体验	阅读过程中的全身心投入状态，实现自我代入感、沉淀感，使读者酣畅淋漓地感受与感悟	1. 好像回到了那个年代，遥远而又真切，好书（豆瓣） 2. 读的他的第一部书是《虚无的十字架》，小说环环紧扣，读起来让人畅快淋漓（简书）

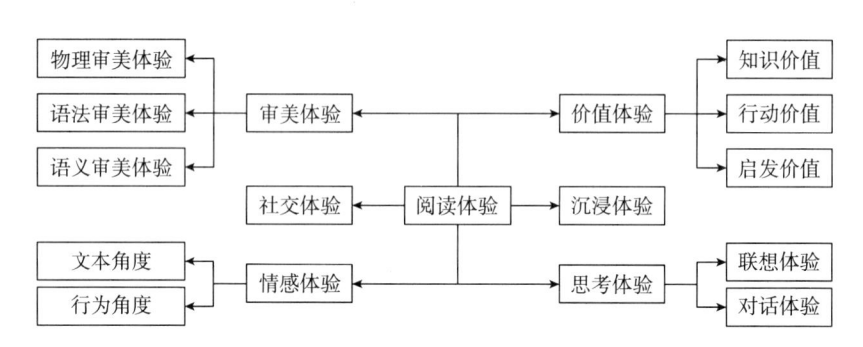

图 8-6 阅读体验构成维度

审美体验（包括物理审美体验、语法审美体验、语义审美体验）是主体与作为审美对象的审美客体构成的一种已然的融入和超越的内在状态[1]，在本书研究中则体现为读者在阅读过程中产生的由物理属性、感官知觉唤起的对于阅读对象的美学意义的欣赏与感受。

情感体验（包括文本角度、行为角度）是指通过对个体内心的情感触动产生的体验，在本书的研究中体现为阅读对象和阅读行为本身作用于读者而产生的喜怒哀乐等心理感受。

---

[1] 万书元：《论审美体验》，《江苏社会科学》2006年第4期。

价值体验（包括知识价值、行动价值、启发价值）是指通过满足主体价值需求所产生的体验。本研究中显示阅读的价值体验主要包括阅读过程中带来的认知满足、精神满足、心理满足和自我实现等内容。

思考体验（包括联想体验、对话体验）是指启发个体的治理使其创新性地认识问题的一种体验，本书的研究中显示阅读体验在于阅读过程中通过思考这一主观能动行为（包括联想、对话、沉浸）获得新的感悟与理解。

社交体验是指在阅读过程中由阅读内容触发的读者想要积极分享、与人交流的内心渴望，随着线上、线下等多种交流方式。

沉浸体验是指阅读过程中的全身心投入状态，实现自我代入感、沉淀感，使读者酣畅淋漓地感受与感悟。

3. 选择性编码

选择性编码是对主轴编码的内容进行再一次的精练和整合，在基于阅读体验范畴挖掘的基础上，通过相关核心范畴研究，进一步细化核心范畴，从而形成具体的理论框架。本研究所抽取的核心范畴为"沉浸体验"，根据体验形成心理机制（见图8-5），并结合阅读社区中发帖内容中所体现出的体验间逻辑关系，构建出阅读体验的层次模型（见图8-7），其中审美体验和情感体验构成一般性体验，价值体验、社交体验和思考体验构成支撑性体验，沉浸体验构成高峰性体验。

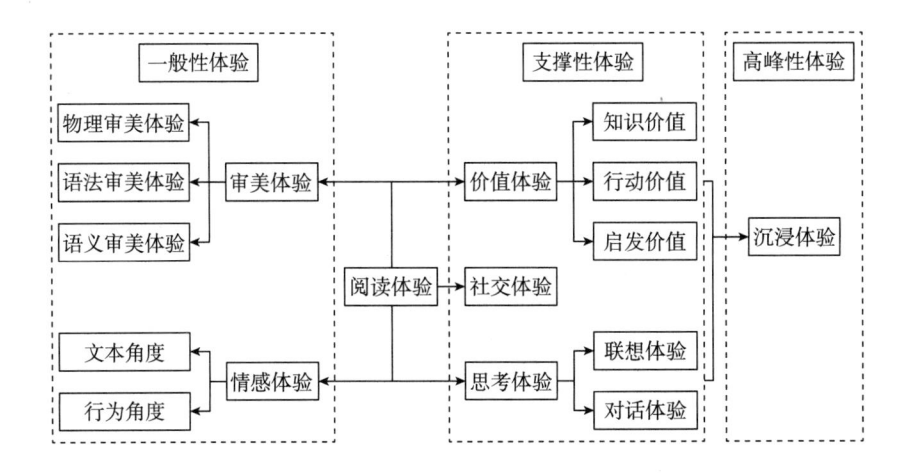

图8-7 阅读体验构成的层次模型

（1）一般性体验。一般性体验是指读者在阅读过程中较易获得的体验，初次参与阅读就包含对阅读对象的关注，包括物理属性、语法和语义方面直观的审美体验，以及针对文本和读者行为参与过程中所获得的情感体验，二者共同构成阅读体验的第一层次"一般性体验"。

（2）支撑性体验。支撑性体验是指读者在阅读过程中具有较高参与程度的体验，包括对于知识的获取、阅读行为的改变、启发意识的获得等角度的价值体验，激发主体思考、联想、对话的思考体验，采取多种互动方式交流、分享的社交体验，三者共同构成阅读体验的第二层次"支撑性体验"。

（3）高峰性体验。高峰性体验是指读者深度参与阅读过程的体验，读者对于阅读对象有明确的目标，所承担的阅读任务与个人能力高度契合，能够全神贯注地沉浸于阅读过程而不受外界干扰，更多的是自发的兴趣性阅读，能够保证优质的阅读效果。随着阅读体验过程的开展，体验的层次不断加深，参与者卷入程度逐渐加深，当达到体验的最高层次时，参与者呈现出一种"沉浸"状态，在这种状态下读者注意力高度集中，不受周围环境的影响，能够主动和作者、文本进行"交流"，达到时空的失真状态，是一个主动享受阅读的过程。这种"沉浸体验"即阅读体验的第三层次"高峰性体验"。

（三）理论饱和度检验

基于扎根理论得到的理论模型需要通过饱和度检验来进一步验证。为验证阅读体验构成层次模型中的概念范畴是否已经足够充分，本书的研究基于四个网络阅读社区采取的总体样本中随机抽取200条帖子进行饱和度检验。通过对这200条帖子进行进一步分析发现，所抽取的相关评论内容符合已有维度和范畴。以豆瓣小组"最近我们读了同一本书"中的读者回帖为例进行说明：

"这个封面实在喜欢不起来，所以很偶然才开读，发现心理学其实是个非常有趣的学科，虽不可尽信全信，但对自我认知和一些习惯思维、潜意识反应是有明显敏感度的。"（一般性体验—支撑性体验）

"原本以为这种书读起来会很生涩无趣，但出乎意料，这本书非常有趣生动，在不知不觉中学习到了许多，让人沉浸其中，值得一看。"（一般性体验—支撑性体验—高峰性体验）

"被书名吸引才买了来,读后发现童话中的智慧和哲理小孩子怎么能理解得了,才知道了成人童话的概念,对王尔德有了一些了解。每个故事的结局都是不完美的,但转念一想死亡后的天堂有夜莺有快乐王子也有曾经自私的巨人,或许也是其乐融融的场景。觉得最残酷的故事是夜莺与玫瑰,印象最深的是巨人的花园,立意最深刻的是少年王……应该会不定期翻翻的一本引人深思的小书。"(一般性体验—支撑性体验)

"只是脑海中不断回响着一首首似有似无的乐章,破烂不堪,又波澜壮阔。每个热闹的场景都那样孤独到骨髓中去,好像透过细密的纸页能望到他们哀伤的眉头,和皱纹中深藏的污垢。却突然又在铺天盖地的大雨里,在他们浑浊的眼睛里,看见难以置信的希望的光。"(支撑性体验—高峰性体验)

"时隔几年读的第二本星野道夫作品集,很少买这种多图少字的书,感谢它在生活某些艰难的时刻让你跳脱出日常去和自己完全没有联系的世界看一看。"(一般性体验—支撑性体验)

"读汪老的文字像是品茶,四方食事看得我口水都流出来了。"(支撑性体验—高峰性体验)

四 复合阅读之阅读体验特征及其启示

本书的研究以网络阅读社区中发帖内容文本为数据基础对复合阅读的阅读体验进行观察,发现复合阅读的阅读体验不但包括学者们已经提及的审美体验、情感体验、思考体验等传统阅读行为的体验维度,还拥有价值体验、社交体验、沉浸体验等维度,凸显全媒体环境下阅读行为复合、阅读体验更为丰富和多元的特点,显示全媒体时代个体主导意识逐渐渗透到阅读行为中,已成就了新型的阅读体验。这些发现对阅读推广实践应有以下启示意义:

首先,新技术环境下读者个体的阅读体验日益丰富,阅读推广活动应以追求多元的阅读体验为直接目标,挖掘新阅读推广模式,创新阅读推广活动方式。图书馆阅读推广的价值应在于为读者提供独特和丰富的阅读体验。根据本书研究所揭示的阅读体验六个维度,全媒体时代读者阅读体验更具复合性,"以读者为中心"的全民阅读活动应在阅读对象选择、阅读环境营造、阅读过程设计等各环节关照读者阅读体验,使其阅读体验多样化、丰富化，更大程度激发用户阅读动机，培养读者更强烈的阅读兴趣。

其次，本书提出的阅读体验层次模型显示阅读体验可层层递进，全民阅读活动可以从一般性体验、支撑性体验入手，以塑造高峰性阅读体验为追求展开。这就要求全民阅读活动组织充分利用新技术手段，推动线上、线下联动，利用新技术带来的新条件打造沉浸式的阅读体验，充分发挥阅读体验带动阅读行为的效力。

最后，阅读体验是阅读推广促进阅读行为过程中的关键心理反应，应将其纳入阅读推广评价指标范畴。尽管社会投入大量资源开展全民阅读活动，但阅读推广活动评价体系研究尚不完善，尤其是现有相关研究往往并未将阅读体验这一重要变量纳入。本书所提出的阅读体验构成维度，为进一步完善阅读推广评价体系研究提供了操作基础。

下篇　实践探索

本篇包括第九章至第十二章，核心内容是基于阅读行为向复合阅读转向这一背景梳理我国图书馆阅读推广实践创新方向、路径和具体策略。

第九章　融合式阅读推广：面向复合阅读的阅读推广策略构建，在重新认识图书馆阅读推广外延的基础上，讨论了当前图书馆阅读推广使命、目标和核心任务，结合复合阅读行为趋势提出融合式阅读推广这一图书馆阅读推广创新方向，并对其路径与模式展开解析。

第十章　融合式阅读推广的情境设计。本章从情境设计的角度，研究了如何实现融合式阅读推广之"融"。通过介绍情境认知观点明确了情境设计的整体化特点。该部分分别以社会组织基于社交媒体的阅读推广情境设计和图书馆阅读推广情境设计创新为对象剖析融合式阅读推广的情境设计策略，并进一步系统梳理了当前图书馆阅读推广的激励机制，从情境设计角度提出了具体的激励设计策略框架。

第十一章　融合式阅读推广的渠道设计。本章从渠道设计的角度，研究了如何实现融合式阅读推广之"合"。以渠道融合理论为图书馆渠道融合提供理论支撑，并采取案例研究法分别从图书馆阅读推广渠道融合和图书馆阅读服务渠道融合两方面归纳实践中的渠道融合具体模式、路径和功能。基于此，讨论了渠道融合与图书馆——读者关系构建的具体关系、实现条件，并提出了具体的实践建议。

第十二章　我国图书馆阅读推广实践调查与分析。本章以2019年世界读书日图书馆阅读推广活动为对象对我国图书馆阅读推广活动展开调查分析，从阅读推广活动价值创新、体验创新、运营创新等角度调查我国图书馆阅读推广活动的具体现状，并提出顺应当前阅读行为趋势的应对策略。

第九章 融合式阅读推广：面向复合阅读的阅读推广策略构建

阅读推广是对读者干预的专业活动[①]，阅读行为研究的归宿在于更好地指导实践，提升阅读推广的专业化水平。而本书前两篇——"现状研究"和"机理研究"围绕复合阅读行为所做的探索发现为阅读推广的实践创新提供了新思路，而向复合阅读的阅读转向也将为图书馆阅读推广提供新方法和新机会。

图书馆本质上就是一个阅读推广组织，其阅读推广工作既包括活动型的阅读推广工作，也包括以促进阅读资源流动为目的的服务型阅读推广工作。本章将基于前期关于复合阅读行为现状研究和机理研究的相关发现，提出融合式阅读推广这一阅读推广实践创新思路。

第一节 面向复合阅读的图书馆阅读推广使命

一 对图书馆阅读推广外延的重新认识

1972年，联合国教科文组织向全世界发出了"走向阅读社会"的号召，要求社会成员人人读书，让读书成为人们日常生活中不可或缺的部分。自此，世界上许多国家都把全民阅读作为提升国民素质的基础工

---

① 于良芝、于斌斌：《图书馆阅读推广——循证图书馆学（EBL）的典型领域》，《国家图书馆学刊》2014年第6期。

程、增强文化软实力的战略工程，通过国家行为加以推动。1995年，联合国教科文组织宣布4月23日为"世界读书日"，并于1997年发起"全民阅读"（Reading for all）。我国2002年开始倡导全民阅读活动，党的十六大报告明确提出要形成学习型社会，2006年中宣部、原新闻出版总署等11个部门更是联合发出开展全民阅读活动的倡议。十余年来，全民阅读从最初的星星之火已渐呈燎原之势。

2012年党的十八大第一次把"开展全民阅读活动"写进党的政治报告，并把全民阅读作为重要文化建设工程列入国家"十二五"文化改革发展规划纲要，全民阅读活动成为我国构建公共文化服务体系的一项重要部署。自2014年始，"倡导全民阅读"连续六次被写入国务院政府工作报告。2016年，《全民阅读"十三五"时期发展规划》则对我国全民阅读工作进行了全面部署。2018年，《国家"十三五"时期文化改革发展规划纲要》将全民阅读工程列为"十三五"时期公共文化服务重大工程之一。党和政府对全民阅读的重视成为我国全民阅读事业发展的巨大推动力。

全民阅读就是全社会的阅读，这既是一种文化理想，又是一种现实的社会活动。① 全民阅读工作指由政府部门、社会组织等向全体国民提供的各种阅读设施及服务。② 而由于当前社会切实存在的种种阅读问题，需要通过提供科学正确的阅读引导来倡导和促进社会阅读，构建最大程度的"阅读社会"，为国民汲取优质文化资源提供服务。因此，阅读推广成为我国当前实现全民阅读的重要路径。也就是说，全民阅读是理想，阅读推广是手段。

所谓阅读推广，顾名思义就是推广阅读。根据张怀涛对其的释义，阅读推广"简言之就是社会组织或个人为促进人们阅读而开展的相关活动，也就是将有益于个人和社会的阅读活动推而广之；详言之就是社会组织或个人，为促进阅读这一人类独有的活动，采用相应的途径和方式，扩展阅读的作用范围，增强阅读的影响力度，使人们更有意愿、更

---

① 黄晓新：《试论全民阅读的社会学研究——兼论阅读社会学》，《出版发行研究》2017年第6期。

② 夏立新等：《多维集成视角下全民阅读评估标准体系的构建》，《中国图书馆学报》2015年第6期。

有条件参与阅读的文化活动和事业"。①

阅读推广的主要力量包括政府机构、民间公益组织、公共图书馆以及高校图书馆。其中，图书馆领域的阅读推广活动在世界各国的全民阅读活动中都备受关注，我国也不例外。如中国图书馆学会等机构则先后发布《全民阅读推广手册》、"阅读推广人系列教材"、《中国阅读大辞典》②，而新颁布的《中华人民共和国公共图书馆法》明确规定公共图书馆应当将推动、引导、服务全民阅读作为法定义务，规定公共图书馆应当免费向社会公众提供阅读推广服务，图书馆作为全民阅读工程核心力量的地位更加突出。阅读推广现如今已成为图书馆的一项主流服务。③

那么，什么是图书馆阅读推广？范并思将其定义为一项新型的图书馆服务，包括促进阅读、学习、终身教育与素养的各种新型图书馆服务，以及促进图书馆服务拓展的各种创新服务。④ 而于良芝等对其做了较为狭义的定义，认为图书馆阅读推广通常是图书馆以培养一般阅读习惯或特定阅读兴趣为目标而开展的图书宣传推介或其他读者活动。⑤ 王余光则专门定义了公共图书馆阅读推广，将其描述为公共图书馆独立或者参与发起组织的，普遍地面对读者大众的，以扩大阅读普及度、改善阅读环境、提高读者阅读数量和质量等为目的的，有规划有策略的社会活动。⑥

本书认为，图书馆本质上就是一个阅读推广组织。从这个意义上理解，不管是图书馆传统借阅服务，还是图书馆以宣传阅读为目的的阅读活动，都是图书馆阅读推广的重要构成部分。其理由如下：

首先，图书馆正是社会为促进阅读、扩展阅读的作用范围、增强阅

---

① 张怀涛：《阅读推广的概念与实施》，《河南图书馆学刊》2015年第1期。
② 徐雁：《"世界读书日"人文理念在阅读推广实践中的中国化》，《图书馆杂志》2016年第3期。
③ 范并思：《阅读推广与图书馆学：基础理论问题分析》，《中国图书馆学报》2014年第5期。
④ 范并思：《图书馆阅读推广的合理性审视》，《图书情报工作》2017年第23期。
⑤ 于良芝、于斌斌：《图书馆阅读推广——循证图书馆学（EBL）的典型领域》，《国家图书馆学刊》2014年第6期。
⑥ 王余光：《图书馆阅读推广研究的新进展》，《高校图书馆工作》2015年第2期。

读的影响力而建构的一种社会设置。巴特勒将图书馆定义为将人类记忆移植到活着的个人意识中的社会设置,同时指出,这种社会装置作用的机制,从读者的角度来说是阅读,从图书馆的角度来说是借阅与咨询等服务。① 图书馆学家刘国均则认为图书馆的基本任务是"以用书为目的,以诱导为方法,以养成社会上人人读书之习惯为指归"。② 我们知道,图书馆所提供的文化服务其特点在于"免费""开放",为什么要免费和开放? 就是为了吸引更多的人阅读、学习和获取信息。因此,如吴晞所言,阅读推广是图书馆的一项带有根本性的任务,体现了图书馆一贯的指导方针,带有根本精神、宗旨圭臬的性质,涉及图书馆的核心价值和核心理念。③ 事实上,尽管阅读推广是一个相对较新的词汇,但在图书馆界阅读推广的历史可追溯到1879年④,并非新生事物。从本质上说,图书馆历史上的服务创新都是阅读推广为导向的创新,譬如从闭架借阅到开架借阅的服务变革,从基于借阅到基于存取的理念转变,乃至今天向智慧图书馆、泛在图书馆的转变,无一不立足于扩展了阅读作用范围,提升阅读影响力。

其次,作为一种阅读推广设置,图书馆区别于其他公共文化服务设置的不可替代的功能在于它主要通过阅读资源传递和阅读服务来促进阅读,这决定了其参与全民阅读的核心方式在于阅读资源传递和阅读服务。杜威在1883年建立的图书馆学教学内容体系就是一套以阅读学习为核心的教学框架,从采书、选书到读书方法再到整理读书所得,涉及读者阅读的全过程。⑤ 夏立新等认为,全民阅读工程包括阅读资源的生产、阅读资源的传递、阅读资源的利用三个环节,并指出,阅读资源的"生产—传递—利用"并不是完全隔离开来的,三者之间相互关联,相

---

① [美]巴特勒:《图书馆学导论》,谢欢译,海洋出版社2018年版。
② 刘国均:《美国公共图书馆概况》,《新教育》1923年第1期。
③ 吴晞:《大阅读时代和图书馆阅读推广——在湖南省普通高校图书馆2013年馆长年会上的报告》,《高校图书馆工作》2014年第2期。
④ 曾祥芹:《阅读学研究的历史检讨和未来愿景》,《悦读时代》2010年第5期。
⑤ 周亚:《麦维尔·杜威图书馆学教育思想的形成与演变》,《中国图书馆学报》2017年第6期。

互促进。① 因此，我们可以说，对图书馆而言，阅读资源传递和阅读服务基础是其促进阅读资源利用的核心渠道。

最后，仅仅提倡"活动式"的阅读推广并不足以充分发挥图书馆的阅读推广优势，也难以达到影响人们阅读观念转变之作用。一些阅读推广研究者和实践者将阅读推广外延缩小为宣传阅读价值的相关"活动"，并提出阅读推广是阅读服务的"活动化"，然而，如余波所言，历来的社会经验告诉我们，一种风尚与风气的养成，及至一种心理惯性的驱动力量的形成，必有其内在的社会与历史原因，它既不会因一场群众运动式的宣传鼓噪而来，也不会因某种官方的舆论主导而去。② 而吴晞则指出，图书馆阅读推广的本质属性，是让资源和服务突破图书馆馆舍的窠臼，送到市民手中。阅读推广的目的之一就是彰显图书馆的效益，突出图书馆的利用率，塑造图书馆的公共形象。一个没有效益、没有利用率、没有好的公共形象的图书馆，是很难生存的。③ 而提升图书馆利用率的根本途径还是服务。

事实上，尽管阅读推广可直译为英文的 reading promotion，但在美英等国图书馆学领域 promotion 一词的使用并不广泛，他们更多使用的对应词汇是 marketing，因为 marketing 这一英文词汇内涵比 promotion 更为丰富，外延也更为广阔。④ 在英文里，promotion 一般指"the activity of persuading people to support something"（说服人们支持某事）或者"an activity intended to help sell a product, or the product that is being promoted"（推销产品），具有浓厚的单方面作用的意味。而 marketing 则不同，美国市场营销协会对其的定义为"an organizational function and a set of processing for creating, communicating, and delivering value to customers and for managing customer relationships in ways that benefit the organization and its stakeholders（在创造、沟通、传播和交换产品中为顾客、客

---

① 夏立新等：《多维集成视角下全民阅读评估标准体系的构建》，《中国图书馆学报》2015 年第 6 期。
② 余波：《全民阅读的社会学考量》，《中国出版》2007 年第 4 期。
③ 吴晞：《大阅读时代和图书馆阅读推广——在湖南省普通高校图书馆 2013 年馆长年会上的报告》，《高校图书馆工作》2014 年第 2 期。
④ Gupta D. K., "Everything is Marketing: An Analysis of Functional Relationships of Marketing and Libraries", *DESIDOC Journal of Library & Information Technology*, 2016, 36 (3).

户、合作伙伴以及整个社会带来价值的一系列活动、过程和体系)"[1]。社会营销、服务营销皆属于 marketing 范畴,美国很多公共图书馆、高校图书馆都设有营销部(Marketing Department)。因此,这种 marketing 概念并不等同于中文推销的概念,由于我国对阅读推广的理解是"促进阅读、扩展阅读作用、增强阅读影响力"的"相关活动",其实英文的 marketing 一词与其外延还更为吻合,这也是为什么英美等国的图书馆学界更乐于用"marketing"一词而非"promotion"一词的原因之所在。

基于以上讨论,本书贯彻的图书馆阅读推广概念是一种广义的阅读推广概念,其外延包括图书馆为促进阅读开展的各种短期活动,也包括图书馆长期从事的各类传递阅读资源、提升阅读体验的相关服务。吴晞先生曾将图书馆在全民阅读推广中的作用和功能总结为4个方面:引导、训练、帮助和服务[2],我们对图书馆阅读推广外延的理解与此更为一致。

二 当前图书馆的阅读推广使命、目标和核心任务

(一) 图书馆阅读推广的使命

使命决定策略、目标决定行动。基于当前阅读文化状况和阅读行为转变趋势,图书馆应肩负怎样的阅读推广使命?

这要先从全民阅读目标说起。对全民阅读目标的认识可以结合联合国教科文组织在其世界读书日的宣言来理解。该宣言提道:"希望散居在世界各地的人,无论你是年老还是年轻,无论你是贫穷还是富裕,无论你是患病还是健康,都能享受阅读的乐趣,都能尊重和感谢为人类文明做出过巨大贡献的文学、文化、科学、思想大师们,都能保护知识产权。"[3] 这一陈述与我国传统的以"读书改变命运"为要旨的阅读倡导有一定的区别,阐明了倡导全民阅读最本质的意义在于要让更多的人读到书,享受到阅读的乐趣。这正是全民阅读的内涵所在。

---

[1] Keefe L M: "Marketing Redefined", *Marketing News*, Vol. 9, 2004.
[2] 吴晞:《大阅读时代和图书馆阅读推广——在湖南省普通高校图书馆2013年馆长年会上的报告》,《高校图书馆工作》2014年第2期。
[3] 聂震宁:《国民阅读的状况与全民阅读的意义》,《现代出版》2015年第1期。

第九章 融合式阅读推广：面向复合阅读的阅读推广策略构建

对于图书馆所肩负的阅读推广使命，我国图书馆学界也有一定讨论。范并思将图书馆阅读推广的使命定位于四个方面，即：引导缺乏阅读意愿的人阅读，训练有阅读意愿而不善于阅读的人阅读，帮助阅读困难人群阅读，为具有较好阅读能力的人提供阅读服务[1]；于良芝等认为，理想的阅读推广效果在于三个：无阅读兴趣者培养出阅读兴趣，阅读兴趣单一者拓展阅读范围并增加阅读量，阅读兴趣广泛者增加阅读量。[2] 这两种陈述虽有不同，但其核心是一致的，即培养"阅读意愿"抑或是"阅读兴趣"。

于良芝认为，培养阅读兴趣的使命应把阅读习惯的形成当成终极目标，以喜欢阅读的人口数量和社会阅读总量作为目标实现程度的评价标准。[3] 这种推理考虑了阅读行为的形成规律。如本研究所一再强调的，阅读兴趣和阅读习惯的养成是一个过程。本书第二章所归纳的阅读行为概念框架表明，人们长期的阅读行为实际上是短期阅读心理反应的累积作用结果，也就是说，要培养阅读兴趣、阅读习惯需要从培养人们的良性阅读认知、改善人们日常阅读体验、促进人们的阅读参与入手。

（二）当前图书馆阅读推广的目标

基于前文分析，阅读推广以"培育阅读兴趣，培养阅读习惯"为使命，而实现这一使命需要将其转化为更清晰的目标。鉴于图书馆的特有条件和当前所面临的深阅读危机，我们认为，图书馆阅读推广工作应当以创造阅读机会、优化阅读体验、推动阅读参与为核心目标。

1. 创造阅读机会

实践是认知发展的最根本条件，创造阅读机会是培养人们的良性阅读认知之前提。图书馆可利用自身阅读资源和阅读设施，并通过服务创新让人们更多地接触阅读、亲身体验到阅读的价值。而当前各类新技术、新工具、新平台的出现，为此提供了更好条件。

对阅读素材固有的兴趣是深阅读动机中极其重要的因素。研究发现，每当读者发现阅读素材与他们的个人生活、情感或未来志向的联系

---

[1] 范并思：《阅读推广为什么?》，《公共图书馆》2013 年第 3 期。
[2] 于良芝、于斌斌：《图书馆阅读推广——循证图书馆学（EBL）的典型领域》，《国家图书馆学刊》2014 年第 6 期。
[3] 于良芝：《培养阅读兴趣与支持正规教育》，《公共图书馆》2010 年第 3 期。

时，阅读深度也会得到加强。[1] 同时，互联网是一个文本饱和的世界，用户倾向于扫读，在许多文章总结里快速搜索，但当对方抓住他们的兴趣，他们会深度地潜入某个特定的话题或文章。[2] 然而，个人所需的阅读资料往往被淹没在茫茫的信息海洋中难以查找。很多图书馆已通过延伸自身服务，使更多人有机会遇见一本好书，了解到其对自身的价值，而在新技术条件下，图书馆更可利用自身大量用户数据捕捉读者对阅读素材的兴趣，以更加清晰的"地图"和"路标"帮助读者在茫茫信息海洋中寻找中意的文本，创造读者与其相匹配的阅读文本相遇的机会，也即深阅读的机会。

2. 优化阅读体验

让人们充分体会到阅读的乐趣必须从优化其阅读体验入手，图书馆可利用新技术所创造的丰富体验使线上线下阅读环境融合互补，使读者更易于沉浸并获得归属感，充分享受深阅读所带来的愉悦。

大量的阅读研究表明，影响阅读水平的主要因素是在阅读过程中获得的乐趣。如 Fuller 和 Sedo 调查了在群体阅读中读者的体验，发现阅读事件所引发社交的、情感的、智力的、审美的愉悦感，共同作用并向读者传递乐趣及其意义，因此，他们认为，在一个从符号到电子书的技术转折时代，读者正在寻求新的阅读体验，这是一种对最初的浅阅读的矫正。[3] 今天的新技术不但能通过丰富展现方式促进读者对文本的理解，而且由于读者与其相处的极大自由度使其更易于控制阅读过程，将这些新技术运用于优秀阅读材料的推广，更可能唤起读者情感，较为充分地引发大脑中繁复多姿、鲜灵活跃的表象因素，也有助于强化读者阅读动机，激活其内在心理能量，导致深阅读产生。图书馆有最舒适的阅读环境、有可自由选择的阅读对象、有各种便利的阅读辅助设施，若能

---

[1] Roberts J. C., Roberts K. A., "Deep Reading, Cost/Benefit, and the Construction of Meaning: Enhancing Reading Comprehension and Deep Learning in Sociology Courses", *Teaching Sociology*, 2008, 36 (2): 125 – 140.

[2] Holmquist K., et al., "Reading or Scanning? A Study of New Spaper and Net Paper Reading", in Radach R. R., et al., *The Mind's Eye: Cognitive and Applied Aspects of Eye Movement Research*, 2003: 657 – 670.

[3] Fuller D., Sedo D. R., *Reading Beyond the Book: The Social Practices of Contemporary Literary Culture*, New York: Routledge, 2013.

充分利用当前技术和条件实现服务创新，进一步优化人们的阅读体验，将成为人们发现阅读乐趣的最好空间，也为图书馆发挥其阅读推广价值提供了最大机会。

3. 推动阅读参与

阅读参与是成就深阅读的前提，在当前环境下愈加重要。图书馆具有促进阅读参与的软硬件条件，当前更可利用新型社交技术强化读者的阅读参与，使阅读回归其"对话"本性，促进深阅读的形成。

如本书第一章所阐释的，深阅读需要通过认知参与、行为参与、情感参与的共同作用才能达成。而相比其他社会设置和设施，早期图书馆的前身就是读者俱乐部，也叫社交图书馆①，有促进阅读参与的悠久历史，加之当前更拥有专业的阅读辅导人员和相对稳定的用户群体，在促进用户阅读参与方面也具有先天优势。其实，众多的网络社交工具已经强化了人的社会化本能，使人们潜在的社交需求得到全面激活，如一城一书、一校一书、网上阅读论坛等群体阅读模式即是通过交流和对话强化读者的参与，而借由技术工具不但可以实现即时读书会，而且可以实现共享批注和书评的非同步交流，更给阅读对话创造了新的可能。数字时代的深阅读，必然是充分利用互联网、云计算等计算机技术与大数据、社交网络等工具的"以人为本"的参与式阅读。而数字环境下阅读不仅是个人获得优质阅读体验的过程，更是传受双方互动交流、产生新认知和情感共鸣的过程。因此，今天的图书馆更需要基于新型技术工具促进自身的社交性，让阅读回归对话，塑造新型深阅读。

（三）复合阅读环境下图书馆阅读推广的核心任务

面对深阅读危机，图书馆阅读推广工作应当以创造阅读机会、优化阅读体验、推动阅读参与为目标。而从传统阅读向复合阅读的阅读行为转变，为阅读推广目标的实现路径选择提供了基础依据。以下三方面工作应成为复合阅读环境下图书馆阅读推广的核心任务：

首先，复合阅读的兴起显示数字阅读环境和传统阅读环境并不是你死我活的二难关系，新型深阅读方式已然形成，基于复合维度的融合式

---

① 吴建中：《从未来看现在——图书馆下一个十年》，http：//tv.cntv.cn/video/VSET100256229238/0460bdfcdc574e879ac62231a3df2e84，2017年8月17日。

阅读环境构建正当其时。

本书所描述的青少年复合阅读行为轨迹显示，青少年读者会主动或被动地通过多渠道获得阅读目标信息，并在阅读中乐于分享自己的进度和想法，阅读后会借助多种新媒体渠道进行延伸阅读，且这一过程中发展出更为积极的阅读态度。这些现象意味着，复合阅读行为在阅读参与的三方面（行为参与、感情参与、认知参与）均达到了较高程度，因而是一种新型深阅读方式。而图书馆作为阅读环境构建者，应以历史眼光审视这一新阅读情境，改变传统的单一、线性服务渠道形态，构建多渠道融合的阅读服务平台，激发读者对阅读过程中各环节活动的需求和认知，引领读者阅读行为的良性转变。

同时，复合阅读更是信息行为、社交行为、娱乐行为、学习行为等各类行为的复合体，既是个体生活世界建构的结果，与人们对阅读价值的长期认同有关，也是新信息环境对人们生活结构、信息行为习惯改变结果，有着复杂的形成背景。复合阅读行为的兴起说明了不同渠道阅读活动间资源的流动可以相互促进，从而促成阅读行为的增值。因此，我国图书馆阅读推广研究和实践领域需要关注复合阅读行为正负两方面的可能效应，特别要充分研究和发扬其正面效应。只有这样才能产生顺应趋势的阅读推广方案。

其次，复合阅读层级的分野意味着新时期"阅读鸿沟"的存在，阅读推广活动应细分阅读群体、细化活动设计，满足不同层次阅读需要，弥合阅读鸿沟。

如本书第四章所展示，根据复合阅读程度的不同，可将青少年分为传统阅读型、被动复合阅读者、标准复合阅读者、高参与复合阅读者四类，相对传统阅读型青少年，其他三种复合阅读型青少年阅读过程完整，对阅读载体的包容性更强，在阅读兴趣、阅读频率和阅读时长上表现更好。也就是说，一些青少年可能因为无法接触和享受到技术进步，抑或因为自身的媒介素养问题，而与其他青少年产生阅读差距。基于此，阅读推广工作需要积极普及阅读类技术产品的应用，并通过媒介素养教育，缩小由技术环境带来的青少年阅读信息接触的不平衡。

同时，阅读推广实践者可以基于本书所发现的四种群对青少年细分并进行有针对性的阅读推广安排，以促进其阅读行为良性转变。如针对传统阅读型青少年阅读前阶段不活跃的情况，可在其书籍获取环节嵌入书籍推荐、书籍分享的服务设计，满足其需求的同时丰富其阅读行为；针对被动复合阅读型青少年热衷阅读社交但对线上渠道利用较少的情况，可通过阅读决策指导和线下读书会等形式带动其参与线上阅读活动，提升阅读体验；针对标准型复合阅读者阅读社交不够活跃的情况，可为其提供多元阅读资源，通过分享会、读者交流等促进其对阅读交流价值的深度体验；针对高参与型复合阅读者，则可以为其提供多渠道阅读信息和多样化阅读交流平台以充分满足其阅读活动需要和阅读价值追求。同时，还应当在细分读者群体基础上充分促进复合阅读各层级间的互动，特别是通过高参与阅读者影响、带动传统阅读者，弥合阅读鸿沟。

最后，复合阅读所涉及阅读资源更为广泛，应根据复合阅读行为规律整合阅读资源，科学介入阅读行为转变进程。

我们也关注到，复合阅读所涉及的阅读资源包括阅读对象本身，也包括评价资源、体验资源、知识资源、读者信息、沟通平台与渠道、延伸文本、衍生载体等各类资源，这些资源分别在阅读行为的三阶段流动、聚合，并深入影响读者的反应结构。阅读推广研究者应关注复合阅读情境下以读者反应结构为中心的阅读资源流动规律和阅读能量聚合规律，探索统合阅读资源的阅读推广方法，寻求与读者需求更匹配的阅读推广效能结构构建路径，在阅读转向过程中发挥更具建设性的作用。同时，如本书所显示，尽管当代青少年的阅读行为转变是一个混沌的过程，不同种群读者有不同的转变路径，但他们在阅读行为三环节均有丰富的活动需求。如果能够在阅读行为的恰当环节进行恰当的引导，综合利用各种媒介渠道进行多样化阅读行为的推广，全民阅读势必会事半功倍。

第二节 融合式阅读推广

面对复合阅读的新阅读图景，构建复合维度的融合式阅读环境成为图书馆面临的重要任务，而实现融合式阅读推广是这一任务对阅读推广创新的必然要求。

一 融合式阅读推广的提出

（一）从媒介融合到阅读领域的融合

如第三章所述，融合性是全媒体发展的最主要特征，也是当前复合阅读行为形成的重要土壤。所谓融合性，强调的是全媒体不是跨媒体时代的媒体间简单组合，而是共存互补、有机结合。① 融合的字面意思是"几种不同的事物合成一体"②，但其涉及的英文单词包括 integration、cohesion、acculturation、assimilation、inclusion、incorporation、interpenetration，这些词汇略有差异，有些侧重于强调吸收和同化（assimilation），有些侧重包含、合并（inclusion、incorporation），有些侧重于集中、融入（integeration、cohesion）。融合式阅读推广之"融合"更强调 integration 和 cohesion，即侧重于多种阅读推广渠道的有机整合应用，使其产生一种聚合力。

从本质上说，融合是不同技术的结合，是两种或更多种技术融合后形成的某种新传播技术，由融合产生的新传播技术和新媒介的功能大于原先各部分的总和。因此，浦尔认为，媒介融合就是各种媒介呈现出一体化多功能的发展趋势。③ Nachison 则认为媒介融合是"印刷的、音频的、视频的、互动性数字媒体组织之间的战略的、操作的、文化的联盟"。④

新的传播媒介不仅能产生新的内容形式，也能改变人们使用媒介的方式。阅读领域也不例外。本书对复合阅读行为现象的观察显示阅读活动领域也正在实现传播形态的融合、运营模式的融合、受众与生产者的融合这三个方面的融合。首先，读者通过复合渠道获取信息资源，而阅读行业的领先者也已然充分利用各种媒介形式、整合各种阅读渠道，使得读者可自由选择各类阅读媒介和渠道；其次，读者在阅读的各环节乐

---

① 王庚年：《全媒体技术发展研究》，中国国际广播出版社2013年版，第7页。
② 阮智富、郭忠新：《现代汉语大词典》，上海辞书出版社2009年版，第2907页。
③ 克劳斯·布鲁恩·延森：《媒介融合：网络传播、大众传播和人际传播的三重维度》，复旦大学出版社2012年版。
④ Nachison A., "Good Business or Good Journalism? Lessons from the Bleeding Edge", A Presentation to the World Editors' Forum, Hong Kong, June 5, 2001.

于使用不同的阅读工具获得阅读服务，而领先的阅读服务者通过战略联盟和联合运作使读者的阅读过程自然发展，在各阅读工具间自由切换；最后，全媒体时代读者与阅读资源的提供者、阅读渠道的提供者均出现了融合之势，读者以评论、推荐，甚至合作等方式介入读物创造和推广过程，并通过线上线下读书会等形式寻求更加丰富的阅读价值。

阅读领域的融合之势正在倒逼阅读推广的融合式创新。

（二）什么是融合式阅读推广

党的十八大以来，以习近平同志为核心的党中央高度重视传统媒体和新兴媒体的融合发展。2019 年 1 月 25 日中共中央政治局就全媒体时代和媒体融合发展举行第十二次集体学习，习近平再次强调"全媒体不断发展，出现了全程媒体、全息媒体、全员媒体、全效媒体，信息无处不在、无所不及、无人不用"，"我们要因势而谋、应势而动、顺势而为"。

融合式阅读推广即是在这一技术背景和时代背景下提出的创新型阅读推广运营方式。我们将其定义为：基于全媒体时代背景，充分利用多种媒介渠道延伸阅读服务触角、扩展阅读推广范围，并整合各渠道阅读资源和服务资源形成服务网络，为用户提供更多阅读参与机会、使用户获得更丰富的阅读体验，进而向用户传递阅读价值的阅读推广运营创新。

这一概念强调了融合式阅读推广的三个特征：融合式阅读推广是对现有媒体融合技术条件的充分利用，利用多种媒介渠道，使之共存互补；融合式阅读推广不是对多渠道的简单组合和利用，而是根据当前阅读行为规律对各媒介渠道的系统有序的组合；融合式阅读推广对渠道的融合式利用以促进渠道间互动，实现渠道间资源共享为己任。简言之，融合式阅读推广就是要整合阅读推广渠道、编制用户接触网络、促进阅读资源流动。

融合式阅读推广这一概念的提出主要基于两个原因：

一方面，全媒体时代媒体融合为阅读推广目标实现创造了新机会。媒体融合似乎主要发生在媒体领域，但媒介是一种具有能动性的社会资源，能够影响人的思想、塑造不同的文化环境和社会模式。麦克卢汉则用"媒体是具有生命力的能量旋风"来归纳这一观点。阅读推广实践本身就需要通过各类媒介向更广阔的社会公众传递阅读价值，全媒体时代的媒介融合则为实现"培养阅读意愿和阅读兴趣"的阅读推广目标创造了机会，阅读推广工作更需要充分把握这一机会，并推动我国媒体融合的社会价值的进一步放大。

另一方面，在阅读行为向复合阅读转变的背景下，融合式阅读推广更易于使阅读推广嵌入读者日常生活，成为其复合阅读过程的构成部分。复合阅读行为是一个读者主动选择特定渠道和服务方式的过程，也是读者与信息服务组织、信息服务平台互动的过程，而读者的选择总是以其日常生活为轴心展开，有自身逻辑。基于复合阅读行为的阅读推广研究和实践需要向读者日常生活回归，使阅读观念从工具理性向价值理性转变，才能拓宽阅读互动的领域，促成阅读的增值。事实上，数字环境与传统环境本就不是你死我活的二难关系，正如电子商务领域从关注纯电子平台到今天开始大力开发O2O市场一样。纯数字阅读可能导致信息焦虑与超载、工具迷恋、消费主义、单向度异化等负面的现代病症，而复合阅读可视为人类对这些负面问题进行的自我修复与矫正，将读者引入一种健康的路径。图书馆可以对此有所作为，通过发展渠道融合的阅读推广活动适应阅读行为流程、时空、价值追求的综合变化，成为读者复合阅读过程的重要构成部分。

二 融合式阅读推广的优势

复合阅读行为为趋势下采用融合式阅读推广将更有利于阅读推广活动融入人们生活，发挥推动深阅读之作用。其理由有三：

首先，融合式阅读推广将增加阅读推广的社会覆盖率和接触率，激发读者对阅读过程中各环节活动的需求和认知，提升阅读推广的社会影响力。

人们采用复合阅读行为意味着其在阅读前、阅读中、阅读后各阶段行为更活跃，有更多的媒介接触。而融合式阅读推广根据人们的复合阅读行为规律科学利用多种媒介渠道，将各阅读推广渠道融合成具有联动效应的网络，使人们在恰当的时间、通过恰当的媒介、偶遇恰当的阅读信息和阅读资源，将大幅度增加阅读资源和阅读服务被展示给读者的机会，增加了阅读与读者的接触点，也就增强了阅读推广的覆盖率和

第九章 融合式阅读推广：面向复合阅读的阅读推广策略构建

效用。

其次，融合式阅读推广将使阅读推广效益最大化，有助于激励阅读推广工作积极性。

阅读推广工作需要消耗大量的人力、物力资源，但其效果显现却往往并非立竿见影，也就是说，投入高、见效慢，因而阅读推广机构和阅读推广者的工作积极性容易受到影响。而当前我国媒体融合已经从"相加相融"进入"相融相生"新阶段，相比于"你中有我，我中有你"，更发展到"你促进我，我促进你"。[①] 融合式阅读推广的渠道融合互通、资源共享，有助于降低成本，且多渠道口碑资源会产生一种累积效应，形成数字资本和品牌资源，在更短时间里达到一种高增长态势，使得阅读推广从业者获得可见的增长数据，激励阅读推广从业者的工作积极性。

最后，融合式阅读推广的多渠道协同效应，更容易激励读者互动，扩展读者资源利用的外在效率。

图书馆等阅读推广机构的读者资源是阅读推广的巨大财富。而复合阅读行为的一大特征就是"阅读+社交"，而融合式阅读推广的多渠道的协同效应可以为图书馆带来更多的读者互动。多种阅读推广渠道间都有着互补价值，如线上渠道和线下渠道、正式渠道和非正式渠道、微博渠道和微信渠道等，而读者会同时使用这些渠道，在不同的渠道从事与阅读相关的不同活动。读者跨渠道的阅读活动扩展了其自身的"阅读朋友圈"，而能同时容纳这些渠道促进读者跨渠道行为的阅读服务设计也将构建具有网络效应的阅读社交版图，使读者间互相促进、互相激励，将读者资源充分转化为阅读推广资源。

三 融合式阅读推广的理想态

发展融合式阅读推广必然需要经历一个从"单渠道"到"多渠道"再到"渠道全面融合"的发展演变过程，而理想的融合式阅读推广是这个发展历程的标杆。我们认为，理想态的融合式阅读推广应该具有以

[①] 段丹洁、孙美娟：《学者热议：全媒体时代如何加快构建舆论引导新格局》，中国社会科学网，https://page.om.qq.com/page/O_Ci9LCAocbTFi--ZqL9up_w0.

下三个特征：

第一，融合式阅读推广应当是面向过程的整体阅读推广方案。

既然人们的阅读行为实现了向复合阅读行为的转变，实现了从"读"这个单一活动向阅读三阶段的丰富活动的转变，阅读推广就应当随之而变，通过研究人们在阅读三阶段中不同的阅读需求、不同的渠道偏好、不同的活动方式来塑造与之相适应的阅读推广方式，站在更高、更广的角度审视整个复合阅读行为中的各种优势资源，推出整合式的阅读方案，使得呈现在用户面前的阅读服务是顺畅的、灵活的、个性的。也就如凯文·凯利所描述，使书"成为一种流程，是一种变化，是思考、写作、研究、编辑、改变、分享、社交、知化、组合、营销、进一步分享、屏读等动作的持续流动"①。

第二，融合式阅读推广应当是融入人们阅读生活的阅读推广。

游离于人们现实生活之外的、以精英为主要人群的阅读推广活动与全民阅读的宗旨是背离的。阅读推广以促进"全民阅读"为己任，更需要立足于人们的现实生活，满足个体的阅读需求和阅读追求。人们的日常阅读生活追求多重价值，融合式阅读推广应当充分利用现有技术条件增强人们阅读体验，不但让人体会到"开卷有益"，而且"开卷有趣"。

第三，融合式阅读推广应当是兼顾阅读服务活动和阅读推广活动发展的阅读推广。

渗透到阅读三阶段的阅读推广活动必然会具有浓厚的"服务"特征。范并思在提及阅读推广外延时提到，在当前图书馆的阅读推广服务中，有一类服务是图书馆原有文献服务的延伸，或利用新的技术手段推广原有图书馆文献服务。② 而融合式阅读推广致力于通过多种渠道的融合运用促进深度阅读，就需要深谙读者的特定阅读需要，并在适宜的时间向读者传递特定的阅读资源，这种活动既有阅读服务的特征，又具有阅读推广的价值，本身就是阅读服务活动和阅读推广活动的充分融合。

---

① [美] 凯文·凯利：《必然》，周峰、董理等译，电子工业出版社 2016 年版，第 100 页。
② 范并思：《图书馆阅读推广的合理性审视》，《图书情报工作》2017 年第 23 期。

第三节　融合式阅读推广的路径与模式

一　融合式阅读推广的两种路径

尽管融合式阅读推广是一个新名词，但在实践中世界各国已开展的阅读推广活动许多已经有了融合式阅读推广的特征，并取得了良好效果。那么，怎样编织阅读推广网络，实现融合式阅读推广？梳理我们所获得的各国阅读推广实践案例，我们发现其从不同方向向融合式阅读推广靠近，已形成了两种主要路径，我们称之为纵向融合和横向融合。

（一）纵向融合

所谓纵向融合，是指在阅读推广运营中通过特定渠道的不同细分管道向不同人群扩散阅读资源和阅读服务，进而构建"多元受众"。

日本学者伊藤优一认为，由于新传播科技聚焦于多样化的专业信息，大众社会逐渐演变为"区隔社会"，因此阅听大众日渐因意识形态、价值、品位与生活风格的不同而分化。本书也发现，青少年复合阅读存在层次分野。这使阅读推广活动需要发现特定人群的接触媒介，捕捉该人群和其所使用的媒介特点建立与其的联系纽带。我们以纽约公共图书馆等发起的"地铁图书馆"活动为例讨论下纵向融合是怎样的一种融合式阅读推广路径。

地铁图书馆是2017年夏天，以纽约公共图书馆为主导，纽约公共图书馆、布鲁克林公共图书馆和皇后区图书馆、纽约市大都会运输署（The Metropolitan Transportation Authority, MTA）以及交通无线共同发起的一项阅读推广活动。该活动持续六周，该活动主要有四项内容，目的是为纽约市的地铁乘客提供免费阅读数百本电子书、图书节选和短篇小说。

1. 在线地铁图书馆

在线地铁图书馆是"地铁图书馆"的主要阅读资料来源。美国纽约地铁车站的MTA用户可以通过他们的网络设置连接到免费的TransitWirelessWiFi，然后点击SubwayLibrary.com提示，就能够连接地铁图书馆，阅读适合各个年龄段的书籍。提供的书籍包括以下板块：纽约新闻、新书和值得注意的书、精选短篇、儿童、青年。

在线地铁图书馆里设有博客平台，纽约公共图书馆的工作人员会利用这一平台撰写并发布他们的图书推荐。他们按照图书的内容、图书的形式和图书的时长等进行选择推荐，"图书推荐"里给出的信息包括：书名和作者；书籍的简要介绍；书籍的内容形式（包括完整全文、摘录等）；书籍的阅读时长（包括半小时阅读、一小时阅读、一个半小时阅读和两小时以上等）。响应了通勤途中读者碎片化阅读的需要。

例如，对罗宾·舒尔曼的《吃掉城市》一书的推荐，信息包括书籍简介"当你在地铁上，阅读一下这座城市的食物、生产和文化的历史"，书籍的形式"摘录"；书籍的阅读时长"半小时阅读"；书籍所属于的板块"我们的纽约故事"。通过信息简介激发读者对阅读的兴趣，使其在通勤路上享受阅读的快乐。通过介绍书籍的阅读时长、形式以及板块，向乘客发出信号，让乘客选择适合自己通勤时间和个人兴趣的书籍。

在线地铁图书馆既是一个窗口，也是连接到纽约公共图书馆的桥梁。纽约公共图书馆馆长托尼·马克思说："通过为地铁乘客提供成千上万的免费故事，我们鼓励他们阅读、学习和好奇心。我们希望人们在离开地铁后，带着他们对阅读的热爱，去我们92家分店中的一家看看，或者下载我们的电子阅读应用程序SimplyE。"

2. 图书馆列车

该活动的合作伙伴——美国交通无线公司推出了一款特别包装的"图书馆列车"，这款列车其内部装修得如同纽约公共图书馆第42街分馆内的玫瑰主阅览室。列车将在E线和F线的6条走廊和8条走廊上交替运行。该活动给了纽约地铁乘客真实图书馆的场景，使乘客有身临其境的感觉，既能够增加地铁乘客在地铁上阅读的愉悦感，还让忙碌的上班族们在路上也能享受图书馆的氛围与阅读的快乐。

该活动对于那些喜爱图书馆环境的市民而言是莫大的惊喜，并鼓励那些新市民进入真实图书馆进行阅读。

3. 公共交通社交媒体竞赛

"公共交通无线社交媒体竞赛"则鼓励乘客通过地铁图书馆的海报分享自己的照片。这种海报遍布整个地铁系统中或图书馆列车。读者可

第九章 融合式阅读推广：面向复合阅读的阅读推广策略构建

在社交软件 Instagram 或 Twitter 上使用"地铁图书馆"和"@TWWiFi"（tag @TWWiFi）标签分享这些照片。参与该活动的乘客将获得六个奖项之一（包括亚马逊的三次 Kindle 之旅或者纽约公共图书馆的三个独一无二的奖项之一）。每隔一周，会有两名获奖者被随机抽中，通过他们的社交媒体账户@TWWiFi Transit Wireless WiFi 宣布获奖。一方面，通过社交媒体竞赛的激励方式更加鼓励地铁乘客参与此次推广活动；另一方面，也通过社交媒体扩大了覆盖此次活动的宣传覆盖范围。

该项目使得地铁图书馆活动的影响场景开始拓展和延长，原本在地铁中阅读的场景转向了其他各种未知场景，从而加大了阅读推广的覆盖范围，将参与活动的读者的收获和愉悦感分享和传递给他人。

4. 读者的评论与建议

每一篇关于地铁图书馆的博客下都设有专门的"读者评论与建议"栏目，并解释说明："这些图书都是由纽约公共图书馆的工作人员选择的，并不是全面的书单。我们也很想听听您的想法，所以请留下您的评论，告诉我们您有什么建议"。另外，纽约图书馆网站也有这样的博客，也鼓励读者留下真实评论，包括提交者的姓名、提交的时间和评论。总的来看，评论普遍比较积极，显示参与对象对此次活动都比较认可。鼓励评论与建议，会激发参与活动的地铁乘客开放自己的体验感受，并对活动未来发展给出建议。这对分析乘客追求的目标和价值提供了更加有力的信息支撑。

地铁图书馆活动通过这四个项目激活了"地铁"这一个场景下的若干媒介通道，使之触及不同读者群体。实现这一效果除了其所设计项目本身设置了一些激励机制外，还在于对这些媒介通道进行了整体化设计。我们可以想象：参与对象（地铁乘客）通过连接纽约地铁中的无线网络，为地铁图书馆后台发送信息。通过定位确定地点为地铁，激活地铁图书馆的一系列服务。图书馆将书籍通过书籍内容、书籍形式、阅读时长等标签进行分类，供读者选择，同时进行畅销书书籍推荐，在地铁图书馆中提供前几章内容（足够坐一两次地铁）以及其他读者关于该书的评价，如果激起读者阅读全文的兴趣，读者可以去下载 NYPL 的 SimplyE 应用程序来查看全书。读者本次阅读的体验又通过照片和评论扩散出去。

线上线下图书馆场景在不断交互，信息在流动，体验在流动。这些流动使阅读与不同的读者连接，不同读者之间又互相连接，织就了一个连接的网络。

正如这一案例，纵向融合虽然看似聚焦于特定场景，但利用各类细分渠道的整体化设计放大了阅读推广的范畴，构建了一个细密的阅读推广网络。

（二）横向融合

所谓横向融合，是通过不同渠道让一类人群在不同时空接触到，致力于构建阅读推广的"多触点"。

人们使用媒介的时间空间具有一定的规律性，发现这种规律性，在适宜的时间通过适宜的渠道进行阅读推广，有助于提升阅读推广效果。同时，人们对特定事物的认知和接受过程具有一定的阶段性。如日本电通公司2005年提出互联网时代消费者接触营销信息到发生购买行为要经历五个心理阶段：感知（sense）、产生兴趣/形成互动（interest & interactive）、建立连接/互动沟通（connect & communicate）、行动/购买（action）、体验分享（share）。四川大学图书馆以SICAS模型为实践指导，构建了图书馆移动阅读推广模式，如图9-1所示。

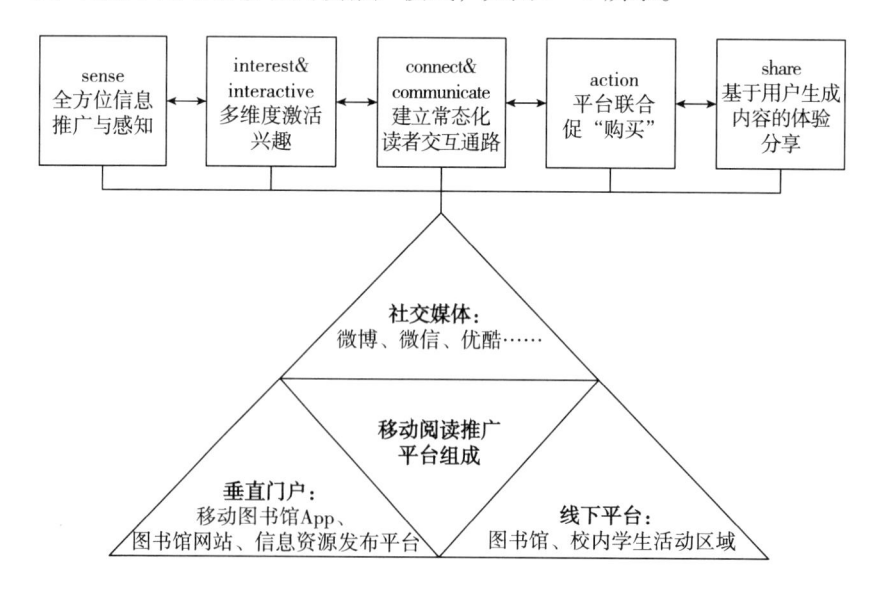

图9-1 四川大学图书馆移动阅读推广模型

第九章 融合式阅读推广：面向复合阅读的阅读推广策略构建

四川大学图书馆的移动阅读推广模式，不仅是移动图书馆、数字阅读资源推广的指导模式，更是一种全景、多点互动、可随时随地进行的创新性阅读推广形式，形成系统性的移动阅读推广体系。该模式的理念在于利用移动互联环境下的社会化媒体，图书馆垂直门户，如：图书馆自有 App、数字图书馆网站等，将图书馆线上与线下阅读推广活动充分联结，兼顾数字阅读与经典阅读推广，搭建贴合大学生阅读习惯和兴趣的全方位、可移动的阅读推广与活动平台、信息资源获取渠道、交流互动空间，达到"用户在哪，推广到哪"的效果，让移动阅读推广全面覆盖大学生读者，有效提高图书馆阅读推广影响力。具体举措如下：

1. Sense——全方位的信息推广与感知

SICAS 模型的第一个阶段是通过多渠道、多触点建立动态感知网络，以最恰当的方式被用户通过各种通路感知。即时被用户感知，并快速感知用户，是四川大学图书馆建立移动阅读推广感知网络的关键点。鉴于大学生读者对智能手机和社交网络的热衷，四川大学图书馆构建了多触点的信息感知系统，运用多种社会化媒体平台作为读者接触图书馆信息的端口，社交媒体平台用户访问量、关注量、点击率等数据的实时更新功能也有利于图书馆感知用户需求，做到感知与被感知的同步。同时，还合理连接线下平台，在学生活动密集区域也设立移动阅读推广活动的宣传点作为用户感知触点，利用读者的从众心理起到较好的人际传播和示范效应。

例如，四川大学图书馆于 2014—2015 年开展的"光影阅动·微拍电子书"[①]就将线上的官方微博、微信、优酷、人人网、图书馆信息资源发布系统和线下的图书馆、教学楼、校园广场等学生活动频繁的平台全面运用，构建了多触点的动态感知网络，形成了覆盖面更广泛、形式更多样、互动效率更高的移动阅读推广信息感知，较好地提升活动在校园内外的关注度。活动期间，现场咨询人数达 1000 余人次，图书馆官方微信、微博平台点击量各为 1633 次，105 万次。

2. Interest 和 Interactive——多维度激活兴趣

在 Interest 阶段，产生兴趣并形成互动的核心除形成多触点互动外，

---

① 四川大学图书馆"光影阅动·微拍电子书"获得"首届全国高校图书馆阅读推广案例大赛总决赛"一等奖。

更主要集中在互动的内容、话题和方式等方面。因此，通过多维度的内容、主题和平台激活读者兴趣并形成互动是四川大学图书馆移动阅读推广在此环节的重点。

该馆首先根据目标用户来设置推广内容维度，运用多元化的阅读推广渠道，从视频推广、音频推广、文字推广、图片推广四种维度开展有针对性的内容推荐，激发多种群体的兴趣，达到移动阅读推广在兴趣产生—互动方面的效果最大化。例如，上文提到的"光影阅动·微拍电子书"案例，就将"微视频"拍摄与移动数字阅读推广相互结合。活动通过微博、微信等渠道推广、展现"阅读推荐微视频"，在提升阅读推广趣味性的同时，也吸引了以电子书用户和视频达人为主的目标"分众"的注意力，使其聚集到微博分享作品。这些目标"分众"的直接参与，带动了更多读者对移动阅读推广"微拍电子书"的兴趣，在图书馆微博平台形成了良好的互动讨论氛围。

2017年推出的"我是朗读者！——四川大学图书馆微信版朗读云平台"[①] 是对音频推广的一次尝试，以语音阅读的形式激发"朗读爱好者"的参与兴趣。图书馆运用微信的语音接口功能自主开发了微信朗读平台，引导读者通过微信进行1分钟的朗读，并分享自己演绎的经典片段，利用微信"朋友圈分享"特性，让目标"分众"在展示个人兴趣的同时，也吸引更多的受众加入"朗读者"的行列，将移动阅读推广和经典阅读推广巧妙结合。

文字推广和图片推广则以微信公众平台的推文为主要表现形式，定位于习惯移动阅读和网络图文阅读的用户。四川大学图书馆在进行移动阅读推广时注重根据读者的阅读兴趣、时事热点、校园文化等精心选取有趣话题，巧用当下流行元素自制幽默图片和表情包，形成各种精彩的图文。例如《无间道，一罪未平，"余罪"又起》《三百六十行，除了"翻译官"还有哪些有趣的职业》，借时下热播剧之势推荐与之相关的特色书籍；《520，以爱之名我有个恋爱想跟你谈谈》《星座消消乐，十二星座看啥书》，将一些特殊的节日，或大学生的兴趣点等与图书推荐

---

① "我是朗读者！——四川大学图书馆微信版朗读云平台"获"2017四川省高校图书馆服务创新案例大赛"一等奖。

第九章　融合式阅读推广：面向复合阅读的阅读推广策略构建

相结合，以图文结合的方式激发阅读兴趣。

3. Connect 和 Communication——建立常态化的交互通路

在 SICAS 模型中，与用户建立连接和交互沟通意味着需要基于 Open API、Network、分享、链接，将移动互联网和 PC 互联网充分结合。在此环节，利用各平台的功能优势构建明确的平台定位，树立有亲和力的平台形象，充分把握用户的个性化信息需求，都是确保图书馆与用户之间的常态化连接，提高交互通路用户黏性的关键所在。而四川大学图书馆对图书馆微信公众平台、官方微博、移动图书馆 App、"书香川大"微书房 App 等进行了基于移动阅读推广的个性化定位，建立了图书馆与读者之间移动的常态化交互通路。包括：

第一，将官方微信公众平台作为激发和巩固阅读兴趣的重要平台，对其进行了拟人化塑造，用"95 后"大学生读者熟悉的"微信体"、幽默的自动回复和即时的线上互动，打造能与万千读者交朋友的人性化平台。同时，擅用"亲和帖"拉近读者与图书馆的距离，例如：《脑洞：为什么经常有猫在图书馆，而不是狗》探讨了图书馆里的可爱萌物，推文一经发出，便激发了大量读者对图书馆的好感和使用兴趣；《馆员看了想打人：扒一扒影视剧中那些让图书馆员一秒出戏的画面》深挖电影中与图书馆相关的画面，以诙谐幽默的方式普及图书馆文明规范；《闭馆音乐：惟愿你听歌如见我》勾起了无数学子对川大图书馆的回忆和情感，读者纷纷留言讲述自己与图书馆的故事。这样的形象塑造唤起了读者的好感，读者将微信公众号视为"好友"，时常在留言板"调戏"主页君，与平台形成积极互动的同时，也乐于接受平台的阅读资源推荐和阅读引导。截至 2016 年 12 月，微信公众平台粉丝已达 6.3 万人，微信图文总阅读量达 281254 人次。

第二，创新性地将官方微博打造为阅读推广宣传、线上阅读活动与交流的平台，运用线上有奖主题活动、阅读分享、微话题讨论圈等形式，提高粉丝的活跃度。开展活动包括：基于沐心经典书单的并联推荐——"书本中的家乡"看图猜电影有奖问答；与零借阅图书推广配套开展的"冷书榜——晒冷书送大礼"荐书微活动；"沐心小屋情商提

升术——读书会线上分享"等。① 在微博活动中还注意语言风格的把握，选择贴近大学生的语言表达方式，与读者形成愉快的互动并建立了长期的联系。到2017年6月，四川大学图书馆微博粉丝超2万人。

第三，推出了超星移动图书馆和"书香川大"微书房，充分利用数字图书馆阅读资源储备的优势，降低了获取和阅读的门槛。图书馆在建立移动图书馆与用户的连接时，十分注重对用户兴趣和情感的把握。例如：超星移动图书馆作为图书馆最常用数字阅读平台，除了每年以宣传图书馆数字资源为主的"读者服务宣传周"定期推广外，还首创式地利用H5技术的重要特性DeviceOrientation和JQuery + AJAX交互式网页技术自主研发了"摇一摇"电子书全文获取功能，让读者通过类似微信"摇一摇"的操作就能随时随地轻松获取超星移动图书馆的电子书资源，在增强用户体验愉悦感和趣味性的同时，也提高了超星移动图书馆的用户黏度。"书香川大"微书房则定位为母校送给川大学子的"终身书房"，从2015年起在每年"毕业季"针对毕业生及校友特别推荐，成为了川大学子与母校图书馆之间一座有情感、有温度的桥梁。截至2017年6月，超星移动图书馆注册账户29912个，"摇一摇"功能使用82000余人次，试读的电子书数量6009本；"书香川大"建立个人书房18278个，访问量达110228人次。

第四，将社会化媒体推广和线下宣传紧密联结，通过实体平台与大学生互动并制造关注点，以提高移动阅读推广平台的用户黏性。图书馆于2017年读书节期间开展的"冷书榜"零借阅好书推荐，就是打通移动阅读推广线上线下通路的一次实践。活动以二维码为连接口，在现场设置了大量的二维码标签，方便读者扫码参与微博线上相关活动，使图书馆现场展示和微博线上互动充分联结。仅五天的"冷书榜"活动就使图书馆微博平台粉丝增长200余人。

4. Action——多平台联合的行动体系

在行动阶段，能否准确把握用户个性化需求，是否具备对用户需求的服务能力等，都会对Action阶段用户的行为产生决定性影响。四川

---

① 《四川大学图书馆阅读推广微博平台：四川大学江安图书馆》，https：//weibo.com/3488438110/profile? rightmod = 1&wvr = 6&mod = personnumber&is_ all = 1，2017年7月25日。

大学图书馆整合图书馆官方微博、微信、移动图书馆等平台，形成个性化的多平台联合体系，全方位提供可能的"购买"点。同时，注重各平台界面的用户体验，为读者获取移动阅读资源与推广信息、参与阅读活动、使用移动阅读平台等方面提供便利。

四川大学图书馆通过微信公众平台搭建了与不同平台的联结界面，利用微信自定义菜单功能，开设个性化专栏，包括：馆藏资源、个人中心和特色服务三大板块。在馆藏资源板块嵌入移动图书馆平台，读者仅需通过点击，就能快速链接到移动图书馆界面。在特色服务板块嵌入电子书推介平台"摇一摇"，节约了用户资源获取的成本，使电子书的使用率大幅提高。此外，在个性化专栏中嵌入的"我是朗读者"语音阅读云平台、"毕业情书"平台、"照片墙"平台等，都是为方便读者参加线上活动而搭建的"购买"通道。

微博和微信之间，线上和线下平台之间的联结则主要通过网页链接或二维码的形式，以跨平台互推的方式来实现。例如四川大学图书馆在微信推文中宣传微博线上阅读活动时会加入图书馆微博二维码链接，在微博平台的推广内容中则置入与主题相关微信推文、二维码或移动图书馆链接等。线下宣传时也会在宣传海报中置入图书馆微博、微信的二维码，以达到线上线下的充分联结。最终通过多平台联结，尽可能多地打通"购买"渠道，引导读者关注平台、注册使用、参与活动。

5. Share——基于用户生成内容的体验分享

SICAS模型中的体验与分享环节首先需要基于社会化网络。因此，四川大学图书馆在体验与分享阶段灵活运用了用户生成内容（User Generated Content，UGC）的理念：读者不仅是内容的浏览者和体验者，也是内容的生产者与传播者。区别于以鼓励读者对图书馆阅读推广内容或活动进行评论、点赞、转发等为主的口碑营销式体验分享，基于用户生成内容（UGC）的体验分享重点是引导读者自主产生以视频、音频、文字为主的阅读推广内容，依托以微信、微博为主的图书馆移动阅读推广渠道进行二次传播，借助社交平台的传播效应和用户关系网达到更好的推广效果，对潜在用户的"购买"决策产生重要影响。同时，社交平台上的体验分享也让图书馆与读者形成良好互动，便于活动效果的反馈与评估。

例如上述案例中提到的"光影阅动·微拍电子书""我是朗读者"微信平台朗读活动、"冷书榜"零借阅好书推荐等，都在此阶段形成了以视频、音频、图文为内容的体验分享。"微拍电子书"引导读者以视频的形式将自己对电子书的阅读体验带#微拍电子书#微话题发送至新浪微博。"我是朗读者"活动依据新媒体平台社交化阅读的特性设置了实时分享和点赞排名，并对获赞排名前 50 的读者予以奖励，促使读者将朗读内容发送至朋友圈，吸引更多受众参与活动。"冷书榜"零借阅好书推荐以"晒冷书，送福利"的有奖形式鼓励读者进行体验分享，读者借阅展出的"冷书"，并在新浪微博参与#冷书榜#微话题相关书评，即可获得小礼品。据统计，"微拍电子书"活动投稿参与人数 167 人次，活动期间#微拍电子书#微话题关注量达 115.8 万人次。"我是朗读者"活动收到语音朗诵 1012 条，点赞 4654 次。为期 5 天的"冷书榜"零借阅好书推荐活动共推荐零借阅图书 263 种、642 册，借出 176 种、315 册；微博#冷书榜#话题参与讨论人数 171 人，阅读量达 12 万，被读者推荐过的"冷书"瞬间成为供不应求的热门书。

二　融合式阅读推广的三种模式

融合式阅读推广的核心是对推广资源的系统组合，那么，这种组合应该基于怎样的依据？本书对各国阅读推广实践案例展开综合分析，得到三种不同组合依据：产品链、关系链、生态链，我们将其归纳为融合式阅读推广的三种不同模式。

（一）产品链模式

该模式基于用户对渠道的偏好将各渠道的阅读推广工作作为具有不同特色的产品加以打造，使之产生互补作用。鉴于阅读推广主题的特色，尽管其需要基于多种渠道展开推广工作，但各渠道阅读推广工作的地位可能有所不同，类似商业领域，可将其设定为主导产品、延伸产品、副产品等。对每个渠道的阅读推广产品进行不同程度的深加工。产品链之间实现共享与互补，包括内容资源的集约使用，如文本、图片、音频以及视频如何配搭；内容之间的链接与关联，如产品链之间的引用关系、文章之间的超链接等。一些阅读推广活动已经在采用该方式组织其阅读推广资源，其中俄罗斯全民性的阅读推广活动"阅读马拉松"

第九章 融合式阅读推广：面向复合阅读的阅读推广策略构建

具有一定代表性。

"阅读马拉松"是"2015 俄罗斯联邦文学年"框架下的一项重要的阅读推广活动，其主旨在于引导全社会重拾对文学的兴趣、回归阅读，促进社会团结和增强国家认同。

俄罗斯十分重视阅读文化发展，并把推动国民阅读放到民族优先发展任务的战略高度。[①] 2014 年 6 月 13 日，俄罗斯总统普京签署总统令设立"2015 俄罗斯联邦文学年"，他希望此举能唤醒民众对于文学和阅读的兴趣，并相信"2015 俄罗斯联邦文学年"将成为一项团结社会、增强凝聚力的辉煌项目。[②] "阅读马拉松"是"2015 俄罗斯联邦文学年"框架下的一项重要的阅读推广活动，该活动实现了全媒体阅读方式的有机联动，包括纸本文献阅读、电视平台阅读、广播听读、网站在线阅读、社交媒体平台阅读、移动终端阅读，充分发挥了全媒体的融合效应。

"阅读马拉松"（литератунрыймарафон）活动起源于列夫·托尔斯泰博物馆和谷歌公司于 2014 年在 Youtube 上共同发起的在线马拉松接力阅读《安娜·卡列尼娜》活动。来自全球各地的 700 名读者参与了直播诵读活动，由于时差的关系，整个阅读过程持续 30 多小时，活动视频引起强烈反响。[③] "2015 俄罗斯联邦文学年"组委会[④]（以下简称"组委会"）十分认可"阅读马拉松"的活动形式。以前提及阅读，人们都会将它看作是很文艺或者很安静的事情，然而"阅读马拉松"让阅读变成很酷很热闹且充满活力的事情，整个过程散发出快乐的因子，这种创新的方式有利于推动全民阅读。组委会最终选择《战争与和平》作为马拉松接力阅读的对象。托尔斯泰曾孙女费珂娜·托斯塔

[①] 樊伟：《"2015 俄罗斯联邦文学年"的调查及启示——基于阅读推广的品牌运作理论》，《图书馆建设》2016 年第 5 期。

[②] Иван Н.，"Владимир Путин объявил 2015 – и – Годом литературы"，http：//vm.ru/news/2014/06/12/vladimir – putin – obyavil – 2015 – j – godom – literaturi – 252689. Html，2017 年 7 月 31 日。

[③] "Самое Масштабное Событие Года Литературы —чтение романа в прямом эфире"，http：//voinaimir com/ news/tag/136337/，2017 年 8 月 23 日。

[④] "2015 俄罗斯联邦文学年"组委会的成员包括俄罗斯文化部副部长、俄罗斯联邦出版与大众传媒署署长、俄罗斯国家图书馆馆长、俄罗斯作协主席、俄罗斯电视广播总裁、俄罗斯慈善基金会会长等。

亚（Фёкла Толстая）对"2015俄罗斯联邦文学年"框架下的"阅读马拉松"活动的理念进行了阐述："经典文学作品使人们聚拢起来，以马拉松接力阅读的方式同读托尔斯泰《战争与和平》可以让整个国家团结起来，读者合作或协作完成一部作品的阅读属于一种集体行动，而这种集体行动有助于整个社会阅读场域的构建。"①

"阅读马拉松"活动的承办单位是全俄国家电视广播公司（ВГТРК），活动的主要流程为：前期官网报名，确定1300名最终读者，电视广播直播拍摄马拉松接力阅读过程，上传视频至官网和社交网络VK②的公众账号，公众在线跟读和讨论。"2015俄罗斯联邦文学年"组委会于2015年10月7日在其官网上发布"阅读马拉松"活动的新闻和该活动官方网站链接http：//voinaimir.com，活动集中在12月8日至11日举行，成功入选的读者每人分配2—3分钟的段落，并在各地地标建筑内诵读《战争与和平》。该活动吸引了全球6000余名读者报名，成为全球最大的《战争与和平》阅读活动，最终来自俄罗斯及国外30多个城市的1300名读者成功入选。这些阅读主体既包括各界名流：演员、政要、奥运冠军、教授、图书馆馆长等，还包括普通公民：大学生、牧民、售货员等。马拉松阅读地点包括俄罗斯许多著名的地标建筑，甚至远至国外的伦敦、维也纳，更有宇航员在俄罗斯国际空间站参与阅读。阅读过程中还彰显出活动的民主和平等：来自海参崴的学生读完一段之后，下一个可能是总理梅德韦杰夫，然后是盲人通过手触盲文阅读，再然后是一个老妇人。整个"阅读马拉松"活动持续60余个小时，俄罗斯国家电视台和广播现场直播，社交网站VK也做了图文直播。俄罗斯灯塔广播电台（Mayak Radio Station）全程跟踪活动，播报短新闻，并呼吁听众拨打热线电话讨论书中最喜欢的角色。为配合阅读活动，俄罗斯文化频道（Россия К）还滚动播出由谢尔盖·邦达尔丘克执导获得1969年奥斯卡奖的苏联版电影《战争与和平》；文学年组

---

① "Телеведущая Фекла Толстая"，https：//newizv？ru/news/culture/22－12－2015/232487－televedushaja－fekla－tolstaja，2017年9月30日。

② Vkontakte（缩写VK）来自俄语"В Контакте"，意思就是"保持联系"，既是俄罗斯本土社交网站，也是欧洲用户人数最多的社交网站，根据SimilarWeb公司统计，截至2017年1月，VK注册用户人数达到4.1亿人次，是全球排名第四的社交网站。

第九章 融合式阅读推广：面向复合阅读的阅读推广策略构建

委会与 BBC 合作斥资 1000 万英镑重拍《战争与和平》电视连续剧。

"阅读马拉松"活动结束后，所有 1300 名参与者的阅读视频被上传至官网和 VK 公众号，视频点击率高达 11 万余次，活动在 VK 公众号吸引到 7 万余网友关注。除此之外，俄罗斯经贸大学语言学系、托尔斯泰研究专家、三星公司技术团队共同为"阅读马拉松"设计了一款交互式阅读程序"活着的页面"（Живые Страницы）。该程序以《战争与和平》这部小说为试点，为阅读者提供显示人物关系的交互式地图：包括"爱""婚姻""冲突"等关系、事件发生地图、小说情节时间轴、插图等内容（见图 9-2）[1]，阅读者还可以获取专家对相关章节的点评、发表互动评论、参与问答游戏，该程序将逐步应用到俄罗斯经典文学著作的推广中。[2] "活着的页面"具有网络版和移动终端版两种版本，阅读者可以通过电脑、手机、平板免费下载。"'活着的页面'是将创新科技与人文艺术结合后推动国民阅读经典文学的全新尝试，这种新颖的阅读方式符合读者碎片化、娱乐化、移动化的阅读倾向。在该程序的帮助下，阅读不再是枯燥无味的单向过程，而是成为一种充满乐趣、实时互动的享受，读者可以随时随地轻松地沉浸到人物关系盘根错节、叙事情节复杂交错"的《战争与和平》这部小说中。[3]

正是广播、电视、网络等多种媒介的介入以及各媒介充分发挥自己的特点打造出各具特色的阅读推广形式，尤其值得注意的是，还根据媒介特点与时俱进地革新了参与和互动方式。活动前期，读者可以通过网络报名，活动期间参与者的诵读过程被俄罗斯国家电视台文化频道（РОССИЯ К）全程直播，观众可以通过"阅读马拉松"VK 公众号、俄罗斯灯塔广播电台热线发表评论、投票选出心目中最优秀的阅读接力参与者；活动中期，小说同名电影再度被搬上荧屏，同名电视剧重拍；活动后期，读者既可以跟随官网发布的活动视频在线跟读，又能通过电脑、手机、平板等终端设备下载针对活动设计的程序"活着的页面"，

---

[1] "《Живые Страницы》- инфографика"，http：//voinaimir.com/info/，2017 年 8 月 1 日。
[2] "ПодготовилаЕ. Проект《Живые Страницы》"．http：//www.psychologies.ru/events/books/hudogestvennaya–literatura/proekt–jivyie–stranitsyi/，2017 年 8 月 1 日。
[3] "Мобильное прложение《Живые Страницы》"，http：//Tolstoy.ru/projects/Живые%20страницы/，2017 年 8 月 1 日。

对文学经典《战争与和平》进行深度阅读。

正是这些精彩纷呈的阅读推广表现形式形成了"阅读马拉松"的"产品链",很好地融合纸本、数字、影视剧、相关书评等内容,并将个体阅读和大众阅读有效结合,兼顾传统阅读与数字阅读,同时涉及线下与线上活动,在全国范围内掀起了一场"阅读狂欢",使大众在获得不同层次阅读体验的同时收获娱乐价值、社交价值。

(二) 关系链模式

该模式基于用户关系场景建立用户间、用户与阅读推广渠道之间的关联。阅读作为一种交流方式其所带来的社交价值已经吸引了大量读者,一些机构利用这种吸引力组织自身的服务体系和传播体系,收到了良好的效果。这种基于关系链的阅读推广模式在图书馆领域较为少见,但在一些商业化阅读平台上已经被广为运用。这里以美国的 Goodreads 和中国的掌阅为例对该模式加以解释。

1. Goodreads:基于"关系"的阅读推广版图

Goodreads 是世界上最大的书籍推荐专业阅读网站,也是最大的在线读书俱乐部。这个网站涵盖所有已出版或即将出版书籍的介绍、版本、封面图、细节信息、作者介绍、图书评论、讨论组等,可以说是英文版的豆瓣读书。Goodreads 拥有 4 万多名志愿者编辑,对作者名、页码和书籍封面进行审核和校对。[①] 在阅读活动中,Goodreads 扮演了一个派对主持人的角色,为志趣相投的朋友介绍图书,并激发讨论。当用户创建一个账号之后,Goodreads 就会为你显示朋友的最新活动列表,包括朋友撰写的书评、发布的回复、他们想要读的书等。Goodreads 成立五年后用户数已破千万,一年之后实现翻倍。拥有大量忠诚用户,很多用户自注册开始就一直延续着在 Goodreads 中的阅读交流。

Goodreads 已经将各类渠道整合进自己的阅读版图,形成了一个庞大的阅读推广系统。第一,Goodreads 整合了 OCLC 联机联合目录数据库 Worldcat,可以方便用户了解当地图书馆是否藏有该书。[②] 第二,Goodreads 跟 Facebook 达成合作,把网站上已有的读书俱乐部和讨论小

---

① 陆伶俐:《在线社会性阅读的研究》,硕士学位论文,华东师范大学,2015 年。
② http://tech.qq.com/a/20120911/000119.htm。

第九章 融合式阅读推广：面向复合阅读的阅读推广策略构建

组扩展到 Facebook 上。第三，2014 年，亚马逊收购 Goodreads，将 Goodreads 按钮"G"直接整合在 Paperwhite 的导航栏中，点击进入 Goodreads，用户可以看到好友的阅读动态，比如好友正在阅读的内容，好友分享的段落、撰写的书评等，基于好友的阅读习惯，你还可以发现新的图书。用户还可以直接与 Goodreads 好友分享最喜欢的段落而无须离开图书。第四，Goodreads 与出版商也有丰富的合作。由于生成了大量有关读者及其阅读习惯的数据，这已成为出版商和作者可以利用的营销工具，能让出版商辨别并锁定旗下作者的粉丝群。这些粉丝是"书架"上有这些作者的图书或表示出对其有兴趣的 Goodreads 会员。作为亚马逊的子公司，Goodreads 允许出版商和作者向读者赠送 Kindle 平台上的电子书和发送图书广告。比如，科幻小说家维罗妮卡·罗西（Veronica Rossi）或尼尔·舒斯特曼（Neal Shusterman）的粉丝能轻松收到出版商认为他们会喜欢的新书广告。

Goodreads 也将阅读推广作为自己的业务领域之一。该网站每年都举行"Reading Challenge"活动，而由于其所构建的庞大推广体系和所累积的良好阅读体验口碑，该阅读推广活动受到广泛关注。如 2019 年伊始，目前该活动的参与人数已超过 200 多万，人们在该网站上承诺阅读的图书已经累计超过 1.1 亿册，实际完成阅读的图书已超过 900 万册。

尽管 Goodreads 原本是一个以营利为目的的书评网站，但其以人们共同的阅读兴趣和阅读行为方式为纽带建立读者之间、读者与图书、读者与出版商之间的关系，使读者获得更具魅力的阅读体验，而且通过与各种传播媒介的合作将这种关系价值扩展到更广阔的生活空间，已经作为阅读推广的重要力量，推动着美国的全民阅读进程。

2. 掌阅的圈子文化和粉丝营销

掌阅 iReader，是我国一款智能手机阅读应用软件，该应用以其高仿真翻页效果、仿真书架风格和个性化电子藏书室，赢得了很多读者的喜爱，在移动阅读市场具有优势。掌阅还顺应当前的阅读趋势，推出自己的阅读器，扩大了自己的品牌影响力。掌阅的用户已达 5 亿左右，日活跃用户约 2000 万，月活跃用户数达到 6000 万，占据移动阅读领域 30% 以上的用户量。其囊括了畅销、生活、文学等类别的图书馆数字版权 42 万册，年发行 15 亿册。[①]

掌阅的主要功能板块是其书城功能，在"书城"里，用户可以通过分类选择查找到自己想要的书籍下载和阅读，既可以查看掌阅的排行榜来挑选书籍，也可以通过搜索框直接搜索自己需要的书籍。

而掌阅的"圈子"模块的设置，使之成为一个阅读体验分享平台。掌阅在客户端的发现频道中设置了"圈子"这一模块，利用阅读中形成的各种关系放大阅读的社交功能，并形成与阅读主模块的相互推动。掌阅中的圈子主要有两类，一类是单本书的书圈，大家在里边讨论书，和作者、其他人互动这些，读者在阅读前可以利用圈子来"追更"和"等更"，"追更"主要是获取书籍更新信息，比如作者什么时候更新、收费，什么时候这本书有优惠；而"等更"过程中可利用圈子构建自己的预期，如和其他书友一起分析剧情走向，理解已完成的章节中隐含的暗示，讨论一下接下来的剧情走向，使得等更的过程成为一个愉悦的过程；另一类是话题圈，即读者可以根据阅读的类别、书目等选择关注一些感兴趣的话题圈，与圈里的书友进行交流互动。深度互动的用户还有可能成为圈子的管理员。有一个特殊的圈子叫"圈主聚集地"，在这里可以申请获得成为圈主的资格，成为圈主意味着可以组建自己的兴趣部落，招揽同好，发布活动，组织话题讨论。同时这里还会按月份对圈主进行成绩考核、淘汰等，保证圈子的内容质量。

掌阅的圈子比 QQ 空间的交友圈更广泛，又比贴吧的讨论更聚焦，具有其独特的吸引力。一方面，它集合了"写评论""打分""催更""安利好书"等丰富内容，俨然成为"00 后"们在阅读之余的必然选择；另一方面，在这里想要结识相同爱好的人极容易，因为每本书都有一个书圈，你可以轻易地找到该作者的其他作品，以及你喜欢的同类型作者、同类型作品。以至于一些用户把这里当作是空间、贴吧之外的"第三世界"，甚至有人到贴吧发帖，安利自己在掌阅的圈子，希望得到更多关注。2017 年 8 月，掌阅曾发布了一份暑期阅读报告，在如《围城》《活着》《白鹿原》《边城》等众多经典书籍的阅读人群中，

[①] 《发散思维聊聊新兴阅读平台：掌阅》，http：//www.360doc.com/content/17/0403/17/3176741_642575846.shtml。

35%都是"00后",揭示了"00后"们的"严肃"一面,也体现该App在推动经典阅读方面极大的号召力。

"圈子"是掌阅利用关系进行阅读推广的一个特色功能,但掌阅的"关系营销"不停留于"圈子",它还策划了各种基于"关系"的主题阅读推广活动。如掌阅在线上发起围绕品牌代言人王俊凯的粉丝营销新玩法。

2018年4月12日,掌阅App端发起"从开始到未来"的话题讨论,征集粉丝在讨论区写下和王俊凯的故事。当总留言超过9210条,将筛选精彩故事集结成册送给王俊凯。该活动通过引导粉丝书写与偶像相关的成长故事,在年轻人中传递正能量。作为首席阅读官,王俊凯不仅在微博上号召年轻粉丝一起阅读,还入驻了掌阅订阅号,定期推荐好书给万千用户。此外,还有一些其他流量明星也纷纷入驻掌阅,比如郑爽、李易峰等。

该活动的组织过程中对社交媒体进行了充分利用。一方面,在前期预热造势之后,掌阅发布一支具有后现代文艺风格的品牌宣传片。该片由台湾知名导演孔玟燕实力操刀、掌阅品牌代言人王俊凯出演,传递出"生活越快,阅读向慢"的阅读态度。这支TVC刚发出已经在年轻人中引发对阅读态度的广泛讨论和思考,刷屏微博、朋友圈等社交媒体,上线12小时播放量已超过3000万。同时,也得到共青团中央、中国青年网等主流媒体微博的认可和转载,可见视频背后的价值观和态度得到了用户认可。另一方面,在TVC上线后,掌阅结合自身数字阅读平台的优势,将品牌TVC包装成一本有态度、有颜值、有彩蛋的影像书,在App端独家上架。这本掌阅独家定制的创意影像书《阅读正当时》,上线仅30多小时,即在掌阅架上50多万册电子书中脱颖而出,强势登上掌阅月票总榜第1名,截至4月24日下载量达3.7万次,进入超级畅销书行列,成功实现流量和拉新的转化。

利用读者间关系所建立的圈子文化以及基于读者与偶像间粉丝关系的阅读推广活动在我国虽然还是一个起步阶段,但其在提升读者的阅读"黏性"、增强阅读魅力方面的价值已经得到验证。掌阅的阅读推广探索对我国其他阅读推广主体提供了借鉴。

（三）生态链模式

该模式基于渠道生态和阅读资源流转和演变规律选择阅读推广渠道并对其进行组合利用，使阅读推广参与者成为随能量流动、物质循环、信息传递而不断演变和进化形成的相互作用、相互联系、相互制约的结构化综合体。

生态链模式是按照生态系统观念理解和利用当前阅读推广资源的一种运营模式。生态系统观点将生态系统视为由环境和多个生产者、消费者、分解者组成的，通过生物之间以及生物与环境之间进行能量流动、物质循环、信息传递而不断演变和进化形成的相互作用、相互联系、相互制约的结构化综合体。将生态学规律和原则映射到阅读推广领域，阅读推广生态系统则是由阅读推广主体、环境、基础设施、资源实体、技术方法五大主体成分构成的，借助各种服务和推广手段，通过信息资源流动、传递和循环，形成的相互关联、相互作用和相互制约的有机结构体。通过组成要素的不断进化和发展以及各要素间的相互刺激，维持整个系统的动态平衡性，实现阅读推广的良性运作与发展。

在阅读推广生态链中，如果图书馆作为阅读推广活动的发起者，其通常在这个生态链中扮演重要角色，而具体的角色定位又因该阅读推广活动特点有所不同，有整合者、建设者、联合者等的选择不同。所谓"整合者"，指图书馆在阅读推广生态链中主要承担阅读资源引导者角色，引导用户寻找最佳服务主体；"建设者"指图书馆在阅读推广生态链中承担起服务开发者与建设者角色，是阅读推广体系形成的主导力量；"联合者"指阅读环境中各服务主体合作打造开放式阅读推广环境，图书馆在其中承担参与者和号召者两角色。采用生态链模式的阅读推广工作需要搅动更多阅读推广参与者协作参与，在实现上有一定难度，但也已有一些阅读推广项目具有显著的生态链模式特征，美国协作暑期图书馆项目（Collaborative Summer Library Program，CSLP）就是效果显著的一个。

美国协作暑期图书馆项目是一个以慈善、科学和教育为目的而构建的非营利项目。该项目由各州基层联盟构建，共同为儿童提供高质量的暑期阅读计划材料，以最低的成本为公共图书馆服务。目前 CSLP 拥有来自美国全部 50 个州的代表，包括哥伦比亚特区、美属萨摩亚、百慕

第九章　融合式阅读推广：面向复合阅读的阅读推广策略构建

大等地区的代表也加入其中。这一项目始于1987年的明尼苏达州，为了防止暑期阅读的缺失，明尼苏达州地区十个图书馆为儿童制订了一项暑期图书馆计划，选择了一个主题征集读者创作的艺术品并提供奖励。后这一联盟不断扩展，但其指导原则相同，即由图书馆主导提供项目主题、专业知识和承担成本，为全国儿童、青少年和成人制订高质量的暑期阅读计划。CSLP的管理由董事会监督，董事会由参与图书馆的州代表或图书管理员组成，他们负责计划，沟通和协调所有业务，而美国图书馆协会和一些其他的组织是CSLP的主要资助者。

目前，CSLP已拥有来自美国50个州的代表，成员图书馆涵盖美国95%的图书馆，包括哥伦比亚特区、美属萨摩亚、百慕大、开曼群岛、密克罗尼西亚联邦、关岛和马里亚纳群岛等地区。

每年夏天，协作暑期阅读计划都会挑选一个主题，并围绕这个主题，针对不同年龄段（早期识字、儿童、青少年和成人）创建内容，为参与的公共图书馆提供广泛的基础服务，包括设计项目计划和宣传手册，包括徽标和项目脚本、图书推荐清单等。而各地图书馆提出具体的执行阅读计划，与当地学区协调推广计划并鼓励学生参与。各地图书馆依靠CSLP手册中创建的内容，在暑期为儿童和青少年提供大量的课程。

2018年"暑期阅读项目"主题为"图书馆摇滚"，分为幼儿项目、儿童项目、青少年项目、成人项目四个部分。CSLP为此设计了统一的活动手册、统一的宣传材料（徽标、海报、插画、宣传册、周边产品）和cslp网站主页，并汇总各地图书馆的活动参与数据，分享资源以及提供专业支持。它们还面向各地图书馆读者统一策划了"图书馆摇滚"青少年视频挑战赛，每位参赛者可围绕"图书馆摇滚"这个主题创建一个30—90秒的短视频，各州向CSLP提交州竞赛的获胜者的视频，再统一评估各州所提交视频的创造力、信息清晰度和相关性，包括动机和灵感以及整体影响。州竞赛的获胜者和当地图书馆都会获得CSLP所提供的奖品，并在Collaborative Summer Library Program网站上展示。

2018年该项目还联合了包括全国医学图书馆网络（NNLM）、科技教育机构Starnet、数学教育机构Bedtimemath、学前阅读教育网站Readaloud等一批机构参与该项活动，这些机构不但对该活动进行了推送，而且在网站和主页均设置了该活动的宣传主页、参与入口，并以提供用户资源、提供阅读资源、提供参与场地等不同形式参与到该项活动中。

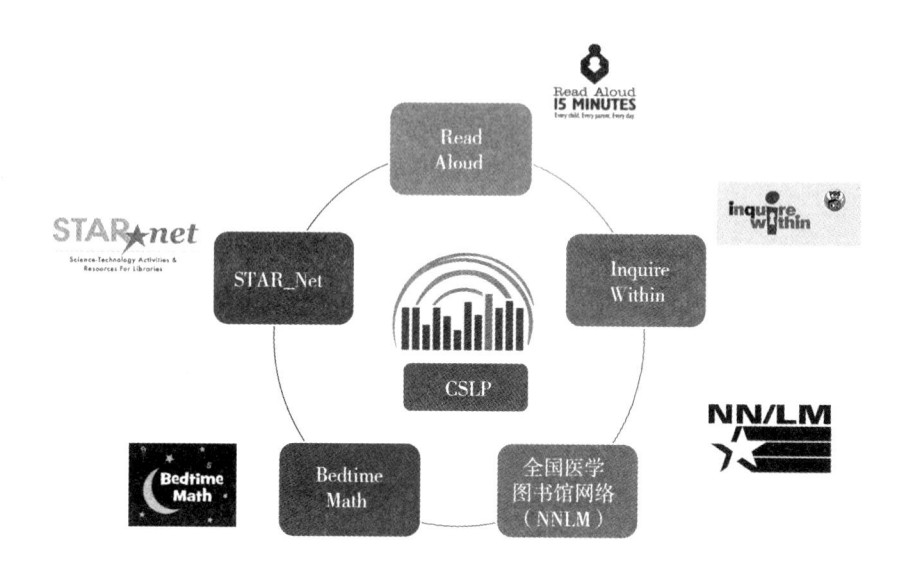

图 9-2　参与 CSLP 项目的非图书馆机构

CSLP 以公共图书馆为主体，又以各地公共图书馆为核心联合了一批公益性组织、商业组织参与。如各地公共图书馆更根据自身阅读项目需要，与不同组织机构开展内容各异、形式多样的阅读推广合作，典型的如下：

纽约图书馆在执行 CSLP 时与纽约州教育局、数字图书馆 myON 和纽约州参议院等合作开展阅读推广。首先，纽约图书馆的网站提供了大量关于协作暑期图书馆项目的相关材料，包括各种年龄组的阅读清单。纽约州各地的家长和监护人使用该网站跟踪孩子的暑期阅读活动，并与朋友、家人和其他父母分享这一进展。其次，纽约州参议院的参议员也会在网站上推广宣传关于协作暑期图书馆项目的通知，参与者可以关注关于该项目的问题。最后，纽约州立图书馆的协作暑期图书馆项目还和数字图书馆 myON 合作，为从出生到 8 年级的孩子及其全国各地的家庭带来数以千计的数字图书，通过给参与者提供数字阅读账号，参与者可

第九章　融合式阅读推广：面向复合阅读的阅读推广策略构建

以下载 myON 的客户端或在线登录，选择图书馆创建的阅读项目，根据阅读清单进行阅读，记录阅读进度。

新泽西州立图书馆参与 CSLP 的亮点在于利用 Pinterest 进行阅读推广。Pinterest 是世界最大的图片社交网站，新泽西州暑期阅读委员会在 Pinterest 上创建了暑期阅读项目的账号，并根据年龄段和阅读对象类型在新泽西州暑期阅读项目的 Pinterest 上设置不同的板块，年龄段分为儿童、青少年和成人，阅读对象的类型分为小说、非小说、电影、图画书等，在暑期阅读项目的进行过程中进行更新推荐阅读的图书影像封面并附带图书影像的亚马逊链接。

斯科茨代尔公立图书馆则将 Facebook、twitter 等作为其阅读推广的主要阵地，并与阅读社交网站 Goodreads 合作。一方面，该图书馆于 2008 年 11 月 26 日入驻 Facebook，在 Facebook 拥有 4736 名粉丝，将 Goodreads 设为了 Facebook 的主页板块之一，呈现包括书架、图书、引言、群组等信息，可直接跳转至 Goodreads。在活动板块，斯科茨代尔公立图书馆会将图书馆的近期活动预告公布，通过 Facebook 可以直接报名参与。在 Facebook 上更换本次"暑期阅读计划"的主题的风格海报封面。在活动前、活动中发布相关帖子，配上幽默有趣的图片，并附上图书馆官网的活动链接，吸引用户参与。推广的内容包括帖子、照片、活动链接和视频。另一方面，斯科茨代尔公立图书馆 2010 年在 Goodreads 创建账户，一直保持相对活跃的运营，截至 2018 年 8 月，已将 2355 本书籍加入其 Goodreads 的书架，拥有 695 名 Goodreads 好友，其所建立的群组拥有 155 名会员。另外，斯科茨代尔图书馆在 Twitter 上拥有 1769 名粉丝，发帖 4035 条，内容多为书籍点评，与 Goodreads 的书籍点评对象和内容基本一致。

奥马哈和道格拉斯县图书馆则采用现场"音乐节 + CSLP"的方式，"图书馆摇滚！"主题演变为读者留下音乐记忆的机会，其 W. Dale Clark 主图书馆于 2018 年 8 月 4 日举办了一场现场音乐会，读者可以聆听现场音乐表演，还有尤克里里的课程和时间来制作自己的乐器。总体而言，超过 34150 人参加了该州的年度暑期阅读计划，记录了 320425 小时的阅读。节目吸引了 33767 名与会者。

乔普林公共图书馆在 2018 年的协作暑期图书馆项目中利用有声读

物推广阅读，通过应用工具 Overdrive 进行传播。Overdrive 是一个可通过智能手机、平板电脑或计算机阅读电子书和收听有声读物的应用程序。2018 年暑假期间，乔普林公共图书馆不但提供不同的格式有声读物满足读者需求，并大幅增加 MP3 文件数量。而读者访问可通过 Overdrive 访问这些有声读物，接受图书馆服务。

协作暑期图书馆项目（CSLP）是一个由图书馆主导的联盟性质的非营利性组织，但又以图书馆为核心，整合了大量社会资源，形成了图书馆与其他参与者相互依存、相互促进的合作关系，使该阅读推广活动既有深度又有广度。该项目正以星星之火的形态、集全美各方教育资源防止人们暑期阅读滑坡。

第十章　融合式阅读推广的情境设计

融合式阅读推广的"融",在于以整体化的情境设计使阅读推广与读者生活融为一体,使之更易于感知阅读氛围,更易于认知阅读意义。同时,本书研究显示,阅读行为、读者、环境之间有着相互影响的作用关系,而融合式阅读推广正是以媒介融合为工具,构造一个有利于激励读者、提升其阅读体验的环境,进而促进其阅读参与的一种阅读推广设计思路。

对于特定阅读推广活动而言,环境营造即情境设计,本章即基于融合式阅读推广的思路具体探讨阅读推广中的情境设计问题。

第一节　情境与情境设计

阅读推广情境设计是其融入读者阅读生活的重要阶段。而情境设计的思想主要来自情境认知观点。

一　情境认知观点

情境认知观点既是认知心理学的一个重要分支,也是人类学研究话语系统中的重要词汇。这一观点强调,个体心理常常产生于构成、指导和支持认知过程的环境之中,认知过程的本质是由情境决定的,情境是一切认知活动的基础。[1] 情境设计是基于情境认知的一种实践操作。

---

[1] 王文静:《情境认知与学习理论研究述评》,《全球教育展望》2002年第1期。

1987年Resnick指出，日常生活情境与学校情境有多方面差别，其中一个差别在于，学校情境中人们常常强调抽象推理、强调学习的必然性，而在日常生活中则常常运用情境化推理，强调学习的偶然性。校内的学习是个体化、抽象的，而日常生活中则具有合作、情境化、具体等特点与优势。她的观点推动了以情境认知理论为重点的参与观点的发展。①

Silver等学者则明确提出情境理论②，他们从消费者的角度出发，提出情境是致力于使得消费者的生活有意义的空间，引导消费者什么是快乐的、厌恶的、美丽的、丑陋的等，情境的因素包括地区、实物构造、有标签的人（包括种族、阶级、性别、教育等）、特定的地区、实物和人的结合和相应的活动以及人们在情境中追求的价值，并且认为情境为我们提供了一种整体性的分析角度。

持情境认知理论的学者们认为情境就是一个实践场，而这个实践场中实践共同体非常重要。Lava等则提出了"情境学习是合法的边缘性参与"这一著名论断③，并指出，共同体之于合法的个体实践非常重要，对一个活动系统的参与，其中参与者共享着理解，指导他们在干什么，以及他们的所作所为在他们生活中意味着什么，对共同体的意义是什么。而温格认为，"一个实践共同体包括了一系列个体共享的、相互明确的实践和信念以及对长时间追求共同利益的理解"。④

情境认知理论的哲学思想是一种多元论或转换论，认为个体与环境相互作用，共同构成动态的整体或系统，而个体、个体的心理活动以及环境等都是该系统的构成成分。个体的学习活动实际上是个体主动参与实践活动，与环境保持动态的适应。⑤

---

① Jonassen D. H., *Learning Environment*, Erlbaum Associate, 2000: 28.
② Silver D., et al., *A Theory of Scenes: The Structure of Social Consumption*, Scenes. uchicago. edu.
③ Lave J., Wenger E., *Situated Learning: Legitimate Peripheral Participation*, Learning in Doing, Cambridge University Press, 1991: 98.
④ Wenger E., *Communities of Practice: Learning, Meaning, and Identity*, Cambridge University Press, 1998.
⑤ 姚梅林：《从认知到情境：学习范式的变革》，《教育研究》2003年第2期。

二 情境设计

随着情境认知观点被广为接受,情境设计成为教育领域、用户体验领域、传媒领域及其他服务领域的重要实践构成。

用户体验设计领域认为,用户体验设计是基于社会情境的一种活动,其功能的实现是通过用户在特定的社会文化情境中进行广泛的符号联系来进行的。[1] 他们将情境设计定义为一种以情境为核心的系统设计方法,这一方法将用户包含在系统设计中,从用户出发详细地给出交互过程的全部角色、各种情境的假设、剧情的描述以及某种形式的人际对话,为系统设计的参与者提供了大量的共享知识和信息,设想系统用户未来可能的任务。[2] Abowd 认为,情境式思维在程序和应用的交互设计方面具有重要意义,提出了情境的定义及分类和对情境式思维的理解,认为加强对情境的理解可以更好地促进应用产品的交互设计。[3] Dey 提出了情境的可操作性定义并且讨论了在哪种情境中不同的方式可以被情境式应用所使用,并且介绍了一种新的情境体系可以为程序设计者提供更多支持。[4] Kofod-Petersen 则提出在活动理论的基础上去建立情境,通过活动理论给出的社会—技术视角,设计出了在智能系统环境中使用的强化模型。[5]

在传媒领域,学者们更愿意将情境译为"场景"。喻国明和梁爽认为场景是一种人为构设且"被建立"的环境。彭兰从移动时代的发展出发,认为场景是同时涵盖基于空间和基于心理的环境氛围,构成场景的基本要素应该包括:空间与环境、用户实时状态、用户生活惯性和社交氛围。[6] 胡正荣认为,在互联网的第三个阶段——场景媒体时代,主

---

[1] 罗仕鉴等:《手机界面中基于情境的用户体验设计》,《计算机集成制造系统》2010年第2期。
[2] 程景云、倪亦泉:《人机界面设计与开发工具》,电子工业出版社1994年版。
[3] Dey A. K., *Toward a Better Understanding of Context and Context - Awareness*, in Proceedings of the CHI2000 Workshop on The What, Who, Where, and How of Context - Awareness, 2000.
[4] Dey A. K., "Understanding and Using Context", *Personal and Ubiquitous Computing*, 2001, 5 (1): 4 - 7.
[5] Kofod - Petersen A., Jörg Cassens, "Using Activity Theory to Model Context Awareness", *Lecture Notes in Computer Science*, 2006, 3946 (3946): 1 - 17.
[6] 彭兰:《场景:移动时代媒体的新要素》,《新闻记者》2015年第3期。

要任务是对用户价值进行深度的挖掘，而每一个人的角色都是在特定的时间、空间、情境、场合和需要中实现和完成的，围绕这一切存在的便是场景①，场景的分析意义在新的时代占据重要地位，场景理论已成为新时代的一种新指导思想。② 场景分析的最终目的③是要为特定场景提供的适配的相应信息或服务。

随着新媒体技术的运用，博物馆设计者对情境设计也已开始关注。温京博认为，数字媒体介入下的博物馆情境设计强调通过参与和体验，激发出观众的学习热情，进而将博物馆的教育功能不断优化、升级。④

三　情境设计与阅读推广

"以用户为中心"一直以来是图书情报领域的主流观点，事实上，图书情报学领域在进行信息行为研究时，也经常会将情境作为信息行为的前置条件，任务情境、系统情境等都成为研究的对象，情境敏感性设计也已成为热点研究话题。

情境的目的是体验，是获取价值。全媒体时代的环境变革要求图书馆工作人员积极探索和创新，转换思维，从读者出发，制定更明确的目标，疏通读者阅读过程中的参与节点，通过起承转合更好地连接读者的阅读参与。本书在前述研究中已经显示，在阅读推广活动中，读者的寻找、选择、获取、互动、理解、加工、沉浸、评价、分享等每个参与环节都可以做设计，我们可以从多处对读者阅读参与施加影响，推广活动更有针对性，工作效果也更易测量。

读者投入细化的阅读推广项目当中，可能会经历如下过程片段：在浩瀚书海里不知所措无从选择时，定期更新的书单、阅读推送、精华解读、精选书籍、优质书评可为其提供了方向；困惑迷茫、阅读困难之时，有专家、达人、领读者引领和指导；缺乏目标和动力时，阅读计划

---

① 胡正荣：《传统媒体与新兴媒体融合的关键与路径》，《新闻与写作》2015年第5期。
② 郗书锴：《场景理论的内容框架与困ում对策》，《当代传播》2015年第4期。
③ 彭兰：《场景：移动时代媒体的新要素》，《新闻记者》2015年第3期。
④ 温京博：《数字媒体介入下的博物馆情境设计——以美国新闻博物馆为例》，《艺术设计研究》2019年第2期。

的设置可以让其有认真看书的动力，鼓励自己每天完成规定任务；产生惰性时，激励督促机制产生作用，众多书友相互的坚持激励着持之以恒；想要和他人分享时，能立即在平台上表达，并将阅读经历转换为自己的内容，大家的智慧集聚在一起，发现和共读更多精彩内容。长此以往，养成了坚持读书的习惯，培养读书的兴趣，结交爱读书的朋友，在纷繁的全媒体世界里找到兴趣的栖息地……在这样的情境下，当读者通过阅读参与持续生成阅读意义，改变自己，影响他人，以始为终，形成阅读参与的循环往复，构建起阅读生态，阅读推广的目的才是真正达到了。

情境认知观点的引入让我们可以用全新的视角来审视阅读参与的内涵，将阅读参与过程的各个维度和范畴进行分离，有针对性地创设适合的阅读环境，以唤醒读者的情境思维，促使其情感和认知的生发。[①] 不同的情境特质会影响阅读的参与程度和动机，根据阅读行为的驱动因素营造情境，可以达到促进阅读参与的目的。从图书馆阅读推广的服务立场出发，明确外部环境因素可以在哪些节点起作用，阅读参与的外部驱动因素是怎样融入情景当中，从应用层面怎么去创建情境强化读者的参与行为，也是本书研究的立足点和关键，而各种阅读推广实践已经为我们提供了非常丰富的经验和内容。

首先，情境为阅读推广活动提供了一种整体性的分析思路，将阅读推广活动中分散的概念和数据有机结合，有重要的连接作用。在场景的分析下，消费是一种能够产生分享性和整体性联系的行为。场景中的软硬要素连接了人、地点、活动和人所追求的价值以及相应关键的技术应用，场景分析或者场景性思维是站在整体的角度上对某些特定的场景进行分析和研究。复合阅读行为是全媒体时代的阅读行为新形态。复合阅读所体现的也是一种"整体观"，复合阅读的读者、读者的行为以及阅读环境都不是相互割裂独自存在的，相反它们相互连接，共同构成复合阅读。全媒体时代下的阅读推广应根据对象的变化顺势而变，复合阅读孕育出了复合阅读者，针对复合阅读者所设计的阅读推广活动同样也应

---

① 刘俊：《游戏化学习活动建模及其应用实践验证》，博士学位论文，华东师范大学，2017年。

符合新时代读者要求的"整体观",而场景理论恰好是一种整体性的分析角度,要求将人、地区、活动及人所追求的价值连接在一起,为新时代的阅读推广提供了良好的理论指导思路。

其次,在情境理论中,参与对象所追求的价值和目标处于重要地位,为解释读者为什么体验提供了新的思路,即追求"有价值的愉悦感"。情境理论将"有价值的愉悦感"视为用户去接近世界、体验世界,而不是去居住或者生产新的产品的理由,并认为它有三大维度。第一维度是出现的快乐。指的是消费者向他人呈现自己的方式和看待他人的方式。特定的情境赋予消费者出现的特定意义。第二维度是拥有身份的愉悦感。特定的情境赋予消费者真实性的特定意义。第三维度是持有价值和目的的愉悦感,是关于对于正确和错误的判断。因此,在情境中消费者会追求出现、拥有身份和追求价值和目标的愉悦感。在复合阅读趋势下,体验和通过体验追求多重价值是读者阅读参与的重要原因。当前阅读推广活动中对参与对象的体验、价值和目标追求应纳入情境设计过程中。

最后,情境具有分析功能,在分析阅读推广参与对象们做关于去哪里、和谁在一起、怎么样度过时间等决定中,将发挥工具作用。情境的分析功能是由于情境软要素和硬要素共同形成的。在软要素中,通过分析参与对象个人、所在的地点、参与的活动以及所追求的价值和目的,可以初步形成对人们关于去哪里、和谁在一起、怎么样度过时间的分析。硬要素的出现使分析结果更加清晰,硬要素中以移动设备为基础连接社交媒体、传感器、定位系统和数据,并分析情境中参与对象的种种重要信息和重要决定。因此情境的设计过程可以帮助阅读推广者更好地理解读者日常阅读生活并创造性地加以适应。

第二节 阅读推广情境设计:以社交媒体阅读推广项目为例

阅读推广主体既包括图书馆等公共服务机构,又包括民间组织、企业单位、个人等其他社会主体。特别是一些企业和社会组织基于社交媒体展开阅读推广探索,并在探索中摸索出了复合阅读的规律并用以指导阅读推广活动设计，其情境设计颇具特色，且已经赢得了较大市场。本节将采用案例研究方法分析其中一些阅读推广项目，为图书馆阅读推广实践探索提供借鉴。

一 研究设计

本部分研究拟先剖析薄荷阅读这一单案例，梳理情境脉络与读者的参与过程节点，总结服务主体在此过程中实现促进阅读参与的具体操作和关键情境，再从多案例中去进一步印证这些情境因素对阅读参与的促进作用。

"薄荷阅读—100天训练营"计划是百词斩旗下的英文书阅读项目。该项目在月均活跃用户9亿多的微信平台上运营，每期定价149元，以官方公号推送阅读内容加微信群文字讲解、答疑的方式开课。帮助参与者合理利用时间，有效提高英语阅读能力。通过该产品，学员以碎片化学习模式，拟在100天完成挑战4本英文名著阅读任务。目前，该项目自2016年6月上线至2018年3月，已开展32期，并频频占领其学员的朋友圈。

二 薄荷阅读案例分析

（一）读者参与过程梳理

本部分分别从阅读前、阅读中、阅读后三个阶段对薄荷阅读的读者参与，即在身体、认知、情感上努力与投入的具体行为过程进行梳理（见表10-1）。

阅读前，首先，薄荷阅读主要通过微信关系链结合其他宣传手段进行传播与目标读者相遇；其次，通过词汇量测试实现分级阅读的科学划分，充分调动了目标读者的认知参与，增强读者的自我效能感及胜任感，助读者完成能力匹配和需求匹配，不会预设"我不会"产生阅读逃避的同时还有挑战感，实现对该阅读计划的价值感知；再次，在报名时，不同阅读级别分别提供给读者可供选择的数目，在提供自主性支持的同时，通过兴趣引入调动其的情感参与；最后，目标读者受到认知参与和情感参与的共同影响，进而触发了行为参与，选择书目并完成报名；

表 10 - 1　　薄荷阅读情境设计与阅读参与节点对照

	情境设计	读者的阅读参与节点
阅读前	1. 宣传推广，被目标学员知道 2. 报名前，会进行入营前英语能力测试 3. 报名时，提供10本可选书单（入门系）、《格林童话》，经典系列、进阶系列、高阶系列共九个级别） 4. 制订合理易执行的学习计划，从时间和内容上进行双向把控，设计月度计划 5. 系统会为每个用户分配一位带班老师，带班老师为用户建立群组	1. 确认需求，关注并去了解这个项目 2. 参加测试，了解自己的英语阅读水平 3. 根据自己的阅读兴趣偏好和能力水平选择相应的阅读系列，付费报名 4. 设立相应的阅读目标 5. 加入社群，认识讲师和同伴，相互交流
阅读中	6. 课程把多本书共上万字的内容切分成每天的阅读内容，在每日早上通过微信进行推送（每日一句、今日词汇、今日阅读、人声朗读音频、课后习题） 7. 讲师每天在群内提醒学员阅读、发布讲义（背景知识、熟词生义、语法解析、短语彩蛋等）、讲解阅读材料中的知识点、答疑	6. 完成每日英语阅读（听读）任务，尝试理解文本意义和传达的情感，并通过课后测试检测自己的理解程度 7. 进一步阅读并吸收理解讲义内容，提问或参与群内讨论
阅读后	8. 及时更新阅读量、阅读进度，并将阅读情况进行可视化展示，时间表用不同颜色标示出已读、补读和未读 9. 成员每天坚持签到、打卡，根据时间可获得相应的物质奖励，如电子版回看权、代金券、实体书等 10. 颁发全英文阅读结课证书，包括电子版和实体证书 11. 向其他人推荐薄荷阅读（每推荐一人可获得20元代金券以及获得累积性现金奖励）	8. 明确自己的努力被量化的程度，提醒自己完成情况 9. 朋友圈分享、打卡，让他人见证自己的阅读历程，督促自己并获得成就感，获得原版书后再全文通读 10. 读者自发在各大平台总结阅读过程，分享自己参与薄荷阅读的体验感受 11. 向他人推荐，或推动自己报名新一期阅读训练营

报名后，读者被拉入当期参与者的微信群中，形成即时互动的多方沟通渠道，和天南地北的人交流，产生新奇、奇妙的参与体验，相互影响，

进一步强化了自己的阅读动机（社会性动机）。

阅读中，薄荷阅读以优质多元的内容提供为核心，把整本书进行适当优化后分成每日的章节，旨在给读者创造良好的阅读体验，排除了一定的阅读障碍，使其在阅读中的情感参与更易进入心流状态；通过音频、文字、图片等多媒体形态推送每日阅读任务，充分调动读者的感官；引入了讲师（班主任）这一角色，成为非常高效的人际触点，增强了读者与现实的互动，辅以策略指导，强化读者在阅读中的认知参与；同时还设计了定时提醒、多色日程进度等提醒跟踪功能，激发读者行为参与。

阅读后，薄荷阅读通过给予外在奖励的激励形式，引导读者打卡、分享、转发、推荐等行为参与，对读者来说这种行为参与一方面是为了获得奖励，另一方面是通过自我展示的方式对自己的阅读形成持续的内在激励；读者基于阅读中的情感参与和认知参与，也会自发总结自己的阅读经历和感受，也会在线下或线上社交平台上进行分享或评价，形成一个完整的全媒体时代阅读参与过程。

（二）情境因素分析

与大多数图书馆阅读推广活动的切入点不同，薄荷阅读的情境因素和激励机制是贯穿在读者的阅读全过程，情境的关键在于让读者去体验，非线性地从多维度对读者阅读参与施以影响。这一过程中薄荷阅读创建的情境与 Guthrie（2004）提出的通过情境来促进阅读参与的一般性策略十分契合：①确定一个知识目标并宣布它；②提供与目标相关的简单的现实世界经验；③提供可供选择的书籍和其他多种可用的资源；④给学生一些可供选择的副标题和要学习的文本；⑤教授一些使学生能够成功阅读这些文本的认知策略；⑥确保阅读过程中的社会互动等。移动互联网为这些策略的应用提供了现实技术和平台支撑，上述策略在"薄荷阅读"计划的整理运行中自然而然地联系起来，也使我们看到了阅读推广主体在脱离教室圈层的情境下促进阅读参与的更多可能性。

因此，从薄荷阅读项目模式和思路脉络中还有很多值得总结的可以启发当下全民阅读推广工作的经验，特别是如何从外部介入读者阅读参与过程，去引导参与度较低或者有参与困难的读者这一方面。从服务主体的角度来看，本书发现薄荷阅读之所以从众多在线阅读项目中脱颖而出，从真正意义上达到促进阅读的目的，其主要情境因素可以归纳为以下几个方面：

1. 服务情境之一——多点介入

首先，如第六章所述，阅读参与涉及阅读前的寻找、选择、计划、获取、互动等活动，因此在注意力经济时代，薄荷阅读通过新媒体营销全方位进行信息推广使此项目被读者感知到，融合了信息流、阅读空间等驱动因素，多环节唤醒其内在需求和兴趣；其次，在读者阅读习惯由传统的纸质文本阅读逐步向互联网阅读尤其是移动阅读转移的趋势下[1]，扎根于微信公众号建立阅读服务平台，主打跨媒体式视听结合的阅读，设置多个功能模块，从多个环节突破了传统阅读在时间、空间及表现形态上的限制；最后，薄荷阅读项目通过服务连接对话，多点激活读者认知参与、情感参与、行为参与，即服务主体在全媒体环境下读者形成与用户接触、信息输出、主动跟进、快速反应的全过程型服务模式。

2. 服务情境之二——持续激励

薄荷阅读运用移动互联网产品和游戏产品中常用的用户激励方式，例如签到、打卡、积分、任务、排名等，使阅读也有了"玩法"和反馈界定，用丰富的"游戏规则"鼓舞并激励参与者坚持阅读并自发向周围进行传播扩散，主要涉及挑战机制及奖励这一驱动因素，支持着读者在阅读中的整体性参与行为以及阅读后的评价、反馈以及其他总结性操作。具体应用到以阅读为主题的场景当中，使薄荷阅读参与者表现出更强的目标感、更为专注、更多反馈，增加了参与者的角色活跃度，在参与者自我挑战、坚持、成长等多方面给予持续外在激励。

3. 服务情境之三——内容提供

无论参与节点设计如何巧妙，游戏规则如何吸引人，回到薄荷阅读的本身，它的核心仍是基于线上的阅读内容服务，主要体现的是阅读资源这一外部驱动因素，充分调动读者的阅读积极性。随着新媒介的迅速崛起，信息早已不是稀缺资源，但是有价值的容易被接收的阅读内容变得稀有且珍贵。从内容提供的角度讲，薄荷阅读为读者提供了优质阅读

---

[1] 吴瑶：《媒介环境学视域下的数字阅读研究》，博士学位论文，华中科技大学，2016年。

资源，充分调动起读者的认知参与，帮助人们在信息碎片化时代持续、系统、高效地获取所需知识，解决大众知道要读什么学什么不知道怎么读的困惑。顺应碎片化阅读趋势，薄荷阅读将阅读文本拆解再重构，使加工后的碎片化阅读内容形成结构化张力，辅以讲解文案，变得更好理解，易读且有趣的同时也为参与者提供了在地铁、公交、茶余饭后等碎片化时间进行深度阅读和自我提升的可能性。

4. 服务情境之四——阅读社群

薄荷阅读创立同期参与者的共同微信群，充分地融合了共读机制、反馈机制、互动平台等驱动因素。社群内以互动分享为动力形成群体型聚合，以归属认同为核心形成兴趣型聚合，强化了读者阅读参与中的互动、交流、分享等环节。阅读社群成员基于共同的阅读准则和阅读方法，在主动和被动的共同推动下，不仅要对自己的阅读负责，也要对社群其他成员负责，通过深度理解阅读文本与批判性思考、情感共鸣①，相互生成并输出同一阅读主题的扩展性内容。这一个学习社群更是起到一个督促学习的作用，即使在群中默不作声，看到其他成员的积极态度，也很容易在这样一个氛围中被激励坚持下去。

通过对薄荷阅读案例的分析发现，阅读参与不是一蹴而就的，也不完全是读者和阅读对象之间直接产生的，而是在多种驱动因素形成的混合动力下触发并持续下去的，多点介入、激励机制、内容加工和阅读社群将可能是实现新阅读参与闭环的四大核心支撑，如图 10-1 所示。

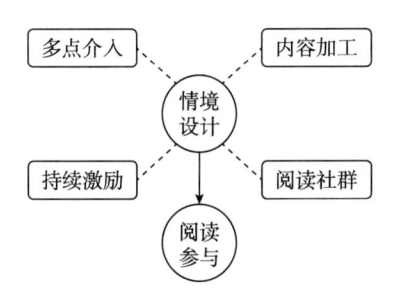

图 10-1 薄荷阅读情境因素

---

① 张叶青：《技术理性 时代需求 文明传承——谈数字时代如何推动深阅读》，《出版发行研究》2017 年第 3 期。

（三）参与者反馈

以结果为导向，剖析薄荷阅读的情境之于参与者的有用性，我们发现读者的反馈主要集中在以下两点：

一方面，薄荷阅读的出发点与大多数知识教育产品并不相同，其最主要的意义不是内容的灌输，而是通过价值感知、制订计划、策略指导、反馈机制、跟踪完成情况等关键环节的服务给予参与者阅读全过程的持续激励，帮助参与者培养起微阅读习惯和阅读兴趣，使其通过坚持阅读收获自身成长变化："这二百天阅读给我带来的改变包括但不限于：养成了早起晨读的习惯；破除了对长篇英文材料的阅读恐惧；英文听力明显好了……""我来说一下薄荷阅读最大的优势，就是用这个课程是真的比较容易养成长期阅读英文原著的习惯！"

另一方面，其阅读社群从社会学习理论中替代性强化的角度引导读者的阅读参与，即观察者看到榜样或他人受到强化，从而使自己也倾向于做出榜样的行为："加入的班级里面认识的人还是蛮优秀的，我所在的班级里面，里面有一个托福老师，全都会，还帮同学们解答问题。震撼吧，一个英语这么好的人还在学习，一个和外国人交流得很多的人还在和我们一起学习。"群内沉淀下来的讨论内容也给参与者带来了额外的启发价值和联结："每个微信讨论群都400多人，虽然活跃用户不是特别多，但二百天下来我还是在群里接触到了各种各样的人，从他们身上学到了很多不仅限于英语的知识。""其实参加这个最大的收获是一群小伙伴。……因为这些人这种氛围，我学习英语的热情可以说是空前高涨，一怒之下下载了各种口语单词阅读听力App，感觉自己每天都在进步呢。"

三 其他案例介绍

本节将介绍另外几个深耕互联网阅读推广领域的案例，尝试去进一步印证前述情境，并从中发现更多具有可操作性的经验。

（一）多点介入案例

"渐渐地，习惯了每天在有书的晨读中开启美好的一天，在晚读的分享中结束一天的疲惫。美文给我带来了多少思想的提升和见识的增长我并不知道，但在有书帮助下，我确实是有了更加充实的生活和人生。"这是有书的用户留下的评价。

有书是一个阅读服务平台，包括有书共读 App、有书微信公众号、有书微信群和有书直播平台。自 2015 年 12 月有书共读第一期正式发起以来，微信公众号粉丝 1400 万，注册成员超过 400 万。有书致力于帮助有读书意愿但不知道读什么书、行动力和自制力差的人群在信息碎片化时代持续、系统且高效地获取所需知识。整个项目包括有书共读 App、有书微信公众号、有书书院、有书微信群和有书直播平台，已经形成了多元复合的全媒体化服务体系（见图 10-2）。对于该项目而言，最能促进读者参与的因素为社区和专业领读人，通过媒体宣传吸引读者，组织线上读书会提高读者黏性，打造充满优质书评的社区，每天提供优质的文章……通过多点介入，全面促进阅读的深化。

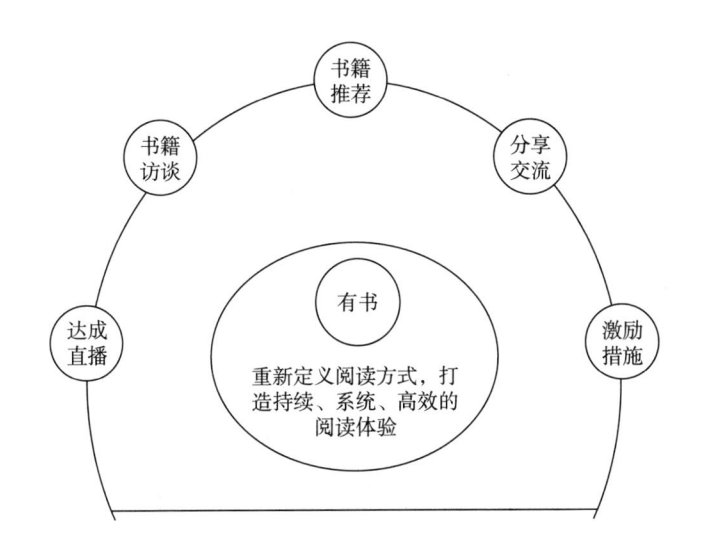

图 10-2　有书全媒体化服务体系

（二）内容加工案例

"要是听过樊登讲书的，应该大多都会喜欢吧：深入浅出，将书中的结构完美诠释、将枯燥的例子转化为活生生有趣的案例，不胜枚举。"攀登读书会的会员类似评价很多。

樊登读书会是一家基于移动互联网技术的知识型内容服务机构，以帮助中国 3 亿人养成阅读习惯为使命，作为"全民阅读"的先行者，采用以优质的线上知识内容服务结合丰富多彩的线下读书沙龙的大胆创新的形式践行着全民阅读推广的理念。樊登读书会主要以文字解读和视音频讲解的形式，帮助那些没有时间读书、不知道读哪些书和读书效率低的人群每年吸收书本的精华内容，经过4年多的发展，会员人数已超过460万，在全球拥有1400多个读书分会。主要阅读媒介是其自主研发的App，在"读"栏目，通过每天分享精华解读、全民荐书、书友悦享、轻听漫读等内容，丰富读者的视听体验；"书"栏目是读书会内容服务的核心，每周大咖会讲解一本书，以事业、家庭、心灵等主题为主，对整书内容进行解读和剖析；"会"栏目为会员享受个人服务和互动的入口，链入"知识超市""线下活动"等环节。

（三）持续激励案例

"坚持十个月目前来看本身就是一项关于自控力的挑战，目前我还挺享受这种挑战的乐趣，也更希望在这项挑战中有所收获。"熊猫书院的用户感受独具特色。

熊猫书院是厦门风变科技有限公司于2015年12月推出的一款基于微信公众平台的阅读类产品，"十个月提升自己行动计划"是熊猫书院针对目前资源多但读书难问题而提出的一项自我改变计划，目前已有数十万读者参与到这个阅读挑战中。读书计划每十个月为一个学制周期：前9个月沉淀阅读，每周阅读一本有营养的书，第十个月升华总结。在计划实施过程中，熊猫书院会提供寻求共性的结构性书单，团队经过对课程书籍的筛选与拆分后形成内容推送。参与者阅读后决定是否在线下花时间仔细阅读这本书，根据科学的阅读体系在一年时间内完善自己的知识结构和思维能力，培养起对阅读的兴趣。除了计划主线，不定期还会邀请大咖进行经验分享或达人领读；一些推送的阅读内容采用约稿的形式，还有高端读者自发参与审稿环节；每天书院和班级群都会有读书提醒，督促参与者坚持，班级群里也会进行阅读交流、总结，分享一些电子书资源。

（四）阅读社群案例

"第一，能认识很多朋友，听到各种各样的意见，所以能够让你从多个角度重新审视一本书。第二，参加讨论必然得先了解所要讨论的书，所以即使被迫，也得把书读完。"参与阅读社群的用户更容易体会到深阅读的功效。

第十章 融合式阅读推广的情境设计

"知乎大 V""新锐作家"采铜在 2016 年开启了一场全新的深阅读实验,利用自身魅力人格体吸引一千多成员,建立了 2 个深度阅读的微信群,一边分享深度阅读的方法,一边倡导和督促大家深度阅读。每个月由发起人推荐给大家三本好书,每个人自行选择一至三本,进行深度阅读,同时在群里学习阅读方法,探讨方法论的问题,群里的交流原则上要基于这三本书来进行,鼓励将阅读笔记交流内容编码化。在社群管理上,严格控制交流中的交流噪声,提高群内知识的管理效率。

知名自媒体人陈章鱼 2016 年 4 月创建了章鱼读书社群,希望把一群相信阅读相信自己可以成为更好的人的小伙伴聚在一起。该群的模式为每月阅读一本书,在月末分享读后感,在群内成员的正面激励和一点点鞭策的影响下,以持续地将阅读进一步升级输出为理念和目标,并通过多平台发布读后感使得读者生成内容(UGC)可持续化。发起人会提供书单、阅读方法、Kindle 指南等支持,也会有相应的奖励和惩罚机制,但在阅读选择环节该群主张每个人应该根据自己的目标,来选择当前阅读的书籍,由自身到书,而不是本末倒置。

社会化阅读向社交型阅读的不断演进造就了虚拟阅读社群[①],在此场域内个体阅读与群体社交紧密结合,让我们从社会互动式阅读参与中看到走向深阅读的另一种可能性:这类社群通常是由社交平台上的意见领袖发起,他们制定并引导内容分享主题的扩散方向和进程,特别对那些初涉数字阅读对网络上纷繁内容缺乏辨识能力的群体产生影响,使其回归阅读轨道。

上述案例走进公众视野,在大众阅读领域取得了比较好的反响,规模化地提高了参与者的阅读积极性,切实助力读者的阅读参与之路。很多潜在读者在日常生活中感到缺乏阅读,但又有不同程度的阅读障碍,认为自己在能力方法上有欠缺,或动力不足,希望得到帮助和指导,薄荷阅读、樊登读书会、熊猫书院等服务机构让这类群体可明确感知到阅读参与的价值,且提供了非常清晰的参与路径、优质的阅读内容及方法指导,为读者排除了一些客观存在的障碍;并利用人的群体性特征,强化读者与服务提

---

① 林楷:《社会化媒体视野下数字阅读价值重塑与形态拓展》,《编辑之友》2017 年第 4 期。

供者、读者与读者之间的互动,读者和阅读对象之间的互动;在读者的阅读过程中以服务主体的姿态多点介入,通过自主性支持和持续激励使读者有效地建立起个人内部的阅读生态,实现阅读的抵达。

第三节 阅读推广情境设计:以图书馆 阅读推广项目为例

上一节我们对一些社会组织的阅读推广项目的情境设计要素进行了分析,发现其往往充分利用各种媒介通过多点介入方法传递阅读推广信息和能量,灵活运用用户激励方式赋予阅读过程更多娱乐性,为读者提供优质阅读资源调动读者认知参与,并积极通过构建阅读社区形成群体聚合。这些措施不但具有聚人气的短期效力,而且有助于提升阅读推广活动的长期可持续性。

事实上,不仅是民间阅读推广主体对阅读行为的转向敏感,图书馆行业领域也已自觉地开始适应这一新变化。那么,图书馆在实践中是如何适应复合阅读行为这一背景的?其情境设计方面有没有自己的特征?本部分将展开对这一问题的探讨。

一 研究设计

为了验证理论框架并进一步形成完整的参与相关影响因素框架,本研究采用多案例方法展开研究。以优秀的图书馆阅读推广项目为对象,梳理前沿的图书馆阅读推广情境设计经验,因此,在案例选择上选择具有阅读推广活动参与度高、以线上活动反馈、活动发展及报道描述状况良好且具有一定地域代表性的四个阅读推广活动案例:活动一由著名的纽约公共图书馆和Schomburg黑人文化研究中心联合举办,后者是世界领先的文化机构之一,致力于研究、保存和展现全球黑人历史,艺术和文化内涵;活动二由澳大利亚昆士兰州公共图书馆成功开展了8年后在全国进行推广,2011年转变为全国性暑期阅读计划的扩展项目[1];活动

---

[1] 章洁、束漫:《澳大利亚公共图书馆儿童阅读推广分析和启示》,《图书馆建设》2019年第1期。

三是由澳门文化局、澳门公共图书馆、教育暨青年局三方主办的系列活动，线上反馈良好；活动四由香港康乐及文化事务署和香港公共图书馆联合主办，香港教育局、艺术发展局支持，并与香港青年协会和 M21 联合宣传，距今已有 18 年的历史。

本书以文献、网站内容、社交媒体内容为资料来源，主要剖析阅读推广活动通过哪些环节的情境设计，并怎样影响读者对阅读推广活动的参与。根据本书第六章的讨论，阅读参与主要体现为读者在认知、情感以及行为三方面的投入。本部分对阅读推广活动情境的作用路径主要从读者认知参与、情感参与和行为参与三方面展开。

二 案例分析

（一）纽约公共图书馆的黑色漫画节活动[①]

1. 整体概况

此活动免费开放，时长为两天，形式包括互动式小组讨论、集市展览、角色表演、cosplay 服装展示、漫画捐赠等。

2. 情境因素

（1）漫画氛围营造。将漫画内容引入现实，进行实体布景，引进真人演员，从实体环境和互动氛围上实现了场景再现，契合主题，体现了情境营造因素。

（2）交互模式丰富。提供了多种互动渠道，书迷通过兴趣话题互动，供应商通过销售漫画与客户互动，参与方通过 Twitter、电子邮件等与承办方交流。

（3）多重体验呈现。活动唤起漫画书迷的兴趣，勾起其回忆，产生愉快的情感；给书商带来了客户利益价值，给书迷带来了精神成就价值；小组活动、角色扮演、书籍展览等多样形式带来多重感官体验。

（4）社会影响广泛。在纽约这种黑人文化丰富且群体数量大的环境中受众广；同时，倡导种族平等趋势下，活动的认同度高；多平台发

---

① "纽约公共图书馆"，活动介绍，https：//www.eventbrite.com/e/the－schomburg－centers－7th－annual－black－comic－book－festival－tickets－53316870194？aff＝nyplhomepage，2018 年 1 月 21 日。

布、多渠道参与提高了活动热度，驱动更多从众人群参与。

3. 情感参与维度

（1）社交机制完善。参与人群数量庞大且都具有共同需求进行交涉，同时多活动方式也提供了广泛交友途径。

（2）读者关系管理完善。提供了 Twitter、Instagram 及邮件多种方式收集反馈，并有专设机构来处理；同时内容设计也有针对性，满足读者兴趣需求。

4. 认知参与维度

具备预期价值和呈现价值。一是预期价值，活动在宣传阶段的海报设计、宣传渠道迎合了兴趣点，让读者产生期待和关注；二是呈现价值，活动满足了书商贩售书籍的利益需求、创作者的自我宣传需求和书迷的娱乐需求。

5. 行为参与维度

参与便利度高。地点告知清晰，周围交通便利，有无障碍设施，时间范围较长且多为周末，内容免费没有门槛设置。

持续机制完善。实时在社交媒体上发布优秀 cosplay 扮演者，唤起注意，不断记录书籍捐赠者，通过物质和精神层面不断激励读者参与。

（二）澳大利亚公共图书馆夏季阅读俱乐部活动

1. 整体概况

每年暑假由昆士兰州立图书馆、澳大利亚图书馆联盟、澳大利亚图书馆和信息协会及各级图书馆合办[①]，促进集体阅读及学习交流，通过建立线上社区发布比赛信息。

2. 情境因素

（1）特定情境条件。每年有特定主题及相应内容设计和走向，对参与沉浸感有整体效应。

（2）交互多样化。充分利用了娱乐线上化的趋势，多线上活动，参与者可通过线上发帖、电子邮件、Facebook 等方式与承办方互动。

（3）多重体验。创新性地提出与读者生活相关的主题唤起其对生

---

① "澳大利亚公共图书馆"，活动介绍，[2018-01-21]，http://www.summerreadingclub.org.au/program-portal/.

活、文学以及其他文艺作品的兴趣,产生正面情感;发布竞赛且有特定实体奖品或虚拟荣誉,体现其意义和价值;鼓励读者线上展示个人作品,提供多款设计模板及相关资料包下载,既具备便利度也有挑战性。

(4)社会影响广泛。由官方机构承办,举办频次高且具有周期性,知名度和认可度都高,已形成品牌效应,同时信息发布有特定网站和社交账号,推广效果好。

3. 情感参与维度

(1)社交机制完善,充分满足了少儿的社交需要,促进了情感参与。全国性线上社区提供了广泛交友空间,实现了其闲暇时间的社交娱乐需求,此外活动以特定主题营造共同话题,活跃了社交氛围。

(2)活动品牌化、读者关系管理完善。经过多年成功开展塑造了活动品牌形象,有固定受众,同时与家长、学校以及社区也进行了良好沟通合作,获得了多方信赖支持。

4. 认知参与维度

体现了预期价值和呈现价值。一是活动的海报设计、主题公布、网站社区设计、资料包下载、奖励机制完备,带来了价值期望;二是活动的呈现价值良好,父母、学校认同活动为少儿成长及教育提供了帮助,少儿将此活动作为闲暇时光消遣,认可活动的娱乐价值。

5. 行为参与维度

(1)参与媒介易进入。如今电子设备普及,少儿只需在家便可参与活动;同时线上社区模式使参与无时空限制,访问范围更广,参与便利度更高。

(2)构建奖励机制、丰富参与形式。奖励机制从物质和精神两个层面引导少儿参与,贡献并展示更好的作品;参与形式多样化体现为既有手工艺品制作也有文章撰写、图片分享和亲子游戏,吸引少儿持续活跃其中。

(三)澳门公共图书馆"书香伴成长"亲子阅读活动

1. 整体概况①

属于季度性活动,每月限定 12 对亲子参与。举办地点包括中央图

---

① "澳门公共图书馆",活动介绍,http://www.library.gov.mo/zh-hant/promotion-events/events/detail/Book-with-grow-up-2019-01-03,2018 年 1 月 21 日。

书馆及市内多个儿童图书馆,时间均安排在周六,活动形式包括绘本演说、肢体游戏、手工劳作。

2. 情境因素

(1) 情境营造到位。活动均有特定主题,形式内容契合主题需要,有利于读者快速进入其中。

(2) 交互模式多样。互动方式从绘本演说、肢体游戏到手工劳作都有,利于读者间、读者与承办方间充分互动。

(3) 多重体验。孩子畅游于故事世界,获得快乐感,家长见证孩子学习成长,获得幸福感;亲子进行创作表演比赛获得成就感,父母能体会到这些活动是有价值的,能给孩子带来欢乐和知识,而孩子能在活动中收获新奇体验;同时手工劳作和绘本演说充分调动了读者行动力和表现力。

(4) 社会影响力大。活动由三方机构主办,具备机构支持,同时在网站和 Facebook 上进行实时宣传和报道进展,传播了活动内容,唤起了大众关注,扩大了影响力。

3. 情感参与维度

(1) 社交机制完善。一是亲子间能进一步增强感情;二是不同亲子间竞赛带来了交流互动机会;三是亲子与馆员间接触交流多。

(2) 读者关系管理成熟、活动品牌化。过程中与读者维持着线上线下联系,关注了解其想法并及时调整活动,增强了其认同感和忠诚度。此外,多年的成功举办和良好反馈塑造了良好品牌形象,吸引更多读者持续参与其中。

4. 认知参与维度

价值感知要素体现在两个方面。一是前期主题概念设计、宣传造势、海报设计、活动方式公布、筛选参营提供了良好预期,构建了活动预期要素;二是涉及了亲子间知识掌握、动脑和动手能力的锻炼,弥补了当今社会亲子交流不足的缺憾,对于参与活动的亲子来说是有价值的,体现了呈现价值要素。

5. 行为参与维度

(1) 进入便利。一是地点便利,活动场馆多,可供就近选择;二是时间便利,周末举办,持续时间长,符合大都市工作繁忙和职业多样化的现状。

（2）奖励机制完善，参与方式多样。主办方为获胜者举办颁奖仪式，有利于鼓励其更努力地投入比赛；绘本演说、手工劳作和肢体游戏为读者呈现了丰富娱乐体验，吸引其持续参与。

（四）香港公共图书馆香港文学节活动

1. 整体概况①

活动时间为每年6月下旬到7月下旬，地点在香港中央图书馆，方式包括专题展览、文学变形比读、研讨会、表演比赛、征文比赛、导读会、音乐影视欣赏、讲座、文创会、作诗朗诵会、围读工作坊等多种。

2. 情境因素

（1）情境营造到位。每年有固定主题，同时活动方式内容、场地布景紧扣主题，引导读者逐渐进入氛围。

（2）交互模式多样。活动中读者间既有征文比赛、文学作品演绎比赛这类的竞争互动关系，也有研讨会、文创会、文学沙龙这样的合作互动关系。

（3）多重体验。通过多种团体活动促进了读者间社交和情感产生，提供多种竞赛和奖励来体现其价值，唤起认同感，以多种形式激发各类读者的行动力。

（4）社会影响大。主办、支持和宣传机构具有影响力，信誉度高；活动历史悠久，树立了品牌形象，具备固定参与群体；每年邀请的嘉宾知名度高。

3. 情感参与维度

（1）社交机制完善。读者间合作与竞争的良性互动关系充分推动了社交，同时线上和线上两端同时进行的模式符合新时代社交趋势。

（2）读者关系管理成熟和活动品牌化。活动运行机制的成熟自然地推动了忠实参与者的培养和活动形象塑造。

4. 认知参与维度

实现了预期和呈现价值。活动前在社交媒体和线下宣传栏公布嘉

---

① "香港公共图书馆"，活动主页，https：//sc. lcsd. gov. hk/TuniS/www. hkpl. gov. hk/tc/extension – activities/event – category/23494/hong – kong – literature – festival，2018年1月21日。

宾和活动内容，可期待性强；活动后良性反馈体现了实际呈现的高价值。

5. 行为参与维度

（1）参与便利度高。地点固定且在市中心，交通便利；时间范围大，便于自由选择；准入门槛低，不同年龄段都有活动可参与。

（2）奖励机制完善，参与形式多样。首先，活动中的比赛有精神和物质奖励，充分刺激了胜负欲，保障行为持续性；其次，参与形式丰富且有针对性，有利于读者长期维持行动兴趣，持续进入活动。

三 图书馆阅读推广活动情境设计及其作用路径

（一）促进因素总结

阅读推广参与促进因素包括情境、情感、认知和行为四个层面。其中，情境因素作用于参与整体，产生综合效应；情感参与因素主要作用于情感参与，唤起和维持读者情感；认知参与因素主要作用于认知参与，体现活动价值，引导读者持续努力完成活动任务；行为参与因素主要作用于行为参与，推动读者进入活动并自愿投入时间精力。总结梳理案例中各个影响因素对应的具体要素可得到表10-2。

表10-2　　　　　　　　案例参与促进要素总结

影响因素	具体要素	具体表现
情境因素	情境营造	实体布景、真人演员、漫画场景（黑色漫画节） 特定主题，分享交流（夏季阅读俱乐部、书香伴成长、香港文学节）
情感因素	交互模式	多种互动形式和媒介（黑色漫画节、香港文学节、夏季阅读俱乐部、书香伴成长）
	活动体验	情感、认知、行为三重体验（黑色漫画节、香港文学节、书香伴成长、夏季阅读俱乐部）
	社会影响	高认同度、知名度（黑色漫画节、香港文学节） 成功举办经验、政策机构支持（香港文学节、夏季阅读俱乐部、书香伴成长）

续表

影响因素	具体要素	具体表现
情感唤起因素	社交机制	人群大，具备交涉需求，互动方式多样（黑色漫画节、香港文学节） 涵盖对象广，线上社交（夏季阅读俱乐部） 亲子情感基础深厚，共通感高（书香伴成长）
情感维系因素	读者关系管理	多种反馈机制（黑色漫画节、香港文学节） 多方信赖支持（夏季阅读俱乐部、书香伴成长）
	活动品牌化	周期举办，固定受众，品牌形象塑造完善（黑色漫画节、夏季阅读俱乐部、书香伴成长、香港文学节）
价值感知因素	活动预期	宣传形式符合期待、成果展示丰富（黑色漫画节、香港文学节、书香伴成长） 资料获取便利（夏季阅读俱乐部）
	呈现价值	满足多需求（黑色漫画节、香港文学节、夏季阅读俱乐部、书香伴成长）
活动进入因素	便利度	时空便利、进入门槛低（黑色漫画节、香港文学节、书香伴成长、夏季阅读俱乐部）
行为持续因素	奖励机制	奖励机制完善且符合兴趣点（夏季阅读俱乐部、书香伴成长、黑色漫画节、香港文学节）
	参与形式	丰富且迎合兴趣点（黑色漫画节、香港文学节、夏季阅读俱乐部、书香伴成长）

（二）活动参与促进因素框架构建

基于对案例内容分析可得到参与促进因素框架，如图11-3所示。

整个框架由情境因素、情感唤起和维系因素、价值感知因素、行为进入和持续因素四部分组成，分别影响参与整体、情感、认知以及行为参与。

情境因素包含情境营造、交互模式、活动体验以及社会影响四要素。情境营造与活动氛围和实体环境相关，提升读者参与沉浸度；交互模式指活动的互动方式，对参与状态有整体效应；活动体验指活动带来的印象和评价；社会影响是所处的政治经济文化环境，对促进参与有潜在效应。

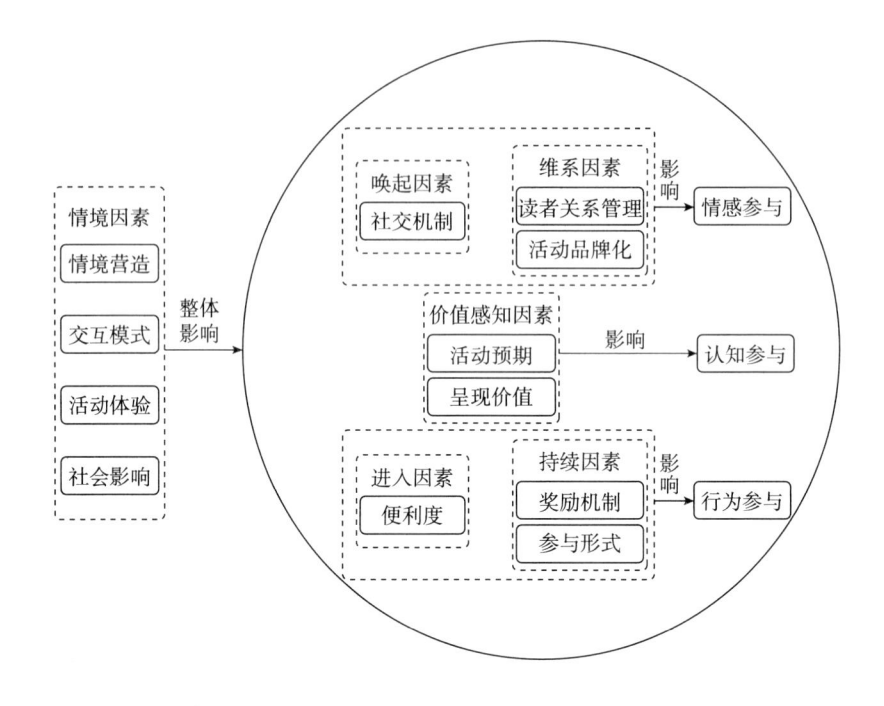

图 10-3 活动参与促进因素框架

情感参与因素中，唤起因素促使读者滋生情感，体现为社交机制，全媒体环境下的多样复合的社交方式和新技术新平台能带来更好的社交效果；维系因素包含读者关系管理和活动品牌化，读者关系管理建立起长久互动关系，增强情感羁绊，提升信赖度和认可度，培养忠实读者；活动品牌化能建立稳定持久的活动形象，形成固定传统，提升读者依赖度。

认知参与因素中，价值感知因素包括活动预期和呈现价值，这两者都是活动对于参与者有意义和价值的体现，活动开展前的价值期望推动读者进入活动，活动中以及结束后带给参与者的价值体验影响他们对于活动的认知，关系到参与持续性。

行为参与因素中，活动进入因素体现为参与便利度，影响活动行为接触；其次是行为持续因素，包括奖励机制和参与形式，参与形式多样化和具有吸引力决定了参与持续度，同时这两者都影响活动中人们的行为活跃度和持续度。

四 社交媒体阅读推广与图书馆阅读推广情境设计比较

本节对图书馆阅读推广活动情境设计的调研与第二节关于社交媒体阅读推广情境设计的调研形成对比,结果显示,二者既有共同性又有差异性。

图书馆和民间机构基于社交媒体组织的阅读推广在情境设计方面的共性主要在于:

首先,二者均既充分利用线上媒介和线下媒介的互补性营造阅读推广的泛化情境,制造更多阅读触点。二者均通过线上开展娱乐化活动设计,唤起读者对阅读的浓厚兴趣,并利用线上线下多种渠道强化与读者的联系。

其次,二者均注重互动环节设计营造动态化、社交化的阅读推广情境。不但有多种渠道实现与主办方互动,而且阅读社区被利用以满足读者间的社交活动。

最后,二者均通过阅读推广活动的品牌化管理凸显其价值定位,优化活动情境体验。围绕复合阅读价值的阅读推广活动主题设计、活动品牌符号设计,使阅读推广活动情感体验更佳,并有利于形成鲜明的品牌形象。

同时,图书馆与民间机构基于社交媒体组织的阅读推广情境设计仍存在着显著区别:

首先,民间机构阅读推广更注重阅读前情境设计,图书馆阅读推广则更注重阅读中情境设计。民间组织发起的基于社交媒体的阅读推广善于利用微信等媒介构建关系链,并基于关系链实现与读者的多点接触,为读者排除了阅读选择、决策上的障碍,故带来了更多的参与者。而图书馆更注重读者在参与阅读推广活动中的体验,通过精细设计丰富读者体验。

其次,民间机构阅读推广往往更倾向于利用具长期激励效果的情境设计方式,图书馆阅读推广往往利用有助于提升活动即时参与度的情境设计方式。民间组织发起的基于社交媒体的阅读推广通过每日阅读任务、阅读打卡、签到等方式,使情感参与和认知参与互为促进,大大提高了活动的长期可持续性。

最后，民间机构阅读推广注重读者与阅读资源之间的联系。将阅读资源解构、推送等作为情境设计的重要因素，使服务情境融入阅读推广活动之中。这种情境设计本身创造了一种阅读策略指导服务，有助于提高读者的阅读技能和阅读效率。

第四节　图书馆阅读推广活动的激励机制构建

阅读推广活动情境设计以激励读者参与为目的，不同的情境设计往往会产生不同的激励效果。本章第一节、第二节研究显示全媒体时代不管是图书馆还是社会组织基于社交媒体所发起的阅读推广活动都在阅读行为转向背景下呈现融合式阅读推广的趋势，那么，这些阅读推广情境设计可能发挥哪些激励作用，怎样构建其激励机制？本节将围绕这一问题，对当前我国图书馆阅读推广活动的激励机制展开研究。

一　阅读激励

激励，即推动人朝着一定方向和水平从事某种活动，并在工作中持续努力的动力。[1] 在全民阅读中实施激励手段，具有加强、激发、推动、引导民众阅读行为使之朝向活动目标而积极努力的良好作用，具体表现为有助于激发民众热爱阅读的主动性和自发性，有助于培育民众热爱阅读的习惯和风尚，有助于调动民众的阅读热情，有助于大力推广全民阅读活动、提高全民阅读活动的绩效等。[2] 激励机制，指管理者依据法律法规、价值取向和文化环境等，对管理对象之行为从物质、精神等方面进行激发和鼓励，以使其行为继续发展的机制。[3]

阅读激励，即为采用各种方法和措施对读者的阅读心理和行为进行激发、鼓励，从而调动读者的积极性和热情，使其阅读行为持续发

---

[1]　王重鸣：《管理心理学》，人民教育出版社2001年版，第153—154页。
[2]　王磊、丁振伟：《全民阅读活动中激励策略之运用》，《图书情报工作》2015年第5期。
[3]　吴振忠：《晋级激励机制在图书馆阅读推广活动中的运用研究》，《大学图书情报学刊》2011年第3期。

展。① 结合已有研究，本书将图书馆阅读活动激励机制定义为，图书馆利用自身的资源和服务，开展具有吸引力的阅读活动，从物质、精神等方面激发读者参与兴趣，驱动读者参与行为，从而达到调动读者阅读积极性，促使其阅读习惯养成和阅读行为持续等目的的机制。

国内已有学者意识到了阅读激励的价值，从不同角度对图书馆阅读活动激励机制展开了研究，本书将以往研究归纳为三个方面。

第一个方面——以理论探索为中心的阅读活动激励机制研究，即根据图书馆阅读活动现状，总结和归纳阅读活动的激励手段及内涵。如吴慧茹对我国高校图书馆实施阅读激励的现状进行了初步调查和梳理，结合国内外高校的实践情况总结了物质激励、精神激励、政策激励和竞赛激励四种阅读活动激励手段，并针对我国大陆地区高校图书馆实施阅读激励存在的不足，提出构建阅读活动激励机制的相应对策。② 王磊等基于全民阅读的现状，概括了激励措施对于全民阅读的作用，总结了政策激励、物质激励、精神激励、竞赛激励、舆论激励和目标激励六种激励手段，并建议应综合利用各种激励模式，形成一套与时俱进、行之有效的激励体系。③

第二个方面——以读者为中心的阅读活动激励机制研究，即根据读者的需求或参与动机，探索图书馆阅读活动激励机制。如阚德涛等通过问卷调查的方式分析了读者参与阅读推广活动的动机，并据此探讨了激励读者参与的策略。④ 陈天伦等依据云技术环境下个性化阅读的表现形式和读者需求，从阅读指导、协同辅导、宣传推广、环境创设和评价奖励五个方面构建了图书馆个性化阅读激励机制。⑤

第三个方面——以特定激励效应为中心的阅读活动激励机制研究，即结合图书馆具体案例，详细分析该激励机制的作用和价值。如周倩芬

---

① 吴惠茹：《高校图书馆实施阅读激励的实证分析》，《图书馆论坛》2016 年第 5 期。
② 吴惠茹：《高校图书馆实施阅读激励的实证分析》，《图书馆论坛》2016 年第 5 期。
③ 王磊、丁振伟：《全民阅读活动中激励策略之运用》，《图书情报工作》2015 年第 5 期。
④ 阚德涛、钱军：《高校阅读推广用户参与动机与激励策略研究》，《图书馆学研究》2016 年第 21 期。
⑤ 陈天伦、吴晓红：《云技术环境下图书馆个性阅读激励机制研究》，《图书馆理论与实践》2015 年第 12 期。

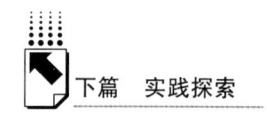

以深圳少年儿童图书馆"快乐阅读积分计划"为例,详细阐述了阅读积分理念的内涵、可行性和实施效果,探索出一条针对少儿读者的积分激励机制。①夏立新等借鉴英国"英超联赛阅读之星"(Primier League Reading Stars)项目的先进经验,从名人效应的角度分析其对青少年的激励作用,呼吁通过名人效应来激活全民阅读激励机制。②

综合已有研究可以发现,以往研究较少以图书馆阅读活动为研究对象,仅少数几篇论文从图书馆具体项目入手,探讨"积分""名人效应"等激励手段及其作用,缺乏对图书馆阅读活动激励机制的整体把握。

二 研究设计

(一)研究思路

基于上述背景,分析图书馆阅读推广情境设计中蕴含的激励手段,梳理不同激励手段之间的关系,对指导阅读推广活动设计、激发读者阅读兴趣具有重要意义。本书基于图书馆类型、地理位置和知名度等因素,抽取国内 35 个公共图书馆和高校图书馆,结合其 2018 年"世界读书日"的阅读活动,展开对图书馆阅读活动激励手段的调查研究,挖掘图书馆阅读活动激励机制的构成、内涵和内在联系。

本研究收集了共 35 所公共图书馆和高校图书馆 2018 年的"世界阅读日"活动,从图书馆对阅读推广活动设计与描述中挖掘其激励方向,并利用扎根理论研究方法,对图书馆阅读活动激励机制的构成、内涵和内在联系进行分析。

(二)数据采集

随着"全民阅读"战略的确立,阅读推广工作已成为各类型图书馆的重中之重,而"世界读书日"则是图书馆开展阅读推广活动的最佳契机。因此,本研究以各图书馆网站主页、微信公众号和新浪微博官方号为信息源,搜集各图书馆 2018 年"世界读书日"阅读活动,在图书馆的选择上,兼顾图书馆类型、地理位置和知名度等因素,同时剔除

---

① 周倩芬:《谈阅读积分制在少年儿童图书馆中的运用——以深圳少年儿童图书馆为例》,《图书馆工作与研究》2012 年第 7 期。

② 夏立新等:《论名人效应在阅读推广人机制中的应用价值——"Premier League Reading Stars"项目的启示》,《图书情报工作》2015 年第 22 期。

了仅开展单个活动的图书馆,最终共搜集来自 35 个图书馆的 196 个活动,其图书馆样本情况如表 10-3 所示。

表 10-3　　　　　　　　　　图书馆样本情况

基本情况		样本数量/个
图书馆类型	公共图书馆	22
	高校图书馆	13
地理位置	华北地区	7
	华东地区	7
	华南地区	6
	华中地区	3
	西南地区	9
	西北地区	2
	港澳台地区	1
知名度	双一流大学图书馆	8
	一级公共图书馆	16

(三) 研究过程

第一步,在对活动内容进行整理后,共筛选出相关的原始数据 233 条,由研究团队的两名研究者分别对上述数据进行开放性编码和主轴编码,其后采用小组讨论、多人校验的方法修正具有争议的编码结果,形成十大主范畴。

第二步,引入消费行为学"AIDMA 模型",并依据图书馆工作实践对其进行适用化改造,最终结合十个主范畴生成核心范畴"图书馆阅读活动激励机制",建构图书馆阅读活动激励机制模型。

第三步,分别选取十个公共图书馆和十个高校图书馆进行对比分析,以了解图书馆的实施情况与选择偏好,从中挖掘现有特征与不足,并为图书馆阅读活动激励机制的构建提出相应策略。

三　图书馆阅读活动激励机制分析

(一) 开放性编码

开放性编码是一个将收集的资料打散,赋予概念,然后再以新的方式重新组合起来的操作化过程。① 通常在开放性编码阶段，可采用逐词编码、逐句编码和逐个事件编码的方式。② 图书馆"阅读日"活动的内容和其所反映的激励手段是通过句子来表现的，因此，本研究采取逐句编码的方式，在对原始材料进行分类和合并后，归纳出 27 个范畴（A1—A27）。开放性编码结果如表 10-4 所示。

表 10-4　　　　　　　　开放性编码结果

编码	范畴	原始资料
A1	图书馆走出去	a27 走进江北机场候机大厅，向旅客赠送图书，号召大家放下手机，捧起书本，感受淡淡墨香。 a87 挑选一批受老年读者喜爱的精品期刊，送进省托老院
A2	读者权益	a216 "支付宝"信用免押金办证
A3	分享交流	a4 与读者就历届"文津图书奖"获奖图书开展阅读心得分享互动活动。 a176 杭州图书馆联手馆外体验点——辉瑞文化创意有限公司，组织世界读书日专题活动，邀请骑行达人与广大骑友进行互动交流
A4	图书捐赠	a180 举行"有声课本"爱心捐赠仪式，我们请来主持人、文化名人共同发声，录制有声课本捐赠给浙江省盲人学校的学生们，让他们与我们一起享受阅读的快乐
A5	关爱弱势群体	a33 牵手残疾人走进图书馆大型公益活动；向参加活动的残疾人读者发放图书、有声读物和多媒体播放器 a177 今年的世界读书日，杭州市图书馆事业基金会、杭州图书馆特与杭州电视台西湖明珠频道共同发起"用声音传递爱"读书日主题活动，通过全民参与录制有声读物的方式，呼吁全社会关注盲人阅读，用声音来解决盲人阅读"最后一公里"的实际困难
A6	讲座	a18 于我馆负一楼多媒体厅开展"趣说历史，秦汉那些事儿"讲座

---

① 陈向明：《扎根理论的思路和方法》，《教育研究与实验》1999 年第 4 期。
② 柯平等：《基于扎根理论的馆员对公共图书馆组织文化感知研究》，《中国图书馆学报》2014 年第 3 期。

第十章　融合式阅读推广的情境设计

续表

编码	范畴	原始资料
A7	竞赛竞答	a37 脑筋急转弯有奖竞答题 a144 "我的枕边书"百城千校大学生阅读分享创意大赛
A8	名人效应	a20 知名儿童作家简梅梅做客文化会客厅 a66《开学第一课》十年庆典暨新书首发式：撒贝宁与你相约首图
A9	评选评优	a44 图书馆推出以年度借阅数量为依据，分别在研究生、本科生中选出借书最多的前五名读者为"未名读者之星"的活动 a126 比赛分为初赛、网络评审、决赛三个阶段，决赛阶段将评出一、二、三等奖及优秀奖，证书和奖品将在读书月闭幕式上予以颁发
A10	手作与体验	a199 交流节期间每周六举行木艺、植物染、活字印刷、衍纸、压花等手作创意体验活动
A11	书目推荐	a59 精选 99 本借阅量超低的戏剧、影视、戏曲书。 a77 揭晓"读吧！福建"首届福建文学好书榜评选结果
A12	图书义卖	a156 图书义卖、文化用品跳蚤市场
A13	现金奖励	a233 现场秀出你的书法，临摹经典诗词句，500 元现金大奖等你拿
A14	实物赠送	a15 信息检索大赛颁奖仪式，向获奖同学颁发了荣誉证书和精美奖品 a188 所有观众入场前，都会获得"世界安徒生插画大展"定制的礼包，内含蜡笔和纸张
A15	影音欣赏	a6《摇摇晃晃的人间》《我的诗篇》《生门》《声音传奇》《最后的沙漠守望者》5 部经典纪录片公益展映 a55 剪纸协会为你展示戏剧戏曲的艺术魅力
A16	游戏	a111 "跳一跳——成语接龙"活动
A17	作品征集	a9 "我的阅读笔记"手写阅读笔记征集 a142 征集作品包括摄影、歌曲、舞蹈、器乐、舞台剧、相声、小品、书法、雕刻、文学作品等
A18	推优	a116 现场秀出你的书法，临摹经典诗词句，有机会让自己的书法作品成为图书馆的永久珍藏呢！ a146 获奖作品将在各高校图书馆巡展

389

续表

编码	范畴	原始资料
A19	团体合作	a13 分组数点点、找瓢虫 a56 抄书接力活动
A20	图书传递	a49 参与图书漂流与换书大集活动,把您手头的闲置书刊送到馆
A21	关爱环境	a92 少儿读者发挥想象,并亲手挥动画笔在环保购物袋上画出自己喜欢的创意绘画图案
A22	固定任务	a30 阅读书籍,完成"每日签到"、阅读心得、有声朗读等任务,即可获得奖励
A23	知识普及	a181 主要内容包括无偿献血知识、政策宣传咨询
A24	学习培训	a47 中央民族大学图书馆参考书咨询部李静老师的"提升学术信息素养,助力资源有效发现与获取"培训 a84 通过对精品旅游英语的推介学习,让更多的市民朋友体验英语口语学习的乐趣
A25	表演	a94 "经典浸润人生,阅读启迪智慧"绘本舞台剧
A26	便利阅读	a35 开展"你选书,我埋单"现场荐阅活动,精选1000余册图书供读者挑选,现场登记后即可带回家阅读
A27	展览展示	a24 开设了固定展区,展示馆藏特色资源,方便读者近距离探索图书馆的"宝藏" a149 顾晓光"阅读之美"摄影展

(二) 主轴编码

主轴编码,即发现和建立概念类属之间的各种联系,以表现资料中各个部分之间的有机关联。[①] 在整理图书馆"阅读日"活动资料的过程中,以开放性编码的结果为基础,归纳并合并概念类属,形成主轴编码,最终获得10个主范畴(AA1—AA10)。主轴编码结果如表10-5所示。

(三) 选择性编码

图书馆引导读者阅读与广告商吸引消费者购买商品的相似性,使

---

① 陈向明:《扎根理论的思路和方法》,《教育研究与实验》1999年第4期。

第十章 融合式阅读推广的情境设计

得将消费者行为学的 AIDMA 模型应用于图书馆阅读活动激励机制的研究成为可能。在选择性编码阶段，对主轴编码的结果整合提炼，并结合原始资料，以 AIDMA 模型作为理论框架将图书馆吸引读者阅读的各个阶段以故事线的形式梳理得到图书馆阅读活动激励机制模型（见图 10 - 4）。

表 10 - 5　　　　　　　　　主轴编码结果

编码	范畴	下属概念	内涵
AA1	社交激励	A3 分享交流、A19 团体合作、A20 图书传递	为读者提供社会交往，增进人际关系，拓展社交圈的机会，从而满足读者与他人进行交流的需要
AA2	利他激励	A4 图书捐赠、A12 图书义卖、A5 关爱弱势群体、A21 关爱环境	通过公益类活动，为读者提供帮助他人、服务社会的机会
AA3	物质激励	A13 现金奖励、A14 实物赠送	为读者提供现金、实物等物质性报酬，以调动读者的积极性和主动性
AA4	荣誉激励	A9 评优评选、A18 推优	为读者赋予某些荣誉称号，使读者受到关注、获得认可，得到赏识，具有成就感
AA5	挑战激励	A7 竞赛竞答、A17 作品征集、A22 固定任务	利用比赛等形式，唤起读者求胜欲，利用读者竞争意识激发参与兴趣
AA6	名人激励	A8 名人效应	利用读者对名人或榜样的钦佩和向往，以名人行动带动读者行动
AA7	特权激励	A2 读者权益	给予读者更自由和更稀有的权利，使读者产生归属感
AA8	趣味激励	A15 影音欣赏、A16 游戏、A25 表演	提供娱乐性服务，引起读者兴趣
AA9	便利激励	A1 "走出去"、A11 书目推荐、A26 便利阅读	提供便利性的服务，减少读者阅读障碍，提升读者感知易用性
AA10	素养提升激励	A6 讲座、A10 手作与体验、A23 知识普及、A24 学习培训、A27 展览展示	为读者提供知识学习、技能培训、自我成长的平台，实现自身素质提升

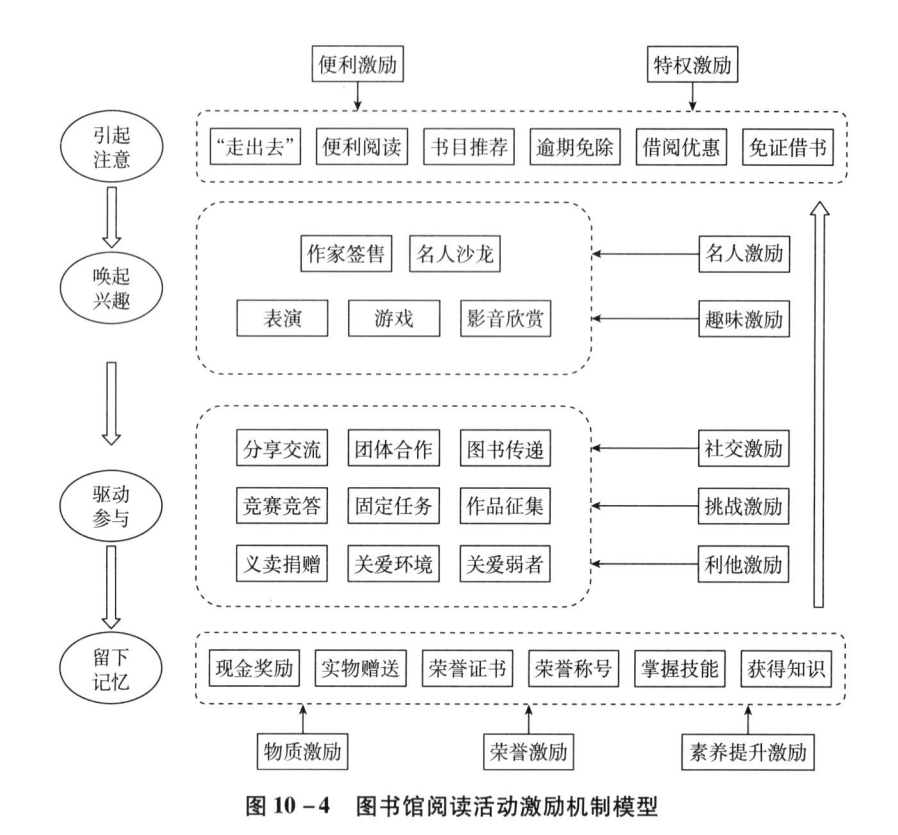

图 10-4　图书馆阅读活动激励机制模型

作为消费者行为学的成熟理论模型之一，AIDMA 模型认为消费者行为包含引起注意（attention）、引起兴趣（interest）、唤起欲望（desire）、留下记忆（memory）和购买行动（action）五个阶段。[①] 为使这一模型更适用于读者阅读行为，本研究将这一模型改造为引起注意、唤起兴趣、驱动参与和留下记忆四个阶段，在此基础上构建出图书馆阅读活动激励机制故事线，即图书馆提供便利性服务和少许特权引起读者注意，通过名人效应和趣味活动唤起读者兴趣，之后利用社会交往、参与挑战和帮助他人这三种形式驱动读者参与到阅读活动之中，活动完成后读者所学到的技能知识或获得的物质及荣誉奖励则是他们对此次阅读活动的记忆，且这种记忆影响着读者的二次阅读参与。研究选取开放性编码阶段未被采集的各图书馆 50 个"阅读日"活动进行饱和度试验，并

---

① 顾俊侃：《基于 AIDMA 理论模型框架下的探索与发现》，《现代商业》2014 年第 32 期。

未发现新的概念和范畴出现，因此，可以认为本次研究基本上达到了理论饱和。

1. 引起注意

引起注意是图书馆通过为读者提供便利或赋予短暂特权而使读者开始关注其举办的阅读活动。美国语言学家齐夫提出的最省力法则认为人总是寻找解决问题的最省力途径，图书馆通过便利性服务使得阅读活动触手可及便是在读者付出最小努力的原则下进行激励。图书馆已有的便利激励手段包括以长沙图书馆在地铁站设立长沙图书馆专区为代表的"图书馆走出去"活动，现场借阅、现场办证等便利阅读活动和好书榜、热书榜、个性化推荐书籍等书目推荐活动。特权激励侧重于强调让读者暂时拥有特殊权利，这一类激励手段包括免除图书逾期款、增加可借阅图书册数、延长借阅期限以及免办证即可借阅等。

2. 唤起兴趣

在读者注意到图书馆活动之后，为使其注意力更加持久图书馆还需进一步唤起读者的兴起。目前来说，图书馆在这一阶段常用的激励机制有名人激励和趣味激励。名人激励通过为读者提供接触名人的机会并利用名人效应带动读者参与活动，这一类名人通常有作家、高校名师、主播、主持人等，如首都图书馆举办的"《开学第一课》十年庆典暨新书首发式：撒贝宁与你相约首图"活动便是利用央视主持人以激发读者参与兴趣。当活动趣味性比较高时人们往往会产生较大的参与兴趣，图书馆当前与阅读活动相关的趣味活动包括影片展播、音乐欣赏、戏曲欣赏、故事表演、绘本表演、猜谜游戏、成语接龙游戏等。

3. 驱动参与

驱动参与是读者产生兴趣后参与到阅读活动之中，包括与他人交流、合作阅读、参与挑战性阅读活动和帮助他人等形式，相应的典型活动分别是北大图书馆阅读马拉松活动（历时一年的全校共读），南京图书馆的成语故事 PK 赛，贵州大学图书馆为农民工子弟募集图书、搭建爱心书屋等。这一阶段通常伴随着读者阅读行为的产生，是读者自主参与到阅读活动之中和直接达成图书馆阅读活动目的的一个阶段。

4. 留下记忆

读者完成阅读后所获得的物质及精神财富会给他们留下丰富的记

忆。图书馆为读者所提供的物质财富有现金、图书、期刊和电子产品等，在此方面比较突出的是湖南大学图书馆设立的阅读专项基金以奖励好读书、读好书的大学生。凭借阅读获得荣誉是图书馆给予读者的精神奖励，这种荣誉称号一般有"优秀读者""借阅达人""书香家庭"等。竞争机制也被引入荣誉激励之中，其中较为独特的是"推优"这一方式，例如重庆大学图书馆将部分优秀临摹书法永久珍藏于图书馆中，杭州图书馆将推荐"课剧本"大赛的第一名参加浙江省厅总决赛。素养提升激励相异于物质激励和荣誉激励的稀缺性与择优性更具有普惠性，凡读者参与活动之中即可学习到一定的技能和知识，其形式有各类型讲座、知识普及活动、技能培训等。留下记忆是图书馆阅读活动激励机制模型的最后一环也是新的阅读活动激励机制的前期铺垫，读者对此次阅读活动好或坏的印象都影响着读者未来是否持续参与图书馆阅读活动甚至自发性阅读。

四 我国图书馆阅读活动激励机制特征分析

为分析国内图书馆已有阅读活动激励机制的特征，本书对公共图书馆和高校图书馆进行对比分析，最终归纳二者共通之处和选择偏好。研究综合考虑图书馆的类型、知名度和地理位置等因素，最终挑选了10个公共图书馆和10个高校图书馆。统计指标为编码过程中的二、三级范畴，统计结果如表10-6所示。同时，立足于面向新时期向复合阅读行为转向这一现状，本书重点考察当前图书馆阅读推广活动激励机制与复合阅读的三特征——复合媒介、复合行为、复合价值是否具有一定相同之处。

复合阅读的行为复合特征是最外化的可观察的一个特征，本书具体考察阅读推广激励机制与读者阅读行为过程的相关度。关于消费者行为过程的AIDMA理论模型显示，成功的销售应源于引起消费者注意，激发消费者兴趣，唤起消费者欲望，以及给消费者留下深刻印象，从而促进消费者购买行为的产生[1]，其理论既可直接用于理解激励问题，又与

---

[1] 牛华伟：《基于AIDMA理论模式对传销洗脑过程的探究》，《现代商业》2016年第8期。

复合阅读的过程特征有相同之处，即启示我们在 AIDMA 模型指导下的理想的图书馆阅读系列活动也应分别涉及激励机制中的引起注意、唤起兴趣、驱动参与和留下记忆四个阶段，但图书馆实际活动的复杂性导致无法严格按照这四个阶段先后顺序组织活动，特别是留下记忆这一阶段通常直接与前三个阶段中的某一阶段联系起来，因此本研究主要从完整度和频次这两个方面进行考察。结合前述图书馆阅读活动激励机制模型及表 10-6，将图书馆阅读活动激励机制特征总结如表 10-6 所示。

表 10-6 　　公共图书馆与高校图书馆阅读活动激励手段统计

	图书馆名称	引起注意		唤起兴趣		驱动参与			留下记忆		
		便利激励	特权激励	名人激励	趣味激励	社交激励	挑战激励	利他激励	物质激励	荣誉激励	素养提升激励
公共图书馆	国家图书馆	×	×	√	√	√	√	×	×	×	√
	重庆图书馆	√	×	√	√	√	×	√	√	√	√
	广州图书馆	×	×	×	√	√	√	√	√	√	×
	天津图书馆	×	×	√	√	√	√	√	√	√	√
	香港公共图书馆	√	×	√	√	√	×	√	√	√	√
	东莞图书馆	×	×	×	√	√	√	√	√	√	√
	南京图书馆	√	×	√	√	√	√	√	√	√	√
	杭州图书馆	×	×	×	×	√	√	√	√	√	√
	长沙图书馆	√	√	√	√	√	√	√	√	√	√
	西安图书馆	√	√	×	×	√	√	√	√	√	√
高校图书馆	北京大学图书馆	√	√	√	√	√	√	√	√	√	√
	武汉大学图书馆	√	×	√	√	√	√	×	√	√	√
	西北工业大学图书馆	×	√	√	√	√	√	√	√	√	√
	重庆大学图书馆	√	×	√	√	√	√	√	√	√	√
	南京大学图书馆	√	√	√	√	√	√	√	√	√	√
	湖南大学图书馆	×	√	√	×	√	√	√	√	√	√
	南开大学图书馆	√	√	√	√	√	√	√	√	√	√
	吉林大学图书馆	×	×	×	√	×	√	√	√	√	×
	华东师范大学图书馆	√	×	√	√	√	√	√	√	√	√
	厦门大学图书馆	√	×	√	√	√	√	√	√	√	√

（一）图书馆多采用综合激励形式

目前国内图书馆在世界读书日活动中综合使用了多种激励手段，且这些激励手段完整涵盖了四个阶段。上述图书馆中60%的图书馆完整度较高，包括重庆图书馆、香港公共图书馆、南京图书馆、长沙图书馆、西安图书馆等公共图书馆和北京大学图书馆、西北工业大学图书馆、重庆大学图书馆、南京大学图书馆、南开大学图书馆、华东师范大学图书馆、厦门大学图书馆等高校图书馆。

以南京图书馆为例，南京图书馆世界读书日系列活动根据读者的年龄特点、兴趣爱好和受教育的程度有针对性地选取有关《史记》的书籍，精心编写内容摘要并告知读者馆藏信息，利用个性化推荐便利读者阅读引起读者对此次活动的注意；活动中开设的作家见面会、《史记》影视片赏析和系列故事讲演等分别利用名人效应和趣味性活动唤起读者参与的兴趣；商业界管理创业分享交流会、连环画故事接力和读者知识竞赛各自利用社交激励、挑战激励让读者参与到阅读活动之中；知识竞赛中颁发的纪念品和南图2017年度优秀读者评选以及《史记》主题讲座、展览、农耕文化学习活动分别利用物质激励、荣誉激励和素养提升激励，给读者留下深刻的记忆。

（二）公共图书馆以驱动参与为主，高校图书馆以留下记忆为主

结合表10-7，可以发现公共图书馆的阅读活动多数集中在驱动参与阶段，其中利他激励显著高于高校图书馆，因此本书将公共图书馆阅读活动激励机制的特征总结为驱动参与型，其更关注阅读活动本身和读者的参与。同理，可将高校图书馆阅读活动激励机制的特征总结为留下记忆型，高校图书馆则更重视读者阅读后的成长与进步。

究其原因，研究认为是公共图书馆与高校图书馆服务职能及服务群体上的差异使得二者在激励机制的选择上呈现了不同的偏好。公共图书馆面向社会大众服务，担负着提高全民族科学文化水平和促进全民阅读的双重责任，因此其工作的重心放在开展多样的阅读活动，以为不同群体的读者参与阅读活动提供更多的机会。以杭州图书馆为例，其开展了"图书捐赠"、"无偿献血"和"录制有声读物"三种不同形式的公益性活动，不仅利用"利他激励"促使普通读者参与阅读活动，也保障了特殊群体的阅读权利和平等机会。而高校图书馆作为学校的信息资源

中心和为教学、科学研究服务的学术性机构，其服务内容、服务手段和服务方法，无一不反映学术性。① 因此高校图书馆更重视读者通过阅读活动所获得的思想或技能上的提升。

（三）图书馆在"引起注意"上仍处于初步探索阶段

公共图书馆和高校图书馆引起注意阶段的活动数量均处于四个阶段的底端，说明目前国内图书馆对如何引起读者注意力尚处于初步探索阶段。这一现象的出现根植于图书馆的被动式服务思维，图书馆的服务思维长久以来固化于以图书馆为中心，忽略自身宣传，不愿主动接近读者，被动等待读者"上门"。新时期图书馆服务创新与转型发展的需要使这种现象得以改善，图书馆开始跳出地理位置上的服务圈，主动走进学校（西南交通大学图书馆、西安图书馆）、食堂（南京大学图书馆）、地铁站（长沙图书馆）、机场（重庆图书馆）、托老院（海南省图书馆）等，这些均可视为图书馆利用便利激励引起读者注意的努力。

一些图书馆还巧妙利用读者权益来吸引读者，例如免除逾期款、免押金办证等，但图书馆读者群体的多样化和群体背景的复杂性导致图书馆读者管理本身具有一定的挑战性，出于规范化读者管理的需要，图书馆通过让步自身利益，扩展读者权益来吸引读者存在一定的困难。近年来，图书馆理念的变革以及《中华人民共和国公共图书馆法》中对"公共图书馆应免费向社会公众提供文献信息的查询借阅等服务"的明确规定均使得免押金、免证借阅普遍化，这意味着读者权益的扩大，也意味着图书馆应该思考新的特权激励手段。在这种情况下，借阅差异化管理不失为特权激励的一种新思路，如读者信誉越高可借阅书籍量越多或节假日可借阅量的暂时增加等。

五 复合阅读视角的阅读推广激励机制构建

文章利用扎根理论对2018年国内图书馆世界读书日的活动进行总结归纳，发现当前图书馆阅读活动激励手段包括便利激励、特权激励、名人激励、趣味激励、社交激励、挑战激励、利他激励、物质激

---

① 吴慰慈、董焱：《图书馆学概论》，国家图书馆出版社2008年版，第115—117页。

励、荣誉激励和素养提升激励10种，根据其内在联系结合消费者行为学中的AIDMA模型，可将这些激励手段整合为包括引起注意、唤起兴趣、驱动参与和留下记忆四个阶段的阅读活动激励机制理论模型。

基于本节对发现并结合前面数章关于复合阅读行为的研究，特为我国图书馆阅读推广的激励机制构建提出以下建议：

(一) 整体性思维要贯穿始终

对于阅读推广项目中的各个软元素和硬要素，都不是相互割裂、独立存在的。例如，在进行对参与对象的分析时，对其出现的地点、所参与的活动，以及追求的价值和目标、技术因素等都纳入分析，使之相互统一、互为支撑。验证是否运用整体性思维的方法：任意挑选一个元素，检查是否符合其他元素的要求，若有一个元素不满足，则其中一环必定没有运用整体性思维。

(二) 重视推广活动中参与对象的体验、价值和目标追求

情境设计强调使用者的有价值愉悦感。在推广活动中参与对象的价值和目标虽然有所不同，但是一般来说仍符合情境理论中三大愉悦感。推广活动中参与对象出现在活动现场的快乐、在活动现场拥有特定身份（读者或分享者）的快乐、在活动中拥有自己所追求价值和目标的快乐。这三种快乐或许出现其中一种，或许出现两种，也可能会全部同时出现。那么阅读推广的主体在设计活动时要竭力满足参与对象对这三大快乐的需求，让参与对象感受到自己的需求被满足和被响应，这是持续健康地吸引参与对象的重要设计思维。

(三) 技术力量对激励机制构建的作用不容忽视

目前绝大部分图书馆的活动完整涵盖了阅读活动激励机制模型的四个阶段，但各个激励手段的取舍和先后顺序需引起图书馆的反思。图书馆在阅读活动中应采用综合激励形式，不同类型图书馆由于其职责与服务群体的不同，激励手段的选择偏好可能不同，图书馆应结合本馆情况构建具有馆际特色的激励机制。而构成情景的技术力量在综合激励方面将起到基础作用，情景的五种技术力量：移动设备、社交媒体、小数据、传感器、定位系统正在改变阅读推广活动中参与对象的体验。因为有了场景五力，参与对象的价值和目标追求更容易被追踪和识别到，从

而对推广活动的主体而言也更容易去满足参与对象的需求，参与对象也能更好更快地体验到追求价值和目标的愉悦感。技术力量的充分利用，一方面会给阅读推广主体反馈出精准的关于参与对象的小数据，另一方面也为参与对象提供他们所需要的小数据。

第十一章 融合式阅读推广的渠道设计

融合式阅读推广的"合",在于整合阅读推广渠道,编织阅读推广网络。媒介融合为融合式阅读推广的实现提供了物质基础,而融合式阅读推广最外显特征即在于其利用全媒体环境技术条件实现阅读推广和阅读服务的渠道融合。本章即围绕图书馆怎样实现渠道融合展开探讨,并进而讨论如何通过渠道融合实现图书馆—读者关系的深化。

第一节 渠道融合理论及其应用

随着移动互联网时代的到来,信息获取的渠道呈现多元化的趋势,人们可以从电脑、微信、微博等多种渠道获取需要的信息,人们更倾向于根据自己的使用场景,选择最有效的渠道完成信息获取,即快节奏的生活要求人们快速处理各类事务,也要求各行业的服务紧跟用户行为的变化。[1] 随着图书馆读者信息获取渠道变得多元化,读者可以在收集信息、获取信息、反馈信息等不同阶段采用不同的渠道。[2] 这就要求图书馆整合各渠道,使读者在各渠道获得一体化的服务,实现渠道融合。因此,探索图书馆阅读服务渠道之间如何融合、如何实现渠道融合,显得

---

[1] 高汛、李宁:《智慧图书馆场景服务的构建机理》,《图书情报导刊》2018 年第 11 期。
[2] 罗昌华:《基于全渠道理论的图书馆资源建设与服务模式重构》,《图书情报工作》2018 年第 3 期。

尤为重要。

一 渠道

渠道的概念来自营销领域，后扩张到更广泛的商业领域。李飞认为渠道是产品和服务从生产者手中向消费者手中转移所经过的路径和过程。[①] Neslin 等认为，渠道是指顾客与企业之间的接触点或者与企业发生互动行为的中介媒体。[②] 对于服务和渠道的关系，渠道是服务的载体，服务的传递依赖于良好的渠道体系。对于图书馆服务的渠道暂时没有统一的界定，但是渠道的概念逐渐被运用到图书馆领域。国外学者更早在图书馆领域提及"渠道"一词，Emmanuel Baro 等调查了大学图书馆参考咨询服务的多渠道使用情况，并对各个渠道进行对比。[③] Zhang 等研究了用户从图书馆网络端向移动端的渠道转换意图的影响研究。[④] 随着图书馆一体化服务的提出和读者行为的变化，国内学者也开始在图书馆领域使用"渠道"一词，崔宏强提出图书馆线上线下一体化服务要基于无缝衔接、通畅的渠道体系。[⑤] 肖达根对晋江市图书馆的服务渠道的实践进行调查，发现存在的问题并提出解决策略[⑥]。随着长期的发展，图书馆已经具备实体馆舍、馆外服务网点为代表的线下渠道；网站、微博、微信号等线上渠道。罗昌华提出当前图书馆对于渠道的认识和界定仍不明显，但有必要对渠道的概念进行构建并指出，从用户使用路径来说，用户接触渠道入口，选择合适的渠道获得知识提供方式，且

[①] 李飞：《全渠道零售的含义、成因及对策》，《北京工商大学学报》2013 年第 2 期。

[②] Neslin S. A., et al., "Challenges and Opportunities in Multichannel Customer Management", *Journal of Service Research*, 2006, 9 (2): 95–112.

[③] Baro E. et al, "Reference Inquiries Received Through Different Channels: The Challenges Reference Librarians Face in University Libraries in Nigeria", *Reference Service Review*, 1973, 42, (3): 514–529.

[④] Zhang, Min, et al., "Which Platform Should I Choose? Factors Influencing Consumers' Channel Transfer Intention from Web-based to Mobile Library Service", *Library Hi Tech*, 2016, 34 (1): 2–20.

[⑤] 崔宏强：《线上线下一体化服务在图书馆中的应用刍议》，《教育教学论坛》2018 年第 44 期。

[⑥] 肖达根：《晋江市图书馆公共文化服务渠道研究》，硕士学位论文，华侨大学公共管理系，2016 年。

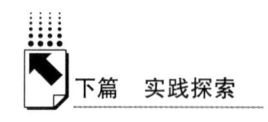

这些渠道呈现多元化趋势。① 因此，在多渠道的背景下，有必要对图书馆的渠道进行梳理和研究，以推进图书馆的渠道发展。

总的来看，营销领域中的渠道指促使服务产品顺利到达顾客手中，被使用或消费的相互依赖、相互协调的系统性组织。② 在图书馆阅读推广活动中，我们则可以将渠道理解为促使读者获取及使用图书馆资源、服务或提升读者阅读理念、阅读习惯、阅读体验等的相互协作的系统性组织。

二 渠道融合

随着互联网和新兴技术的迅猛发展，企业逐渐趋向于采用多种渠道相结合的方式推广产品和服务③，因而多渠道、渠道融合等相关内容也成为了企业管理的重要研究方向。Levy 和 Weitz 将多渠道定义为服务提供商通过一种以上的渠道与消费者互动和交易所涉及的一系列活动④，孟魁将渠道融合定义为企业将线上线下渠道融合，企业自有渠道和其他渠道融合，渠道之间相互协同形成一个完整的渠道体系，也就是说顾客能够根据自己的使用场景和需求，在查询、购买、收货等不同的阶段，切换使用不同的渠道⑤⑥。Montoya – Weiss 等认为，渠道之间便于进行切换是渠道融合的最大特点。⑦ Bendoly 等认为渠道整合的重点在于各个渠道之间的交互。⑧ 张沛然等则从零售商和消费者两个方面对渠道融

---

① 罗昌华：《基于全渠道理论的图书馆资源建设与服务模式》，《图书情报工作》2018年第3期。

② ［美］罗杰·凯林等：《市场营销》，董伊人等译，世界图书出版公司北京公司2012年版，第328页。

③ 谢毅：《多渠道服务管理研究述评》，《外国经济与管理》2012年第12期。

④ ［美］迈克尔·利维、巴顿 A. 韦茨：《零售学精要》，郭武文译，机械工业出版社2000年版。

⑤ 孟魁：《网上销售渠道与传统销售渠道的融合研究》，《长江大学管理学院学报》2015年第22期。

⑥ Berman B., Thelen S., "A Guide to Developing and Managing a Well – integrated Multi – channel Retail Strategy", *International Journal of Retail& Distribution Management*, 2004, 32 (3): 147 – 156.

⑦ Montoya – Weiss M. M., et al., "Determinants of Online Channel Use and Overall Satisfactioin with a Relational, Multichannel Service Provider", *Journal of the Academy of Marketing Science*, 2003, 31 (4): 448 – 458.

⑧ Bendoly E., et al., "Online/In – Store Integration and Customer Retention", *Journal of Service Research*, 2005, 7 (4): 313 – 327.

合进行定义,即零售商使得渠道之间支持并且可切换,使消费者能够选择并切换不同的渠道。① 本书借鉴张沛然等的定义,将图书馆服务渠道融合定义为,从图书馆角度来说,指图书馆实现多个服务渠道之间的相互支持并且不同渠道之间可切换;从读者角度来说,渠道融合指的是图书馆允许读者在获取服务信息或服务时,使用两个或两个以上的渠道来切换或组合。此处的融合包含三层意义,一是多种渠道共同存在一个渠道体系里;二是渠道之间是相互支持的;三是渠道之间可切换。

(一) 国外对于渠道融合的研究

渠道融合是伴随线上零售渠道的产生而产生的一个概念,从 20 世纪初,国外学者开始对渠道融合的相关研究。

对于渠道融合的较早研究主要集中于渠道融合的原因、融合的效果、融合的维度、融合的绩效测量这几个方面。就渠道融合的原因,Rangaswamy 等提出为了提升购物体验,零售商开始整合多种渠道。② Neslin S A 等认为,多渠道融合可以增加各渠道的信息展示机会,增加了企业的顾客保留能力。③ 对于渠道融合的效果,大量学者通过实证研究的方法证明了渠道融合对于企业收入、顾客忠诚度、信任、满意度的正向影响。例如 Zhang 等研究得出零售商可以通过渠道融合克服各渠道之间的缺陷④,顾客能够获得足够多的信息,减少了购物中的疑惑和可变性,因此增加了顾客的信任⑤⑥。对于渠道融合的维度,学者们暂时没有达成一致。Robey 等将线上线下渠道之间的融合关系归纳为渠道强

---

① 张沛然等:《互联网环境下的多渠道管理研究——一个综述》,《经济管理》2017 年第 1 期。

② Rangaswamy A., Van Bruggen G. H., "Opportunities and Challenges in Multichannel Marketing: an Introduction to the Special Issue", *Journal of Interactive Marketing*, 2005, 19 (2): 5 - 11.

③ Neslin S. A., et al., "Challenges and Opportunities in Multichannel Customer Management", *Journal of Service Research*, 2006, 9 (2): 95 - 112.

④ Zhang J., et al., "Crafting Integrated Multichannel Retailing Strategies", *Journal of Interactive Marketing*, 2010, 24 (2): 168 - 180.

⑤ Davis, Robert, M. Buchanan - Oliver, and R. J. Brodie, "Retail Service Branding in Electronic - Commerce Environments", *Journal of Service Research*, 2020, 3 (2): 178 - 186.

⑥ Schramm - Klein, Hanna and Dirk Morschett, "Retail Channel Portfolios: Channel - Attributes or Integration - Benefit - What Counts More?", *European Advances in Consumer Research*, 2006, 7: 377 - 384.

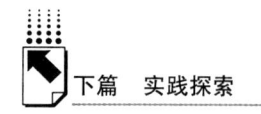

化、渠道协同、渠道互补、渠道互惠。① 对于渠道融合的绩效测量，Lee 和 Kim 利用 Robey 的框架衡量消费者对于零售商的绩效感知，提出渠道融合的测量指标包括信息一致性、电子邮件营销效力、渠道互惠、消费者对于实体店感知等。② 此外，在公共服务领域，Ebbers 等学者在已有研究的基础上提出了一个结合公共渠道类型和渠道模式的公共服务模型，用来解释公众为什么要采用多种渠道与政府部门进行交互以及怎样交互。③

（二）国内对于渠道融合的研究

国内对于渠道融合的研究相对国外较晚，但是也引起了国内众多学者的关注，学者们逐渐将渠道融合从零售领域扩展到银行、农业、旅游等领域。学者们主要对渠道融合的定义、渠道融合的效果、渠道融合的发展策略进行了研究，这些研究大多针对线上线下的渠道融合的研究。在渠道融合的效果方面，徐金泉和王竹泉通过对农林牧渔供应链渠道的融合分析，提出上下游产业实现渠道融合，可提高企业的管理绩效。④ 不少学者对传统渠道向渠道融合的发展进行了研究，提出相关策略或者模型。例如，唐泽兵以 GH 银行为例，对商业银行的线上线下渠道融合进行了研究，并提出了商业银行线上线下渠道融合的模型。⑤ 郭燕等通过建立数学模型和案例分析，对零售商从传统渠道到渠道融合的升级进行探析，提出了传统渠道向融合渠道进行升级的策略。⑥ 朱红灿则对国外公共渠道研究进行梳理，总结了公共渠道类型、模式、行为选择、管理策略等研究成果，认为政府部门寻求理想的渠道混合为公众服务极为

---

① Robey D., et al., "Intertwining Material and Virtual Work", *Information and Organization*, 2003, 13 (2): 111 – 129.
② Lee H. H., and Kim J., "Investigating Dimensionality of Multichannel Retailer's Cross – channel Integration Practice and Effectiveness: Shopping Orientation and Loyalty Intention", *Journal of Marketing Channels*, 2010, 17 (4): 281 – 312.
③ Ebbers W. E., et al., "Electronic Government: Rethinking Channel Management Strategies", *Government Information Quarterly*, 2008, 25 (2): 181 – 201.
④ 王竹泉、徐金泉：《渠道融合、协同与营运资金管理绩效提升——基于农林牧渔业供应链运作的多案例研究》，《财会月刊》2010 年第 4 期。
⑤ 唐泽兵：《商业银行线上线下渠道融合研究》，硕士学位论文，西安工业大学，2017 年。
⑥ 郭燕等：《基于线上线下融合的传统零售商转型升级研究》，《中国管理科学》2015 年第 23 期。

重要。①

综上所述，国外对于渠道融合的研究更早，外国研究者注重于对渠道融合维度和渠道融合的影响因素的探究；而国内学者则更倾向于研究渠道融合的模式和渠道融合的发展。相同的是，随着渠道建设越发受到重视，对于渠道融合的研究逐渐从零售领域扩展到其他商业或者非营利性领域，例如银行、农业、旅游业、公共服务等。从研究范畴来说，对于渠道融合的研究不再局限于对线上线下渠道间的研究。Bahn 和 Fischer 对企业线上线下渠道的融合做了系统的研究，并给出了五个不同阶段的融合：网站展示、产品形象最大化、分解交易、平行渠道、完全整合。② 当今线上和线下渠道之间的关系已经不局限于线上展示，线下体验的模式，并逐渐从 O2O 运营的模式，转向以用户为核心的渠道融合，即渠道融合不仅仅局限于线上和线下渠道间，也包括线上与线上、线下与线下的融合。③

（三）图书馆渠道融合研究

移动互联网及新兴技术的发展下，多渠道融合服务模式越发成为各领域极力发展的产品递送方式，特别是渠道融合，其为企业、政府以及其他机构带来了新市场、新手段，是价值创造的源泉。图书馆同样不例外，在渠道类型越发多样化的背景下，图书馆逐渐趋向于采用多渠道协同、渠道融合的方式推广资源、服务或阅读理念，以期最大化提升读者体验，提高阅读推广活动价值。

图书馆领域对于渠道融合的研究相对较缺乏，但是越来越多的学者提及这一概念。在倡导服务一体化的趋势下，近年来图书馆界学者对于线上线下融合的研究越来越多，也涉及图书馆之间、图书馆与社会机构的融合发展。尤其是互联网时代的到来使读者对于图书馆服务的使用不仅仅局限于线下实体馆。随着《"十三五"时期全国公共图书馆事业发

---

① 朱红灿：《国外公共渠道策略与进展研究综述》，《中国行政管理》2013 年第 11 期。
② Bahn D. L. , Fischer P. P. , "Clicks and Mortar: Balancing Brick and Mortar Business Strategy and Operation with Auxiliary Electronic Commerce", *Information Technology and Management*, 2003, 4 (2-3): 319-334.
③ 汪旭晖等：《从多渠道到全渠道：互联网背景下传统零售企业转型升级路径——基于银泰百货和永辉超市的双案例研究》，《北京工商大学学报》2018 年第 33 期。

展规划》《公共图书馆法》提出了对线上线下相结合的服务模式的要求，更多学者着重对图书馆线上线下结合的探讨。

张玉斌提出公共图书馆未来发展方向是实现互通互联，指出图书馆之间、图书馆和各类社会机构之间要实现信息共享，实现高效互联。[1] 肖蔚蓝认为图书馆的阅读推广要借助电视、广播、手机移动应用等多种渠道，渠道之间相互协同，推广图书馆的职能。[2] 张敬提出图书馆要推动线上渠道的建设，并且在线下与其他图书馆、业界媒体平台等深度合作，形成多元化的渠道。[3]

自 2015 年起，对于图书馆 O2O 的研究越来越多，以"图书馆 O2O"为主题的文献数量急剧增加[4]，学者们普遍认同涉及线上线下结合的都属于 O2O 的研究领域，国内学者研究重点包括图书馆 O2O 服务的实践、模式、面临的问题和策略提出。在 O2O 服务实践上，主要包括线上线下结合的借阅服务，例如线上预借快递到家、借阅引入信用机制等。例如，陆其美对在馆藏建设和借阅服务上图书馆 O2O 的实践进行举例分析，包括明光图书馆的美团快递借书服务、杭州图书馆"悦借"、支付宝信用借服务。[5] 对于 O2O 服务模式上，曹卫清认为 O2O 模式不仅是通过线上宣传推广，线下体验，而是要做到从线下的体验再到线上进行反馈，达成 O2O 闭环。[6] 而李正超认为对于图书馆 O2O 模式的研究，不仅应该着眼于线上展示线下体验，而且应该聚焦在线上线下的融合，达成线上线下的无缝对接、融合发展。[7] 在 O2O 面临的问题方面，主要包括数据格式不一致、各系统不兼容、线上服务功能单一、业

---

[1] 张玉斌：《我国公共图书馆智慧服务研究》，硕士学位论文，山西财经大学，2018 年。
[2] 肖蔚蓝：《全媒体环境下图书馆阅读品牌推广渠道探析》，《内蒙古科技与经济》2016 年第 15 期。
[3] 张敬：《在全民阅读环境下公共图书馆社会化角色的定位与服务创新》，《黑河学院学报》2017 年第 8 期。
[4] 李正超：《基于 O2O 的图书馆线上与线下互动融合模式探析》，《图书馆工作与研究》2018 年第 8 期。
[5] 陆其美：《基于 O2O 模式的图书馆服务产品设计开发与实践探索》，《大学图书情报学刊》2018 年第 6 期。
[6] 曹卫清：《O2O 闭环模式在图书馆服务中的应用探析》，《图书情报导刊》2017 年第 4 期。
[7] 李正超：《基于 O2O 的图书馆线上与线下互动融合模式探析》，《图书馆工作与研究》2018 年第 8 期。

务流程整合不畅等问题。例如,兰孝慈提出现在图书馆线上线下服务的协同不足,究其缘由是数据不统一、信息平台异构,并提出图书馆要打破原有各平台壁垒,实现融合的服务。[1]

可以看出,学者们对O2O的研究逐渐从线上展示,线下体验,到O2O闭环,到线上线下融合,并且"融合"一词被较高频率地提及。例如,崔宏强提出图书馆线上线下服务的结合要依赖于无缝衔接、通畅的渠道体系[2];兰孝慈提出O2O能够弥补图书馆服务渠道过窄,从而给读者提供更加有效率的服务。[3] 由此可见线上线下融合的研究逐渐受到学者们的重视,线上线下的融合要依赖于完善的渠道体系,线上线下的融合也涉及线上线下渠道的融合。

总体来说,渠道的融合已逐渐受到图书馆界的关注,但是对于图书馆渠道融合的系统研究非常缺乏。

三 全渠道理论

全渠道(omni-channel)的概念最早来源于零售领域。随着信息技术的发展和移动设备的普及,线上线下的多样化使得用户可以在一个渠道开始购物,在另一个渠道完成购物。Darrell Rigby(2011)提出了数字化零售带来了翻天覆地的变化,使零售商可通过实体店、网店、直邮和电话等各种渠道为消费者提供服务,并且把这种现象描述为全渠道零售(omni-channel retailing)。[4]

(一)国外对于全渠道理论的研究

国外对于全渠道的研究主要包括对全渠道概念、全渠道发展历程、全渠道理论的应用等。对于全渠道的定义,学者们尚未达成统一。Cuthbertson 等认为,全渠道是通过多种渠道运用,使消费者在购物过程

---

[1] 兰孝慈:《供给侧改革视阈下高校图书馆O2O服务模式构建的策略研究》,《情报探索》2018年第11期。

[2] 崔宏强:《线上线下一体化服务在图书馆中的应用刍议》,《教育教学论坛》2018年第44期。

[3] Piotrowicz W., Cuthbertson R., "Introduction to the Special Issue Information Technology in Retail: Toward Omnichannel Retailing", *International Journal of Electronic Commerce*, 2014, 4 (18): 5-15.

[4] Rigby D., "The Future of Shopping", *Harvard Business Review*, 2011 (12): 64-75.

中享受无缝式体验。① Beck 和 Rygl 提出全渠道零售是客户可以触发全渠道互动或者零售商控制全渠道整合②，即渠道之间互动并且高度融合。全渠道模式经历了多个阶段的发展演进。对于全渠道模式发展历程的讨论起始于零售行业，并逐渐被运用到更多的领域。Thierry Burdin 认为全渠道零售经历了从单渠道（mono-channel）发展到多渠道（multi-channel），再到交叉渠道（cross-channel）最后到全渠道（omni-channel）。③ 对于全渠道的应用来说，Neslin 等指出了全渠道的五个重要挑战，即跨渠道的数据整合、在多渠道环境中识别客户的行为、渠道评价、渠道的资源配置和策略调整。④ 在全渠道对企业的绩效影响方面，许多学者通过实证的方式探讨了增加渠道或渠道整合对企业绩效的影响⑤。

（二）国内对于全渠道理论的研究

国内对于全渠道的研究稍晚于国外，主要集中于全渠道概念、全渠道的成因和演化、全渠道理论的应用研究等。对于全渠道的定义，李飞提出全渠道是企业采取多样化的渠道进行整合，来满足用户的需求，涵盖有形、无形店铺和媒体。⑥ 罗昌华认为，全渠道的实质是数字环境下，用户不再局限于单渠道，而是在网店、移动端、社交网络媒体、实体店等全渠道中，期望获得渠道间的无缝体验，并且全渠道追求的是各

---

① Piotrowicz W., Cuthbertson R., "Introduction to the Special Issue Information Technology in Retail: Toward Omnichannel Retailing", *International Journal of Electronic Commerce*, 2014, 4 (18): 5-15.

② Beck N., Rygl D., "Categorization of Multiple Channel Retailing in Multi-, Cross-, and Omni-Channel Retailing for retailers and retailing", *Journal of Retailing and Consumer Services*, 2015, 27: 170-178.

③ Burdin T., "Omini-channel Retailing: The Brick, Click and Mobile revolution", [2013-01-05]. http://www.cegid.com/retial.

④ Neslin S. A., et al., "Challenges and Opportunities in Multichannel Customer Management", *Journal of Service Research*, 2006, 9 (2): 95-112.

⑤ Cheng, et al., "Will Echannel Additions Increase the Financial Performance of the Firm?—The Evidence from Taiwan", *Industrial Marketing Management*, 2007, 36 (1): 50-7.

⑥ 李飞：《全渠道零售的含义、成因及对策——再论迎接中国多渠道零售革命风暴》，《北京工商大学学报》2013 年第 2 期。

个渠道之间的高度融合。① 可以看出全渠道是一种理想的状态，是渠道高度融合的表现，是多种渠道的无缝融合。本书研究中，笔者采用罗昌华对于全渠道的理解。

对于全渠道的发展历程，李飞在 Burdin 的基础上，提出全渠道是在"单渠道""多渠道""跨渠道"的基础上演进而来的，即从实体店的单渠道，实体加网店的双重渠道，到实体店、网店之间融合的跨渠道，再到关注顾客体验并综合运用各种渠道的全渠道阶段，并且划分了不同阶段的对应时间，如图 11-1 所示。

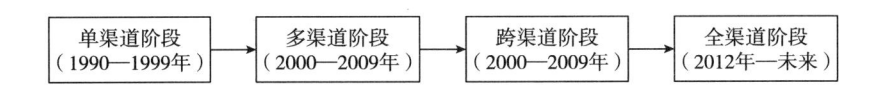

```
单渠道阶段        多渠道阶段        跨渠道阶段        全渠道阶段
(1990—1999年) → (2000—2009年) → (2000—2009年) → (2012年—未来)
```

图 11-1　零售行业全渠道发展过程

综合之前学者的研究，罗昌华提出了全渠道的"全"是针对单渠道、多渠道、跨渠道而言的，并且图示了渠道之间的关系，揭示了全渠道的演进过程，如图 11-2 所示。

对于单渠道、多渠道、跨渠道的定义，学者们分别从用户和企业角度进行论述，并未形成统一的定义。本书从用户角度对产品或服务获取过程进行阐述，将相关概念做如下界定：单渠道是指通过一种渠道完成产品或服务获取；多渠道是用户通过两种或者两种以上的渠道独立完成产品或服务获取；跨渠道是用户通过多种渠道的组合完成产品或服务获取的整个过程，每种渠道仅仅完成部分的过程。而在全渠道模式下，用户可以通过其中一种渠道或者多种渠道的组合完成一致、无缝的体验。

对于全渠道理论的应用研究，包括企业和消费者两个层面，许多国内学者利用全渠道理论对特定企业的实践、特定行业全渠道模式进行研究，并逐渐从零售领域扩展到营销或者其他领域。例如，张训雅对 LWJ 公司的全渠道实践进行研究，提出其渠道变革的原因、问题和策略。②

---

① 罗昌华：《基于全渠道理论的图书馆资源建设与服务模式重构》，《图书情报工作》2018 年第 3 期。

② 张训雅：《LWJ 公司全渠道管理研究》，硕士学位论文，电子科技大学，2018 年。

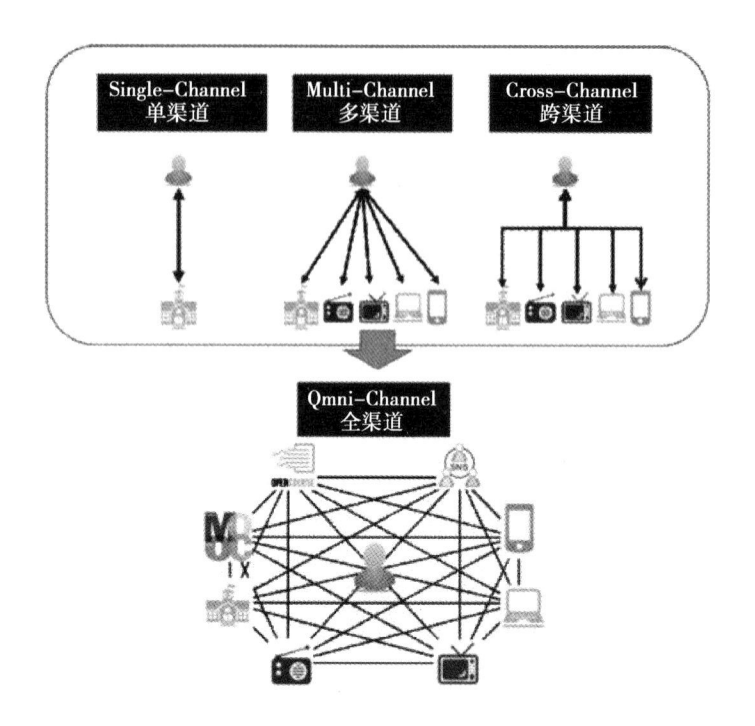

图 11-2　全渠道形成过程

李飞认为全渠道不仅与零售商有关,也与制造商有关,并且与企业营销有关[1],他首次对全渠道营销的策略进行研究。在消费者层面,对于全渠道背景下消费者的行为变化、接受意愿等,例如崔慧超、刘爱军对顾客在全渠道背景下的渠道迁徙行为进行探究,证明迁徙成本、顾客忠诚是迁徙行为的主要阻碍。[2]

总体来说,国内外学者都对全渠道的概念、发展历程进行了探讨,国内学者更偏向于对全渠道理论的应用研究,国外学者更偏向于对全渠道理论的研究,但是全渠道的研究范围逐渐从零售领域扩展到非商业领域。

---

[1] 李飞:《全渠道营销理论——三论迎接中国多渠道零售革命风暴》,《北京工商大学学报》2014 年第 3 期。
[2] 崔慧超、刘爱军:《全渠道环境下消费者渠道迁徙行为研究——以消费者购买苹果为例》,《商业经济研究》2018 年第 17 期。

（三）全渠道理论在图书馆领域的适用性

全渠道概念提出后，相关研究从零售扩展到营销领域，并且将会覆盖更多的领域，全渠道消费者时代已经到来。① 全渠道理论最早源于电商零售行业，而图书馆传统馆舍和线上服务的格局与电子商务非常相似。② 图书馆经过长期的积淀，已经有了比较多样化的渠道。图书馆不仅为用户提供实体馆舍、自助服务网点等线下渠道，也逐渐完善数字图书馆、移动图书馆、网站、微信公众号、App 等线上渠道。虽然各图书馆的渠道融合状况有所差异，但是已经具备全渠道的雏形。③ 罗昌华基于全渠道理论，认为图书馆的服务的渠道也呈现电子化和移动化结合的态势，提出了图书馆资源建设和服务的新模式。④ 这是首次将全渠道理论拓展到图书馆领域，但相关研究较缺乏。在图书馆的渠道建设中运用全渠道理论，是全渠道理论从商业领域拓展到社会领域的重要一步，有利于优化社会资源的配置和社会福利的提高。本书研究也将借鉴全渠道理论，对公共图书馆的读者服务的渠道融合进行进一步的研究，希望能丰富这一研究领域。

第二节　图书馆阅读推广中的渠道融合研究

随着当下移动互联网的迅猛发展以及图书馆空间服务范围的延伸，许多新兴的渠道被灵活有效地应用于阅读推广活动中，渠道融合模式也越发多样化，极大地提高了阅读推广活动设计的创意性、丰富性和有效性。那么，目前各个图书馆都采用了哪些渠道来开展阅读推广活动，怎样实现渠道融合？围绕以上问题，本节基于《2018 年阅读行业"两微一端"运营报告》中公布的图书馆类微信公众号排行榜，选取排名前

---

① 李飞：《全渠道营销理论——三论迎接中国多渠道零售革命风暴》，《北京工商大学学报》2014 年第 3 期。

② 王丽荣、吴一舟：《公共图书馆 O2O 借阅之思考》，《图书馆工作与研究》2018 年第 1 期。

③ 罗昌华：《基于全渠道理论的图书馆资源建设与服务模式重构》，《图书情报工作》2018 年第 3 期。

④ 李飞：《全渠道营销理论——三论迎接中国多渠道零售革命风暴》，《北京工商大学学报》2014 年第 3 期。

50 的公众号作为研究案例，进行世界读书日活动样本资料的收集与分析，梳理其渠道的类型、功能以及应用模式。

一　案例选择

世界读书日是开展阅读推广活动的最佳时间节点，每年全国各大图书馆都会以"4·23 世界读书日"为契机推出各种精彩纷呈的阅读推广活动，以邀读者共享阅读盛宴。《2018 年阅读行业"两微一端"运营报告》公布了《阅读行业微信 TOP20 榜单及六大榜单》，其中"图书馆类微信公众号排行榜"有 207 个公众号上榜，本书采用案例法选取榜单前 50 作为数据来源样本，通过访问其微信公众号，获取关于世界读书日活动的信息，并着眼于渠道类型及其应用情况的梳理，将信息进行摘录并汇总。最终，50 个微信公众号中有 3 个微信公众号未在其平台上发布与世界读书日活动相关的信息，我们根据其余 47 个微信公众号的有效信息梳理其渠道应用情况（见表 11-1）。

表 11-1　　　　　　世界读书日活动部分典型案例

序号	公众号	活动名称	渠道要素及应用
2	厦门市图书馆	阅享生活读行厦门	地铁站"悦读分享空间"形式融入市民生活，推行书展、线上扫码领书券
		共读不孤独	使用掌上厦门 App，读者选择一本书跟读，同一本书的读者成为一组，一起打卡、书评、交流，每组有一位领读人，发布音频、视频、直播等分享心得
9	长沙图书馆	经典诵读	微信小程序录制作品上传，或长沙图书馆朗诵亭诵读录制上传
		悦享·读书会"有书"快闪阅读	图书馆现场共同制订阅读计划
11	武汉大学图书馆	中华经典美文朗诵大赛	朗读亭、微信小程序报名以及提交作品，评选线上通知
		古典文学知识大赛	决赛选手现场作答，攻擂选手使用"学习通"App 参与答题

续表

序号	公众号	活动名称	渠道要素及应用
12	国家图书馆	印象数字：带你畅游数字图书馆	图书馆员带领现场讲解，"世界读书日"特别活动网络现场直播，"学习强国"App推荐的公开课
20	华东师范大学图书馆	丽娃共读	线上组团，三十天共读一本好书，丽娃共读订阅号每天推送文章；另组建线上共读群，通过小程序打卡；线下读书沙龙交流分享
43	重庆工商大学图书馆	书非"荐"不能读	以明信片为载体的荐读活动，读者线上发送荐读卡至图书馆QQ，或留言微信、微博等，另现场开展荐读收集活动

以此为基础我们对各馆渠道应用具体情形进行了进一步案例分析。分析分三步骤展开：首先，标注出各个图书馆读书日活动中所采用的具体渠道，再自下而上对渠道进行分类归纳；其次，根据活动中渠道类型的多样性以及不同渠道应用的时间阶段、应用效果等，对渠道的应用情况进行标注，尤其关注较复杂丰富的读书日活动，进而根据整体渠道应用情况归纳渠道应用模式；最后，基于以上渠道梳理结果并结合读书日活动案例，挖掘图书馆通过渠道与读者产生的信息交互情况，由此进一步探索二者间稳定关系的建立与发展。

二 阅读推广渠道类型分析

在渠道类型划分上，除目前较为普遍的线上线下渠道分类方式外，我们通过识别抽取世界读书日活动样本中应用的具体渠道，将其分类归纳，发现图书馆所采用的渠道还可依据渠道主体归纳为三种：本馆渠道、第三方渠道以及通用渠道。

本馆渠道主要指由该图书馆建立的具有权威性的渠道，如图书馆微信、图书馆微博、图书馆实体馆、图书馆App以及图书馆官网等。第三方渠道主要指由其他图书馆、相关机构或者协会建立的具有权威性的渠道，如中国图书馆协会提供的专门线上竞赛网站，又如上海图书馆免费提供给天津大学图书馆的馆藏目录查询及邮递借书服务，再如万方、

Wiley、Emerald 等提供的专门网站、微信小程序等活动渠道。通用渠道主要指与图书馆服务无直接关系，图书馆仅借助其部分功能达成渠道效果，如微信群、QQ 群、阅读类 App、电视、抖音以及城市地铁等其他实体场景。

从渠道主体角度来看，在世界读书日活动中，多数图书馆不仅努力建设及应用本馆渠道，更积极寻求与其他机构、企业合作，全面借力非本馆渠道开展阅读推广活动，这一方式极大程度地弥补了本馆渠道的局限，拓展了阅读推广活动设计的可塑空间。另外，从线上线下角度来看，世界读书日活动中，线上渠道种类及应用更为多样化，而线下渠道则较为单一，但从应用频率来看，线上线下渠道均应用十分广泛。

三 阅读推广渠道模式分析

（一）单渠道

单渠道模式指在阅读推广活动中，图书馆仅采用单一渠道开展活动。这一渠道模式更多用于形式较为简单、传统的阅读推广活动，或者该活动渠道的功能具有特殊性。以下三种案例形式是世界读书日活动中比较常见的单渠道模式：第一，图书馆利用其线下场所举办系列讲座、展览等；第二，图书馆利用某一 App 搭建线上竞赛平台或线上共读空间，读者所有参与行为均在该线上渠道进行；第三，"朗读者"节目掀起了一阵朗读热潮，在世界读书日活动中，许多图书馆鼓励读者使用本馆提供的"朗读亭"进行作品的录制和上传，"朗读亭"便可视为一种具有特殊性的渠道，而许多图书馆则以其为核心进行单渠道模式的朗诵活动。

总的来说，单渠道模式在世界读书日活动中应用得十分广泛，其具有操作简单、可行性强以及时空成本低等优点；另外其缺点也较为明显，由于渠道单一性的限制，活动的设计和开展仅依托有限条件，在读者的规模、多样性兼顾方面，在活动形式丰富性、创意性方面都存在较大缺陷。也正是由于这些缺陷的存在，大多数以单渠道模式开展的活动，其所能实现的图书馆与读者之间的交互极为有限，两者之间的关系保持通常是短时效的、低黏性的，因此图书馆仅依靠单一渠道的活动设计与读者构建起的关系效果较差。

(二) 多渠道

为了弥补单渠道模式的局限性，图书馆灵活应用多种渠道类型，基于渠道融合的创新模式开展阅读推广活动，以进一步提升活动效果。通过对世界读书日活动的渠道应用梳理，我们最终归纳出四种多渠道融合路径：渠道并行、渠道承接以及渠道派生、复合渠道。

1. 渠道并行

渠道并行指图书馆将多个不同类型的渠道同时应用于活动以实现同一效果。在此以国家图书馆世界读书日活动"印象数字：带你畅游数字图书馆"为案例。该活动的目的为鼓励及指引读者使用国家图书馆的数字资源，为此图书馆利用三个渠道的融合开展具体活动：第一，图书馆现场由馆员带领读者参观学习，并给予讲解和答惑；第二，利用微博对图书馆现场讲解等活动进行网络直播；第三，录制相关的数字资源公开课上传至学习强国 App 中，鼓励用户下载软件进行观看学习。如图 11 - 3 所示。

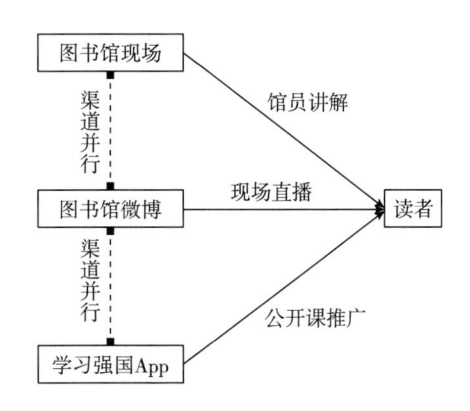

图 11 - 3　渠道并行案例：国家图书馆活动"印象数字：带你遨游数字图书馆"

从营销角度上来说，能够提供多种可以相互替代的渠道的企业对消费者而言其吸引力更高。① 而在该读书日活动中，渠道并行的模式实际上存在两大优势，一是极大程度扩展了获知及参与该活动的读者群体，

---

① 谢毅：《多渠道服务管理研究述评》，《外国经济与管理》2012 年第 12 期。

由于各种渠道类型之间存在替代关系，不能到现场的读者可观看微博直播，不能看直播的读者可观看公开课，前者是弥补了空间限制，后者则同时弥补了时空限制；二是最大限度地增加了读者与图书馆的接触面，由于各种渠道类型之间还存在互补关系，每一位读者都可以选择多种渠道类型获取图书馆的服务，如既参与现场活动，又观看公开课进一步深入学习，由此与图书馆的关系触点也相应增多。简言之，渠道并行的最大优势是通过多个渠道将活动进行扩散，增加活动面向的读者数量及与读者的关系触点，总的来说主要侧重于受众的"广度"。

2. 渠道承接

渠道承接指图书馆在活动的不同阶段使用不同类型的渠道，渠道间具有承接关系，从而实现不同的活动效果，推动活动的开展。在此以大连理工大学图书馆世界读书日活动"假面书会"为案例。该图书馆首先选取 5 部经典文学作品中的 5 位人物形象以假面的形式呈现，每个人物配以原著文字描述，进行微信公众号推文，读者阅读文字描述并通过点击链接进行答案填写及提交，之后在世界读书日当天图书馆举办现场主题讲座以揭示答案，后续以五部作品为内容陆续开展系列读书分享活动。如图 11-4 所示。

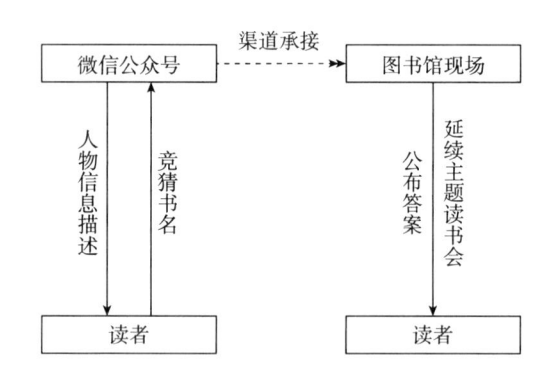

图 11-4 渠道承接案例：大连理工大学图书馆活动"假面书会"

该活动中，图书馆采用了微信公众号和图书馆现场两种渠道，通过对两种渠道在不同阶段的承接应用实现渠道融合，进而丰富活动形式，多样化读者的活动参与效果，强化读者的交互参与体验。渠道承接不同于渠道并行，读者参与该类活动并不是浅尝辄止，而是要进一步涉入其中，其重点不在于受众的"广度"，而在于受众参与的"深度"。而从图书馆与读者的关系构建角度看，受众参与的"深度"则意味着图书馆与读者交互关系的进一步深入，即在这一交互过程中，既存在图书馆的信息输出，也存在读者的信息反馈，由此循环形成交互闭环，因此其对于图书馆与读者之间稳定关系的构建也更有利。

3. 渠道派生

渠道派生指图书馆在开展某主题活动过程中，提供给参与活动的读者另一辅助渠道或由读者自发派生的用以延续该主题活动效果的渠道模式。在此以广东财经大学图书馆读书日活动"与微诗有个约会"为案例。该图书馆以"微诗"为主题举办讲座及线下沙龙，为保证读者在活动结束后依然能够继续进行阅读分享交流，因而建立"广财大微诗"微信群，由于该微信群主要用以延续书会活动效果，所以将其视为一种派生。如图 11-5 所示。

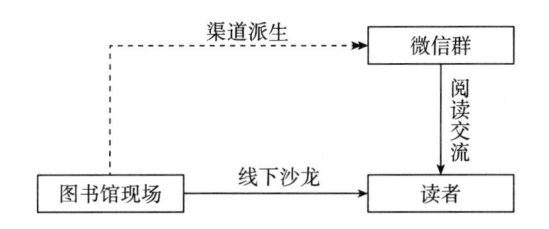

图 11-5　渠道派生案例：广东财经大学图书馆活动"与微诗有个约会"

从世界读书日活动调查来看，各种虚拟社区是最普遍及典型的渠道派生结果。而就虚拟社区而言，其最大的优势在于创造读者关系空间，这种关系不仅是图书馆与读者之间，还包括读者与读者之间，这对于延续活动效果、提升活动质量以及维系图书馆与读者关系具有重要意义。除此之外，此类派生虚拟社区对于图书馆把控与读者关系的动态变化也极为有利。

4. 复合渠道

复合渠道指图书馆在活动中灵活地将渠道并行、渠道承接、渠道派生等多渠道融合路径进行整合配置，以实现更具丰富性、创意性、多样性的阅读推广活动。例如，东莞图书馆的"休闲学英语"世界读书日活动，该活动同时应用了渠道承接和渠道派生模式，即在第一阶段让读者先使用东莞图书馆 App 的有声在线课堂进行提前学习，后据此开展图书馆线下英语辅导进行承接，过程中派生出 QQ 群，实现读者课后随时随地沟通交流。如图 11-6 所示。

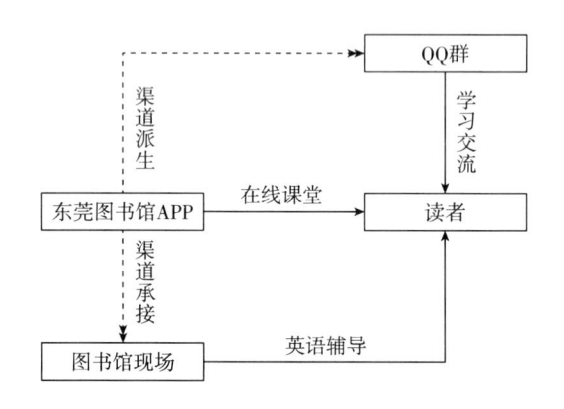

图 11-6　复合渠道案例：东莞图书馆活动"休闲学英语"

就该案例而言，东莞图书馆 App 保障了读者参与的"广度"，图书馆现场活动保障了读者参与的"深度"，而派生的 QQ 群则延续了活动效果。从图书馆与读者关系构建角度，我们则可以将该活动视为一个"建立关系—发展关系—维系关系"的全过程。因此，复合渠道模式中，多种渠道融合路径相辅相成，各优势得以充分发挥，而缺陷则得以弥补。总而言之，复合渠道模式为图书馆充分发挥多样化渠道类型的价值提供了更多机会，也为更好地开展阅读推广活动、增进图书馆与读者之间的关系创造了极大的可塑空间。

四　阅读推广渠道的信息交互功能

综上，随着移动互联网以及新兴技术的发展，图书馆用以开展世界读书日活动的渠道越发呈现多样化趋势，除常见的线上线下分类方式外，我们还可以从渠道主体的角度将其归纳为本馆渠道、第三方渠道以及通用渠道。在多样化的渠道类型基础上，图书馆灵活地采用单渠道模式以及具有渠道融合特质的多渠道、复合渠道模式丰富阅读推广活动，以达成信息流动视角下的单向资源获取、双向平台构建、多向空间塑造等渠道效果。

同时，案例研究显示，在阅读推广活动中，渠道是图书馆与读者之间信息流动的通道，而不同的渠道类型与渠道应用模式则可视为不同的信息交互手段。根据以上研究，我们从信息流动方向的角度，梳理世界读书日活动渠道应用所达成的信息交互功能：

（1）单向资源获取。这一功能下主要为单向的信息流动，在世界读书日活动中主要表现为两种情况：第一种为图书馆信息流向读者，如单纯的讲座、展览等活动，一般而言是图书馆发布活动信息，读者前往指定现场"听"或者"看"，整个过程都是图书馆单向的信息输出、读者接收的形式；第二种为读者信息流向图书馆，例如图书馆举办的各种视频、照片、文章线上征集活动，则可视为一种单向的读者向图书馆提供作品资料的信息输出、图书馆接收的形式。而在收集到的读书日活动案例中，通过渠道仅实现单向资源获取功能的活动占大多数。

（2）双向平台构建。这一功能下主要为图书馆与读者之间的信息双向流动，即图书馆与读者之间会有信息的交互与反馈。例如读书日活动中常见的竞赛、英语辅导、手工体验等活动，在此类活动中，图书馆搭建的是一个信息双向交互的渠道，读者不再仅仅是被动接收信息，还需要对图书馆输出的信息进行反馈，如参与竞赛输出知识、与专家或馆员建立互动学习关系等。

（3）多向空间塑造。该功能下主要为图书馆与读者之间、读者与读者之间信息的多向流动，即建立起一个多向互动交流的空间。世界读书日活动中的共读类活动是最能体现多向空间塑造功能的一类，如图书馆策划共读打卡，利用线下读书会、官方 App 或者微信群、QQ 群等将读者聚集在一起，由馆员制订阅读计划，指导及把控阅读活动开展，这一过程中信息是多向流动的，交互维度也极大拓宽。

第三节　图书馆阅读服务中的渠道融合研究

本书第十章谈及，理想态的融合式阅读推广应当是阅读服务活动和阅读推广活动均充分发展的阅读推广，第十一章对基于社交媒体的阅读推广活动案例分析也显示，利用当前技术条件将阅读推广与阅读服务一体化有助于提升阅读推广活动的长期可持续性。本节即通过案例研究探讨如何实现阅读服务渠道融合，赋予阅读服务阅读推广功能。

图书馆拓展线下服务渠道向基层延伸，完善线上渠道，将各渠道整合成一个系统，实现多个渠道之间相互支持，使读者在获取公共图书馆服务的过程中，能够根据自己的需求，使用多个渠道进行切换或组合，获得更高效的服务。这种服务渠道融合有助于扩展公众关于阅读的认知和利用，本身就是阅读推广的重要构成。

一 案例选择

2018年颁布的《中华人民共和国公共图书馆法》（以下简称《公共图书馆法》）提出了在互联网背景下，对公共图书馆的新要求，明确指出了公共图书馆要运用信息技术和传播技术来提升服务效能，并且提出公共图书馆要"完善数字化、网络化服务体系和配送体系，实现通借通还，促进公共图书馆服务向城乡基层延伸"。[①] 在数字资源共建共享方面，《公共图书馆法》指出"政府设立的公共图书馆应当加强数字资源建设、匹配相应的设施设备，建立线上线下相结合的文献信息共享平台，为社会公众提供优质的服务"。[②] 由此可以看出，在全媒体时代，公共图书馆一方面要秉承"均等化"原则，扩展服务渠道，将服务延伸到基层，为更广泛的社会群体服务；另一方面需要推进服务渠道的互动融合，为社会公众提供更高效的服务。

基于这一背景，本书以深圳图书馆这一公共图书馆为案例研究对象，对其渠道的发展历程、渠道融合模式进行归纳，并从读者层面调查其渠道融合的使用情况。选择深圳图书馆作为目标案例还有两方面原因：

一方面，深圳图书馆作为目标案例的价值性。深圳图书馆在渠道建

---

① 《中华人民共和国公共图书馆法》，（2017-11-04）[2018-03-12]，http：//zwgk.mcprc.gov.cn/auto255/201711/t201711 06_ 693582.html。

② 《中华人民共和国公共图书馆法》，（2017-11-04）[2018-03-12]，http：//zwgk.mcprc.gov.cn/auto255/201711/t201711 06_ 693582.html。

设上,坚持科技强馆,无论是首次实行开架借阅、首次研发街区自助图书馆,持续进行服务渠道拓展,对国内公共图书馆具有示范作用。研究深圳图书馆的渠道情况,对于促进国内公共图书馆的渠道建设具有启示意义。

另一方面,深圳图书馆作为目标案例的可实现性。深圳图书馆作为从研究资料来说,关于深圳图书馆公开资料包括年度计划、年度工作报告、深圳图书馆传记、相关论文、媒体报告等,资料具有可获得性。

二 深圳图书馆阅读服务渠道发展历程

（一）分析依据

深圳图书馆是副省级公共图书馆,深圳图书馆新馆在深圳市福田区中心区,占地面积29612平方米,纸质藏书将近500万册,是深圳的城市文化中心。秉持"服务立馆、技术强馆、文化新馆"的理念,深圳图书馆在互联网浪潮下,积极探索,不断拓展服务渠道,陆续推出多种创新服务,使市民享受到更便捷、多样化的图书馆服务,走在了国内公共图书馆的前列,将图书馆服务推上新的台阶。

根据全渠道理论,渠道的演进过程是从单渠道、多渠道、跨渠道到全渠道,单渠道是指通过一种渠道完成产品或服务获取；多渠道是用户利用两种或者两种以上的渠道独立完成产品或服务获取；跨渠道是用户通过多种渠道的结合完成产品或服务获取的整个过程,每种渠道仅仅完成部分的过程。而在全渠道模式下,用户可以通过其中一种渠道或者多种渠道的组合完成一致、无缝的体验。本章节根据渠道的演进阶段,归纳深圳图书馆的渠道建设阶段,并归纳深圳图书馆渠道建设过程的特点。

根据全渠道的演进阶段,深圳图书馆的渠道发展阶段可以归纳为单渠道阶段、多渠道和跨渠道阶段。而多渠道和跨渠道阶段又可以细分为四个小阶段：网络化建设阶段、共享工程建设阶段、数字化建设阶段、移动化建设阶段。

（二）深圳图书馆阅读服务的渠道发展阶段

1. 单渠道阶段（1986—1993年）

在单渠道阶段,深圳图书馆提供的服务主要在馆舍内完成,且主要是传统借阅服务。该阶段的特点是自动化建设,基本上所有服务都在馆舍内完成。

深圳图书馆在1986年6月中旬,深圳图书馆红荔路馆舍正式建成,在12月20日,深圳图书馆正式对外开放。开馆时,在全国率先实行"分级藏书、分科开架、分室阅览";实行免证进馆,到书架取书不要办任何手续,对于当时的图书馆来说是一种新型藏书与流通模式。此外,开馆便率先在全国实现图书流通业务的计算机管理,就近办理借还书手续和检索查询服务这两个举措创造了"深圳全国之最"。1986年深圳图书馆自主研发并投入使用"实时多用户计算机光笔流通管理系统",是深圳图书馆自动化的开端。1991年,成功研发自动化集成系统(ILAS)投入使用,ILAS的使用推动了其自动化建设。此外,在图书外借的基础上增加了报刊、音像资料的外借。到1993年,深圳图书馆全面实行自动化。[①]

2. 多渠道和跨渠道阶段(1994年至今)

深圳图书馆的多渠道和跨渠道建设阶段同时进行,根据渠道建设的主要目标,主要分为四个小阶段:网络化建设阶段、共享工程建设阶段、数字化建设阶段、移动化建设阶段,如图11-7所示。

网络化建设阶段 (1994—2002年)	共享工程建设阶段 (2003—2005年)	数字化建设阶段 (2006—2010年)	移动化建设阶段 (2011年至今)
• 率先开通Internet • 开通电话服务 • 开通深圳图书馆官网 • 开通深圳读书网	• 与三个社区图书馆开通远程文献借还 • 与六个区馆实现通借通还 • 初步形成市、区、街道、社区的四级图书馆格局	• 数字图书馆门户网站 • 街区自助图书馆 • 深圳文献港 • "图书馆之城"统一服务平台 • E-mail原文文献传递 • 电子资源远程访问	• 手机图书馆 • 文献港移动服务门户和App • 三微平台:新浪微博、腾讯微博、微信订阅号 • 图书馆服务接入支付宝·城市服务 • 推出微信服务号
1994年	2003年	2006年	2011年

图11-7 多渠道和跨渠道的阶段划分

---

① 刘晓文:《寻求现代化图书馆的发展模式——深圳图书馆十年发展回顾》,《图书馆论坛》1997年第4期。

(1) 网络化建设阶段（1994—2002 年）。

该阶段的特点是网络化建设，率先开通 internet，并开通电话、官网这两种渠道，使用户使用图书馆的服务不再局限于馆舍，如图 11 - 8 所示。网络化的初步目标包括形成虚拟馆藏、联合书目数据库检索和基于 internet 的数字服务。[①]

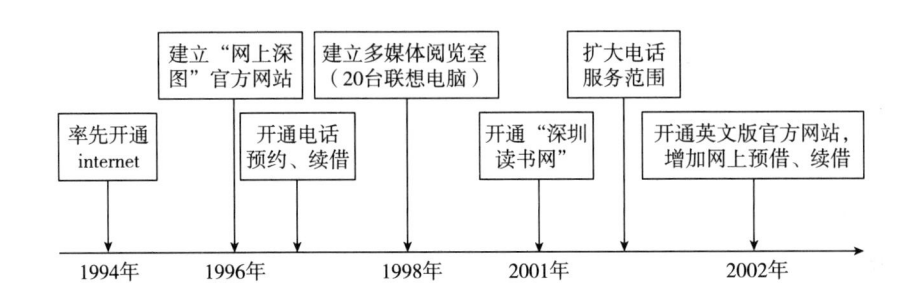

```
建立"网上深       建立多媒体阅览室        扩大电话
          图"官方网站       （20台联想电脑）        服务范围

率先开通         开通电话            开通"深圳       开通英文版官方网站，
internet         预约、续借           读书网"         增加网上预借、续借

  ↓              ↓                    ↓               ↓               ↓
1994年          1996年              1998年          2001年          2002年
```

图 11 - 8　网络化建设阶段大事件

1994 年，深圳图书馆率先在我国图书馆界开通 internet，提供信息查询、上网浏览等服务。在深圳成为国内第一个信息化试点城市的背景下，深圳图书馆在 1996 年建立"网上深图"官方网站，实现馆藏信息查询、资源导航和借阅服务。[②] 此外，开通了电话预约、续借图书业务，使得读者不用到馆也可以获得图书馆服务。1997 年，深圳图书馆开始建设文献资源网络，目标是实现虚拟馆藏。1998 年建立多媒体阅览室，提供 20 台联想 PC 电脑，为读者提供更多的服务，用户可以上网浏览并且使用电子邮件。

2001 年 5 月，深圳图书馆开通"深圳读书网"，提供 30 余万种电子图书的线上有偿阅览服务，读者可以在线上完成阅读。2001 年 7 月，深圳图书馆完成官网的改版并扩大了电话服务的范围，增加了书目查询、修改读者证密码、读者证挂失的服务。2002 年，深圳图书馆完成英文版的网站建设，并且提供网上续借、预借服务。此时的预借服务模

[①] 刘晓文：《寻求现代化图书馆的发展模式——深圳图书馆十年发展回顾》，《图书馆论坛》1997 年第 4 期。

[②] 张岩：《深圳图书馆志》，海天出版社 2016 年版，第 150 页。

式主要是读者通过电话或者网站提交申请,图书馆工作人员找到读者需要的书,读者到服务台领取。2001年深圳图书馆开发地方版文献联合采编协作网(CRLnet),在国内首建地方性书目数据库,并开展联机编目,网络化建设初具成效。①

(2)共享工程建设阶段(2003—2005年)。

2003年提出"图书馆之城"的概念,即实现全市的文献信息共享,达成全市一个图书馆。2003—2005年,初步实现了市内图书馆的通借通还服务和远程文献传递,初步形成四级图书馆格局,并且建设了粤港澳地区书目统一检索。共享工程建设阶段大事件,如图11-9所示。

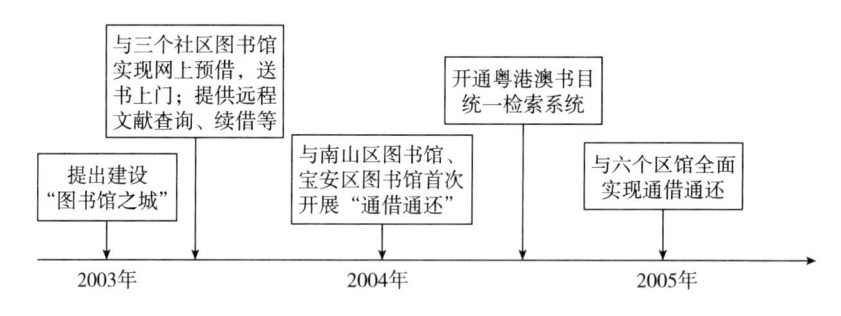

图11-9 共享工程建设阶段大事件

2003年,根据《深圳市建设"图书馆之城"(2003—2005)三年实施方案》②的要求,基于计算机网络,深圳图书馆与梅林一村、莲花北社区、益田村图书馆这三个社区图书馆实现远程借还、预借、续借、查询,由快递员配送预借书籍,初次实现远程文献传递服务。2004年,深圳图书馆与南山区图书馆、宝安区图书馆首次实现"通借通还",读者拥有三馆中任何一馆的读者证,可以在任何一馆借书还书,一年后与六个区馆全面开展通借通还。

截至2005年,基本初步形成两个市级、6个区级、51个街道、471

---

① 王大可:《迎接信息化时代的挑战,开创数字图书馆之未来——深圳图书馆信息化建设实践与发展综述》,《数字图书馆》2004年第2期。

② 深圳文化局:《深圳市建设"图书馆之城"(2003—2005)三年实施方案》,《深图通讯》2004年第2期。

个社区图书馆的四级格局。① 除了市内的共享工程，深圳图书馆积极探索粤港澳地区的图书馆共享合作，2004年开通粤港澳书目统一检索系统，实现跨地区文献初步共享。

（3）数字化建设阶段（2006—2010年）。

2006年深圳市图书馆新馆搬迁，新馆率先使用RFID（无线射频技术）和DILAS（数字图书馆体系结构研究与应用平台开发），实现了自助借还查询、投放街区自助图书馆、开通数字图书馆门户网站、开通深圳文献港，开启"图书馆之城"统一服务平台，开通原文文献传递和电子资源远程访问，拓展多元化服务渠道。数字化建设阶段大事件如图11-10所示。

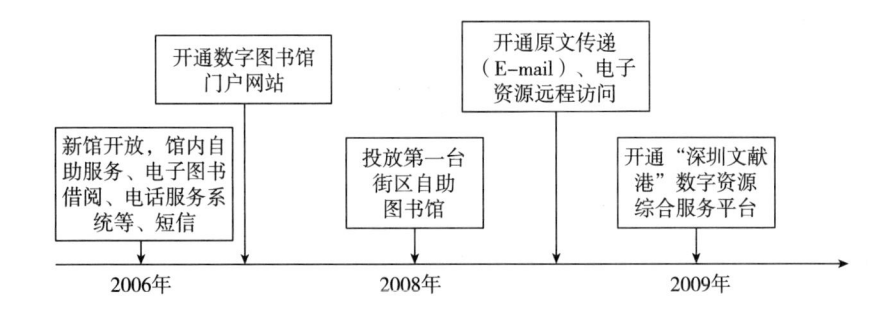

图11-10 数字化建设阶段大事件

2005年成功研制数字图书馆体系机构研究与应用平台开发（DILAS），在初步完成电子数据库资源建设的情况下，建立数字图书馆网站，集成OPAC、专题信息服务、线上预约续借、参考咨询服务。2006年，深圳图书馆率先在全国范围采用RFID技术，开通一系列自助服务；开通电子图书借阅；开通读者荐购系统；独立开发电话服务系统。2007年，读者可以定制短信服务获取借取书通知、查询、续借等。

2008年，深圳图书馆自助研制的首台街区自助图书馆正式开始服务，读者可完成读者证办理、借阅、续借，使图书馆的服务不再受到馆舍的限制，随时随地为读者服务，引起了强烈反响。为了延伸图书馆服

---

① 余胜：《"图书馆之城"建设的成效与发展思考》，《深图通讯》2006年第4期。

务到各个人群，深圳图书馆与深圳创维集团股份有限公司合作创建深圳图书馆创维分馆，实现对外开放、统一管理。

2008年7月开通原文传递服务，在一年的时间内，为读者免费提供4.2万篇电子文献。[①] 2009年，深圳图书馆联合其他两所市级图书馆建设数字资源综合服务平台，名为"深圳文献港"，读者登录即可获取各种类型、各个学科的文献和参考服务，获得全面的数字资源服务。

（4）移动化建设阶段（2011年至今）。

随着手机的普及和碎片化时间阅读现象的出现，深圳图书馆开始了移动化建设阶段，如图11-11所示。深圳图书馆开通了手机图书馆、文献港移动门户和App、三微平台，接入支付宝城市服务，使用户可以随时随地获取服务。

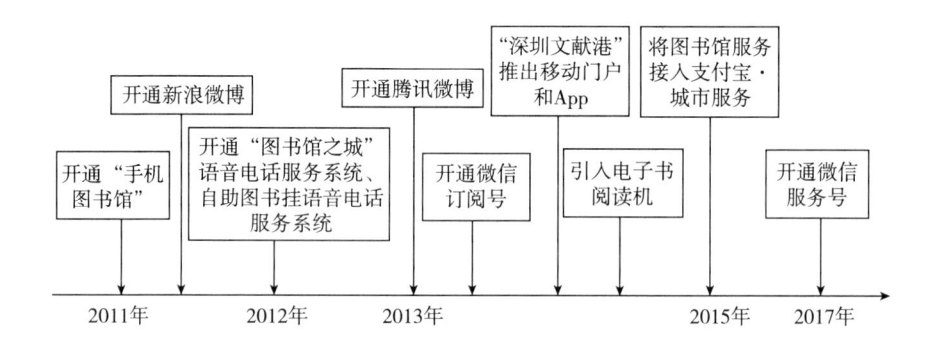

图11-11 移动化建设阶段大事件

2011年5月，开通"手机图书馆"，次年读者可以在上面查阅个人借阅情况和图书馆馆藏。[②] 2011年1月开通新浪微博，微博主要包括讲座活动信息、共享工程的影视展播、深圳图书馆的书籍信息和资源、媒体报道等，成了与读者线上沟通的重要阵地。

2013年1月，深圳图书馆注册腾讯微博，发布活动信息、书讯、媒体报道等。2013年3月，深圳图书馆开通微信订阅号，相继推出图

---

① 贺丹丹：《深圳图书馆个性化服务建设的创新与实践》，《科技情报开发与经济》2009年第19期。
② 张岩：《深圳图书馆志》，海天出版社2016年版，第154页。

书续借、预借、馆藏查询等功能，成为与读者沟通的另一重要渠道。新浪微博、腾讯微博、微信订阅号形成了深圳图书馆"微平台"。

2013年4月，"深圳文献港"推出移动门户和App，使用户通过移动设备，可以实现馆藏检索、在线阅读、有声读物、免费订阅，延伸了图书馆服务。

2015年，深圳图书馆与支付宝合作，将图书馆服务加入支付宝·城市服务的模块，读者可以查询馆藏、在线阅览，并且可以通过支付宝在线充值和缴纳滞纳金，再次加深了深圳图书馆的移动服务。

2017年，开通微信服务号，名为"深圳图书馆丨图书馆之城"，为用户提供全市统一的服务。在微信服务号的信息推送基础上，推出快递送书、文献扫码转借、二维码证、新书直通车、M·地铁图书馆等创新服务。

（三）深圳图书馆阅读服务的渠道发展特点

1. 技术驱动，科技推动服务渠道建设

深圳图书馆秉承"服务立馆、科技强馆、文化新馆"的理念，注重技术的自研与开发，并多次承担部级以上重大项目的研发，以技术为基础，扩展多种服务渠道，在技术发展上走在国内图书馆行列的前端。

例如，在应用系统研发上，1986年红荔老馆开放，便运用"实时多用户计算机光笔流通管理系统"，率先实现了计算机管理。此后，开始图书馆自动化集成系统（ILAS）的研发，到1991年投入试用。2005年成功研制"地区性数字图书馆体系结构与应用平台开发（dILAS）"，在2006年在新馆开放时投入使用，是深圳图书馆从自动化走向数字化的标志之一。随着"图书馆之城"的提出，深圳图书馆作为中心馆，2009年成功研发"图书馆之城"共享技术平台（ULAS），推动了资源共享，技术发展大事件如图11-12所示。

深圳图书馆对技术的研发是推出多元化服务渠道的基础，不断研发更新的过程中，扩展服务渠道，也推动了深圳图书馆向自动化图书馆、数字图书馆、智慧图书馆的转型。[1]

---

[1] 蔡箐：《理念创新引领实践发展——论深圳图书馆的理念创新之路》，《山东图书馆学刊》2016年第3期。

下篇　实践探索

```
┌─────────────┐
│研发"图书馆自动化│
│集成系统(ILAS)"│    ┌─────────────┐
│并投入使用    │    │研究并使用    │
└──────┬──────┘    │RFID技术     │
                   └──────┬──────┘
┌─────────────┐ ┌─────────────┐ ┌─────────────┐
│红荔老馆开放,使│ │研发使用"数字图│ │研发并使用"图│
│用"实时多用户计│ │书馆体系结构研究│ │书馆之城"中心管│
│算机光笔流通管理│ │与应用平台开发 │ │理系统(ULAS) │
│系统"        │ │(dILAS)"    │ │             │
└──────┬──────┘ └──────┬──────┘ └──────┬──────┘
       │               │                │
    1986年          1991年  2006年    2009年
```

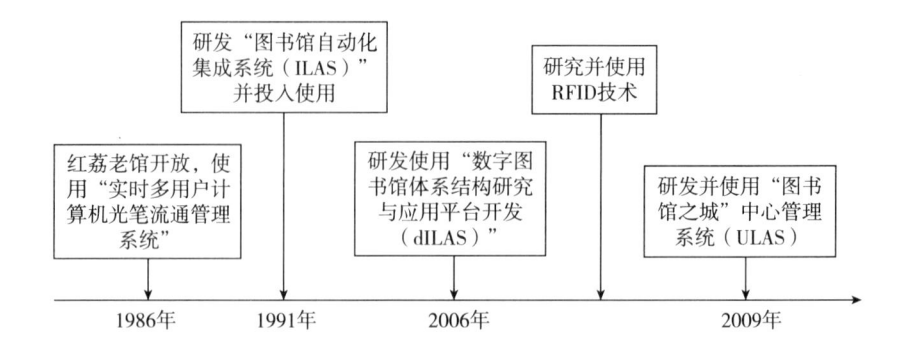

图 11-12　技术发展大事件

2. 创新驱动，拓展线下渠道并完善线上渠道

理念的创新一直引领着深圳图书馆的渠道发展，作为市级中心馆，深圳图书馆不断拓展服务范围，开拓多种创新服务渠道。2003 年积极推动"图书馆之城"，与市内其他图书馆实现统一服务。2008 年推出的自助图书馆使读者能够就近完成借还书等常规服务，将图书馆的服务覆盖到街道，并且积极建立分馆。

随着互联网的兴起，深圳图书馆致力于线上渠道的完善，建立网上深图官方网站、深圳读书网、电话服务，并开始实行网上预借。随着移动设备的普及，深圳图书馆抓紧建设微信、微博、支付宝等渠道。

3. 共享驱动，统一服务并开展社会合作

深圳图书馆积极探索"一体化"服务，努力打造"全城一个图书馆"和跨地区的资源整合。

在馆际共享合作方面，在 1998 年就已经推出联合采编网络系统、馆际互借系统，并在 2001 年开发联合采编协作网（CRLnet）。秉持"共建共享"的合作理念，2003 年深圳图书馆积极参与"图书馆之城"的资源共享。除了市内建设"一个图书馆"，深圳图书馆积极与跨区域的图书馆展开合作，2005 年推出粤港澳书目检索系统，并实现馆际互借。深圳图书馆共享驱动的理念，不断丰富了其馆藏资源，延伸线下渠道范围。

在社会合作方面，深圳图书馆不仅积极与市内各机构联合推动阅读推广活动的举办，也积极探索读者的阅读场景，与学校、地铁等机构合作，开拓服务范围，尝试将图书馆服务延伸到读者的生活场景。此外，为了使更多读者方便获取图书馆服务，深圳图书馆先后与深圳创维集团、新百丽鞋业、富士康科技集团、华润集团、深圳市中级人民法院合作建立深圳图书馆分馆，实现统一管理、对外开放，拓展服务的"辐射"范围。

三 深圳图书馆读者服务的渠道融合模式

（一）分析依据

本书的研究将遵循从表象到本质的分析思路，如图 11-13 所示。首先，从深圳图书馆的渠道建设现状梳理，通过梳理线上渠道和线下渠道，得出深圳图书馆现有的渠道体系。其次，笔者将进一步分析深圳图书馆现有渠道之间的关系，从渠道之间的关系，结合相关研究和对深圳图书馆的调查，分析渠道之间融合的维度。此后，结合对深圳图书馆的调查，对深圳图书馆渠道融合背后的支撑条件和动力来源进行剖析，深入揭示深圳图书馆服务渠道融合的模式。

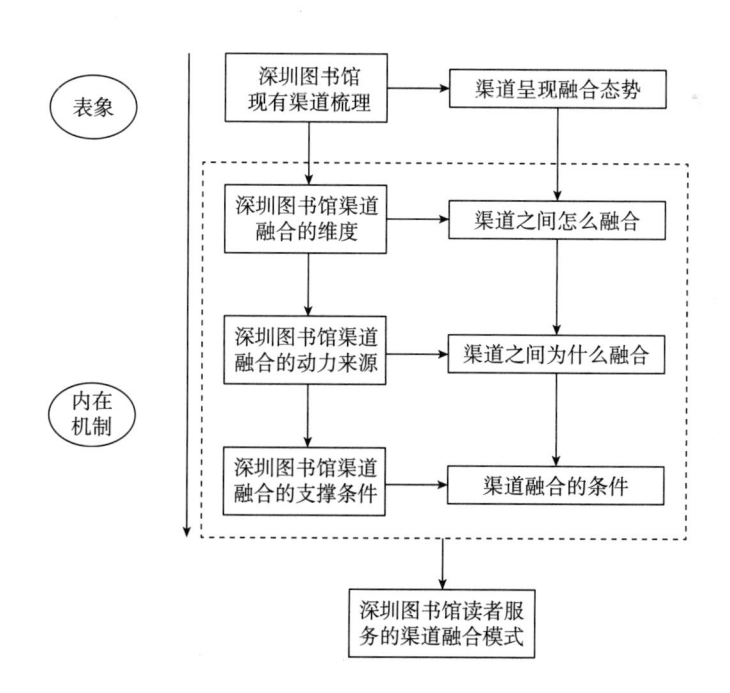

图 11-13 服务渠道融合的分析框架

(二) 访谈法的应用

结合访谈的目的，访谈内容主要分为两大部分：深圳图书馆渠道建设的概况和深圳图书馆渠道建设的支撑条件。首先了解被访谈者的工作内容，以及对深圳图书馆渠道建设的了解情况，再针对深圳图书馆渠道之间的协同互补的支撑条件进行提问，完整的访谈提纲见附录1。2018年11月到12月完成对5位深圳图书馆工作人员的访谈工作。访谈时间为每人60分钟左右。

(三) 深圳图书馆读者服务的渠道建设现状

在分析了深圳图书馆服务的渠道建设历程之后，我们通过将渠道分为线上和线下渠道，探析深圳图书馆现有的渠道模式。

首先，本书的研究将确定线上渠道和线下渠道的定义。对于线上和线下服务的定义，张隽认为传统的馆内服务是线下服务，网络服务是线上服务[①]；而陆华认为图书馆的线上服务指的是通过各种形式的网络媒介进行数据处理提供的数据服务，而线下是指在实际的空间中的交流服务。[②] 根据本书对渠道的定义，渠道是指图书馆服务从图书馆向用户转移经过的路径和过程。唐泽兵对银行的线上线下渠道进行定义，认为银行的线下渠道是指链接客户和银行的可见的物理终端；而线上渠道是指将银行服务推送给顾客的互联网终端。[③] 结合学者对相关概念的定义和本书的研究内容，认为线下渠道是指连接读者与图书馆服务的实体终端或空间，包括深圳图书馆馆舍、分馆、街区自助图书馆、"图书馆之城"成员馆；线上渠道是依托信息技术，连接读者与图书馆服务的虚拟网络终端，包括深圳图书馆官网、移动网站、App、电话、短信、E-mail、微信、微博、支付宝等。

1. 线上服务渠道

线上服务渠道包括PC端网站、移动渠道（移动端网站、微信、微博、支付宝等）、电话、E-mail、短信渠道。

（1）PC端网站。深圳图书馆官方网站创建于1996年，经历了

---

① 张隽：《O2O模式下高校图书馆服务创新研究》，《贵图学苑》2017年第4期。
② 陆华：《高校图书馆线上线下服务体系建设研究》，《教育现代化》2018年第37期。
③ 唐泽兵：《商业银行线上线下渠道融合研究——以GH银行为例》，硕士学位论文，西安工业大学，2017年。

2001年、2006年、2008年、2014年四次改版，主要包括新闻资讯、资源导航、服务指南、资源检索等模块，囊括了线上馆藏查询、活动信息、图书预借、续借、数字资源获取、参考咨询服务等。

（2）移动版网站。2013年4月，移动服务门户开通，以深圳文献港为基础，主要提供五类服务：移动阅读、原文传递（邮箱接收全文）、免费订阅、"一站式"查询图书馆资源、分类导航服务。

（3）深圳文献港App。2013年，深圳图书馆连同移动服务门户，推出"深圳文献港"客户端App，提供电子图书、学术资源、报纸、视频公开课等数字资源浏览。

（4）微博平台。微博平台包括新浪微博（2011年开通）和腾讯微博（2013年开通），主要宣传图书馆，推介资源和活动，为读者答疑。

（5）微信订阅号。深圳图书馆的微信订阅号名为"深圳图书馆"，在2013年开通后不断推出新的服务，主要分为服务、咨询、互动三个模块，服务包括馆藏检索、手机阅读、深圳文献港、我的图书馆、地铁图书馆；咨询主要包括书单、活动日历、通知公告和媒体报道；互动包括附近图书馆、活动报名中心等。

（6）微信服务号。微信服务号名为"深圳图书馆｜图书馆之城"（2017年开通），是图书馆之城统一的微信公众号，提供更丰富的服务内容，主要分为三个模块：服务、悦读、互动。服务包括二维码证、续借、转借、新书直通车、预借，悦读包括手机阅读、深圳文献港、书单，互动包括咨询客服、附近图书馆等。微信服务号与订阅号的区别在于，微信服务号包含"图书馆之城"的统一服务内容，涵盖了更多的创新服务，例如续借、预借、转借，并且有在线的客服咨询。

（7）支付宝·城市服务。2015年，深圳图书馆服务加入"支付宝城市服务"平台。如今，读者进入支付宝·城市服务，找到图书馆服务，便可便捷地查询馆藏书目、在线手机阅读、预借、续借、转借、快递到家、查看书单、活动信息等，并且可以通过支付宝在线缴逾期滞纳金等。

（8）微信·城市服务。用户点击进入微信·城市服务的"文化场馆"，可获得深圳图书馆的相关服务，包括图书查询、我的图书馆、发现图书馆、活动信息查询。

移动版网站、深圳文献港 App、支付宝城市服务、微博平台、微信服务号、微信订阅号、微信城市服务这七个渠道构成深圳图书馆移动服务体系，并逐步实现了各项业务的移动终端化。2017 年 8 月 20 日，根据深圳图书馆监控平台显示，移动服务平台的读者访问量首次超过了网站，移动服务平台发挥着越来越重要的作用。

（9）电话。如今电话渠道结合人工和语音系统，拨打 24 小时语音电话读者可自助办理续借、查询外借图书、修改密码、挂失读者证，也可拨打各服务区的电话，工作人员解答读者疑问。

（10）短信。2006 年深圳图书馆新馆开放开通短信渠道，如今读者通过定制短信可以获得多样化的服务，例如通知（预借取书、读者荐购、到期提醒）、查询书目信息、外借情况、办理读者证挂失等。

（11）E-mail。通过邮件渠道，读者可以就自己的疑问进行邮件咨询，并且获取原文传递（工作人员将文献原文发至读者邮箱）、定题服务等。

2. 线下服务渠道

（1）深圳图书馆馆舍。深圳图书馆的红荔路老馆于 1986 年开放，2006 年搬迁至福田区福中一路。深圳图书馆馆舍分为少儿服务区、大馆区域、南书房、讲读厅，提供各类文献信息服务，是深圳图书馆的服务"阵地"。

（2）深圳图书馆分馆。深圳图书馆现有五所分馆，包括创维分馆、新百丽分馆、大浪分馆、富士康分馆，虽然是与社会机构联合创建，但是由深圳图书馆进行统一管理，对外开放，配有图书管理员，实行规范化和标准化服务，如表 11-2 所示。

表 11-2　　　　　　　　　深圳图书馆分馆情况

分馆名	创建时间	合作方
创维分馆	2008 年 12 月	深圳创维集团股份有限公司
新百丽分馆	2011 年 1 月	新百丽鞋业（深圳）有限公司
富士康分馆	2015 年 11 月	富士康科技集团工会
求贤阁分馆	2017 年 11 月	华润集团
法律分馆	2018 年 5 月	深圳市中级人民法院

（3）城市街区自助图书馆。截至 2018 年 11 月底，深圳市已布局 245 台街区自助图书馆，分布在福田区、南山区、罗湖区等十个区，街区自助图书馆遵循均衡布点的原则，基本涵盖了市内 98% 的街道[①]，为读者提供借还书、续借、查询、缴费等服务。现有城市街区自助图书馆布局如表 11-3 所示。

表 11-3　　　　深圳图书馆城市街区自助图书馆各区分布

城市区域	街区自助图书馆台数
福田区	33
南山区	32
罗湖区	28
龙岗区	37
盐田区	18
龙华区	43
宝安区	28
坪山区	12
光明区	10
大鹏新区	4
合计	245

（4）"图书馆之城"成员馆。为实现服务"均等性"，深圳图书馆致力于面向全体市民，不分性别、年龄、职业、收入、地域，提供平等的服务。[②] "图书馆之城"的网点按照市、区、街道、社区向下延伸，体现了公共图书馆实现均等化服务的高度责任感。截至 2018 年 6 月，全市共有 285 家公共图书馆、244 台街区自助图书馆和 51 台光明新区的"书香厅"加入"图书馆之城"统一服务，总共 580 个服务点。[③] 其中深圳图书馆馆舍、分馆及自助图书馆 249 家，占了总服务点将近一半，具体情况如图 11-14 所示。

[①] "深圳图书馆城市街区自助图书馆服务点查询"，[2018-12-11]，https://www.szlib.org.cn/libraryNetwork/view/id-5.html?type=cashAdvanceServices.

[②] 张岩、王林：《深圳模式——深圳"图书馆之城"探索与创新》，中国社会科学出版社 2017 年版。

[③] 深圳图书馆：《深圳图书馆 2018 年第二季度报告》，深圳图书馆 2018 年。

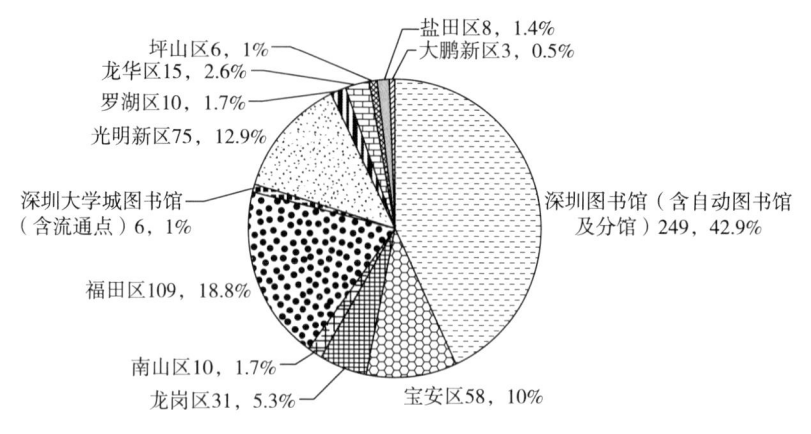

图 11-14 深圳"图书馆之城"成员馆分布

3. 深圳图书馆线上线下渠道体系

深圳图书馆完善线上渠道并扩展线下渠道，形成了连接读者和图书馆服务的渠道体系，如图 11-15 所示。深圳图书馆以读者为中心，形成深圳图书馆官网（PC 和移动端）、深圳文献港 App、微信（微信服务号、微信订阅号、微信·城市服务）、微博、支付宝·城市服务、电话、E-mail、短信这些线上渠道；深圳图书馆馆舍、分馆、"图书馆之城"成员馆、城市街区自助图书馆这些线下渠道。

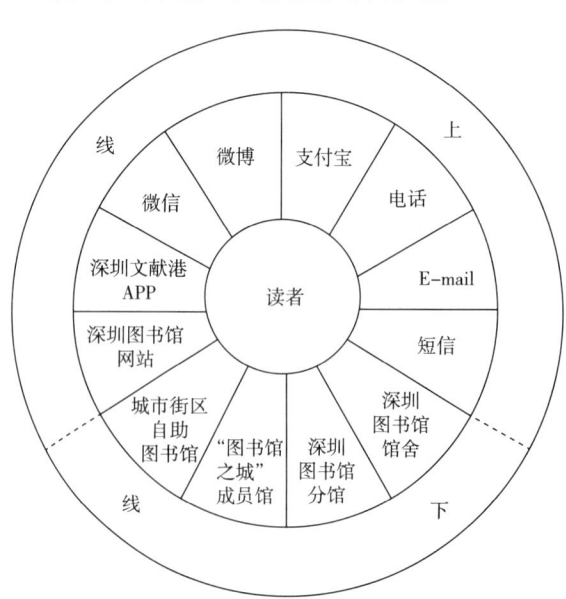

图 11-15 深圳图书馆线上线下渠道体系

从图书馆角度来说，图书馆提供多种渠道供读者选择。参考张岩馆长在撰写《深圳图书馆志》[①] 时对图书馆服务的分类，结合本书研究内容，将深圳图书馆服务分为：①基本服务，包含读者证、文献借阅、读者咨询服务；②数字资源服务；③参考服务，包含专题信息服务、参考研究等；④阅读推广服务。笔者接下来列举以下读者服务的渠道：

（1）读者证服务的渠道。深圳图书馆现在提供实体读者证、二维码读者证、虚拟读者证三种类型的读者证。读者可以在深圳图书馆、分馆、"图书馆之城"成员馆、街区自助图书馆办理实体读者证，通过关联微信和支付宝，读者可以在微信服务号、支付宝城市服务使用二维码读者证。2018 年，与腾讯合作开通虚拟读者证即读者使用"腾讯 E 证通"线上实名认证后，便可以自助线上办理"虚拟读者证"，无须现场办理实体的读者证。

对于读者证的挂失，读者可以通过短信、电话、微信服务号、支付宝城市服务、微信城市服务、深圳图书馆、分馆、"图书馆之城"成员馆进行读者证的挂失。在读者证账户进行充值和缴纳滞留费用方面，在 2016 年开通支付宝支付和 2017 年开通微信支付后，读者可以通过短信、微信、支付宝、深圳图书馆、分馆、"图书馆之城"成员馆、街区自助图书馆进行费用缴纳和充值。

（2）借阅服务的渠道。读者的图书借阅可能包含书籍馆藏查询、图书外借（包含直接外借和预借）、图书续借、图书归还的模块。

读者查询深圳图书馆的馆藏可以通过所有线下渠道、深圳图书馆官网、深圳文献港 App、移动网站、微信渠道、支付宝城市服务、短信、电话进行查询。

对于直接外借服务，读者可以在深圳图书馆、分馆、街区自助图书馆外借书籍。读者可以使用预借服务，预借服务有两种方式，一是在深圳图书馆官网、支付宝城市服务、微信服务号提交预借申请后，送到最近的街区自助图书馆；二是直接快递送书到家，快递需要支付 6 元的费用。

读者若需要续借书籍，可以通过短信、电话、深圳图书馆网站、移

---

① 张岩：《深圳图书馆志》，海天出版社 2016 年版，第 2 页。

动网站、微信渠道、支付宝城市服务、自助图书馆进行续借。

在归还书籍方面，读者可以通过就近的街区自助图书馆、分馆、深圳图书馆、"图书馆之城"成员馆进行归还。

（3）咨询服务。读者咨询可以通过深圳图书馆、深圳图书馆网站、移动网站、微信服务号、支付宝城市服务、微博、E-mail、电话、短信这些渠道进行。

（4）数字资源服务。读者可以通过微信订阅号、微信服务号、支付宝·城市服务、深圳图书馆网站、移动网站、文献港移动 App 直接进行数字资源获取，也可以通过 E-mail 获取原文传递服务。此外，线下渠道例如深圳图书馆馆舍、深圳图书馆分馆、"图书馆之城"成员馆基本都设有电子阅览室或者电子书阅读机，读者可以使用线下渠道的设备获取数字资源服务。

（5）参考服务。通过短信这类线上渠道，读者可以获取参考服务，例如定题服务、专题信息服务等的通知与进度，也可以通过邮箱获取文献传递。而通过线下渠道例如深圳图书馆馆舍、分馆、"图书馆之城"联盟馆，读者可以面对面与工作人员交流，现场体验并获得服务。

（6）阅读推广服务。微信订阅号、微信服务号、支付宝·城市服务、深圳图书馆网站、移动官网等线上渠道是读者获取活动信息的主要渠道，线下馆舍也会有活动相关的宣传海报、展架。深圳图书馆的阅读推广服务主要在线下进行，地点并不局限于深圳图书馆馆舍，秉承"走出去"的理念，在分馆、街区自助图书馆等地点都举行过阅读推广活动，并且逐渐采用线上线下协同的活动举办，通过微博这类线上渠道直播或者线上活动的方式，使得更多读者能方便地参与活动。

综上所述，深圳图书馆提供多种渠道供读者选择，读者可以选择一种或多种渠道的组合获得图书馆的服务，例如就借阅服务来说，读者可以在微信服务号预借图书，到街区自助图书馆自取，并归还到就近的社区图书馆，在借阅过程使用了三种渠道的组合，初步达成多渠道存在于一个体系，渠道是支持且可切换，深圳图书馆读者服务的渠道呈现出融合的态势。那么深圳图书馆各渠道之间融合的维度是什么？渠道融合是如何实现的？下一个小章节将详细阐释。

第十一章 融合式阅读推广的渠道设计

（四）深圳图书馆读者服务的渠道融合维度

结合本书研究内容，笔者将从渠道协同和渠道互补关系，结合深圳图书馆服务的实践，进行渠道融合维度的分析。对于渠道之间的融合关系，Robey 等将渠道之间的融合关系总结为渠道强化、渠道互惠、渠道协同、渠道互补。[①] 黄美花对全渠道背景下渠道之间的协同关系进行分析，并提出协同关系有产品协同、价格协同、促销协同。[②] 渠道融合的优势在于渠道之间的互补，降低使用成本。[③] 对于渠道融合关系，学者们并未达成一致，但是较多提及渠道协同和渠道互补关系，根据深圳图书馆的建设现状，本节笔者将借鉴零售行业渠道融合维度相关研究，结合对深圳图书馆工作人员的访谈内容，从渠道互补和渠道协同两个关系出发，分析渠道之间融合的维度。

1. 从渠道互补关系分析渠道融合维度

Robey 等认为渠道互补是一个渠道优势对另一个渠道劣势的补充，渠道之间形成相互补充。[④]

渠道互补体现最明显的是在线上和线下渠道之间。针对深圳图书馆的渠道情况，从读者角度分析线上线下渠道的优劣势，主要从渠道的触达度、服务的针对性、沟通反馈及时性、渠道的体验、四个维度列举，如图 11-16 所示（图中箭头表示互补关系）。线上渠道优点正好弥补线下渠道缺点，反之如此。

从渠道的触达度来说，线上渠道能够随时随地给读者提供服务，而线下渠道多受制于空间限制，因此线上触达情况强于线下渠道。从服务的针对性来说，通过线上渠道读者能够获取到丰富的信息，快速通过搜索找到有针对性的信息或者服务，而线下渠道受制于空间的限制，可能导致资源呈现不如线上渠道丰富。从渠道的体验来说，线上渠道能够使

[①] Robey D., et al., "Intertwining Material and Virtual Work", *Information and Organization*, 2003, 13 (2): 111-129.

[②] 黄美花：《全渠道背景下的渠道协同分析》，《福建商业高等专科学校学报》2016 年第 5 期。

[③] 李正超：《基于 O2O 的图书馆线上与线下互动融合模式探析》，《图书馆工作与研究》2018 年第 6 期。

[④] Robey D., et al., "Intertwining Material and Virtual Work", *Information and Organization*, 2003, 13 (2): 111-129.

下篇　实践探索

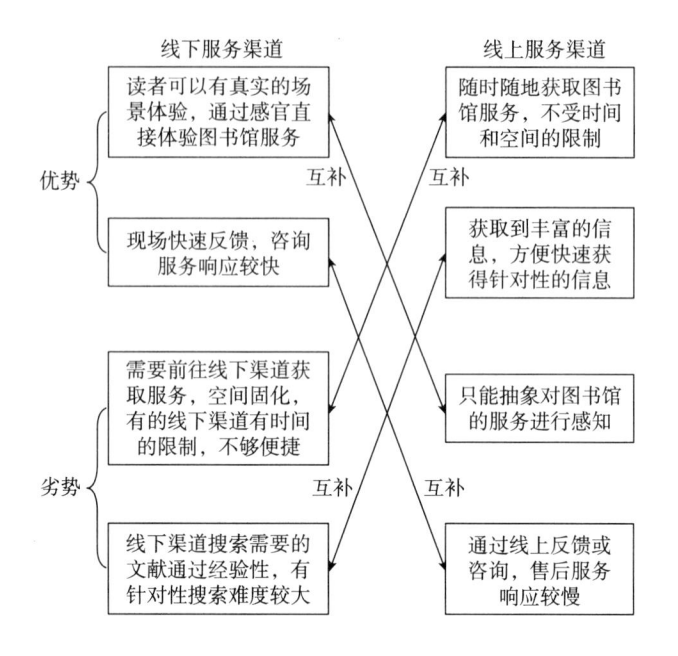

```
            线下服务渠道              线上服务渠道

         ┌─ 读者可以有真实的场        随时随地获取图书
         │  景体验,通过感官直        馆服务,不受时间
   优势 ─┤  接体验图书馆服务        和空间的限制
         │           互补    互补
         │
         └─ 现场快速反馈,咨询        获取到丰富的信
            服务响应较快             息,方便快速获
                                     得针对性的信息

         ┌─ 需要前往线下渠道获
         │  取服务,空间固化,        只能抽象对图书馆
         │  有的线下渠道有时间        的服务进行感知
   劣势 ─┤  的限制,不够便捷
         │           互补    互补
         │
         └─ 线下渠道搜索需要的        通过线上反馈或
            文献通过经验性,有        咨询,售后服务
            针对性搜索难度较大        响应较慢
```

图11-16　线上线下渠道的优劣势互补

读者有真实的场景体验,通过感官直接体验图书馆的服务,而线上渠道更多是对图书馆服务的抽象感知。从沟通反馈的及时性来说,线下渠道可以进行现场快速反馈(除街区自助图书馆),工作人员可现场解决读者的疑惑,而线上渠道可能存在回应速度较慢的情形。线上和线下在不同阶段有不同的优势[1],通过线上线下的互补,读者可以根据自己需要的服务,选择当下使用成本最小的渠道,具体体现为渠道接入和渠道使用流程上。

(1) 渠道接入[2]:读者通过各种渠道可以接入获取图书馆的服务,包括初次渠道接入和再次渠道接入。例如,使用图书馆服务的初次渠道接入门槛,即办理读者证。就读者证办理来说,读者可以通过馆舍、街区自助图书馆办理,但是读者都需要到达线下渠道现场办理,此外深圳

---

[1] 曹卫清:《O2O闭环模式在图书服务中的应用探讨》,《图书情报导刊》2017年第4期。
[2] 张沛然等:《互联网环境下的多渠道管理研究——一个综述》,《工商管理·市场营销》2017年第1期。

图书馆提供线上虚拟读者证的自助办理，通过实名认证后即可随时办理，无须读者至现场终端办理，打破时空的制约；读者关联信息后，可在微信、支付宝使用二维码读者证。而对于再次渠道接入，读者可以选择线上、线下的多种渠道接入，例如，读者若需要借阅书籍，可以从微信等线上渠道开始进行文献查找，或者到实体馆舍、街区自助图书这类线下渠道进行查找。综上所述，深圳图书馆渠道之间的互补关系的体现之一是渠道接入融合，即读者可以通过各种渠道开始服务的使用。

（2）渠道使用流程：在使用图书馆服务时，读者会遵循最小成本法则，在使用服务的流程中，倾向于在多个渠道之间的切换完成。[1] 例如读者在完成书籍借阅时，查询阶段可能使用网上查询书籍信息，借书阶段在深圳图书馆完成借书，还书阶段在附近的街区自助图书馆完成，即在使用图书馆服务的各阶段涉及不同渠道。读者在借阅的各个阶段可以根据自己的使用场景和个人偏好选择最便捷的渠道，各阶段采用不同的渠道，因此深圳图书馆渠道互补关系的体现之一是流程融合，即读者获取服务的流程中，选择的渠道具有可切换性。

互补性除了体现在线上与线下渠道，也体现在线下与线下渠道，例如与深圳市内其他图书馆形成"图书馆之城"联盟，打通了各自拥有的资源，包括纸质文献、数字资源等，弥补一些图书馆资源不足的问题。具体实现的措施包括：①全市遵循统一的 FRID 频率、技术标准，采用统一的 RFID 读者证和文献标签是实现全市通借通还的重要前提[2]；②在数字资源方面，深圳图书馆作为龙头馆创建城市文献资源整合与服务平台，为读者提供统一的检索、认证、资源获取；③在采编方面，构建联合采编平台，各馆在统一平台开展联合采编，统一书目数据库。

深圳图书馆使得全市实现了资源一体化，即实现了资源融合。

2. 从渠道协同关系分析渠道融合维度

对于渠道协同，Robey 认为渠道之间的协同表现是提供服务过程的改变和转化，表现为不同渠道之间的创新服务和实践，例如通过不同渠

---

[1] 张沛然等：《互联网环境下的多渠道管理研究——一个综述》，《工商管理·市场营销》2017 年第 1 期。

[2] 张岩、王林：《深圳模式——深圳"图书馆之城"探索与创新》，中国社会科学出版社 2017 年版，第 72—73 页。

道的互动来提升服务水平。① Bendoly 认为渠道之间共享企业内部资源，某一渠道帮助其他渠道提升效率，产生超越单独渠道的作用便是渠道协同。② 徐俊波将渠道协同的内涵理解为各个渠道的一致性，即包括产品协同、价格协同、促销协同。③ 根据本书的研究内容，笔者认为渠道协同分为"协"和"同"，"协"及渠道之间的协作，渠道之间的联动，可以表现为渠道之间创新实践或加强渠道正向作用的表现；"同"即渠道之间的一致性。

（1）渠道之间的一致性。学者们对零售行业渠道协同的维度进行探讨，Berman 和 Thelen 研究提出，渠道协同的内涵包含促销、产品、消费者、价格和库存信息等的一致性。④ 徐俊波认为，渠道的协同包括产品、价格、促销⑤，大部分学者从产品信息、消费者、价格促销方面考虑渠道之间的一致性，即顾客从各个渠道获取的产品服务相关信息的一致性。渠道融合程度越高，顾客在各个渠道获得的不一致信息越少。⑥

从读者获取的信息来说，主要分为读者信息、馆藏书目信息、服务规则。"图书馆之城"启动之后，面临的最大问题是不同馆之间书目数据和读者数据的不一致性，在 2009 年统一服务开始征订，明确了统一平台的统一条码号、统一读者证、统一的服务规则，进行了读者和书目数据、服务规则的统筹。⑦ 而线上渠道呈现的信息也主要通过调取

---

① Robey D., et al., "Intertwining Material and Virtual Work", *Information and Organization*, 2003, 13 (2): 111–129.
② Bendoly E., et al., "Online/In-Store Integration and Customer Rentention", *Journal of Service Research*, 2005, 7 (4): 313–327.
③ 徐俊波：《品牌服装企业线上线下营销渠道冲突及协同管理研究》，硕士学位论文，吉林财经大学工商管理学院，2018 年。
④ Berman B., Thelen S. A., "Guide to Developing and Managing a Well-integrated Multi-channel Retail Strategy", *International Journal of Retail& Distribution Management*, 2004, 32 (3): 147–156.
⑤ 徐俊波：《品牌服装企业线上线下营销渠道冲突及协同管理研究》，硕士学位论文，吉林财经大学工商管理学院，2018 年。
⑥ Bravo R., et al., "Expansion Strategies for Online Brands Going Offline", *Marketing Intelligence & Planning*, 2011, 29 (2): 195–213.
⑦ 张岩、王林：《深圳模式——深圳"图书馆之城"探索与创新》，中国社会科学出版社 2017 年版，第 72—73 页。

ULAS 中心管理系统的读者信息、书目信息，保证了读者通过线上线下多种渠道获取的读者信息、查询的书目信息、服务规则是一致的，达成渠道之间的信息融合，主要包含读者信息、查询的馆藏书目信息、服务规则的融合。

（2）渠道之间的联动。渠道之间的联动，可以表现为渠道之间创新实践[1]或加强渠道正向作用的表现[2]。

渠道之间的协同使得图书馆利用多种渠道提供创新服务，深圳图书馆通过线上渠道和线下渠道的联动，推出了一系列创新的服务。例如，2017年推出的快递到家、文献转借服务等，实现了"线上操作，线下交付"，使服务不仅被划分为线上服务或者线下服务，而是线上线下结合的服务，实现渠道之间的服务融合。服务融合体现在两个层面，一是服务不单独存在于一个渠道，而是存在于线上线下的多个渠道，例如读者咨询服务可以通过 E‐mail、电话、深圳图书馆网站、实体馆舍等渠道完成；二是服务以线上线下融合的形式呈现。

从加强渠道的正向作用来说，许多学者也将该效应称为"渠道互惠"[3]或者"渠道加强"[4]。对于深圳图书馆来说，加强作用可体现在渠道之间相互引流，具体表现在读者可以从某个渠道导流至另一个渠道，例如线上预借之后必须去线下街区自助图书馆取书，可以体现在读者进行渠道切换的过程。因此，从融合维度来说，各个渠道通过流程融合实现协同作用。

3. 渠道融合维度分析总结

综上所述，从渠道之间的互补关系和协同关系，结合零售领域渠道融合的研究和深圳图书馆的实践，总结出深圳图书馆读者服务的渠道融合维度，包括渠道接入融合、资源融合、流程融合、信息融合、服务融

---

[1] Robey D., et al., "Intertwining Material and Virtual Work", *Information and Organization*, 2003, 13 (2): 111–129.

[2] Bendoly E., et al., "Online/In‐Store Integration and Customer Rentention", *Journal of Service Research*, 2005, 7 (4): 313–327.

[3] Jiang K., et al., "The impact of Channel Integration on Channel Reciprocity in the Multi‐Channel Retailing Context", *Proceedings of the IEEE*, 2015: 1840–1844.

[4] Robey D., et al., "Intertwining Material and Virtual Work", *Information and Organization*, 2003, 13 (2): 111–129.

合，如图 11-17 所示。那么为什么深圳图书馆要进行服务渠道融合？渠道之间的融合如何实现？笔者将另做详细探讨。

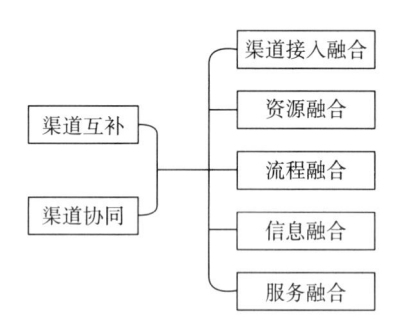

图 11-17 渠道融合维度

四 深圳图书馆读者服务的渠道融合模式

结合前面部分的分析，我们构建了深圳图书馆读者服务的渠道融合模式，如图 11-18 所示。模式图主要分为三大模块，描述了深圳图书馆读者服务渠道融合模式的动力来源、支撑条件、融合的维度，形成了深圳图书馆读者服务的渠道融合模式。

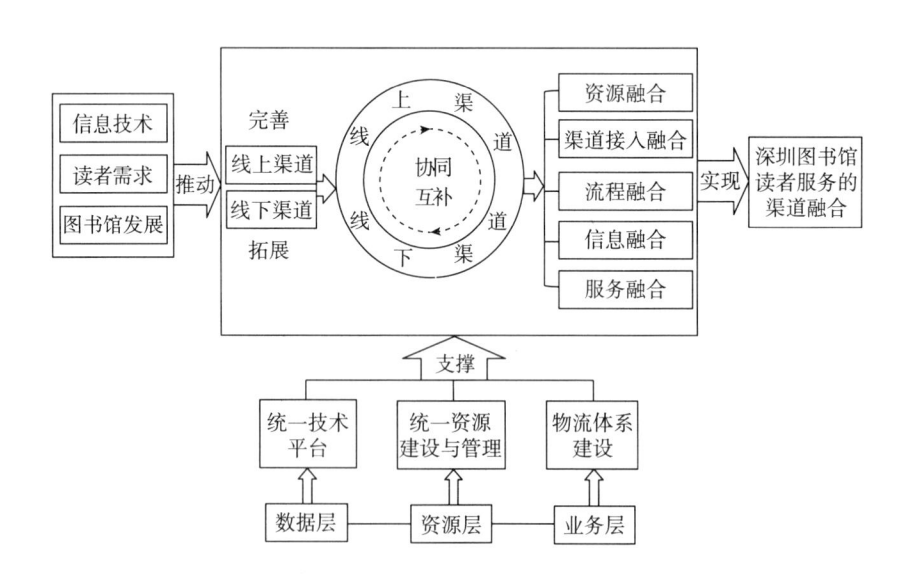

图 11-18 深圳图书馆读者服务的渠道融合模式

信息技术的进步、读者需求的变化以及图书馆发展的要求是渠道建设的主要动力来源,推动深圳图书馆完善线上渠道,拓展线下渠道。从 PC 端网站到移动网站,再到新媒体平台(微信、微博、支付宝)和 App,深圳图书馆形成了较为完善的线上渠道。同时,深圳图书馆不断扩展线下渠道,通过与市内其他图书馆形成文献共享,提供统一服务,将深圳图书馆的服务范围拓展到市内其他图书馆;从 2008 年来积极与社会机构联合建设深圳图书馆分馆,拓宽服务网点;研发街区自助图书馆,使市内各处读者方便获取服务,并基本实现覆盖市内的读者,拓展为网状的线下渠道体系。

统一技术平台、资源共享、物流体系搭建支撑了渠道间的融合。基于统一技术平台的建立实现了渠道之间的信息共享,信息(包括读者信息、业务处理信息、服务规则等)在各个渠道的流动,实现信息闭环,防止各渠道之间因为信息不流通产生的障碍。在统一平台的基础上,深圳图书馆打通与市内其他成员馆的资源,打造数字文献统一共享平台,即深圳文献港,打通了线上线下的资源,实现了文献资源在各个渠道的统一流动,实现资源闭环。在业务处理上,通过物流系统,实现线上与线下、线下与线下之间书籍的流通,实现业务闭环。

统一的技术平台、资源共享共建、物流体系建设支撑了深圳图书馆实现渠道之间的协同和互补。渠道之间实现资源融合,即读者在各个渠道获得市内统一的文献资源;渠道接入融合,即读者可以根据自己的偏好从任何一个渠道接入,使用深圳图书馆的服务;信息融合,读者的个人信息、借阅历史、获取的服务规则等信息在各个渠道是一致的;服务融合,即读者可以使用线上线下结合的服务,例如在线上预借,在线下获取图书;流程融合,即读者可以在使用图书馆服务的各个阶段,使用不同的渠道,渠道之间可以切换。初步达成了深圳图书馆读者服务的渠道融合。从图书馆供给侧来说,深圳图书馆初步实现了渠道融合。

第四节 渠道融合与图书馆读者关系构建

前两节的案例调查显示,随着技术环境和阅读行为的变化,一些图书馆已经在自觉地践行着融合式阅读推广的思想,并在渠道融合模式上探索出了高效路径。事实上,渠道就是图书馆资源、服务或理念的递送通道,而递送过程中必然存在图书馆与读者的对接,是图书馆与读者关系构建的关键环节。因此,作为图书馆与读者之间的沟通桥梁,渠道类型以及渠道融合应用的创新与发展影响着图书馆与读者之间稳定关系的构建。

本节将基于前期研究,探讨渠道融合与图书馆读者关系构建之间的关系,以及实现渠道融合的支撑条件,进而提出我国图书馆通过渠道融合优化与读者关系的策略建议。

一 图书馆与读者关系构建

图书馆不仅要致力于获得读者,而且要注重于保持读者,在图书馆与读者之间建立起一种为图书馆带来长远服务利益的纽带,因此,读者关系营销是图书馆与读者之间的双向信息交流,是双方互利共赢的营销。① 关系营销是企业管理领域的一个概念。所谓的关系营销,是把营销活动看成是一个企业与顾客(包括消费者、供应商、分销商、竞争者、政府机构及其他公众)发生互动作用的过程,其核心是建立和发展与这些公众的良好关系。② 简言之,企业注重通过提供满意的服务,来提高顾客忠诚度,与顾客建立长期稳定的关系。关系营销理论基于两个重要论据:一是保持老顾客的费用远远低于争取一个新顾客费用;二是企业与顾客关系越持久,对企业而言越有利。③ 关系营销的本质特征可以概括为双向沟通、合作、双赢、亲密、控制等几个方面,具体而言双向沟通是合作的基础、合作促成双赢,物质因素和情感因素均对关系建立具有重要作用,而及时了解和把控关系的动态变化也不可忽视。此外,Berry 和 Parasuraman 归纳了创造顾客价值的关系营销层次理论,即三级关系营销,依次为交易层面、社交层面和结构层面④,三个层次由

---

① 曹歌:《关系营销理论在读者服务中的应用》,《图书馆工作与研究》2010 年第 5 期。
② [美]戴维·L. 库尔茨、吉恩·E. 布恩:《市场营销学》,罗立彬、马跃译,北京大学出版社 2009 年版,第 267 页。
③ 李琼、黄勇:《关系营销理论综述》,《天府新论》2007 年第 S2 期。
④ [美]戴维·L. 库尔茨、吉恩·E. 布恩:《市场营销学》,罗立彬、马跃译,北京大学出版社 2009 年版。

低到高、由浅入深。

我们将关系营销理论应用于图书馆阅读推广，从世界读书日活动案例中分析出不同渠道应用方式下图书馆与读者的关系建立与发展。对于图书馆而言，与读者建立长期稳定的关系对图书馆资源、服务、空间等方面价值的发挥极为有利，而图书馆阅读推广渠道融合在促进图书馆与读者关系方面应该也能够发挥突出作用。

二 渠道融合与图书馆—读者关系构建

（一）图书馆—读者关系构建层次

通过上文对渠道模式案例的分析，我们已知各种渠道模式均能够对图书馆与读者之间的关系构建产生影响，但是其关系构建的稳定性、持久性、价值性却存在差异，参考 Berry 和 Parasuraman 在 1991 年提出的三级关系营销层次，根据上文对渠道功能的分析，我们认为不同渠道模式所实现的信息交互功能对于图书馆与读者关系构建效果也可归纳为三个层次。结合世界读书日活动的观察，我们对图书馆与读者的关系构建层次进行阐释：

一级关系营销即交易层面的营销，指维持顾客关系的主要手段是利用价格刺激增加目标市场顾客的财务利益，如对那些频繁购买以及按稳定数量进行购买的顾客给予财务奖励的营销计划，这是一种最低层次的关系营销。[①] 就图书馆阅读推广活动而言，可将一级关系营销理解为图书馆通过传统资源服务吸引读者与之建立关系，是一种资源层面的关系构建。如图书馆采用现场活动或者微信微博线上推送等渠道方式实现图书馆资源推广，以此吸引读者，构建关系。对于图书馆来说，将馆内的资源服务推广给读者是图书馆最核心的目标，因而无论是何种渠道模式、何种渠道功能均为此目标服务，由此一级关系构建普遍存在于各类世界读书日活动中。

二级关系营销即社交层面的营销，指企业不仅用财务价值让渡吸引顾客，而且同时增加他们所获社会价值，以此来增强公司和顾客的社会

---

① ［美］戴维·L. 库尔茨、吉恩·E. 布恩：《市场营销学》，罗立彬、马跃译，北京大学出版社 2009 年版。

联系。① 二级关系营销的主要表现形式是建立顾客组织，如各种类型的企业俱乐部。在世界读书日活动中，我们同样将二级关系营销视为社交层面的关系构建，即图书馆不仅利用传统资源服务吸引读者，同时赋予读者更多社交价值。例如世界读书日活动的派生渠道中存在的大量QQ群、微信群以及其他形式的线上线下交流社区，都为读者提供了更多社交价值。在全媒体背景下，复合阅读逐渐成为青少年主流阅读方式，读者越发在阅读推广活动中寻求复合价值，如审美价值、思考价值、社交价值等，其中社交价值最为显著，各种类型阅读社区的建立，读者互相之间进行交流分享，进而拓宽人际、寻找知音，这也为图书馆与读者关系的构建及维系提供更大可能性。

三级关系营销即结构层面的营销，指企业和顾客相互依赖对方的结构发生变化，双方成为合作伙伴关系，在增加结构纽带的同时附加财务利益和社会利益，该种关系的维持具有更大价值。② 在图书馆阅读推广活动中，一旦图书馆与读者间建立具有稳定性的结构关系，二者间存在固定合作或者利益联结，其中一方放弃关系则会遭受一定损失。例如已有部分图书馆利用各类线上渠道进行长期的阅读活动积分，积分可用于获取一定图书馆特殊权益，读者退出活动则积分清零，该方式则可视为一种较为稳定的"双边锁定"关系。但总体来说三级关系构建在目前图书馆阅读推广活动中应用较少。

（二）渠道融合对图书馆—读者关系构建的影响

图书馆与读者之间的稳定关系则正是在一次次的信息交互中建立与发展起来的。与读者建立长期稳定的关系对于发挥图书馆各方面价值均十分重要，而不同的信息交互手段必然对二者关系构建效果影响不同。通过本章的研究我们知道，多样化的渠道应用模式在阅读推广活动中会达成不同程度的信息交互功能，而图书馆有效发挥这一功能则可促进与读者稳定关系的建立及发展，即对应为关系构建层次，具体如图11-19所示。

----

① ［美］戴维·L. 库尔茨、吉恩·E. 布恩：《市场营销学》，罗立彬、马跃译，北京大学出版社2009年版。
② ［美］戴维·L. 库尔茨、吉恩·E. 布恩：《市场营销学》，罗立彬、马跃译，北京大学出版社2009年版。

一方面，单渠道、多渠道、复合渠道模式均能实现单向资源获取、双向平台构建和多项空间塑造等功能，但不同的是，其实现的程度或者质量有所差异。较之单渠道模式，多渠道模式和复合渠道模式均基于渠道融合展开，且多渠道模式在读者参与的广度、深度或者持久度方面更具优势；而较之多渠道模式，复合渠道模式则更具兼顾性，即对"广、深、持久"三大优势的完美融合，那么由此，相应的各渠道模式所实现的渠道功能的质量也便存在差异。

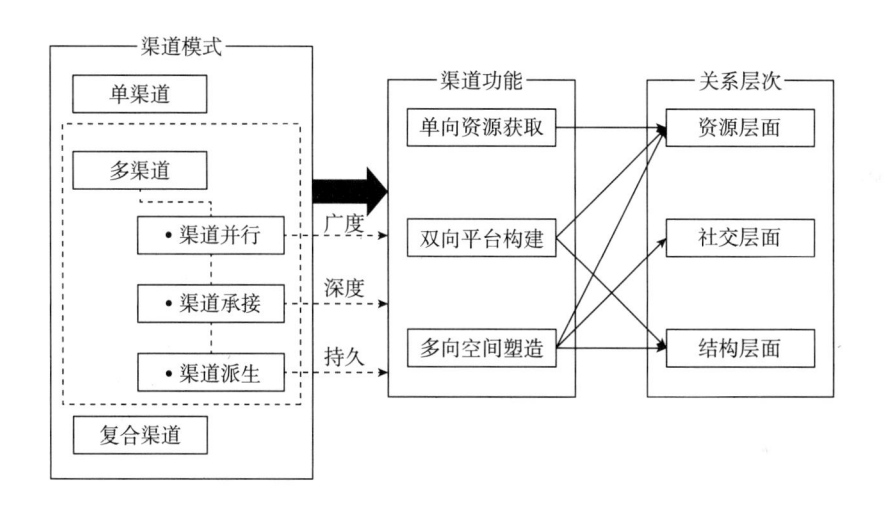

图 11-19 图书馆—读者关系构建

另一方面，从渠道功能来看关系构建，三大渠道功能均能体现一级关系构建，因为无论阅读推广活动形式如何变化，其输出图书馆资源服务是必不可少的；另外，二级关系构建则主要对应于多向空间塑造功能，因为社交价值的产生更需要读者与读者之间的信息流动与交互；最后，双向平台构建和多向空间塑造则为实现三级关系构建提供了条件，因为三级关系构建中图书馆与读者之间的信息交互必不可少，但这种稳定结构化的关系对图书馆恰当的策划设计与有效的活动开展要求极高。

三 图书馆渠道融合的支撑条件

渠道融合有助于图书馆与读者之间的关系建设，但这个价值的实现需要一定的支撑条件。在渠道融合的背后，需要统一技术平台进行各渠道数据处理、统一资源建设、完整的物流体系，形成信息闭环、资源闭环、业务处理闭环，实现渠道的协同互补。这里，我们以深圳图书馆为例从数据层、资源层、业务层三方面讨论图书馆渠道融合的支撑条件。

（一）数据层——统一技术平台

实现渠道融合的最基础条件是通过统一的数据处理，实现了信息在各个渠道的流动，此处的信息包括读者基本信息、业务处理信息、服务规则信息等，使各渠道信息融合，实现了信息流闭环，主要依托于数据层的建设。

数据层建设是深圳图书馆实现渠道融合的基础条件，也是深圳图书馆的特色之一。此处的数据可能包含读者数据、数字资源利用数据、网站服务数据、自助服务数据等。随着图书馆之城成员馆越来越多，统一服务需要相关技术支撑，深圳图书馆 2009 年起牵头搭建起科学的网络构架，即统一技术平台，主要包含"图书馆之城"中心管理系统（ULAS），起着整合各渠道的数据的重要作用[1]，ULAS 是深圳图书馆的核心应用系统，采用"多馆联盟，数据集中"的模式，建立之初是为了各馆的文献和信息共享提供技术基础，但是在发展中逐渐涵盖更广泛的业务，成为所有业务的基础平台。其业务涵盖采编管理、典藏管理、读者服务等，在 ULAS 的基础上，有"微图书馆之城"平台、网站服务平台、短信服务平台、自助图书馆监控平台等，对渠道实现分类系统化管理。通过 ULAS 的系统，实现了不同渠道业务的统一处理，推进全市统一服务、自助服务的一体化管理。

针对与统一技术平台上海量的数据，深圳图书馆积极通过数据挖掘，为个性化服务提供数据支撑。到目前为止，深圳图书馆的数据挖掘已经用于自助图书馆布点调整、网站功能调整、文献采购辅助决策等。[2] 例如，通过使用 EasyLod（Library OpenData，Levels of Details）系统，对读者行为进行数据挖掘，成为提供"个人账单"服务的主要数据基础，也可以分析读者在各个渠道上的使用情况。

---

[1] 张岩：《深圳图书馆》，天津大学出版社 2017 年版，第 105—109 页。
[2] 张岩：《深圳图书馆》，天津大学出版社 2017 年版，第 89—91 页。

深圳图书馆从1991年的图书馆自动化集成系统（ILAS）到2005年成功研制的数字图书馆体系结构与应用平台开发（dILAS），到2009年逐渐将图书馆的核心应用系统切换到ULAS，标志着深圳图书馆从自动化到数字化到进入共享建设阶段，体现了深圳图书馆对技术研发的重视，也是其能在国内图书馆中能较早实现渠道融合的重要原因。

（二）资源层——统一资源建设与管理

资源的统一建设和管理使得文献资源在各个渠道流动，实现资源流闭环。

资源层即图书馆的文献资源的统一建设和管理，包括纸质文献和数字文献。资源层的统一管理是实现业务层流通的基础，也是基于统一技术平台的搭建。纸质文献资源的建设和管理主要体现在线下渠道之间的协同互补，数字文献的统一建设管理主要体现在线上各渠道的资源共享，总体来说线上线下渠道能够实现数字资源和纸质资源的共享，也是各个渠道实现融合的重要条件之一。

纸质资源采编方面，构建联合采编平台，各馆在统一平台开展联合采编，开展书目质量控制，统一书目数据库。在纸质资源管理方面，引进"RFID文献智能管理系统"，遵循统一的FRID频率、技术标准，采用统一的RFID读者证和文献标签，使用统一的OPAC检索系统，实现文献在各馆的准确定位，并且揭示文献流通状态和所在图书馆的地点。在纸质资源保存方面，为保证文献流通的有序性，分别设立"预借书库""街区自助图书馆书库""保障书库"，主要用于满足预借服务、街区自助图书馆借还、馆外调阅，馆外的书库统一管理，保证了资源管理的有效性。

在数字资源方面，深圳图书馆作为龙头馆创建城市文献资源整合与服务平台。"深圳文献港"整合了各成员馆的资源，提供包括电子书和期刊、视频、各类数据库等数字资源，并且通过书目数据库，使全市纸质、数字文献通过一次检索达成统一揭示，建立纸质和数字资源的有效连接，给予读者统一的检索、认证、资源获取。

（三）业务层——物流体系的支撑

深圳图书馆渠道间的业务流动主要表现为书籍的流动，通过物流体系的搭建，实现了各渠道的业务闭环。深圳图书馆线上与线下渠道、线下与线下渠道的业务流动主要通过物流来实现，物流系统是实现资源流通的重要条件。

深圳图书馆的物流体系包括：深圳图书馆与"图书馆之城"成员馆的物流、深圳图书馆与分馆的物流、深圳图书馆与街区自助图书馆的物流、深圳图书馆快递到家的物流。前三个模块的物流通过政府招标的方式，与专业物流公司合作，组建专门的物流团队负责文献的配送；快递到家服务的物流，主要由深圳图书馆与中国邮政集团公司合作，深圳图书馆将书籍打包后，由中国邮政负责配送。

深圳图书馆与"图书馆之城"成员馆的文献流转，由专门的物流团队每周到各市、区馆取送文献（区馆以下级别的图书馆的物流主要由区图书馆负责）。对于分馆来说，深圳图书馆每年定期与分馆之间进行取送文献。深圳图书馆与街区自助图书馆的文献流通因为流转频率更高，通过交通路线组织，并且取送的频率更高，配有专门的物流配送车和工作人员。深圳图书馆的快递到家服务，每天由中国邮政取件并邮寄到读者填写的地址，一般3个工作日左右读者能收到书籍，到货后读者支付6元快递费用给物流公司。

基于以上分析，我们可以形成如图11-20所示的渠道融合支撑条件。如图，通过统一的数据处理，实现了信息在各个渠道的流动，通过图书馆的文献资源的统一建设和管理以及物流体系的搭建，实现书籍等资源的流动。而线上线下多个服务平台所构建的不同服务情境，又建立了读者与图书馆之间、读者与资源之间、读者与读者之间以及服务馆员之间的有效链接。从而形成了良性循环的服务之论，推动着图书馆与读者之间关系的不断提升。

四 图书馆阅读推广渠道建设思路

图书馆实现渠道融合，是信息技术发展和读者多渠道阅读行为背景下的发展趋势之一。通过分析图书馆在阅读推广和阅读服务两方面的渠道融合模式，我们发现图书馆要实现渠道融合，需要完善线上线下渠道，搭建渠道融合的支撑体系，不断优化渠道使用体验，实现信息融合、资源融合、渠道接入融合、服务融合、流程融合，并致力于图书馆—读者关系的提升，因此，本书提出如下图书馆阅读推广渠道建设

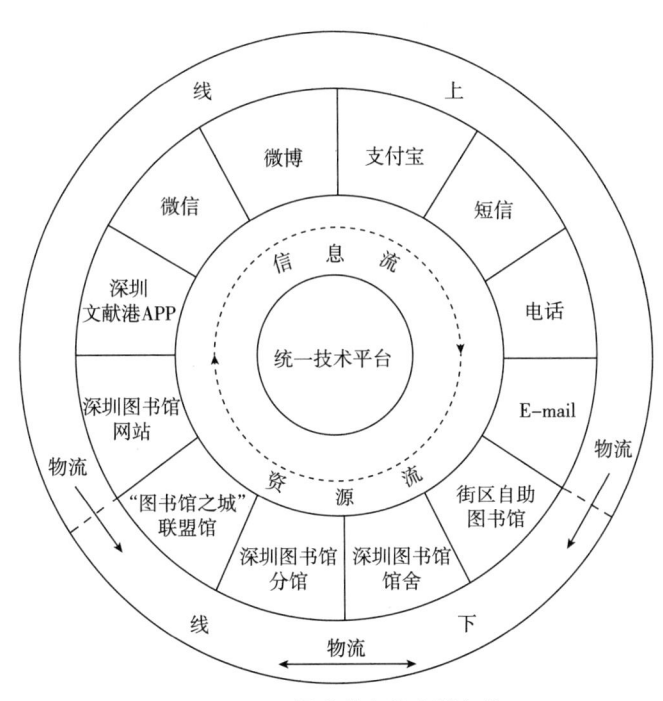

图 11-20　渠道融合的支撑条件

思路：

(一) 完善线上渠道，促进线上线下互动融合

信息流动实则是图书馆与读者关系构建的前提，基于关系营销层次理论，不同的渠道功能则助力于实现不同的关系构建层次，即资源层面、社交层面和结构层面。据本研究观察结果，目前渠道类型虽趋向于多样化发展，但仍然有极大探索空间，尤其是线上渠道的拓展是复合阅读时代满足读者阅读需要的关键。随着互联网时代的到来，图书馆相继开通线上渠道，例如微信公众号、微博、App 等，进入移动化建设阶段。但是仍存在线上服务渠道过窄、利用率低，渠道间信息割裂、功能单一、渠道间缺乏协同意识等问题。[1] 因此，各类图书馆应致力于完善线上渠道，并促进线上线下渠道的互动融合。

一方面，图书馆应结合读者需求，完善线上渠道功能，用丰富的线

---

[1]　兰孝慈：《供给侧改革视阈下高校图书馆 O2O 服务模式建构的策略研究》，《情报探索》2018 年第 11 期。

上功能满足多类型读者，让线上渠道真正发挥作用，且应加强各线上渠道的均衡发展，在发挥各线上渠道特点的情况下，尽量完善各渠道的功能，使读者能在各个线上渠道获取需要的服务。此外，图书馆也要加强线上渠道的宣传，让更多读者了解并使用线上渠道，增加线上渠道的利用率。

另一方面，要增强线上线下渠道的协同，通过线上线下渠道的互补，开发创新的阅读推广模式。渠道战略的成败关键在于渠道组合的质量，即渠道组合中不同类型渠道能否实现协同。①② 渠道协同应注重由被动式服务向主动、自主型服务转变，通过数据挖掘技术，实现线上个性化推送，对线下渠道进行宣传并引导读者前往线下。线下也要通过新增电子书阅读、举办相关活动等方式，进行线上资源推广。此外，建立渠道进行纸质文献和数字资源融合，实现线上线下资源的互联互通。综上所述，不断完善线上渠道并通过线上线下实现互动融合，使服务渠道实现协同互补，为读者提供更好的使用体验。

（二）统一技术平台，实现各渠道信息融合

根据本研究，注重技术研发，搭建统一技术平台，实现信息在各渠道流动是实现渠道融合的重要条件。因此，图书馆要实现渠道之间的协同互补，需要建立统一的技术平台，实现统一技术平台的优势主要有三点：第一，通过统一的技术平台，读者在各个渠道的操作数据将被记录，消费者在图书馆各个渠道将被当作一个读者，而不是在各渠道被当作不同的读者，提升了读者的体验，为图书馆实现全渠道打下基础；第二，统一技术平台可以给图书馆各渠道的工作人员提供了统一操作的平台，有助于避免了信息不一致产生的工作阻滞；第三，在统一技术平台的基础上，可以构建例如文献采购平台、新媒体平台等，为实现资源共享、物流体系的建设等提供支撑作用。总体来说，统一的技术平台实现了信息在各个渠道的流动，是公共图书馆实现渠道之间融合的重要条件。

---

① Bendoly, Elliot, et al., "Online/In-Store Integration and Customer Retention", *Journal of Service Research*, 2005, 7 (4): 313-327.

② Kabadayi S., et al., "The Performance Implications of Designing Multiple Channels to Fit with Strategy and Environment", *Journal of Marketing*, 2007, 71 (4): 195-211.

然而在实践层面，我国图书馆普遍存在技术研发不够、技术人才储备不够的问题，要搭建统一技术平台会面临困难。因此，可以区域内中心图书馆为核心，搭建区域统一技术平台，实现区域图书馆联盟，要积极学习技术发展较好图书馆的技术。

统一技术平台在技术层面实现各渠道的信息融合，为实现渠道融合提供了基础。在管理层面，统一的渠道管理团队也发挥着非常重要的作用，通过建立渠道管理团队，既可以推动各渠道的协调，避免因为管理规则、流程不一致出现的渠道间障碍，也可以实现更高效率的对外合作。

（三）塑造多维关系空间，强化活动关系触点

不同类型渠道及渠道模式为构建图书馆与读者的关系提供了有利条件，而基于多种渠道的营销活动要关注顾客的体验和终身价值，要关注关系进程中的每个关键接触点。[1]

一方面，就读者的体验和价值而言，复合阅读逐渐成为一种新型阅读方式，单一的资源价值已经不能满足读者对良好体验和更高价值的追求，即从关系构建层次来看，一级关系构建已极为普遍，但其是低层次、短时效的。图书馆应进一步优化二级关系构建，打造多维交互空间，强化社交价值体验，尤其是在网络媒体不断发展的时代下，书籍不再是目的，而成为了介质，通过书籍，新的人际关系得以建立，由此达成二级关系构建。另外，三级关系构建在图书馆阅读推广活动中应用极少，其主要原因在于图书馆未能抓住促使读者形成关系依赖的重点，即图书馆赋予结构关系的关键依赖价值对读者来说欠缺吸引力，因此努力达成三级关系构建是图书馆未来应着重关注的方向。

另一方面，当前一些图书馆仅止步于将资源服务递送出去，忽略了与读者的关键接触点，因而错失了与读者增进稳定关系的机会。在日常生活中，多数人并没有充足时间和动机频繁参与图书馆的阅读推广活动，特别对于公共图书馆来说，读者的流动性较大，因而抓住每一次读者参与活动的接触机会，发挥各类渠道优势以引导读者参与深度信息交

---

[1] Weinberg B. D., et al., "Multichannel Marketing: Mindset and Program Development", *Busines Horizons*, 2007, 50 (5): 385–394.

互,优化读者交互体验,并有效维系关系极为必要。如果图书馆能够通过关系构建形成自身读者源,则对于图书馆资源服务利用、活动效果提升以及读者群体拓展等方面都具有重要意义。

(四)以读者为中心,加强与社会机构合作

"以读者为中心"是公共图书馆实现渠道融合的重要思想,其重要体现便是注重读者的使用场景,公共图书馆要结合读者的使用场景,延伸服务范围,则需要加强与社会机构的合作。

移动互联网的高速发展使读者的使用场景更加受到重视,场景更重视描述人们当时当下的需求,更符合当代读者的信息获取行为,即在特定的场景,结合信息获取需求,选择最适合的渠道满足需求。图书馆应该结合读者的使用场景延伸馆外渠道,因为其服务的社会群体的广泛性,更应该注重对不同类型读者使用场景的挖掘,并积极开展与社会机构的合作,将服务渠道延伸到读者的使用场景。

要积极探索与横向利益相关者的合作,即与相关社会机构进行深度合作。例如,针对青少年读者,结合其校内阅读的场景,可以采取"图书馆+学校"的合作模式,在学校联合建立服务点,实现学校和图书馆的通借通还,并进行相关阅读活动的举行,使青少年在校内即可获取阅读服务,也丰富了学校的相关教育职能。对于读者在交通工具上的阅读场景,可以积极探索与公交、地铁等的合作,开展例如深圳图书馆"M·地铁图书馆"项目,结合纸质图书和数字资源的提供,满足读者该场景下的阅读需求,逐渐实现"服务找人"。对于与商业机构的合作,例如与购物中心合作的 MALL 图书馆、与零售便利店合作的"超商借书",要注重图书馆公益性与机构商业性的互补,实现通过商业模式实现公益知识传播、借助公益力量提升企业形象的双赢模式。然而,公共图书馆与社会机构合作时应该注重更深业务的融合;又如,提供借还书、预借等更多业务,而非仅仅提供场地供阅读,实现更深入的合作,并且要加强相关的宣传,使更多读者受惠。

除了横向与利益相关者合作进行渠道融合,也要积极促进纵向产业链的融合,例如与出版社、图书提供商的跨界合作,例如图书馆与出版社就编目业务、文献采访、阅读推广等方面的协作,进一步优化知识链供应体系,提升服务效能。

第十二章 我国图书馆阅读推广实践调查与分析

虽然"图书馆阅读推广"近年来才成为研究热点,但事实上图书馆阅读推广的实践活动由来已久,尤其是自从2002年国家明确倡导全民阅读,在国家和各级政府推动下、在图书馆业界和学界的共同努力下,我国图书馆阅读推广活动不断推陈出新,与当前阅读行为发展趋势同向而行。本章即以复合阅读行为趋势为背景,对我国图书馆阅读推广实践展开调查和分析,探索我国图书馆阅读推广的现状和创新方向。

我国图书馆自2004年起开展"世界读书日"宣传活动,迄今已进行了十六年。① 世界读书日是开展阅读推广活动的重要节点。2019年,第24个世界读书日之际,全国图书馆界联合发布《服务全民阅读 共创美好生活——中国图书馆界"4·23"全民阅读活动倡议书》②,倡导全民阅读、创建阅读文化,打造阅读品牌,以促进图书馆发展和构建书香社会。本章对我国图书馆阅读推广实践的调查即以此次世界读书日图书馆阅读推广活动作为主要观察对象展开,将从阅读推广活动价值创新、体验创新、运营创新等角度调查我国图书馆阅读推广活动的具体现状,并提出顺应当前阅读行为趋势的应对策略。

---

① 徐立纲:《"世界读书日"宣传活动对我国图书馆事业发展的影响》,《新世纪图书馆》2014年第8期。
② 《服务全民阅读 共创美好生活——中国图书馆界4·23全民阅读活动倡议书》,[2019-06-27],http://book.cssn.cn/ts/bwdj/201904/t20190423_4868717.shtml。

第一节　我国图书馆阅读推广价值调查

读者阅读行为已向复合阅读转向，图书馆阅读推广活动应与之合拍。当前，阅读推广作为图书馆服务的一种基本形式受到图书馆界的普遍认可。[1] 越来越多的图书馆将阅读推广写入战略规划、宣言和政策类文件。[2]

阅读行为向复合阅读的转向意味着读者对阅读价值有了更多追求，然而，我国阅读活动目前仍存在精准度不高、活动定位模糊等问题，难以让读者产生兴趣与共鸣，以致活动效果受限。[3] 那么，当前我国图书馆在阅读推广活动为读者贡献了怎样的价值？是否激发读者的兴趣与共鸣？本节将围绕这一问题以我国市级公共图书馆为例展开调查研究。

公共图书馆作为公共文化服务体系中的重要组成部分，具有公益性、专业性以及丰富的阅读资源，这些特性决定了公共图书馆是倡导、组织和实施全民阅读活动的主要阵地。[4] 在我国倡导的总分馆体制中，市级公共图书馆是公共图书馆体系中承上启下的重要环节，是开展阅读活动的关键主体。此外，微信公众号作为广泛使用的营销工具，在阅读活动效果评估中有广泛的应用。因此，本书的研究将以35个市级公共图书馆2019年微信公众号推送的"世界读书日"阅读活动为对象，利用微信公众号平台提供的客观数据，探索阅读活动价值的构成及其对活动效果的影响，分析读者的活动价值取向。

一　阅读推广活动的价值

所谓价值，是指以主体的尺度为尺度的一种主客体关系状态。在这个关系状态中，人是一切价值关系的主体，同时也是他人、群体、社会

---

[1] 谢蓉等：《试论图书馆阅读推广理论的构建》，《中国图书馆学报》2015年第5期。
[2] 王丹、范并思：《图书馆阅读推广基础理论流派及其分析》，《大学图书馆学报》2016年第4期。
[3] 张崟颖、王政凯：《基于读者特征的精准阅读活动研究——以"书香食家"有奖阅读活动为例》，《出版广角》2018年第12期。
[4] 洪文梅：《公共图书馆在全民阅读活动中的作用与对策探讨》，《图书馆理论与实践》2009年第7期。

的价值客体。① 读者作为阅读活动中的客体，对阅读活动价值的感知是读者参与阅读活动的主要影响因素，是影响阅读活动效果的关键因素。开展读者期望的价值活动，有利于激发读者的兴趣，高效提升阅读活动的效果。

阅读活动价值是蕴藏在阅读活动中的内在价值。阅读活动价值一般有两种界定，一种是从图书馆人的角度，另一种是读者的角度。从图书馆人的角度来看，阅读活动是图书馆人自我价值的体现，是图书馆人自我满足、自我发展、自我超越的过程与结果。② 从读者的角度来看，价值是阅读参与的根本动力，其价值可以满足主体的某种需求。③ 阅读活动在提升个体的文化素质，参与人类文化传承的同时，也为主体实现精神安顿提供了价值空间。④ 基于相关研究，从以读者为中心的角度出发，本研究将阅读活动价值定义为，阅读活动本身所蕴含的读者所能感知到的、最终可获得的物质或精神收益。

阅读活动的价值受活动内容与形式的影响，除可能带给个体阅读价值外，也会带给个体非阅读的价值。因此，阅读活动价值可划分为阅读价值与非阅读价值两类，阅读价值是阅读活动中蕴含的收益与读者自主阅读获得的收益相同或相近的价值，如知识、功能等价值；而非阅读价值是指阅读活动中蕴含的收益与读者自主阅读活动的收益相异的价值，如物质、社交、娱乐等价值。当前，在阅读活动价值研究方面，除少数学者关注广义的阅读活动价值，如李桂华提出，在复合阅读行为中，阅读价值不仅只有知识价值、功能价值，还有交流价值、审美价值以及休闲娱乐价值等；大部分学者关于阅读活动的价值研究主要集中在阅读价值方面，如屈明颖⑤在总结新媒介阅读系统的构成要素的基础上提出，数字环境下的阅读生态系统应以文化价值追求为主，注重阅读价值的实现。

---

① 李顺德：《价值论——一种主体性的研究》（第3版），中国人民大学出版社2013年版。
② 施春林：《图书馆阅读推广的价值关系辨析及价值实现思考》，《图书馆建设》2017年第3期。
③ 郎玉林：《对全民阅读价值哲学的理性思考》，《图书馆》2015年第12期。
④ 凌美秀、曹春晖：《论阅读的价值：哲学诠释学的视角》，《图书馆》2015年第6期。
⑤ 屈明颖：《新媒介阅读生态系统构建研究》，《出版广角》2018年第18期。

在阅读活动效果评估方面，研究主要集中在以省级公共图书馆[①]、艺术院校图书馆[②]以及高校图书馆等为对象，基于微信公众号数据利用WCI指数对阅读活动效果进行计量和评估。鲜有以市级公共图书馆为研究对象，以阅读活动价值为切入点对阅读活动效果进行探讨的相关研究。

基于以上论述，本书的研究以35所市级公共图书馆2019年微信公众号推送的"世界读书日"阅读活动为对象，从读者价值需求角度出发，利用内容分析法对阅读活动的价值进行识别，并按照活动价值对活动进行分类，利用WCI指数分析具有同类价值的活动的效果，以期为市级公共图书馆提升阅读活动效果提供建议。

二 研究设计

（一）研究方法

本书的研究主要采取内容分析法和WCI指数两种方法。首先，利用内容分析法对市级公共图书馆微信公众号推送的"世界读书日"阅读活动的价值进行识别与归纳；其次，根据阅读活动价值对活动进行归类，并利用WCI指数计算出各类价值活动的效果。

1. 内容分析法

内容分析法是产生于传播学领域的一种对研究现象的内容进行深度分析，透过现象了解本质的方法。[③] 内容分析法是一种对已记录归档的文本进行分析的一种研究方法，其研究对象是先于研究而存在的文本，内容分析法研究对象既可以是个人信息、群体互动信息，也可以是媒体发布的信息。[④]

内容分析法可划分为解读式内容分析法、实验式内容分析法以及计

[①] 蔡丽萍、孔德超：《基于WCI的省级公共图书馆微信阅读推广研究》，《图书馆工作与研究》2016年第10期。

[②] 姜玲：《基于WCI的艺术院校图书馆微信阅读推广效果研究》，《图书馆杂志》2018年第11期。

[③] 邱均平、邹菲：《关于内容分析法的研究》，《中国图书馆学报》2004年第2期。

[④] 周翔：《传播学内容分析研究与应用》，重庆大学出版社2014年版。

算机辅助内容分析法三种类型。① 其中解读式内容分析法可以直接通过对文本内容的字面含义、文本背景和思想结构进行分析,挖掘文本内容的真正意义;实验式内容分析法将文本内容的字、词、句、段落甚至整篇文档作为分析单元,对内容要素出现频次和频率进行统计,从而以定量的方式呈现分析结果;计算机辅助内容分析法是借助计算机软件对文本数据进行解析、存储和排序,得出分析结果。② 基于市级公共图书馆阅读活动具有明确的主题及内容,本书的研究采用解读式内容分析法作为活动价值识别的手段,通过对所采集的阅读活动推文进行解读,分析其活动主题及内容,挖掘阅读活动的价值。

2. WCI 指数

WCI 指数是由清博指数开发的用于计算微信传播力的指数,自 WCI 指数发布以来,众多学者便将该指数用于微信阅读活动效果的评估,并且许多权威机构也将其作为重要的评估指标用于阅读报告中,如中国新闻出版研究院 2019 年 1 月发布的《2018 年阅读行业"两微一端"运营报告》中就主要采用 WCI 指数作为指标,对新媒体平台的传播表现进行分析。因此,本书采用 WCI 指数对具有同类价值的活动进行活动效果分析。

本书的研究采用 WCI 指数最新版本③,该版本指标包括整体传播力、篇均传播力、头条传播力以及峰值传播力四个维度。由于本书的研究以 35 所市级公共图书馆微信公众号推送的"世界读书日"阅读活动为研究对象,为使计算结果符合研究要求,研究在微信传播指数 WCI (V13.0) 的基础上,结合实际情况对评估要素进行了略微调整。

在实际计算中,依据本书的评估对象为阅读活动,将各要素进行重新定义:R 为评估活动的所有文章 (n) 的阅读总数;Z 为评估活动的所有文章 (n) 的在看总数;d 为评估推文所覆盖的真实天数;n 为评估活动的账号所发文章数;Rt 和 Zt 为评估活动推文中账号所发头条的

---

① 邱均平、邹菲:《国外内容分析法的研究概况及进展》,《图书情报知识》2003 年第 6 期。

② 吴朝彦、饶阳泓:《基于内容分析法的城市政务微信公众号信息传播主题研究》,《现代情报》2017 年第 2 期。

③ "Microservices",[2018-06-10],https://martinfowler.com/articles/microservices.html.

总阅读数和总在看数；m 为评估活动推文中的头条数；Rmax 和 Zmax 为评估活动中所发文章的最高阅读数和最高在看数。

表 12-1　　微信传播指数 WCI 指标及计算（V13.0 调整）

一级指标（权重）	二级指标（权重）	标准化得分
整体传播力 O（30%）	日均阅读数 R/d（85%） 日均在看数 Z/d（15%）	$O = 0.3 \times [0.85 \times LN(R/d+1) + 0.15 \times LN(Z/d+1)]$
篇均传播力 A（30%）	篇均阅读数 R/n（85%） 篇均在看数 Z/n（15%）	$A = 0.3 \times [0.85 \times LN(R/n+1) + 0.15 \times LN(Z/n+1)]$
头条传播力 H（30%）	头条平均阅读数 Rt/m（85%） 头条平均在看数 Zt/m（15%）	$H = 0.3 \times [0.85 \times LN(Rt/m+1) + 0.15 \times LN(Zt/m+1)]$
峰值传播力 P（10%）	最高阅读数 Rmax（85%） 最高在看数 Zmax（15%）	$P = 0.1 \times [0.85 \times LN(Rmax+1) + 0.15 \times LN(Zmax+1)]$

WCI = {0.3 × [0.85 × LN（R/d+1）+ 0.15 × LN（Z/d+1）]+ 0.3 × [0.85 × LN（R/n+1）+ 0.15 × LN（Z/n+1）]+ 0.3 × [0.85 × LN（Rt/m+1）+ 0.15 × LN（Zt/m+1）]+ 0.1 × [0.85 × LN（Rmax+1）+ 0.15 × LN（Zmax+1）]} ^2 × 10

由于统计数量以阅读活动推文为依据，不以规定时间段为依据，因此将头条传播力 H 指标进行略微调整，将"头条（日均）阅读数"及"头条（日均）在看数"依据实际头条数调整为"头条平均阅读数"及"头条平均在看数"。

(二) 研究程序

1. 数据采集

在第 24 个"世界读书日"到来之际，中国图书馆学会和国家图书馆联合全国图书馆界，共同开展 2019 年全民阅读主题活动，并发起全民阅读活动倡议，全国各地图书馆纷纷响应，并积极开展阅读活动。市级公共图书馆作为全民阅读活动开展的主要阵地，其开展的阅读活动是否符合读者价值需求，对图书馆来说尤为重要。此外，微信以其巨大的用户数量成为了活动运营的重要平台和工具，自微信公众号功能上线以来，各公共图书馆也纷纷借助微信公众号开展阅读活动。基于此，本书的研究根据《2018年阅读行业"两微一端"运营报告》图书馆类微信公众号排名，将上榜的46个市级公共图书馆作为研究对象，对其在微信公众号中推送的"世界读书日"阅读活动进行研究。通过筛查，筛选出在微信公众号平台发布的"世界读书日"进行过阅读推广活动的市级公共图书馆。最终研究对象确定为35个市级公共图书馆。

表12-2　　　　　　　　　观察样本区域分布

区域	省份	图书馆	数量	区域	省份	图书馆	数量
东北	黑龙江省	大庆市图书馆	5	华东	山东省	青岛市图书馆	17
		哈尔滨市图书馆				济南图书馆	
		齐齐哈尔市图书馆				临沂市图书馆	
	吉林省	长春市图书馆			江苏省	昆山市图书馆	
	辽宁省	连云港市图书馆				江阴市图书馆	
华北	山西省	太原市图书馆	3			无锡市图书馆	
		朔州市图书馆				金陵图书馆	
	河北省	唐山市图书馆				苏州图书馆	
华中	湖南省	长沙图书馆	1			盐城市图书馆	
华南	广东省	广州图书馆	6		上海市	上海图书馆	
		深圳图书馆			浙江省	杭州图书馆	
		佛山市图书馆				宁波市图书馆	
		东莞图书馆				乐清市图书馆	
		肇庆市图书馆				台州市图书馆	
		清远市图书馆				平湖市图书馆	
西南	四川省	成都图书馆	2			义乌市图书馆	
	云南省	玉溪市图书馆			福建省	厦门市图书馆	
西北	陕西省	西安图书馆	1				

在样本区域分布上，在35个市级公共图书馆中，23个分布在华东、华南等东部沿海地区，占比65.71%。其次是东北、华北等地区，共有8个，占比22.86%。而华中、西南、西北等内陆地区仅有4个，占比11.43%。在省份分布上，35个市级公共图书馆分布在15个省份。

其中江苏省、浙江省以及广东省三省数量最多，各有 6 个，总计占比 51.43%。其次是黑龙江省、山东省各 3 个，总计占比 17.14%。其余 11 个分布在 10 个省份，总计占比 28.57%。

确定样本之后，根据 WCI 指数的评估维度，对 35 个市级公共图书馆 2019 年微信公众号推送的"世界读书日"阅读活动数据进行采集，采集的基本要素包括活动主题、推文时间、推文阅读数、在看数以及是否为头条 5 个。最终采集到 35 个市级公共图书馆推送的 209 个阅读活动，共 352 条推文。

2. 研究过程

本书的研究主要有四个阶段，分别是数据收集及基本分析、阅读活动价值识别与归纳、基于活动价值的数据 WCI 计算以及结果分析、总结与建议。

第一阶段，数据收集及基本分析。通过对 35 个市级公共图书馆微信公众号"世界读书日"阅读活动数据进行收集，主要收集活动主题、活动推文时间及类型、活动推文的阅读数、在看数以及是否为头条等要素。对收集到的数据进行基本的数据分析，包括统计分析及相关性分析。

第二阶段，活动价值识别。利用内容分析法将阅读活动价值归纳总结为便利价值、娱乐价值、社交价值、物质价值、荣誉价值、功能价值、知识价值、情感价值、审美价值以及象征价值 10 类价值活动。

第三阶段，基于活动价值的 WCI 指数计算及结果分析。将阅读活动依据其价值属性进行分类，计算每一类价值活动的 WCI 指数，并对计算结果进行分析，总结每类价值活动的效果情况。

第四阶段，基于基础数据分析及 WCI 指数结果，分析市级公共图书馆目前开展的阅读活动的价值与读者的价值需求现状，为公共图书馆在微信公众号平台开展阅读活动提供针对性建议。

三 市级公共图书馆阅读活动价值及基本情况

(一) 基于内容分析法的阅读活动价值分析

1. 样本选取

本书的研究样本为 35 个市级公共图书馆 2019 年微信公众号推送的

"世界读书日"阅读活动，总计209个阅读活动352条推送。

表 12-3 样本数据基本情况

图书馆	活动数	推送数	图书馆	活动数	推送数
大庆市图书馆	4	15	青岛市图书馆	5	9
哈尔滨市图书馆	13	23	济南图书馆	4	7
齐齐哈尔市图书馆	7	8	临沂市图书馆	1	2
长春市图书馆	7	8	昆山市图书馆	6	6
连云港市图书馆	4	9	江阴市图书馆	3	13
太原市图书馆	5	7	无锡市图书馆	14	19
朔州市图书馆	7	21	金陵图书馆	3	4
唐山市图书馆	10	15	苏州图书馆	3	3
长沙图书馆	5	7	盐城市图书馆	6	8
广州图书馆	6	8	上海图书馆		
深圳图书馆	4	7	杭州图书馆	10	12
佛山市图书馆	9	12	宁波市图书馆	4	9
东莞图书馆	5	6	乐清市图书馆	4	7
肇庆市图书馆	12	18	台州市图书馆	6	7
清远市图书馆	4	6	平湖市图书馆	5	12
成都图书馆	1	2	义乌市图书馆	11	18
玉溪市图书馆	3	5	厦门市图书馆	5	10
西安图书馆	4	17	总计	209	352

2. 类目构建

根据内容分析法，构建类目系统。类目建构有采用现成的分析维度与研究者根据研究目标自行设计两种基本路径。[①] 由于关于阅读活动价值的非阅读价值研究相对较少，本书在参考部分已有文献基础上，以35个市级公共图书馆微信公众号推送的209个阅读活动的活动主题及内容为分析单元进行类目构建。

---

① 程澄：《微信公众平台的受众"使用与满足"行为探究》，《传媒》2014年第10期。

一项阅读活动往往具有多重活动价值，因此，在归纳活动价值时，本研究以阅读活动传递给公众且为公众所感知到的主体性价值作为界定活动价值的依据。从动机行为理论来看，虽然个体行为的产生是由多种动机综合作用而成，但各动机对个体行为的作用强度不同，个体行为的产生往往取决于主体性动机。在市级公共图书馆微信公众号推送的阅读活动中，读者产生参与行为的动机主要表现为对活动价值的认知，从首因效应看，阅读活动推文最先传递给读者的活动价值往往会成为读者所认知的主体性价值，这一价值即是读者参与行为产生的主体性动机。基于此，本书的研究最终将209个阅读活动的主题归纳为24类，阅读活动价值概括为10类，具体类目构建如表12-4所示。

表12-4　　　　　　　　　阅读活动价值类目构建

类目	范畴	类目描述
知识价值	讲座；知识展览	为读者提供知识性内容，可以提升读者的知识文化素养
娱乐价值	影音欣赏；文艺表演；游戏	为读者提供娱乐与趣味性活动，使其在活动中能获得愉悦性体验
物质价值	图书赠送；有奖参与	读者在活动中能获得现金、实物等物质性报酬
审美价值	艺术展览	读者感知参与活动能获得自身艺术上的审美需求
交互价值	图书交换；图书传递；分享交流	读者感知参与活动将会增强与他人的互动，获取不同于自身已有的物质、观点或知识等，也会强化自己的人际关系
荣誉价值	竞赛；推优；图书捐赠	读者感知参与活动能使自己获得荣誉
情感价值	亲子阅读；名人效应	读者感知参与活动能满足自己的情感需求
功能价值	阅读体验；阅读打卡；参与阅读；技艺体验	读者感知参与活动可获得新的技能及体验
便利价值	读者利益；便利阅读	读者感知参与活动课方便或利于自己的行动，降低达到行动的成本

续表

类目	范畴	类目描述
象征价值	世界读书日主题活动；全民读书节活动	仪式活动具有象征性、表演性及文化传统性[①]，是一种强化性象征活动，能够强化被象征物即活动主题的重要性[②]，具有象征价值

3. 编码与结果分析

为得到客观的编码结果及便于在研究过程中对阅读活动价值进行分类分析，文章依据所构建的类目关系对类目进行编号，依据编号规则对35个市级公共图书馆的209个阅读活动数据进行编码，并对编码结果进行分析。

总体而言，35个市级公共图书馆微信公众号推送的209个阅读活动中，知识价值类活动数量最多，达到48个，占比23%；功能价值类、荣誉价值类阅读活动分别为30个，占比14%；此三类价值活动总计108个，占比51%。知识价值、功能价值、荣誉价值分别对应的是讲座、朗读朗诵与阅读体验及打卡、竞赛等类型的阅读活动，这些活动是较为传统的阅读活动。象征价值类活动24个，占比11%，这类活动主要为大型主题阅读活动。情感价值、社交价值、物质价值、便利价值以及娱乐价值等活动数量较为接近，总数为70个，占比33%。可以看出，大部分市级公共图书馆微信公众号推文以传统价值的阅读活动为主。

从活动推文力度来看，社交价值类活动推文力度最强，活动平均推文达2.3条，其次是象征价值类活动，活动平均推文为2.0条。其余各类价值活动平均推文数以1.5条至1.8条居多，仅便利价值与审美价值类活动的平均推文为1条左右。结合推文所涉及的活动运营阶段，大部分推送仅涉及1—2个阶段，反映了市级公共图书馆将微信公众号作为阅读活动运营工具的意识还待提升。

---

① 侍非等：《仪式活动视角下的集体记忆和象征空间的建构过程及其机制研究——以南京大学校庆典礼为例》，《人文地理》2015年第1期。

② 何星亮：《象征的类型》，《民族研究》2003年第1期。

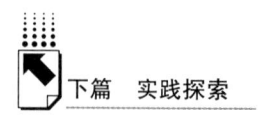

表 12-5　　　　　　　　　同类价值活动基本情况

价值维度	数量（个）	占比（%）	推送数（条）	头条数（条）	总阅读数（次）	头条阅读数（次）	头条阅读占比（%）	活动平均推文（条）	头条推文比例（%）
知识价值	48	23	74	25	38966	21378	55	1.5	34
功能价值	30	14	48	22	31159	21030	67	1.6	46
荣誉价值	30	14	55	13	34905	12672	36	1.8	24
象征价值	24	11	48	31	28595	23028	80	2	65
情感价值	16	8	24	5	8742	4234	48	1.5	21
社交价值	15	7	35	14	39528	30188	76	2.3	40
物质价值	15	7	27	12	31303	18306	58	1.8	44
便利价值	13	6	16	3	47665	36993	78	1.2	19
娱乐价值	11	5	17	6	31423	21661	69	1.5	35
审美价值	7	3	8	2	1579	645	41	1.1	25

从活动推文头条比例来看，除象征价值类活动的推文头条比例高达65%，其余价值类活动皆低于50%，最低为19%。虽然多数价值的阅读活动推文头条比例在50%以下，却创造了高于50%的阅读数。其中便利价值类活动虽然头条比例仅为19%，即16条活动推文中仅3条为头条，却创造了78%的阅读数。可见，市级公共图书馆比较注重大型主题阅读活动的信息传播效果，相对忽视其他常规价值活动的信息传播效果。部分阅读活动因其价值较符合读者兴趣，推文数量虽不多且头条比例低，但阅读效果却较好。

（二）市级公共图书馆阅读活动价值特征分析

市级公共图书馆微信公众号推送的"世界读书日"阅读活动十分丰富，推送的阅读活动数在5个及以上的市级公共图书馆有22个，占比62.86%；推送的阅读活动数在5个以下的市级公共图书馆有13个，占比37.14%；仅2个市级公共图书馆推送的阅读活动数为1个，占比5.71%。

从阅读活动价值类型看，推送知识价值、功能价值、荣誉价值以及象征价值等类型阅读活动的市级公共图书馆在20个以上；最多推送的为知识价值类阅读活动，推送的市级公共图书馆有24个，占比高达68.57%。其次是推送情感价值、物质价值、便利价值、交互价值及娱乐价值等类型的阅读活动，推送的市级公共图书馆在10—19个，推送情感机制类阅读活动的市级公共图书馆达到16个，占比45.71%；推送娱乐价值类活动的市级公共图书馆数量相对较少，仅有10个，占比28.57%。仅有6个市级公共图书馆推送了审美价值类活动，占比17.14%。

从阅读活动价值覆盖范围看，推送阅读活动的价值覆盖5类及以上的市级公共图书馆仅15个，占比42.86%。义乌市图书馆推送的阅读活动价值覆盖类别最多，覆盖了9类价值。从整体集中度看，苏州图书馆推送的阅读活动价值最为集中，只推送了功能价值类活动；其次是哈尔滨图书馆，推送的13个阅读活动中6个为知识价值类活动。

可以看出，大部分市级公共图书馆阅读活动的价值覆盖范围较小，并以传统的知识价值、功能价值、荣誉价值等类型的活动为主。且不同区域间的市级公共图书馆阅读活动价值复合程度较低，但对知识价值、功能价值、荣誉价值等活动价值具有较高的一致性偏好；同一区域市级公共图书馆的阅读活动价值偏好具有较为显著的一致性。

四　基于阅读活动价值的市级公共图书馆活动效果分析

（一）基于阅读活动价值的阅读活动 WCI 指数计算

WCI 指数是计算微信传播力的定量指标，一般而言，WCI 指数越大，则阅读活动传播力越大，一定程度上可以理解为活动效果越好。市级公共图书馆微信公众号推送的"世界读书日"阅读活动中，各类价值

表12-6　市级公共图书馆阅读活动价值统计

区域	活动价值	知识价值	娱乐价值	物质价值	审美价值	交互价值	荣誉价值	情感价值	功能价值	便利价值	象征价值	总计
东北	大庆市图书馆								1			4
	哈尔滨市图书馆	6		1	2	2			1		1	13
	齐齐哈尔市图书馆	1			2	1	2		2		1	7
	长春市图书馆	3		1		1		1	1			7
	连云港市图书馆					1	1		1		1	4
华北	太原市图书馆	1	1				1	1			1	5
	朔州市图书馆	1	2				1	1	1	1	1	7
	唐山市图书馆	3					3	1	1		2	10
华中	长沙图书馆	3	1					1				5
	广州图书馆	1	1	1		1	1		1	1		6
	深圳图书馆	1				1	1		1			4
华南	佛山市图书馆	3	1	1			2		2		1	9
	东莞图书馆					2			1	1	1	5
	肇庆市图书馆	2	1		1				3	1	2	12
	清远市图书馆								1	2	1	4
西南	成都市图书馆			1								1
	玉溪市图书馆	2					1					3
西北	西安图书馆			1			1	1			1	4

续表

区域	活动价值	知识价值	娱乐价值	物质价值	审美价值	交互价值	荣誉价值	情感价值	功能价值	便利价值	象征价值	总计
华东	青岛市图书馆		1		1	1	2					5
	济南市图书馆	1				1		1	1		1	4
	临沂市图书馆							1				1
	昆山市图书馆	2					1	1	1	1		6
	江阴市图书馆	1		1								3
	无锡市图书馆	5		1	1		2	1		1	2	14
	金陵图书馆	1		1							1	3
	苏州图书馆								3			3
	盐城市图书馆	1			1		1	1	2		1	6
	上海图书馆	1	1				2	1				5
	杭州市图书馆	2		1		1	2	1	2	1	1	10
	宁波市图书馆	2								2		4
	乐清市图书馆	2		1			1	1	1	1	1	8
	台州市图书馆					1	3			1		6
	平湖市图书馆				1		1	1	1		2	5
	义乌市图书馆	2	1	1	1		1	1	2	1	1	11
	厦门市图书馆	1		2			1	1		1		5

注：单位为个。

阅读活动的效果差异巨大，最大差值达到了392，并且有明显的层级分化。通过观察WCI指数差异，依据层级间数值落差巨大和层级内数值相近的原则，可将活动传播力分为六个层级。

处于第一层级的便利价值活动WCI指数与第二层级的数值差距达到110，层级之间指数差距最大；反映了便利价值活动的吸引力远远高于其他价值活动，高度契合读者的价值需求。处于第二层级的娱乐价值活动以及第三层级的社交、物质等价值活动指数也远高于第四层级的知识、功能、荣誉、象征等价值活动，层差超过60；反映了娱乐价值活动较契合读者的价值需求，其他价值活动与读者需求的契合程度则递减。而审美、情感等价值活动处于最后两层，且审美价值类活动WCI指数远低于前9类价值活动，说明此类价值活动契合读者价值需求的程度相对最低。

（二）市级公共图书馆阅读活动效果分析

从整体来看，当前市级公共图书馆微信公众号推送的阅读活动以知识价值、功能价值、荣誉价值以及象征价值为主，这4类价值的阅读活动的WCI指数皆处于第四层级，活动效果较低，说明阅读活动的价值与读者价值需求的契合程度较低，激发读者兴趣的效果一般。而便利价值、娱乐价值等类型的阅读活动数量较少，但活动效果相对较好，说明阅读活动的便利、趣味等价值与读者价值需求的契合程度较高，相较于其他价值类型的阅读活动更具有吸引力，更能激发读者兴趣。市级公共图书馆推送的审美价值类阅读活动数量最少，且活动效果在10类价值的阅读活动中表现最差，说明此类阅读活动的价值与读者价值需求的契合程度相对较低，难以激发读者兴趣，吸引力较差。可以看出，多数阅读活动虽然以"促进阅读"为导向，但与当前读者阅读价值追求有一定偏差，受读者欢迎程度低；而与公共图书馆核心价值追求相关程度较低的非阅读价值类活动则与读者价值需求契合程度较高，受读者欢迎程度较高。

从区域来看，各地区市级公共图书馆微信公众号推送的阅读活动存在明显的价值偏好，阅读活动效果差异巨大。推送便利价值、娱乐价值类阅读活动的市级公共图书馆主要集中在华南、华东及华北地区，推送交互价值类阅读活动的市级公共图书馆主要集中在华东、华南及东北地

第十二章 我国图书馆阅读推广实践调查与分析

表12-7 各类价值活动 WCI 指数与层级划分

价值维度	最大阅读数	最大再看数	篇均阅读数	篇均在看数	日均阅读数	日均在看数	头条平均阅读数	头条平均在看数	WCI指数	传播力层级
便利价值	34000	90	2979	9	5296	16	12331	36	636	第一层
娱乐价值	15000	54	1848	10	2619	15	3610	16	526	第二层
社交价值	8364	19	1129	6	2196	12	2156	9	467	第三层
物质价值	5218	76	1159	12	1841	19	1526	18	457	第三层
知识价值	8148	28	527	4	1624	13	855	5	397	第四层
功能价值	3259	25	649	5	1355	10	956	7	391	第四层
荣誉价值	4427	41	635	4	1247	9	975	6	391	第四层
象征价值	2171	15	596	4	1589	12	743	5	380	第四层
情感价值	1523	14	364	3	729	6	847	7	338	第五层
审美价值	537	7	197	2	226	3	323	3	244	第六层

注：单位为次。

471

区。相较于其他地区,华东地区及华南地区市级公共图书馆推送的阅读活动契合读者价值需求的程度最高,华北地区次之;但契合读者价值需求的阅读活动总量较少,在后续阅读活动设计时,需增加便利价值、娱乐价值等契合读者价值需求的阅读活动数量。东北地区虽然推送的交互价值类活动较多,但未推送便利价值以及娱乐价值等类型的阅读活动,与读者价值需求的契合程度还需提升。而华中、西南、西北地区的市级公共图书馆推送的阅读活动契合读者价值需求的程度最差,需要加强变革,以读者价值需求为中心,开展符合读者价值需求的阅读活动。

从具体市级公共图书馆来看,各市级公共图书馆微信公众号推送的阅读活动受具体活动内容及推送形式的影响,其活动效果与整体效果存在差异。如广州图书馆以头条形式推送的"读书月网上借书免运费活动"便利价值类活动阅读数高达34000次,而"广州读书月系列讲座"知识价值类阅读活动阅读数为8148次。以非头条活动推送的"读书月网上借书免运费活动"阅读数达5883次,而娱乐价值类活动阅读数为3658次。就广州图书馆而言,以头条形式推送的知识价值类活动效果比非头条形式推送的娱乐价值类活动效果较好,一定程度上可解释为推送形式对活动效果会产生影响。义乌市图书馆以头条形式推送的"错位摄影大赛"荣誉价值类活动阅读数为2822次,"读者书店借书,图书馆来埋单活动"便利价值类活动阅读数仅为1144次。可见,广州图书馆与义乌市图书馆皆以头条形式推送了便利价值类阅读活动,但受活动内容的影响,活动效果存在差异。

五 图书馆阅读推广价值提升建议

(一)对接读者需求,强化使命履行能力

目前,市级公共图书馆阅读活动的价值追求与读者价值需求之间存在一定程度上的不匹配情况,难以充分激发读者兴趣与欲望,使活动效果不显著。究其原因,一方面,市级公共图书馆在设计阅读活动时,为更好地履行使命和任务,实现公共图书馆的核心价值,将阅读活动的内容和形式过分统一,使读者在体现核心价值的阅读活动中难以感知到与自身价值需求相符的活动价值。另一方面,公共图书馆阅读活动面向的读者群体特征十分复杂,大部分读者出于自身知识水平、阅读认知等方面的局限，使阅读价值类活动难以激发其欲望和兴趣。因此，要提升活动效果，就要求市级公共图书馆在设计阅读活动时，在坚持履行公共图书馆使命与责任的基础上，综合考虑读者兴趣和价值需求，以公共图书馆"促进阅读"的使命和任务为活动内含价值，增加阅读活动中与读者需求相符的外显价值。具体方式是，在阅读活动内容上以"促进阅读"为目标进行设计，在活动形式上以读者价值需求为中心进行设计，从而最大限度地提升读者活动参与兴趣。总之，读者的价值需求具有多样性，市级公共图书馆在阅读活动的设计过程中应注意活动价值的多样性、互补性，尽量加入契合读者价值需求的价值属性，以激发读者兴趣，吸引读者参与，从而提升活动效果。

（二）强化运营意识，发挥微信公众号作用

微信公众号具有强大的功能以及广泛的用户基础，充分利用微信公众号开展阅读活动，能够极大地提升阅读活动的效果。目前许多市级公共图书馆仅将微信公众号平台视为信息传递的渠道，并未将其作为活动运营的工具，未充分发挥微信公众号在阅读活动运营中的作用。因此，市级公共图书馆需要强化运营意识，将微信公众号视作阅读活动运营工具，充分发挥其在阅读活动推广和开展中的作用，从阅读活动预热、发布、执行、结果以及反馈等各个阶段全方位把控，对阅读活动进行全流程运营，最大限度地提升阅读活动的效果。此外，在阅读活动进行推送时，为降低推送形式对阅读活动到达率的影响，提高阅读活动效果，市级公共图书馆在阅读活动推送的各个阶段，应尽量以头条形式推送阅读活动，提升阅读活动的到达率，以增加活动推文的阅读数，最终提升活动效果。

（三）加强区域合作，提升阅读活动质量

不同区域市级公共图书馆之间的阅读活动存在明显的价值偏好，但阅读活动效果也存在显著的差异。究其原因，不同区域的市级公共图书馆基本以依托区域传统与特色开展阅读活动为主，并未加强对不同区域优质阅读活动的学习和借鉴以及主动与不同区域的市级公共图书馆进行合作，使开展的阅读活动契合读者兴趣与价值需求的程度存在差异。如华南地区、华东地区市级公共图书馆推送的阅读活动契合读者兴趣和价值需求的程度较高，活动效果较好；而东北地区、西南地区市级公共图书馆推送的阅读活动与读者兴趣和价值需求的契合程度较低，活动效果相对较差。因此，不同区域的市级公共图书馆应加强合作，相互学习与分享优质阅读活动，在依托区域传统与特色的基础上，开展多样化的、更加契合读者价值需求的优质阅读活动，快速提升阅读活动的效果。

第二节　我国图书馆阅读推广体验调查

只有能够产生强大吸引力的、获得读者普遍认可的阅读推广活动才能真正实现"培养民众的阅读兴趣、阅读习惯，提高民众的阅读质量、阅读能力、阅读效果"[①]的目标，这要求图书馆全面提升阅读推广的吸引力和质量。实质上，阅读推广的吸引力和质量植根于其能为读者塑造的阅读体验，即能为读者带来怎样的主观感受和精神体悟，能为读者创造多大程度的收益。

因此，研究阅读推广的阅读体验取向，以及由此造成的阅读推广活动传播效应的差异是十分有必要的。目前从读者阅读体验角度进行的阅读推广研究相对较少。本节从阅读体验的角度，基于 2019 年世界读书日期间高校图书馆的阅读推广活动，观察高校图书馆微信公众号相关推送的内容及其量化指标，将阅读推广活动划分为不同类别并对应至不同的体验维度，以探讨阅读体验对阅读推广的传播效应的影响，并从阅读体验的角度讨论高校图书馆阅读推广的策略。

一　阅读活动与阅读体验

（一）阅读体验

阅读推广能否取得成效的关键点在于读者的主观感受和体验的好坏，阅读推广所带来的阅读体验是否符合读者的心理预期和价值标准是读者评判的重要依据。目前国内大多研究通过问卷调查、构建指标体系的方式对阅读推广的效果进行测评，对高校图书馆微信阅读推广的研究

---

① 王波：《阅读推广、图书馆阅读推广的定义——兼论如何认识和学习图书馆时尚阅读推广案例》，《图书馆论坛》2015 年第 10 期。

大多停留在计量层面。①②③④ 鲜有学者从读者体验的角度对阅读推广评价效果进行研究。

读者的满意度、收益或收获等会对阅读推广的效果产生重要影响。而读者的阅读体验往往是其满意度和收益的先导性因素，是思想改变的基础和行为发生的动因。王波认为"阅读推广活动要讲实效，不能停留在排场、场次、参与人数等表面指标上，有没有实效，读者说了算"。⑤ 杨婵指出当前的评价"还没有深入到对活动主体——读者的心理和读者的收获进行研究"。⑥ 黄健⑦、岳修志⑧等阅读推广的评价结果最终归结于读者，即读者的"阅读收益和满意度"。

在阅读过程中，读者可能会体验到正向的舒适、愉悦、专注等感受，也可能会体验到负向的低沉、乏味、压抑等感受。良好的体验是读者实现阅读行为或持续阅读行为的必要条件，是阅读推广活动促进和培育读者阅读行为的中介变量。关注阅读体验有助于图书馆更有效地开展阅读推广工作。

本书将阅读体验定义为：读者通过参加阅读活动所获得的主观感受。这样的主观感受与读者的阅读需求密不可分，阅读需求是读者参与阅读活动的动因，也是读者形成阅读体验的主观导向。持有不同的阅读动因会产生不同的主观感受。在复合阅读的背景下，对于单个个体而言，阅读从知识、技能、思维三个方面满足其获取知识、个人成长和精神享受的需求，对于多个个体而言，阅读营造个体间共同的精神世界，

---

① 周海晨、陆和建：《"985 工程"高校图书馆微信公众号研究》，《大学图书馆学报》2017 年第 1 期。
② 戴静：《高校图书馆微信平台利用现状与完善策略——以安徽省普通本科院校为例》，《图书馆工作与研究》2018 年第 2 期。
③ 姜玲：《艺术院校图书馆微信阅读推广优秀案例研究》，《图书情报工作》2018 年第 23 期。
④ 侯君洁：《基于微信平台的高职院校图书馆阅读推广问题及对策——以广东省"创一流"高职院校图书馆为例》，《国家图书馆学刊》2018 年第 1 期。
⑤ 王波：《图书馆阅读推广亟待研究的若干问题》，《图书与情报》2011 年第 5 期。
⑥ 杨婵：《图书馆阅读推广活动的反思与重构》，《四川图书馆学报》2011 年第 2 期。
⑦ 黄健：《高校阅读推广活动的影响因素及其评价》，《大学图书馆学报》2013 年第 2 期。
⑧ 岳修志：《基于问卷调查的高校阅读推广活动评价》，《大学图书馆学报》2012 年第 5 期。

促使个体与人交流、表达思想，即阅读需求主要表现为获取知识、个人成长、精神享受以及与人交流。对应地，阅读体验表现为认知的提升、价值的彰显、情操的陶冶以及表达与分享的满足。因此，我们将阅读体验划分为认知体验、价值体验、审美体验以及社交体验。

具体地：①认知体验指读者在阅读活动中获得见闻的扩展、智力的增益、技能的完善等，从而启发其思考、提升其认知水平。认知体验是衡量阅读活动能否满足读者获取知识需求的主观依据，是基础性的阅读体验。②价值体验是指读者参加需要具备一定技能或能力的阅读活动，并在活动中综合运用智力、体力等，促成自我提升和成长，最终证明并实现其自我价值，是读者判断阅读活动能否帮助其实现个人成长的主观意见。③审美体验是指读者在阅读行为过程中获得感官上的、精神上的美学意义上的欣赏与享受，是读者评价阅读活动是否具备情操陶冶功能的重要考量因素。④社交体验是指读者在阅读行为过程中获得与其他用户、图书馆、馆员等交流的机会，满足其与人沟通、表达自我的需求。社交体验是基于双向乃至于多向的阅读行为产生的，较之于阅读本身，阅读行为中的"人"对社交体验的形成更为关键。

（二）阅读推广与阅读体验

阅读推广活动的分类存在着不同的标准，中国图书馆学会《大学生阅读暨高校图书馆阅读推广问卷调查报告（2010）》将阅读推广活动分为12个类别；岳修志在此基础上增加污损图书展览、书法作品选（展览）、书签设计、校园阅读（风景）摄影比赛（展览）、读书节启动仪式和闭幕仪式5个类别，将其扩展为17个类别。万慕晨则将高校图书馆微信公众号的阅读推广活动信息划分为10个类别。具体如表12-8所示。

表12-8　　　　　　　阅读推广活动的类别划分

责任者	类别数量	具体类别
中国图书馆学会	12	读书征文比赛、图书推介、名家讲座、图书捐赠、读书有奖知识竞赛、图书漂流、精品图书展览、读书箴言征集、名著影视欣赏、名著名篇朗读、品茗书香思辨赛、评选优秀读者

续表

责任者	类别数量	具体类别
万慕晨	10	图书推荐、信息素养讲座、读书沙龙、图书漂流、专家讲座、影视赏析、音视频推荐、图文欣赏、主题展览、图书馆活动

本书的研究在此基础之上，结合高校图书馆阅读推广的实际并考虑微信阅读推广的特殊性，将阅读推广活动分为16个类别，具体为：（1）讲座类；（2）图书馆资源推介；（3）图书推荐；（4）文章/图文；（5）知识竞赛；（6）朗读/演讲类；（7）体验活动；（8）征集类；（9）读书会类；（10）读者工作类；（11）图书捐赠；（12）图书漂流/交换；（13）音乐/影视赏析；（14）视频/音频类；（15）文艺活动；（16）展览类。

图书馆开展的各种类型的阅读推广活动因此可以归至不同的体验维度。其中，类别（1）—类别（4）带有较强的知识性和指导性，以提升读者或用户的才智和技能为主要目的，因此划分至认知体验维度；类别（5）—类别（8）旨在提升读者综合素质，锻炼读者多方面的技能和能力，促进读者成长，因而划分至价值体验维度；类别（9）—类别（12）为用户提供了与其他用户、与图书馆等之间的交流和互动机会，因此划分至社交体验维度；类别（12）—类别（16）主要以艺术作品如音乐、影片、书画等方式，给读者或用户带来的更多的是精神上的放松和愉悦以及个人情操的陶冶，因而划分至审美体验维度。

至此，每一类阅读推广活动对应至其主要的阅读体验维度，在此基础上，讨论每一种类型的阅读推广活动的传播效应，以及每一个体验维度的传播效应，进而分析阅读体验对阅读推广效果的影响。

二 研究设计

目前国内有关高校图书馆微信阅读推广的研究大多是以数据为导向的实证研究，抓取阅读推广信息分析其主题、内容、语言风格等，以此探讨微信阅读推广的效果，在分析过程中，有学者将阅读推广信息划分成了不同的类别，以观察不同类别的阅读推广信息的效果是否存在差异。但这些研究基本以事实为依据,结合阅读理论的研究较少。

本书选取了《2018年阅读行业"两微一端"运营报告》图书馆类微信公众号排行榜[①]中的27个"双一流"高校图书馆微信公众号作为研究对象(见表12-9),收集2019年"4·23世界读书日"的推送信息(2019年4—5月),根据推送的内容将其归纳至不同的阅读推广信息类别,每种阅读推广信息类别有其对应的主要阅读体验维度,测算不同类别和不同体验维度的WCI指数(WeChat Communication Index),探讨用户在接受阅读推广信息的过程中是否更倾向于特定的体验维度,进而提出针对性的阅读推广建议。

表12-9　　　　　　　　高校图书馆微信公众号概况

序号	榜单排名	账号名称	账号属性	WCI指数
1	11	武汉大学图书馆 whu_library	订阅号	588
2	19	华东师范大学图书馆 ecnulib	订阅号	501
3	22	四川大学图书馆 sculibrary	服务号	486
4	23	中山大学图书馆 sysulib	订阅号	486
5	25	复旦大学图书馆 fudanlibrary	订阅号	475
6	26	天津大学图书馆 tju_lib	订阅号	473
7	27	哈工大威海校区图书馆 hitwhlib	订阅号	470
8	28	大连理工大学图书馆 lib-dlut	服务号	451
9	30	山东大学图书馆 sdu-lib	订阅号	441
10	32	清华大学图书馆 Thu-lib	订阅号	437
11	48	吉林大学图书馆 jlulib	订阅号	393
12	51	南京大学图书馆 njulibrary	订阅号	391
13	52	浙江大学图书馆 zju_lib	订阅号	390
14	53	北京师范大学图书馆 bnulibrary	订阅号	389
15	61	重庆大学图书馆 cdweitu	服务号	372
16	64	兰州大学图书馆 lzulib	订阅号	364

① 《图书馆报〈2018年阅读行业"两微一端"运营报告〉发布图书馆类微信公众号排行榜出炉》,2019-01-11 [2019-06-06]. https://mp.weixin.qq.com/s/Rtub-lu8fWWUI-grmdT3Qg.

续表

序号	榜单排名	账号名称	账号属性	WCI 指数
17	65	中国科大图书馆 ustclib	订阅号	363
18	67	东南大学图书馆 seulibwx	订阅号	361
19	70	上海交通大学图书馆 sjtulibrary	订阅号	359
20	73	西安交通大学图书馆 xjtu_lib	服务号	354
21	77	南开大学图书馆 nkulibrary	订阅号	348
22	80	华中科技大学图书馆 hust_lib	服务号	346
23	94	中国人民大学图书馆 rmdxtsg	服务号	317
24	113	同济大学图书馆 tongjilib	服务号	290
25	123	同济大学图书馆信息服务 tongji-lib	订阅号	272
26	140	华南理工大学图书馆 scutlib	订阅号	241
27	191	哈工大图书馆订阅号 hitlibdy	订阅号	123

注：表中的 WCI 指数为各高校图书馆微信公众号 2018 年的年度指数。

三 高校图书馆阅读推广活动的阅读体验分析

（一）高校图书馆世界读书日阅读推广活动的阅读体验分布

不同的高校图书馆在进行阅读推广活动时的侧重点有所不同，因而会导致阅读推广活动在阅读体验的差异，进而形成高校图书馆阅读推广工作的传播效应的差异。

首先，我们以阅读推广活动的读者关注度（主要为阅读数量）作为依据，将高校图书馆的阅读推广活动划分为不同的体验导向（见表12-10）。其中，武汉大学图书馆、重庆大学图书馆、东南大学图书馆和西安交通大学图书馆是以价值体验为主要导向的。四川大学图书馆和中国人民大学图书馆是以社交体验为主要导向的。仅有南京大学图书馆为审美体验导向。其余 20 所高校图书馆均为认知体验导向。

四个体验维度中，阅读数量最高的是认知体验相关活动信息（610332 次），占全部阅读数量的 51.2%，在看数量最高的同样是认知体验（6028 次），占全部在看数量的 53.8%。由此看来，高校图书馆与读者的重点关注的体验维度是一致的，即认知体验。

表12-10 高校图书馆阅读推广活动阅读体验分布

高校图书馆		认知体验 推送	认知体验 阅读	认知体验 任看	价值体验 推送	价值体验 阅读	价值体验 任看	社交体验 推送	社交体验 阅读	社交体验 任看	审美体验 推送	审美体验 阅读	审美体验 任看
武汉大学图书馆	N	25	49017	364	24	54375	342	19	42779	369	6	9468	67
	%	33.8	29.9	31.9	32.4	34.9	29.9	25.7	27.5	32.3	8.1	6.1	5.9
华东师范大学图书馆	N	39	44643	364	11	6650	87	17	14727	79	18	9798	126
	%	45.9	55.0	55.5	12.9	8.8	13.3	20.0	19.4	12.0	21.2	12.9	19.2
四川大学图书馆	N	13	15511	140	4	6946	38	3	24993	148	0	0	0
	%	65.0	22.1	42.9	20.0	14.6	11.7	15.0	52.7	45.4	0.0	0.0	0.0
中山大学图书馆	N	70	62727	1047	15	14750	149	9	13597	245	10	13462	147
	%	67.3	53.3	65.9	14.4	14.1	9.4	8.7	13.0	15.4	9.6	12.9	9.3
复旦大学图书馆	N	36	31908	250	19	9619	28	18	20665	217	3	1578	12
	%	47.4	43.5	49.3	25.0	15.1	5.5	23.7	32.4	42.8	3.9	2.5	2.4
天津大学图书馆	N	92	29908	185	25	11264	64	24	8366	41	83	21075	68
	%	41.1	39.7	51.7	11.2	16.0	17.9	10.7	11.8	11.5	37.1	29.8	19.0
哈工大威海图书馆	N	48	26941	363	7	2646	22	4	1804	7	15	5112	83
	%	64.9	35.7	76.4	9.5	7.2	4.6	5.4	4.9	1.5	20.3	14.0	17.5
大连理工大学图书馆	N	19	18475	170	4	1929	9	6	6312	60	2	836	5
	%	61.3	44.3	69.7	12.9	7.0	3.7	19.4	22.9	24.6	6.5	3.0	2.0
山东大学图书馆	N	71	37668	155	17	9657	43	9	4530	22	7	4123	30
	%	68.3	47.1	62.0	16.3	17.3	17.2	8.7	8.1	8.8	6.7	7.4	12.0

续表

高校图书馆		认知体验					价值体验					社交体验					审美体验			
		推送		阅读		在看		推送		阅读		在看		推送		阅读		在看	推送	阅读	在看
清华大学图书馆	N	44		32473		257		13		6692		64		32		18194		133	8	4413	34
	%	45.4		42.9		52.7		13.4		10.8		13.1		33.0		29.5		27.3	8.2	7.1	7.0
吉林大学图书馆	N	26		21882		226		12		10252		82		8		8342		113	0	0	0
	%	56.5		35.5		53.7		26.1		25.3		19.5		17.4		20.6		26.8	0.0	0.0	0.0
南京大学图书馆	N	24		21322		158		10		7540		79		6		4219		26	15	28040	289
	%	43.6		29.2		28.6		18.2		12.3		14.3		10.9		6.9		4.7	27.3	45.9	52.4
浙江大学图书馆	N	72		40904		737		20		8984		150		1		1216		47	13	20385	309
	%	67.9		43.6		59.3		18.9		12.6		12.1		0.9		1.7		3.8	12.3	28.5	24.9
北京师范大学图书馆	N	68		33372		288		17		10396		127		2		343		1	2	1802	8
	%	76.4		57.8		67.9		19.1		22.6		30.0		2.2		0.7		0.2	2.2	3.9	1.9
重庆大学图书馆	N	14		9429		80		10		12606		81		5		2910		30	5	1972	15
	%	41.2		39.1		38.8		29.4		46.8		39.3		14.7		10.8		14.6	14.7	7.3	7.3
兰州大学图书馆	N	43		13396		152		15		3409		39		14		4128		53	7	2103	39
	%	54.4		30.4		53.7		19.0		14.8		13.8		17.7		17.9		18.7	8.9	9.1	13.8
中国科大图书馆	N	25		13156		149		9		4138		21		4		2094		14	3	1034	6
	%	61.0		38.2		78.4		22.0		20.3		11.1		9.8		10.3		7.4	7.3	5.1	3.2
东南大学图书馆	N	34		18812		226		29		15326		211		3		1323		18	7	3592	35
	%	46.6		23.1		46.1		39.7		39.2		43.1		4.1		3.4		3.7	9.6	9.2	7.1

续表

高校图书馆		认知体验 推送	认知体验 阅读	认知体验 在看	价值体验 推送	价值体验 阅读	价值体验 在看	社交体验 推送	社交体验 阅读	社交体验 在看	审美体验 推送	审美体验 阅读	审美体验 在看
上海交通大学图书馆	N	40	17776	120	5	1128	4	3	2279	25	1	902	7
	%	81.6	31.2	76.9	10.2	5.1	2.6	6.1	10.3	16.0	2.0	4.1	4.5
西安交通大学图书馆	N	9	3029	30	14	7604	37	7	6033	51	10	4930	37
	%	22.5	15.4	19.4	35.0	35.2	23.9	17.5	27.9	32.9	25.0	22.8	23.9
南开大学图书馆	N	35	14291	155	15	4384	24	22	10172	76	12	4328	64
	%	41.7	31.0	48.6	17.9	13.2	7.5	26.2	30.7	23.8	14.3	13.0	20.1
华中科技大学图书馆	N	21	15028	133	5	2187	13	4	1916	9	6	2729	29
	%	58.3	40.2	72.3	13.9	10.0	7.1	11.1	8.8	4.9	16.7	12.5	15.8
中国人民大学图书馆	N	24	8950	48	12	3456	17	9	6930	125	4	2103	10
	%	49.0	33.1	24.0	24.5	16.1	8.5	18.4	32.3	62.5	8.2	9.8	5.0
同济大学图书馆	N	3	1876	4	5	3157	6	0	0	0	1	645	4
	%	33.3	55.3	28.6	55.6	55.6	42.9	0.0	0.0	0.0	11.1	11.4	28.6
同济大学图书馆信息服务	N	141	20358	173	30	1820	25	8	933	15	16	1108	20
	%	72.3	76.2	74.2	15.4	7.5	10.7	4.1	3.9	6.4	8.2	4.6	8.6
华南理工大学图书馆	N	14	6855	47	6	2931	17	2	1154	11	3	737	6
	%	56.0	39.0	58.0	24.0	25.1	21.0	8.0	9.9	13.6	12.0	6.3	7.4
哈工大图书馆订阅号	N	11	615	7	5	337	7	1	179	0	0	0	0
	%	64.7	52.2	50.0	29.4	29.8	50.0	5.9	15.8	0.0	0.0	0.0	0.0
总计	N	1061	610322	6028	358	224183	1786	240	210138	1935	257	146275	1450
	%	55.4	51.2	53.8	18.7	18.8	15.9	12.5	17.6	17.3	13.4	12.3	12.9

第十二章 我国图书馆阅读推广实践调查与分析

其次，推送的数量能够直观地反映图书馆的重视程度。27个高校图书馆微信工作号在世界读书日期间发布的阅读推广相关推送共计1916条，其中有关认知体验的推送高达1061条，占总数的55.4%。此类推送数量最多的为天津大学图书馆，世界读书日期间共计发布认知体验相关的阅读推广推送92条，日均约1.5条。

由此可见高校图书馆更注重阅读推广活动的认知体验，即通过阅读推广活动促进读者智力的增长、技能的提升和见闻的扩展，重视对读者思考的启发与引导。图书馆作为高校的学习中心和教学支撑单元，理应承担传播知识、提高读者认知水平的责任。塑造认知体验是高校图书馆在阅读推广工作中的首要选择。

对认知体验的重视是由高校图书馆面向的用户群体的特性决定的。认知体验是高校图书馆读者的基本需求。高校图书馆的用户主要是在校学生和教师，由于学习、教学、科研、自我提升等多方面因素对知识的需求尤为迫切，对认知提升的需求较为强烈。

值得一提的是，社交体验在四个体验维度中的推送数量最少（240条），仅为认知体验推送数量的约为1/5，但其在看数量为四个体验维度的第二名，阅读数量占比为17.6%，是唯一一个阅读数量和在看数量占比均高于其推送数量占比的体验维度，说明社交体验的传播效果较好。

（二）阅读体验对高校图书馆阅读推广传播效果的影响

为了更好地评估高校图书馆阅读推广的传播效应，本书计算了不同类型阅读推广活动及不同体验维度的WCI指数，以进一步观察阅读体验与传播效应的关系（见表12-11）。WCI指数由清博指数平台提出，目前已被广泛应用于微信公众号的评估之中。在本书中，阅读推广传播效果沿用WCI指数的公式（V13.0）进行计算。

表12-11　各类阅读推广活动WCI指数及推送详情

	推送数量（条）	占比（%）	WCI指数	单篇最大阅读量	单篇最大阅读数量推送标题	所属微信公众号
讲座类	410	21.4	432.47	4092	E海发现之旅｜ProQuest助力学习研究，获取全球学术资源	同济大学图书馆信息服务

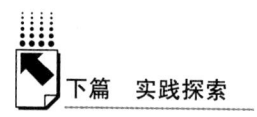

续表

	推送数量（条）	占比（%）	WCI指数	单篇最大阅读量	单篇最大阅读数量推送标题	所属微信公众号
图书馆资源推介	148	7.7	460.21	6130	法律图书馆开馆试运行通知	清华大学图书馆
图书推荐	242	12.6	484.65	7000	巴黎，19世纪的首都｜夜读·南大	南京大学图书馆
文章/图文	261	13.6	484.18	4696	吉林大学首批"阅读导师"了解一下！	吉林大学图书馆
朗读/演讲类	70	3.7	410.91	3907	排行榜大神经验分享&诵读大赛完满收官｜诵读大赛获奖名单奉上	四川大学图书馆
体验活动	113	5.9	478.19	6947	投票｜"聚焦阅读——寻找最美阅读风景"主题摄影&摄像大赛	武汉大学图书馆
知识竞赛	107	5.6	385.99	2947	第二届武汉大学古典文学知识大赛初赛通道已开启！	武汉大学图书馆
征集类	68	3.5	442.98	4706	说再见，不再见……	武汉大学图书馆
读书会类	112	5.8	428.82	3288	回顾｜我们不是天生的记忆达人	武汉大学图书馆
读者工作类	101	5.3	536.29	19000	刚需！电子校友卡来啦，欢迎回家！	四川大学图书馆
图书捐赠	22	1.1	412.63	1695	"伯川书案"捐赠认购项目	大连理工大学图书馆
图书漂流/交换	5	0.3	469.45	2868	"换书大吉"马上开始，各类书籍等你来换！	华东师范大学图书馆
音乐/影视欣赏	87	4.5	382.26	2592	预告｜《流浪地球》（影像阅读）	武汉大学图书馆

续表

	推送数量（条）	占比（%）	WCI指数	单篇最大阅读量	单篇最大阅读数量推送标题	所属微信公众号
视频/音频类	50	2.6	520.71	12000	【全国首支图书馆员自创MV】我愿在浙之滨，赴一场百年之约——浙江大学图书馆《百年求是书经纶》首发	浙江大学图书馆
文艺活动	17	0.9	358.20	2074	预告｜音乐剧《汉密尔顿》导赏（戏剧之门）	武汉大学图书馆
展览类	103	5.4	403.69	1973	打开医学生的绘画世界	华东师范大学图书馆
总计	1916	100	443.23	—	—	—

在各类型的阅读推广活动中，讲座类数量最多，为410条，占全部推送的21.4%，其WCI指数为432.47，低于所有类型阅读推广信息WCI指数的平均值443.23，说明对于讲座类传播效果并不好，这与高校图书馆的高频次推送是不相符合的。

各类阅读推广活动中WCI指数最高的为读者工作类。四川大学图书馆于4月10日发布的"刚需！电子校友卡来啦，欢迎回家！"获得了所有推送中的最高阅读量，达19000次。此则推送以一本老书为线索，以抒情的方式简述图书馆的发展演变，以及在此过程和用户的情感联系，最终向用户推荐四川大学的电子校友卡，既满足了用户的情感寄托，和图书馆形成了更坚固的情感纽带，又赋予用户新权益，创造出和用户的新关系，实现了和用户的良性互动和交流，这类阅读推广活动所取得传播效应是最佳的。较之于高校图书馆在微信传播中对于此类活动的低频次推送，这显示出社交体验在阅读推广工作中的广阔前景和巨大潜力。

视频/音频类的WCI指数排名第二。此类推送中最受用户关注的是浙江大学图书馆发布的"【全国首支图书馆员自创MV】我愿在浙之滨，赴一场百年之约——浙江大学图书馆《百年求是书经纶》首发"获得了12000次阅读。这则推送以图书馆自制MV的形式进行，在视频中融入了图书馆精致温馨的环境设施以及文化元素，编排富有创意，唤起用户对于图书馆的美好想象；内容紧扣用户日常生活，引人入胜，使用户感同身受。这在一定程度上颠覆了图书馆一贯严肃、刻板的印象，带给用户精神上的愉悦和视觉上的享受，收获了良好的传播效应，同时这也反映出在新媒体的环境下，信息内容的丰富度和形式的创新性能够塑造良好的阅读体验。

最后，文章/图文的WCI指数为484.18，最大阅读量来自吉林大学图书馆的"吉林大学首批'阅读导师'了解一下！"，此则推送以图文的方式，详细介绍了13位校内名师及其研究领域，并向用户广泛征集"关于阅读方面的问题"，以导师回答的方式为读者答疑解惑，以满足用户提升阅读技能、自我进步的需求，是提升读者认知体验的典型代表。

此外，知识竞赛、音乐/影视欣赏以及文艺活动的WCI指数均小于400，传播效果不佳。知识竞赛往往需要一定的参与成本，用户在激励不足的前提下很难积极主动地关注此类活动。音乐/影视欣赏以及文艺活动不属于图书馆的传统业务范畴，音乐/影视欣赏和文艺活动用户通常自己完成，没有必要通过图书馆来实现这类需求。展览类、朗读/演讲类、图书捐赠的传播效果较差。

类似地，我们可以计算基于不同体验维度的WCI指数（见表12-12）。传播效应最好的是社交体验维度，其WCI指数为527.90，并且有关社交体验的推送数量仅有240条，在四个价值维度中数量最少，推送的数量少印证着图书馆对此类活动和信息发布还不足够重视，也进一步体现出社交体验的重要性和应用潜力，其篇均阅读数量为875.58次，在4个价值维度中位列第一。首先，在社交体验维度中，用户最为关注的是读者数据、读者权益、读者评选、读者调查等与自身利益密切相关的读者工作类活动，此类活动能直观反映用户对于图书馆工作的期望和需求，能够最为有效地指导和帮助图书馆进一步完善其用户服务，提升用户满意度。对于高校读者而言，读者工作类的活动能够形成极佳的社交体验，增进读者和图书馆的交流，帮助读者了解图书馆、走进图书馆。其次，在社交体验中，读者较为关注读书会类的活动，读书会如分享交流会、真人图书馆等形式，较之于讲座更为轻松比之于个人阅读更具趣味性，且在读书会的过程中，读者能够直接与其他读者或个体交流思考、探讨观点，符合当下"复合阅读行为"的特征即读者更热衷于阅读后的分享与讨论。

表12-12　　各体验维度WCI指数及阅读量分布统计

	推送数量	篇均阅读量	推送类型	阅读量占比（%）	WCI指数
认知体验	1061	575.11	讲座类	28.4	526.07
			图书馆资源推介	14.5	
			图书推荐	27.4	
			文章/图文	29.6	
价值体验	358	626.21	朗读/演讲类	17.6	490.77
			体验活动	39.5	
			知识竞赛	20.5	
			征集类	22.4	
社交体验	240	875.58	读书会类	33.4	527.90
			读者工作类	57.3	
			图书捐赠	6.9	
			图书漂流/交换	2.4	
审美体验	257	569.16	音乐/影视欣赏	25.0	476.53
			视频/音频类	35.3	
			文艺活动	4.9	
			展览类	34.8	

此外，传播效应较好的是认知体验维度（526.07），其传播效果与其高频次的推送并不完全对应，认知体验的相关推送篇均阅读量为4个价值维度中最低（575.11次）。认知体验维度的信息往往具有较强的专业性，不容易引起用户的关注，传播效应一般。因而，高校图书馆在进行认知体验导向的阅读推广活动时，既要充分认识认知体验的必要性，又要在具体的推广过程中注重形式与内容的设计。

价值体验的传播效应一般。尽管具备价值体验的阅读推广活动为用户提供了自我展示的平台和自我提升的机会，并且一般会以物质奖励、表彰的形式作为激励手段，但是由于此类阅读推广活动需要读者具备一定的技能与能力，参与这样的活动往往会付出一定的时间成本和智力投入。

审美体验维度的推送数量较少，仅有257条，WCI指数也最低，为476.53，可以大致判定，高校读者对于审美体验的需求总体偏低，高校图书馆开展的具备审美体验导向的阅读推广活动的传播效应较差。

（三）方差检验

为了验证高校图书馆阅读推广的阅读体验导向对阅读推广微信传播效果的影响，我们4个体验维度为自变量，以阅读数量和在看数量作为因变量，利用SPSS23.0软件进行了方差检验。

表12-13　　　　　　　　　　方差齐性检验

	莱文统计	自由度1	自由度2	显著性
阅读数量	8.434	3	1912	0.000
在看数量	5.777	3	1912	0.001

表12-14　　　　　　　　　　单因素方差分析

		平方和	自由度	均方	F	显著性
阅读数量	组间	18476104.40	3	6158701.467	7.039	0.000
	组内	1672824975	1912	874908.460		
	总计	1691301079	1915			
在看数量	组间	1481.554	3	493.851	3.472	0.016
	组内	271957.408	1912	142.237		
	总计	273438.962	1915			

方差齐性检验中，阅读数量的显著性为0，在看数量的显著性为0.001，说明各组（各体验维度）的方差没有齐性，方差不等。ANOVA单因素方差分析中，F统计量显著性小于0.05，说明各组（各体验维度）均值不等。在此基础上，我们使用LSD假定等方差对四个体验维度进行事后多重比较。在具体分析中，认知体验、价值体验、社交体验和审美体验分别对应为体验维度1—4。在LSD假定等方差的前提下，认知体验、价值体验与社交体验存在阅读数量上的显著平均值差异，社交体验与审美体验存在阅读数量上的显著平均值差异；在看数量的情况

与阅读数量一致。因此,具备不同体验维度的高校图书馆阅读推广的传播效应具有显著性差异,即阅读体验会对高校图书馆阅读推广的传播效应造成实质影响。

表 12-15　　　　　　　　　LSD 事后多重比较

因变量	(I) 类型	(J) 类型	平均值差值 (I-J)	标准误差	显著性	95% 置信区间 下限	95% 置信区间 上限
阅读数量	1	2	-50.977	57.171	0.373	-163.10	61.15
		3	-300.342*	66.859	0.000	-431.47	-169.22
		4	6.069	65.030	0.926	-121.47	133.61
	2	1	50.977	57.171	0.373	-61.15	163.10
		3	-249.366*	78.034	0.001	-402.41	-96.32
		4	57.046	76.473	0.456	-92.93	207.03
	3	1	-300.342*	66.859	0.000	169.22	431.47
		2	-249.366*	78.034	0.001	96.32	402.41
		4	-306.412*	83.963	0.000	141.74	471.08
	4	1	-6.069	65.030	0.926	-133.61	121.47
		2	-57.046	76.473	0.456	-201.03	92.93
		3	-306.412*	83.963	0.000	-471.08	-141.74
在看数量	1	2	-0.693	0.729	0.342	-0.74	2.12
		3	-3.074*	0.852	0.005	-4.05	-0.71
		4	-0.653	0.829	0.962	-1.59	1.67
	2	1	-0.693	0.729	0.342	-2.12	0.74
		3	-3.074*	0.995	0.002	-5.03	-1.12
		4	-0.653	0.975	0.503	-2.57	1.26
	3	1	2.381*	0.852	0.005	0.71	4.05
		2	3.074*	0.995	0.002	1.12	5.03
		4	2.420*	1.071	0.024	0.32	4.52
	4	1	-0.039	0.829	0.962	-1.67	1.59
		2	0.653	0.975	0.503	-1.26	2.57
		3	-2.420*	1.071	0.024	-4.52	-0.32

注:类型 1—4 分别对应认知体验、价值体验、社交体验和审美体验;* 表示平均值差值的显著性水平小于 0.05。

四 改进图书馆阅读推广体验建议

如何在阅读推广中科学合理地融入阅读体验,提升读者的主观满意度、改善读者的感受是图书馆需要应对的重要问题。

(一)优化阅读推广的认知体验

认知体验是高校读者进行阅读行为、参与阅读活动的基本需求。这与高校读者的用户特征密不可分。当前高校图书馆大多是以用户认知体验为主要导向,并投入了较高的传播成本,但其传播效应并不完全与图书馆的重视程度和投入成正比,开展频次最高的讲座类活动的传播效应更是处于所有阅读推广活动的中下水平。因此,高校图书馆在开展认知体验导向的阅读推广活动时,不应仅关注数量和频次,更应着眼于此类活动的质量提升,以更丰富化和创意性的参与方式、更优质和实用的活动内容等优化读者的认知体验,提高其传播效应。

(二)在阅读活动中彰显价值体验,促进读者成长

高校图书馆开展的体现价值体验的阅读推广活动是促进读者成长、提升读者综合素养,进而凸显阅读价值的重要途径。高校图书馆应当在阅读活动中注意主题的选择与刻画,通过创新征文、朗读诵读等阅读活动的具体内容与形式,使读者在阅读活动中得到能力的锤炼和素养的提升,凸显其个人价值的实现,并让读者在阅读活动中更清晰地认识到阅读是有价值的。此外,此类阅读活动在具体开展时,应当合理运用激励机制调动读者的参与积极性;适当降低活动参与的门槛,提升活动的参与面。

(三)了解读者期望,重视阅读推广的社交体验

随着人们阅读方式的转变,分享和交流成为阅读过程中必不可少的环节。高校读者尤其是高校学生,阅读需求更为旺盛,对于社交媒体的使用程度更高,其社交的意愿往往比较强烈。高校图书馆在阅读推广的过程中应当更多地创造读者互动交流的机会,多开办读书会、研讨会、真人图书馆等能够为读者提供与人自由交流、交换阅读感悟和思考的活动,满足其社交体验的期望。此外,应注重图书馆与读者的交互,开展有效的读者工作,提供读者与图书馆沟通的渠道,充分提取读者意见,保障读者权益,通过提供优质的社交体验密切读者与图书馆的关系,形

成读者与图书馆的情感纽带。当前，高校图书馆对于社交体验的营造并未引起足够的重视。

（四）把握复合特征，促成阅读推广体验的丰富化

不同的读者在阅读同一材料或参与同一阅读活动时，可能会产生不同的阅读体验；对于单个的阅读活动，读者可能会形成多方面的阅读体验。高校图书馆可以在阅读推广活动中融入多种阅读体验，以期获得更广泛的读者关注。如南京大学图书馆发布的微电影，在本书的研究中，考虑其实质内容和形式，我们将其定义为审美体验导向的阅读推广活动，但这样一部微电影也包含了对图书馆资源和服务的基本介绍，具备一定的认知体验，也包含着图书馆和读者的亲密互动与交流，能形成一定的社交体验。因而，高校图书馆可以将价值体验、审美体验等与认知体验相结合，既能提升认知体验导向型活动的丰富程度，又能使得价值体验和审美体验形成更好的传播效应。

第三节　我国图书馆阅读推广活动运营调查

没有读者参与的图书馆阅读推广活动，其价值不可能实现，因此，图书馆阅读推广活动的运营管理与其内容设计同样重要。如前所述，复合阅读是信息行为、社交行为、娱乐行为等各类行为的复合体，向复合阅读转向的当代读者的阅读活动是全过程的活动，而融合式阅读推广就是要以读者为中心，整合阅读推广渠道、编制用户接触网络、促进阅读资源流动。

以读者为中心，以需求为导向的图书馆阅读推广活动运营其思维方式与当前互联网的运营思维有异曲同工之处。在互联网界，活动运营是企业通过举办线上线下活动引发用户参与和关注，从而实现品牌的曝光、赢得消费者好感，或者直接实现营销。国内的互联网从业人员对运营任务的划分主要是对拉新、留存、促活和营收等核心环节的不同组合，拉新即获取新用户，通过提升产品和服务的用户数以实现用户价值。营收即通过广告、电商和增值服务实现用户变现。用户留存依靠提升用户体验，用户活跃来自多元化的互动

下篇 实践探索

激励。[1] 图书馆作为非营利性机构，同样需要做好活动运营以发展读者和促进图书馆资源的有效利用。有学者认为，图书馆可以吸收互联网界理论，采取适当的运营策略以实现其阅读推广活动目标、发挥图书馆价值。

因此，本书借鉴互联网运营的相关理念，将图书馆阅读推广活动的基本任务分为：拉新、留存和促活三个关键环节。以40所图书馆在"4·23世界读书日"期间开展的阅读推广活动为调查对象，从活动运营"拉新、留存、促活"的三个目标维度出发，梳理图书馆阅读推广活动的运营策略，探究其策略偏好和合理性，以期为图书馆发展读者、促进资源利用和实现图书馆价值提供策略参考。

一 研究设计

（一）分析样本

基于中国新闻出版研究院发布的《2018年阅读行业"两微一端"运营报告》[2]中有关图书馆类的数据分析，综合考虑图书馆类型、图书馆地理位置、公共图书馆行政级别及高校图书馆知名度等因素，最终选取如表12-16所示的20所公共图书馆和20所高校图书馆为样本，挖掘其"4·23世界读书日"阅读推广活动的运营策略。

表12-16　　　　　　　　样本图书馆

公共图书馆	上海图书馆、浙江图书馆、四川省图书馆、新疆图书馆、黑龙江省图书馆、湖北省图书馆、广州图书馆、济南图书馆、乐清市图书馆、无锡市图书馆、昆山市图书馆、马鞍山市图书馆、长沙图书馆、太原市图书馆、合肥市图书馆、贵阳市图书馆、梧州市图书馆、成都图书馆、长春市图书馆、哈尔滨市图书馆

---

[1] 杨娜：《腾讯视频的用户运营策略研究》，硕士学位论文，武汉大学，2017年。
[2] 《图书馆报〈2018年阅读行业"两微一端"运营报告〉发布图书馆类微信公众号排行榜出炉》，2019-01-11，[2019-06-06]，https://mp.weixin.qq.com/s/Rtub-lu8fWWUI-grmdT3Qg。

第十二章 我国图书馆阅读推广实践调查与分析

续表

高校图书馆	浙江大学图书馆、南京大学图书馆、北京大学图书馆、湖南大学图书馆、武汉大学图书馆、四川大学图书馆、重庆大学、兰州大学图书馆、吉林大学图书馆、哈工大威海图书馆、广东财经大学图书馆、华东师范大学图书馆、北京师范大学图书馆、安徽工业大学图书馆、湖南师范大学图书馆、南宁职业技术学院图书馆、重庆科技学院图书馆、西安交通大学图书馆、大连民族大学图书馆、东北师范大学图书馆

选取的样本图书馆从地域来说，分布于我国东部、中部、西部和东北部地区，数量分别为13所、9所、11所和7所，包括6所省级公共图书馆、14所副省级/市级公共图书馆、10所双一流高校图书馆和10所其他高校图书馆。

（二）分析框架

互联网的发展带来了新的观念，形成了独特的互联网思维和解决问题的方法，在当前社会环境下，图书馆服务发展和营销推广需要互联网思维的推动。[①] 互联网思维重视用户，用户拉新、用户留存、用户促活和用户营收是互联网界运营的主要任务。[②] 图书馆作为公益性文化机构，营利并不是其阅读推广活动运营的主要目的。但在"用户中心论"主导的互联网商业模式和"以用户为中心"的图书馆服务模式下，图书馆引导用户阅读和互联网商吸引用户使用产品具有目标相似性，故将新用户获取、用户留存和用户促活作为图书馆阅读推广活动运营任务具有合理性。

对图书馆阅读推广活动运营而言，在其运营三目标中，拉新即获取新用户，图书馆在阅读推广活动中通过采取一定策略以提升活动参与率，从而增加图书馆读者数量，促进图书馆资源利用。留存即用户的持续关注，图书馆开展阅读推广活动以促进用户持续关注，提升用户黏性，发展忠诚用户。促活即用户的积极参与，图书馆阅读推广活动中的用户活跃主要来自多样化的激励机制，通过多维度的激励方式推动用户

[①] 冯国权：《互联网思维下图书馆服务变革探讨》，《图书情报工作》2015年第2期。
[②] 杨娜：《腾讯视频的用户运营策略研究》，硕士学位论文，武汉大学，2017年。

积极参与。在图书馆阅读推广活动中，拉新、留存和促活三个任务具有递进性，但并不是排他性的，一个活动可以采取多种策略，同时完成拉新、留存和促活三项任务。

本节通过网络调查法和案例研究法，以40所图书馆在"4·23世界读书日"期间开展的阅读推广活动为调查对象，以图书馆官方微信公众平台和图书馆官方网站为主要观察渠道。本书主要有两个调查阶段，第一阶段调查引入互联网运营中"拉新、留存、促活"三个目标维度，考察和探究图书馆为实现相应的目标所采取的不同运营策略，梳理阅读推广活动、各运营策略以及三个目标维度之间的关系。第二阶段的调查基于三个目标维度，分析图书馆阅读推广活动运营策略实施情况，挖掘现有特征与策略偏好。通过两个阶段调查来探究图书馆阅读推广活动的运营策略及应用现状，以期为图书馆阅读推广活动运营策略的优化提供参考。

二 图书馆阅读推广活动运营策略分析

（一）图书馆阅读推广活动之拉新策略

图书馆在阅读推广活动中通过采取一定策略以获取新用户，提升活动参与率。图书馆阅读活动的拉新问题即图书馆阅读活动的用户获取问题，通过提升图书馆活动吸引力、扩大图书馆活动的影响力能够获得更多的用户参与。在所调查的40所图书馆中，都不同程度地运用了拉新策略，主要利用名人效应、传播效应以及仪式活动三种策略来提升图书馆活动的吸引力。

1. 名人效应

在社会上有一定知名度和影响力的人士的行为会形成一定的感染力和号召力，吸引人们的注意，带动人们的学习和模仿，这就是名人效应。[①] 图书馆阅读推广活动通过邀请重量级嘉宾吸引和带动用户参与，以促进图书馆资源和服务的利用。在40所图书馆中，邀请的嘉宾主要包括政府机关领导、企业家、知名学者或教授、知名作家等各行业知名

---

① 莫启仪、严丽洁：《"名人效应"与全民阅读推广探究》，《图书馆建设》2018年第7期。

人物，通过开展讲座、沙龙、见面会和启动仪式等活动形式为读者提供接触名人的机会，使之成为图书馆读书日活动的宣传点，提升活动水平、吸引读者参与。如上海图书馆邀请大学教授、公司经理、高级中学教师以及创业集团董事长等行业领先人物开展公益讲座系列活动；太原市图书馆开展著名作家梁晓声读者见面会；南京大学则开通微信"名家读书谈"的新栏目。

2. 传播效应

图书馆阅读推广活动的传播包括活动时间上和空间上的传播。从阅读推广活动渠道来说，包括各类线上线下渠道，如微博互动、微信社群传播、传统媒体传播、直播和短视频平台传播等方式。本书中的传播效应主要指图书馆利用微博、微信、网络直播平台、抖音短视频平台等自带流量的宣传渠道开展的以传播为目的或具有拉新效应的线上阅读推广活动。传播效应在阅读推广活动中主要体现为网络直播、抖音短视频、微博互动、微信转发等活动形式。如上海图书馆推出的"韵语阳春 上图之夜——4·23世界读书日阅读推广活动"，得到"央视新闻+"、东方网、腾讯新闻、哔哩哔哩视频网站、西瓜视频等媒体的支持，对"上图之夜"阅读推广活动进行网络直播，总点击率达到78.1万。湖北省图书馆、太原市图书馆、吉林大学图书馆以及哈工大威海校区图书馆等开展了抖音短视频分享活动；四川省图书馆、太原市图书馆等开展微博互动活动。总之，各图书馆通过与新媒体平台的联动，促进活动宣传。

3. 仪式活动

根据马斯洛的需求层次理论，仪式活动更多的是高层次地满足用户尊重和自我实现的需求。在图书馆阅读推广活动中，主要通过开展"4·23世界读书日"系列活动的启动仪式、打造"4·23世界读书日"品牌活动等形式彰显图书馆活动的权威性，扩大图书馆活动影响力，吸引用户参与。在40所图书馆中，共有22所图书馆开展了"4·23世界读书日"主题活动启动仪式，包括12所公共图书馆和10所高校图书馆。上海图书馆打造了"韵语阳春 上图之夜"读书日品牌活动，四川大学开展第二届"经典守护者"经典美文诵读大赛等读书节标志性活动，南京大学举行《那年秋天》图书馆官方微电影发布会。

（二）图书馆阅读推广活动之留存策略

图书馆开展阅读推广活动以促进用户持续关注，发展忠诚用户。用户留存主要依靠用户体验的提升，服务的个性化和人性化是影响用户体验的重要因素。[①] 在所调查的 40 所图书馆中，通过开展多样性、个性化阅读推广活动来提升用户体验从而提高用户留存意愿，通过常态化运营来延长用户参与时间，促进用户留存。

1. 多样性活动

图书馆通过开展不同形式和主题的活动来满足用户的多样化需求，提升用户体验从而达到增加用户留存意愿的活动目的。多样性活动可以从两方面来理解，其一是活动的形式丰富性，开展以展览、讲座、体验、阅读沙龙、竞赛、表演、游戏、影视欣赏、图书漂流、逾期免罚等为形式的活动；其二是单个活动形式的新颖性，具体表现为一个阅读推广活动可以有多种活动形式，例如梧州市图书馆开展的"走进梧州市图书馆"活动结合参观、培训、体验、讲座等形式。在考察图书馆阅读推广活动多样性策略时，若其活动形式超过 5 个或其单个阅读活动具有多种形式，则认为该图书馆采用了"多样性"策略。

2. 个性化活动

活动的个性化即图书馆针对不同用户群体需求开展不同阅读推广活动，活动的个性化是影响用户体验的重要因素之一。通过考察阅读推广活动对象，了解图书馆阅读推广活动是否具有个性化，是否考虑各特殊群体的需求。例如，湖北省图书馆为聋哑学校、盲校、培智中心学校的小读者，以及农民工子弟、山区留守儿童等特殊群体开展阅读推广活动；四川大学教职工亲子阅读活动"奇妙文字之旅"；浙江大学古籍修复体验活动校友专场等。

3. 常态化活动

从活动的持续时间上说，常态化活动因其较长的活动周期，使得用户长期参与，能够促进用户留存。在 40 所图书馆中，"4·23 世界读书日"主题活动多集中于 4 月、5 月，以"读书月"为周期展开。在考察图书馆阅读推广活动常态化运营时，我们以 1 月为最低时限，若活动周

[①] 杨娜：《腾讯视频的用户运营策略研究》，硕士学位论文，武汉大学，2017 年。

期超过 1 月，则认为该图书馆阅读推广活动采取了"常态化"策略。由上海图书馆、浙江图书馆等主办的长三角阅读马拉松大赛从 4 月报名到 6 月颁奖历时一个多月；武汉大学读书节始于 2013 年，每年 4—5 月举办，每届为期约两个月。

（三）图书馆阅读推广活动之促活策略

促活即促进新用户和留存用户的活跃度，图书馆阅读推广活动通过多维度的激励方式推动用户积极参与。图书馆阅读推广活动的激励主要指用各种方法对用户心理进行激发和鼓励，从而影响用户行为，调动用户参与积极性和热情。[①] 通过对 40 所图书馆激励策略的观察研究，可大致将图书馆阅读推广活动激励策略分为物质激励、成长激励、互动激励以及精神激励四大类。

1. 物质激励

物质激励主要是通过给予读者一定的奖品、奖金和特权以调动、刺激用户参与阅读活动的积极性和主动性。物质激励具有直接的激励效果[②]，是图书馆阅读推广活动常用激励方式之一，主要方式有奖品激励、奖金激励以及制度激励，通常以分享抽奖、竞赛获奖、读者奖学金、读者荐购、免征借书以及逾期豁免等形式进行。如浙江图书馆开展的"免押办证"活动、乐清市图书馆开展的"以书换礼"活动，北京大学图书馆和兰州大学图书馆等开展的逾期豁免活动等。

2. 成长激励

成长激励即图书馆通过一系列方式将非活跃用户和普通用户转化为活跃用户和忠诚用户。图书馆的成长激励通常是通过积分激励机制实现的，积分制是"百度知道"等互联网中文知识问答平台采用的基本激励机制。[③] 积分能够引导用户的参与行为，将用户的被动参与转化为积极主动参与。如浙江大学的"悦读·求知"月打卡活动。

3. 互动激励

互动激励及图书馆在阅读推广活动中为用户提供与他人互动交流和

---

① 吴惠茹：《高校图书馆实施阅读激励的实证分析》，《图书馆论坛》2016 年第 5 期。
② 吴惠茹：《高校图书馆实施阅读激励的实证分析》，《图书馆论坛》2016 年第 5 期。
③ 阚德涛、钱军：《高校阅读推广用户参与动机与激励策略研究》，《图书馆学研究》2016 年第 21 期。

建立社交关系的机会，以满足用户互动需求、促进用户活跃。在 40 所图书馆中，互动激励的方式主要包括：真人图书馆、读书交流会、换书集市以及志愿咨询服务等。例如，西安交通大学"到听图说"真人图书馆活动，济南图书馆"书香泉城"济南换书节和"书香童趣"跳蚤市集活动。

4. 精神激励

精神激励是通过满足人们自身的尊重需求从而达到激励目的的有效方法。通过赋予用户荣誉感和成就感满足用户需求，激励用户参与行为，提高用户参与积极性。在图书馆阅读推广活动中，主要通过评选优秀读者和展示优秀成果等形式进行。例如评选和奖励"阅读之星"、进行比赛表彰、举行摄影或书法大赛并将用户获奖作品进行展览等。哈尔滨市图书馆评选"优秀读者"，北京大学开展的"未名读者之星"评选与颁奖以及武汉大学"十大借阅之星"展览等。

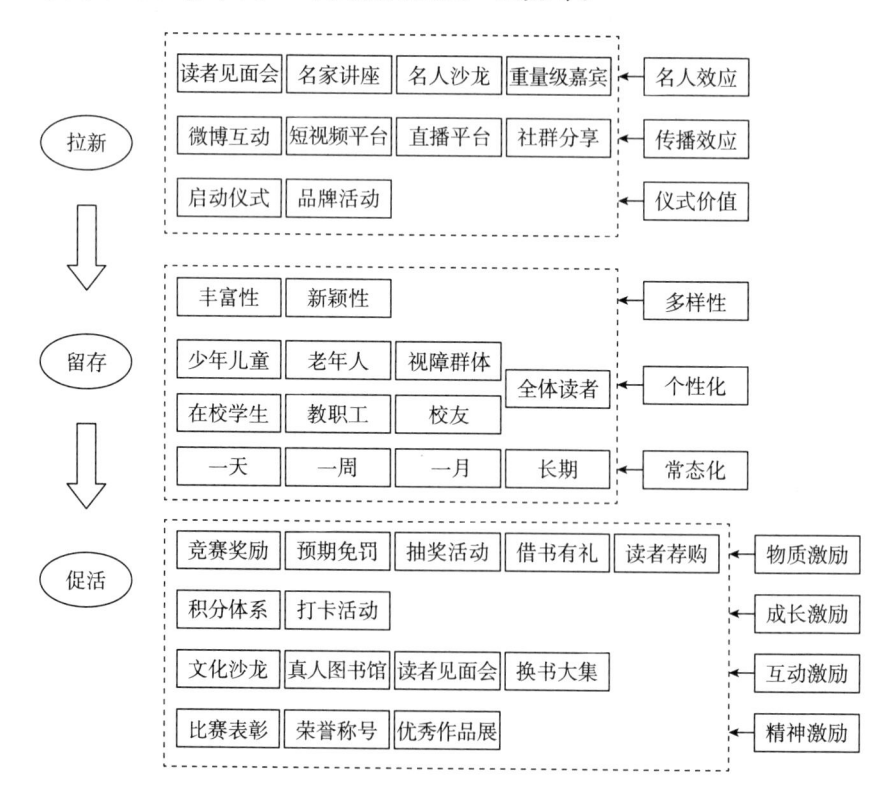

图 12-1 图书馆阅读推广活动拉新、留存和促活策略总结

三 图书馆阅读推广活动运营现状分析

基于上文对来源于图书馆官方微信公众号和官方网站信息的观察和分析，对这 40 所图书馆在第 24 个世界读书日期间开展的阅读推广活动的运营特征进行总结，其运营策略应用情况如表 12-17 所示。

表 12-17 图书馆阅读推广活动拉新、留存、促活策略应用情况

活动运营策略 图书馆	拉新策略 名人效应	拉新策略 传播效应	拉新策略 仪式活动	留存策略 多样性	留存策略 个性化	留存策略 常态化	促活策略 精神激励	促活策略 成长激励	促活策略 互动激励	促活策略 物质激励
上海图书馆	√	√	√	√	√	×	×	×	√	√
浙江图书馆	√	×	√	√	√	√	×	×	√	√
湖北省图书馆	×	×	×	√	√	√	√	×	√	×
四川省图书馆	√	√	√	√	√	√	√	×	√	√
新疆图书馆	√	×	√	√	√	√	√	×	√	√
黑龙江省图书馆	√	×	√	√	√	×	×	×	√	×
广州图书馆	√	√	√	√	√	√	√	×	√	√
济南图书馆	√	√	√	√	√	×	√	×	√	×
乐清市图书馆	√	√	√	√	√	√	√	×	√	√
无锡市图书馆	√	√	√	√	√	√	√	×	√	√
昆山市图书馆	√	√	√	√	√	√	√	×	√	√
马鞍山市图书馆	×	√	√	√	√	√	√	×	√	√
长沙图书馆	√	√	√	√	√	×	√	×	√	√
太原市图书馆	√	√	×	√	√	√	√	×	√	√
合肥市图书馆	×	×	×	×	√	√	×	×	√	×
贵阳市图书馆	×	×	√	√	√	√	×	×	√	×
梧州市图书馆	×	×	√	√	√	√	×	×	√	×
成都图书馆	√	√	√	√	√	√	√	×	√	√
长春市图书馆	√	√	√	√	√	×	√	×	√	√
哈尔滨市图书馆	×	√	√	√	√	×	√	×	√	√
浙江大学图书馆	×	√	×	√	√	×	√	×	√	√
南京大学图书馆	√	×	√	√	√	×	√	×	√	√

499

续表

图书馆 \ 活动运营策略	拉新策略 名人效应	拉新策略 传播效应	拉新策略 仪式活动	留存策略 多样性	留存策略 个性化	留存策略 常态化	促活策略 精神激励	促活策略 成长激励	促活策略 互动激励	促活策略 物质激励
北京大学图书馆	√	×	×	√	×	√	√	×	√	√
湖南大学图书馆	×	×	√	×	×	×	√	×	×	√
武汉大学图书馆	×	×	√	×	×	×	×	×	×	√
四川大学图书馆	×	√	×	×	×	×	×	×	×	√
重庆大学图书馆	√	×	×	×	×	×	×	×	×	√
兰州大学图书馆	×	×	×	×	×	×	×	×	×	√
吉林大学图书馆	√	√	√	√	×	√	×	√	×	√
哈工大威海图书馆	√	√	√	√	×	√	√	×	×	√
广东财经大学图书馆	×	√	×	×	×	×	×	×	×	√
华东师范大学图书馆	×	×	√	×	×	×	×	×	×	√
北京师范大学图书馆	√	×	×	×	×	×	×	×	×	√
安徽工业大学图书馆	×	√	√	√	×	×	×	√	×	√
湖南师范大学图书馆	√	√	×	×	×	×	×	×	×	√
南宁职业技术学院图书馆	√	×	√	×	×	×	×	√	×	√
重庆科技学院图书馆	×	×	√	×	×	×	√	×	×	√
西安交通大学图书馆	×	×	√	×	×	×	×	×	×	√
大连民族大学图书馆	×	×	√	×	×	×	×	×	×	√
东北师范大学图书馆	×	×	√	×	×	×	×	×	×	√

（一）多种阅读推广活动运营策略的综合使用

图书馆在世界读书日阅读推广活动中综合采用多种运营策略以实现拉新、留存和促活任务。在40所图书馆中，有35所图书馆综合运用了拉新、留存和促活策略，占87.5%。在10个运营策略中，策略采用达到80%完整度的图书馆有8个，包括6个公共图书馆和2个高校图书馆，它们是：四川省图书馆、无锡市图书馆、昆山市图书馆、长沙市图书馆、成都市图书馆、哈尔滨市图书馆、浙江大学图书馆和吉林大学图书馆。从整体运营策略采用角度来说，公共图书馆采用策略的完整度略高于高校图书馆，但二者相差不大。

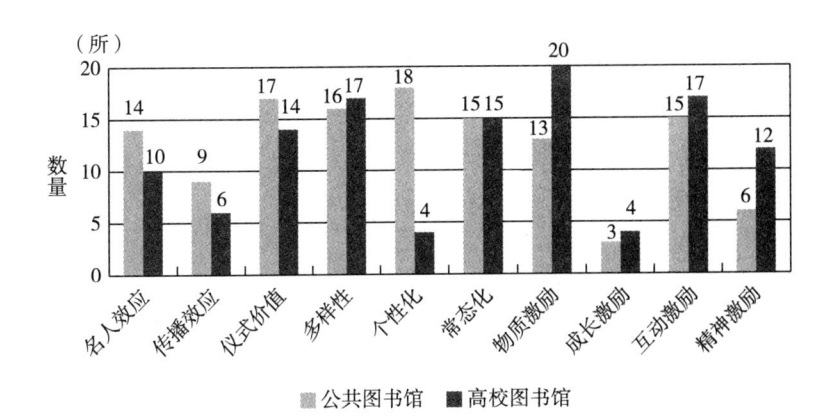

图 12-2　图书馆阅读推广活动拉新、留存和促活策略应用统计

以无锡市图书馆为例。首先，4月20日无锡市图书馆举办2019年"4·23全民阅读活动"启动仪式暨"《史记》：史家之绝唱　无韵之《离骚》"主题讲座，并邀请市委宣传部文艺处处长、新闻出版处处长和南京师范大学教授参与，利用名人效应、打造品牌活动以扩大图书馆阅读推广活动的影响力，吸引读者参与。还开展"世界读书日·图书馆微博联动活动"，通过微博宣传实现拉新任务。其次，无锡市图书馆针对少儿读者及其家庭开展了绘本阅读、父母课堂等活动。图书馆还深入社区，开展"传递书香　乐享悦读"系列文化惠民活动，不仅如此，图书馆还通过各类比赛、讲座和体验活动等多样性活动内容和形式以提升用户个性化、人性化体验，提高用户留存意愿。最后，无锡市图书馆选出"快乐阅读使者团"作为阅读榜样并进行颁奖实现精神激励的效果。通过开展"以书换书"、各色阅读沙龙、读书分享会以及进行比赛奖励等形式达到物质激励和互动激励的效果。通过各种激励手段来促进用户积极参与。

（二）图书馆阅读推广活动拉新主要靠名人效应和仪式活动

图书馆重视阅读推广活动的拉新任务，把提升活动影响力、获得用户关注放在重要位置。主要表现为，在42所图书馆中，共有39所图书馆采用多种策略促进图书馆拉新任务的完成。在各项策略中，"名人效应"和"仪式活动"是图书馆采用得较多的策略。共有24所图书馆利用"名人效应"吸引用户参与，34所图书馆利用"仪式活动"扩大阅读推广活动的影响力,促进活动宣传推广。

新媒体的发展给图书馆阅读推广活动开展形式和宣传方式带来了较大的变化。越来越多的图书馆利用新媒体渠道开展和宣传其阅读推广活动。但从此次调查来看,不到一半的图书馆依靠"传播效应"来获取用户。在各类自带流量的新媒体宣传方式中,微信转发、微博互动和抖音打卡是三个最主要的方式。

从调查来看,公共图书馆更注重阅读推广活动运营的拉新任务。在名人效应、仪式活动和传播效应三种策略中,平均每所图书馆采用两种策略,有7所图书馆三种策略都采用。与高校图书馆相比,公共图书馆强调公共文化服务的平衡性和充分性,因其目标用户的广泛性和社会性,其拉新任务更重。

(三) 图书馆阅读推广活动留存主要靠多样性策略和常态化策略

在图书馆阅读推广活动运营留存策略中,"多样性"和"常态化"策略备受青睐。从"多样性"策略来说,有33所图书馆开展了活动形式超过5种的阅读推广活动,在多样的活动形式中,讲座和培训、展览、竞赛和读书沙龙等传统形式的活动出现次数最多,此外还包括读者荐购、表演和游戏、影音欣赏、体验以及其他形式。据调查,只有不到10所的图书馆在一个阅读推广活动中采用多种形式。如梧州市图书馆"讲好梧州故事系列活动之走进梧州市图书馆"包括参观、培训、体验和讲座四种形式。吉林大学将硬笔书法比赛的获奖作品展出,包括比赛和展览两种形式。由此看来,图书馆阅读推广活动虽形式丰富,但形式新颖性有待提高。

从"常态化"策略来说,活动周期长能够促进用户留存。各类型图书馆都应用"常态化"策略留住用户,有30所图书馆阅读推广活动周期超过1个月,包括15个公共图书馆和15个高校图书馆。也有不少图书馆活动周期少于一周,例如东北师范大学图书馆仅在读书日当天开展活动。

从"个性化"策略来说,与高校图书馆相比,公共图书馆的留存策略更注重活动的个性化。共18所公共图书馆在阅读推广活动中采取了"个性化"策略,活动对象主要包括少年儿童及其家庭、视障群体、武警、农民等,少年儿童及其家庭是公共图书馆"个性化"策略的主要关注群体，有16所公共图书馆针对少年儿童及其家庭开展各形式的阅读推广活动。高校图书馆阅读推广活动的对象主要是师生，仅有4所高校针对除在校师生外的其他群体开展活动，例如四川大学教职工亲子阅读活动"奇妙文字之旅"、浙江大学古籍修复体验活动校友专场，以及安徽工业大学的"书香进社区"活动。这与两类图书馆的职能定位差异性有关，公共图书馆是面向全社会各群体的服务型组织，而高校图书馆更多的是学校信息资源中心，其服务主要面向校园内部。

（四）图书馆阅读推广活动促活主要靠物质激励和互动激励

图书馆在阅读推广活动中利用各类激励手段促进用户活跃。主要包括成长激励、精神激励、物质激励和互动激励等。在40所图书馆中，共有18所图书馆（包括6所公共图书馆和12所高校图书馆）采用"精神激励"策略，通过"阅读之星""阅读家庭"等荣誉勋章提高用户参与积极性；有33所图书馆（包括13所公共图书馆和20所高校图书馆）依靠"物质激励"策略，通过给予一定物质奖励促进用户活跃；从"互动激励"策略来说，有32所图书馆（包括15所公共图书馆和17所高校图书馆）通过创造与他人交流互动的机会促进用户积极参与；从"成长激励"策略来说，仅有7所图书馆（包括3所公共图书馆和4所高校图书馆）通过打卡或积分激励促进用户对阅读活动的积极参与。

由此看来，与公共图书馆注重拉新策略不同，高校图书馆更注重促活策略。这是因为，高校图书馆的服务对象更具针对性，主要是在校师生，学生是其主要服务群体。而学生由于其学业时限，对图书馆资源的利用也是有时限的。因此，与拉新和留存相比，高校图书馆更注重用户活跃。例如，北京大学图书馆通过"未名读者之星"评选与颁奖进行精神激励，通过逾期豁免和换书大集进行物质激励和互动激励。

四 我国图书馆阅读推广运营策略建议

通过上文对图书馆阅读推广活动运营策略的分析，结合当前社会环境和阅读发展现状，对图书馆阅读推广活动运营提出如下建议：

（一）结合自身定位和用户需求，有侧重性地选择活动运营策略

毫无疑问，运营策略是为活动目的和任务服务的。本书所归纳的十大策略所实现的运营效果具有差异性。调查发现，不同类型图书馆在运

营策略的选择上不尽相同，公共图书馆注重拉新策略，高校图书馆将促活策略放在首位。而图书馆阅读推广活动在综合利用多种运营策略的同时，也存在着形式和内容大同小异、缺乏创新等问题。因此，对于运营策略的选择来说，并不是多多益善，不同类型、不同级别和不同地域的图书馆肩负的阅读推广任务不尽相同，应根据自身阅读推广活动的主要目标，综合考虑自身定位和读者需求，有选择、有侧重地采取活动运营策略。

（二）抓住内外部机遇，实现活动运营策略的效益最大化

世界读书日作为世界性的、高知名度的节日，是开展阅读推广活动的重要节点，是良好的外部机遇，我国图书馆自2004年起开展"世界读书日"宣传活动，迄今已进行了16年。[①] 然而，通过上文调查与分析，在具体实践中，大多数图书馆品牌意识缺乏，没能将阅读活动与读书日结合起来，使阅读推广活动较为零散，影响阅读推广效益。从内部看，图书馆阅读推广活动策略的采用还存在嵌入度不高和全局性不强等问题，例如，图书馆的各项激励策略与阅读推广活动的融合度不高，往往是单次激励和单个激励。因此，图书馆阅读推广活动要真正达到推广阅读的目的，应充分利用内外部优势，打造阅读品牌，创建阅读文化，实现运营策略的效益最大化，以促进图书馆发展和书香社会构建。

（三）重视环境因素，把握阅读发展态势，实现阅读推广价值

全媒体时代，呈融合之势的媒体带来读者阅读行为的改变，使之呈现出线上线下交织、知识价值和其他价值兼顾等"复合"特征。复合阅读行为的兴起对阅读文化产生影响，图书馆阅读推广活动要把握复合阅读发展机遇，充分利用新环境下的阅读推广工具，如微博、微信社群、抖音短视频平台等，将阅读推广活动运营策略与阅读工具相结合，开展融合式阅读推广，探索提升读者阅读认知、实现阅读价值的新方式，助力全民阅读。

---

① 徐立纲：《"世界读书日"宣传活动对我国图书馆事业发展的影响》，《新世纪图书馆》2014年第8期。

参考文献

中文文献

［德］沃·伊瑟尔：《阅读行为》，金惠敏等译，湖南文艺出版社1991年版。

［美］沃尔夫：《普鲁斯特与乌贼：阅读如何改变我们的思维》，王惟芬、杨仕音译，中国人民大学出版社2012年版。

［美］尼古拉斯·卡尔：《浅薄：互联网如何毒化了我们的大脑》，刘纯毅译，中信出版社2010年版。

［法］夏蒂埃：《书籍的秩序》，吴泓缈、张璐译，商务印书馆2013年版。

［德］胡塞尔：《现象学的观念》，上海译文出版社1986年版。

［美］彼得·门德尔桑德：《当我们阅读时 我们看到了什么》，应宁译，北京联合出版公司2015年版。

［丹］克劳斯·布鲁恩·延森：《媒介融合：网络传播、大众传播和人际传播的三重维度》，刘君译，复旦大学出版社2012年版。

［德］席勒：《审美教育书简》，冯至、范大灿译，北京大学出版社1985年版。

曾祥芹：《阅读学新论》，语文出版社1999年版。

王余光：《中国阅读文化史论》，北京图书馆出版社2007年版。

张中隐：《阅读心理学》，北京师范大学出版社2004年版。

丁宁：《接受之维》，百花文艺出版社1999年版。

参考文献

王余光、徐雁：《中国读书大辞典》，南京大学出版社1999年版。

袁昱明：《复合阅读交流本体论：图书馆学重建的基础》，《大学图书馆学报》2014年第2期。

王余光、汪琴：《关于阅读文化研究的几个问题》，《图书情报知识》2004年第5期。

周宪：《从"沉浸式"到"浏览式"阅读的转向》，《中国社会科学》2016年第11期。

曾祥芹：《阅读学研究的历史检讨和未来愿景》，《悦读时代》2010年第5期。

曾祥芹：《阅读环境论——阅读客体研究之二》，《河南师范大学学报》（哲学社会科学版）1992年第1期。

袁曦临等：《纸质阅读与数字阅读理解效果实验研究》，《中国图书馆学报》2015年第5期。

王余光、汪琴：《世纪之交读者阅读习惯的变化》，《图书情报知识》2005年第8期。

王余光：《图书馆阅读推广研究的新进展》，《高校图书馆工作》2015年第2期。

刘德寰等：《数字化时代对国民阅读影响的文献综述》，《广告大观》2009年第2期。

范并思：《阅读推广的理论自觉》，《国家图书馆学刊》2014年第6期。

范并思：《阅读推广与图书馆学：基础理论问题分析》，《中国图书馆学报》2014年第5期。

范并思：《图书馆阅读推广的合理性审视》，《图书情报工作》2017年第23期。

于良芝、于斌斌：《图书馆阅读推广——循证图书馆学（EBL）的典型领域》，《国家图书馆学刊》2014年第6期。

夏立新等：《多维集成视角下全民阅读评估标准体系的构建》，《中国图书馆学报》2015年第6期。

屈明颖：《数字阅读拐点及阅读趋势变迁问题研究——以历年"全国国民阅读调查"内容变化、数据分析为视角》，《出版广角》2016年第 23 期。

李新祥：《数字时代我国国民阅读行为嬗变及对策研究》，博士学位论文，武汉大学，2013 年。

赵俊玲等：《阅读推广：理念·方法·案例》，国家图书馆出版社 2013 年版。

吴建华等：《国际图书情报领域阅读研究文献内容分析》，《图书馆论坛》2018 年第 5 期。

李武等：《中日韩三国大学生移动阅读行为的跨国比较研究》，《出版广角》2013 年第 18 期。

李武等：《青少年社会化阅读动机与行为之关系研究——以上海市初高中生微信阅读为例》，《图书情报工作》2014 年第 23 期。

李武、赵星：《大学生社会化阅读 App 持续使用意愿及发生机理研究》，《中国图书馆学报》2016 年第 1 期。

王佑镁：《跨媒体阅读：整合 O2O 与 MOOCs 的泛在阅读新趋势》，《中国电化教育》2015 年第 1 期。

肖雪、张伟：《我国老年人阅读行为调查》，《国家图书馆学刊》2014 年第 6 期。

王虹等：《农村居民阅读的知与行——嫩江流域少数民族地区阅读情况调查》，《中国图书馆学报》2015 年第 5 期。

屈明颖：《数字阅读拐点及阅读趋势变迁问题研究——以历年"全国国民阅读调查"内容变化、数据分析为视角》，《出版广角》2017 年第 23 期。

茆意宏等：《移动互联网用户阅读寻求行为研究》，《图书情报工作》2014 年第 17 期。

何琳等：《移动互联网用户阅读利用行为研究》，《图书情报工作》2014 年第 17 期。

刘亚、蹇瑞卿：《大学生手机阅读行为的调查分析》，《图书馆论坛》2013 年第 3 期。

尚珊、阴晓慧：《新时代用户阅读行为变化研究》，《图书馆》2016 年第 6 期。

袁曦临：《网络数字阅读行为对阅读脑的改造及其对认知的影响》，

《图书馆杂志》2016 年第 4 期。

袁曦临等：《基于 PAD 的移动阅读行为及阅读体验实证研究》，《图书馆杂志》2013 年第 3 期。

林珊如、刘应琳：《从诠释现象学的观点看爱书人之休闲阅读经验》，（中国台湾）《中国图书馆学会学报》2003 年第 12 期。

徐孝娟等：《从传统纸媒到数字媒介的用户阅读转移行为研究——基于 MEC 理论的探索》，《中国图书馆学报》2016 年第 3 期。

余波：《全民阅读的社会学考量》，《中国出版》2007 年第 4 期。

章祺：《浅析数字时代"深阅读"》，《中国出版》2017 年第 5 期。

潘双林：《网络阅读深度化的实践探索》，《中国电化教育》2012 年第 4 期。

张国良：《新媒体时代的阅读行为》，《编辑学刊》2013 年第 3 期。

刘晓力：《当代哲学如何面对认知科学的意识难题》，《中国社会科学》2014 年第 6 期。

彭兰：《媒介融合方向下的四个关键变革》，《青年记者》2009 年第 2 期。

刘淑华：《数字阅读的新特征与后现代反思》，《青年记者》2017 年第 11 期。

茆意宏：《对新媒体阅读争议的思考》，《出版发行研究》2013 年第 9 期。

董朝峰：《电子传媒时代的深浅阅读再辨析》，《图书馆杂志》2011 年第 3 期。

王洪波：《个人、社群与社会的双重互动——一种关系思维方法论的视角》，《学术论坛》2013 年第 4 期。

秦鸿：《欧美图书馆读书会经验及其借鉴》，《图书情报工作》2013 年第 12 期。

徐雁：《"世界读书日"人文理念在阅读推广实践中的"中国化"》，《图书馆杂志》2016 年第 3 期。

陆璟：《阅读参与度和学习策略对阅读成绩的影响——基于上海 PISA2009 数据的实证研究》，《教育发展研究》2012 年第 18 期。

温红博等：《家庭环境对中学生阅读能力的影响：阅读投入、阅读兴趣的中介作用》,《心理学报》2016 年第 3 期。

徐恺英等:《图书馆移动阅读用户接纳行为影响因素研究》,《图书情报工作》2017 年第 15 期。

凌美秀、曹春晖:《论阅读的价值:哲学诠释学的视角》,《图书馆》2015 年第 6 期。

黄晓斌等:《数字媒体对大学生阅读行为影响的调查分析》,《图书情报工作》2008 年第 2 期。

周斌:《数字阅读负面影响的现状调查与分析》,《编辑之友》2018 年第 3 期。

薛红莉、薛贵:《阅读能力个体差异的神经机制研究进展》,《当代语言学》2016 年第 4 期。

侯君洁:《香港地区读书会的发展及其启示》,《大学图书馆学报》2015 年第 6 期。

吴瑶:《媒介环境学视域下的数字阅读研究》,博士学位论文,华中科技大学,2016 年。

王磊、丁振伟:《全民阅读活动中激励策略之运用》,《图书情报工作》2015 年第 5 期。

吴惠茹:《高校图书馆实施阅读激励的实证分析》,《图书馆论坛》2016 年第 5 期。

罗昌华:《基于全渠道理论的图书馆资源建设与服务模式重构》,《图书情报工作》2018 年第 3 期。

外文文献

Bandura A., "Social Cognitive Theory: An Agentic Perspective", *Annual Review of Psychology*, 2001, 52: 1 – 26.

Peters T., "The Future of Reading", *Library Journal*, 2009, 134 (18): 18 – 22.

Birkerts S., *The Gutenberg Elegies: The Fate of Reading in an Electronic Age*, Boston: Faber and Faber, 1994.

Jacobs A., *The Pleasures of Reading in an Age of Distraction*, New York: Oxford University Press, 2011.

Liu Z. , "Reading Behavior in the Digital Environment: Changes in Reading Behavior over the Past 10 Years", *Journal of Documentation*, 2005, 61 (6), 700 –71.

Edward G. S. , "A Review and Application of Citation Analysis Methodology to Reading Research Journal Literature", *Journal of the American Society for Information Science*, 1984, 35 (6): 332 –343.

Wolf M. , Barzillai M. , "The Importance of Deep Reading", *Educational Leadership Journal of the Department of Supervision & Curriculum Development*, 2009, 66 (6): 32 –37.

Alexander J. E. , Filler R. C. , *Attitudes and Reading*, Newark, DE: International Reading Association, 1976.

Ruddell R. B. , et al. , *Theoretical Models and Processes of Reading*, Newark, DE: International Reading Association, 1994.

Fister B. , " 'Reading as a Contact Sport': Online Book Groups and the Social Dimensions of Reading", *Reference & User Services Quarterly*, 2005, 44 (4): 303 –309.

Grzeschik K. , et al. , "Reading in 2110 – reading Behavior and Reading Devices: A Case Study", *The Electronic Library*, 2013, 29 (3): 288 –302.

Huang K. , et al. , "Enhancement of Reading Experience", *Library Hi Tech*, 2014, 32 (3): 509 –528.

Hsiusen C. , Chiachen C. , "Exploring Switch Intention of Users' Reading Behavior", *The Electronic Library*, 2014, 32 (4): 434 –457.

Karim N. , Hasan A. , "Reading Habits and Attitude in the Digital Age", *The Electronic Library*, 2013, 25 (3): 285 –298.

Ross C. , "Finding without Seeking: The Information Encounter in the Context of Reading for Pleasure", *Information Processing and Management*, 1999, 35 (6): 783 –99.

Stauffer S. , "Developing Children's Interest in Reading", *Library Trends*, 2008, 56 (2): 402 –422.

Ross C. , "Reader on Top: Public Libraries, Pleasure Reading, and

Models of Reading", *Library Trends*, 2009, 57 (4): 632 – 656.

Ruth C. H., "Early Literacy Programmes in Public Libraries: Best Practice", *Australian Library Journal*, 2016, 65 (2): 121 – 129.

Du Y., "Librarians' Responses to 'Reading at Risk': A Delphi Study", *Library & Information Science Research*, 2009, 31 (1): 46 – 53.

Balling G., *Literary Aesthetic Experience: Reading, Reading Experience, and Reading Studies: A Discussion of Theoretical and Methodological Approaches*, Kobenhavn: Danmarks, 2009.

Savolainen R., "Everyday Life Information Seeking: Approaching Information Seeking in the Context of 'Way of Life'", *Library & Information Science Research*, 1995, 17 (3): 259 – 294.

Guthrie J. T., et al., "Modeling the Relationships among Reading Instruction, Motivation, Engagement, and Achievement for Adolescents", *Reading Research Quarterly*, 2013, 48 (1): 9 – 26.

Leu D. J., et al., "The New Literacies of Online Research and Comprehension: Rethinking the Reading Achievement Gap", *Reading Research Quarterly*, 2014, 50 (1): 37 – 59.

Hutchison A. C., et al., "What are Preadolescent Readers doing Online? An Examination of Upper Elementary Students' Reading, Writing, and Communication in Digital Spaces", *Reading Research Quarterly*, 2016, 51 (4): 435 – 454.

Delin C. R., et al., "Patterns and Preferences in Recreational Reading", *Australian Library Journal*, 1995, 44 (3): 119 – 131.

Kurata K., Ishita E., "Print or Digital? Reading Behavior and Preferences in Japan", *Journal of The Association for Information Science and Technology*, 2017, 68 (4): 884 – 894.

Mozuraite V., "Change of the Reading Paradigm in the Age of E – book", *Libellarium: Journal for the Research of Writing, Books, and Cultural Heritage Institutions*, 2015, 7 (1): 83 – 91.

Stanovich K. E., "Matthew Effects in Reading: Some Consequences of Individual Differences in the Acquisition of Literacy", *Reading Research*

Quarterly, 1986, 21 (4): 360 - 407.

Hively W., "A Framework for the Analysis of Elementary Reading Behavior", *American Educational Research Journal*, 1966, 3 (2): 89 - 103.

Muter P., Maurutto P., "Reading and Skimming from Computer Screens and Books: The Paperless Office Revisited?", *Behaviour & Information Technology*, 1991, 10 (4): 257 - 266.

Dyson M., Haselgrove M., "The Effects of Reading Speed and Reading Patterns on the Understanding of Text Read from Screen", *Journal of Research in Reading*, 2000, 23 (2): 210 - 223.

Rodrigues M. C. A. J., Martins R. X., "Digital Media Performance and Reading Comprehension", *Flash Kids*, 2010, 3 (1): 33 - 42.

Ho C. H., et al., "Enhancement of Reading Experience: Users' Behavior Patterns and the Interactive Interface Design of Tablet Readers", *Library Hi Tech*, 2014, 32 (3): 509 - 528.

Carusi A., "Textual Practitioners: A Comparison of Hypertext Theory and Phenomenology of Reading", *Arts & Humanities in Higher Education*, 2006, 5 (2): 163 - 180.

Heap J. L., "Toward a Phenomenology of Reading", *Journal of Phenomenological Psychology*, 1977, 8 (1): 103 - 113.

Mann S. J., "The Student's Experience of Reading", *Higher Education*, 2000, 39 (3): 297 - 317.

Rose E., "The Phenomenology of On - screen Reading: University Students' Lived Experience of Digitised Text", *British Journal of Educational Technology*, 2011, 42 (3): 515 - 526.

James R., De Kock L., "Deepening the 'Shallows': The Fate of Reading in an Electronic Age, Revisited", *Current Writing Text & Reception in Southern Africa*, 2013, 25 (1): 4 - 19.

Huang K. L., "Promoting In - depth Reading Experience and Acceptance: Design and Assessment of Tablet Reading Interfaces", *Behaviour & Information Technology*, 2014, 33 (6): 606 - 618.

Li N., et al., "Reading Behavior on Intra - organizational Blogging

Systems", *Information & Management*, 2015, 52 (7): 870 - 881.

Park E., et al., "Reading Experiences Influencing the Acceptance of E - book Devices", *Electronic Library*, 2015, 33 (1): 120 - 135.

Schiefele U., et al., "Dimensions of Reading Motivation and Their Relation to Reading Behavior and Competence", *Reading Research Quarterly*, 2012, 47 (4): 427 - 463.

Guthrie J. T., Wigfield A., "How Motivation Fits into a Science of Reading", *Scientific Studies of Reading*, 1999 (3): 119 - 205.

Naumann J., "A Model of Online Reading Engagement: Linking Engagement, Navigation, and Performance in Digital Reading", *Computers in Human Behavior*, 2015, 53: 263 - 277.

Shabani A., et al., "Reading Behavior in Digital Environments Among Higher Education Students: Analysis of Demographic Factors in Iran", *Library Review*, 2011, 60 (8): 654 - 57.

Balling G., *Literary Aesthetic Experience: Reading, Reading Experience, and Reading Studies: A Discussion of Theoretical and Methodological Approaches*, Kobenhavn: Danmarks, 2009.

Hall M. P., et al., "The Power of Deep Reading and Mindful Literacy: An Innovative Approach in Contemporary Education", *Innovacion Educativa*, 2015, 15 (67): 49 - 59.

Mannheimer S., "Some Semi - deep Thoughts About Deep Reading: Rejoinder to 'Digital Technology and Student Cognitive Development: The Neuroscience of the University Classroom'", *Journal of Management Education*, 2016, 40 (4): 405 - 410.

Mangen A., "Hypertext Fiction Reading: Haptics and Immersion", *Journal of Research in Reading*, 2008, 31 (4): 404 - 419.

Billington J., "Reading for Life: Prison Reading Groups in Practice and Theory", *Critical Survey*, 2011, 23 (3): 67 - 85.

Ulla J. S., Annelis J., "Book Reading in Leisure Time: Long - Term Changes in Young People Book Reading Habits", *Scandinavian Journal of Educational Research*, 2006, 50 (5): 510 - 540

Wigfield A., et al., "Role of Reading Engagement in Mediating Effects of Reading Comprehension instruction on reading outcomes", *Psychology in the Schools*, 2008, 45 (5): 432 –445.

Guthrie J. T., "Contexts for Engagement and Motivation in Reading", *Reading Online*, 2001, 4: 403 –422.

Guthrie J. T., Wigfield A., "Engagement and Motivation in Reading", *Handbook of Reading Research*, 2000, 3: 403 –422.

Klauda S. L., Guthrie J. T., "Comparing Relations of Motivation, Engagement, and Achievement Among Struggling and Advanced Adolescent Readers", *Reading and Writing*, 2015, 28 (2): 239 –269.

Worthy J., et al., "'More than Just Reading': The Human Factor in Reaching Resistant Readers", *Reading Research and Instruction*, 2002, 41 (2): 177 –201.

Woolley G., Hay I., "Students with Late Emerging Reading Difficulties: Reading Engagement, Motivation, and Intervention Issues", in *Reimagining Practice: Researching Change*, Griffith University, 2003: 175 –184.

Flowerday T., et al., "The Role of Choice and Interest in Reader Engagement", *Journal of Experimental Education*, 2004, 72 (2): 93 –114.

Wu J. Y., "Gender Differences in Online Reading Engagement, Metacognitive Strategies, Navigation Skills and Reading Literacy", *Journal of Computer Assisted Learning*, 2014, 30 (3): 252 –271.

Naumann J., "A Model of Online Reading Engagement: Linking Engagement, Navigation, and Performance in Digital Reading", *Computers in Human Behavior*, 2015 (53): 263 –277.

Prochaska J. O., Diclemente C. C., "Stages and Processes of Self – change of Smoking: Toward an Integrative Model of Change", *Journal of Consulting &Clinical Psychology*, 1983, 51 (3) : 390 –395.

Park E., et al., "Reading Experiences Influencing the Acceptance of E – book Devices", *The Electronic Library*, 2015, 33 (1): 120 –135.

Schiefele U., et al., "Dimensions of Reading Motivation and Their

Relation to Reading Behavior and Competence", *Reading Research Quarterly*, 2012, 47 (4): 427-463.

Park E., et al., "Reading Experiences Influencing the Acceptance of E-book Devices", *Electronic Library*, 2015, 33 (1): 120-135.